suhrkamp taschenbuch 2379

Diese zweibändige, seit vielen Jahren lieferbare Sammlung deutscher Erzählungen wird nun erstmals im Taschenbuch vorgelegt. Als »wahre Schatzkammer« erzählender Prosa aus zwei Jahrhunderten ist die Ausgabe zum Standardwerk geworden.
Der erste Band der *Deutschen Erzähler*, herausgegeben von Hugo von Hofmannsthal, erschien erstmals 1912. Die Kritik apostrophierte ihn als »eines der schönsten deutschsprachigen Hausbücher«. Hugo von Hofmannsthal begründete seine Auswahl in der Einleitung, die inzwischen selbst zu einem Stück klassischer deutscher Prosa geworden ist: »Ich habe diese Erzählungen nur um der besonderen Schönheit willen zusammengetragen, mit der sie mein Herz in früherem oder späterem Alter berührt haben und mir unvergeßlich geworden sind, so daß ich, um sie aneinanderzureihen, keines Hilfsmittels bedurfte als meines Gedächtnisses ... Sie schienen mir stets die schönsten unter allen deutschen Erzählungen, die ich kannte.«
Dieses außerordentliche Buch rechtfertigte das Unternehmen eines zweiten Bandes: er erschien 1972, herausgegeben von Marie Luise Kaschnitz.

Deutsche Erzähler des 20. Jahrhunderts

Ausgewählt und eingeleitet von
Marie Luise Kaschnitz

Suhrkamp

Umschlagillustration:
C. D. Friedrich, »Mönch am Meer«, 1808-1810 (Ausschnitt),
Nationalgalerie SMPK, Berlin

suhrkamp taschenbuch 2379
Erste Auflage dieser Ausgabe 1994

Druck: Ebner Ulm
Printed in Germany
Umschlag nach Entwürfen von
Willy Fleckhaus und Rolf Staudt

1 2 3 4 5 6 – 99 98 97 96 95 94

Einleitung

Wir haben dreiunddreißig Erzähler des 20. Jahrhunderts vorzustellen oder ins Gedächtnis zurückzurufen – eine andere Anordnung als die chronologische schien mir nicht sinnvoll zu sein. Ich war auch gleich entschlossen, Hugo von Hofmannsthal, den Herausgeber der vorangegangenen Folge, den Anfang machen zu lassen, und zwar mit dem »Erlebnis des Marschalls von Bassompierre«. In dieser Geschichte sehe ich die klassische Nacherzählung einer besonderen Begebenheit, sie ist bereits zweimal, vom Marschall selbst und von Goethe, präsentiert worden, aber erst Hofmannsthal hat dem düsteren Stoff Farbe und Feuer verliehen.

Eine echte Kunstfigur also zu Beginn. Was danach folgt, trägt die Züge des neuen Jahrhunderts, Subjektivismus, Zeitkritik, Gesellschaftskritik, Psychopathologie. Es hebt an mit dem »Leutnant Gustl« von Arthur Schnitzler, in derselben Stadt und fast zur gleichen Zeit geschrieben wie die Marschallgeschichte, aber in die Zukunft weisend, von der Vergangenheit gelöst. Einer der ersten großen inneren Monologe, Angstgestammel und Angeberei, der Held, der nicht sterben will und es am Ende auch nicht muß. Das alte Österreich und sein junger nichtsnutziger Leutnant, und in all dem Geplapper die schärfste Gesellschaftskritik, Kritik an der Unmenschlichkeit, dem Standesdünkel, dem Antisemitismus, der Oberflächlichkeit und der Aggression.

Was an Neuartigem folgt, betrifft einmal den Inhalt und einmal die Form. 1910 erscheint der »Malte Laurids Brigge«, Rainer Maria Rilkes Bericht von seinem Aufenthalt in Paris, seinem Sehenlernen, Lebenlernen unter dem Zeichen der Angst. Das uralte Spital Hôtel-Dieu mit dem vielfachen, nachlässigen Sterben der Armen und ihm entgegengesetzt der laute anspruchsvolle und sehr persönliche Tod des alten Kammerherrn Brigge, der sich zwei Monate lang von Zimmer zu Zimmer tragen ließ und schrie. Alles aufgeschrieben gegen die Furcht des Heimatlosen, der, seinem Jahrhundert gemäß, schon aus dem Koffer lebt und im Begriff ist, alles Vergangene aus dem Gedächtnis zu verlieren. Angst und Einsamkeit also, und Angst und Einsamkeit auch in Döblins »Segelfahrt«, in der die Geschichte eines alternden liebessüchtigen Mädchens wie in Jugendstilwellen abrollt, pathetisch genug. Und nur Robert Walser hat seine »Ballonfahrt«, diese unerhörte technische Neuheit, auf die zurückhaltendste Weise angeboten, als eine Kurzgeschichte vor allen Kurzgeschichten, mit einem erschreckenden und doch heiteren Paukenschlag zum Schluß.

Franz Kafkas Erzählung »In der Strafkolonie« ist in unserer Reihe die nächste und läßt sich doch nicht einordnen, steht da unvergleichbar, wie ein erratischer Block. Der Weitblick, diese schreckliche Vorausschau auf alle Martern und Foltern unseres Jahrhunderts, ist beängstigend, auch die Sachlichkeit, mit der das Marterinstrument bis in alle Einzelheiten genau beschrieben wird, auch die Gleichgültigkeit, mit der der Augenzeuge sich am Ende von der Insel rettet und die in das rätselhafte Geschehen Verstrickten ihrem Schicksal überläßt.

Solche Gleichgültigkeit, für unser Jahrhundert ebenso charakteristisch wie Grausamkeit und Mordlust, werden wir in einer viel späteren Erzählung, dem »Gleichgültigen« von Siegfried Lenz, wiederfinden. Zunächst ist etwas anderes an der Reihe, die Leiden eines Kindes, hinter dem wir alle von Hermann Hesse gezeichneten aufsässigen und unglücklichen Jugendlichen auftauchen sehen, ihre Sehnsucht nach Reinheit und Vergebung, ihren Zwang, immer wieder Böses zu tun, ihre Auflehnung gegen die Väter, die das ganze Jahrhundert andauert, aber erst in seiner zweiten Hälfte politische Folgen haben soll.

1922 bringt Kurt Schwitters, der dadaistische Maler und Objektemacher, dann etwas völlig anderes, nämlich sein entschlossenes, verrücktes Mädchen Auguste Bolte, das auf einen ihm unheimlich erscheinenden trivialen Reim hin zuerst zehn, dann fünf, dann vier fremden Personen nachläuft, von ihnen etwas erfahren will und nicht erfährt. Und auch der Leser sieht nach all den spaßhaften Zahlenspielen am Ende nur die Dummheit der superklugen Frauen, vielleicht auch die der Kritiker, verhöhnt.

Als Kafka, Hesse und Schwitters ihre Erzählungen schrieben, war der erste Weltkrieg schon vorüber. Thomas Manns »Unordnung und frühes Leid« ist eine Nachkriegsschilderung, Villenproletariat in der ersten Inflation, Vermischung der Stände und die rührende Beinahe-Tragödie eines kleinen Mädchens im Kern. Und dann erscheint der »Stationschef Fallmerayer«, Joseph Roths romantische Gestalt, hat sein entscheidendes Erlebnis schon vor dem Krieg, aber der Krieg erst eigentlich wirft den Liebenden aus seiner Bahn, läßt ihn fern von seinem kleinbürgerlichen Zuhause phantastische Schauplätze betreten und ihn am Ende aus der Welt verschwinden, in der für einen redlichen Liebhaber kein Raum mehr ist.

Von Robert Musil habe ich die Erzählung »Die Amsel« herausgesucht. Sie paßt nicht in das Schema, Gestaltung der Zeit im 20. Jahrhundert, aber es wird noch einige geben, die so nicht zu fassen sind. »Die Amsel« steht hier für alle Geschichten, in denen innere Erlebnisse wachgerufen werden, Seelenvogel und Transzendenz und das rätselhafte Glück des Helden, wenn er mit dem Übersinnlichen in Berührung kommt. Die Erzählung ist breit ausgesponnen, und einen beinahe lebenslangen Zeitraum umfaßt auch die »Liebesgeschichte« von Heinrich Mann, die Schilderung einer zugleich sinnlichen und kalten Beziehung zwischen zwei Geschäftsleuten, deutscher Spätkapitalisten, Eisenhandel en gros, und seltsam nur, daß an der vernunftbedingten Trennung des Paares am Ende beide Partner zugrunde gehen.

Und nun kommt wieder ein Brocken, der sprengt und sich isoliert, die paar ersten Seiten aus Hermann Brochs Roman »Der Tod des Vergil«, ganz absichtlich anstelle einer der Brochschen Erzählungen hierher gesetzt. Denn das sollte doch auch gezeigt werden, wie in unserem Jahrhundert noch einer, in die Vergangenheit und die fernste zurückgreifend, die Gegenwart meint, und in dem langsamen Sterben des römischen Dichters seinen eigenen möglichen Tod beschreibt.

Anna Seghers »Der Ausflug der toten Mädchen« zeigt das ferne Land Mexiko, Emigrantenschicksal, und in einer, durch das Knarren einer Schaukel herbeigezogenen Erinnerung den Rhein, das Ausflugsschiff und die damaligen Mädchen, ihr Tun und Leiden, ihrer aller Tod. Da sind wir wieder mitten im Jahrhundert, auch bei Arno Schmidts »Brand's Haide«, Hungerzeit, Flüchtlingsschicksal, und der Erzählton dem mitgeteilten Nichtsbesitzen, Nichtserreichen angepaßt; chaotische Zustände, Landserjargon, dabei eine echte Liebesgeschichte und das Unsterbliche der Weltliteratur immer präsent.

Chaotisch geht es auch in der trümmerhaften Stadt Berlin zu, die Gottfried Benn 1947 in dem Kapitel »Lotosland« seiner Erzählung »Der Ptolemäer« schildert. Benn beschreibt, wie er lebt und was ihm durch den Sinn geht, in diesem eisigen Winter, auch wie er sich die Zukunft vorstellt, nämlich als eine von den Reichen geschaffene, mit ausgebuchten Luxushotels und raffinierter Kosmetik, mit Soziologie und Leere, und im kommenden Jahrhundert soll es gar nur noch zwei Menschentypen, Verbrecher und Mönche, geben. Schwarze Kutten, Seelen, die in der Meditation noch einmal hoffen und noch einmal vergessen können, – Lotos, da werden wir wieder zurückgeführt in das so benannte pseudomedizinische Institut, mit dem sich Benn über seine eigene ärztliche Tätigkeit lustig zu machen scheint. – Und nun folgt Bertolt Brechts »Unwürdige Greisin«, das Lehrstück, die Kalendergeschichte, und weist ebenfalls in die Zukunft, da hier von einer Frau die Rede ist, die sich von den Konventionen der bürgerlichen Gesellschaft freimacht und in ihrem hohen Alter erst eigentlich zu leben beginnt.

In den fünfziger Jahren dann wird anders geschrieben, anders poetisch, anders kritisch, anders phantastisch und surreal. 1951 erscheint Heimito von Doderers Erzählung »Die Posaunen von Jericho«, voll skurriler Züge, aber auch voll von echten Traumsituationen, die Geschichte eines menschlichen Verfalls und einer menschlichen Erlösung. In dem zweifelhaften Individuum Rambausek begegnet der Erzähler immer wieder sich selbst, demütigt den Alten mit der großen Nase und wird von ihm herabgezogen in die Untiefen seines eigenen Ichs. Bartriß und Nasenzug, wie aus kindlicher Zwergenwelt hierher gesetzt, bedeuten die Bewältigung, die lange verpaßt, am Ende aber von den beiden Gegenspielern fast gleichzeitig vollzogen wird.

Jetzt erscheint auch Heinrich Bölls »Nicht nur zur Weihnachtszeit«, dieser scharfe Angriff auf die bürgerlichen Festgewohnheiten, die durch keine Katastrophenzeit auszurotten oder auch nur zu erschüttern sind. Und Ilse Aichinger schreibt ihre »Spiegelgeschichte«, etwas scheinbar Ewiges, denn gestern wie heute oder morgen könnte sich diese Tote vom Bett erheben und den Weg in ihre Kindheit zurückgehen, aber so wäre dieser Weg nicht beschrieben worden in einer früheren Zeit.

Wer der Reihe nach liest, wird sich später, etwa bei Günter Grass, an Bölls Weihnachtsgeschichte und an »Brand's Haide«, dieses Stück deutsches Schicksal, erinnern; denn es ist in unserem Band nicht viel typisch Deutsches zu finden, während Hofmannsthal es noch aufspürte auf Schritt und Tritt. In Johnsons »Osterwasser«, dieser Geschichte einer Ju-

gendliebe im östlichen Kriegsgebiet, in der Szene aus Grass' »Hundejahren«, in der der junge Amsel das Messer nach der Katze wirft, ist der Osten unverwechselbar, unverwechselbar auch in den »Toten Mädchen« der Rhein. Zweimal wird eine Stadt beschrieben, Hamburg, das Hans Erich Nossack auf die dramatische Weise der Bombenangriffe untergehen sah, und, viel später, Berlin, die Gegend um das Romanische Café, mit Wolfgang Koeppen als Chronisten, der aus dem Schicksal eines einzigen Hauses ein Stück Weltgeschichte lebendig werden läßt. Im übrigen scheinen die Landschaften oft beweglich, Fluchtländer oder Reiseländer, wie der häßliche, von Blechkanistern umzäunte Hinterhof in der dem Roman »Stiller« von Max Frisch entnommenen Erzählung »Eine Mulattin namens Florence«. Etwas, das den mondbeschienenen Gärten Eichendorffs nicht gleicht und das man dennoch fest im Gedächtnis behält.
Ingeborg Bachmanns »Alles« ist wieder eine scheinbar zeitlose und doch nur in dieser Jahrhundertmitte mögliche Erzählung, die ewige Erfahrung eines Vaters, der von seinem kleinen Sohn alles erwartet, den neuen Menschen schlechthin, und der erleben muß, wie nicht seine Hoffnungen, sondern die gefährlichen Anlagen des Kindes und seine Anpassung an die korrupte Gesellschaft dessen Entwicklung bestimmen. Dann Johannes Bobrowski, sein »Mäusefest«, der alte Jude und der deutsche Soldat, irgendwo in Polen in der Hitlerzeit, ein paar Seiten nur, ein sanfter Schrecken, bei dem einem das Blut erstarrt.
Wenn wir nach der Frage, was wird im zwanzigsten Jahrhundert erzählt, noch die Frage, wie wird erzählt beantworten wollten, gäbe es gewiß mehr zu bemerken als Döblins schweres Pathos, Schwitters' erstaunlichen Sprung über sein Jahrhundert hinweg und Schnitzlers inneren Monolog. Eine Wende zum Heutigen deutet sich mir in der Erzählung »Der Schatten des Körpers des Kutschers« von Peter Weiss an. Im Sinne des französischen nouveau roman hat sie gewiß einer

ganzen Generation deutscher Schriftsteller, bis hin zu Peter Handke, den neuen Blick, den nur von außen, gelehrt. Alles nur von außen, nur die Bewegungen, die mangels jeder psychologischen Erklärung rätselhaften Vorgänge, der Lauf des Käfers, der aus dem Rauchfang fällt und im Ausguß ertrinkt.

Von den bereits erwähnten Erzählungen gehören in die sechziger Jahre die von Johannes Bobrowski, Günter Grass, Wolfgang Koeppen und Siegfried Lenz. 1965 gibt es, in Wolfgang Hildesheimers Roman »Tynset«, noch einmal eine Pestgeschichte, aber nichts gekonnt Historisches, nur ein Tasten und Suchen, was da gewesen sein könnte und wie es gewesen sein könnte in dem alten siebenschläfrigen Gastbett, dem Sommerbett des Autors, der seine Gestalten dort ansiedelt, einen rechten Totentanz mit Courtisane, Mönch und Soldat, sieben Personen im ganzen, die, im Begriff sich zu paaren, von der Krankheit niedergestreckt werden. Das ist noch eine echte Erzählung und ein Stück Poesie. Aber schon bei Martin Walsers ironischer und zeitkritischer Geschichte »Nach Siegfrieds Tod«, mehr noch bei der 1968 erschienenen geistreichen und drastischen Parabel »Hausgenossen« von Günter Eich mag dem Leser ein Zweifel kommen, wird da überhaupt noch im alten Sinne erzählt, und dieser Zweifel verläßt uns nicht mehr, je weiter wir in die Gegenwart vordringen. Talente wieviele und besondere Schreibweisen wieviele. Ich bezweifle aber, daß schon der fünfzigjährige Heißenbüttel, um wieviel mehr die heute jungen Autoren wie Jürgen Becker, Gabriele Wohmann, Peter Chotjewitz, Wolf Wondratschek, Wolf Biermann, Hubert Fichte, Peter Handke und Ror Wolf oder gar Helga Novak oder Günter Wallraff sich unserer Reihe zugesellt sehen möchten. Sie vielleicht wollen die Sprache verändern, Zeichen setzen, von politischen und sozialen Zuständen berichten. Aber mit dem Rest jener schon in Frage gestellten Einzelgängerei und Innerlichkeit, die dem Erzähler des 20. Jahrhunderts noch anhaftet, werden sie so wenig zu tun haben wollen wie mit den passiven Helden unserer Geschichten, die allesamt Bürger sind, unsichere, aus der Bahn geworfene, aber Bürger immerhin.

Schließen wir also mit einer vor kurzem geschriebenen Erzählung, die von Thomas Bernhard stammt und den Titel »Am Ortler« trägt. In ihr ist die Jetztzeit lebendig als eine Epoche der menschlichen Verfinsterung und des menschlichen Versagens, und ein heiterer Ausklang unseres Bandes ist sie nicht. Von zwei Brüdern ist die Rede, einem Akrobaten oder Jongleur, jedenfalls von einem, »der Kunststücke macht«, und einem Wissenschaftler, der die Luftschichten erforscht. Die beiden gehen den alten grausamen Kinderweg, immer bergauf, wie einst mit den Eltern. Am Fuß des Ortlers wollen sie bleiben und sich über manches klar werden, aber als sie das ihnen vererbte Berggehöft erreichen, finden sie es in Trümmern liegen. Der Wahnsinn, die Folge einer terroristischen Erziehung und einer lebenslangen Überanstrengung, hat schon den einen der Brüder befallen, er wird den anderen, den Berichterstatter, nicht verschonen.

Düsterer Ausklang und Ende des Erzählens für alle Zeit? Ich glaube kaum. Wir hatten unser Jahrhundert vorzustellen und uns mit seinen literarischen Tendenzen zu beschäftigen – einen Kanon, wie ihn noch Hofmannsthal seiner Einleitung zugrunde legt, habe ich dabei nicht gefunden. Die Möglichkeiten des Erzählens waren an bestimmte Formen nicht gebunden und eine Entwicklung ließ sich nicht feststellen. Also wird es wohl in der Thematik wie im Stil noch große Veränderung, aber kein Ende geben.

Marie Luise Kaschnitz

HUGO VON HOFMANNSTHAL

Das Erlebnis des Marschalls von Bassompierre

Zu einer gewissen Zeit meines Lebens brachten es meine Dienste mit sich, daß ich ziemlich regelmäßig mehrmals in der Woche um eine gewisse Stunde über die kleine Brücke ging (denn der Pont neuf war damals noch nicht erbaut) und dabei meist von einigen Handwerkern oder anderen Leuten aus dem Volk erkannt und gegrüßt wurde, am auffälligsten aber und regelmäßigsten von einer sehr hübschen Krämerin, deren Laden an einem Schild mit zwei Engeln kenntlich war, und die, sooft ich in den fünf oder sechs Monaten vorüberkam, sich tief neigte und mir soweit nachsah, als sie konnte. Ihr Betragen fiel mir auf, ich sah sie gleichfalls an und dankte ihr sorgfältig. Einmal, im Spätwinter, ritt ich von Fontainebleau nach Paris, und als ich wieder die kleine Brücke heraufkam, trat sie an ihre Ladentür und sagte zu mir, indem ich vorbeiritt: »Mein Herr, Ihre Dienerin!« Ich erwiderte ihren Gruß, und indem ich mich von Zeit zu Zeit umsah, hatte sie sich weiter vorgelehnt, um mir soweit als möglich nachzusehen. Ich hatte einen Bedienten und einen Postillon hinter mir, die ich noch diesen Abend mit Briefen an gewisse Damen nach Fontainebleau zurückschicken wollte. Auf meinen Befehl stieg der Bediente ab und ging zu der jungen Frau, ihr in meinem Namen zu sagen, daß ich ihre Neigung, mich zu sehen und zu grüßen, bemerkt hätte; ich wollte, wenn sie wünschte mich näher kennenzulernen, sie aufsuchen, wo sie verlangte.

Sie antwortete dem Bedienten: er hätte ihr keine erwünschtere Botschaft bringen können, sie wollte kommen, wohin ich sie bestellte.

Im Weiterreiten fragte ich den Bedienten, ob er nicht etwa einen Ort wüßte, wo ich mit der Frau zusammenkommen könnte. Er antwortete, daß er sie zu einer gewissen Kupplerin führen wollte; da er aber ein sehr besorger und gewissenhafter Mensch war, dieser Diener Wilhelm aus Courtrai, so setzte er gleich hinzu: da die Pest sich hie und da zeige und nicht nur Leute aus dem niedrigen und schmutzigen Volk, sondern auch ein Doktor und ein Domherr schon daran gestorben seien, so rate er mir, Matratzen, Decken und Leintücher aus meinem Hause mitbringen zu lassen. Ich nahm den Vorschlag an, und er versprach, mir ein gutes Bett zu bereiten. Vor dem Absteigen sagte ich noch, er solle auch ein ordentliches Waschbecken dorthin tragen, eine kleine Flasche mit wohlriechender Essenz und etwas Backwerk und Äpfel; auch solle er dafür sorgen, daß das Zimmer tüchtig geheizt werde, denn es war so kalt, daß mir die Füße im Bügel steif gefroren waren, und der Himmel hing voll Schneewolken.

Den Abend ging ich hin und fand eine sehr schöne Frau von ungefähr zwanzig Jahren auf dem Bette sitzen, indes die Kupplerin, ihren Kopf und ihren runden Rücken in ein schwarzes Tuch eingemummt, eifrig in sie hineinredete. Die Tür war angelehnt, im Kamin lohten große frische Scheiter geräuschvoll auf, man hörte mich nicht kommen, und ich blieb einen Augenblick in der Tür stehen. Die Junge sah mit großen Augen ruhig in die Flamme; mit einer Bewegung ihres Kopfes hatte sie sich wie auf Meilen von der widerwärtigen Alten entfernt; dabei war unter einer kleinen Nachthaube, die sie trug, ein Teil ihrer schweren dunklen Haare vorgequollen und fiel, zu ein paar natürlichen Locken sich ringelnd, zwischen Schulter und Brust über das Hemd. Sie trug noch einen kurzen Unterrock von grünwollenem Zeug und Pantoffeln an den Füßen. In diesem Augenblick mußte ich mich durch ein Geräusch verraten haben: Sie warf ihren

Kopf herum und bog mir ein Gesicht entgegen, dem die übermäßige Anspannung der Züge fast einen wilden Ausdruck gegeben hätte, ohne die strahlende Hingebung, die aus den weit aufgerissenen Augen strömte und aus dem sprachlosen Mund wie eine unsichtbare Flamme herausschlug. Sie gefiel mir außerordentlich; schneller, als es sich denken läßt, war die Alte aus dem Zimmer und ich bei meiner Freundin. Als ich mir in der ersten Trunkenheit des überraschenden Besitzes einige Freiheiten herausnehmen wollte, entzog sie sich mir mit einer unbeschreiblich lebenden Eindringlichkeit zugleich des Blickes und der dunkeltönenden Stimme. Im nächsten Augenblick aber fühlte ich mich von ihr umschlungen, die noch inniger mit dem fort und fort empordrängenden Blick der unerschöpflichen Augen als mit den Lippen und den Armen an mir haftete; dann wieder war es, als wollte sie sprechen, aber die von Küssen zuckenden Lippen bildeten keine Worte, die bebende Kehle ließ keinen deutlicheren Laut als ein gebrochenes Schluchzen empor.

Nun hatte ich einen großen Teil dieses Tages zu Pferde auf frostigen Landstraßen verbracht, nachher im Vorzimmer des Königs einen sehr ärgerlichen und heftigen Auftritt durchgemacht und darauf, meine schlechte Laune zu betäuben, sowohl getrunken als mit dem Zweihänder stark gefochten, und so überfiel mich mitten unter diesem reizenden und geheimnisvollen Abenteuer, als ich von weichen Armen im Nacken umschlungen und mit duftendem Haar bestreut dalag, eine so plötzliche heftige Müdigkeit und beinahe Betäubung, daß ich mich nicht mehr zu erinnern wußte, wie ich denn gerade in dieses Zimmer gekommen wäre, ja sogar für einen Augenblick die Person, deren Herz so nahe dem meinigen klopfte, mit einer ganz anderen aus früherer Zeit verwechselte und gleich darauf fest einschlief.

Als ich wieder erwachte, war es noch finstere Nacht, aber ich fühlte sogleich, daß meine Freundin nicht mehr bei mir war. Ich hob den Kopf und sah beim schwachen Schein der zusammensinkenden Glut, daß sie am Fenster stand: Sie hatte den einen Laden aufgeschoben und sah durch den Spalt hinaus. Dann drehte sie sich um, merkte, daß ich wach war, und rief (ich sehe noch, wie sie dabei mit dem Ballen der linken Hand an ihrer Wange emporfuhr und das vorgefallene Haar über die Schulter zurückwarf): »Es ist noch lange nicht Tag, noch lange nicht!« Nun sah ich erst recht, wie groß und schön sie war, und konnte den Augenblick kaum erwarten, daß sie mit wenigen der ruhigen großen Schritte ihrer schönen Füße, an denen der rötliche Schein emporglomm, wieder bei mir wäre. Sie trat aber noch vorher an den Kamin, bog sich zur Erde, nahm das letzte schwere Scheit, das draußen lag, in ihre strahlenden nackten Arme und warf es schnell in die Glut. Dann wandte sie sich, ihr Gesicht funkelte von Flammen und Freude, mit der Hand riß sie im Vorbeilaufen einen Apfel vom Tisch und war schon bei mir, ihre Glieder noch vom frischen Anhauch des Feuers umweht und dann gleich aufgelöst und von innen her von stärkeren Flammen durchschüttert, mit der Rechten mich umfassend, mit der Linken zugleich die angebissene kühle Frucht und Wangen, Lippen und Augen meinem Mund darbietend. Das letzte Scheit im Kamin brannte stärker als alle anderen. Aufsprühend sog es die Flamme in sich und ließ sie dann wieder gewaltig emporlohen, daß der Feuerschein über uns hinschlug, wie eine Welle, die an der Wand sich brach und unsere umschlungenen Schatten jäh emporhob und wieder sinken ließ. Immer wieder knisterte das starke Holz und nährte aus seinem Innern immer wieder neue Flammen, die emporzüngelten und das schwere Dunkel mit Güssen und Garben von rötlicher Helle verdrängten. Auf einmal aber sank die Flamme hin, und ein kalter Lufthauch tat leise wie eine Hand den Fensterladen auf und entblößte die fahle widerwärtige Dämmerung.

Wir setzten uns auf und wußten, daß nun der Tag da war. Aber das da draußen glich keinem Tag. Es glich nicht dem Aufwachen der Welt. Was da draußen lag, sah nicht aus wie eine Straße. Nichts Einzelnes ließ sich erkennen: es war ein farbloser, wesenloser Wust, in dem sich zeitlose Larven hinbewegen mochten. Von irgendwoher, weither, wie aus der Erinnerung heraus, schlug eine Turmuhr, und eine feuchtkalte Luft, die keiner Stunde angehörte, zog sich immer stärker herein, daß wir uns schaudernd aneinanderdrückten. Sie bog sich zurück und heftete ihre Augen mit aller Macht auf mein Gesicht; ihre Kehle zuckte, etwas drängte sich in ihr herauf und quoll bis an den Rand der Lippen vor: es wurde kein Wort daraus, kein Seufzer und kein Kuß, aber etwas, was ungeboren allen dreien glich. Von Augenblick zu Augenblick wurde es heller und der vielfältige Ausdruck ihres zuckenden Gesichts immer redender; auf einmal kamen schlürfende Schritte und Stimmen von draußen so nahe am Fenster vorbei, daß sie sich duckte und ihr Gesicht gegen die Wand kehrte. Es waren zwei Männer, die vorbeigingen: einen Augenblick fiel der Schein einer kleinen Laterne, die der eine trug, herein; der andere schob einen Karren, dessen Rad knirschte und ächzte. Als sie vorüber waren, stand ich auf, schloß den Laden und zündete ein Licht an. Da lag noch ein halber Apfel: wir aßen ihn zusammen, und dann fragte ich sie, ob ich sie nicht noch einmal sehen könnte, denn ich verreise erst Sonntag. Dies war aber die Nacht vom Donnerstag auf den Freitag gewesen.

Sie antwortete mir: daß sie es gewiß sehnlicher verlange als ich; wenn ich aber nicht den ganzen Sonntag bliebe, sei es ihr unmöglich; denn nur in der Nacht vom Sonntag auf den Montag könnte sie mich wiedersehen.

Mir fielen zuerst verschiedene Abhaltungen ein, so daß ich einige Schwierigkeiten machte, die sie mit keinem Worte, aber mit einem überaus schmerzlich fragenden Blick und einem gleichzeitigen fast unheimlichen Hart- und Dunkelwerden ihres Gesichts anhörte. Gleich darauf versprach ich natürlich, den Sonntag zu bleiben, und setzte hinzu, ich wollte also Sonntag abend mich wieder an dem nämlichen Ort einfinden. Auf dieses Wort sah sie mich fest an und sagte mir mit einem ganz rauhen und gebrochenen Ton in der Stimme: »Ich weiß recht gut, daß ich um deinetwillen in ein schändliches Haus gekommen bin; aber ich habe es freiwillig getan, weil ich mit dir sein *wollte*, weil ich *jede* Bedingung eingegangen wäre. Aber jetzt käme ich mir vor, wie die letzte, niedrigste Straßendirne, wenn ich ein zweites Mal hieher zurückkommen könnte. Um deinetwillen hab' ich's getan, weil du für mich der bist, der du bist, weil du der Bassompierre bist, weil du der Mensch auf der Welt bist, der mir durch seine Gegenwart dieses Haus da ehrenwert macht!« Sie sagte: »Haus«; einen Augenblick war es, als wäre ein verächtlicheres Wort ihr auf der Zunge; indem sie das Wort aussprach, warf sie auf diese vier Wände, auf dieses Bett, auf die Decke, die herabgeglitten auf dem Boden lag, einen solchen Blick, daß unter der Garbe von Licht, die aus ihren Augen hervorschoß, alle diese häßlichen und gemeinen Dinge aufzuzucken und geduckt vor ihr zurückzuweichen schienen, als wäre der erbärmliche Raum wirklich für einen Augenblick größer geworden.

Dann setzte sie mit einem unbeschreiblich sanften und feierlichen Tone hinzu: »Möge ich eines elenden Todes sterben, wenn ich außer meinem Mann und dir je irgendeinem andern gehört habe und nach irgendeinem anderen auf der Welt verlange!«, und schien, mit halboffenen, lebenhauchenden Lippen leicht vorgeneigt, irgendeine Antwort, eine Beteuerung meines Glaubens zu erwarten, von meinem Gesicht aber nicht das zu lesen, was sie verlangte, denn ihr gespannter suchender Blick trübte sich, ihre Wimpern schlugen auf und zu, und auf einmal war sie am Fenster und kehrte mir den Rükken, die Stirn mit aller Kraft an den Laden gedrückt, den ganzen Leib von lautlosem, aber entsetzlich heftigem Weinen so durchschüttert, daß mir das Wort im Munde erstarb und ich nicht wagte, sie zu berühren. Ich erfaßte endlich eine ihrer Hände, die wie leblos herabhingen, und mit den eindringlichsten Worten, die mir der Augenblick eingab, gelang es mir nach langem, sie soweit zu besänftigen, daß sie mir ihr von Tränen überströmtes Gesicht wieder zukehrte, bis plötzlich ein Lächeln, wie ein Licht zugleich aus den Augen und rings um die Lippen hervorbrechend, in einem Moment alle Spuren des Weinens wegzehrte und das ganze Gesicht mit Glanz überschwemmte. Nun war es das reizendste Spiel, wie sie wieder mit mir zu reden anfing, indem sie sich mit dem Satz: »Du willst mich noch einmal sehen? so will ich dich bei meiner Tante einlassen!« endlos herumspielte, die erste Hälfte zehnfach aussprach, bald mit süßer Zudringlichkeit, bald mit kindischem gespieltem Mißtrauen, dann die zweite mir als das größte Geheimnis zuerst ins Ohr flüsterte, dann mit Achselzucken und spitzem Mund, wie die selbstverständlichste Verabredung von der Welt, über die Schulter hinwarf und endlich, an mir hängend, mir ins Gesicht lachend und schmeichelnd wiederholte. Sie beschrieb mir das Haus aufs genaueste, wie man einem Kind den Weg beschreibt, wenn es zum erstenmal allein über die Straße zum Bäcker gehen soll. Dann richtete sie sich auf, wurde ernst – und die ganze Gewalt ihrer strahlenden Augen heftete sich auf mich mit einer solchen Stärke, daß es war, als müßten sie auch ein totes Geschöpf an sich zu reißen vermögend sein – und fuhr fort: »Ich will dich von zehn Uhr bis Mitternacht erwarten und auch noch später und immerfort, und die Tür unten wird offen sein. Erst findest du einen kleinen Gang, in dem halte dich nicht auf, denn da geht die Tür meiner Tante heraus. Dann stößt dir eine Treppe entgegen, die führt dich in den ersten Stock, und dort bin ich!« Und indem sie die Augen schloß, als ob ihr schwindelte, warf sie den Kopf zurück, breitete die Arme aus und umfing mich, und war gleich wieder aus meinen Armen und in die Kleider eingehüllt, fremd und ernst, und aus dem Zimmer; denn nun war völlig Tag.

Ich machte meine Einrichtung, schickte einen Teil meiner

Leute mit meinen Sachen voraus und empfand schon am Abend des nächsten Tages eine so heftige Ungeduld, daß ich bald nach dem Abendläuten mit meinem Diener Wilhelm, den ich aber kein Licht mitnehmen hieß, über die kleine Brücke ging, um meine Freundin wenigstens in ihrem Laden oder in der daranstoßenden Wohnung zu sehen und ihr allenfalls ein Zeichen meiner Gegenwart zu geben, wenn ich mir auch schon keine Hoffnung auf mehr machte, als etwa einige Worte mit ihr wechseln zu können.

Um nicht aufzufallen, blieb ich an der Brücke stehen und schickte den Diener voraus, um die Gelegenheit auszukundschaften. Er blieb längere Zeit aus und hatte beim Zurückkommen die niedergeschlagene und grübelnde Miene, die ich an diesem braven Menschen immer kannte, wenn er einen meinigen Befehl nicht hatte erfolgreich ausführen können. »Der Laden ist versperrt«, sagte er, »und scheint auch niemand darinnen. Überhaupt läßt sich in den Zimmern, die nach der Gasse zu liegen, niemand sehen und hören. In den Hof könnte man nur über eine hohe Mauer, zudem knurrt dort ein großer Hund. Von den vorderen Zimmern ist aber eines erleuchtet, und man kann durch eine Spalt im Laden hineinsehen, nur ist es leider leer.«

Mißmutig wollte ich schon umkehren, strich aber doch noch einmal langsam an dem Haus vorbei, und mein Diener in seiner Beflissenheit legte nochmals sein Auge an den Spalt, durch den ein Lichtschimmer drang, und flüsterte mir zu, daß zwar nicht die Frau, wohl aber der Mann nun in dem Zimmer sei. Neugierig, diesen Krämer zu sehen, den ich mich nicht erinnern konnte, auch nur ein einziges Mal in seinem Laden erblickt zu haben, und den ich mir abwechselnd als einen unförmlichen dicken Menschen oder als einen dürren gebrechlichen Alten vorstellte, trat ich ans Fenster und war überaus erstaunt, in dem guteingerichteten vertäfelten Zimmer einen ungewöhnlich großen und sehr gut gebauten Mann umhergehen zu sehen, der mich gewiß um einen Kopf überragte und, als er sich umdrehte, mir ein sehr schönes tiefernstes Gesicht zuwandte, mit einem braunen Bart, darin einige wenige silberne Fäden waren, und mit einer Stirn von fast seltsamer Erhabenheit, so daß die Schläfen eine größere Fläche bildeten, als ich noch je bei einem Menschen gesehen hatte. Obwohl er ganz allein im Zimmer war, so wechselte doch sein Blick, seine Lippen bewegten sich, und indem er unter dem Aufundabgehen hie und da stehenblieb, schien er sich in der Einbildung mit einer anderen Person zu unterhalten: einmal bewegte er den Arm, wie um eine Gegenrede mit halb nachsichtiger Überlegenheit wegzuweisen. Jede seiner Gebärden war von großer Lässigkeit und fast verachtungsvollem Stolz, und ich konnte nicht umhin, mich bei seinem einsamen Umhergehen lebhaft des Bildes eines sehr erhabenen Gefangenen zu erinnern, den ich im Dienst des Königs während seiner Haft in einem Turmgemach des Schlosses zu Blois zu bewachen hatte. Diese Ähnlichkeit schien mir noch vollkommener zu werden, als der Mann seine rechte Hand emporhob und auf die emporgekrümmten Finger mit Aufmerksamkeit, ja mit finsterer Strenge hinabsah.

Denn fast mit der gleichen Gebärde hatte ich jenen erhabenen Gefangenen öfter einen Ring betrachten sehen, den er am Zeigefinger der rechten Hand trug und von welchem er sich niemals trennte. Der Mann im Zimmer trat dann an den Tisch, schob die Wasserkugel vor das Wachslicht und brachte seine beiden Hände in den Lichtkreis, mit ausgestreckten Fingern: er schien seine Nägel zu betrachten. Dann blies er das Licht aus und ging aus dem Zimmer und ließ mich nicht ohne eine dumpfe zornige Eifersucht zurück, da das Verlangen nach seiner Frau in mir fortwährend wuchs und wie ein um sich greifendes Feuer sich von allem nährte, was mir begegnete, und so durch diese unerwartete Erscheinung in verworrener Weise gesteigert wurde, wie durch jede Schneeflocke, die ein feuchtkalter Wind jetzt zertrieb und die mir einzeln an Augenbrauen und Wangen hängenblieben und schmolzen.

Den nächsten Tag verbrachte ich in der nutzlosesten Weise, hatte zu keinem Geschäft die richtige Aufmerksamkeit, kaufte ein Pferd, das mir eigentlich nicht gefiel, wartete nach Tisch dem Herzog von Nemours auf und verbrachte dort einige Zeit mit Spiel und mit den albernsten und widerwärtigsten Gesprächen. Es war nämlich von nichts anderem die Rede als von der in der Stadt immer heftiger um sich greifenden Pest, und aus allen diesen Edelleuten brachte man kein anderes Wort heraus als dergleichen Erzählungen von dem schnellen Verscharren der Leichen, von dem Strohfeuer, das man in den Totenzimmern brennen müsse, um die giftigen Dünste zu verzehren, und so fort; der Albernste aber erschien mir der Kanonikus von Chandieu, der, obwohl dick und gesund wie immer, sich nicht enthalten konnte, unausgesetzt nach seinen Fingernägeln hinabzuschielen, ob sich an ihnen schon das verdächtige Blauwerden zeige, womit sich die Krankheit anzukündigen pflegt.

Mich widerte das alles an, ich ging früh nach Hause und legte mich zu Bette, fand aber den Schlaf nicht, kleidete mich vor Ungeduld wieder an und wollte, koste es, was es wolle, dorthin, meine Freundin zu sehen, und müßte ich mit meinen Leuten gewaltsam eindringen. Ich ging ans Fenster, meine Leute zu wecken, die eisige Nachtluft brachte mich zur Vernunft, und ich sah ein, daß dies der sichere Weg war, alles zu verderben. Angekleidet warf ich mich aufs Bett und schlief endlich ein.

Ähnlich verbrachte ich den Sonntag bis zum Abend, war viel zu früh in der bezeichneten Straße, zwang mich aber, in einer Nebengasse auf und nieder zu gehen, bis es zehn Uhr schlug. Dann fand ich sogleich das Haus und die Tür, die sie mir beschrieben hatte, und die Tür auch offen, und dahinter den Gang und die Treppe. Oben aber die zweite Tür, zu der die Treppe führte, war verschlossen, doch ließ sie unten einen feinen Lichtstreif durch. So war sie drinnen und wartete und stand vielleicht horchend drinnen an der Tür wie ich draußen. Ich kratzte mit dem Nagel an der Tür, da hörte ich drinnen Schritte: es schienen mir zögernd unsichere Schritte eines nackten Fußes. Eine Zeit stand ich ohne Atem, und dann fing ich an zu klopfen: aber ich hörte eine Mannesstimme, die mich fragte, wer draußen sei. Ich drückte mich ans Dunkel des Türpfostens und gab keinen Laut von mir: die Tür blieb zu, und ich klomm mit der äußersten Stille, Stufe für Stufe, die Stiege hinab, schlich den Gang hinaus ins Freie und ging mit pochenden Schläfen und zusammengebissenen Zähnen, glühend vor Ungeduld, einige Straßen auf und ab. Endlich zog es mich wieder vor das Haus: ich wollte noch nicht hinein; ich fühlte, ich wußte, sie würde den Mann entfernen, es müßte gelingen, gleich würde ich zu ihr können. Die Gasse war eng; auf der anderen Seite war kein Haus, sondern die Mauer eines Klostergartens: an der drückte ich mich hin und suchte von gegenüber das Fenster zu erraten. Da loderte in einem, das offen stand, im oberen Stockwerk, ein Schein auf und sank wieder ab, wie von einer Flamme. Nun glaubte ich alles vor mir zu sehen: sie hatte ein großes Scheit in den Kamin geworfen wie damals, wie damals stand sie jetzt mitten im Zimmer, die Glieder funkelnd von der Flamme, oder saß auf dem Bette und horchte und wartete. Von der Tür würde ich sie sehen und den Schatten ihres Nackens, ihrer Schultern, den die durchsichtige Welle an der Wand hob und senkte. Schon war ich im Gang, schon auf der Treppe; nun war auch die Tür nicht mehr verschlossen: angelehnt, ließ sie auch seitwärts den schwankenden Schein durch. Schon streckte ich die Hand nach der Klinke aus, da glaubte ich drinnen Schritte und Stimmen von mehreren zu hören. Ich wollte es aber nicht glauben: ich nahm es für das Arbeiten meines Blutes in den Schläfen, am Halse, und für das Lodern des Feuers drinnen. Auch damals hatte es laut gelodert. Nun hatte ich die Klinke gefaßt, da mußte ich begreifen, daß Menschen drinnen waren, mehrere Menschen. Aber nun war es mir gleich: denn ich fühlte, ich wußte, sie war auch drinnen, und sobald ich die Türe aufstieß, konnte ich sie sehen, sie ergreifen und, wäre es auch aus den Händen anderer, mit einem Arm sie an mich reißen, müßte ich gleich den Raum für sie und mich mit meinem Degen, mit meinem Dolch aus einem Gewühl schreiender Menschen herausschneiden! Das einzige, was mir ganz unerträglich schien, war, noch länger zu warten.

Ich stieß die Tür auf und sah: In der Mitte des leeren Zimmers ein paar Leute, welche Bettstroh verbrannten, und bei der Flamme, die das ganze Zimmer erleuchtete, abgekratzte Wände, deren Schutt auf dem Boden lag, und an einer Wand einen Tisch, auf dem zwei nackte Körper ausgestreckt lagen, der eine sehr groß, mit zugedecktem Kopf, der andere kleiner, gerade an der Wand hingestreckt, und daneben der schwarze Schatten seiner Formen, der emporspielte und wieder sank.

Ich taumelte die Stiege hinab und stieß vor dem Haus auf zwei Totengräber: der eine hielt mir seine kleine Laterne ins Gesicht und fragte mich, was ich suche, der andere schob seinen ächzenden, knirschenden Karren gegen die Haustür. Ich zog den Degen, um sie mir vom Leibe zu halten, und kam nach Hause. Ich trank sogleich drei oder vier große Gläser schweren Weins und trat, nachdem ich mich ausgeruht hatte, den anderen Tag die Reise nach Lothringen an.

Alle Mühe, die ich mir nach meiner Rückkunft gegeben, irgend etwas von dieser Frau zu erfahren, war vergeblich. Ich ging sogar nach dem Laden mit den zwei Engeln; allein, die Leute, die ihn jetzt innehatten, wußten nicht, wer vor ihnen darin gesessen hatte.

M. de Bassompierre, Journal de ma vie, Köln 1663. –
Goethe, Unterhaltungen deutscher Ausgewanderten.

ARTHUR SCHNITZLER

Leutnant Gustl

Wie lange wird denn das noch dauern? Ich muß auf die Uhr schauen... schickt sich wahrscheinlich nicht in einem so ernsten Konzert. Aber wer sieht's denn? Wenn's einer sieht, so paßt er geradesowenig auf wie ich, und vor dem brauch' ich mich nicht zu genieren... Erst viertel auf zehn?... Mir kommt vor, ich sitz' schon drei Stunden in dem Konzert. Ich bin's halt nicht gewohnt... Was ist es denn eigentlich? Ich muß das Programm anschauen... Ja, richtig: Oratorium? Ich hab' gemeint: Messe. Solche Sachen gehören doch nur in die Kirche. Die Kirche hat auch das Gute, daß man jeden Augenblick fortgehen kann. – Wenn ich wenigstens einen Ecksitz hätt'! – Also Geduld, Geduld! Auch Oratorien nehmen ein End'! Vielleicht ist es sehr schön, und ich bin nur nicht in der Laune. Woher sollt' mir auch die Laune kommen? Wenn ich denke, daß ich hergekommen bin, um mich zu zerstreuen... Hätt' ich die Karte lieber dem Benedek geschenkt, dem machen solche Sachen Spaß; er spielt ja selber Violine.
Aber da wär' der Kopetzky beleidigt gewesen. Es war ja sehr lieb von ihm, wenigstens gut gemeint. Ein braver Kerl, der Kopetzky! Der einzige, auf den man sich verlassen kann... Seine Schwester singt ja mit unter denen da oben. Mindestens hundert Jungfrauen, alle schwarz gekleidet; wie soll ich sie da herausfinden? Weil sie mitsingt, hat er auch das Billett gehabt, der Kopetzky... Warum ist er denn nicht selber gegangen? – Sie singen übrigens sehr schön. Es ist sehr erhebend – sicher! Bravo! bravo!... Ja, applaudieren wir mit.

Der neben mir klatscht wie verrückt. Ob's ihm wirklich so gut gefällt? – Das Mädel drüben in der Loge ist sehr hübsch. Sieht sie mich an oder den Herrn dort mit dem blonden Vollbart? ... Ah, ein Solo! Wer ist das? Alt: Fräulein Walker, Sopran: Fräulein Michalek ... das ist wahrscheinlich Sopran ... Lang' war ich schon nicht in der Oper. In der Oper unterhalt' ich mich immer, auch wenn's langweilig ist. Übermorgen könnt' ich eigentlich wieder hineingehn, zur »Traviata«. Ja, übermorgen bin ich vielleicht schon eine tote Leiche! Ah, Unsinn, das glaub' ich selber nicht! Warten S' nur, Herr Doktor, Ihnen wird's vergeh'n, solche Bemerkungen zu machen! Das Nasenspitzel hau' ich Ihnen herunter...

Wenn ich die in der Loge nur genau sehen könnt'! Ich möcht' mir den Operngucker von dem Herrn neben mir ausleih'n, aber der frißt mich ja auf, wenn ich ihn in seiner Andacht stör'... In welcher Gegend die Schwester vom Kopetzky steht? Ob ich sie erkennen möcht'? Ich hab' sie ja nur zwei- oder dreimal gesehen, das letztemal im Offizierskasino... Ob das lauter anständige Mädeln sind, alle hundert? O jeh! ... »Unter Mitwirkung des Singvereins!« – Singverein... komisch! Ich hab' mir darunter eigentlich immer so was Ähnliches vorgestellt, wie die Wiener Tanzsängerinnen, das heißt, ich hab' schon gewußt, daß es was anderes ist! ... Schöne Erinnerungen! Damals beim »Grünen Tor« ... Wie hat sie nur geheißen? Und dann hat sie mir einmal eine Ansichtskarte aus Belgrad geschickt... auch eine schöne Gegend! – Der Kopetzky hat's gut, der sitzt jetzt längst im Wirtshaus und raucht seine Virginia! ...

Was guckt mich denn der Kerl dort immer an? Mir scheint, der merkt, daß ich mich langweil' und nicht herg'hör... Ich möcht' Ihnen raten, ein etwas weniger freches Gesicht zu machen, sonst stell' ich Sie mir nachher im Foyer! – Schaut schon weg! ... Daß sie alle vor meinem Blick so eine Angst hab'n ... »Du hast die schönsten Augen, die mir je vorgekommen sind!« hat neulich die Steffi gesagt... O Steffi,

Steffi, Steffi! – Die Steffi ist eigentlich schuld, daß ich dasitz' und mir stundenlang vorlamentieren lassen muß. – Ah, diese ewige Abschreiberei von der Steffi geht mir wirklich schon auf die Nerven! Wie schön hätt' der heutige Abend sein können. Ich hätt' große Lust, das Brieferl von der Steffi zu lesen. Da hab' ich's ja. Aber wenn ich die Brieftasche herausnehm', frißt mich der Kerl daneben auf! – Ich weiß ja, was drinsteht ... sie kann nicht kommen, weil sie mit »ihm« nachtmahlen gehen muß ... Ah, das war komisch vor acht Tagen, wie sie mit ihm in der Gartenbaugesellschaft gewesen ist, und ich vis-à-vis mit'm Kopetzky; und sie hat mir immer die Zeichen gemacht mit den Augerln, die verabredeten. Er hat nichts gemerkt – unglaublich! Muß übrigens ein Jud' sein! Freilich, in einer Bank ist er, und der schwarze Schnurrbart ... Reserveleutnant soll er auch sein! Na, in mein Regiment sollt' er nicht zur Waffenübung kommen! Überhaupt, daß sie noch immer so viel Juden zu Offizieren machen – da pfeif' ich auf'n ganzen Antisemitismus! Neulich in der Gesellschaft, wo die G'schicht' mit dem Doktor passiert ist bei den Mannheimers ... die Mannheimer selber sollten ja auch Juden sein, getauft natürlich ... denen merkt man's aber gar nicht an – besonders die Frau ... so blond, bildhübsch die Figur ... War sehr amüsant im ganzen. Famoses Essen, großartige Zigarren ... Na ja, wer hat's Geld? ...

Bravo, bravo! Jetzt wird's doch bald aus sein? – Ja, jetzt steht die ganze G'sellschaft da droben auf ... sieht sehr gut aus – imposant! – Orgel auch? ... Orgel hab' ich sehr gern ... So, das lass' ich mir g'falln – sehr schön! Es ist wirklich wahr, man sollt' öfter in Konzerte gehen ... Wunderschön ist's g'wesen, werd' ich dem Kopetzky sagen ... Werd' ich ihn heut' im Kaffeehaus treffen? – Ah, ich hab'gar keine Lust, ins Kaffeehaus zu geh'n; hab' mich gestern so gegiftet! Hundertsechzig Gulden auf einem Sitz verspielt – zu dumm! Und wer hat alles gewonnen? Der Ballert, grad' der, der's nicht notwendig hat ... Der Ballert ist eigentlich schuld, daß ich in das blöde Konzert hab' geh'n müssen ... Na ja, sonst hätt' ich heut wieder spielen können, vielleicht doch was zurückgewonnen. Aber es ist ganz gut, daß ich mir selber das Ehrenwort gegeben hab', einen Monat lang keine Karte anzurühren ... Die Mama wird wieder ein G'sicht machen, wenn sie meinen Brief bekommt! – Ah, sie soll zum Onkel geh'n, der hat Geld wie Mist; auf die paar hundert Gulden kommt's ihm nicht an. Wenn ich's nur durchsetzen könnt', daß er mir eine regelmäßige Sustentation gibt ... aber nein, um jeden Kreuzer muß man extra betteln. Dann heißt's wieder: Im vorigen Jahr war die Ernte schlecht! ... Ob ich heuer im Sommer wieder zum Onkel fahren soll auf vierzehn Tag'? Eigentlich langweilt man sich dort zum Sterben ... Wenn ich die ... wie hat sie nur geheißen? ... Es ist merkwürdig, ich kann mir keinen Namen merken! ... Ah, ja: Etelka! ... Kein Wort Deutsch hat sie verstanden, aber das war auch nicht notwendig ... hab' gar nichts zu reden brauchen! ... Ja, es wird ganz gut sein, vierzehn Tage Landluft und vierzehn Nächt' Etelka oder sonstwer ... Aber acht Tag' sollt' ich doch auch wieder beim Papa und bei der Mama sein ... Schlecht hat sie ausg'seh'n heuer zu Weihnachten ... Na, jetzt wird die Kränkung schon überwunden sein. Ich an ihrer Stelle wär' froh, daß der Papa in Pension gegangen ist. – Und die Klara wird schon noch einen Mann kriegen ... Der Onkel kann schon was hergeben ... Achtundzwanzig Jahr, das ist doch nicht so alt ... Die Steffi ist sicher nicht jünger ... Aber es ist merkwürdig: die Frauenzimmer erhalten sich länger jung. Wenn man so bedenkt: die Maretti neulich in der »Madame Sans-Gêne« – siebenunddreißig Jahr ist sie sicher, und sieht aus ... Na, ich hätt' nicht nein g'sagt! – Schad', daß sie mich nicht g'fragt hat ...

Heiß wird's! Noch immer nicht aus? Ah, ich freu' mich so auf die frische Luft! Werd' ein bißl spazierengeh'n, übern Ring ... Heut' heißt's: früh ins Bett, morgen nachmittag frisch sein! Komisch, wie wenig ich daran denk', so egal ist mir das! Das erstemal hat's mich doch ein bißl aufgeregt. Nicht, daß ich Angst g'habt hätt'; aber nervös bin ich gewesen in der Nacht vorher... Freilich, der Oberleutnant Bisanz war ein ernster Gegner. – Und doch, nichts ist mir g'scheh'n!... Auch schon anderthalb Jahr her. Wie die Zeit vergeht! Und wenn mir der Bisanz nichts getan hat, der Doktor wird mir schon gewiß nichts tun! Obzwar, gerade diese ungeschulten Fechter sind manchmal die gefährlichsten. Der Doschintzky hat mir erzählt, daß ihn ein Kerl, der das erstemal einen Säbel in der Hand gehabt hat, auf ein Haar abgestochen hätt'; und der Doschintzky ist heut Fechtlehrer bei der Landwehr. Freilich – ob er damals schon so viel können hat... Das wichtigste ist: kaltes Blut. Nicht einmal einen rechten Zorn hab' ich mehr in mir, und es war doch eine Frechheit – unglaublich! Sicher hätt' er sich's nicht getraut, wenn er nicht Champagner getrunken hätt' vorher... So eine Frechheit! Gewiß ein Sozialist! Die Rechtsverdreher sind doch heutzutag' alle Sozialisten! Eine Bande... am liebsten möchten sie gleich 's ganze Militär abschaffen; aber wer ihnen dann helfen möcht', wenn die Chinesen über sie kommen, daran denken sie nicht. Blödisten! – Man muß gelegentlich ein Exempel statuieren. Ganz recht hab' ich g'habt. Ich bin froh, daß ich ihn nimmer auslassen hab' nach der Bemerkung. Wenn ich dran denk', werd' ich ganz wild! Aber ich hab' mich famos benommen; der Oberst sagt auch, es war absolut korrekt. Wird mir überhaupt nützen, die Sache. Ich kenn' manche, die den Burschen hätten durchschlüpfen lassen. Der Müller sicher, der wär' wieder objektiv gewesen oder so was. Mit dem Objektivsein hat sich noch jeder blamiert... »Herr Leutnant!«... schon die Art, wie er »Herr Leutnant« gesagt hat, war unverschämt!... »Sie werden mir doch zugeben müssen«... – Wie sind wir denn nur d'rauf gekommen? Wieso hab' ich mich mit dem Sozialisten in ein Gespräch eingelassen? Wie hat's denn nur angefangen?... Mir scheint, die schwarze Frau, die ich zum Büfett geführt hab', ist auch dabeigewesen... und dann dieser junge Mensch, der die Jagdbilder malt – wie heißt er denn nur?... Meiner Seel', der ist an der ganzen Geschichte schuld gewesen! Der hat von den Manövern geredet; und dann erst ist dieser Doktor dazugekommen und hat irgendwas g'sagt, was mir nicht gepaßt hat, von Kriegsspielerei oder so was – aber wo ich noch nichts hab' reden können... Ja, und dann ist von den Kadettenschulen gesprochen worden... ja, so war's... und ich hab' von einem patriotischen Fest erzählt... und dann hat der Doktor gesagt – nicht gleich, aber aus dem Fest hat es sich entwickelt – »Herr Leutnant, Sie werden mir doch zugeben, daß nicht alle Ihre Kameraden zum Militär gegangen sind, ausschließlich um das Vaterland zu verteidigen!« So eine Frechheit! Das wagt so ein Mensch einem Offizier ins Gesicht zu sagen! Wenn ich mich nur erinnern könnt', was ich d'rauf geantwortet hab'?... Ah ja, etwas von Leuten, die sich in Dinge dreinmengen, von denen sie nichts versteh'n... Ja, richtig... und dann war einer da, der hat die Sache gütlich beilegen wollen, ein älterer Herr mit einem Stockschnupfen... Aber ich war zu wütend! Der Doktor hat das absolut in dem Ton gesagt, als wenn er direkt mich gemeint hätt'. Er hätt' nur noch sagen müssen, daß sie mich aus dem Gymnasium hinausg'schmissen haben und daß ich deswegen in die Kadettenschul' gesteckt worden bin... Die Leut' können eben unserein'n nicht versteh'n, sie sind zu dumm dazu... Wenn ich mich so erinner', wie ich das erstemal den Rock angehabt hab', so was erlebt eben nicht ein jeder... Im vorigen Jahr bei den Manövern – ich hätt' was drum gegeben, wenn's plötzlich Ernst gewesen wär'... Und der Mirovic hat mir g'sagt, es ist ihm ebenso gegangen. Und dann, wie Seine Hoheit die Front abgeritten sind, und die Ansprache vom Obersten – da muß einer schon ein ordentlicher Lump sein, wenn ihm das Herz nicht höherschlägt... Und da kommt so ein Tintenfisch daher, der sein Lebtag nichts getan hat als hinter den Büchern gesessen, und erlaubt

sich eine freche Bemerkung!... Ah, wart nur, mein Lieber – bis zur Kampfunfähigkeit... jawohl, du sollst so kampfunfähig werden... Ja, was ist denn? Jetzt muß es doch bald aus sein?... »Ihr, seine Engel, lobet den Herrn« ... – Freilich, das ist der Schlußchor... Wunderschön, da kann man gar nichts sagen. Wunderschön! – Jetzt hab' ich ganz die aus der Loge vergessen, die früher zu kokettieren angefangen hat. Wo ist sie denn?... Schon fortgegangen... Die dort scheint auch sehr nett zu sein... Zu dumm, daß ich keinen Operngucker bei mir hab'! Der Brunnthaler ist ganz gescheit, der hat sein Glas immer im Kaffeehaus bei der Kassa liegen, da kann einem nichts g'schehn'n... Wenn sich die Kleine da vor mir nur *ein*mal umdreh'n möcht'! So brav sitzt s' alleweil da. Das neben ihr ist sicher die Mama. – Ob ich nicht doch einmal ernstlich ans Heiraten denken soll? Der Willy war nicht älter als ich, wie er hineingesprungen ist. Hat schon was für sich, so immer gleich ein hübsches Weiberl zu Haus vorrätig zu haben... Zu dumm, daß die Steffi grad heut' keine Zeit hat! Wenn ich wenigstens wüßte, wo sie ist, möcht' ich mich wieder vis-à-vis von ihr hinsetzen. Das wär' eine schöne G'schicht', wenn ihr der draufkommen möcht', da hätt' *ich* sie am Hals... Wenn ich so denk', was dem Fließ sein Verhältnis mit der Winterfeld kostet! Und dabei betrügt sie ihn hinten und vorn. Das nimmt noch einmal ein Ende mit Schrecken... Bravo, bravo! Ah, aus!... So, das tut wohl, aufsteh'n können... Na, vielleicht! Wie lang' wird der da noch brauchen, um sein Glas ins Futteral zu stecken?
»Pardon, pardon, wollen mich nicht hinauslassen?«
Ist das ein Gedränge! Lassen wir die Leut' lieber vorbeipassieren...
Elegante Person... ob das echte Brillanten sind?... Die da ist nett... Wie sie mich anschaut!... O ja, mein Fräulein, ich möcht' schon!... O, die Nase! – Jüdin... Noch eine... Es ist doch fabelhaft, da sind auch die Hälfte Juden... nicht einmal ein Oratorium kann man mehr in Ruhe genießen... So,

jetzt schließen wir uns an ... Warum drängt denn der Idiot hinter mir? Das werd' ich ihm abgewöhnen ... Ah, ein älterer Herr! ... Wer grüßt mich denn dort von drüben? ... Habe die Ehre, habe die Ehre! Keine Ahnung hab' ich, wer das ist ... das einfachste wär', ich ging' gleich zum Leidinger hinüber nachtmahlen ... oder soll ich in die Gartenbaugesellschaft? Am End' ist die Steffi auch dort? Warum hat sie mir eigentlich nicht geschrieben, wohin sie mit ihm geht? Sie wird's selber noch nicht gewußt haben. Eigentlich schrecklich, so eine abhängige Existenz ... Armes Ding! – So, da ist der Ausgang ... Ah, die ist aber bildschön! Ganz allein? Wie sie mich anlacht. Das wär' eine Idee, der geh' ich nach! ... So, jetzt die Treppen hinunter ... Oh, ein Major von Fünfundneunzig ... Sehr liebenswürdig hat er gedankt ... Bin doch nicht der einzige Offizier hier gewesen ... Wo ist denn das hübsche Mädel? Ah, dort ... am Geländer steht sie ... So, jetzt heißt's noch zur Garderobe ... Daß mir die Kleine nicht auskommt ... Hat ihm schon! So ein elender Fratz! Laßt sich da von einem Herrn abholen, und jetzt lacht sie noch auf mich herüber! – Es ist doch keine was wert ... Herrgott, ist das ein Gedränge bei der Garderobe! ... Warten wir lieber noch ein bissel ... So! Ob der Blödist meine Nummer nehmen möcht'? ...

»Sie, zweihundertvierundzwanzig! Da hängt er! Na, hab'n Sie keine Augen? Da hängt er! Na, Gott sei Dank! ... Also bitte!« ... Der Dicke da verstellt einem schier die ganze Garderobe ... »Bitte sehr!« ...

»Geduld, Geduld!«

Was sagt der Kerl?

»Nur ein bissel Geduld!«

Dem muß ich doch antworten ... »Machen Sie doch Platz!«

»Na, Sie werden's auch nicht versäumen!«

Was sagt er da? Sagt er das zu mir? Das ist doch stark! Das darf ich mir nicht gefallen lassen! »Ruhig!«

»Was meinen Sie?«
Ah, so ein Ton? Da hört sich doch alles auf! »Stoßen Sie nicht!«
»Sie, halten Sie das Maul!« Das hätt' ich nicht sagen sollen, ich war zu grob ... Na, jetzt ist's schon g'scheh'n!
»Wie meinen?«
Jetzt dreht er sich um ... Den kenn' ich ja! – Donnerwetter, das ist ja der Bäckermeister, der immer ins Kaffeehaus kommt ... Was macht denn der da? Hat sicher auch eine Tochter oder so was bei der Singakademie ... Ja, was ist denn das? Ja, was macht er denn? Mir scheint gar ... ja, meiner Seel', er hat den Griff von meinem Säbel in der Hand ... Ja, ist der Kerl verrückt? ... »Sie, Herr ...«
»Sie, Herr Leutnant, sein S' jetzt ganz stad.«
Was sagt er da? Um Gottes willen, es hat's doch keiner gehört? Nein, er red't ganz leise ... Ja, warum laßt er denn meinen Säbel net aus? ... Herrgott noch einmal ... Ah, da heißt's rabiat sein ... ich bring' seine Hand vom Griff nicht weg ... nur keinen Skandal jetzt! ... Ist nicht am End' der Major hinter mir? ... Bemerkt's nur niemand, daß er den Griff von meinem Säbel hält? Er red't ja zu mir! Was red't er denn?
»Herr Leutnant, wenn Sie das geringste Aufsehen machen, so zieh' ich den Säbel aus der Scheide, zerbrech' ihn und schick' die Stück' an Ihr Regimentskommando. Versteh'n Sie mich, Sie dummer Bub?« Was hat er g'sagt? Mir scheint, ich träum'! Red't er wirklich zu mir? Ich sollt' was antworten ... Aber der Kerl macht ja Ernst – der zieht wirklich den Säbel heraus, Herrgott – er tut's! ... Ich spür's, er reißt schon dran. Was red't er denn? ... Um Gottes willen, nur kein' Skandal – – Was red't er denn noch immer?
»Aber ich will Ihnen die Karriere nicht verderben ... Also, schön brav sein! ... So, hab'n S' keine Angst, 's hat niemand was gehört ... es ist schon alles gut ... so! Und damit keiner glaubt, daß wir uns gestritten haben, werd' ich jetzt sehr

freundlich mit Ihnen sein! – Habe die Ehre, Herr Leutnant, hat mich sehr gefreut – habe die Ehre.«
Um Gottes willen, hab' ich geträumt? ... Hat er das wirklich gesagt? ... Wo ist er denn? ... Da geht er ... Ich müßt' ja den Säbel ziehen und ihn zusammenhauen – – Um Gottes willen, es hat's doch niemand gehört? ... Nein, er hat ja nur ganz leise geredet, mir ins Ohr ... Warum geh' ich denn nicht hin und hau' ihm den Schädel auseinander? ... Nein, es geht ja nicht, es geht ja nicht ... gleich hätt' ich's tun müssen ... Warum hab' ich's denn nicht gleich getan? ... Ich hab's ja nicht können ... er hat ja den Griff nicht auslassen, und er ist zehnmal stärker als ich ... Wenn ich noch ein Wort gesagt hätt', hätt' er mir wirklich den Säbel zerbrochen ... Ich muß ja noch froh sein, daß er nicht laut geredet hat! Wenn's ein Mensch gehört hätt', so müßt' ich mich ja *stante pede* erschießen ... Vielleicht ist es doch ein Traum gewesen ... Warum schaut mich denn der Herr dort an der Säule so an? – hat er am End' was gehört? ... Ich werd' ihn fragen ... Fragen? – Ich bin ja verrückt! – Wie schau' ich denn aus? – Merkt man mir was an? – Ich muß ganz blaß sein. – Wo ist der Hund? ... Ich muß ihn umbringen! ... Fort ist er ... Überhaupt schon ganz leer ... Wo ist denn mein Mantel? ... Ich hab' ihn ja schon angezogen ... Ich hab's gar nicht gemerkt ... Wer hat mir denn geholfen? ... Ah, der da ... dem muß ich ein Sechserl geben ... So! ... Aber was ist denn das? Ist es denn wirklich gescheh'n? Hat wirklich einer so zu mir geredet? Hat mir wirklich einer »dummer Bub« gesagt? Und ich hab' ihn nicht auf der Stelle zusammengehauen? ... Aber ich hab' ja nicht können ... er hat ja eine Faust gehabt wie Eisen ... ich bin ja dagestanden wie angenagelt ... Nein, ich muß den Verstand verloren gehabt haben, sonst hätt' ich mit der anderen Hand ... Aber da hätt' er ja meinen Säbel herausgezogen und zerbrochen, und aus wär's gewesen – alles wär' aus gewesen! Und nachher, wie er fortgegangen ist, war's zu spät ... ich hab' ihm doch nicht den Säbel von hinten in den Leib rennen

können. Was, ich bin schon auf der Straße? Wie bin ich denn da herausgekommen? – So kühl ist es . . . ah, der Wind, der ist gut . . . Wer ist denn das da drüben? Warum schau'n denn die zu mir herüber? Am Ende haben die was gehört . . . Nein, es kann niemand was gehört haben . . . ich weiß ja, ich hab' mich gleich nachher umgeschaut! Keiner hat sich um mich gekümmert, niemand hat was gehört . . . Aber gesagt hat er's, wenn's auch niemand gehört hat; gesagt hat er's doch. Und ich bin dagestanden und hab' mir's gefallen lassen, wie wenn mich einer vor den Kopf geschlagen hätt'! . . . Aber ich hab' ja nichts sagen können, nichts tun können; es war ja noch das einzige, was mir übriggeblieben ist: stad sein, stad sein! . . . 's ist fürchterlich, es ist nicht zum Aushalten; ich muß ihn totschlagen, wo ich ihn treff'! . . . Mir sagt das einer! Mir sagt das so ein Kerl, so ein Hund! Und er kennt mich . . . Herrgott noch einmal, er kennt mich, er weiß, wer ich bin! . . . Er kann jedem Menschen erzählen, daß er mir das g'sagt hat! . . . Nein, nein, das wird er ja nicht tun, sonst hätt' er auch nicht so leise geredet . . . er hat auch nur wollen, daß ich es allein hör! . . . Aber wer garantiert mir, daß er's nicht doch erzählt, heut' oder morgen, seiner Frau, seiner Tochter, seinen Bekannten im Kaffeehaus. – – Um Gottes willen, morgen seh' ich ihn ja wieder! Wenn ich morgen ins Kaffeehaus komm', sitzt er wieder dort wie alle Tag' und spielt seinen Tapper mit dem Herrn Schlesinger und mit dem Kunstblumenhändler . . . Nein, nein, das geht ja nicht, das geht ja nicht . . . Wenn ich ihn seh', so hau' ich ihn zusammen . . . Nein, das darf ich ja nicht . . . gleich hätt' ich's tun müssen, gleich! . . . Wenn's nur gegangen wär'! Ich werd' zum Obersten geh'n und ihm die Sache melden . . . ja, zum Obersten . . . Der Oberst ist immer sehr freundlich – und ich werd' ihm sagen: Herr Oberst, ich melde gehorsamst, er hat den Griff gehalten, er hat ihn nicht aus'lassen; es war genauso, als wenn ich ohne Waffe gewesen wäre . . . – Was wird der Oberst sagen? – Was er sagen wird? – Aber da gibt's ja nur eins: quittieren mit Schimpf und Schand' – quittieren!... Sind das Freiwillige da drüben?... Ekelhaft, bei der Nacht schau'n sie aus wie Offiziere... sie salutieren! – Wenn die wüßten – wenn die wüßten!... – Da ist das Café Hochleitner... Sind jetzt gewiß ein paar Kameraden drin... vielleicht auch einer oder der andere, den ich kenn'... Wenn ich's dem ersten besten erzählen möcht', aber so, als wär's einem andern passiert?... – Ich bin ja schon ganz irrsinnig... Wo lauf' ich denn da herum? Was tu' ich denn auf der Straße? – Ja, aber wo soll ich denn hin? Hab' ich nicht zum Leidinger wollen? Haha, unter Menschen mich niedersetzen... ich glaub', ein jeder müßt' mir's ansehn'n... Ja, aber irgendwas muß doch gescheh'n... Was soll denn gescheh'n?... Nichts, nichts – es hat ja niemand was gehört... es weiß ja niemand was... in dem Moment weiß niemand was... Wenn ich jetzt zu ihm in die Wohnung ginge und ihn beschwören möchte, daß er's niemandem erzählt?... – Ah, lieber gleich eine Kugel vor den Kopf, als so was!... Wär' so das Gescheiteste!... Das Gescheiteste? Das Gescheiteste? – Gibt ja überhaupt nichts anderes... gibt nichts anderes... Wenn ich den Oberst fragen möcht' oder den Kopetzky – oder den Blany – oder den Friedmair: – jeder möcht' sagen: Es bleibt dir nichts anderes übrig!... Wie wär's, wenn ich mit dem Kopetzky spräch'?... Ja, es wär' doch das Vernünftigste... schon wegen morgen... Ja, natürlich – wegen morgen... um vier in der Reiterkasern'... ich soll mich ja morgen um vier Uhr schlagen... und ich darf's ja nimmer, ich bin satisfaktionsunfähig... Unsinn! Unsinn! Kein Mensch weiß was, kein Mensch weiß was! – Es laufen viele herum, denen ärgere Sachen passiert sind, als mir... Was hat man nicht als von dem Deckener erzählt, wie er sich mit dem Rederow geschossen hat... und der Ehrenrat hat entschieden, das Duell darf stattfinden... Aber wie möcht' der Ehrenrat bei mir entscheiden? – Dummer Bub – dummer Bub... und ich bin dagestanden – heiliger Himmel, es ist doch ganz egal, ob ein anderer was weiß! ... *ich* weiß es doch, und das ist die Hauptsache! *Ich* spür', daß ich jetzt wer anderer bin, als vor einer Stunde – *Ich* weiß, daß ich satisfaktionsunfähig bin, und darum muß ich mich totschießen ... Keine ruhige Minute hätt' ich mehr im Leben ... immer hätt' ich die Angst, daß es doch einer erfahren könnt', so oder so ... und daß mir's einer einmal ins Gesicht sagt, was heut' abend gescheh'n ist! – Was für ein glücklicher Mensch bin ich vor einer Stund' gewesen ... Muß mir der Kopetzky die Karte schenken – und die Steffi muß mir absagen, das Mensch! – Von so was hängt man ab ... Nachmittag war noch alles gut und schön, und jetzt bin ich ein verlorener Mensch und muß mich totschießen ... Warum renn' ich denn so? Es lauft mir ja nichts davon. Wieviel schlagt's denn? ... 1, 2, 3, 4, 5, 6, 7, 8, 9, 10, 11 ... elf, elf ... ich sollt' doch nachtmahlen geh'n! Irgendwo muß ich doch schließlich hingeh'n ... ich könnt' mich ja in irgendein Beisl setzen, wo mich kein Mensch kennt – schließlich, essen muß der Mensch, auch wenn er sich nachher gleich totschießt ... Haha, der Tod ist ja kein Kinderspiel ... wer hat das nur neulich gesagt? ... Aber das ist ja ganz egal ...

Ich möcht' wissen, wer sich am meisten kränken möcht'? ... die Mama, oder die Steffi, ... die Steffi ... Gott, die Steffi ... die dürft' sich ja nicht einmal was anmerken lassen, sonst gibt »er« ihr den Abschied ... Arme Person! – Beim Regiment – kein Mensch hätt' eine Ahnung, warum ich's getan hab' ... sie täten sich alle den Kopf zerbrechen ... warum hat sich denn der Gustl umgebracht? – Darauf möcht' keiner kommen, daß ich mich hab' totschießen müssen, weil ein elender Bäckermeister, so ein niederträchtiger, der zufällig stärkere Fäust' hat ... es ist ja zu dumm, zu dumm! – Deswegen soll ein Kerl wie ich, so ein junger, fescher Mensch ... Ja, nachher möchten's gewiß alle sagen: das hätt' er doch nicht tun müssen, wegen so einer Dummheit; ist doch schad'! ... Aber wenn ich jetzt wen immer fragen tät', jeder möcht' mir die gleiche Antwort geben ... und ich selber, wenn ich mich frag'... das ist doch zum Teufelholen ... ganz wehrlos sind wir gegen die Zivilisten ... Da meinen die Leut', wir sind besser dran, weil wir einen Säbel haben ... und wenn schon einmal einer von der Waffe Gebrauch macht, geht's über uns her, als wenn wir alle die geborenen Mörder wären ... In der Zeitung möcht's auch steh'n: ... »Selbstmord eines jungen Offiziers« ... Wie schreiben sie nur immer? ... »Die Motive sind in Dunkel gehüllt« ... Haha! ... »An seinem Sarge trauern« ... – Aber es ist ja wahr ... mir ist immer, als wenn ich mir eine Geschichte erzählen möcht'... aber es ist wahr ... ich muß mich umbringen, es bleibt mir ja nichts anderes übrig – ich kann's ja nicht drauf ankommen lassen, daß morgen früh der Kopetzky und der Blany mir ihr Mandat zurückgeben und mir sagen: Wir können dir nicht sekundieren! ... Ich wär' ja ein Schuft, wenn ich's ihnen zumuten möcht'... So ein Kerl wie ich, der dasteht und sich einen dummen Buben heißen läßt ... morgen wissen's ja alle Leut'... das ist zu dumm, daß ich mir einen Moment einbilde, so ein Mensch erzählt's nicht weiter ... überall wird er's erzählen ... seine Frau weiß's jetzt schon ... morgen weiß es das ganze Kaffeehaus ... die Kellner werdn's wissen ... der Herr Schlesinger – die Kassierin – – Und selbst wenn er sich vorgenommen hat, er red't nicht davon, so sagt er's übermorgen ... und wenn er's übermorgen nicht sagt, in einer Woche ... Und wenn ihn heut nacht der Schlag trifft, so weiß ich's ... ich weiß es ... und ich bin nicht der Mensch, der weiter den Rock trägt und den Säbel, wenn ein solcher Schimpf auf ihm sitzt! ... So, ich muß es tun, und Schluß! – Was ist weiter dabei? – Morgen nachmittag könnt' mich der Doktor mit 'm Säbel erschlagen ... so was ist schon einmal dagewesen ... und der Bauer, der arme Kerl, der hat eine Gehirnentzündung 'kriegt und war in drei Tagen hin ... und der Brenitsch ist vom Pferd gestürzt und hat sich's Genick gebrochen ... und schließlich und endlich: es gibt nichts anderes – für mich nicht, für mich nicht! – Es gibt ja Leut', die's leichter nähmen ... Gott, was gibt's für Menschen! ... Dem Ringeimer hat ein Fleischselcher, wie er ihn mit seiner Frau erwischt hat, eine Ohrfeige gegeben, und er hat quittiert und sitzt irgendwo auf'm Land und hat geheiratet ... Daß es Weiber gibt, die so einen Menschen heiraten! ... – Meiner Seel', ich gäb' ihm nicht die Hand, wenn er wieder nach Wien käm' ... Also, hast's gehört, Gustl: – aus, aus, abgeschlossen mit dem Leben! Punktum und Streusand drauf! ... So, jetzt weiß ich's, die Geschichte ist ganz einfach ... So! Ich bin eigentlich ganz ruhig ... Das hab' ich übrigens immer gewußt: wenn's einmal dazu kommt, werd' ich ruhig sein, ganz ruhig ... aber daß es so dazu kommt, das hab' ich doch nicht gedacht ... daß ich mich umbringen muß, weil so ein ... Vielleicht hab' ich ihn doch nicht recht verstanden ... am End' hat er ganz was anderes gesagt ... Ich war ja ganz blöd von der Singerei und der Hitz' ... vielleicht bin ich verrückt gewesen, und es ist alles gar nicht wahr? ... Nicht wahr, haha, nicht wahr! – Ich hör's ja noch ... es klingt mir noch immer im Ohr ... und ich spür's in den Fingern, wie ich seine Hand vom Säbelgriff hab' wegbringen wollen ... Ein Kraftmensch ist er, ein Jagendorfer ... Ich bin doch auch kein Schwächling ... der Franziski ist der einzige im Regiment, der stärker ist als ich ...

Die Aspernbrücke ... Wie weit renn' ich denn noch? – Wenn ich so weiterrenn', bin ich um Mitternacht in Kagran ... Haha! – Herrgott, froh sind wir gewesen, wie wir im vorigen September dort eingerückt sind. Noch zwei Stunden, und Wien ... todmüd' war ich, wie wir angekommen sind ... den ganzen Nachmittag hab' ich geschlafen wie ein Stock, und am Abend waren wir schon beim Ronacher ... der Kopetzky, der Ladinser und ... wer war denn nur noch mit uns? – Ja, richtig, der Freiwillige, der uns auf dem Marsch die jüdischen Anekdoten erzählt hat ... Manchmal sind's ganz nette Burschen, die Einjährigen ... aber sie sollten alle nur Stellvertreter werden – denn was hat das für einen Sinn? Wir müssen uns jahrelang plagen, und so ein Kerl dient ein Jahr und hat genau dieselbe Distinktion wie wir... es ist eine Ungerechtigkeit! – Aber was geht mich denn das alles an? – Was scher' ich mich denn um solche Sachen? – Ein Gemeiner von der Verpflegsbranche ist ja jetzt mehr als ich ... ich bin ja überhaupt nicht mehr auf der Welt ... es ist ja aus mit mir ... Ehre verloren, alles verloren! ... Ich hab' ja nichts anderes zu tun, als meinen Revolver zu laden und ... Gustl, Gustl, mir scheint, du glaubst noch immer nicht recht dran? Komm' nur zur Besinnung ... es gibt nichts anderes ... wenn du auch dein Gehirn zermarterst, es gibt nichts anderes! – Jetzt heißt's nur mehr, im letzten Moment sich anständig benehmen, ein Mann sein, ein Offizier sein, so daß der Oberst sagt: Er ist ein braver Kerl gewesen, wir werden ihm ein treues Angedenken bewahren! ... Wieviel Kompanien rücken denn aus beim Leichenbegängnis von einem Leutnant? ... Das müßt' ich eigentlich wissen ... Haha! wenn das ganze Bataillon ausrückt, oder die ganze Garnison, und sie feuern zwanzig Salven ab, davon wach' ich doch nimmer auf! – Vor dem Kaffeehaus, da bin ich im vorigen Sommer einmal mit dem Herrn von Engel gesessen, nach der Armee-Steeple-Chase ... Komisch, den Menschen hab' ich seitdem nie wieder geseh'n ... Warum hat er denn das linke Aug' verbunden gehabt? Ich hab' ihn immer drum fragen wollen, aber es hätt' sich nicht gehört ... Da geh'n zwei Artilleristen ... die denken gewiß, ich steig' der Person nach ... Muß sie mir übrigens anseh'n ... O schrecklich! – Ich möcht' nur wissen, wie sich so eine ihr Brot verdient ... da möcht' ich doch eher ... Obzwar, in der Not frißt der Teufel Fliegen ... in Przemysl – mir hat's nachher so gegraut, daß ich gemeint hab', nie wieder rühr' ich ein Frauenzimmer an ... Das war eine gräßliche Zeit da oben in Galizien ... eigentlich ein Mordsglück, daß wir nach Wien gekommen sind. Der Bokorny sitzt noch immer in Sambor und kann noch zehn Jahr dort sitzen und alt und grau werden ... Aber wenn ich dort geblieben wär', wär' mir das nicht passiert, was mir heut passiert ist ... und ich möcht' lieber in Galizien alt und grau werden, als daß ... als was? als was? – Ja, was ist denn? was ist denn? – Bin ich denn wahnsinnig, daß ich das immer vergeß'? – Ja, meiner Seel', vergessen tu' ich's jeden Moment ... ist das schon je erhört worden, daß sich einer in ein paar Stunden eine Kugel durch'n Kopf jagen muß, und er denkt an alle möglichen Sachen, die ihn gar nichts mehr angeh'n? Meiner Seel', mir ist geradeso, als wenn ich einen Rausch hätt'! Haha! ein schöner Rausch! ein Mordsrausch! ein Selbstmordsrausch. – Ha! Witze mach' ich, das ist sehr gut! – Ja, ganz gut aufgelegt bin ich – so was muß doch angeboren sein ... Wahrhaftig, wenn ich's einem erzählen möcht', er würd' es nicht glauben. – Mir scheint, wenn ich das Ding bei mir hätt' ... jetzt würd' ich abdrükken – in einer Sekunde ist alles vorbei ... Nicht jeder hat's so gut – andere müssen sich monatelang plagen ... meine arme Cousin', zwei Jahr ist sie gelegen, hat sich nicht rühren können, hat die gräßlichsten Schmerzen g'habt – so ein Jammer! ... Ist es nicht besser, wenn man das selber besorgt? Nur Obacht geben heißt's, gut zielen, daß einem nicht am End' das Malheur passiert, wie dem Kadett-Stellvertreter im vorigen Jahr ... Der arme Teufel, gestorben ist er nicht, aber blind ist er geworden ... Was mit dem nur geschehen ist? Wo er jetzt lebt? – Schrecklich, so herumlaufen, wie der – das heißt: herumlaufen kann er nicht, g'führt muß er werden – so ein junger Mensch, kann heut noch keine zwanzig sein ... seine Geliebte hat er besser getroffen ... gleich war sie tot ... Unglaublich, weswegen sich die Leut' totschießen! Wie kann man überhaupt nur eifersüchtig sein? ... Mein Lebtag hab' ich so was nicht gekannt ... Die Steffi ist jetzt gemütlich in der Gartenbaugesellschaft; dann geht sie mit »ihm« nach Haus ... Nichts liegt mir dran, gar nichts! Hübsche Einrichtung hat sie – das kleine Badezimmer mit der roten Latern'. – Wie sie neulich in dem grünseidenen Schlafrock hereinge-

kommen ist ... den grünen Schlafrock werd' ich auch nimmer seh'n – und die ganze Steffi auch nicht ... und die schöne, breite Treppe in der Gußhausstraße werd' ich auch nimmer hinaufgeh'n ... Das Fräulein Steffi wird sich weiteramüsieren, als wenn gar nichts gescheh'n wär' ... nicht einmal erzählen darf sie's wem, daß ihr lieber Gustl sich umgebracht hat ... Aber weinen wird s' schon – ah ja, weinen wird s' ... Überhaupt, weinen werden gar viele Leut' ... Um Gottes willen, die Mama! – Nein, nein, daran darf ich nicht denken. – Ah, nein, daran darf absolut nicht gedacht werden ... An Zuhaus wird nicht gedacht, Gustl, verstanden? – nicht mit dem allerleisesten Gedanken ...
Das ist nicht schlecht, jetzt bin ich gar im Prater ... mitten in der Nacht ... das hätt' ich mir auch nicht gedacht in der Früh, daß ich heut' nacht im Prater spazierengeh'n werd' ... Was sich der Sicherheitswachmann dort denkt? ... Na, geh'n wir nur weiter ... es ist ganz schön ... Mit'm Nachtmahlen ist's eh' nichts, mit dem Kaffeehaus und auch nichts; die Luft ist angenehm, und ruhig ist es ... sehr ... Zwar, ruhig werd' ich's jetzt bald haben, so ruhig, als ich's mir nur wünschen kann. Haha! – aber ich bin ja ganz außer Atem ... ich bin ja gerannt wie nicht g'scheit ... langsamer, langsamer, Gustl, versäumst nichts, hast gar nichts mehr zu tun – gar nichts, aber absolut nichts mehr! – Mir scheint gar, ich fröstel'? – Es wird halt doch die Aufregung sein ... dann hab' ich ja nichts gegessen ... Was riecht denn da so eigentümlich? ... es kann doch noch nichts blühen? ... Was haben wir denn heut'? – den vierten April ... freilich, es hat viel geregnet in den letzten Tagen ... aber die Bäume sind beinah' und ganz kahl ... und dunkel ist es, hu! man könnt' schier Angst kriegen ... Das ist eigentlich das einzige Mal in meinem Leben, daß ich Furcht gehabt hab', als kleiner Bub, damals im Wald ... aber ich war ja gar nicht so klein ... vierzehn oder fünfzehn ... Wie lang ist das jetzt her? – neun Jahr' ... freilich – mit achtzehn war ich Stellvertreter, mit zwanzig Leutnant ... und im

nächsten Jahr werd' ich ... Was werd' ich im nächsten Jahr? Was heißt das überhaupt: nächstes Jahr? Was heißt das: in der nächsten Woche? Was heißt das: übermorgen? ... Wie? Zähneklappern? Oho! – Na lassen wir's nur ein bissel klappern ... Herr Leutnant, Sie sind jetzt allein, brauchen niemandem einen Pflanz vorzumachen ... es ist bitter, es ist bitter ... Ich will mich auf die Bank setzen ... Ah! – wie weit bin ich denn da? – So eine Dunkelheit! Das da hinter mir, das muß das zweite Kaffehaus ein ... bin ich im vorigen Sommer auch einmal gewesen, wie unsere Kapelle konzertiert hat ... mit'm Kopetzky und mit'm Rüttner – noch ein paar waren dabei ... – Ich bin aber müd' ... nein, ich bin müd', als wenn ich einen Marsch von zehn Stunden gemacht hätt' ... Ja, das wär' so was, da einschlafen. – Ha! ein obdachloser Leutnant ... Ja, ich sollt' doch eigentlich nach Haus ... was tu' ich denn zu Haus? aber was tu' ich denn im Prater? – Ah, mir wär' am liebsten, ich müßt' gar nicht aufstehn – da einschlafen und nimmer aufwachen ... ja, das wär' halt bequem! – Nein, so bequem wird's Ihnen nicht gemacht, Herr Leutnant ... Aber wie und wann? – Jetzt könnt' ich mir doch endlich einmal die Geschichte ordentlich überlegen ... überlegt muß ja alles werden ... so ist es schon einmal im Leben ... Also überlegen wir ... Was denn? ... – Nein, ist die Luft gut ... man sollt' öfters bei der Nacht in' Prater geh'n ... Ja, das hätt' mir eben früher einfallen müssen, jetzt ist's aus mit'm Prater, mit der Luft und mit'm Spazierengeh'n ... Ja, also was ist denn? – Ah, fort mit dem Kappl; mir scheint, das drückt mir aufs Gehirn ... ich kann ja gar nicht ordentlich denken ... Ah ... so! ... also jetzt Verstand zusammennehmen, Gustl ... letzte Verfügungen treffen! Also morgen früh wird Schluß gemacht ... morgen früh um sieben Uhr ... sieben Uhr ist eine schöne Stund'. Haha! – also um acht, wenn die Schul' anfangt, ist alles vorbei ... der Kopetzky wird aber keine Schul' halten können, weil er zu sehr erschüttert sein wird ... Aber vielleicht weiß er's noch gar nicht ... man braucht ja nichts zu hören ... Den Max Lippay haben sie auch erst am Nachmittag gefunden, und in der Früh hat er sich erschossen, und kein Mensch hat was davon gehört ... Aber was geht mich das an, ob der Kopetzky Schul' halten wird oder nicht? ... Ha! – also um sieben Uhr! – Ja ... na, was denn noch? ... Weiter ist ja nichts zu überlegen. Im Zimmer schieß' ich mich tot, und dann is basta! Montag ist die Leich' ... Einen kenn' ich, der wird eine Freud' haben: das ist der Doktor ... Duell kann nicht stattfinden wegen Selbstmord des einen Kombattanten ... Was sie bei Mannheimers sagen werden? – Na, er wird sich nicht viel draus machen ... aber die Frau, die hübsche, blonde ... mit der wär' was zu machen ... O ja, mir scheint, bei der hätt' ich Chance gehabt, wenn ich mich nur ein bissl zusammengenommen hätt' ... ja, das wär' doch was anders gewesen, als die Steffi, dieses Mensch ... Aber faul darf man halt nicht sein ... da heißt's: Cour machen, Blumen schicken, vernünftig reden ... das geht nicht so, daß man sagt: Komm' morgen nachmittag zu mir in die Kasern'! ... Ja, so eine anständige Frau, das wär' halt was g'wesen ... Die Frau von meinem Hauptmann in Przemysl, das war ja doch keine anständige Frau ... ich könnt' schwören: der Libitzky und der Wermutek und der schäbige Stellvertreter, der hat sie auch g'habt ... Aber die Frau Mannheimer ... ja, das wär' was anders, das wär' doch auch ein Umgang gewesen, das hätt' einen beinah' zu einem andern Menschen gemacht – da hätt' man doch noch einen andern Schliff gekriegt – da hätt' man einen Respekt vor sich selber haben dürfen. – – Aber ewig diese Menscher ... und so jung hab' ich ang'fangen – ein Bub war ich ja noch, wie ich damals den ersten Urlaub gehabt hab' und in Graz bei den Eltern zu Haus war ... der Riedl war auch dabei – eine Böhmin ist es gewesen ... die muß doppelt so alt gewesen sein wie ich – in der Früh bin ich erst nach Haus gekommen ... Wie mich der Vater ang'schaut hat ... und die Klara ... Vor der Klara hab' ich mich am meisten g'schämt... Damals war sie verlobt... warum ist denn nichts draus geworden? Ich hab' mich eigentlich nicht viel drum gekümmert... Armes Hascherl, hat auch nie Glück gehabt – und jetzt verliert sie noch den einzigen Bruder... Ja, wirst mich nimmer seh'n, Klara – aus! Was, das hast du dir nicht gedacht, Schwesterl, wie du mich am Neujahrstag zur Bahn begleitet hast, daß du mich nie wiederseh'n wirst? – und die Mama – Herrgott, die Mama... nein, ich darf daran nicht denken... wenn ich daran denk', bin ich imstand, eine Gemeinheit zu begehen... Ah... wenn ich zuerst noch nach Haus fahren möcht'... sagen, es ist ein Urlaub auf einen Tag... noch einmal den Papa, die Mama, die Klara seh'n, bevor ich einen Schluß mach'... Ja, mit dem ersten Zug um sieben kann ich nach Graz fahren, um eins bin ich dort... Grüß dich Gott, Mama... Servus, Klara! Na, wie geht's euch denn?... Nein, das ist eine Überraschung!... Aber sie möchten was merken... wenn niemand anders... die Klara... die Klara gewiß... Die Klara ist ein so gescheites Mädel... Wie lieb sie mir neulich geschrieben hat, und ich bin ihr noch immer die Antwort schuldig – und die guten Ratschläge, die sie mir immer gibt... ein so seelengutes Geschöpf... Ob nicht alles ganz anders geworden wär', wenn ich zu Hause geblieben wär'? Ich hätt' Ökonomie studiert, wär' zum Onkel gegangen... sie haben's ja alle wollen, wie ich noch ein Bub war... Jetzt wär' ich am End' schon verheiratet, ein liebes, gutes Mädel... vielleicht die Anna, die hat mich so gerngehabt... auch jetzt hab' ich's noch gemerkt, wie ich das letztemal zu Haus war, obzwar sie schon einen Mann hat und zwei Kinder... ich hab's g'seh'n, wie sie mich ang'schaut hat... Und noch immer sagt sie mir »Gustl« wie früher... Der wird's ordentlich in die Glieder fahren, wenn sie erfährt, was es mit mir für ein End' genommen hat – aber ihr Mann wird sagen: Das hab' ich vorausgesehen – so ein Lump! – Alle werden meinen, es ist, weil ich Schulden gehabt hab'... und es ist doch gar nicht wahr, es ist doch alles bezahlt ... nur die letzten hundertsechzig Gulden – na, und die sind morgen da ... Ja, dafür muß ich auch noch sorgen, daß der Ballert die hundertsechzig Gulden kriegt ... das muß ich niederschreiben, bevor ich mich erschieß'... Es ist schrecklich, es ist schrecklich! ... Wenn ich lieber auf und davon fahren möcht' – nach Amerika, wo mich niemand kennt.... In Amerika weiß kein Mensch davon, was hier heut' abend gescheh'n ist ... da kümmert sich kein Mensch drum ... Neulich ist in der Zeitung gestanden von einem Grafen Runge, der hat fortmüssen wegen einer schmutzigen Geschichte, und jetzt hat er drüben ein Hotel und pfeift auf den ganzen Schwindel ... Und in ein paar Jahren könnt' man ja wieder zurück ... nicht nach Wien natürlich ... auch nicht nach Graz ... aber aufs Gut könnt' ich ... und der Mama und dem Papa und der Klara möcht's doch tausendmal lieber sein, wenn ich nur lebendig blieb'... Und was geh'n mich denn die andern Leut' an? Wer meint's denn sonst gut mit mir? – Außerm Kopetzky könnt' ich allen gestohlen werden ... der Kopetzky ist doch der einzige ... Und gerad der hat mir heut das Billett geben müssen ... und das Billett ist an allem schuld ... ohne das Billett wär' ich nicht ins Konzert gegangen, und alles das wär' nicht passiert ... Was ist denn nur passiert? ... Es ist grad', als wenn hundert Jahr seitdem vergangen wären, und es kann noch keine zwei Stunden sein ... Vor zwei Stunden hat mir einer »dummer Bub« gesagt und hat meinen Säbel zerbrechen wollen ... Herrgott, ich fang' noch zu schreien an mitten in der Nacht! Warum ist denn das alles gescheh'n? Hätt' ich nicht länger warten können, bis es ganz leer wird in der Garderobe? Und warum hab' ich ihm denn nur gesagt: »Halten Sie's Maul!« Wie ist mir denn das nur ausgerutscht? Ich bin doch sonst ein höflicher Mensch ... nicht einmal mit meinem Burschen bin ich sonst so grob ... aber natürlich, nervös bin ich gewesen – alle die Sachen, die da zusammengekommen sind ... das Pech im Spiel und die ewige Absagerei von der Steffi – und das Duell morgen nachmittag – und zu wenig schlafen tu' ich in der letzten Zeit – und die Rackerei in der Kasern' – das halt' man auf die Dauer nicht aus! ... Ja, über kurz oder lang wär' ich krank geworden – hätt' um einen Urlaub einkommen müssen ... Jetzt ist es nicht mehr notwendig – jetzt kommt ein langer Urlaub – mit Karenz der Gebühren – haha! ...

Wie lang werd' ich denn da noch sitzenbleiben! Es muß Mitternacht vorbei sein ... hab' ich's nicht früher schlagen hören? – Was ist denn das ... ein Wagen fährt da? Um die Zeit? Gummiradler – kann mir schon denken ... Die haben's besser wie ich – vielleicht ist es der Ballert mit der Berta ... Warum soll's grad' der Ballert sein? – Fahr' nur zu! – Ein hübsches Zeug'l hat Seine Hoheit in Przemysl gehabt ... mit dem ist er immer in die Stadt hinuntergefahren zu der Rosenberg ... Sehr leutselig war Seine Hoheit – ein echter Kamerad, mit allen auf du und du ... War doch eine schöne Zeit ... obzwar ... die Gegend war trostlos und im Sommer zum Verschmachten ... an einem Nachmittag sind einmal drei vom Sonnenstich getroffen worden ... auch der Korporal von meinem Zug – ein so verwendbarer Mensch ... Nachmittag haben wir uns nackt auf's Bett hingelegt. – Einmal ist plötzlich der Wiesner zu mir hereingekommen; ich muß grad' geträumt haben und steh' auf und zieh' den Säbel, der neben mir liegt ... muß gut ausg'schaut haben ... der Wiesner hat sich halb tot gelacht – der ist jetzt schon Rittmeister ... – Schad', daß ich nicht zur Kavallerie gegangen bin ... aber das hat der Alte nicht wollen – wär' ein zu teurer Spaß gewesen – jetzt ist es ja doch alles eins ... Warum denn? – Ja, ich weiß schon: sterben muß ich, darum ist es alles eins – sterben muß ich ... Also wie? – Schau, Gustl, du bist doch extra da herunter in den Prater gegangen, mitten in der Nacht, wo dich keine Menschenseele stört – jetzt kannst du dir alles ruhig überlegen ... Das ist ja lauter Unsinn mit Amerika und quittieren, und du bist ja viel zu dumm, um was anderes anzufangen – und wenn du hundert Jahr alt wirst, und du denkst dran, daß dir einer hat den Säbel zerbrechen wollen und dich einen dummen Buben geheißen, und du bist dag'standen und hast nichts tun können – nein, zu überlegen ist da gar nichts – gescheh'n ist gescheh'n – auch das mit der Mama und mit der Klara ist ein Unsinn – die werden's schon verschmerzen – man verschmerzt alles ... Wie hat die Mama gejammert, wie ihr Bruder gestorben ist – und nach vier Wochen hat sie kaum mehr dran gedacht ... auf den Friedhof ist sie hinausgefahren ... zuerst alle Wochen, dann alle Monat – und jetzt nur mehr am Todestag. – – Morgen ist mein Todestag – fünfter April. – – Ob sie mich nach Graz überführen? Haha! da werden die Würmer in Graz eine Freud' haben! – Aber das geht mich nichts an – darüber sollen sich die andern den Kopf zerbrechen ... Also, was geht's mich denn eigentlich an? ... Ja, die hundertsechzig Gulden für den Ballert – das ist alles – weiter brauch' ich keine Verfügungen zu treffen. – Briefe schreiben? Wozu denn? An wen denn? ... Abschied nehmen? – Ja, zum Teufel hinein, das ist doch deutlich genug, wenn man sich totschießt! – Dann merken's die andern schon, daß man Abschied genommen hat ... Wenn die Leut' wüßten, wie egal mir die ganze Geschichte ist, möchten sie mich gar nicht bedauern – ist eh' nicht schad' um mich ... Und was hab' ich denn vom ganzen Leben gehabt? – Etwas hätt' ich gern noch mitgemacht: einen Krieg – aber da hätt' ich lang' warten können ... Und alles übrige kenn' ich ... Ob so ein Mensch Steffi oder Kunigunde heißt, bleibt sich gleich. – – Und die schönsten Operetten kenn' ich auch – und im Lohengrin bin ich zwölfmal dringewesen – und heut' abend war ich sogar bei einem Oratorium – und ein Bäckermeister hat mich einen dummen Buben geheißen – meiner Seel', es ist grad' genug! – Und ich bin gar nimmer neugierig ... – Also geh'n wir nach Haus, langsam, ganz langsam ... Eile hab' ich ja wirklich keine. – Noch ein paar Minuten ausruhen da im Prater, auf einer Bank – obdachlos. – Ins Bett leg' ich mich ja doch nimmer – hab' ja genug Zeit zum Ausschlafen. – – Ah, die Luft! – Die wird mir abgeh'n ...

Was ist denn? – He, Johann, bringen S' mir ein Glas frisches Wasser ... Was ist? ... Wo ... Ja, träum' ich denn? ... Mein Schädel ... o, Donnerwetter ... Fischamend ... Ich bring' die Augen nicht auf! – Ich bin ja angezogen! – Wo sitz' ich denn? – Heiliger Himmel, eingeschlafen bin ich! Wie hab' ich denn nur schlafen können; es dämmert ja schon! – Wie lang' hab' ich denn geschlafen? – Muß auf die Uhr schau'n ... Ich seh' nichts? ... Wo sind denn meine Zündhölzeln? ... Na, brennt eins an? ... Drei, und ich soll mich um vier duellieren – nein, nicht duellieren – totschießen soll ich mich! – Es ist gar nichts mit dem Duell; ich muß mich totschießen, weil ein Bäckermeister mich einen dummen Buben genannt hat ... Ja, ist es denn wirklich g'scheh'n? – Mir ist im Kopf so merkwürdig ... wie in einem Schraubstock ist mein Hals – ich kann mich gar nicht rühren – das rechte Bein ist eingeschlafen. – Aufstehn! Aufstehn! ... Ah, so ist es besser! Es wird schon lichter ... Und die Luft ... ganz wie damals in der Früh, wie ich auf Vorposten war und im Wald kampiert hab' ... Das war ein anderes Aufwachen – da war ein anderer Tag vor mir ... Mir scheint, ich glaub's noch nicht recht. – Da liegt die Straße, grau, leer – ich bin jetzt sicher der einzige Mensch im Prater. – Um vier Uhr früh war ich schon einmal herunten, mit'm Pausinger – geritten sind wir – ich auf dem Pferd vom Hauptmann Mirovic und der Pausinger auf seinem eigenen Krampen – das war im Mai, im vorigen Jahr – da hat schon alles geblüht – alles war grün. Jetzt ist's noch kahl – aber der Frühling kommt bald – in ein paar Tagen ist er schon da. – Maiglöckerln, Veigerln – schad', daß ich nichts mehr davon haben werd' – jeder Schubiak hat was davon, und ich muß sterben! Es ist ein Elend! Und die andern werden im Weingartl sitzen beim Nachtmahl, als wenn gar nichts g'wesen wär' – so wie wir alle im Weingartl g'sessen sind, noch am Abend nach dem Tag, wo sie den Lippay hinausgetragen haben ... Und der Lippay war so beliebt ... sie haben ihn lieber g'habt, als mich, beim Regiment – warum sollen sie denn nicht im Weingartl sitzen, wenn ich abkratz'? Ganz warm ist es – viel wärmer als gestern – und so ein Duft – es muß doch schon blühen ... Ob die Steffi mir Blumen bringen wird? – Aber fallt ihr ja gar nicht ein! Die wird grad' hinausfahren ... Ja, wenn's noch die Adel' wär' ... Nein, die Adel'! Mir scheint, seit zwei Jahren hab' ich an die nicht mehr gedacht ... mein Lebtag hab' ich kein Frauenzimmer so weinen geseh'n ... Das war doch eigentlich das Hübscheste, was ich erlebt hab' ... So bescheiden, so anspruchslos, wie die war – die hat mich gerngehabt, da könnt' ich drauf schwören. – War doch was ganz anderes, als die Steffi ... Ich möcht' nur wissen, warum ich die aufgegeben hab' ... so eine Eselei! Zu fad ist es mir geworden, ja das war das Ganze ... So jeden Abend mit ein und derselben ausgeh'n ... Dann hab' ich eine Angst g'habt, daß ich überhaupt nimmer loskomm' – eine solche Raunzen – – Na, Gustl, hätt'st schon noch warten können – war doch die einzige, die dich gerngehabt hat ... Was sie jetzt macht? Na, was wird s' machen? – Jetzt wird s' halt einen andern haben ... Freilich, das mit der Steffi ist bequemer – wenn man nur gelegentlich engagiert ist und ein anderer hat die ganzen Unannehmlichkeiten, und ich hab' nur das Vergnügen ... Ja, da kann man auch nicht verlangen, daß sie auf den Friedhof hinauskommt ... Wer ging' denn überhaupt mit, wenn er nicht müßt'! – Vielleicht der Kopetzky, und dann wär' Rest! – Ist doch traurig, so gar niemanden zu haben ...

Aber so ein Unsinn! der Papa und die Mama und die Klara ... Ja, ich bin halt der Sohn, der Bruder ... aber was ist denn weiter zwischen uns? Gern haben sie mich ja – aber was wissen sie denn von mir? – Daß ich meinen Dienst mach', daß ich Karten spiel' und daß ich mit Menschern herumlauf' ... aber sonst? – Daß mich manchmal selber vor mir graust, das hab' ich ihnen ja doch nicht geschrieben – na, mir scheint, ich hab's auch selber gar nicht recht gewußt – Ah was, kommst du jetzt mit solchen Sachen, Gustl? Fehlt nur noch, daß du zum Weinen anfangst... pfui Teufel! – Ordentlich Schritt... so! Ob man zu einem Rendezvous geht oder auf Posten oder in die Schlacht... wer hat das nur gesagt?... ah ja, der Major Lederer, in der Kantin', wie man von dem Wingleder erzählt hat, der so blaß geworden ist vor seinem ersten Duell – und gespieben hat... Ja: ob man zu einem Rendezvous geht oder in den sichern Tod, am Gang und am G'sicht läßt sich das der richtige Offizier nicht anerkennen! – Also Gustl – der Major Lederer hat's g'sagt! ha! –

Immer lichter... man könnt' schon lesen... Was pfeift denn da?... Ah, drüben ist der Nordbahnhof... Die Tegethoffsäule... so lang hat sie noch nie ausg'schaut... Da drüben stehen Wagen... Aber nichts als Straßenkehrer auf der Straße... meine letzten Straßenkehrer – ha! ich muß immer lachen, wenn ich dran denk'... das versteh' ich gar nicht... Ob das bei allen Leuten so ist, wenn sie's einmal ganz sicher wissen? Halb vier auf der Nordbahnuhr... jetzt ist nur die Frage, ob ich mich um sieben nach Bahnzeit oder nach Wiener Zeit erschieß'?... Sieben... ja, warum grad' sieben?... Als wenn's gar nicht anders sein könnt'... Hunger hab' ich – meiner Seel', ich hab' Hunger – kein Wunder... seit wann hab' ich denn nichts gegessen?... Seit – seit gestern sechs Uhr abends im Kaffeehaus... ja! Wie mir der Kopetzky das Billett gegeben hat – eine Melange und zwei Kipfel. – Was der Bäckermeister sagen wird, wenn er's erfahrt?... der verfluchte Hund! – Ah, der wird wissen, warum – dem wird der Knopf aufgeh'n – der wird draufkommen, was es heißt: Offizier! – So ein Kerl kann sich auf offener Straße prügeln lassen, und es hat keine Folgen, und unsereiner wird unter vier Augen insultiert und ist ein toter Mann... Wenn sich so ein Fallot wenigstens schlagen möcht' – aber nein, da wär' er ja vorsichtiger, da möcht' er so was nicht riskieren... Und der

Kerl lebt weiter, ruhig weiter, während ich – krepieren muß! – Der hat mich doch umgebracht... Ja, Gustl, merkst d' was? – der ist es, der dich umbringt! Aber so glatt soll's ihm doch nicht ausgeh'n! – Nein, nein, nein! Ich werd' dem Kopetzky einen Brief schreiben, wo alles drinsteht, die ganze G'schicht' schreib' ich auf... oder noch besser: ich schreib's dem Obersten, ich mach' eine Meldung ans Regimentskommando... ganz wie eine dienstliche Meldung... Ja, wart', du glaubst, daß so was geheim bleiben kann? – Du irrst dich – aufgeschrieben wird's zum ewigen Gedächtnis, und dann möcht' ich sehen, ob du dich noch ins Kaffeehaus traust – Ha! – »das möcht' ich sehen«, ist gut!... Ich möcht' noch manches gern sehen, wird nur leider nicht möglich sein – aus is! –

Jetzt kommt der Johann in mein Zimmer, jetzt merkt er, daß der Herr Leutnant nicht zu Haus geschlafen hat. – Na, alles mögliche wird er sich denken; aber daß der Herr Leutnant im Prater übernachtet hat, das, meiner Seel', das nicht... Ah, die Vierundvierziger! zur Schießstätte marschieren s' – lassen wir sie vorübergeh'n... so stellen wir uns daher... – Da oben wird ein Fenster aufgemacht – hüsche Person – na, ich möcht' mir wenigstens ein Tüchel umnehmen, wenn ich zum Fenster geh'... Vorigen Sonntag war's zum letztenmal... Daß grad' die Steffi die letzte sein wird, hab' ich mir nicht träumen lassen. – Ach Gott, das ist doch das einzige reelle Vergnügen... Na ja, der Herr Oberst wird in zwei Stunden nobel nachreiten... die Herren haben's gut – ja, ja, rechts g'schaut! – Ist schon gut ... Wenn ihr wüßtet, wie ich auf euch pfeif'! – Ah, das ist nicht schlecht: der Katzer... seit wann ist denn der zu den Vierundvierzigern übersetzt? – Servus, Servus! – Was der für ein G'sicht macht?... Warum deut' er denn auf seinen Kopf? – Mein Lieber, dein Schädel interessiert mich sehr wenig... Ah, so! Nein, mein Lieber, du irrst dich: im Prater hab ich übernachtet... wirst schon heut' im Abendblatt lesen. – »Nicht möglich!« wird er sagen,

»heut' früh, wie wir zur Schießstätte ausgerückt sind, hab' ich ihn noch auf der Praterstraße getroffen!« – Wer will denn meinen Zug kriegen? – Ob sie ihn dem Walterer geben werden? – Na, da wird was Schönes herauskommen – ein Kerl ohne Schneid, der hätt' auch lieber Schuster werden sollen ... Was, geht schon die Sonne auf? – Das wird heut ein schöner Tag – so ein rechter Frühlingstag ... Ist doch eigentlich zum Teufelholen! – der Komfortabelkutscher wird noch um achte in der Früh auf der Welt sein, und ich ... na, was ist denn das? He, das wär' so was – noch im letzten Moment die Kontenance verlieren wegen einem Komfortabelkutscher ... Was ist denn das, daß ich auf einmal so ein blödes Herzklopfen krieg'? – Das wird doch nicht deswegen sein ... Nein, o nein ... es ist, weil ich so lang' nichts gegessen hab'. – – Aber Gustl, sei doch aufrichtig mit dir selber: – Angst hast du – Angst, weil du's noch nie probiert hast ... Aber das hilft dir ja nichts, die Angst hat noch keinem was geholfen, jeder muß es einmal durchmachen, der eine früher, der andere später, und du kommst halt früher dran ... Viel wert bist du ja nie gewesen, so benimm dich wenigstens anständig zu guter Letzt, das verlang' ich von dir!

So, jetzt heißt's nur überlegen – aber was denn? ... Immer will ich mir was überlegen ... ist doch ganz einfach: – im Nachtkastelladel liegt er, geladen ist er auch, heißt's nur: losdrucken – das wird doch keine Kunst sein! – –

Die geht schon ins Geschäft ... die armen Mädeln! die Adel' war auch in einem G'schäft – ein paarmal hab' ich sie am Abend abg'holt ... Wenn sie in einem Geschäft sind, werd'n sie doch keine solchen Menscher ... Wenn die Steffi mir allein g'hören möcht', ich ließ sie Modistin werden oder so was ... Wie wird sie's denn erfahren? – Aus der Zeitung! ... Sie wird sich ärgern, daß ich ihr's nicht geschrieben hab' ... Mir scheint', ich schnapp' doch noch über ... Was geht denn das mich an, ob sie sich ärgert ... Wie lang' hat denn die ganze G'schicht' gedauert? ... Seit'm Jänner? ... Ah nein, es muß doch schon vor Weihnachten gewesen sein ... ich hab' ihr ja aus Graz Zuckerln mitgebracht, und zu Neujahr hat sie mir ein Brieferl g'schickt ... Richtig, die Briefe, die ich zu Haus hab', – sind keine da, die ich verbrennen sollt'? ... Hm, der vom Fallsteiner – wenn man den Brief findet ... der Bursch könnt' Unannehmlichkeiten haben ... Was mir das schon aufliegt! – Na, es ist ja keine große Anstrengung ... aber hervorsuchen kann ich den Wisch nicht ... Das beste ist, ich verbrenn' alles zusammen ... Und meine paar Bücher könnt' ich dem Blany vermachen. – *Durch Nacht und Eis* ... schad', daß ich's nimmer auslesen kann ... bin wenig zum Lesen gekommen in der letzten Zeit ... Orgel – ah, aus der Kirche ... Frühmesse – bin schon lang bei keiner gewesen ... das letztemal im Feber, wie mein Zug dazu kommandiert war ... Aber das galt nichts – ich hab' auf meine Leut' aufgepaßt, ob sie andächtig sind und sich ordentlich benehmen ... – Möcht' in die Kirche hineingeh'n ... am End' ist doch was dran ... – Na, heut nach Tisch werd' ich's schon genau wissen ... Ah, »nach Tisch« ist sehr gut! ... Also, was ist, soll ich hineingehn? – Ich glaub', der Mama wär's ein Trost, wenn sie das wüßt'! ... Die Klara gibt weniger drauf ... Na, geh'n wir hinein – schaden kann's ja nicht!

Orgel – Gesang – hm! – was ist denn das? – Mir ist ganz schwindlig ... O Gott, o Gott, o Gott! ich möcht' einen Menschen haben, mit dem ich ein Wort reden könnt' vorher! – Das wär' so was – zur Beicht' geh'n! Der möcht' Augen machen, der Pfaff', wenn ich zum Schluß sagen möcht': Habe die Ehre, Hochwürden; jetzt geh' ich mich umbringen! ... – Am liebsten läg' ich da auf dem Steinboden und tät' heulen ... Ah nein, das darf man nicht tun! Aber weinen tut manchmal so gut ... Setzen wir uns einen Moment – aber nicht wieder einschlafen wie im Prater! ... – Die Leut', die eine Religion haben, sind doch besser dran ... Na, jetzt fangen mir gar die Händ' zu zittern an! ... Wenn's so weitergeht, werd' ich mir selber auf die Letzt' so ekelhaft, daß ich mich vor lauter Schand' umbring'! – Das alte Weib da – um was betet denn die noch?... Wär' eine Idee, wenn ich ihr sagen möcht': Sie, schließen Sie mich auch ein... ich hab' das nicht ordentlich gelernt, wie man das macht... Ha! mir scheint, das Sterben macht blöd'! – Aufsteh'n! – Woran erinnert mich denn nur die Melodie? – Heiliger Himmel! gestern abend! – Fort, fort! das halt' ich gar nicht aus!... Pst! keinen solchen Lärm, nicht mit dem Säbel scheppern – die Leut' nicht in der Andacht stören – so! – doch besser im Freien... Licht... Ah, es kommt immer näher – wenn es lieber schon vorbei wär'! – Ich hätt's gleich tun sollen – im Prater... man sollt' nie ohne Revolver ausgehn... Hätt' ich gestern abend einen gehabt... Herrgott noch einmal! – In das Kaffeehaus könnt' ich geh'n frühstücken... Hunger hab' ich... Früher ist's mir immer sonderbar vorgekommen, daß die Leut', die verurteilt sind, in der Früh noch ihren Kaffeee trinken und ihr Zigarrl rauchen... Donnerwetter, geraucht hab' ich gar nicht! gar keine Lust zum Rauchen! – Es ist komisch: ich hätt' Lust, in mein Kaffeehaus zu geh'n... Ja, aufgesperrt ist schon, und von uns ist jetzt noch keiner dort – und wenn schon... ist höchstens ein Zeichen von Kaltblütigkeit. »Um sechs hat er noch im Kaffeehaus gefrühstückt, und um sieben hat er sich erschossen«... – Ganz ruhig bin ich wieder... das Gehen ist so angenehm – und das Schönste ist, daß mich keiner zwingt. – Wenn ich wollt', könnt' ich noch immer den ganzen Krempel hinschmeißen... Amerika... Was ist das: »Krempel«? Was ist ein »Krempel«? Mir scheint, ich hab' den Sonnenstich!... Oho, bin ich vielleicht deshalb so ruhig, weil ich mir immer noch einbild', ich muß nicht?... Ich muß! Ich muß! Nein, ich will! – Kannst du dir denn überhaupt vorstellen, Gustl, daß du dir die Uniform ausziehst und durchgehst? Und der verfluchte Hund lacht sich den Buckel voll – und der Kopetzky selbst möcht' dir nicht mehr die Hand geben... Mir kommt vor, ich bin ganz rot geworden. – – Der Wachmann salutiert mir... ich muß danken...

»Servus!« – Jetzt hab' ich gar »Servus« gesagt! ... Das freut so einen armen Teufel immer ... Na, über mich hat sich keiner zu beklagen gehabt – außer Dienst war ich immer gemütlich. – Wie wir auf Manöver waren, hab' ich den Chargen von der Kompanie Britannikas geschenkt; – einmal hab' ich gehört, wie ein Mann hinter mir bei den Gewehrgriffen was von »verfluchter Rackerei« g'sagt hat, und ich hab' ihn nicht zum Rapport geschickt – ich hab' ihm nur gesagt: »Sie, passen S' auf, das könnt' einmal wer anderer hören – da ging's Ihnen schlecht!« ... Der Burghof ... Wer ist denn heut auf der Wach'? – Die Bosniaken – schau'n gut aus – der Oberstleutnant hat neulich g'sagt: Wie wir im 78er Jahr unten waren, hätt' keiner geglaubt, daß uns die einmal so parieren werden! ... Herrgott, bei so was hätt' ich dabei sein mögen – Da steh'n sie alle auf von der Bank. – Servus, Servus! – Das ist halt zuwider, daß unsereiner nicht dazu kommt. – Wär' doch schöner gewesen, auf dem Felde der Ehre, fürs Vaterland, als so ... Ja, Herr Doktor, Sie kommen eigentlich gut weg! ... Ob das nicht einer für mich übernehmen könnt'? – Meiner Seel', das sollt' ich hinterlassen, daß sich der Kopetzky oder der Wymetal an meiner Statt mit dem Kerl schlagen ... Ah, so leicht sollt' der doch nicht davonkommen! – Ah, was! Ist das nicht egal, was nachher geschieht? Ich erfahr's ja doch nimmer! – Da schlagen die Bäume aus ... Im Volksgarten hab' ich einmal eine angesprochen – ein rotes Kleid hat sie angehabt – in der Strozzigasse hat sie gewohnt – nachher hat sie der Rochlitz übernommen ... Mir scheint, er hat sie noch immer, aber er red't nichts mehr davon – er schämt sich vielleicht ... Jetzt schlaft die Steffi noch ... so lieb sieht sie aus, wenn sie schläft ... als wenn sie nicht bis fünf zählen könnt'! – Na, wenn sie schlafen, schau'n sie alle so aus! – Ich sollt' ihr doch noch ein Wort schreiben ... warum denn nicht? Es tut's ja doch ein jeder, daß er vorher noch Briefe schreibt. – Auch der Klara sollt' ich schreiben, daß sie den Papa und die Mama tröstet – und was man halt so schreibt! – und dem Kopetzky doch auch... Meiner Seel', mir kommt vor, es wär' viel leichter, wenn man ein paar Leuten Adieu gesagt hätt'... Und die Anzeige an das Regimentskommando – und die hundertsechzig Gulden für den Ballert... eigentlich noch viel zu tun... Na, es hat's mir ja keiner g'schafft, daß ich's um sieben tu'... von acht an ist noch immer Zeit genug zum Totsein!... Totsein, ja – so heißt's – da kann man nichts machen...

Ringstraße – jetzt bin ich ja bald in meinem Kaffeehaus... Mir scheint gar, ich freu' mich aufs Frühstück... es ist nicht zum Glauben. – – Ja, nach dem Frühstück zünd' ich mir eine Zigarre an, und dann geh' ich nach Haus und schreib'... Ja, vor allem mach' ich die Anzeige ans Kommando; dann kommt der Brief an die Klara – dann an den Kopetzky – dann an die Steffi... Was soll ich denn dem Luder schreiben... »Mein liebes Kind, du hast wohl nicht gedacht«... – Ah, was, Unsinn! – »Mein liebes Kind, ich danke dir sehr«... – »Mein liebes Kind, bevor ich von hinnen gehe, will ich es nicht verabsäumen«... – Na, Briefschreiben war auch nie meine starke Seite... »Mein liebes Kind, ein letztes Lebewohl von deinem Gustl«... – Die Augen, die sie machen wird! Ist doch ein Glück, daß ich nicht in sie verliebt war... das muß traurig sein, wenn man eine gernhat und so... Na, Gustl, sei gut: so ist es auch traurig genug... Nach der Steffi wär' ja noch manche andere gekommen, und am End' auch eine, die was wert ist – junges Mädel aus guter Familie mit Kaution – es wär' ganz schön gewesen... – Der Klara muß ich ausführlich schreiben, daß ich nicht hab' anders können... »Du mußt mir verzeihen, liebe Schwester, und bitte, tröste auch die lieben Eltern. Ich weiß, daß ich euch allen manche Sorge gemacht habe und manchen Schmerz bereitet; aber glaube mir, ich habe euch alle immer sehr liebgehabt, und ich hoffe, du wirst noch einmal glücklich werden, meine liebe Klara, und deinen unglücklichen Bruder nicht ganz vergessen«... – Ah, ich schreib' ihr lieber gar nicht!... Nein, da wird mir zum Weinen ... es beißt mich ja schon in den Augen, wenn ich dran denk'... Höchstens dem Kopetzky schreib' ich – ein kameradschaftliches Lebewohl, und er soll's den andern ausrichten ... – Ist's schon sechs? – Ah, nein: halb – dreiviertel. – Ist das ein liebes G'sichtel! ... der kleine Fratz mit den schwarzen Augen, den ich so oft in der Florianigasse treff'! – was die sagen wird? – Aber die weiß ja gar nicht, wer ich bin – die wird sich nur wundern, daß sie mich nimmer sieht ... Vorgestern hab' ich mir vorgenommen, das nächstemal sprech' ich sie an. – Kokettiert hat sie genug ... so jung war die – am End' war die gar noch eine Unschuld! ... Ja, Gustl! Was du heute kannst besorgen, das verschiebe nicht auf morgen! ... Der da hat sicher auch die ganze Nacht nicht geschlafen. – Na, jetzt wird er schön nach Haus geh'n und sich niederlegen – ich auch! – Haha! jetzt wird's ernst, Gustl, ja! ... Na, wenn nicht einmal das biss'l Grausen wär', so wär' ja schon gar nichts dran – und im ganzen, ich muß's schon selber sagen, halt' ich mich brav ... Ah, wohin denn noch? Da ist ja schon mein Kaffeehaus ... auskehren tun sie noch ... Na, geh'n wir hinein ...

Da hinten ist der Tisch, wo die immer Tarock spielen ... Merkwürdig, ich kann mir's gar nicht vorstellen, daß der Kerl, der immer da hinten sitzt an der Wand, derselbe sein soll, der mich ... – Kein Mensch ist noch da ... Wo ist denn der Kellner? ... He! Da kommt er aus der Küche ... er schlieft schnell in den Frack hinein ... Ist wirklich nimmer notwendig! ... ah, für ihn schon ... er muß heut' noch andere Leut' bedienen! –

»Habe die Ehre, Herr Leutnant!«

»Guten Morgen.«

»So früh heute, Herr Leutnant?«

»Ah, lassen S' nur – ich hab' nicht viel Zeit, ich kann mit'm Mantel dasitzen.«

»Was befehlen Herr Leutnant?«

»Eine Melange mit Haut.«

»Bitte gleich, Herr Leutnant!«
Ah, da liegen ja Zeitungen ... schon heutige Zeitungen? ... Ob schon was drinsteht? ... Was denn? – Mir scheint, ich will nachseh'n, ob drinsteht, daß ich mich umgebracht hab'! Haha! – Warum steh' ich denn noch immer? ... Setzen wir uns da zum Fenster ... Er hat mir ja schon die Melange hingestellt ... So, den Vorhang zieh' ich zu; es ist mir zuwider, wenn die Leut' hereingucken ... Es geht zwar noch keiner vorüber ... Ah, gut schmeckt der Kaffee – doch kein leerer Wahn, das Frühstücken! ... Ah, ein ganz anderer Mensch wird man – der ganze Blödsinn ist, daß ich nicht genachtmahlt hab' ... Was steht denn der Kerl schon wieder da? – Ah, die Semmeln hat er mir gebracht ...
»Haben Herr Leutnant schon gehört?« ...
»Was denn?« Ja, um Gottes willen, weiß der schon was? ... Aber, Unsinn, es ist ja nicht möglich!
»Den Herrn Habetswallner ...«
Was? So heißt ja der Bäckermeister ... was wird der jetzt sagen? ... Ist der am End' schon dagewesen? Ist er am End' gestern schon dagewesen und hat's erzählt? ... Warum red't er denn nicht weiter? ... Aber er red't ja ...
»... hat heut' nacht um zwölf der Schlag getroffen.«
»Was?« ... Ich darf nicht so schreien ... nein, ich darf mir nichts anmerken lassen ... aber vielleicht träum' ich ... ich muß ihn noch einmal fragen ... »Wen hat der Schlag getroffen?« – Famos, famos! – ganz harmlos hab' ich das gesagt! –
»Den Bäckermeister, Herr Leutnant! ... Herr Leutnant werd'n ihn ja kennen ... na, den Dicken, der jeden Nachmittag neben die Herren Offiziere seine Tarockpartie hat ... mit'n Herrn Schlesinger und 'n Herrn Wasner von der Kunstblumenhandlung vis-à-vis!«
Ich bin ganz wach – stimmt alles – und doch kann ich's noch nicht recht glauben – ich muß ihn noch einmal fragen ... aber ganz harmlos ...

»Der Schlag hat ihn getroffen? ... Ja, wieso denn? Woher wissen S' denn das?«

»Aber Herr Leutnant, wer soll's denn früher wissen, als unsereiner – die Semmel, die der Herr Leutnant da essen, ist ja auch vom Herrn Habetswallner. Der Bub, der uns das Gebäck um halber fünfe in der Früh bringt, hat's uns erzählt.«

Um Himmels willen, ich darf mich nicht verraten ... ich möcht' ja schreien ... ich möcht' ja lachen ... ich möcht' ja dem Rudolf ein Bussel geben ... Aber ich muß ihn noch was fragen! ... Vom Schlag getroffen werden, heißt noch nicht: tot sein ... ich muß fragen, ob er tot ist ... aber ganz ruhig, denn was geht mich der Bäckermeister an – ich muß in die Zeitung schau'n, während ich den Kellner frag ...

»Ist er tot?«

»Na, freilich, Herr Leutnant; auf'm Fleck ist er totgeblieben.«

O, herrlich, herrlich! – Am End' ist das alles, weil ich in der Kirchen g'wesen bin ...

»Er ist am Abend im Theater g'wesen; auf der Stiegen ist er umg'fallen – der Hausmeister hat den Krach gehört ... na, und dann haben s' ihn in die Wohnung getragen, und wie der Doktor gekommen ist, war's schon lang' aus.«

»Ist aber traurig. Er war doch noch in den besten Jahren.« – Das hab' ich jetzt famos gesagt – kein Mensch könnt' mir was anmerken ... und ich muß mich wirklich zurückhalten, daß ich nicht schrei' oder aufs Billard spring' ...

»Ja, Herr Leutnant, sehr traurig; war ein so lieber Herr, und zwanzig Jahr' ist er schon zu uns kommen – war ein guter Freund von unserm Herrn. Und die arme Frau ...«

Ich glaub', so froh bin ich in meinem ganzen Leben nicht gewesen ... Tot ist er – tot ist er! Keiner weiß was, und nichts ist g'scheh'n! – Und das Mordsglück, daß ich in das Kaffeehaus gegangen bin ... sonst hätt' ich mich ja ganz umsonst erschossen – es ist doch wie eine Fügung des Schicksals ... Wo ist denn der Rudolf? – Ah, mit dem Feuerburschen red't er... – Also, tot ist er – tot ist er – ich kann's noch gar nicht glauben! Am liebsten möcht' ich hingeh'n, um's zu seh'n. – – Am End' hat ihn der Schlag getroffen aus Wut, aus verhaltenem Zorn... Ah, warum, ist mir ganz egal! Die Hauptsach' ist: er ist tot, und ich darf leben, und alles g'hört wieder mein!... Komisch, wie ich mir da immerfort die Semmel einbrock', die mir der Herr Habetswallner gebacken hat! Schmeckt mir ganz gut, Herr von Habetswallner! Famos! – So, jetzt möcht' ich noch ein Zigarrl rauchen...

»Rudolf! Sie, Rudolf! Sie, lassen S' mir den Feuerburschen dort in Ruh'!«

»Bitte, Herr Leutnant!«

»Trabucco«... – Ich bin so froh, so froh!... Was mach' ich denn nur?... Was mach' ich denn nur?... Es muß ja was gescheh'n, sonst trifft mich auch noch der Schlag vor lauter Freud'!... In einer Viertelstund' geh' ich hinüber in die Kasern' und laß mich vom Johann kalt abreiben... um halb acht sind die Gewehrgriff', und um halb zehn ist Exerzieren. – Und der Steffi schreib' ich, sie muß sich für heut abend frei machen, und wenn's Graz gilt! Und nachmittag um vier... na wart', mein Lieber, wart', mein Lieber! Ich bin grad' gut aufgelegt... Dich hau' ich zu Krenfleisch!

RAINER MARIA RILKE

Die Aufzeichnungen des Malte Laurids Brigge

11. September, rue Toullier.

So, also hierher kommen die Leute, um zu leben, ich würde eher meinen, es stürbe sich hier. Ich bin ausgewesen. Ich habe gesehen: Hospitäler. Ich habe einen Menschen gesehen, welcher schwankte und umsank. Die Leute versammelten sich um ihn, das ersparte mir den Rest. Ich habe eine schwangere Frau gesehen. Sie schob sich schwer an einer hohen, warmen Mauer entlang, nach der sie manchmal tastete, wie um sich zu überzeugen, ob sie noch da sei. Ja, sie war noch da. Dahinter? Ich suchte auf meinem Plan: Maison d'Accouchement. Gut. Man wird sie entbinden – man kann das. Weiter, rue Saint-Jacques, ein großes Gebäude mit einer Kuppel. Der Plan gab an Val-de grâce, Hôpital militaire. Das brauchte ich eigentlich nicht zu wissen, aber es schadet nicht. Die Gasse begann von allen Seiten zu riechen. Es roch, soviel sich unterscheiden ließ, nach Jodoform, nach dem Fett von pommes frites, nach Angst. Alle Städte riechen im Sommer. Dann habe ich ein eigentümlich starblindes Haus gesehen, es war im Plan nicht zu finden, aber über der Tür stand noch ziemlich leserlich: Asyle de nuit. Neben dem Eingang waren die Preise. Ich habe sie gelesen. Es war nicht teuer.

Und sonst? ein Kind in einem stehenden Kinderwagen: es war dick, grünlich und hatte einen deutlichen Ausschlag auf der Stirn. Er heilte offenbar ab und tat nicht weh. Das Kind schlief, der Mund war offen, atmete Jodoform, pommes frites, Angst. Das war nun mal so. Die Hauptsache war, daß man lebte. Das war die Hauptsache.

Daß ich es nicht lassen kann, bei offenem Fenster zu schlafen. Elektrische Bahnen rasen läutend durch meine Stube. Automobile gehen über mich hin. Eine Tür fällt zu. Irgendwo klirrt eine Scheibe herunter, ich höre ihre großen Scherben lachen, die kleinen Splitter kichern. Dann plötzlich dumpfer, eingeschlossener Lärm von der anderen Seite, innen im Hause. Jemand steigt die Treppe. Kommt, kommt unaufhörlich. Ist da, ist lange da, geht vorbei. Und wieder die Straße. Ein Mädchen kreischt: Ah tais-toi, je ne veux plus. Die Elektrische rennt ganz erregt heran, darüber fort, fort über alles. Jemand ruft. Leute laufen, überholen sich. Ein Hund bellt. Was für eine Erleichterung: ein Hund. Gegen Morgen kräht sogar ein Hahn, und das ist Wohltun ohne Grenzen. Dann schlafe ich plötzlich ein.

Das sind die Geräusche. Aber es giebt hier etwas, was furchtbarer ist: die Stille. Ich glaube, bei großen Bränden tritt manchmal so ein Augenblick äußerster Spannung ein, die Wasserstrahlen fallen ab, die Feuerwehrleute klettern nicht mehr, niemand rührt sich. Lautlos schiebt sich ein schwarzes Gesimse vor oben, und eine hohe Mauer, hinter welcher das Feuer auffährt, neigt sich, lautlos. Alles steht und wartet mit hochgeschobenen Schultern, die Gesichter über die Augen zusammengezogen, auf den schrecklichen Schlag. So ist hier die Stille.

Ich lerne sehen. Ich weiß nicht, woran es liegt, es geht alles tiefer in mich ein und bleibt nicht an der Stelle stehen, wo es sonst immer zu Ende war. Ich habe ein Inneres, von dem ich nicht wußte. Alles geht jetzt dorthin. Ich weiß nicht, was dort geschieht.

Ich habe heute einen Brief geschrieben, dabei ist es mir aufgefallen, daß ich erst drei Wochen hier bin. Drei Wochen anderswo, auf dem Lande zum Beispiel, das konnte sein wie ein Tag, hier sind es Jahre. Ich will auch keinen Brief mehr schreiben. Wozu soll ich jemandem sagen, daß ich mich verändere? Wenn ich mich verändere, bleibe ich ja doch nicht der, der ich war, und bin ich etwas anderes als bisher, so ist klar, daß ich keine Bekannten habe. Und an fremde Leute, an Leute, die mich nicht kennen, kann ich unmöglich schreiben.

Habe ich es schon gesagt? Ich lerne sehen. Ja, ich fange an. Es geht noch schlecht. Aber ich will meine Zeit ausnutzen.

Daß es mir zum Beispiel niemals zum Bewußtsein gekommen ist, wieviel Gesichter es giebt. Es giebt eine Menge Menschen, aber noch viel mehr Gesichter, denn jeder hat mehrere. Da sind Leute, die tragen ein Gesicht jahrelang, natürlich nutzt es sich ab, es wird schmutzig, es bricht in den Falten, es weitet sich aus wie Handschuhe, die man auf der Reise getragen hat. Das sind sparsame, einfache Leute, sie wechseln es nicht, sie lassen es nicht einmal reinigen. Es sei gut genug, behaupten sie, und wer kann ihnen das Gegenteil nachweisen? Nun fragt es sich freilich, da sie mehrere Gesichter haben, was tun sie mit den andern? Sie heben sie auf. Ihre Kinder sollen sie tragen. Aber es kommt auch vor, daß ihre Hunde damit ausgehen. Weshalb auch nicht? Gesicht ist Gesicht. Andere Leute setzen unheimlich schnell ihre Gesichter auf, eins nach dem andern, und tragen sie ab. Es scheint ihnen zuerst, sie hätten für immer, aber sie sind kaum vierzig; da ist schon das letzte. Das hat natürlich seine Tragik. Sie sind nicht gewohnt, Gesichter zu schonen, ihr letztes ist in acht Tagen durch, hat Löcher, ist an vielen Stellen dünn wie Papier, und da kommt dann nach und nach die Unterlage heraus, das Nichtgesicht, und sie gehen damit herum.

Abe die Frau, die Frau: sie war ganz in sich hineingefallen, vornüber in ihre Hände. Es war an der Ecke rue Notre-Dame-des-Champs. Ich fing an, leise zu gehen, sowie ich sie

gesehen hatte. Wenn arme Leute nachdenken, soll man sie nicht stören. Vielleicht fällt es ihnen doch ein.
Die Straße war zu leer, ihre Leere langweilte sich und zog mir den Schritt unter den Füßen weg und klappte mit ihm herum, drüben und da, wie mit einem Holzschuh. Die Frau erschrak und hob sich aus sich ab, zu schnell, zu heftig, so daß das Gesicht in den zwei Händen blieb. Ich konnte es darin liegen sehen, seine hohle Form. Es kostete mich unbeschreibliche Anstrengung, bei diesen Händen zu bleiben und nicht zu schauen, was sich aus ihnen abgerissen hatte. Mir graute, ein Gesicht von innen zu sehen, aber ich fürchtete mich doch noch viel mehr vor dem bloßen wunden Kopf ohne Gesicht.

Ich fürchte mich. Gegen die Furcht muß man etwas tun, wenn man sie einmal hat. Es wäre sehr häßlich, hier krank zu werden, und fiele es jemandem ein, mich ins Hôtel-Dieu zu schaffen, so würde ich dort gewiß sterben. Dieses Hôtel ist ein angenehmes Hôtel, ungeheuer besucht. Man kann kaum die Fassade der Kathedrale von Paris betrachten ohne Gefahr, von einem der vielen Wagen, die so schnell wie möglich über den freien Plan dort hinein müssen, überfahren zu werden. Das sind kleine Omnibusse, die fortwährend läuten, und selbst der Herzog von Sagan müßte sein Gespann halten lassen, wenn so ein kleiner Sterbender es sich in den Kopf gesetzt hat, geradenwegs in Gottes Hôtel zu wollen. Sterbende sind starrköpfig, und ganz Paris stockt, wenn Madame Legrand, brocanteuse aus der rue des Martyrs, nach einem gewissen Platz der Cité gefahren kommt. Es ist zu bemerken, daß diese verteufelten kleinen Wagen ungemein anregende Milchglasfenster haben, hinter denen man sich die herrlichsten Agonien vorstellen kann; dafür genügt die Phantasie einer Concierge. Hat man noch mehr Einbildungskraft und schlägt sie nach anderen Richtungen hin, so sind die Vermutungen geradezu unbegrenzt. Aber ich habe auch offene Droschken ankommen sehen, Zeitdroschken mit aufgeklapptem Verdeck, die nach der üblichen Taxe fuhren: Zwei Francs für die Sterbestunde.

Dieses ausgezeichnete Hôtel ist sehr alt, schon zu König Chlodwigs Zeiten starb man darin in einigen Betten. Jetzt wird in 559 Betten gestorben. Natürlich fabrikmäßig. Bei so enormer Produktion ist der einzelne Tod nicht so gut ausgeführt, aber darauf kommt es auch nicht an. Die Masse macht es. Wer giebt heute noch etwas für einen gut ausgearbeiteten Tod? Niemand. Sogar die Reichen, die es sich doch leisten könnten, ausführlich zu sterben, fangen an, nachlässig und gleichgültig zu werden; der Wunsch, einen eigenen Tod zu haben, wird immer seltener. Eine Weile noch, und er wird ebenso selten sein wie ein eigenes Leben. Gott, das ist alles da. Man kommt, man findet ein Leben, fertig, man hat es nur anzuziehen. Man will gehen oder man ist dazu gezwungen: nun, keine Anstrengung: Voilà votre mort, monsieur. Man stirbt, wie es gerade kommt; man stirbt den Tod, der zu der Krankheit gehört, die man hat (denn seit man alle Krankheiten kennt, weiß man auch, daß die verschiedenen letalen Abschlüsse zu den Krankheiten gehören und nicht zu den Menschen; und der Kranke hat sozusagen nichts zu tun).
In den Sanatorien, wo ja so gern und mit so viel Dankbarkeit gegen Ärzte und Schwestern gestorben wird, stirbt man einen von den an der Anstalt angestellten Toden; das wird gerne gesehen. Wenn man aber zu Hause stirbt, ist es natürlich, jenen höflichen Tod der guten Kreise zu wählen, mit dem gleichsam das Begräbnis erster Klasse schon anfängt und die ganze Folge seiner wunderschönen Gebräuche. Da stehen dann die Armen vor so einem Haus und sehen sich satt. Ihr Tod ist natürlich banal, ohne alle Umstände. Sie sind froh, wenn sie einen finden, der ungefähr paßt. Zu weit darf er sein: man wächst immer noch ein bißchen. Nur wenn er nicht zugeht über der Brust oder würgt, dann hat es seine Not. –

Wenn ich nach Hause denke, wo nun niemand mehr ist, dann glaube ich, das muß früher anders gewesen sein. Früher wußte man (oder vielleicht man ahnte es), daß man den Tod *in* sich hatte wie die Frucht den Kern. Die Kinder hatten einen kleinen in sich und die Erwachsenen einen großen. Die Frauen hatten ihn im Schooß und die Männer in der Brust. Den *hatte* man, und das gab einem eine eigentümliche Würde und einen stillen Stolz.

Meinem Großvater noch, dem alten Kammerherrn Brigge, sah man es an, daß er einen Tod in sich trug. Und was war das für einer: zwei Monate lang und so laut, daß man ihn hörte bis aufs Vorwerk hinaus.

Das lange, alte Herrenhaus war zu klein für diesen Tod, es schien, als müßte man Flügel anbauen, denn der Körper des Kammerherrn wurde immer größer, und er wollte fortwährend aus einem Raum in den anderen getragen sein und geriet in fürchterlichen Zorn, wenn der Tag noch nicht zu Ende war und es gab kein Zimmer mehr, in dem er nicht schon gelegen hatte. Dann ging es mit dem ganzen Zuge von Dienern, Jungfern und Hunden, die er immer um sich hatte, die Treppe hinauf und, unter Vorantritt des Haushofmeisters, in seiner hochseligen Mutter Sterbezimmer, das ganz in dem Zustande, in dem sie es vor dreiundzwanzig Jahren verlassen hatte, erhalten worden war und das sonst nie jemand betreten durfte. Jetzt brach die ganze Meute dort ein. Die Vorhänge wurden zurückgezogen, und das robuste Licht eines Sommernachmittags untersuchte alle die scheuen, erschrokkenen Gegenstände und drehte sich ungeschickt um in den aufgerissenen Spiegeln. Und die Leute machten es ebenso. Es gab da Zofen, die vor Neugierde nicht wußten, wo ihre Hände sich gerade aufhielten, junge Bediente, die alles anglotzten, und ältere Dienstleute, die herumgingen und sich zu erinnern suchten, was man ihnen von diesem verschlossenen Zimmer, in dem sie sich nun glücklich befanden, alles erzählt hatte.

Vor allem aber schien den Hunden der Aufenthalt in einem Raum, wo alle Dinge rochen, ungemein anregend. Die großen, schmalen russischen Windhunde liefen beschäftigt hinter den Lehnstühlen hin und her, durchquerten in langem Tanzschritt mit wiegender Bewegung das Gemach, hoben sich wie Wappenhunde auf und schauten, die schmalen Pfoten auf das weißgoldene Fensterbrett gestützt, mit spitzem, gespanntem Gesicht und zurückgezogener Stirn nach rechts und nach links in den Hof. Kleine, handschuhgelbe Dachshunde saßen, mit Gesichtern, als wäre alles ganz in der Ordnung, in dem breiten, seidenen Polstersessel am Fenster, und ein stichelhaariger, mürrisch aussehender Hühnerhund rieb seinen Rücken an der Kante eines goldbeinigen Tisches, auf dessen gemalter Platte die Sèvrestassen zitterten.
Ja, es war für diese geistesabwesenden, verschlafenen Dinge eine schreckliche Zeit. Es passierte, daß aus Büchern, die irgend eine hastige Hand ungeschickt geöffnet hatte, Rosenblätter heraustaumelten, die zertreten wurden; kleine, schwächliche Gegenstände wurden ergriffen und, nachdem sie sofort zerbrochen waren, schnell wieder hingelegt, manches Verbogene auch unter Vorhänge gesteckt oder gar hinter das goldene Netz des Kamingitters geworfen. Und von Zeit zu Zeit fiel etwas, fiel verhüllt auf Teppich, fiel hell auf das harte Parkett, aber es zerschlug da und dort, zersprang scharf oder brach fast lautlos auf, denn diese Dinge, verwöhnt wie sie waren, vertrugen keinerlei Fall.
Und wäre es jemandem eingefallen zu fragen, was die Ursache von alledem sei, was über dieses ängstlich gehütete Zimmer alles Untergangs Fülle herabgerufen habe, – so hätte es nur *eine* Antwort gegeben: der Tod.
Der Tod des Kammerherrn Christoph Detlev Brigge auf Ulsgaard. Denn dieser lag, groß über seine dunkelblaue Uniform hinausquellend, mitten auf dem Fußboden und rührte sich nicht. In seinem großen, fremden, niemandem mehr bekannten Gesicht waren die Augen zugefallen: er sah nicht,

was geschah. Man hatte zuerst versucht, ihn auf das Bett zu legen, aber er hatte sich dagegen gewehrt, denn er haßte Betten seit jenen ersten Nächten, in denen seine Krankheit gewachsen war. Auch hatte sich das Bett da oben als zu klein erwiesen, und da war nichts anderes übrig geblieben, als ihn so auf den Teppich zu legen; denn hinunter hatte er nicht gewollt.

Da lag er nun, und man konnte denken, daß er gestorben sei. Die Hunde hatten sich, da es langsam zu dämmern begann, einer nach dem anderen durch die Türspalte gezogen, nur der Harthaarige mit dem mürrischen Gesicht saß bei seinem Herrn, und eine von seinen breiten, zottigen Vorderpfoten lag auf Christoph Detlevs großer, grauer Hand. Auch von der Dienerschaft standen jetzt die meisten draußen in dem weißen Gang, der heller war als das Zimmer; die aber, welche noch drinnen geblieben waren, sahen manchmal heimlich nach dem großen, dunkelnden Haufen in der Mitte, und sie wünschten, daß das nichts mehr wäre als ein großer Anzug über einem verdorbenen Ding.

Aber es war noch etwas. Es war eine Stimme, die Stimme, die noch vor sieben Wochen niemand gekannt hatte: denn es war nicht die Stimme des Kammerherrn. Nicht Christoph Detlev war es, welchem diese Stimme gehörte, es war Christoph Detlevs Tod.

Christoph Detlevs Tod lebte nun schon seit vielen, vielen Tagen auf Ulsgaard und redete mit allen und verlangte. Verlangte, getragen zu werden, verlangte das blaue Zimmer, verlangte den kleinen Salon, verlangte den Saal. Verlangte die Hunde, verlangte, daß man lache, spreche, spiele und still sei und alles zugleich. Verlangte Freunde zu sehen, Frauen und Verstorbene, und verlangte selber zu sterben: verlangte. Verlangte und schrie.

Denn, wenn die Nacht gekommen war und die von den übermüden Dienstleuten, welche nicht Wache hatten, einzuschlafen versuchten, dann schrie Christoph Detlevs Tod, schrie und stöhnte, brüllte so lange und anhaltend, daß die Hunde, die zuerst mitheulten, verstummten und nicht wagten sich hinzulegen und, auf ihren langen, schlanken, zitternden Beinen stehend, sich fürchteten. Und wenn sie es durch die weite, silberne, dänische Sommernacht im Dorfe hörten, daß er brüllte, so standen sie auf wie beim Gewitter, kleideten sich an und blieben ohne ein Wort um die Lampe sitzen, bis es vorüber war. Und die Frauen, welche nahe vor dem Niederkommen waren, wurden in die entlegensten Stuben gelegt und in die dichtesten Bettverschläge; aber sie hörten es, sie hörten es, als ob es in ihrem eigenen Leibe wäre, und sie flehten, auch aufstehen zu dürfen, und kamen, weiß und weit, und setzten sich zu den andern mit ihren verwischten Gesichtern. Und die Kühe, welche kalbten in dieser Zeit, waren hülflos und verschlossen, und einer riß man die tote Frucht mit allen Eingeweiden aus dem Leibe, als sie gar nicht kommen wollte. Und alle taten ihr Tagwerk schlecht und vergaßen das Heu hereinzubringen, weil sie sich bei Tage ängstigten vor der Nacht und weil sie vom vielen Wachsein und vom erschreckten Aufstehen so ermattet waren, daß sie sich auf nichts besinnen konnten. Und wenn sie am Sonntag in die weiße, friedliche Kirche gingen, so beteten sie, es möge keinen Herrn mehr auf Ulsgaard geben: denn dieser war ein schrecklicher Herr. Und was sie alle dachten und beteten, das sagte der Pfarrer laut von der Kanzel herab, denn auch er hatte keine Nächte mehr und konnte Gott nicht begreifen. Und die Glocke sagte es, die einen furchtbaren Rivalen bekommen hatte, der die ganze Nacht dröhnte und gegen den sie, selbst wenn sie aus allem Metall zu läuten begann, nichts vermochte. Ja, alle sagten es, und es gab einen unter den jungen Leuten, der geträumt hatte, er wäre ins Schloß gegangen und hätte den gnädigen Herrn erschlagen mit seiner Mistforke, und so aufgebracht war man, so zu Ende, so überreizt, daß alle zuhörten, als er seinen Traum erzählte, und ihn, ganz ohne es zu wissen, daraufhin ansahen, ob er solcher Tat wohl gewachsen sei. So fühlte und sprach man in der ganzen Gegend, in der man den Kammerherrn noch vor einigen Wochen geliebt und bedauert hatte. Aber obwohl man so sprach, veränderte sich nichts. Christoph Detlevs Tod, der auf Ulsgaard wohnte, ließ sich nicht drängen. Er war für zehn Wochen gekommen, und die blieb er. Und während dieser Zeit war er mehr Herr, als Christoph Detlev Brigge es je gewesen war, er war wie ein König, den man den Schrecklichen nennt, später und immer.

Das war nicht der Tod irgendeines Wassersüchtigen, das war der böse, fürstliche Tod, den der Kammerherr sein ganzes Leben lang in sich getragen und aus sich genährt hatte. Alles Übermaß an Stolz, Willen und Herrenkraft, das er selbst in seinen ruhigen Tagen nicht hatte verbrauchen können, war in seinen Tod eingegangen, in den Tod, der nun auf Ulsgaard saß und vergeudete.

Wie hätte der Kammerherr Brigge den angesehen, der von ihm verlangt hätte, er solle einen anderen Tod sterben als diesen. Er starb seinen schweren Tod.

Und wenn ich an die andern denke, die ich gesehen oder von denen ich gehört habe: es ist immer dasselbe. Sie alle haben einen eigenen Tod gehabt. Diese Männer, die ihn in der Rüstung trugen, innen, wie einen Gefangenen, diese Frauen, die sehr alt und klein wurden und dann auf einem ungeheueren Bett, wie auf einer Schaubühne, vor der ganzen Familie, dem Gesinde und den Hunden diskret und herrschaftlich hinübergingen. Ja die Kinder, sogar die ganz kleinen, hatten nicht irgendeinen Kindertod, sie nahmen sich zusammen und starben das, was sie schon waren, und das, was sie geworden wären.

Und was gab das den Frauen für eine wehmütige Schönheit, wenn sie schwanger waren und standen, und in ihrem großen Leib, auf welchem die schmalen Hände unwillkürlich liegen blieben, waren *zwei* Früchte: ein Kind und ein Tod. Kam das dichte, beinah nahrhafte Lächeln in ihrem ganz ausgeräumten Gesicht nicht davon her, daß sie manchmal meinten, es wüchsen beide?

Ich habe etwas getan gegen die Furcht. Ich habe die ganze Nacht gesessen und geschrieben, und jetzt bin ich so gut müde wie nach einem weiten Weg über die Felder von Ulsgaard. Es ist doch schwer zu denken, daß alles das nicht mehr ist, daß fremde Leute wohnen in dem alten langen Herrenhaus. Es kann sein, daß in dem weißen Zimmer oben im Giebel jetzt die Mägde schlafen, ihren schweren, feuchten Schlaf schlafen von Abend bis Morgen.
Und man hat niemand und nichts und fährt in der Welt herum mit einem Koffer und mit einer Bücherkiste und eigentlich ohne Neugierde. Was für ein Leben ist das eigentlich: ohne Haus, ohne ererbte Dinge, ohne Hunde. Hätte man doch wenigstens seine Erinnerungen. Aber wer hat die? Wäre die Kindheit da, sie ist wie vergraben. Vielleicht muß man alt sein, um an das alles heranreichen zu können. Ich denke es mir gut, alt zu sein.

Heute war ein schöner, herbstlicher Morgen. Ich ging durch die Tuilerien. Alles, was gegen Osten lag, vor der Sonne, blendete. Das Angeschienene war vom Nebel verhangen wie von einem lichtgrauen Vorhang. Grau im Grauen sonnten sich die Statuen in den noch nicht enthüllten Gärten. Einzelne Blumen in den langen Beeten standen auf und sagten: Rot, mit einer erschrockenen Stimme. Dann kam ein sehr großer, schlanker Mann um die Ecke, von den Champs-Elysées her; er trug eine Krücke, aber nicht mehr unter die Schulter geschoben, – er hielt sie vor sich her, leicht, und von Zeit zu Zeit stellte er sie fest und laut auf wie einen Heroldstab. Er konnte ein Lächeln der Freude nicht unterdrücken und lächelte, an allem vorbei, der Sonne den Bäumen zu. Sein Schritt war schüchtern wie der eines Kindes, aber ungewöhnlich leicht, voll von Erinnerungen an früheres Gehen.

Was so ein kleiner Mond alles vermag. Da sind Tage, wo alles um einen licht ist, leicht, kaum angegeben in der hellen Luft und doch deutlich. Das Nächste schon hat Töne der Ferne, ist weggenommen und nur gezeigt, nicht hergereicht; und was Beziehung zur Weite hat: der Fluß, die Brücken, die langen Straßen und die Plätze, die sich verschwenden, das hat diese Weite eingenommen hinter sich, ist auf ihr gemalt wie auf Seide. Es ist nicht zu sagen, was dann ein lichtgrüner Wagen sein kann auf dem Pont-neuf oder irgendein Rot, das nicht zu halten ist, oder auch nur ein Plakat an der Feuermauer einer perlgrauen Häusergruppe. Alles ist vereinfacht, auf einige richtige, helle plans gebracht wie das Gesicht in einem Manetschen Bildnis. Und nichts ist gering und überflüssig. Die Bouquinisten am Quai tun ihre Kästen auf, und das frische oder vernutzte Gelb der Bücher, das violette Braun der Bände, das größere Grün einer Mappe: alles stimmt, gilt, nimmt teil und bildet eine Vollzähligkeit, in der nichts fehlt.

Unten ist folgende Zusammenstellung: ein kleiner Handwagen, von einer Frau geschoben; vorn darauf ein Leierkasten, der Länge nach. Dahinter quer ein Kinderkorb, in dem ein ganz Kleines auf festen Beinen steht, vergnügt in seiner Haube, und sich nicht mag setzen lassen. Von Zeit zu Zeit dreht die Frau am Orgelkasten. Das ganz Kleine stellt sich dann sofort stampfend in seinem Korbe wieder auf, und ein kleines Mädchen in einem grünen Sonntagskleid tanzt und schlägt Tamburin zu den Fenstern hinauf.

Ich glaube, ich müßte anfangen, etwas zu arbeiten, jetzt, da ich sehen lerne. Ich bin achtundzwanzig, und es ist so gut wie nichts geschehen. Wiederholen wir: ich habe eine Studie über

Carpaccio geschrieben, die schlecht ist, ein Drama, das ›Ehe‹ heißt und etwas Falsches mit zweideutigen Mitteln beweisen will, und Verse. Ach, aber mit Versen ist so wenig getan, wenn man sie früh schreibt. Man sollte warten damit und Sinn und Süßigkeit sammeln ein ganzes Leben lang und ein langes womöglich, und dann, ganz zum Schluß, vielleicht könnte man dann zehn Zeilen schreiben, die gut sind. Denn Verse sind nicht, wie die Leute meinen, Gefühle (die hat man früh genug), – es sind Erfahrungen. Um eines Verses willen muß man viele Städte sehen, Menschen und Dinge, man muß die Tiere kennen, man muß fühlen, wie die Vögel fliegen und die Gebärde wissen, mit welcher die kleinen Blumen sich auftun am Morgen. Man muß zurückdenken können an Wege in unbekannten Gegenden, an unerwartete Begegnungen und an Abschiede, die man lange kommen sah, – an Kindheitstage, die noch unaufgeklärt sind, an die Eltern, die man kränken mußte, wenn sie einem eine Freude brachten und man begriff sie nicht (es war eine Freude für einen anderen –), an Kinderkrankheiten, die so seltsam anheben mit so vielen tiefen und schweren Verwandlungen, an Tage in stillen, verhaltenen Stuben und an Morgen am Meer, an das Meer überhaupt, an Meere, an Reisenächte, die hoch dahinrauschten und mit allen Sternen flogen, – und es ist noch nicht genug, wenn man an alles das denken darf. Man muß Erinnerungen haben an viele Liebesnächte, von denen keine der andern glich, an Schreie von Kreißenden und an leichte weiße, schlafende Wöchnerinnen, die sich schließen. Aber auch bei Sterbenden muß man gewesen sein, muß bei Toten gesessen haben in der Stube mit dem offenen Fenster und den stoßweisen Geräuschen. Und es genügt auch noch nicht, daß man Erinnerungen hat. Man muß sie vergessen können, wenn es viele sind, und man muß die große Geduld haben, zu warten, daß sie wiederkommen. Denn die Erinnerungen selbst *sind* es noch nicht. Erst wenn sie Blut werden in uns, Blick und Gebärde, namenlos und nicht mehr zu unterschei-

den von uns selbst, erst dann kann es geschehen, daß in einer sehr seltenen Stunde das erste Wort eines Verses aufsteht in ihrer Mitte und aus ihnen ausgeht.
Alle meine Verse aber sind anders entstanden, also sind es keine. – Und als ich mein Drama schrieb, wie irrte ich da. War ich ein Nachahmer und Narr, daß ich eines Dritten bedurfte, um von dem Schicksal zweier Menschen zu erzählen, die es einander schwer machten? Wie leicht ich in die Falle fiel. Und ich hätte doch wissen müssen, daß dieser Dritte, der durch alle Leben und Literaturen geht, dieses Gespenst eines Dritten, der nie gewesen ist, keine Bedeutung hat, daß man ihn leugnen muß. Er gehört zu den Vorwänden der Natur, welche immer bemüht ist, von ihren tiefsten Geheimnissen die Aufmerksamkeit der Menschen abzulenken. Er ist der Wandschirm, hinter dem ein Drama sich abspielt. Er ist der Lärm am Eingang zu der stimmlosen Stille eines wirklichen Konfliktes. Man möchte meinen, es wäre allen bisher zu schwer gewesen, von den Zweien zu reden, um die es sich handelt; der Dritte, gerade weil er so unwirklich ist, ist das Leichte der Aufgabe, ihn konnten sie alle. Gleich am Anfang ihrer Dramen merkt man die Ungeduld, zu dem Dritten zu kommen, sie können ihn kaum erwarten. Sowie er da ist, ist alles gut. Aber wie langweilig, wenn er sich verspätet, es kann rein nichts geschehen ohne ihn, alles steht, stockt, wartet. Ja und wie, wenn es bei diesem Stauen und Anstehn bliebe? Wie, Herr Dramatiker, und du, Publikum, welches das Leben kennt, wie, wenn er verschollen wäre, dieser beliebte Lebemann oder dieser anmaßende junge Mensch, der in allen Ehen schließt wie ein Nachschlüssel? Wie, wenn ihn, zum Beispiel, der Teufel geholt hätte? Nehmen wirs an. Man merkt auf einmal die künstliche Leere der Theater, sie werden vermauert wie gefährliche Löcher, nur die Motten aus den Logenrändern taumeln durch den haltlosen Hohlraum. Die Dramatiker genießen nicht mehr ihre Villenviertel. Alle öffentlichen Aufpassereien suchen für sie in entlegenen Welt-

teilen nach dem Unersetzlichen, der die Handlung selbst war.

Und dabei leben sie unter den Menschen, nicht diese ›Dritten‹, aber die Zwei, von denen so unglaublich viel zu sagen wäre, von denen noch nie etwas gesagt worden ist, obwohl sie leiden und handeln und sich nicht zu helfen wissen.

Es ist lächerlich. Ich sitze hier in meiner kleinen Stube, ich, Brigge, der achtundzwanzig Jahre alt geworden ist und von dem niemand weiß. Ich sitze hier und bin nichts. Und dennoch, dieses Nichts fängt an zu denken und denkt, fünf Treppen hoch, an einem grauen Pariser Nachmittag diesen Gedanken:

Ist es möglich, denkt es, daß man noch nichts Wirkliches und Wichtiges gesehen, erkannt und gesagt hat? Ist es möglich, daß man Jahrtausende Zeit gehabt hat, zu schauen, nachzudenken und aufzuzeichnen, und daß man die Jahrtausende hat vergehen lassen wie eine Schulpause, in der man sein Butterbrot ißt und einen Apfel?

Ja, es ist möglich.

Ist es möglich, daß man trotz Erfindungen und Fortschritten, trotz Kultur, Religion und Weltweisheit an der Oberfläche des Lebens geblieben ist? Ist es möglich, daß man sogar diese Oberfläche, die doch immerhin etwas gewesen wäre, mit einem unglaublich langweiligen Stoff überzogen hat, so daß sie aussieht wie die Salonmöbel in den Sommerferien?

Ja, es ist möglich.

Ist es möglich, daß die ganze Weltgeschichte mißverstanden worden ist? Ist es möglich, daß die Vergangenheit falsch ist, weil man immer von ihren Massen gesprochen hat, gerade, als ob man von einem Zusammenlauf vieler Menschen erzählte, statt von dem Einen zu sagen, um den sie herumstanden, weil er fremd war und starb?

Ja, es ist möglich.

Ist es möglich, daß man glaubte, nachholen zu müssen, was

sich ereignet hat, ehe man geboren war? Ist es möglich, daß man jeden einzelnen erinnern müßte, er sei ja aus allen Früheren entstanden, wüßte es also und sollte sich nichts einreden lassen von den anderen, die anderes wüßten?

Ja, es ist möglich.

Ist es möglich, daß alle diese Menschen eine Vergangenheit, die nie gewesen ist, ganz genau kennen? Ist es möglich, daß alle Wirklichkeiten nichts sind für sie; daß ihr Leben abläuft, mit nichts verknüpft, wie eine Uhr in einem leeren Zimmer – ?

Ja, es ist möglich.

Ist es möglich, daß man von den Mädchen nichts weiß, die doch leben? Ist es möglich, daß man ›die Frauen‹ sagt, ›die Kinder‹, ›die Knaben‹ und nicht ahnt (bei aller Bildung nicht ahnt), daß diese Worte längst keine Mehrzahl mehr haben, sondern nur unzählige Einzahlen?

Ja, es ist möglich.

Ist es möglich, daß es Leute giebt, welche ›Gott‹ sagen und meinen, das wäre etwas Gemeinsames? – Und sieh nur zwei Schulkinder: es kauft sich der eine ein Messer, und sein Nachbar kauft sich ein ganz gleiches am selben Tag. Und sie zeigen einander nach einer Woche die beiden Messer, und es ergiebt sich, daß sie sich nur noch ganz entfernt ähnlich sehen, – so verschieden haben sie sich in verschiedenen Händen entwikkelt. (Ja, sagt des einen Mutter dazu: wenn ihr auch gleich immer alles abnutzen müßt. –) Ach so: Ist es möglich, zu glauben, man könne einen Gott haben, ohne ihn zu gebrauchen?

Ja, es ist möglich.

Wenn aber dieses alles möglich ist, auch nur einen Schein von Möglichkeit hat, – dann muß ja, um alles in der Welt, etwas geschehen. Der Nächstbeste, der, welcher diesen beunruhigenden Gedanken gehabt hat, muß anfangen, etwas von dem Versäumten zu tun; wenn es auch nur irgend einer ist, durchaus nicht der Geeignetste: es ist eben kein anderer da. Dieser junge, belanglose Ausländer, Brigge, wird sich fünf Treppen hoch hinsetzen müssen und schreiben, Tag und Nacht, ja er wird schreiben müssen, das wird das Ende sein: …

ALFRED DÖBLIN

Die Segelfahrt

Die Digue von Ostende lag in dem blitzenden Mittagslicht. Die geschmückten Menschen auf der breiten Meerespromenade lachten und gingen an einander vorüber. Unter dem Widerschein des unermeßlichen Wassers funkelten die Fenster der Strandhäuser zärtlich auf. Das unablässige Brausen des Meeres rollte von den Steindämmen zurück, schwoll wieder an, schwoll immer wieder ab.

Der schwere Brasilianer ging mit offenem Munde unter den geschmückten Menschen. Er ging dicht am Meeresgitter der Promenade. Er hielt den Kopf gesenkt wie überrieselt vom Badewasser; seine vollen Lippen waren feucht. Die schwarzen weißdurchzogenen Haarsträhnen fielen über seine Ohren. Er bog den Kopf mit dem Kalabreser nach rechts und links, um dem Anprall des scharfen Windes zu begegnen. Er streifte ab und zu mit einem freudigen Blick das graugrüne Wasser. Sein gelbbraunes schwammiges Gesicht zuckte, die Augen, die in grauen Höhlen lagen, schimmerten; er spürte den feinen Luftwirbeln nach, die um seinen bloßen Hals fuhren, das graue Schläfenhaar anhoben und gegen seine Wange mit feinen Stiletten anschwirrten. Er fror leise; blickte an seinem weißen Vorhemd entlang, über das weißer Sonnenschein floß, und einen Augenblick beunruhigte ihn der Gedanke, daß sein Blick vielleicht Schatten werfe. Er seufzte, drängte sich tiefer zwischen die Menschen.

Das Schüttern des Eisenbahnzuges schwang noch in ihm nach, der ihn gestern von Paris an die See getragen hatte.

Fluchtartig hatte er Paris verlassen, fluchtartig war er auf seiner Jacht aus der Heimat über den Ozean gefahren, aus einem hoffnungslosen Glück; plötzlich seiner achtundvierzig Jahr gedenk. In Paris hatte er vier Monate lang die Schwelgereien der Künste, die glatten Säle, die bestialischen Tänze ertragen: dann warf ihn eine schwere Lungenentzündung hin; er lag aufgegeben wochenlang im Hospital. Als er am Sonntag das Haus verließ mit schwachen Knieen, schlug er den Kragen seines Loden-Capes hoch, bestieg eine Droschke, fuhr auf die Bahn. Einen Tag schlich er gebeugt durch das tote Brügge. Dann raffte er sich auf, jagte in der Julihitze nach Ostende.

Er hob den Blick von dem dünnen Sande, der unter seinen Füßen wegzog.

Sie glitt zum zweiten Male an ihm vorüber, rostfarbenes Haar unter breitrandigem weißen Hut. Ein grauer Blick aus einem klugen nicht jungen Gesicht wich vor ihm zurück. Sie war vielleicht Mitte dreißig. Er hörte noch hinter sich eine hohe gesangvolle Stimme.

Bei dem Klang dieser Stimme wandte sich Copetta um. In dem Augenblick hörte der Wind auf mit Messern zu werfen. Sie sprach mit einer alten Dame, die sie stützte. Der Brasilianer schob den Hut in den Nacken; eben als er über ihre schmalen Schultern blickte, schwarzer Überwurf auf dunkelblauer Seide, verlor er sie. Der weiße Hut wippte über der Menschenmenge, verschwand um eine Ecke.

Copetta schlenderte in ein Café, löffelte eine Schokolade. Das Meer rollte unablässig gegen die Steinwände; leises Scharren der Sandkörnchen; der Wind warf mit dünnen Stiletten.

Nachmittags um die Zeit des Kurkonzertes ging der schwarze Brasilianer in einem langen grauen Gehrock über die Digue. Leicht und frech wehte die Musik. Als er mit seinem dicken gelben Stock vor dem Kurhaus Schritt um Schritt den Boden stampfte, wich ein grauer Blick wieder vor ihm zurück. Die alte Dame sprach auf sie ein. Ihr Gesicht war schmal, die Backenknochen traten scharf hervor; die kleinen Augen unter den dünnen roten Brauen blickten bestimmt und nüchtern, über der Nasenwurzel hatte sie Sommersprossen, von den Augenwinkeln zogen sich Fältchen. Ihr Gang schwebte.

Der Brasilianer strich sich über die Augen, blieb unwillig stehen, schlenderte weiter.

Gegen Abend saß er auf der Veranda seines Hotels. Als er die Weinkarte in die Hand nahm, fiel ihm ein, daß er heute dreimal eine Frau gesehen hatte, rostfarbenes Haar unter einem wippenden Hut; dreimal eine Frau, schwarzer Überwurf auf dunkelblauer Seide; ein grauer Blick. Still schob er seinen Stuhl zurück, mit Seufzen, Lächeln und Vorsichhinstarren zog er seine Brieftasche heraus, trug seine breite Visitenkarte in die Villa, in der er sie hatte verschwinden sehen, gab sie einem Mädchen ab. Als er wieder die Meerluft an seinem Hals fühlte, fragte er sich, wozu das eigentlich gewesen war. Dröhnend schlug er seine Zimmertür hinter sich zu, warf sich im finstern Zimmer auf einen Schreibsessel, zerriß die Bilder seiner beiden Kinder, nahm eine Nagelschere, zog seinen edelsteinbesetzten Trauring ab, hing ihn über die Schere, hielt den Ring über die brennende Kerze. Die Steine verkohlten; die Schere wurde heiß; er ließ sie fallen. Wühlte mit beiden Armen in zwei großen Eimern mit Meersand, die er sich auf sein Zimmer hatte bringen lassen, stand ächzend auf, bestreute den Boden und Teppich blind mit Sand, fluchte leise auf die Hunde, die Hausdiener, die zu wenig Sand gebracht hatten. Schlief auf seinem Sessel ein.

Wie er am Mittag eben auf der Veranda, in einem Stuhle liegend, tief die scharfe Luft einatmete und schwindlig die Augen schloß, stand vor ihm das Bild der gehenden Frau, sehr schmales verwelktes Gesicht, ein klarer bestimmter Blick, der sich fest auf ihn richtete. Sie hatte ihn bitten lassen, nicht Mittags sie zu besuchen. Er warf die dünne Decke von seinen Füßen, stülpte den Hut über das zerwühlte Haar, schritt schwerfällig, die Arme auf der Brust verschränkt, die Stufen herunter, über die leere sonnige Promenade, auf ihre Villa zu, ein einstöckiges Haus mit schmalen geschlossenen Fenstern. Er schob sich durch einen dunklen Korridor, klopfte leise an die Tür, an der ihr Name auf einer Visitenkarte stand. Nichts verlautete. Er riß die Türe auf.

Sie lag halb im Bett; hatte, um herauszuspringen, die blaue Decke nach der Wand zu geworfen. Zwei volle frauenhafte Beine berührten mit feinen Zehen eben den Boden, ein sehr schmächtiger strenger Körper richtete sich auf in einfachem, bandlosen Hemd, ein ernstes schmales Gesicht unter dem aufgelösten Haar.

Erschüttert blieb der schwarze Brasilianer an der Türe stehen. Sie lächelte, deckte sich zu, bat ihn, in einer Viertelstunde wiederzukommen. Totenblaß, ohne ein Wort zu sprechen, hob er seinen Stock vom Boden auf. Das alte Mädchen gab ihm die Hand; er sah in kleine nüchterne Augen.

Am Abend kam ein Bote aus seinem Hotel zu ihr; er lud sie zu einer Segelfahrt für den nächsten Morgen ein; nicht einmal seinen Namen hatte er auf der Karte unterschrieben. Sie drehte den mächtigen Briefbogen in der Hand hin und her; halb unwillkürlich nahm sie einen Bleistift, schrieb auf dasselbe Blatt, er möchte kommen, er möchte recht früh kommen; sie machte unter ihren Namensbuchstaben L noch einen wunderlichen Schnörkel, den sie fast eine Minute malte.

Bei grauendem Morgen lief sie ihm vor der Tür in dünner Bastseide entgegen; sie sprangen eilig die schmale Steintreppe zu dem murmelnden Strand herunter; sie warf mit Muscheln nach ihm zurück und fand, als sie sich nach ihm umwandte, daß es in seinen Mienen leidenschaftlich zuckte. Ganz weißes Leinen trug er; er ging mit bloßem Kopf; die dicke Hand trug er am Gelenk verbunden; er sagte, er hätte sich gestern Abend beim Fall über Glas an der Ader geschnitten. Mit einem Ruck stieß er ein kleines Ruderboot in das Wasser, hob die Aufschreiende auf den Sitz, sprang nach, ruderte gemächlich auf ein Segelboot zu, das vor der Holzbrücke am Herrenbad schaukelte. Sie sprangen in den Segler; Copetta zog schon den Anker; ihre bloßen Arme hielten sich an der Steuerbank fest, leise klangen die hölzernen Mastringe an, nach einem Zug blähte sich das Großsegel; das Boot ging in See.

Sie fuhren durch die Strandgischt in das graugrüne Meer hinein. Über die scharfe Horizontlinie kam ein weißer Schein, der sich von Augenblick zu Augenblick verstärkte und höher rückte. An dem starken Morgenwinde flogen sie gleichmäßig hin. Nun hockte der Brasilianer neben dem Großbaum auf den Planken, legte die Takelung fest. Wild lachend richtete er sich auf, schwang breitbeinig ein dünnes Tau wie ein Lasso um seinen Kopf und warf es gegen sie; sie schüttelte sich umschnürt, löste sich mit einem Ruck, schleuderte das Seil geballt mit einem mädchenhaften Kichern gegen seine Brust. Rasch hatte sie das Ruder angebunden, sich über Bord gebückt, überschüttete ihr kaltes Gesicht mit Meerwasser, warf, einen Fuß auf der Ruderbank, bis über die Ärmel triefend, zwei volle Hände gegen ihn. Er fing das Salzwasser schlürfend mit offenem Munde auf, schluckte. In dem böig aufblasenden Wind ließ sie das Boot laufen, das anfing wie ein unruhiges Tier zu zittern. Sie jagten sich über die Planken. Johlend sprang die Schmächtige auf die Ruderbank und schlug mit den Fäusten gegen die Takelung. Sie riß sich ihre dünne Jacke ab, pfiff und drehte sich um sich selbst. Ihr Mund mit den dünnen Lippen öffnete sich oft zu einem kurzen, kindlichen Lachen.

Der breitschultrige Brasilianer saß zusammengesunken auf dem Bordrand; erschüttert hörte er ihr Lachen, mit bebenden Lippen, hochgezogener Stirn hielt er ihren Kopf, als sie sich über seine Kniee legte und ihn neugierig betrachtete. Seine steinharten Hände stemmten ihre aufstrebenden Schultern ab; er wiegte den Kopf verneinend hin und her. Die Wellen krochen über Bord, sie schlüpften wie kleine Hunde sacht an ihnen herunter auf die Planken. Der Wind nahm an Stärke zu.

Das Boot legte sich stark über, das Kleid des Großsegels fing an zu flattern, sie schossen in den Wind. Die schwarzen fast glasigen Augen des Brasilianers sahen über ihr triefendes Haar weg, das alte Mädchen suchte mit rückgebogenem Kopf nach seinem Munde, seinem Hals, sie tastete sich an seiner Brust hin. Sein schwammiges zerfaltetes Gesicht war gelöst, als ginge ein feierliches glückerfülltes Wort um ihn herum. Das Boot schwankte steuerlos, Welle auf Welle rollte an. Copetta saß auf dem Bootsrand. Als eine hohe Wand gegen das Boot ging, hob er weit die Arme auf, legte sich wie auf ein Kissen mit dem Rücken gegen die Welle. Das Polster glitt zurück. Sie hörte, wie er etwas murmelte; sie sah noch den berauschten, verschlossenen Blick, mit dem er verschwand.

Ein Stoß des Bootes warf sie gegen den Mast. Sie fühlte keinen Schmerz in ihrem blutigen Arm. Sie schrie nach der Stelle hin gellend Hilfe, lange Rufe stieß sie aus. Man fand sie bald in dem treibenden Boot liegen. An Land erwartete man sie. Man wußte alles; Copetta hatte ein Telegramm an die Behörden geschickt.

Sie blieb noch eine Woche bei der alten Dame in der einstökkigen Villa. Dann sagte man ihr, daß sie mehrmals mittags im Speisezimmer sich auf die Dielen geworfen habe vor den andern und mit den Händen in die Luft taste. Daß das Hausmädchen von außen beobachtet hätte, wie sie am hellen Morgen mitten in ihrem Zimmer stillstand und sich um sich drehte. Am Nachmittag des Tages, an dem man ihr dies sagte, packte sie mit dem Hausdiener ihre Koffer, legte ein schwarzes Kleid an, verließ ihre Mutter, fuhr nach Paris.

Sie nahm ein kleines Zimmer und ging auf die Straße. Sie trug ihr rotes Haar aufgetürmt; Wangen und Lippen geschminkt. Sie kam tagelang nicht nach Hause. Sie versagte sich niemandem. Es war ihr eine Lust, sich jedem Rolljungen, Viehtreiber in die Arme zu werfen. Sie machte sich mit gleichgültigem Lachen und Kopfschütteln zur Beute jegli-

cher Krankheit, die auf sie sprang, und trug sie mit Küssen, mit Gähnen und Inbrunst weiter. Sie schlich nach einigen Monaten in schwarzen Seidenkleidern in die strahlenden Ballsäle. Ihr Gesicht war voller geworden; die kleinen Augen glänzten unter dem Atropin. Die jungen Männer nannten sie: die Hyäne. Sie trug in die Ballsäle eine sonderbare Bewegungsweise. Der Tanz war ersichtlich aus einer eigentümlichen Ungeschicklichkeit der Tänzerin entstanden, die sich schon bei ihren ersten Schritten auf dem Parkett zeigte. Sie stieß jede berührende Hand zurück, wiegte sich in den Hüften vor ihrem Partner nach rechts und links, nur langsam wie ein Schiffer von einem Bein taumelnd auf das andere. Dann umging sie mit plumpen Füßen ihren Partner, und jetzt wiegten sie sich gemeinsam, Hüfte an Hüfte gefaßt, aber er sprang vor ihren aufgehobenen Armen zurück, sie suchte ihn, sank über ihn hin und schließlich walzte sie nicht, sondern ließ sich von ihrem Partner halb tragen, wobei ihre Füße kaum über den Boden schleiften und sie die Augen schloß.
Sie ließ ein Jahr über sich ergehen. Als eines Abends der Postbote zu einem riesigen Blumenstrauß einen Brief brachte, drehte sie lange den mächtigen Bogen in ihren gepflegten Händen hin und her. Sie warf die Blumen in den Papierkorb, schlug den zitronengelben Kimono über die Brust zusammen, setzte sich an den Schreibtisch und spielte mit dem stark parfümierten Bogen. Der Bote stand noch an der Tür, seine Uniformmütze setzte er schon auf, als sie sich erhob und ihn bat, eine Depesche zu besorgen. Sie schien wie erleuchtet; sie nahm ein befehlerisches Wesen an. Sie telegraphierte nach Ostende: »Herrn Copetta, Ostende Hotel Estrada, erwarten Sie mich morgen Mittag. Bitte Drahtantwort.« Eine Stunde stand sie zitternd auf der Treppe, ob die Antwort bald käme. Sie packte den Handkoffer. Nach drei Stunden schickte sie um einen Wagen; zog einen dünnen Anzug aus gelber Bastseide an, fuhr auf die Bahn. Der Zug rannte lange Stunden der Nacht, rannte über Brüssel, Gent, Brügge; schließlich

Ostende frühmorgens. Sie rasselte durch die engen bekannten Straßen der Stadt. Mit einmal leuchtete zwischen den Häusern das Meer auf, das graugrüne Meer. Sie stand aufgerichtet in der rasselnden Droschke, als der böige Wind sie mit einem Hagel von Stiletten überschüttete. Sie schrie aufgerichtet im Wagen vor Heimweh und Seligkeit, hob ihren Sonnenschirm auf und winkte dem graugrünen Meere zu. Sie betrat ihr altes Zimmer wieder, hörte halb, daß ihre Mutter schon seit langen Monaten in diesem Hause gestorben sei. Ihr Gesicht war still; aber als die Pensionsdame sie entsetzt fragte, warum sie hier sitze und so lache, antwortete sie: »Doch vor Glück, liebe Frau, wovor denn als vor Glück. Was erzählen Sie?«

Und dann nahm sie, die sich sanft wie eine schöne junge Frau bewegte, ihren weißen Sonnenschirm und ging an das Meer. Die Digue lag in dem blitzenden Mittagslicht. Unter dem Widerschein des unermeßlichen Wassers funkelten die Fenster der Strandhäuser zärtlich auf. Unablässig brüllte das Meer, warf sich gegen die Steindämme und legte sich platt hin. Sie drängte sich gewandt durch die geschmückte Menge, schlüpfte in das Vestibül des Hotels. Der Portier gab ihr das Telegramm; er erzählte, der Herr sei vor einem Jahr etwa verunglückt auf einer Segelpartie. Sie faßte sich an die Brust: »Auf diesem Meer?« Und dann drückte sie ihm ein Geldstück in die Hand, warf ein paar Zeilen auf ein Blatt Papier mit ihrer Adresse, flüsterte ihm ins Ohr, er möchte doch dies Blatt an sich nehmen; wenn der verunglückte Herr heut abend käme, möchte er es ihm sofort geben. Sie ging an dem Verblüfften lächelnd vorbei auf die Promenade, nahm einen jungen Herrn, der ihr folgte, an, hörte mit ihm nachmittags an der Kapelle eine Schokolade trinkend, mit strahlendem Gesicht die freche leichte Musik des Kurkonzerts.

Der Abend kam herauf. Der Vollmond hing schlohweiß über dem ungeheuren Wasser.

Sie stand an ihrem Fenster und wartete. Es wurde Nacht; sie

hatte schon ungeduldig auf das rostrote Haar den wippenden weißen Hut gesetzt. Sie lief auf den Zehen durch den dunklen Korridor, sah die lange Strandpromenade herunter, die im blendendweißen Mondlicht lag. Dann lief sie die lange Promenade hin und her, hielt ihren Hut fest, den der Sturm abhob, spielte mit ihrem Schatten, der schwarz von ihr herfiel, tanzte ihm pfeifend auf offenem Weg etwas vor, machte ihm lange Nasen. Sie lugte nach dem Hotel, ob sein Fenster noch nicht hell wurde. Um zwölf Uhr schlief sie auf ihrem Bett sitzend ein; gegen vier fuhr sie entsetzt zusammen; es war schon ganz hell. »Er ist voraus.« Sie huschte die Tür hinaus, warf draußen johlend die Arme in die Luft, rief ihren Namen, tutete dazu. Im Nu war sie die schmale Steintreppe herunter. Sie suchte die Abfahrtstelle, lief zu den Badehäusern. Da lagen kleine und große Ruderboote. Keine frischen Männerschritte im Sand! Sie zog die Schuhe und Strümpfe aus, warf ihren Hut an den Strand, schürzte ihren Rock, zog keuchend an dem Bootsseil. Jetzt sprang sie ein, zog die Ruder. Nur wenig wurde sie von der Brandung zurückgeworfen, dann fuhr sie sicher aus.

Scharf blies der Wind über das offene Wasser; dicke Regentropfen fielen; weit und breit kein Segel, kein Boot. Über die hohen gebogenen Wellenwände kroch ihr Boot, stürzte metertief, kroch unverdrossen weiter. Sie suchte nach allen Seiten; die Angst überkam sie. Sie schrie auf den Knieen kriechend, von jeder Wellenhöhe seinen Namen kreischend über das brodelnde Wasser, aber jetzt schlüpften nicht zahme Hündchen über den Bord; wie der Steinschlag fielen die Wellen auf die Brust der Atemlosen, die sich die Augen wischte. Eben legte sie, schon erlahmend, die Ruder hin, brach in ein wütendes Schluchzen aus, schlug sich verzweifelt mit den Fäusten gegen die Brust, als eine dunkle Gestalt sich neben dem Boot aus dem Wasser aufrichtete. Auf dem Kamm einer Welle schwang sich die dunkle Gestalt ins Boot. Der Brasilianer saß stumm auf dem Bootsrand und ließ die Beine auf die

Ruderbank hängen. Er war unförmig geschwollen; seinen weißen Anzug trug er prall auf dem Körper. Die weißgrauen Haare waren dick inkrustiert mit Salz; schwarzgrüner Tang hing in Büscheln über sein triefendes gelbbraunes Gesicht, dessen Mund bebte. Dünner weißer Sand und Muscheln rieselten von seinen breiten Schultern, flossen aus seinen Ärmeln. Er blies laut die Luft von sich, dann atmete er stiller. Langsam hob er den rechten Arm und wehrte die Frau ab, die sich jubilierend von dem Boden erhob. Seine tiefen schwarzen Augen sahen sie fragend an, ihr volles frauenhaftes Gesicht, ihre Lippen, die reif waren, ihre kleinen lebendigen Augen unter den roten Brauen, die jetzt beseelt und süchtig strahlten. Dann blickte er an ihr vorbei. Er senkte seinen Arm, legte sich wie auf ein Kissen mit dem Rücken gegen die Welle. Das Polster glitt zurück. Sie sah, wie er langsam den Kopf ihr zuwandte, sah den berauschten, aufgeschlossenen Blick auf sich gerichtet, sprang ihm nach, und nun umschlangen sie die wulstig dicken Arme; jetzt lachte sie gurgelnd und drückte ihren Kopf an seinen gedunsenen. Und wie sie zusammen die nassen Wellen berührten, wurde sein Gesicht jung; ihr Gesicht wurde jung und jugendlich. Ihre Münder ließen nicht von einander; ihre Augen sahen sich unter verhängten Lidern an. Eine Wassermasse, stark wie Eisen, schickte das unermeßliche graugrüne Meer heran. Die trug sie, mit der Handbewegung eines Riesen, an die jagenden Wolken herauf. Die purpurne Finsternis schlug über sie. Sie wirbelten hinunter in das tobende Meer.

ROBERT WALSER

Ballonfahrt

Die drei Menschen, der Kapitän, ein Herr und ein junges Mädchen, steigen in den Korb ein, die befestigenden Stricke werden losgeknöpft, und das seltsame Haus fliegt langsam, als ob es sich erst noch auf irgend etwas besänne, in die Höhe. »Gute Reise!«, rufen die versammelten Menschen von unten her, hüte- und taschentuchschwenkend, nach. Es ist zehn Uhr abends im Sommer. Der Kapitän zieht eine Landkarte zu einer Tasche heraus und bittet den Herrn, sich mit Kartenlesen beschäftigen zu wollen. Man kann lesen und vergleichen, alles Sichtbare ist hell. Es hat alles eine beinahe bräunliche Helle. Die schöne Mondnacht scheint den prachtvollen Ballon in unsichtbare Arme zu nehmen, sanft und still fliegt der rundliche Körper zur Höhe, und nun wird er, kaum, daß man es bemerkt, von feinen Winden nördlich getrieben. Der kartenstudierende Herr wirft von Zeit zu Zeit auf Anleitung des Führers eine Hand voll Ballast in die Tiefe hinunter. Es befinden sich fünf Säcke voll Sand an Bord, und es muß sparsam damit umgegangen werden. Wie schön ist die runde, blasse, dunkle Tiefe! Das liebe, bedeutsame Mondlicht macht die Flüsse silbern kenntlich. Man sieht Häuser da unten, so klein, dem unschuldigen Spielzeug ähnlich. Die Wälder scheinen dunkle, uralte Lieder zu singen, aber dieser Gesang mutet eher wie eine edle, stumme Wissenschaft an. Das Bild der Erde sieht den Zügen eines schlafenden, großen Mannes ähnlich, wenigstens träumt so das jugendliche Mädchen; es läßt seine bezaubernde Hand träge über den Rand des Korbes herabhängen. Einer Kaprice zufolge ist der Kopf des

Kavaliers mit einem ritterlichen Federhut bedeckt, im übrigen ist er modern gekleidet. Wie still die Erde ist! Man sieht alles deutlich, die einzelnen Menschen in den Dorfgassen, die Kirchspitzen, den Knecht, wie er, vom langen Tagwerk ermüdet, schwerfällig über den Hof schreitet, die geisterhafte, vorbeisausende Eisenbahn, die blendendweiße lange Landstraße. Bekanntes und unbekanntes Menschenleid scheint von unten heraufzumurmeln. Die Einsamkeit verlorner Gegenden hat ihren besondern Ton, und man meint, dieses Besondere, dieses Unverständliche verstehen, ja sogar sehen zu sollen. Wundervoll blendet jetzt die drei Menschen der herrlich gefärbte und beleuchtete Lauf der Elbe an. Der nächtliche Strom entreißt dem Mädchen einen leisen Sehnsuchtsschrei. An was mag sie denken? Sie nimmt von einem Bukett, das sie mitgenommen hat, eine dunkle, prangende Rose und wirft sie ins glitzernde Wasser. Wie ihre Augen traurig dabei blitzen! Es ist, als wenn die junge Frau jetzt qualvollen Lebenskampf hinuntergeworfen hätte, für immer. Es ist ein großer Schmerz, von einer Qual Abschied nehmen zu müssen. Und wie lautlos die ganze Welt ist! In der Ferne glitzern die Lichter eines Hauptortes, der Kapitän nennt sachkundig den Namen der Stadt. Schöne, verlockende Tiefe! Man hat schon unzählige Stücke Wälder und Felder hinter sich, es ist jetzt Mitternacht. Jetzt schleicht auf der festen Erde irgendwo ein beutelauernder Dieb, Einbruch geschieht, und alle diese Menschen in ihren Betten da unten, dieser große Schlaf, geschlafen von Millionen. Eine ganze Erde träumt jetzt, und ein Volk ruht von Mühsalen aus. Das Mädchen lächelt. Und wie es warm ist, es ist, als säße man in einer heimatanmutenden Stube, bei Mutter, Tante, Schwester, Bruder oder bei dem Geliebten, bei der friedlichen Lampe und läse in einer schönen, aber etwas eintönigen, langen, langen Geschichte. Das Mädchen will einschlafen, sie ist jetzt etwas ermüdet vom Schauen. Die beiden im Korb stehenden Männer blicken schweigend, aber fest, in die Nacht hinaus. Merkwürdige weiße, gleichsam blank geputzte Ebenen wechseln mit Gärten und kleinen Buschwildnissen ab. Man sieht in Gegenden hinunter, in die einen der Fuß nie, nie hintrüge, weil man in gewissen, ja, in den meisten Gegenden nie etwas Zweckvolles zu suchen hat. Wie groß und wie unbekannt uns die Erde ist!, denkt der federhutbedeckte Herr. Ja, das eigene Vaterland wird hier oben, Blicke hinunterwerfend, endlich zum Teil verständlich. Man empfindet, wie unerforscht und wie kraftvoll es ist. Zwei Provinzen sind durchwandert, als es beginnt zu tagen. Unten in den Siedelungen erwacht schon wieder das menschliche Leben. »Wie heißt dieser Ort?«, schreit der Führer hinunter. Eine helle Jungenstimme antwortet. Und immer noch schauen die drei Menschen; auch das Mädchen ist jetzt wieder erwacht. Es zeigen sich jetzt Farben, und die Dinge werden bestimmter. Man sieht Seen in ihren zeichnerischen Umrissen, wundervoll zwischen Wäldern verborgen, man erblickt Ruinen alter Festungen zwischen altem Laubwerk hochaufragen; Hügel erheben sich fast spurlos, Schwäne sieht man weißlich im Gewässer zittern, und Stimmen des menschlichen Lebens werden sympathisch laut, und man fliegt immer weiter, und endlich zeigt sich die herrliche Sonne, und, von diesem stolzen Gestirn angezogen, schießt der Ballon in zauberische, schwindelerregende Höhe. Das Mädchen stößt einen Schreckensschrei aus. Die Männer lachen.

FRANZ KAFKA

In der Strafkolonie

»Es ist ein eigentümlicher Apparat«, sagte der Offizier zu dem Forschungsreisenden und überblickte mit einem gewissermaßen bewundernden Blick den ihm doch wohlbekannten Apparat. Der Reisende schien nur aus Höflichkeit der Einladung des Kommandanten gefolgt zu sein, der ihn aufgefordert hatte, der Exekution eines Soldaten beizuwohnen, der wegen Ungehorsam und Beleidigung des Vorgesetzten verurteilt worden war. Das Interesse für diese Exekution war wohl auch in der Strafkolonie nicht sehr groß. Wenigstens war hier in dem tiefen, sandigen, von kahlen Abhängen ringsum abgeschlossenen kleinen Tal außer dem Offizier und dem Reisenden nur der Verurteilte, ein stumpfsinniger, breitmäuliger Mensch mit verwahrlostem Haar und Gesicht und ein Soldat zugegen, der die schwere Kette hielt, in welche die kleinen Ketten ausliefen, mit denen der Verurteilte an den Fuß- und Handknöcheln sowie am Hals gefesselt war und die auch untereinander durch Verbindungsketten zusammenhingen. Übrigens sah der Verurteilte so hündisch ergeben aus, daß es den Anschein hatte, als könnte man ihn frei auf den Abhängen herumlaufen lassen und müsse bei Beginn der Exekution nur pfeifen, damit er käme.
Der Reisende hatte wenig Sinn für den Apparat und ging hinter dem Verurteilten fast sichtbar unbeteiligt auf und ab, während der Offizier die letzten Vorbereitungen besorgte, bald unter den tief in die Erde eingebauten Apparat kroch, bald auf eine Leiter stieg, um die oberen Teile zu untersuchen. Das waren Arbeiten, die man eigentlich einem Maschi-

nisten hätte überlassen können, aber der Offizier führte sie mit einem großen Eifer aus, sei es, daß er ein besonderer Anhänger dieses Apparates war, sei es, daß man aus anderen Gründen die Arbeit sonst niemandem anvertrauen konnte. »Jetzt ist alles fertig!« rief er endlich und stieg von der Leiter hinunter. Er war ungemein ermattet, atmete mit weit offenem Mund und hatte zwei zarte Damentaschentücher hinter den Uniformkragen gezwängt. »Diese Uniformen sind doch für die Tropen zu schwer«, sagte der Reisende, statt sich, wie es der Offizier erwartet hatte, nach dem Apparat zu erkundigen. »Gewiß«, sagte der Offizier und wusch sich die von Öl und Fett beschmutzten Hände in einem bereitstehenden Wasserkübel, »aber sie bedeuten die Heimat; wir wollen nicht die Heimat verlieren. – Nun sehen Sie aber diesen Apparat«, fügte er gleich hinzu, trocknete die Hände mit einem Tuch und zeigte gleichzeitig auf den Apparat. »Bis jetzt war noch Händearbeit nötig, von jetzt aber arbeitet der Apparat ganz allein.« Der Reisende nickte und folgte dem Offizier. Dieser suchte sich für alle Zwischenfälle zu sichern und sagte dann: »Es kommen natürlich Störungen vor; ich hoffe zwar, es wird heute keine eintreten, immerhin muß man mit ihnen rechnen. Der Apparat soll ja zwölf Stunden ununterbrochen im Gang sein. Wenn aber auch Störungen vorkommen, so sind es doch nur ganz kleine, und sie werden sofort behoben sein.«

»Wollen Sie sich nicht setzen?« fragte er schließlich, zog aus einem Haufen von Rohrstühlen einen hervor und bot ihn dem Reisenden an; dieser konnte nicht ablehnen. Er saß nun am Rande einer Grube, in die er einen flüchtigen Blick warf. Sie war nicht sehr tief. Zur einen Seite der Grube war die ausgegrabene Erde zu einem Wall aufgehäuft, zur anderen Seite stand der Apparat. »Ich weiß nicht«, sagte der Offizier, »ob Ihnen der Kommandant den Apparat schon erklärt hat.« Der Reisende machte eine ungewisse Handbewegung; der Offizier verlangte nichts Besseres, denn nun konnte er selbst den Apparat erklären. »Dieser Apparat«, sagte er und faßte eine Kurbelstange, auf die er sich stützte, »ist eine Erfindung unseres früheren Kommandanten. Ich habe gleich bei den allerersten Versuchen mitgearbeitet und war auch bei allen Arbeiten bis zur Vollendung beteiligt. Das Verdienst der Erfindung allerdings gebührt ihm ganz allein. Haben Sie von unserem früheren Kommandanten gehört? Nicht? Nun, ich behaupte nicht zu viel, wenn ich sage, daß die Einrichtung der ganzen Strafkolonie sein Werk ist. Wir, seine Freunde, wußten schon bei seinem Tod, daß die Einrichtung der Kolonie so in sich geschlossen ist, daß sein Nachfolger, und habe er tausend neue Pläne im Kopf, wenigstens während vieler Jahre nichts von dem Alten wird ändern können. Unsere Voraussage ist auch eingetroffen; der neue Kommandant hat es erkennen müssen. Schade, daß Sie den früheren Kommandanten nicht gekannt haben! – Aber«, unterbrach sich der Offizier, »ich schwätze, und sein Apparat steht hier vor uns. Er besteht, wie Sie sehen, aus drei Teilen. Es haben sich im Laufe der Zeit für jeden dieser Teile gewissermaßen volkstümliche Bezeichnungen ausgebildet. Der untere heißt das Bett, der obere heißt der Zeichner, und hier der mittlere, schwebende Teil heißt die Egge.« »Die Egge?« fragte der Reisende. Er hatte nicht ganz aufmerksam zugehört, die Sonne verfing sich allzu stark in dem schattenlosen Tal, man konnte schwer seine Gedanken sammeln. Um so bewundernswerter erschien ihm der Offizier, der im engen, parademäßigen, mit Epauletten beschwerten, mit Schnüren behängten Waffenrock so eifrig seine Sache erklärte und außerdem, während er sprach, mit einem Schraubendreher noch hier und da an einer Schraube sich zu schaffen machte. In ähnlicher Verfassung wie der Reisende schien der Soldat zu sein. Er hatte um beide Handgelenke die Kette des Verurteilten gewickelt, stützte sich mit einer Hand auf sein Gewehr, ließ den Kopf im Genick hinunterhängen und kümmerte sich um nichts. Der Reisende wunderte sich nicht darüber, denn der Offizier sprach französisch, und Französisch verstand gewiß weder der Soldat noch der Verurteilte. Um so auffallender war es allerdings, daß der Verurteilte sich dennoch bemühte, den Erlärungen des Offiziers zu folgen. Mit einer Art schläfriger Beharrlichkeit richtete er die Blicke immer dorthin, wohin der Offizier gerade zeigte, und als dieser jetzt vom Reisenden mit einer Frage unterbrochen wurde, sah auch er, ebenso wie der Offizier den Reisenden an.

»Ja, die Egge«, sagte der Offizier, »der Name paßt. Die Nadeln sind eggenartig angeordnet, auch wird das Ganze wie eine Egge geführt, wenn auch bloß auf einem Platz und viel kunstgemäßer. Sie werden es übrigens gleich verstehen. Hier auf das Bett wird der Verurteilte gelegt. – Ich will nämlich den Apparat zuerst beschreiben und dann erst die Prozedur selbst ausführen lassen. Sie werden ihr dann besser folgen können. Auch ist ein Zahnrad im Zeichner so stark abgeschliffen; es kreischt sehr, wenn es im Gang ist; man kann sich dann kaum verständigen; Ersatzteile sind hier leider nur schwer zu beschaffen. – Also hier ist das Bett, wie ich sagte. Es ist ganz und gar mit einer Watteschicht bedeckt; den Zweck dessen werden Sie noch erfahren. Auf diese Watte wird der Verurteilte bäuchlings gelegt, natürlich nackt; hier sind für die Hände, hier für die Füße, hier für den Hals Riemen, um ihn festzuschnallen. Hier am Kopfende des Bettes, wo der Mann, wie ich gesagt habe, zuerst mit dem Gesicht aufliegt, ist dieser kleine Filzstumpf, der leicht so reguliert werden kann, daß er dem Mann gerade in den Mund dringt. Er hat den Zweck, am Schreien und am Zerbeißen der Zunge zu hindern. Natürlich muß der Mann den Filz aufnehmen, da ihm sonst durch den Halsriemen das Genick gebrochen wird.« »Das ist Watte?« fragte der Reisende und beugte sich vor. »Ja, gewiß«, sagte der Offizier lächelnd, »befühlen Sie es selbst.« Er faßte die Hand des Reisenden und führte sie über das Bett hin. »Es ist eine besonders präparierte Watte, darum sieht sie so unkenntlich aus; ich werde auf ihren Zweck noch zu sprechen kommen.« Der Reisende war schon ein wenig für den Apparat gewonnen; die Hand zum Schutz gegen die Sonne über den Augen, sah er an dem Apparat in die Höhe. Es war ein großer Aufbau. Das Bett und der Zeichner hatten gleichen Umfang und sahen wie zwei dunkle Truhen aus. Der Zeichner war etwa zwei Meter über dem Bett angebracht; beide waren in den Ecken durch vier Messingstangen verbunden, die in der Sonne fast Strahlen warfen. Zwischen den Truhen schwebte an einem Stahlband die Egge.

Der Offizier hatte die frühere Gleichgültigkeit des Reisenden kaum bemerkt, wohl aber hatte er für sein jetzt beginnendes Interesse Sinn; er setzte deshalb in seinen Erklärungen aus, um dem Reisenden zur ungestörten Betrachtung Zeit zu lassen. Der Verurteilte ahmte den Reisenden nach; da er die Hand nicht über die Augen legen konnte, blinzelte er mit freien Augen zur Höhe.

»Nun liegt also der Mann«, sagte der Reisende, lehnte sich im Sessel zurück und kreuzte die Beine.

»Ja«, sagte der Offizier, schob ein wenig die Mütze zurück und fuhr sich mit der Hand über das heiße Gesicht, »nun hören Sie! Sowohl das Bett als auch der Zeichner haben ihre eigene elektrische Batterie; das Bett braucht sie für sich selbst, der Zeichner für die Egge. Sobald der Mann festgeschnallt ist, wird das Bett in Bewegung gesetzt. Es zittert in winzigen, sehr schnellen Zuckungen gleichzeitig seitlich wie auch auf und ab. Sie werden ähnliche Apparate in Heilanstalten gesehen haben; nur sind bei unserem Bett alle Bewegungen genau berechnet; sie müssen nämlich peinlich auf die Bewegungen der Egge abgestimmt sein. Dieser Egge aber ist die eigentliche Ausführung des Urteils überlassen.«

»Wie lautet denn das Urteil?« fragte der Reisende. »Sie wissen auch das nicht?« sagte der Offizier erstaunt und biß sich auf die Lippen: »Verzeihen Sie, wenn vielleicht meine Erklärungen ungeordnet sind; ich bitte Sie sehr um Entschuldigung. Die Erklärungen pflegte früher nämlich der Komman-

dant zu geben; der neue Kommandant aber hat sich dieser Ehrenpflicht entzogen; daß er jedoch einen so hohen Besuch« – der Reisende suchte die Ehrung mit beiden Händen abzuwehren, aber der Offizier bestand auf dem Ausdruck – »einen so hohen Besuch nicht einmal von der Form unseres Urteils in Kenntnis setzt, ist wieder eine Neuerung, die –«, er hatte einen Fluch auf den Lippen, faßte sich aber und sagte nur: »Ich wurde nicht davon verständigt, mich trifft nicht die Schuld. Übrigens bin ich allerdings am besten befähigt, unsere Urteilsarten zu erklären, denn ich trage hier« – er schlug auf seine Brusttasche – »die betreffenden Handzeichnungen des früheren Kommandanten.«
»Handzeichnungen des Kommandanten selbst?« fragte der Reisende: »Hat er denn alles in sich vereinigt? War er Soldat, Richter, Konstrukteur, Chemiker, Zeichner?«
»Jawohl«, sagte der Offizier kopfnickend, mit starrem, nachdenklichem Blick. Dann sah er prüfend seine Hände an; sie schienen ihm nicht rein genug, um die Zeichnungen anzufassen; er ging daher zum Kübel und wusch sie nochmals. Dann zog er eine kleine Ledermappe hervor und sagte: »Unser Urteil klingt nicht streng. Dem Verurteilten wird das Gebot, das er übertreten hat, mit der Egge auf den Leib geschrieben. Diesem Verurteilten zum Beispiel« – der Offizier zeigte auf den Mann – »wird auf den Leib geschrieben werden: Ehre deinen Vorgesetzten!«
Der Reisende sah flüchtig auf den Mann hin; er hielt, als der Offizier auf ihn gezeigt hatte, den Kopf gesenkt und schien alle Kraft des Gehörs anzuspannen, um etwas zu erfahren. Aber die Bewegungen seiner wulstig aneinander gedrückten Lippen zeigten offenbar, daß er nichts verstehen konnte. Der Reisende hatte verschiedenes fragen wollen, fragte aber im Anblick des Mannes nur: »Kennt er sein Urteil?« »Nein«, sagte der Offizier und wollte gleich in seinen Erklärungen fortfahren, aber der Reisende unterbrach ihn: »Er kennt sein eigenes Urteil nicht?« »Nein«, sagte der Offizier wieder,

stockte dann einen Augenblick, als verlange er vom Reisenden eine nähere Begründung seiner Frage, und sagte dann: »Es wäre nutzlos, es ihm zu verkünden. Er erfährt es ja auf seinem Leib.« Der Reisende wollte schon verstummen, da fühlte er, wie der Verurteilte seinen Blick auf ihn richtete; er schien zu fragen, ob er den geschilderten Vorgang billigen könne. Darum beugte sich der Reisende, der sich bereits zurückgelehnt hatte, wieder vor und fragte noch: »Aber daß er überhaupt verurteilt wurde, das weiß er doch?« »Auch nicht«, sagte der Offizier und lächelte den Reisenden an, als erwarte er nun von ihm noch einige sonderbare Eröffnungen. »Nein«, sagte der Reisende und strich sich über die Stirn hin, »dann weiß also der Mann auch jetzt noch nicht, wie seine Verteidigung aufgenommen wurde?« »Er hat keine Gelegenheit gehabt, sich zu verteidigen«, sagte der Offizier und sah abseits, als rede er zu sich selbst und wolle den Reisenden durch Erzählung dieser ihm selbstverständlichen Dinge nicht beschämen. »Er muß doch Gelegenheit gehabt haben, sich zu verteidigen«, sagte der Reisende und stand vom Sessel auf.

Der Offizier erkannte, daß er in Gefahr war, in der Erklärung des Apparates für lange Zeit aufgehalten zu werden; er ging daher zum Reisenden, hing sich in seinen Arm, zeigte mit der Hand auf den Verurteilten, der sich jetzt, da die Aufmerksamkeit so offenbar auf ihn gerichtet war, stramm aufstellte – auch zog der Soldat die Kette an –, und sagte: »Die Sache verhält sich folgendermaßen. Ich bin hier in der Strafkolonie zum Richter bestellt. Trotz meiner Jugend. Denn ich stand auch dem früheren Kommandanten in allen Strafsachen zur Seite und kenne auch den Apparat am besten. Der Grundsatz, nach dem ich entscheide, ist: Die Schuld ist immer zweifellos. Andere Gerichte können diesen Grundsatz nicht befolgen, denn sie sind vielköpfig und haben auch noch höhere Gerichte über sich. Das ist hier nicht der Fall, oder war es wenigstens nicht beim früheren Kommandanten. Der neue hat allerdings schon Lust gezeigt, in mein Gericht sich einzumischen, es ist mir aber bisher gelungen, ihn abzuwehren, und wird mir auch weiter gelingen. – Sie wollten diesen Fall erklärt haben; er ist so einfach wie alle. Ein Hauptmann hat heute morgens die Anzeige erstattet, daß dieser Mann, der ihm als Diener zugeteilt ist und vor seiner Türe schläft, den Dienst verschlafen hat. Er hat nämlich die Pflicht, bei jedem Stundenschlag aufzustehen und vor der Tür des Hauptmanns zu salutieren. Gewiß keine schwere Pflicht und eine notwendige, denn er soll sowohl zur Bewachung als auch zur Bedienung frisch bleiben. Der Hauptmann wollte in der gestrigen Nacht nachsehen, ob der Diener seine Pflicht erfülle. Er öffnete Schlag zwei Uhr die Tür und fand ihn zusammengekrümmt schlafen. Er holte die Reitpeitsche und schlug ihm über das Gesicht. Statt nun aufzustehen und um Verzeihung zu bitten, faßte der Mann seinen Herrn bei den Beinen, schüttelte ihn und rief: ›Wirf die Peitsche weg, oder ich fresse dich.‹ – Das ist der Sachverhalt. Der Hauptmann kam vor einer Stunde zu mir, ich schrieb seine Angaben auf und anschließend gleich das Urteil. Dann ließ ich dem Mann die Ketten anlegen. Das alles war sehr einfach. Hätte ich den Mann zuerst vorgerufen und ausgefragt, so wäre nur Verwirrung entstanden. Er hätte gelogen, hätte, wenn es mir gelungen wäre, die Lügen zu widerlegen, diese durch neue Lügen ersetzt und so fort. Jetzt aber halte ich ihn und lasse ihn nicht mehr. – Ist nun alles erklärt? Aber die Zeit vergeht, die Exekution sollte schon beginnen, und ich bin mit der Erklärung des Apparates noch nicht fertig.« Er nötigte den Reisenden auf den Sessel nieder, trat wieder zu dem Apparat und begann: »Wie Sie sehen, entspricht die Egge der Form des Menschen; hier ist die Egge für den Oberkörper, hier sind die Eggen für die Beine. Für den Kopf ist nur dieser kleine Stichel bestimmt. Ist Ihnen das klar?« Er beugte sich freundlich zu dem Reisenden vor, bereit zu den umfassendsten Erklärungen.

Der Reisende sah mit gerunzelter Stirn die Egge an. Die Mit-

teilungen über das Gerichtsverfahren hatten ihn nicht befriedigt. Immerhin mußte er sich sagen, daß es sich hier um eine Strafkolonie handelte, daß hier besondere Maßregeln notwendig waren und daß man bis zum letzten militärisch vorgehen mußte. Außerdem aber setzte er einige Hoffnung auf den neuen Kommandanten, der offenbar, allerdings langsam, ein neues Verfahren einzuführen beabsichtigte, das dem beschränkten Kopf dieses Offiziers nicht eingehen konnte. Aus diesem Gedankengang heraus fragte der Reisende: »Wird der Kommandant der Exekution beiwohnen?« »Es ist nicht gewiß«, sagte der Offizier, durch die unvermittelte Frage peinlich berührt, und seine freundliche Miene verzerrte sich: »Gerade deshalb müssen wir uns beeilen. Ich werde sogar, so leid es mir tut, meine Erklärungen abkürzen müssen. Aber ich könnte ja morgen, wenn der Apparat wieder gereinigt ist – daß er so sehr beschmutzt wird, ist sein einziger Fehler –, die näheren Erklärungen nachtragen. Jetzt also nur das Notwendigste. – Wenn der Mann auf dem Bett liegt und dieses ins Zittern gebracht ist, wird die Egge auf den Körper gesenkt. Sie stellt sich von selbst so ein, daß sie nur knapp mit den Spitzen den Körper berührt; ist die Einstellung vollzogen, strafft sich sofort dieses Stahlseil zu einer Stange. Und nun beginnt das Spiel. Ein Nichteingeweihter merkt äußerlich keinen Unterschied in den Strafen. Die Egge scheint gleichförmig zu arbeiten. Zitternd sticht sie ihre Spitzen in den Körper ein, der überdies vom Bett aus zittert. Um es nun jedem zu ermöglichen, die Ausführung des Urteils zu überprüfen, wurde die Egge aus Glas gemacht. Es hat einige technische Schwierigkeiten verursacht, die Nadeln darin zu befestigen, es ist aber nach vielen Versuchen gelungen. Wir haben eben keine Mühe gescheut. Und nun kann jeder durch das Glas sehen, wie sich die Inschrift im Körper vollzieht. Wollen Sie nicht näherkommen und sich die Nadeln ansehen?«
Der Reisende erhob sich langsam, ging hin und beugte sich über die Egge. »Sie sehen«, sagte der Offizier, »zweierlei Na-

deln in vielfacher Anordnung. Jede lange hat eine kurze neben sich. Die lange schreibt nämlich, und die kurze spritzt Wasser aus, um das Blut abzuwaschen und die Schrift immer klar zu erhalten. Das Blutwasser wird dann hier in kleine Rinnen geleitet und fließt endlich in diese Hauptrinne, deren Abflußrohr in die Grube führt.« Der Offizier zeigte mit dem Finger genau den Weg, den das Blutwasser nehmen mußte. Als er es, um es möglichst anschaulich zu machen, an der Mündung des Abflußrohres mit beiden Händen förmlich auffing, erhob der Reisende den Kopf und wollte, mit der Hand rückwärts tastend, zu seinem Sessel zurückgehen. Da sah er zu seinem Schrecken, daß auch der Verurteilte gleich ihm der Einladung des Offiziers, sich die Einrichtung der Egge aus der Nähe anzusehen, gefolgt war. Er hatte den verschlafenen Soldaten an der Kette ein wenig vorgezerrt und sich auch über das Glas gebeugt. Man sah, wie er mit unsicheren Augen auch das suchte, was die zwei Herren eben beobachtet hatten, wie es ihm aber, da ihm die Erklärung fehlte, nicht gelingen wollte. Er beugte sich hierhin und dorthin. Immer wieder lief er mit den Augen das Glas ab. Der Reisende wollte ihn zurücktreiben, denn, was er tat, war wahrscheinlich strafbar. Aber der Offizier hielt den Reisenden mit einer Hand fest, nahm mit der anderen eine Erdscholle vom Wall und warf sie nach dem Soldaten. Dieser hob mit einem Ruck die Augen, sah, was der Verurteilte gewagt hatte, ließ das Gewehr fallen, stemmte die Füße mit den Absätzen in den Boden, riß den Verurteilten zurück, daß er gleich niederfiel, und sah dann auf ihn hinunter, wie er sich wand und mit seinen Ketten klirrte. »Stell ihn auf!« schrie der Offizier, denn er merkte, daß der Reisende durch den Verurteilten allzusehr abgelenkt wurde. Der Reisende beugte sich sogar über die Egge hinweg, ohne sich um sie zu kümmern, und wollte nur feststellen, was mit dem Verurteilten geschehe. »Behandle ihn sorgfältig!« schrie der Offizier wieder. Er umlief den Apparat, faßte selbst den Verurteilten unter den Achseln und stellte ihn, der öfters mit den Füßen ausglitt, mit Hilfe des Soldaten auf.

»Nun weiß ich schon alles«, sagte der Reisende, als der Offizier wieder zu ihm zurückkehrte. »Bis auf das Wichtigste«, sagte dieser, ergriff den Reisenden am Arm und zeigte in die Höhe: »Dort im Zeichner ist das Räderwerk, welches die Bewegung der Egge bestimmt, und dieses Räderwerk wird nach der Zeichnung, auf welche das Urteil lautet, angeordnet. Ich verwende noch die Zeichnungen des früheren Kommandanten. Hier sind sie«, – er zog einige Blätter aus der Ledermappe – »ich kann sie Ihnen aber leider nicht in die Hand geben, sie sind das Teuerste, was ich habe. Setzen Sie sich, ich zeige sie Ihnen aus dieser Entfernung, dann werden Sie alles gut sehen können.« Er zeigte das erste Blatt. Der Reisende hätte gerne etwas Anerkennendes gesagt, aber er sah nur labyrinthartige, einander vielfach kreuzende Linien, die so dicht das Papier bedeckten, daß man nur mit Mühe die weißen Zwischenräume erkannte. »Lesen Sie«, sagte der Offizier. »Ich kann nicht«, sagte der Reisende. »Es ist doch deutlich«, sagte der Offizier. »Es ist sehr kunstvoll«, sagte der Reisende ausweichend, »aber ich kann es nicht entziffern.« »Ja«, sagte der Offizier, lachte und steckte die Mappe wieder ein, »es ist keine Schönschrift für Schulkinder. Man muß lange darin lesen. Auch Sie würden es schließlich gewiß erkennen. Es darf natürlich keine einfache Schrift sein: sie soll ja nicht sofort töten, sondern durchschnittlich erst in einem Zeitraum von zwölf Stunden; für die sechste Stunde ist der Wendepunkt berechnet. Es müssen also viele, viele Zieraten die eigentliche Schrift umgeben; die wirkliche Schrift umzieht den Leib nur in einem schmalen Gürtel; der übrige Körper ist für Verzierungen bestimmt. Können Sie jetzt die Arbeit der Egge und des ganzen Apparates würdigen? – Sehen Sie doch!« Er sprang auf die Leiter, drehte ein Rad, rief hinunter: »Achtung, treten Sie zur Seite!«, und alles kam in Gang. Hätte das Rad nicht gekreischt, es wäre herrlich gewesen. Als sei der Offizier von diesem störenden Rad überrascht, drohte er ihm mit der Faust, breitete dann, sich entschuldigend, zum Reisenden hin die Arme aus und kletterte eilig hinunter, um den Gang des Apparates von unten zu beobachten. Noch war etwas nicht in Ordnung, das nur er merkte, er kletterte wieder hinauf, griff mit beiden Händen in das Innere des Zeichners, glitt dann, um rascher hinunterzukommen, statt die Leiter zu benutzen, an der einen Stange hinunter und schrie nun, um sich im Lärm verständlich zu machen, mit äußerster Anspannung dem Reisenden ins Ohr: »Begreifen Sie den Vorgang? Die Egge fängt zu schreiben an; ist sie mit der ersten Anlage der Schrift auf dem Rücken des Mannes fertig, rollt die Watteschicht und wälzt den Körper langsam auf die Seite, um der Egge neuen Raum zu bieten. Inzwischen legen sich die wundbeschriebenen Stellen auf die Watte, welche infolge der besonderen Präparierung sofort die Blutung stillt und zu neuer Vertiefung der Schrift vorbereitet. Hier die Zacken am Rande der Egge reißen dann beim weiteren Umwälzen des Körpers die Watte von den Wunden, schleudern sie in die Grube, und die Egge hat wieder Arbeit. So schreibt sie immer tiefer die zwölf Stunden lang. Die ersten sechs Stunden lebt der Verurteilte fast wie früher, er leidet nur Schmerzen. Nach zwei Stunden wird der Filz entfernt, denn der Mann hat keine Kraft zum Schreien mehr. Hier in diesen elektrisch geheizten Napf am Kopfende wird warmer Reisbrei gelegt, aus dem der Mann, wenn er Lust hat, nehmen kann, was er mit der Zunge erhascht. Keiner versäumt die Gelegenheit. Ich weiß keinen, und meine Erfahrung ist groß. Erst um die sechste Stunde verliert er das Vergnügen am Essen. Ich knie dann gewöhnlich hier nieder und beobachte diese Erscheinung. Der Mann schluckt den letzten Bissen selten, er dreht ihn nur im Mund und speit ihn in die Grube. Ich muß mich dann bücken, sonst fährt er mir ins Gesicht. Wie still wird dann aber der Mann um die sechste Stunde! Verstand geht dem Blödesten auf. Um die Augen

beginnt es. Von hier aus verbreitet es sich. Ein Anblick, der einen verführen könnte, sich mit unter die Egge zu legen. Es geschieht ja weiter nichts, der Mann fängt bloß an, die Schrift zu entziffern, er spitzt den Mund, als horche er.
Sie haben gesehen, es ist nicht leicht, die Schrift mit den Augen zu entziffern; unser Mann entziffert sie aber mit seinen Wunden. Es ist allerdings viel Arbeit; er braucht sechs Stunden zu ihrer Vollendung. Dann aber spießt ihn die Egge vollständig auf und wirft ihn in die Grube, wo er auf das Blutwasser und die Watte niederklatscht. Dann ist das Gericht zu Ende, und wir, ich und der Soldat, scharren ihn ein.«
Der Reisende hatte das Ohr zum Offizier geneigt und sah, die Hände in den Rocktaschen, der Arbeit der Maschine zu. Auch der Verurteilte sah ihr zu, aber ohne Verständnis. Er bückte sich ein wenig und verfolgte die schwankenden Nadeln, als ihm der Soldat, auf ein Zeichen des Offiziers, mit einem Messer hinten Hemd und Hose durchschnitt, so daß sie von dem Verurteilten abfielen; er wollte nach dem fallenden Zeug greifen, um seine Blöße zu bedecken, aber der Soldat hob ihn in die Höhe und schüttelte die letzten Fetzen von ihm ab. Der Offizier stellte die Maschine ein, und in der jetzt eintretenden Stille wurde der Verurteilte unter die Egge gelegt. Die Ketten wurden gelöst und statt dessen die Riemen befestigt; es schien für den Verurteilten im ersten Augenblick fast eine Erleichterung zu bedeuten. Und nun senkte sich die Egge noch ein Stück tiefer, denn es war ein magerer Mann. Als ihn die Spitzen berührten, ging ein Schauer über seine Haut; er streckte, während der Soldat mit seiner rechten Hand beschäftigt war, die linke aus, ohne zu wissen wohin; es war aber die Richtung, wo der Reisende stand. Der Offizier sah ununterbrochen den Reisenden von der Seite an, als suche er von seinem Gesicht den Eindruck abzulesen, den die Exekution, die er ihm nun wenigstens oberflächlich erklärt hatte, auf ihn mache.
Der Riemen, der für das Handgelenk bestimmt war, riß;

wahrscheinlich hatte ihn der Soldat zu stark angezogen. Der Offizier sollte helfen, der Soldat zeigte ihm das abgerissene Riemenstück. Der Offizier ging auch zu ihm hinüber und sagte, das Gesicht dem Reisenden zugewendet: »Die Maschine ist sehr zusammengesetzt, es muß hie und da etwas reißen oder brechen; dadurch darf man sich aber im Gesamturteil nicht beirren lassen. Für den Riemen ist übrigens sofort Ersatz geschafft; ich werde eine Kette verwenden; die Zartheit der Schwingung wird dadurch für den rechten Arm allerdings beeinträchtigt.« Und während er die Ketten anlegte, sagte er noch: »Die Mittel zur Erhaltung der Maschine sind jetzt sehr eingeschränkt. Unter dem früheren Kommandanten war eine mir frei zugängliche Kassa nur für diesen Zweck bestimmt. Es gab hier ein Magazin, in dem alle möglichen Ersatzstücke aufbewahrt wurden. Ich gestehe, ich trieb damit fast Verschwendung, ich meine früher, nicht jetzt, wie der neue Kommandant behauptet, dem alles nur zum Vorwand dient, alte Einrichtungen zu bekämpfen. Jetzt hat er die Maschinenkassa in eigener Verwaltung, und schicke ich um einen neuen Riemen, wird der zerrissene als Beweisstück verlangt, der neue kommt erst in zehn Tagen, ist dann aber von schlechterer Sorte und taugt nicht viel. Wie ich aber in der Zwischenzeit ohne Riemen die Maschine betreiben soll, darum kümmert sich niemand.«

Der Reisende überlegte: Es ist immer bedenklich, in fremde Verhältnisse entscheidend einzugreifen. Er war weder Bürger der Strafkolonie, noch Bürger des Staates, dem sie angehörte. Wenn er die Exekution verurteilen oder gar hintertreiben wollte, konnte man ihm sagen: Du bist ein Fremder, sei still. Darauf hätte er nichts erwidern, sondern nur hinzufügen können, daß er sich in diesem Falle selbst nicht begreife, denn er reise nur mit der Absicht, zu sehen, und keineswegs etwa, um fremde Gerichtsverfassungen zu ändern. Nun lagen aber hier die Dinge allerdings sehr verführerisch. Die Ungerechtigkeit des Verfahrens und die Unmenschlichkeit der Exekution war zweifellos. Niemand konnte irgendeine Eigennützigkeit des Reisenden annehmen, denn der Verurteilte war ihm fremd, kein Landsmann und ein zum Mitleid gar nicht auffordernder Mensch. Der Reisende selbst hatte Empfehlungen hoher Ämter, war hier mit großer Höflichkeit empfangen worden, und daß er zu dieser Exekution eingeladen worden war, schien sogar darauf hinzudeuten, daß man sein Urteil über dieses Gericht verlangte. Dies war aber um so wahrscheinlicher, als der Kommandant, wie er jetzt überdeutlich gehört hatte, kein Anhänger dieses Verfahrens war und sich gegenüber dem Offizier fast feindselig verhielt.

Da hörte der Reisende einen Wutschrei des Offiziers. Er hatte gerade, nicht ohne Mühe, dem Verurteilten den Filzstumpf in den Mund geschoben, als der Verurteilte in einem unwiderstehlichen Brechreiz die Augen schloß und sich erbrach. Eilig riß ihn der Offizier vom Stumpf in die Höhe und wollte den Kopf zur Grube hindrehen; aber es war zu spät, der Unrat floß schon an der Maschine hinab. »Alles Schuld des Kommandanten!« schrie der Offizier und rüttelte besinnungslos vorn an den Messingstangen, »die Maschine wird mir verunreinigt wie ein Stall.« Er zeigte mit zitternden Händen dem Reisenden, was geschehen war. »Habe ich nicht stundenlang dem Kommandanten begreiflich zu machen gesucht, daß einen Tag vor der Exekution kein Essen mehr verabfolgt werden soll. Aber die neue milde Richtung ist anderer Meinung. Die Damen des Kommandanten stopfen dem Mann, ehe er abgeführt wird, den Hals mit Zuckersachen voll. Sein ganzes Leben hat er sich von stinkenden Fischen genährt und muß jetzt Zuckersachen essen! Aber es wäre ja möglich, ich würde nichts einwenden, aber warum schafft man nicht einen neuen Filz an, wie ich ihn seit einem Vierteljahr erbitte. Wie kann man ohne Ekel diesen Filz in den Mund nehmen, an dem mehr als hundert Männer im Sterben gesaugt und gebissen haben?«

Der Verurteilte hatte den Kopf niedergelegt und sah friedlich aus, der Soldat war damit beschäftigt, mit dem Hemd des Verurteilten die Maschine zu putzen. Der Offizier ging zum Reisenden, der in irgendeiner Ahnung einen Schritt zurücktrat, aber der Offizier faßte ihn bei der Hand und zog ihn zur Seite. »Ich will einige Worte im Vertrauen mit Ihnen sprechen«, sagte er, »ich darf das doch?« »Gewiß«, sagte der Reisende und hörte mit gesenkten Augen zu.

»Dieses Verfahren und die Hinrichtung, die Sie jetzt zu bewundern Gelegenheit haben, hat gegenwärtig in unserer Kolonie keinen offenen Anhänger mehr. Ich bin ihr einziger Vertreter, gleichzeitig der einzige Vertreter des Erbes des alten Kommandanten. An einen weiteren Ausbau des Verfahrens kann ich nicht mehr denken, ich verbrauche alle meine Kräfte, um zu erhalten, was vorhanden ist. Als der alte Kommandant lebte, war die Kolonie von seinen Anhängern voll; die Überzeugungskraft des alten Kommandanten habe ich zum Teil, aber seine Macht fehlt mir ganz; infolgedessen haben sich die Anhänger verkrochen, es gibt noch viele, aber keiner gesteht es ein. Wenn Sie heute, also an einem Hinrichtungstag, ins Teehaus gehen und herumhorchen, werden Sie vielleicht nur zweideutige Äußerungen hören. Das sind lauter Anhänger, aber unter dem gegenwärtigen Kommandanten und bei seinen gegenwärtigen Anschauungen für mich ganz unbrauchbar. Und nun frage ich Sie: Soll wegen dieses Kommandanten und seiner Frauen, die ihn beeinflussen, ein solches Lebenswerk« – er zeigte auf die Maschine – »zugrunde gehen? Darf man das zulassen? Selbst wenn man nur als Fremder ein paar Tage auf unserer Insel ist? Es ist aber keine Zeit zu verlieren, man bereitet etwas gegen meine Gerichtsbarkeit vor; es finden schon Beratungen in der Kommandantur statt, zu denen ich nicht zugezogen werde; sogar Ihr heutiger Besuch scheint mir für die ganze Lage bezeichnend; man ist feig und schickt Sie, einen Fremden, vor. – Wie war die Exekution anders in früherer Zeit! Schon einen Tag vor der Hinrichtung war das ganze Tal von Menschen überfüllt; alle kamen nur um zu sehen; früh am Morgen erschien der Kommandant mit seinen Damen; Fanfaren weckten den ganzen Lagerplatz; ich erstattete die Meldung, daß alles vorbereitet sei; die Gesellschaft – kein hoher Beamte durfte fehlen – ordnete sich um die Maschine; dieser Haufen Rohrsessel ist ein armseliges Überbleibsel aus jener Zeit. Die Maschine glänzte frisch geputzt, fast zu jeder Exekution nahm ich neue Ersatzstücke. Vor Hunderten Augen – alle Zuschauer standen auf den Fußspitzen bis dort zu den Anhöhen – wurde der Verurteilte vom Kommandanten selbst unter die Egge gelegt. Was heute ein gemeiner Soldat tun darf, war damals meine, des Gerichtspräsidenten, Arbeit und ehrte mich. Und nun begann die Exekution! Kein Mißton störte die Arbeit der Maschine. Manche sahen nun gar nicht mehr zu, sondern lagen mit geschlossenen Augen im Sand, alle wußten: Jetzt geschieht Gerechtigkeit. In der Stille hörte man nur das Seufzen des Verurteilten, gedämpft durch den Filz. Heute gelingt es der Maschine nicht mehr, dem Verurteilten ein stärkeres Seufzen aufzupressen, als der Filz noch ersticken kann; damals aber tropften die schreibenden Nadeln eine beizende Flüssigkeit aus, die heute nicht mehr verwendet werden darf. Nun, und dann kam die sechste Stunde! Es war unmöglich, allen die Bitte, aus der Nähe zuschauen zu dürfen, zu gewähren. Der Kommandant in seiner Einsicht ordnete an, daß vor allem die Kinder berücksichtigt werden sollten; ich allerdings durfte kraft meines Berufes immer dabeistehen, oft hockte ich dort, zwei kleine Kinder rechts und links in meinen Armen. Wie nahmen wir alle den Ausdruck der Verklärung von dem gemarterten Gesicht, wie hielten wir unsere Wangen in den Schein dieser endlich erreichten und schon vergehenden Gerechtigkeit! Was für Zeiten, mein Kamerad!« Der Offizier hatte offenbar vergessen, wer vor ihm stand; er hatte den Reisenden umarmt und den Kopf auf seine Schulter gelegt. Der Reisende war in großer Verlegenheit, ungeduldig sah er über

den Offizier hinweg. Der Soldat hatte die Reinigungsarbeit beendet und jetzt noch aus einer Büchse Reisbrei in den Napf geschüttet. Kaum merkte dies der Verurteilte, der sich schon vollständig erholt zu haben schien, als er mit der Zunge nach dem Brei zu schnappen begann. Der Soldat stieß ihn immer wieder weg, denn der Brei war wohl für eine spätere Zeit bestimmt, aber ungehörig war es jedenfalls auch, daß der Soldat mit seinen schmutzigen Händen hineingriff und vor dem gierigen Verurteilten davon aß.
Der Offizier faßte sich schnell. »Ich wollte Sie nicht etwa rühren«, sagte er, »ich weiß, es ist unmöglich, jene Zeiten heute begreiflich zu machen. Im übrigen arbeitet die Maschine noch und wirkt für sich. Sie wirkt für sich, auch wenn sie allein in diesem Tal steht. Und die Leiche fällt zum Schluß noch immer in dem unbegreiflich sanften Flug in die Grube, auch wenn nicht, wie damals, Hunderte wie Fliegen um die Grube sich versammeln. Damals mußten wir ein starkes Geländer um die Grube anbringen, es ist längst weggerissen.«
Der Reisende wollte sein Gesicht dem Offizier entziehen und blickte ziellos herum. Der Offizier glaubte, er betrachte die Öde des Tales; er ergriff deshalb seine Hände, drehte sich um ihn, um seine Blicke zu erfassen, und fragte: »Merken Sie die Schande?«
Aber der Reisende schwieg. Der Offizier ließ für ein Weilchen von ihm ab; mit auseinandergestellten Beinen, die Hände in den Hüften, stand er still und blickte zu Boden. Dann lächelte er dem Reisenden aufmunternd zu und sagte: »Ich war gestern in Ihrer Nähe, als der Kommandant Sie einlud. Ich hörte die Einladung. Ich kenne den Kommandanten. Ich verstand sofort, was er mit der Einladung bezweckte. Trotzdem seine Macht groß genug wäre, um gegen mich einzuschreiten, wagt er es noch nicht, wohl aber will er mich Ihrem, dem Urteil eines angesehnen Fremden aussetzen. Seine Berechnung ist sorgfältig; Sie sind den zweiten Tag auf der Insel, Sie kannten den alten Kommandanten und seinen

Gedankenkreis nicht, Sie sind in europäischen Anschauungen befangen, vielleicht sind Sie ein grundsätzlicher Gegner der Todesstrafe im allgemeinen und einer derartigen maschinellen Hinrichtungsart im besonderen, Sie sehen überdies, wie die Hinrichtung ohne öffentliche Anteilnahme, traurig, auf einer bereits etwas beschädigten Maschine vor sich geht – wäre es nun, alles dieses zusammengenommen (so denkt der Kommandant), nicht sehr leicht möglich, daß Sie mein Verfahren nicht für richtig halten? Und wenn Sie es nicht für richtig halten, werden Sie dies (ich rede noch immer im Sinne des Kommandanten) nicht verschweigen, denn Sie vertrauen doch gewiß Ihren vielerprobten Überzeugungen. Sie haben allerdings viele Eigentümlichkeiten vieler Völker gesehen und achten gelernt, Sie werden daher wahrscheinlich sich nicht mit ganzer Kraft, wie Sie es vielleicht in Ihrer Heimat tun würden, gegen das Verfahren aussprechen. Aber dessen bedarf der Kommandant gar nicht. Ein flüchtiges, ein bloß unvorsichtiges Wort genügt. Es muß gar nicht Ihrer Überzeugung entsprechen, wenn es nur scheinbar seinem Wunsche entgegenkommt. Daß er Sie mit aller Schlauheit ausfragen wird, dessen bin ich gewiß. Und seine Damen werden im Kreis herumsitzen und die Ohren spitzen; Sie werden etwa sagen: ›Bei uns ist das Gerichtsverfahren ein anderes‹, oder ›Bei uns wird der Angeklagte vor dem Urteil verhört‹, oder ›Bei uns gibt es auch andere Strafen als Todesstrafen‹, oder ›Bei uns gab es Folterungen nur im Mittelalter‹. Das alles sind Bemerkungen, die ebenso richtig sind, als sie Ihnen selbstverständlich erscheinen, unschuldige Bemerkungen, die mein Verfahren nicht antasten. Aber wie wird sie der Kommandant aufnehmen? Ich sehe ihn, den guten Kommandanten, wie er sofort den Stuhl beiseite schiebt und auf den Balkon eilt, ich sehe seine Damen, wie sie ihm nachströmen, ich höre seine Stimme – die Damen nennen sie eine Donnerstimme –, nun, und er spricht: ›Ein großer Forscher des Abendlandes, dazu bestimmt, das Gerichtsverfahren in

allen Ländern zu überprüfen, hat eben gesagt, daß unser Verfahren nach altem Brauch ein unmenschliches ist. Nach diesem Urteil einer solchen Persönlichkeit ist es mir natürlich nicht mehr möglich, dieses Verfahren zu dulden. Mit dem heutigen Tage also ordne ich an – und so weiter‹. Sie wollen eingreifen, Sie haben nicht das gesagt, was er verkündet, Sie haben mein Verfahren nicht unmenschlich genannt, im Gegenteil, Ihrer tiefen Einsicht entsprechend, halten Sie es für das menschlichste und menschenwürdigste, Sie bewundern auch diese Maschinerie – aber es ist zu spät; Sie kommen gar nicht auf den Balkon, der schon voll Damen ist; Sie wollen sich bemerkbar machen; Sie wollen schreien; aber eine Damenhand hält Ihnen den Mund zu – und ich und das Werk des alten Kommandanten sind verloren.«
Der Reisende mußte ein Lächeln unterdrücken; so leicht war also die Aufgabe, die er für so schwer gehalten hatte. Er sagte ausweichend: »Sie überschätzen meinen Einfluß; der Kommandant hat mein Empfehlungsschreiben gelesen, er weiß, daß ich kein Kenner der gerichtlichen Verfahren bin. Wenn ich eine Meinung aussprechen würde, so wäre es die Meinung eines Privatmannes, um nichts bedeutender als die Meinung eines beliebigen anderen, und jedenfalls viel bedeutungsloser als die Meinung des Kommandanten, der in dieser Strafkolonie, wie ich zu wissen glaube, sehr ausgedehnte Rechte hat. Ist seine Meinung über dieses Verfahren eine so bestimmte, wie Sie glauben, dann, fürchte ich, ist allerdings das Ende dieses Verfahrens gekommen, ohne daß es meiner bescheidenen Mithilfe bedürfte.«
Begriff es schon der Offizier? Nein, er begriff noch nicht. Er schüttelte lebhaft den Kopf, sah kurz nach dem Verurteilten und dem Soldaten zurück, die zusammenzuckten und vom Reis abließen, ging ganz nahe an den Reisenden heran, blickte ihm nicht ins Gesicht, sondern irgendwohin auf seinen Rock und sagte leiser als früher: »Sie kennen den Kommandanten nicht; Sie stehen ihm und uns allen – verzeihen Sie

den Ausdruck – gewissermaßen harmlos gegenüber; Ihr Einfluß, glauben Sie mir, kann nicht hoch genug eingeschätzt werden. Ich war ja glückselig, als ich hörte, daß Sie allein der Exekution beiwohnen sollten. Diese Anordnung des Kommandanten sollte mich treffen, nun aber wende ich sie zu meinen Gunsten. Unabgelenkt von falschen Einflüsterungen und verächtlichen Blicken – wie sie bei größerer Teilnahme an der Exekution nicht hätten vermieden werden können – haben Sie meine Erklärungen angehört, die Maschine gesehen und sind nun im Begriffe, die Exekution zu besichtigen. Ihr Urteil steht gewiß schon fest; sollten noch kleine Unsicherheiten bestehen, so wird sie der Anblick der Exekution beseitigen. Und nun stelle ich an Sie die Bitte: helfen Sie mir gegenüber dem Kommandanten!«

Der Reisende ließ ihn nicht weiterreden. »Wie könnte ich denn das«, rief er aus, »das ist ganz unmöglich. Ich kann Ihnen ebensowenig nützen, als ich Ihnen schaden kann.«

»Sie können es«, sagte der Offizier. Mit einiger Befürchtung sah der Reisende, daß der Offizier die Fäuste ballte. »Sie können es«, wiederholte der Offizier noch dringender. »Ich habe einen Plan, der gelingen muß. Sie glauben, Ihr Einfluß genüge nicht. Ich weiß, daß er genügt. Aber zugestanden, daß Sie recht haben, ist es denn nicht notwendig, zur Erhaltung dieses Verfahrens alles, selbst das möglicherweise Unzureichende zu versuchen? Hören Sie also meinen Plan. Zu seiner Ausführung ist es vor allem nötig, daß Sie heute in der Kolonie mit Ihrem Urteil über das Verfahren möglichst zurückhalten. Wenn man Sie nicht geradezu fragt, dürfen Sie sich keinesfalls äußern; Ihre Äußerungen aber müssen kurz und unbestimmt sein; man soll merken, daß es Ihnen schwer wird, darüber zu sprechen, daß Sie verbittert sind, daß Sie, falls Sie offen reden sollten, geradezu in Verwünschungen ausbrechen müßten. Ich verlange nicht, daß Sie lügen sollen; keineswegs; Sie sollen nur kurz antworten, etwa: ›Ja, ich habe die Exekution gesehen‹, oder ›Ja, ich habe alle Erklärungen gehört.‹ Nur das, nichts weiter. Für die Verbitterung, die man Ihnen anmerken soll, ist ja genügend Anlaß, wenn auch nicht im Sinne des Kommandanten. Er natürlich wird es vollständig mißverstehen und in seinem Sinne deuten. Darauf gründet sich mein Plan. Morgen findet in der Kommandantur unter dem Vorsitz des Kommandanten eine große Sitzung aller höheren Verwaltungsbeamten statt. Der Kommandant hat es natürlich verstanden, aus solchen Sitzungen eine Schaustellung zu machen. Es wurde eine Galerie gebaut, die mit Zuschauern immer besetzt ist. Ich bin gezwungen, an den Beratungen teilzunehmen, aber der Widerwille schüttelt mich. Nun werden Sie gewiß auf jeden Fall zu der Sitzung eingeladen werden; wenn Sie sich heute meinem Plane gemäß verhalten, wird die Einladung zu einer dringenden Bitte werden. Sollten Sie aber aus irgendeinem unerfindlichen Grunde doch nicht eingeladen werden, so müßten Sie allerdings die Einladung verlangen; daß Sie sie dann erhalten, ist zweifellos. Nun sitzen Sie also morgen mit den Damen in der Loge des Kommandanten. Er versichert sich öfters durch Blicke nach oben, daß Sie da sind. Nach verschiedenen gleichgültigen, lächerlichen, nur für die Zuhörer berechneten Verhandlungsgegenständen – meistens sind es Hafenbauten, immer wieder Hafenbauten! – kommt auch das Gerichtsverfahren zur Sprache. Sollte es von seiten des Kommandanten nicht oder nicht bald genug geschehen, so werde ich dafür sorgen, daß es geschieht. Ich werde aufstehen und die Meldung von der heutigen Exekution erstatten. Ganz kurz, nur diese Meldung. Eine solche Meldung ist zwar dort nicht üblich, aber ich tue es doch. Der Kommandant dankt mir, wie immer, mit freundlichem Lächeln, und nun, er kann sich nicht zurückhalten, erfaßt er die gute Gelegenheit. ›Es wurde eben‹, so oder ähnlich wird er sprechen, ›die Meldung von der Exekution erstattet. Ich möchte dieser Meldung nur hinzufügen, daß gerade dieser Exekution der große Forscher beigewohnt hat, von dessen unsere Kolonie so außerordentlich ehrenden Besuch Sie alle wissen. Auch unsere heutige Sitzung ist durch seine Anwesenheit in ihrer Bedeutung erhöht. Wollen wir nun nicht an diesen großen Forscher die Frage richten, wie er die Exekution nach altem Brauch und das Verfahren, das ihr vorausgeht, beurteilt?‹ Natürlich überall Beifallklatschen, allgemeine Zustimmung, ich bin der lauteste. Der Kommandant verbeugt sich vor Ihnen und sagt: ›Dann stelle ich im Namen aller die Frage.‹ Und nun treten Sie an die Brüstung. Legen Sie die Hände für alle sichtbar hin, sonst fassen sie die Damen und spielen mit den Fingern. – Und jetzt kommt endlich Ihr Wort. Ich weiß nicht, wie ich die Spannung der Stunden bis dahin ertragen werde. In Ihrer Rede müssen Sie sich keine Schranken setzen, machen Sie mit der Wahrheit Lärm, beugen Sie sich über die Brüstung, brüllen Sie, aber ja, brüllen Sie dem Kommandanten Ihre Meinung, Ihre unerschütterliche Meinung zu. Aber vielleicht wollen Sie das nicht, es entspricht nicht Ihrem Charakter, in Ihrer Heimat verhält man sich vielleicht in solchen Lagen anders, auch das ist richtig, auch das genügt vollkommen, stehen Sie gar nicht auf, sagen Sie nur ein paar Worte, flüstern Sie sie, daß sie gerade noch die Beamten unter Ihnen hören, es genügt, Sie müssen gar nicht selbst von der mangelnden Teilnahme an der Exekution, von dem kreischenden Rad, dem zerrissenen Riemen, dem widerlichen Filz reden, nein, alles Weitere übernehme ich, und, glauben Sie, wenn meine Rede ihn nicht aus dem Saale jagt, so wird sie ihn auf die Knie zwingen, daß er bekennen muß: Alter Kommandant, vor dir beuge ich mich. – Das ist mein Plan; wollen Sie mir zu seiner Ausführung helfen? Aber natürlich wollen Sie, mehr als das, Sie müssen.« Und der Offizier faßte den Reisenden an beiden Armen und sah ihm schwer atmend ins Gesicht. Die letzten Sätze hatte er so geschrien, daß selbst der Soldat und der Verurteilte aufmerksam geworden waren; trotzdem sie nichts verstehen konnten, hielten Sie doch im Essen inne und sahen kauend zum Reisenden hinüber.

Die Antwort, die er zu geben hatte, war für den Reisenden von allem Anfang an zweifellos; er hatte in seinem Leben zu viel erfahren, als daß er hier hätte schwanken können; er war im Grunde ehrlich und hatte keine Furcht.

Trotzdem zögerte er jetzt im Anblick des Soldaten und des Verurteilten einen Atemzug lang. Schließlich aber sagte er, wie er mußte: »Nein.« Der Offizier blinzelte mehrmals mit den Augen, ließ aber keinen Blick von ihm. »Wollen Sie eine Erklärung?« fragte der Reisende. Der Offizier nickte stumm. »Ich bin ein Gegner dieses Verfahrens«, sagte nun der Reisende, »noch ehe Sie mich ins Vertrauen zogen – dieses Vertrauen werde ich natürlich unter keinen Umständen mißbrauchen – habe ich schon überlegt, ob ich berechtigt wäre, gegen dieses Verfahren einzuschreiten und ob mein Einschreiten auch nur eine kleine Aussicht auf Erfolg haben könnte. An wen ich mich dabei zuerst wenden müßte, war mir klar: an den Kommandanten natürlich. Sie haben es mir noch klarer gemacht, ohne aber etwa meinen Entschluß erst befestigt zu haben, im Gegenteil, Ihre ehrliche Überzeugung geht mir nahe, wenn sie mich auch nicht beirren kann.«

Der Offizier blieb stumm, wendete sich der Maschine zu, faßte eine der Messingstangen und sah dann, ein wenig zurückgebeugt, zum Zeichen hinauf, als prüfe er, ob alles in Ordnung sei. Der Soldat und der Verurteilte schienen sich miteinander befreundet zu haben; der Verurteilte machte, so schwierig dies bei der festen Einschnallung durchzuführen war, dem Soldaten Zeichen; der Soldat beugte sich zu ihm; der Verurteilte flüsterte ihm etwas zu, und der Soldat nickte.

Der Reisende ging dem Offizier nach und sagte: »Sie wissen noch nicht, was ich tun will. Ich werde meine Ansicht über das Verfahren dem Kommandanten zwar sagen, aber nicht in einer Sitzung, sondern unter vier Augen; ich werde auch nicht so lange hier bleiben, daß ich irgendeiner Sitzung beigezogen werden könnte; ich fahre schon morgen früh weg oder schiffe mich wenigstens ein.« Es sah nicht aus, als ob der Offizier zugehört hätte. »Das Verfahren hat Sie also nicht überzeugt«, sagte er für sich und lächelte, wie ein Alter über den Unsinn eines Kindes lächelt und hinter dem Lächeln sein eigenes wirkliches Nachdenken behält.

»Dann ist es also Zeit«, sagte er schließlich und blickte plötzlich mit hellen Augen, die irgendeine Aufforderung, irgendeinen Aufruf zur Beteiligung enthielten, den Reisenden an.

»Wozu ist es Zeit?« fragte der Reisende unruhig, bekam aber keine Antwort.

»Du bist frei«, sagte der Offizier zum Verurteilten in dessen Sprache. Dieser glaubte es zuerst nicht. »Nun, frei bist du«, sagte der Offizier. Zum erstenmal bekam das Gesicht des Verurteilten wirkliches Leben. War es Wahrheit? War es nur eine Laune des Offiziers, die vorübergehen konnte? Hatte der fremde Reisende ihm Gnade erwirkt? Was war es? So schien sein Gesicht zu fragen. Aber nicht lange. Was immer es sein mochte, er wollte, wenn er durfte, wirklich frei sein und er begann sich zu rütteln, soweit es die Egge erlaubte.

»Du zerreißt mir die Riemen«, schrie der Offizier, »sei ruhig! Wir öffnen sie schon.« Und er machte sich mit dem Soldaten, dem er ein Zeichen gab, an die Arbeit. Der Verurteilte lachte ohne Worte leise vor sich hin, bald wendete er das Gesicht links zum Offizier, bald rechts zum Soldaten, auch den Reisenden vergaß er nicht.

»Zieh ihn heraus«, befahl der Offizier dem Soldaten. Es mußte hiebei wegen der Egge einige Vorsicht angewendet werden. Der Verurteilte hatte schon infolge seiner Ungeduld einige kleine Rißwunden auf dem Rücken. Von jetzt ab kümmerte sich aber der Offizier kaum mehr um ihn. Er ging auf den Reisenden zu, zog wieder die kleine Ledermappe hervor, blätterte in ihr, fand schließlich das Blatt, das er suchte, und zeigte es dem Reisenden. »Lesen Sie«, sagte er. »Ich kann diese Blätter nicht lesen.« »Sehen Sie das Blatt doch genau an«, sagte der Offizier und trat neben den Reisenden, um mit ihm zu lesen. Als auch das nichts half, fuhr er mit dem kleinen Finger in großer Höhe, als dürfe das Blatt auf keinen Fall berührt werden, über das Papier hin, um auf diese Weise dem Reisenden das Lesen zu erleichtern. Der Reisende gab sich auch Mühe, um wenigstens darin dem Offizier gefällig sein zu können, aber es war ihm unmöglich. Nun begann der Offizier die Aufschrift zu buchstabieren und dann las er sie noch einmal im Zusammenhang. »›Sei gerecht!‹ – heißt es«, sagte er, »jetzt können Sie es doch lesen.« Der Reisende beugte sich so tief über das Papier, daß der Offizier aus Angst vor einer Berührung es weiter entfernte; nun sagte der Reisende zwar nichts mehr, aber es war klar, daß er es noch immer nicht hatte lesen können. »›Sei gerecht!‹ – heißt es«, sagte der Offizier nochmals. »Mag sein«, sagte der Reisende, »ich glaube es, daß es dort steht.« »Nun gut«, sagte der Offizier, wenigstens teilweise befriedigt, und stieg mit dem Blatt auf die Leiter; er bettete das Blatt mit großer Vorsicht im Zeichner und ordnete das Räderwerk scheinbar gänzlich um; es war eine sehr mühselige Arbeit, es mußte sich auch um ganz kleine Räder handeln, manchmal verschwand der Kopf des Offiziers völlig im Zeichner, so genau mußte er das Räderwerk untersuchen.

Der Reisende verfolgte von unten diese Arbeit ununterbrochen, der Hals wurde ihm steif, und die Augen schmerzten ihn von dem mit Sonnenlicht überschütteten Himmel. Der Soldat und der Verurteilte waren nur miteinander beschäftigt. Das Hemd und die Hose des Verurteilten, die schon in der Grube lagen, wurden vom Soldaten mit der Bajonettspitze herausgezogen. Das Hemd war entsetzlich schmutzig, und der Verurteilte wusch es in dem Wasserkübel. Als er dann Hemd und Hose anzog, mußte der Soldat wie der Verurteilte laut lachen, denn die Kleidungsstücke waren doch hinten entzweigeschnitten. Vielleicht glaubte der Verurteilte, verpflichtet zu sein, den Soldaten zu unterhalten, er drehte sich in der zerschnittenen Kleidung im Kreise vor dem

Soldaten, der auf dem Boden hockte und lachend auf seine Knie schlug. Immerhin bezwangen sie sich noch mit Rücksicht auf die Anwesenheit der Herren.
Als der Offizier oben endlich fertiggeworden war, überblickte er noch einmal lächelnd das Ganze in allen seinen Teilen, schlug diesmal den Deckel des Zeichners zu, der bisher offen gewesen war, stieg hinunter, sah in die Grube und dann auf den Verurteilten, merkte befriedigt, daß dieser seine Kleidung herausgenommen hatte, ging dann zu dem Wasserkübel, um die Hände zu waschen, erkannte zu spät den widerlichen Schmutz, war traurig darüber, daß er nun die Hände nicht waschen konnte, tauchte sie schließlich – dieser Ersatz genügte ihm nicht, aber er mußte sich fügen – in den Sand, stand dann auf und begann seinen Uniformrock aufzuknöpfen. Hierbei fielen ihm zunächst die zwei Damentaschentücher, die er hinter den Kragen gezwängt hatte, in die Hände. »Hier hast du deine Taschentücher«, sagte er und warf sie dem Verurteilten zu. Und zum Reisenden sagte er erklärend: »Geschenke der Damen.«
Trotz der offenbaren Eile, mit der er den Uniformrock auszog und sich dann vollständig entkleidete, behandelte er doch jedes Kleidungsstück sehr sorgfältig, über die Silberschnüre an seinem Waffenrock strich er sogar eigens mit den Fingern hin und schüttelte eine Troddel zurecht. Wenig paßte es allerdings zu dieser Sorgfalt, daß er, sobald er mit der Behandlung eines Stückes fertig war, es dann sofort mit einem unwilligen Ruck in die Grube warf. Das letzte, was ihm übrigblieb, war sein kurzer Degen mit dem Tragriemen. Er zog den Degen aus der Scheide, zerbrach ihn, faßte dann alles zusammen, die Degenstücke, die Scheide und den Riemen, und warf es so heftig weg, daß es unten in der Grube aneinanderklang.
Nun stand er nackt da. Der Reisende biß sich auf die Lippen und sagte nichts. Er wußte zwar, was geschehen würde, aber er hatte keine Recht, den Offizier an irgend etwas zu hindern.

War das Gerichtsverfahren, an dem der Offizier hing, wirklich so nahe daran, behoben zu werden – möglicherweise infolge des Einschreitens des Reisenden, zu dem sich dieser seinerseits verpflichtet fühlte – dann handelte jetzt der Offizier vollständig richtig; der Reisende hätte an seiner Stelle nicht anders gehandelt.

Der Soldat und der Verurteilte verstanden zuerst nichts, sie sahen anfangs nicht einmal zu. Der Verurteilte war sehr erfreut darüber, die Taschentücher zurückerhalten zu haben, aber er durfte sich nicht lange an ihnen freuen, denn der Soldat nahm sie ihm mit einem raschen, nicht vorherzusehenden Griff. Nun versuchte wieder der Verurteilte, dem Soldaten die Tücher hinter dem Gürtel, hinter dem er sie verwahrt hatte, hervorzuziehen, aber der Soldat war wachsam. So stritten sie in halbem Scherz. Erst als der Offizier vollständig nackt war, wurden sie aufmerksam. Besonders der Verurteilte schien von der Ahnung irgendeines großen Umschwungs getroffen zu sein. Was ihm geschehen war, geschah nun dem Offizier. Vielleicht würde es so bis zum Äußersten gehen. Wahrscheinlich hatte der fremde Reisende den Befehl dazu gegeben. Das war also Rache. Ohne selbst bis zum Ende gelitten zu haben, wurde er doch bis zum Ende gerächt. Ein breites, lautloses Lachen erschien nun auf seinem Gesicht und verschwand nicht mehr.

Der Offizier aber hatte sich der Maschine zugewendet. Wenn es schon früher deutlich gewesen war, daß er die Maschine gut verstand, so konnte es jetzt einen fast bestürzt machen, wie er mit ihr umging und wie sie gehorchte. Er hatte die Hand der Egge nur genähert, und sie hob und senkte sich mehrmals, bis sie die richtige Lage erreicht hatte, um ihn zu empfangen; er faßte das Bett nur am Rande, und es fing schon zu zittern an; der Filzstumpf kam seinem Mund entgegen, man sah, wie der Offizier ihn eigentlich nicht haben wollte, aber das Zögern dauerte nur einen Augenblick, gleich fügte er sich und nahm ihn auf. Alles war bereit, nur die Riemen hingen noch an den Seiten hinunter, aber sie waren offenbar unnötig, der Offizier mußte nicht angeschnallt sein. Da bemerkte der Verurteilte die losen Riemen, seiner Meinung nach war die Exekution nicht vollkommen, wenn die Riemen nicht festgeschnallt waren, er winkte eifrig dem Soldaten, und sie liefen hin, den Offizier anzuschnallen. Dieser hatte schon den einen Fuß ausgestreckt, um in die Kurbel zu stoßen, die den Zeichner in Gang bringen sollte; da sah er, daß die zwei gekommen waren, er zog daher den Fuß zurück und ließ sich anschnallen. Nun konnte er allerdings die Kurbel nicht mehr erreichen; weder der Soldat noch der Verurteilte würden sie auffinden, und der Reisende war entschlossen, sich nicht zu rühren. Es war nicht nötig; kaum waren die Riemen angebracht, fing auch schon die Maschine zu arbeiten an; das Bett zitterte, die Nadeln tanzten auf der Haut, die Egge schwebte auf und ab. Der Reisende hatte schon eine Weile hingestarrt, ehe er sich erinnerte, daß ein Rad im Zeichner hätte kreischen sollen; aber alles war still, nicht das geringste Surren war zu hören.

Durch diese stille Arbeit entschwand die Maschine förmlich der Aufmerksamkeit. Der Reisende sah zu dem Soldaten und dem Verurteilten hinüber. Der Verurteilte war der lebhaftere, alles an der Maschine interessierte ihn, bald beugte er sich nieder, bald streckte er sich, immerfort hatte er den Zeigefinger ausgestreckt, um dem Soldaten etwas zu zeigen. Dem Reisenden war es peinlich. Er war entschlossen, hier bis zum Ende zu bleiben, aber den Anblick der zwei hätte er nicht lange ertragen. »Geht nach Hause«, sagte er. Der Soldat wäre dazu vielleicht bereit gewesen, aber der Verurteilte empfand den Befehl geradezu als Strafe. Er bat flehentlich mit gefalteten Händen, ihn hier zu lassen, und als der Reisende kopfschüttelnd nicht nachgeben wollte, kniete er sogar nieder. Der Reisende sah, daß Befehle hier nichts halfen, er wollte hinüber und die zwei vertreiben. Da hörte er oben im Zeichner ein Geräusch. Er sah hinauf. Störte also das eine

Zahnrad doch? Aber es war etwas anderes. Langsam hob sich der Deckel des Zeichners und klappte dann vollständig auf. Die Zacken eines Zahnrades zeigten und hoben sich, bald erschien das ganze Rad, es war, als presse irgendeine große Macht den Zeichner zusammen, so daß für dieses Rad kein Platz mehr übrig blieb, das Rad drehte sich bis zum Rand des Zeichners, fiel hinunter, kollerte aufrecht ein Stück im Sand und blieb dann liegen. Aber schon stieg oben ein anderes auf, ihm folgten viele, große, kleine und kaum zu unterscheidende, mit allen geschah dasselbe, immer glaubte man, nun müsse der Zeichner jedenfalls schon entleert sein, da erschien eine neue, besonders zahlreiche Gruppe, stieg auf, fiel hinunter, kollerte im Sand und legte sich. Über diesem Vorgang vergaß der Verurteilte ganz den Befehl des Reisenden, die Zahnräder entzückten ihn völlig, er wollte immer eines fassen, trieb gleichzeitig den Soldaten an, ihm zu helfen, zog aber erschreckt die Hand zurück, denn es folgte gleich ein anderes Rad, das ihn, wenigstens im ersten Anrollen, erschreckte.

Der Reisende dagegen war sehr beunruhigt; die Maschine ging offenbar in Trümmer; ihr ruhiger Gang war eine Täuschung; er hatte das Gefühl, als müsse er sich jetzt des Offiziers annehmen, da dieser nicht mehr für sich selbst sorgen konnte. Aber während der Fall der Zahnräder seine ganze Aufmerksamkeit beanspruchte, hatte er versäumt, die übrige Maschine zu beaufsichtigen; als er jedoch jetzt, nachdem das letzte Zahnrad den Zeichner verlassen hatte, sich über die Egge beugte, hatte er eine neue, noch ärgere Überraschung. Die Egge schrieb nicht, sie stach nur, und das Bett wälzte den Körper nicht, sondern hob ihn nur zitternd in die Nadeln hinein. Der Reisende wollte eingreifen, möglicherweise das Ganze zum Stehen bringen, das war ja keine Folter, wie sie der Offizier erreichen wollte, das war unmittelbarer Mord. Er streckte die Hände aus. Da hob sich aber schon die Egge mit dem aufgespießten Körper zur Seite, wie sie es sonst erst in der zwölften Stunde tat. Das Blut floß in hundert Strömen, nicht mit Wasser vermischt, auch die Wasserröhrchen hatten diesmal versagt. Und nun versagte noch das letzte, der Körper löste sich von den langen Nadeln nicht, strömte sein Blut aus, hing aber über der Grube, ohne zu fallen. Die Egge wollte schon in ihre alte Lage zurückkehren, aber als merke sie selbst, daß sie von ihrer Last noch nicht befreit sei, blieb sie doch über der Grube. »Helft doch!« schrie der Reisende zum Soldaten und zum Verurteilten hinüber und faßte selbst die Füße des Offiziers. Er wollte sich hier gegen die Füße drücken, die zwei sollten auf der anderen Seite den Kopf des Offiziers fassen, und so sollte er langsam von den Nadeln gehoben werden. Aber nun konnten sich die zwei nicht entschließen zu kommen; der Verurteilte drehte sich geradezu um; der Reisende mußte zu ihnen hinübergehen und sie mit Gewalt zu dem Kopf des Offiziers drängen. Hierbei sah er fast gegen Willen das Gesicht der Leiche. Es war, wie es im Leben gewesen war; kein Zeichen der versprochenen Erlösung war zu entdecken; was alle anderen in der Maschine gefunden hatten, der Offizier fand es nicht; die Lippen waren fest zusammengedrückt, die Augen waren offen, hatten den Ausdruck des Lebens, der Blick war ruhig und überzeugt, durch die Stirn ging die Spitze des großen eisernen Stachels.

Als der Reisende, mit dem Soldaten und dem Verurteilten hinter sich, zu den ersten Häusern der Kolonie kam, zeigte der Soldat auf eins und sagte: »Hier ist das Teehaus.«
Im Erdgeschoß eines Hauses war ein tiefer, niedriger, höhlenartiger, an den Wänden und an der Decke verräucherter Raum. Gegen die Straße zu war er in seiner ganzen Breite offen. Trotzdem sich das Teehaus von den übrigen Häusern der Kolonie, die bis auf die Palastbauten der Kommandantur alle sehr verkommen waren, wenig unterschied, übte es auf den Reisenden doch den Eindruck einer historischen Erinne-

rung aus, und er fühlte die Macht der früheren Zeiten. Er trat näher heran, ging, gefolgt von seinen Begleitern, zwischen den unbesetzten Tischen hindurch, die vor dem Teehaus auf der Straße standen, und atmete die kühle, dumpfige Luft ein, die aus dem Innern kam. »Der Alte ist hier begraben«, sagte der Soldat, »ein Platz auf dem Friedhof ist ihm vom Geistlichen verweigert worden. Man war eine Zeitlang unentschlossen, wo man ihn begraben sollte, schließlich hat man ihn hier begraben. Davon hat Ihnen der Offizier gewiß nichts erzählt, denn dessen hat er sich natürlich am meisten geschämt. Er hat sogar einigemal in der Nacht versucht, den Alten auszugraben, er ist aber immer verjagt worden.« »Wo ist das Grab?« fragte der Reisende, der dem Soldaten nicht glauben konnte. Gleich liefen beide, der Soldat wie der Verurteilte, vor ihm her und zeigten mit ausgestreckten Händen dorthin, wo sich das Grab befinden sollte. Sie führten den Reisenden bis zur Rückwand, wo an einigen Tischen Gäste saßen. Es waren wahrscheinlich Hafenarbeiter, starke Männer mit kurzen, glänzend schwarzen Vollbärten. Alle waren ohne Rock, ihre Hemden waren zerrissen, es war armes, gedemütigtes Volk. Als sich der Reisende näherte, erhoben sich einige, drückten sich an die Wand und sahen ihm entgegen. »Es ist ein Fremder«, flüsterte es um den Reisenden herum, »er will das Grab ansehen.« Sie schoben einen der Tische beiseite, unter dem sich wirklich ein Grabstein befand. Es war ein einfacher Stein, niedrig genug, um unter einem Tisch verborgen werden zu können. Er trug eine Aufschrift mit sehr kleinen Buchstaben, der Reisende mußte, um sie zu lesen, niederknien. Sie lautete: ›Hier ruht der alte Kommandant. Seine Anhänger, die jetzt keinen Namen tragen dürfen, haben ihm das Grab gegraben und den Stein gesetzt. Es besteht eine Prophezeiung, daß der Kommandant nach einer bestimmten Anzahl von Jahren auferstehen und aus diesem Hause seine Anhänger zur Wiedereroberung der Kolonie führen wird. Glaubet und wartet!‹ Als der Reisende das gelesen hatte und sich erhob, sah er rings um sich die Männer stehen und lächeln, als hätten sie mit ihm die Aufschrift gelesen, sie lächerlich gefunden und forderten ihn auf, sich ihrer Meinung anzuschließen. Der Reisende tat, als merke er das nicht, verteilte einige Münzen unter sie, wartete noch bis der Tisch über das Grab geschoben war, verließ das Teehaus und ging zum Hafen.

Der Soldat und der Verurteilte hatten im Teehaus Bekannte gefunden, die sie zurückhielten. Sie mußten sich aber bald von ihnen losgerissen haben, denn der Reisende befand sich erst in der Mitte der langen Treppe, die zu den Booten führte, als sie ihm schon nachliefen. Sie wollten wahrscheinlich den Reisenden im letzten Augenblick zwingen, sie mitzunehmen. Während der Reisende unten mit einem Schiffer wegen der Überfahrt zum Dampfer unterhandelte, rasten die zwei die Treppe hinab, schweigend, denn zu schreien wagten sie nicht. Aber als sie unten ankamen, war der Reisende schon im Boot, und der Schiffer löste es gerade vom Ufer. Sie hätten noch ins Boot springen können, aber der Reisende hob ein schweres, geknotetes Tau vom Boden, drohte ihnen damit und hielt sie dadurch von dem Sprunge ab.

HERMANN HESSE

Kinderseele

Manchmal handeln wir, gehen aus und ein, tun dies und das, und es ist alles leicht und gleichsam unverbindlich, es könnte scheinbar alles auch anders sein. Und manchmal, zu anderen Stunden, könnte nichts anders sein, ist nichts unverbindlich und leicht, und jeder Atemzug, den wir tun, ist von Gewalten bestimmt und schwer von Schicksal.

Die Taten unseres Lebens, die wir die guten nennen und von denen zu erzählen uns leicht fällt, sind fast alle von jener ersten, »leichten« Art, und wir vergessen sie leicht. Andere Taten, von denen zu sprechen uns Mühe macht, vergessen wir nie mehr, sie sind gewissermaßen mehr unser als andere, und ihre Schatten fallen lang über alle Tage unseres Lebens.

Unser Vaterhaus, das groß und hell an einer hellen Straße lag, betrat man durch ein hohes Tor, und sogleich war man von Kühle, Dämmerung und steinern feuchter Luft umfangen. Eine hohe, düstere Halle nahm einen schweigsam auf, der Boden von roten Sandsteinfliesen führte leicht ansteigend gegen die Treppe, deren Beginn zuhinterst tief im Halbdunkel lag. Viele tausend Male bin ich durch dies hohe Tor eingegangen, und niemals hatte ich acht auf Tore und Flur, Fliesen und Treppe; dennoch war es immer ein Übergang in eine andere Welt, in »unsere« Welt. Die Halle roch nach Stein, sie war finster und hoch, hinten führte die Treppe aus der dunklen Kühle empor und zu Licht und hellem Behagen. Immer aber war erst die Halle und die ernste Dämmerung da: etwas von Vater, etwas von Würde und Macht, etwas von Strafe und schlechtem Gewissen. Tausendmal ging man lachend hindurch. Manchmal aber trat man herein und war sogleich erdrückt und zerkleinert, hatte Angst, suchte rasch die befreiende Treppe.

Als ich elf Jahre alt war, kam ich eines Tages von der Schule her nach Hause, an einem von den Tagen, wo Schicksal in den Ecken lauert, wo leicht etwas passiert. An diesen Tagen scheint jede Unordnung und Störung der eigenen Seele sich in unserer Umwelt zu spiegeln und sie zu entstellen. Unbehagen und Angst beklemmen unser Herz, und wir suchen und finden ihre vermeintlichen Ursachen außer uns, sehen die Welt schlecht eingerichtet und stoßen überall auf Widerstände.

Ähnlich war es an jenem Tage. Von früh an bedrückte mich – wer weiß woher? vielleicht aus Träumen der Nacht – ein Gefühl wie schlechtes Gewissen, obwohl ich nichts Besonderes begangen hatte. Meines Vaters Gesicht hatte am Morgen einen leidenden und vorwurfsvollen Ausdruck gehabt, die Frühstücksmilch war lau und fad gewesen. In der Schule war ich zwar nicht in Nöte geraten, aber es hatte alles wieder einmal trostlos, tot und entmutigend geschmeckt und hatte sich vereinigt zu jenem mir schon bekannten Gefühl der Ohnmacht und Verzweiflung, das uns sagt, daß die Zeit endlos sei, daß wir ewig und ewig klein und machtlos und im Zwang dieser blöden, stinkenden Schule bleiben werden, Jahre und Jahre, und daß dies ganze Leben sinnlos und widerwärtig sei.

Auch über meinen derzeitigen Freund hatte ich mich heute geärgert. Ich hatte seit kurzem eine Freundschaft mit Oskar Weber, dem Sohn eines Lokomotivführers, ohne recht zu wissen, was mich zu ihm zog. Er hatte neulich damit geprahlt, daß sein Vater sieben Mark im Tag verdiene, und ich hatte aufs Geratewohl erwidert, der meine verdiene vierzehn. Daß er sich dadurch hatte imponieren lassen, ohne Einwände zu machen, war der Anfang der Sache gewesen. Einige Tage später hatte ich mit Weber einen Bund gegründet, indem wir eine gemeinsame Sparkasse anlegten, aus welcher später eine Pistole gekauft werden sollte. Die Pistole lag im Schaufenster eines Eisenhändlers, eine massive Waffe mit zwei bläulichen Stahlrohren. Und Weber hatte mir vorgerechnet, daß man nur eine Weile richtig zu sparen brauche, dann konne man sie kaufen. Geld gebe es ja immer, er bekomme sehr oft einen Zehner für Ausgänge oder sonst ein Trinkgeld, und manchmal finde man Geld auf der Gasse oder Sachen mit Geldeswert, wie Hufeisen, Bleistücke und anderes, was man gut verkaufen könne. Einen Zehner hatte er auch sofort für unsere Kasse hergegeben, und der hatte mich überzeugt und mir unseren ganzen Plan als möglich und hoffnungsvoll erscheinen lassen.

Indem ich an jenem Mittag unseren Hausflur betrat und mir in der kellerig kühlen Luft dunkle Mahnungen an tausend unbequeme und hassenswerte Dinge und Weltordnungen entgegenwehten, waren meine Gedanken mit Oskar Weber beschäftigt. Ich fühlte, daß ich ihn nicht liebte, obwohl sein gutmütiges Gesicht, das mich an eine Waschfrau erinnerte, mir sympathisch war. Was mich zu ihm hinzog, war nicht seine Person, sondern etwas anderes, ich könnte sagen sein Stand – es war etwas, das er mit fast allen Buben von seiner Art und Herkunft teilte: eine gewisse freche Lebenskunst, ein dickes Fell gegen Gefahr und Demütigung, eine Vertrautheit mit den kleinen praktischen Angelegenheiten des Lebens, mit Geld, mit Kaufläden und Werkstätten, Waren und Preisen, mit Küche und Wäsche und dergleichen. Solche Knaben wie Weber, denen die Schläge in der Schule nicht weh zu tun schienen und die mit Knechten, Fuhrleuten und Fabrikmädchen verwandt und befreundet waren, die standen anders und gesicherter in der Welt als ich; sie waren gleichsam erwachsener, sie wußten, wieviel ihr Vater im Tag verdiene, und wußten ohne Zweifel auch sonst noch vieles, worin ich unerfahren war. Sie lachten über Ausdrücke und Witze, die ich nicht verstand. Sie konnten überhaupt auf eine Weise lachen, die mir versagt war, auf eine dreckige und rohe, aber unleugbar erwachsene und »männliche« Weise. Es half nichts, daß man klüger war als sie und in der Schule mehr wußte. Es half nichts, daß man besser als sie gekleidet, gekämmt und gewaschen war. Im Gegenteil, ebendiese Unterschiede kamen ihnen zugute. In die »Welt«, wie sie mir in dämmerndem Abenteuerschein vorschwebte, schienen mir solche Knaben wie Weber ganz ohne Schwierigkeiten eingehen zu können, während mir die »Welt« so sehr verschlossen war und jedes ihrer Tore durch unendliches Älterwerden, Schulesitzen, durch Prüfungen und Erzogenwerden mühsam erobert werden mußte. Natürlich fanden solche Knaben auch Hufeisen, Geld und Stücke Blei auf der Straße, bekamen Lohn für Besorgungen, kriegten in Läden allerlei geschenkt und gediehen auf jede Weise.

Ich fühlte dunkel, daß meine Freundschaft zu Weber und seiner Sparkasse nichts war als wilde Sehnsucht nach jener »Welt«. An Weber war nichts für mich liebenswert als sein großes Geheimnis, kraft dessen er den Erwachsenen näher stand als ich, in einer schleierlosen, nackteren, robusteren Welt lebte als ich mit meinen Träumen und Wünschen. Und ich fühlte voraus, daß er mich enttäuschen würde, daß es mir nicht gelingen werde, ihm sein Geheimnis und den magischen Schlüssel zum Leben zu entreißen.

Eben hatte er mich verlassen, und ich wußte, er ging nun nach Hause, breit und behäbig, pfeifend und vergnügt, von keiner Sehnsucht, von keinen Ahnungen verdüstert.

Wenn er die Dienstmägde und Fabrikler antraf und ihr rätselhaftes, vielleicht wunderbares, vielleicht verbrecherisches Leben führen sah, so war es ihm kein Rätsel und ungeheures Geheimnis, keine Gefahr, nichts Wildes und Spannendes, sondern selbstverständlich, bekannt und heimatlich wie der Ente das Wasser. So war es. Und ich hingegen, ich würde immer nebendraußen stehen, allein und unsicher, voll von Ahnungen, aber ohne Gewißheit.

Überhaupt, das Leben schmeckte an jenem Tage hoffnungslos fade, der Tag hatte etwas von einem Montag an sich, obwohl er ein Samstag war, er roch nach Montag, dreimal so lang und dreimal so öde als die anderen Tage. Verdammt und widerwärtig war dies Leben, verlogen und ekelhaft war es. Die Erwachsenen taten, als sei die Welt vollkommen und als seien sie selber Halbgötter, wir Knaben aber nichts als Auswurf und Abschaum. Diese Lehrer –! Man fühlte Streben und Ehrgeiz in sich, man nahm redliche und leidenschaftliche Anläufe zum Guten, sei es nun zum Lernen der griechischen Unregelmäßigen oder zum Reinhalten seiner Kleider, zum Gehorsam gegen die Eltern oder zum schweigenden, heldenhaften Ertragen aller Schmerzen und Demütigungen – ja, immer und immer wieder erhob man sich, glühend und fromm, um sich Gott zu widmen und den idealen, reinen, edlen Pfad zur Höhe zu gehen, Tugend zu üben, Böses stillschweigend zu dulden, anderen zu helfen – ach, und immer und immer wieder blieb es ein Anlauf, ein Versuch und kurzer Flatterflug! Immer wieder passierte schon nach Tagen, o schon nach Stunden etwas, was nicht hätte sein dürfen, etwas Elendes, Betrübendes und Beschämendes. Immer wieder fiel man mitten aus den trotzigsten und adligsten Entschlüssen und Gelöbnissen plötzlich unentrinnbar in Sünde und Lumperei, in Alltag und Gewöhnlichkeiten zurück! Warum war es so, daß man die Schönheit und Richtigkeit guter Vorsätze so wohl und tief erkannte und im Herzen fühlte, wenn doch beständig und immerzu das ganze Leben (die Erwachsenen einbegriffen) nach Gewöhnlichkeit stank und überall darauf eingerichtet war, das Schäbige und Gemeine triumphieren zu lassen? Wie konnte es sein, daß man morgens im Bett auf den Knien oder nachts vor angezündeten Kerzen sich mit heiligem Schwur dem Guten und Lichten verbündete, Gott anrief und jedem Laster für immer Fehde ansagte – und daß man dann, vielleicht bloß ein paar Stunden später, an diesem selben heiligen Schwur und Vorsatz den elendesten Verrat üben konnte, sei es auch nur durch das Einstimmen in ein verführerisches Gelächter, durch das Gehör, das man einem dummen Schulbubenwitze lieh? Warum war das so? Ging es andern anders? Waren die Helden, die Römer und Griechen, die Ritter, die ersten Christen – waren diese alle andere Menschen gewesen als ich, besser, vollkommener, ohne schlechte Triebe, ausgestattet mit irgendeinem Organ, das mir fehlte, das sie hinderte, immer wieder aus dem Himmel in den Alltag, aus dem Erhabenen ins Unzulängliche und Elende zurückzufallen? War die Erbsünde jenen Helden und Heiligen unbekannt? War das Heilige und Edle nur Wenigen, Seltenen, Auserwählten möglich? Aber warum war mir, wenn ich nun also kein Auserwählter war, dennoch dieser Trieb nach dem Schönen und Adligen eingeboren, diese wilde, schluchzende Sehnsucht nach Reinheit, Güte, Tugend? War das nicht zum Hohn? Gab es das in Gottes Welt, daß ein Mensch, ein Knabe, gleichzeitig alle hohen und alle bösen Triebe in sich hatte und leiden und verzweifeln mußte, nur so als eine unglückliche und komische Figur, zum Vergnügen des zuschauenden Gottes? Gab es das? Und war dann nicht – ja war dann nicht die ganze Welt ein Teufelsspott, gerade wert, sie anzuspucken?! War dann nicht Gott ein Scheusal, ein Wahnsinniger, ein dummer, widerlicher Hanswurst? – Ach, und während ich mit einem Beigeschmack von Empörerwollust diese Gedanken dachte, strafte mich schon mein banges Herz durch Zittern für die Blasphemie!

Wie deutlich sehe ich, nach dreißig Jahren, jenes Treppenhaus wieder vor mir, mit den hohen, blinden Fenstern, die gegen die nahe Nachbarmauer gingen und so wenig Licht gaben, mit den weißgescheuerten, tannenen Treppen und Zwischenböden und dem glatten, harthölzernen Geländer, das durch meine tausend sausenden Abfahrten poliert war! So fern mir die Kindheit steht, und so unbegreiflich und märchenhaft sie mir im ganzen erscheint, so ist mir doch alles genau erinnerlich, was schon damals, mitten im Glück, in mir an Leid und Zwiespalt vorhanden war. Alle diese Gefühle waren damals im Herzen des Kindes schon dieselben, die sie immer blieben: Zweifel am eigenen Wert, Schwanken zwischen Selbstschätzung und Mutlosigkeit, zwischen weltverachtender Idealität und gewöhnlicher Sinneslust – und wie damals, so sah ich auch hundertmal später noch in diesen Zügen meines Wesens bald verächtliche Krankheit, bald Auszeichnung, habe zu Zeiten den Glauben, daß mich Gott auf diesem qualvollen Wege zu besonderer Vereinsamung und Vertiefung führen wolle, und finde zu anderen Zeiten wieder in alledem nichts als die Zeichen einer schäbigen Charakterschwäche, einer Neurose, wie Tausende sie mühsam durchs Leben schleppen.

Wenn ich alle die Gefühle und ihren qualvollen Widerstreit auf ein Grundgefühl zurückführen und mit einem einzigen Namen bezeichnen sollte, so wüßte ich kein anderes Wort als: Angst. Angst war es, Angst und Unsicherheit, was ich in allen jenen Stunden des gestörten Kinderglücks empfand: Angst vor Strafe, Angst vor dem eigenen Gewissen, Angst vor Regungen meiner Seele, die ich als verboten und verbrecherisch empfand.

Auch in jener Stunde, von der ich erzähle, kam dies Angstgefühl wieder über mich, als ich in dem heller und heller werdenden Treppenhause mich der Glastür näherte. Es begann mit einer Beklemmung im Unterleib, die bis zum Halse emporstieg und dort zum Würgen oder zu Übelkeit wurde. Zugleich damit empfand ich in diesen Momenten stets, und so auch jetzt, eine peinliche Geniertheit, ein Mißtrauen gegen jeden Beobachter, einen Drang zu Alleinsein und Sichverstecken.

Mit diesem üblen und verfluchten Gefühl, einem wahren Verbrechergefühl, kam ich in den Korridor und in das Wohnzimmer. Ich spürte: es ist heut der Teufel los, es wird etwas passieren. Ich spürte es, wie das Barometer einen veränderten Luftdruck spürt, mit rettungsloser Passivität. Ach, nun war es wieder da, dies Unsägliche! Der Dämon schlich durchs Haus. Erbsünde nagte am Herzen, riesig und unsichtbar stand hinter jeder Wand ein Geist, ein Vater und Richter.

Noch wußte ich nichts, noch war alles bloß Ahnung, Vorgefühl, nagendes Unbehagen. In solchen Lagen war es oft das beste, wenn man krank wurde, sich erbrach und ins Bett legte. Dann ging es manchmal ohne Schaden vorüber, die Mutter oder Schwester kam, man bekam Tee und spürte sich von liebender Sorge umgeben, und man konnte weinen oder schlafen, um nachher gesund und froh in einer völlig verwandelten, erlösten und hellen Welt zu erwachen.

Meine Mutter war nicht im Wohnzimmer, und in der Küche war nur die Magd. Ich beschloß, zum Vater hinaufzugehen, zu dessen Studierzimmer eine schmale Treppe hinaufführte. Wenn ich auch Furcht vor ihm hatte, zuweilen war es doch gut, sich an ihn zu wenden, dem man so viel abzubitten hatte. Bei der Mutter war es einfacher und leichter, Trost zu finden; beim Vater aber war der Trost wertvoller, er bedeutete einen Frieden mit dem richtenden Gewissen, eine Versöhnung und ein neues Bündnis mit den guten Mächten. Nach schlimmen Auftritten, Untersuchungen, Geständnissen und Strafen war ich oft aus des Vaters Zimmer gut und rein hervorgegangen, bestraft und ermahnt zwar, aber voll neuer Vorsätze, durch die Bundesgenossenschaft des Mächtigen gestärkt gegen das feindliche Böse. Ich beschloß, den Vater aufzusuchen und ihm zu sagen, daß mir übel sei.

Und so stieg ich die kleine Treppe hinauf, die zum Studierzimmer führte. Diese kleine Treppe mit ihrem eigenen Tapetengeruch und dem trockenen Klang der hohlen, leichten Holzstufen war noch unendlich viel mehr als der Hausflur ein bedeutsamer Weg und ein Schicksalstor; über diese Stufen hatten viele wichtige Gänge mich geführt, Angst und Gewissensqual hatte ich hundertmal dort hinaufgeschleppt, Trotz und wilden Zorn, und nicht selten hatte ich Erlösung und neue Sicherheit zurückgebracht. Unten in unsrer Wohnung waren Mutter und Kind zu Hause, dort wehte harmlose Luft; hier oben wohnten Macht und Geist, hier waren Gericht und Tempel und das »Reich des Vaters«.

Etwas beklommen wie immer drückte ich die altmodische Klinke nieder und öffnete die Tür halb. Der väterliche Studierzimmergeruch floß mir wohlbekannt entgegen: Bücher- und Tintenduft, verdünnt durch blaue Luft aus halboffnen Fenstern, weiße, reine Vorhänge, ein verlorner Faden von Kölnisch-Wasser-Duft und auf dem Schreibtisch ein Apfel. – Aber die Stube war leer.

Mit einer Empfindung halb von Enttäuschung und halb von Aufatmen trat ich ein. Ich dämpfte meinen Schritt und trat nur mit den Zehen auf, so wie wir hier oben manchmal gehen mußten, wenn der Vater schlief oder Kopfweh hatte. Und kaum war dies leise Gehen mir bewußt geworden, so bekam ich Herzklopfen und spürte den angstvollen Druck im Unterleib und in der Kehle wieder. Ich ging schleichend und angstvoll weiter, einen Schritt und wieder einen Schritt, und schon war ich nicht mehr ein harmloser Besucher und Bittsteller, sondern ein Eindringling. Mehrmals schon hatte ich heimlich in des Vaters Abwesenheit mich in seine beiden Zimmer geschlichen, hatte sein geheimes Reich belauscht und erforscht und hatte zweimal auch etwas daraus entwendet.

Die Erinnerung daran war alsbald da und erfüllte mich, und ich wußte sofort: jetzt war das Unglück da, jetzt passierte etwas, jetzt tat ich Verbotenes und Böses. Kein Gedanke an Flucht! Vielmehr, ich dachte wohl daran, dachte sehnlich und inbrünstig daran, davonzulaufen, die Treppe hinab und in mein Stübchen oder in den Garten – aber ich wußte, ich werde das doch nicht tun, nicht tun können. Innig wünschte ich, mein Vater möchte sich im Nebenzimmer rühren und hereintreten und den ganzen grauenvollen Bann durchbre-

chen, der mich dämonisch zog und fesselte. O käme er doch! Käme er doch, scheltend meinetwegen, aber käme er nur, eh es zu spät ist!
Ich hustete, um meine Anwesenheit zu melden, und als keine Antwort kam, rief ich leise: »Papa!« Es blieb alles still, an den Wänden schwiegen die vielen Bücher, ein Fensterflügel bewegte sich im Winde und warf einen hastigen Sonnenspiegel über den Boden. Niemand erlöste mich, und in mir selber war keine Freiheit, anders zu tun, als der Dämon wollte. Verbrechergefühl zog mir den Magen zusammen und machte mir die Fingerspitzen kalt, mein Herz flatterte angstvoll. Noch wußte ich keineswegs, was ich tun würde. Ich wußte nur, es würde etwas Schlechtes sein.
Nun war ich beim Schreibtisch, nahm ein Buch in die Hand und las einen englischen Titel, den ich nicht verstand. Englisch haßte ich – das sprach der Vater stets mit der Mutter, wenn wir es nicht verstehen sollten und auch wenn sie Streit hatten. In einer Schale lagen allerlei kleine Sachen, Zahnstocher, Stahlfedern, Stecknadeln. Ich nahm zwei von den Stahlfedern und steckte sie in die Tasche, Gott weiß wozu, ich brauchte sie nicht und hatte keinen Mangel an Federn. Ich tat es nur, um dem Zwang zu folgen, der mich fast erstickt hätte, dem Zwang, Böses zu tun, mir selbst zu schaden, mich mit Schuld zu beladen. Ich blätterte in meines Vaters Papieren, sah einen angefangenen Brief liegen, ich las die Worte: »es geht uns und den Kindern, Gott sei Dank, recht gut«, und die lateinischen Buchstaben seiner Handschrift sahen mich an wie Augen.
Dann ging ich leise und schleichend in das Schlafzimmer hinüber. Da stand Vaters eisernes Feldbett, seine braunen Hausschuhe darunter, ein Taschentuch lag auf dem Nachttisch. Ich atmete die väterliche Luft in dem kühlen, hellen Zimmer ein, und das Bild des Vaters stieg deutlich vor mir auf, Ehrfurcht und Auflehnung stritten in meinem beladenen Herzen. Für Augenblicke haßte ich ihn und erinnerte mich seiner

mit Bosheit und Schadenfreude, wie er zuweilen an Kopfwehtagen still und flach in seinem niederen Feldbett lag, sehr lang und gestreckt, ein nasses Tuch über der Stirn, manchmal seufzend. Ich ahnte wohl, daß auch er, der Gewaltige, kein leichtes Leben habe, daß auch ihn, dem Ehrwürdigen, Zweifel an sich selbst und Bangigkeit nicht unbekannt waren. Schon war mein seltsamer Haß verflogen, Mitleid und Rührung folgten ihm. Aber inzwischen hatte ich eine Schieblade der Kommode herausgezogen. Da lag Wäsche geschichtet und eine Flasche Kölnisches Wasser, das er liebte; ich wollte daran riechen, aber die Flasche war noch ungeöffnet und fest verstöpselt, ich legte sie wieder zurück. Daneben fand ich eine kleine runde Dose mit Mundpastillen, die nach Lakrizen schmeckten, von denen steckte ich einige in den Mund. Eine gewisse Enttäuschung und Ernüchterung kam über mich, und zugleich war ich doch froh, nicht mehr gefunden und genommen zu haben.
Schon im Ablassen und Verzichten zog ich noch spielend an einer andern Lade, mit etwas erleichtertem Gefühl und mit dem Vorsatz, nachher die zwei gestohlenen Stahlfedern drüben wieder an ihren Ort zu legen. Vielleicht waren Rückkehr und Reue möglich, Wiedergutmachung und Erlösung. Vielleicht war Gottes Hand über mir stärker als alle Versuchung …
Da sah ich mit schnellem Blick noch eilig in den Spalt der kaum aufgezogenen Lade. Ach, wären Strümpfe oder Hemden oder alte Zeitungen darin gewesen! Aber da war nun die Versuchung, und sekundenschnell kehrte der kaum gelokkerte Krampf und Angstbann wieder, meine Hände zitterten, und mein Herz schlug rasend. Ich sah in einer aus Bast geflochtenen, indischen oder sonst exotischen Schale etwas liegen, etwas Überraschendes, Verlockendes, einen ganzen Kranz von weiß bezuckerten, getrockneten Feigen!
Ich nahm ihn in die Hand, er war wundervoll schwer. Dann zog ich zwei, drei Feigen heraus, steckte eine in den Mund,

einige in die Tasche. Nun waren alle Angst und alles Abenteuer doch nicht umsonst gewesen. Keine Erlösung, keinen Trost konnte ich mehr von hier fortnehmen, so wollte ich wenigstens nicht leer ausgehen. Ich zog noch drei, vier Feigen von dem Ring, der davon kaum leichter wurde, und noch einige, und als meine Taschen gefüllt und von dem Kranz wohl mehr als die Hälfte verschwunden war, ordnete ich die übriggebliebenen Feigen auf dem etwas klebrigen Ring lockerer an, so daß weniger zu fehlen schienen. Dann stieß ich, in plötzlichem hellen Schrecken, die Lade heftig zu und rannte davon, durch beide Zimmer, die kleine Stiege hinab und in mein Stübchen, wo ich stehen blieb und mich auf meinen kleinen Stehpult stützte, in den Knien wankend und nach Atem ringend.

Bald darauf tönte unsere Tischglocke. Mit leerem Kopf und ganz von Ernüchterung und Ekel erfüllt, stopfte ich die Feigen in mein Bücherbrett, verbarg sie hinter Büchern und ging zu Tische. Vor der Eßzimmertür merkte ich, daß meine Hände klebten. Ich wusch sie in der Küche. Im Eßzimmer fand ich alle schon am Tisch warten. Ich sagte schnell guten Tag, der Vater sprach das Tischgebet, und ich beugte mich über meine Suppe. Ich hatte keinen Hunger, jeder Schluck machte mir Mühe. Und neben mir saßen meine Schwestern, die Eltern gegenüber, alle hell und munter und in Ehren, nur ich Verbrecher elend dazwischen, allein und unwürdig, mich fürchtend vor jedem freundlichen Blick, den Geschmack der Feigen noch im Munde. Hatte ich oben die Schlafzimmertür auch zugemacht? Und die Schublade?

Nun war das Elend da. Ich hätte mir die Hand abhauen lassen, wenn dafür meine Feigen wieder oben in der Kommode gelegen hätten. Ich beschloß, sie fortzuwerfen, sie mit in die Schule zu nehmen und zu verschenken. Nur daß sie wegkämen, daß ich sie nie wieder sehen müßte!

»Du siehst heut schlecht aus«, sagte mein Vater über den Tisch weg. Ich sah auf meinen Teller und fühlte seine Blicke auf meinem Gesicht. Nun würde er es merken. Er merkte ja alles, immer. Warum quälte er mich vorher noch? Mochte er mich lieber gleich abführen und meinetwegen totschlagen.

»Fehlt dir etwas?« hörte ich seine Stimme wieder. Ich log, ich sagte, ich habe Kopfweh.

»Du mußt dich nach Tisch ein wenig hinlegen«, sagte er. »Wieviel Stunden habt ihr heut nachmittag?«

»Bloß Turnen.«

»Nun, turnen wird dir nicht schaden. Aber iß auch, zwinge dich ein bißchen! Es wird schon vergehen.«

Ich schielte hinüber. Die Mutter sagte nichts, aber ich wußte, daß sie mich anschaute. Ich aß meine Suppe hinunter, kämpfte mit Fleisch und Gemüse, schenkte mir zweimal Wasser ein. Es geschah nichts weiter. Man ließ mich in Ruhe. Als zum Schluß mein Vater das Dankgebet sprach: »Herr, wir danken dir, denn du bist freundlich, und deine Güte währet ewiglich«, da trennte wieder ein ätzender Schnitt mich von den hellen, heiligen, vertrauensvollen Worten und von allen, die am Tische saßen; mein Händefalten war Lüge, und meine andächtige Haltung war Lästerung.

Als ich aufstand, strich mir die Mutter übers Haar und ließ ihre Hand einen Augenblick auf meiner Stirn liegen, ob sie heiß sei. Wie bitter war das alles!

In meinem Stübchen stand ich dann vor dem Bücherbrett. Der Morgen hatte nicht gelogen, alle Anzeichen hatten recht gehabt. Es war ein Unglückstag geworden, der schlimmste, den ich je erlebt hatte. Schlimmeres konnte kein Mensch ertragen. Wenn noch Schlimmeres über einen kam, dann mußte man sich das Leben nehmen. Es war überhaupt besser, tot zu sein, als zu leben. Es war ja alles so falsch und häßlich. Ich stand und sann und griff zerstreut nach den verborgenen Feigen und aß davon, eine und mehrere, ohne es recht zu wissen.

Unsre Sparkasse fiel mir in die Augen, sie stand im Bord unter den Büchern. Es war eine Zigarrenkiste, die ich fest zugenagelt hatte; in den Deckel hatte ich mit dem Taschenmesser einen ungefügen Schlitz für die Geldstücke geschnitten. Er war schlecht und roh geschnitten, der Schlitz, Holzsplitter standen heraus. Auch das konnte ich nicht richtig. Ich hatte Kameraden, die konnten so etwas mühsam und geduldig und tadellos machen, daß es aussah wie vom Schreiner gehobelt. Ich aber pfuschte immer nur, hatte es eilig und machte nichts sauber fertig. So war es mit meinen Holzarbeiten, so mit meiner Handschrift und meinen Zeichnungen, so war es mit allem. Es war nichts mit mir. Und nun stand ich da und hatte wieder gestohlen, schlimmer als je. Auch die Stahlfedern hatte ich noch in der Tasche. Wozu? Warum hatte ich sie genommen – nehmen müssen? Warum mußte man, was man gar nicht wollte?

In der Zigarrenkiste klapperte ein einziges Geldstück, der Zehner von Oskar Weber. Seither war nichts dazugekommen. Auch diese Sparkassengeschichte war so eine meiner Unternehmungen! Alles taugte nichts, alles mißriet und blieb im Anfang stecken, was ich begann! Mochte der Teufel diese unsinnige Sparkasse holen! Ich mochte nichts mehr von ihr wissen.

Diese Zeit zwischen Mittagessen und Schulbeginn war an solchen Tagen wie heute immer mißlich und schwer herumzubringen. An guten Tagen, an friedlichen, vernünftigen, liebenswerten Tagen, war es eine schöne und erwünschte Stunde; ich las dann entweder in meinem Zimmer an einem Indianerbuche oder lief sofort nach Tische wieder auf den Schulplatz, wo ich immer einige unternehmungslustige Kameraden traf, und dann spielten wir, schrien und rannten und erhitzten uns, bis der Glockenschlag uns in die völlig vergessene »Wirklichkeit« zurückrief. Aber an Tagen wie heute – mit wem wollte man da spielen und wie die Teufel in der Brust betäuben? Ich sah es kommen – noch nicht heute, aber ein nächstes Mal, vielleicht bald. Da würde mein Schicksal vollends zum Ausbruch kommen. Es fehlte ja nur noch eine

Kleinigkeit, eine winzige Kleinigkeit mehr an Angst und Leid und Ratlosigkeit, dann lief es über, dann mußte es ein Ende mit Schrecken nehmen. Eines Tages, an gerade so einem Tag wie heute, würde ich vollends im Bösen untersinken, ich würde in Trotz und Wut und wegen der sinnlosen Unerträglichkeit dieses Lebens etwas Gräßliches und Entscheidendes tun, etwas Gräßliches, aber Befreiendes, das der Angst und Quälerei ein Ende machte, für immer. Ungewiß war, was es sein würde; aber Phantasien und vorläufige Zwangsvorstellungen davon waren mir schon mehrmals verwirrend durch den Kopf gegangen, Vorstellungen von Verbrechen, mit denen ich an der Welt Rache nehmen und zugleich mich selbst preisgeben und vernichten würde. Manchmal war es mir so, als würde ich unser Haus anzünden: ungeheure Flammen schlugen mit Flügeln durch die Nacht, Häuser und Gassen wurden vom Brand ergriffen, die ganze Stadt loderte riesig gegen den schwarzen Himmel. Oder zu andern Zeiten war das Verbrechen meiner Träume eine Rache an meinem Vater, ein Mord und grausiger Totschlag. Ich aber würde mich dann benehmen wie jener Verbrecher, jener einzige, richtige Verbrecher, den ich einmal hatte durch die Gassen unsrer Stadt führen sehen. Es war ein Einbrecher, den man gefangen hatte und in das Amtsgericht führte, mit Handschellen gefesselt, einen steifen Melonenhut schief auf dem Kopf, vor ihm und hinter ihm ein Landjäger. Dieser Mann, der durch die Straßen und durch einen riesigen Volksauflauf von Neugierigen getrieben wurde, an tausend Flüchen, boshaften Witzen und herausgeschrienen bösen Wünschen vorbei, dieser Mann hatte in nichts jenen armen, scheuen Teufeln geglichen, die man zuweilen vom Polizeidiener über die Straße begleitet sah und welche meistens bloß arme Handwerksburschen waren, die gebettelt hatten. Nein, dieser war kein Handwerksbursche und sah nicht windig, scheu und weinerlich aus oder flüchtete in ein verlegendummes Grinsen, wie ich es auch schon gesehen hatte – dieser war

ein echter Verbrecher und trug den etwas zerbeulten Hut kühn auf einem trotzigen und ungebeugten Schädel, er war bleich und lächelte still verachtungsvoll, und das Volk, das ihn beschimpfte und anspie, wurde neben ihm zu Pack und Pöbel. Ich hatte damals selbst mitgeschrien: »Man hat ihn, der gehört gehängt!«; aber dann sah ich seinen aufrechten, stolzen Gang, wie er die gefesselten Hände vor sich her trug, und wie er auf dem zähen, bösen Kopf den Melonenhut kühn wie eine phantastische Krone trug – und wie er lächelte!, und da schwieg ich. So wie dieser Verbrecher aber würde auch ich lächeln und den Kopf steifhalten, wenn man mich ins Gericht und auf das Schafott führte, und wenn die vielen Leute um mich her drängten und hohnvoll aufschrien – ich würde nicht ja und nicht nein sagen, einfach schweigen und verachten.
Und wenn ich hingerichtet und tot war und im Himmel vor den ewigen Richter kam, dann wollte ich mich keineswegs beugen und unterwerfen. O nein, und wenn alle Engelscharen ihn umstanden und alle Heiligkeit und Würde aus ihm strahlte! Mochte er mich verdammen, mochte er mich in Pech sieden lassen! Ich wollte mich nicht entschuldigen, mich nicht demütigen, ihn nicht um Verzeihung bitten, nichts bereuen! Wenn er mich fragte: »Hast du das und das getan?«, so würde ich rufen: »Jawohl habe ich's getan, und noch mehr, und es war recht, daß ich's getan habe, und wenn ich kann, werde ich es wieder und wieder tun. Ich habe totgeschlagen, ich habe Häuser angezündet, weil es mir Spaß machte, und weil ich dich verhöhnen und ärgern wollte. Ja, denn ich hasse dich, ich spucke dir vor die Füße, Gott. Du hast mich gequält und geschunden, du hast Gesetze gegeben, die niemand halten kann, du hast die Erwachsenen angestiftet, uns Jungen das Leben zu versauen.«
Wenn es mir glückte, mir dies vollkommen deutlich vorzustellen und fest daran zu glauben, daß es mir gelingen würde, genau so zu tun und zu reden, dann war mir für Augenblicke finster wohl. Sofort aber kehrten die Zweifel wieder. Würde

ich nicht schwach werden, würde mich einschüchtern lassen, würde doch nachgeben? Oder, wenn ich auch alles tat, wie es mein trotziger Wille war – würde nicht Gott einen Ausweg finden, eine Überlegenheit, einen Schwindel, so wie es den Erwachsenen und Mächtigen ja immer gelang, am Ende noch mit einem Trumpf zu kommen, einen schließlich doch noch zu beschämen, einen nicht für voll zu nehmen, einen unter der verfluchten Maske des Wohlwollens zu demütigen? Ach, natürlich würde es so enden.

Hin und her gingen meine Phantasien, ließen bald mich, bald Gott gewinnen, hoben mich zum unbeugsamen Verbrecher und zogen mich wieder zum Kind und Schwächling herab.

Ich stand am Fenster und schaute auf den kleinen Hinterhof des Nachbarhauses hinunter, wo Gerüststangen an der Mauer lehnten und in einem kleinen winzigen Garten ein paar Gemüsebeete grünten. Plötzlich hörte ich durch die Nachmittagsstille Glockenschläge hallen, fest und nüchtern in meine Visionen hinein, einen klaren, strengen Stundenschlag, und noch einen. Es war zwei Uhr, und ich schreckte aus den Traumängsten in die der Wirklichkeit zurück. Nun begann unsre Turnstunde, und wenn ich auch auf Zauberflügeln fort und in die Turnhalle gestürzt wäre, ich wäre doch schon zu spät gekommen. Wieder Pech! Das gab übermorgen Aufruf, Schimpfworte und Strafe. Lieber ging ich gar nicht mehr hin, es war doch nichts mehr gutzumachen. Vielleicht mit einer sehr guten, sehr feinen und glaubhaften Entschuldigung – aber es wäre mir in diesem Augenblick keine eingefallen, so glänzend mich auch unsre Lehrer zum Lügen erzogen hatten; ich war jetzt nicht imstande, zu lügen, zu erfinden, zu konstruieren. Besser war es, vollends ganz aus der Stunde wegzubleiben. Was lag daran, ob jetzt zum großen Unglück noch ein kleines kam!

Aber der Stundenschlag hatte mich geweckt und meine Phantasiespiele gelähmt. Ich war plötzlich sehr schwach, überwirklich sah mein Zimmer mich an, Pult, Bilder, Bett,

Bücherschaft, alles geladen mit strenger Wirklichkeit, alles Zurufe aus der Welt, in der man leben mußte und die mir heut wieder einmal so feindlich und gefährlich geworden war. Wie denn? Hatte ich nicht die Turnstunde versäumt? Und hatte ich nicht gestohlen, jämmerlich gestohlen, und hatte die verdammten Feigen im Bücherbrett liegen, soweit sie nicht schon aufgegessen waren? Was ging mich jetzt der Verbrecher, der liebe Gott und das Jüngste Gericht an! Das würde alles dann schon kommen, zu seiner Zeit – aber jetzt, jetzt im Augenblick war es weit weg und war dummes Zeug, nichts weiter. Ich hatte gestohlen, und jeden Augenblick konnte das Verbrechen entdeckt werden. Vielleicht war es schon so weit, vielleicht hatte mein Vater droben schon jene Schublade gezogen und stand vor meiner Schandtat, beleidigt und erzürnt, und überlegte sich, auf welche Art mir der Prozeß zu machen sei. Ach, er war möglicherweise schon unterwegs zu mir, und wenn ich nicht sofort entfloh, hatte ich in der nächsten Minute schon sein ernstes Gesicht mit der Brille vor mir. Denn er wußte natürlich sofort, daß ich der Dieb war. Es gab keine Verbrecher in unserm Hause außer mir, meine Schwestern taten nie so etwas, Gott weiß warum. Aber wozu brauchte mein Vater da in seiner Kommode solche Feigenkränze verborgen zu haben?

Ich hatte mein Stübchen schon verlassen und mich durch die hintere Haustür und den Garten davongemacht. Die Gärten und Wiesen lagen in heller Sonne, Zitronenfalter flogen über den Weg. Alles sah jetzt schlimm und drohend aus, viel schlimmer als heut morgen. O, ich kannte das schon, und doch meinte ich es nie so qualvoll gespürt zu haben: wie da alles in seiner Selbstverständlichkeit und mit seiner Gewissensruhe mich ansah, Stadt und Kirchturm, Wiesen und Weg, Grasblüten und Schmetterlinge, und wie alles Hübsche und Fröhliche, was man sonst mit Freuden sah, nun fremd und verzaubert war! Ich kannte das, ich wußte, wie es schmeckt, wenn man in Gewissensangst durch die gewohnte

Gegend läuft! Jetzt konnte der seltenste Schmetterling über die Wiese fliegen und sich vor meinen Füßen hinsetzen – es war nichts, es freute nicht, reizte nicht, tröstete nicht. Jetzt konnte der herrlichste Kirschbaum mir seinen vollsten Ast herbieten – es hatte keinen Wert, es war kein Glück dabei. Jetzt gab es nichts als fliehen, vor dem Vater, vor der Strafe, vor mir selber, vor meinem Gewissen, fliehen und rastlos sein, bis dennoch unerbittlich und unentrinnbar alles kam, was kommen mußte.

Ich lief und war ratlos, ich lief bergan und hoch bis zum Walde, und vom Eichenberg nach der Hofmühle hinab, über den Steg und jenseits wieder bergauf und durch Wälder hinan. Hier hatten wir unser letztes Indianerlager gehabt. Hier hatte letztes Jahr, als der Vater auf Reisen war, unsre Mutter mit uns Kindern Ostern gefeiert und im Wald und Moos die Eier für uns versteckt. Hier hatte ich einst mit meinen Vettern in den Ferien eine Burg gebaut, sie stand noch halb. Überall Reste von einstmals, überall Spiegel, aus denen mir ein andrer entgegensah, als der ich heute war! War ich das alles gewesen? So lustig, so zufrieden, so dankbar, so kameradschaftlich, so zärtlich mit der Mutter, so ohne Angst, so unbegreiflich glücklich? War das ich gewesen? Und wie hatte ich so werden können, wie ich jetzt war, so anders, so ganz anders, so böse, so voll Angst, so zerstört? Alles war noch wie immer, Wald und Fluß, Farnkräuter und Blumen, Burg und Ameisenhaufen, und doch alles wie vergiftet und verwüstet. Gab es denn gar keinen Weg zurück, dorthin, wo das Glück und die Unschuld war? Konnte es nie mehr werden, wie es gewesen war?

Ich lief und lief, den Schweiß auf der Stirn, und hinter mir lief meine Schuld und lief groß und ungeheuer der Schatten meines Vaters als Verfolger mit.

An mir vorbei liefen Alleen, sanken Waldränder hinab. Auf einer Höhe machte ich halt, abseits vom Weg, ins Gras geworfen, mit Herzklopfen, das vom Bergaufwärtsrennen kommen konnte, das vielleicht bald besser wurde. Unten sah ich Stadt und Fluß, sah die Turnhalle, wo jetzt die Stunde zu Ende war und die Buben auseinanderliefen, sah das lange Dach meines Vaterhauses. Dort war meines Vaters Schlafzimmer und die Schublade, in der die Feigen fehlten. Dort war mein kleines Zimmer. Dort würde, wenn ich zurückkam, das Gericht mich treffen. – Aber wenn ich nicht zurückkam?

Ich wußte, daß ich zurückkommen werde. Man kam immer zurück, jedesmal. Es endete immer so. Man konnte nicht fort, man konnte nicht nach Afrika fliehen oder nach Berlin. Man war klein, man hatte kein Geld, niemand half einem. Ja, wenn alle Kinder sich zusammentäten und einander hülfen! Sie waren viele, es gab mehr Kinder als Eltern. Aber nicht alle Kinder waren Diebe und Verbrecher. Wenige waren so wie ich. Vielleicht war ich der einzige. Aber nein, ich wußte, es kamen öfters solche Sachen vor wie meine – ein Onkel von mir hatte als Kind auch gestohlen und viel Sachen angestellt, das hatte ich irgendwann einmal erlauscht, heimlich aus einem Gespräch der Eltern, heimlich, wie man alles Wissenswerte erlauschen mußte. Doch das alles half mir nicht, und wenn jener Onkel selber da wäre, er würde mir auch nicht helfen! Er war jetzt längst groß und erwachsen, er war Pastor, und er würde zu den Erwachsenen halten und mich im Stich lassen. So waren sie alle. Gegen uns Kinder waren sie alle irgendwie falsch und verlogen, spielten eine Rolle, gaben sich anders, als sie waren. Die Mutter vielleicht nicht, oder weniger.

Ja, wenn ich nun nicht mehr heimkehren würde? Es könnte ja etwas passieren, ich konnte den Hals brechen oder ertrinken oder unter die Eisenbahn kommen. Dann sah alles anders aus. Dann brachte man mich nach Hause, und alles war still und erschrocken und weinte, und ich tat allen leid, und von den Feigen war nicht mehr die Rede.

Ich wußte sehr gut, daß man sich selber das Leben nehmen

konnte. Ich dachte auch, daß ich das wohl einmal tun würde, später, wenn es einmal ganz schlimm kam. Gut wäre es gewesen, krank zu werden, aber nicht bloß so mit Husten, sondern richtig todkrank, so wie damals, als ich Scharlachfieber hatte.

Inzwischen war die Turnstunde längst vorüber, und auch die Zeit war vorüber, wo man mich zu Hause zum Kaffee erwartete. Vielleicht riefen und suchten sie jetzt nach mir, in meinem Zimmer, im Garten und Hof, auf dem Estrich. Wenn aber der Vater meinen Diebstahl schon entdeckt hatte, dann wurde nicht gesucht, dann wußte er Bescheid.

Es war mir nicht möglich, länger liegenzubleiben. Das Schicksal vergaß mich nicht, es war hinter mir her. Ich nahm das Laufen wieder auf. Ich kam an einer Bank in den Anlagen vorüber, an der hing wieder eine Erinnerung, wieder eine, die einst schön und lieb gewesen war und jetzt wie Feuer brannte. Mein Vater hatte mir ein Taschenmesser geschenkt, wir waren zusammen spazierengegangen, froh und in gutem Frieden, und er hatte sich auf diese Bank gesetzt, während ich im Gebüsch mir eine lange Haselrute schneiden wollte. Und da brach ich im Eifer das neue Messer ab, die Klinge dicht am Heft, und kam entsetzt zurück. Ich war sehr unglücklich, wegen dem Messer und weil ich Scheltworte erwartete. Aber da hatte mein Vater nur gelächelt, mir leicht die Schulter berührt und gesagt: »Wie schade, du armer Kerl!« Wie hatte ich ihn da geliebt, wieviel ihm innerlich abgebeten! Und jetzt, wenn ich an das damalige Gesicht meines Vaters dachte, an seine Stimme, an sein Mitleid – was war ich für ein Ungeheuer, daß ich diesen Vater so oft betrübt, belogen und heut bestohlen hatte!

Als ich wieder in die Stadt kam, bei der oberen Brücke und weit von unserm Hause, hatte die Dämmerung schon begonnen. Aus einem Kaufladen, hinter dessen Glastür schon Licht brannte, kam ein Knabe gelaufen, der blieb plötzlich stehen und rief mich mit Namen an. Es war Oskar Weber. Niemand konnte mir ungelegener kommen. Immerhin erfuhr ich von ihm, daß der Lehrer mein Fehlen in der Turnstunde nicht bemerkt habe. Aber wo ich denn gewesen sei?

»Ach nirgends«, sagte ich, »ich war nicht recht wohl.«

Ich war schweigsam und zurückweisend, und nach einer Weile, die ich empörend lang fand, merkte er, daß er mir lästig sei. Jetzt wurde er böse.

»Laß mich in Ruh'«, sagte ich kalt, »ich kann allein heimgehen.«

»So?« rief er jetzt. »Ich kann gerade so gut allein gehen wie du, dummer Fratz! Ich bin nicht dein Pudel, daß du's weißt. Aber vorher möchte ich doch wissen, wie das jetzt eigentlich mit unserer Sparkasse ist! Ich habe einen Zehner hineingetan und du nichts.«

»Deinen Zehner kannst du wiederhaben, heut noch, wenn du Angst um ihn hast. Wenn ich dich nur nimmer sehen muß. Als ob ich von dir etwas annehmen würde!«

»Du hast ihn neulich gern genommen«, meinte er höhnisch, aber nicht, ohne einen Türspalt zur Versöhnung offenzulassen.

Aber ich war heiß und böse geworden, alle in mir angehäufte Angst und Ratlosigkeit brach in hellen Zorn aus. Weber hatte mir nichts zu sagen! Gegen ihn war ich im Recht, gegen ihn hatte ich ein gutes Gewissen. Und ich brauchte jemand, gegen den ich mich fühlen, gegen den ich stolz und im Recht sein konnte. Alles Ungeordnete und Finstere in mir strömte wild in diesen Ausweg. Ich tat, was ich sonst so sorgfältig vermied, ich kehrte den Herrensohn heraus, ich deutete an, daß es für mich keine Entbehrung sei, auf die Freundschaft mit einem Gassenbuben zu verzichten. Ich sagte ihm, daß für ihn jetzt das Beerenessen in unserm Garten und das Spielen mit meinen Spielsachen ein Ende habe. Ich fühlte mich aufglühen und aufleben: ich hatte einen Feind, einen Gegner, einen, der schuld war, den man packen konnte. Alle Lebenstriebe sammelten sich in diese erlösende, willkommene, be-

freiende Wut, in die grimmige Freude am Feind, der diesmal nicht in mir selbst wohnte, der mir gegenüberstand, mich mit erschreckten, dann mit bösen Augen anglotzte, dessen Stimme ich hörte, dessen Vorwürfe ich verachten, dessen Schimpfworte ich übertrumpfen konnte.
Im anschwellenden Wortwechsel, dicht nebeneinander, trieben wir die dunkelnde Gasse hinab; da und dort sah man uns aus einer Haustüre nach. Und alles, was ich gegen mich selber an Wut und Verachtung empfand, kehrte sich gegen den unseligen Weber. Als er damit zu drohen begann, er werde mich dem Turnlehrer anzeigen, war es Wollust für mich: er setzte sich ins Unrecht, er wurde gemein, er stärkte mich.
Als wir in der Nähe der Metzgergasse handgemein wurden, blieben gleich ein paar Leute stehen und sahen unserm Handel zu. Wir hieben einander in den Bauch und ins Gesicht und traten mit den Schuhen gegeneinander. Nun hatte ich für Augenblicke alles vergessen, Kampfrausch beglückte mich, und wenn Weber auch stärker war als ich, so war ich flinker, klüger, rascher, feuriger. Wir wurden heiß und schlugen uns wütend. Als er mir mit einem verzweifelten Griff den Hemdkragen aufriß, fühlte ich mit Inbrunst den Strom kalter Luft über meine glühende Haut laufen.
Und im Hauen, Reißen und Treten, Ringen und Würgen hörten wir nicht auf, uns weiter mit Worten anzufeinden, zu beleidigen und zu vernichten, mit Worten, die immer glühender, immer törichter und böser, immer dichterischer und phantastischer wurden. Und auch darin war ich ihm über, war böser, dichterischer, erfinderischer. Sagte er Hund, so sagte ich Sauhund. Rief er Schuft, so schrie ich Satan. Wir bluteten beide, ohne etwas zu fühlen, und dabei häuften unsre Worte böse Zauber und Wünsche, wir empfahlen einander dem Galgen, wünschten uns Messer, um sie einander in die Rippen zu jagen und darin umzudrehen, wir beschimpften einer des andern Namen, Herkunft und Vater.
Es war das erste und einzige Mal, daß ich einen solchen

Kampf im vollen Kriegsrausch bis zu Ende ausfocht, mit allen Hieben, allen Grausamkeiten, allen Beschimpfungen. Zugesehen hatte ich oft und mit grausender Lust diese vulgären, urtümlichen Flüche und Schandworte angehört; nun schrie ich sie selber heraus, als sei ich ihrer von klein auf gewohnt und in ihrem Gebrauch geübt. Tränen liefen mir aus den Augen und Blut über den Mund. Die Welt aber war herrlich, sie hatte einen Sinn, es war gut zu leben, gut zu hauen, gut zu bluten und bluten zu machen.

Niemals vermochte ich in der Erinnerung das Ende dieses Kampfes wiederzufinden. Irgendeinmal war es aus, irgendeinmal stand ich allein in der stillen Dunkelheit, erkannte Straßenecken und Häuser, war nahe bei unserm Hause. Langsam floh der Rausch, langsam hörte das Flügelbrausen und Donnern auf, und Wirklichkeit drang stückweise vor meine Sinne, zuerst nur vor die Augen. Da der Brunnen. Die Brücke. Blut an meiner Hand, zerrissene Kleider, herabgerutschte Strümpfe, ein Schmerz im Knie, einer im Auge, keine Mütze mehr da – alles kam nach und nach, wurde Wirklichkeit und sprach zu mir. Plötzlich war ich tief ermüdet, fühlte meine Knie und Arme zittern, tastete nach einer Hauswand.

Und da war unser Haus. Gott sei Dank! Ich wußte nichts auf der Welt mehr, als daß dort Zuflucht war, Friede, Licht, Geborgenheit. Aufatmend schob ich das hohe Tor zurück.

Da mit dem Duft von Stein und feuchter Kühle überströmte mich plötzlich Erinnerung, hundertfach. O Gott! Es roch nach Strenge, nach Gesetz, nach Verantwortung, nach Vater und Gott. Ich hatte gestohlen. Ich war kein verwundeter Held, der vom Kampfe heimkehrte. Ich war kein armes Kind, das nach Hause findet und von der Mutter in Wärme und Mitleid gebettet wird. Ich war Dieb, ich war Verbrecher. Da droben war nicht Zuflucht, Bett und Schlaf für mich, nicht Essen und Pflege, nicht Trost und Vergessen. Auf mich wartete Schuld und Gericht.

Damals in dem finstern abendlichen Flur und im Treppenhaus, dessen viele Stufen ich unter Mühen erklomm, atmete ich, wie ich glaube, zum erstenmal in meinem Leben für Augenblicke den kalten Äther, die Einsamkeit, das Schicksal. Ich sah keinen Ausweg, ich hatte keine Pläne, auch keine Angst, nichts als das kalte, rauhe Gefühl: »Es muß sein.« Am Geländer zog ich mich die Treppe hinauf. Vor der Glastür fühlte ich Lust, noch einen Augenblick mich auf die Treppe zu setzen, aufzuatmen, Ruhe zu haben. Ich tat es nicht, es hatte keinen Zweck. Ich mußte hinein. Beim Öffnen der Tür fiel mir ein, wie spät es wohl sei?

Ich trat ins Eßzimmer. Da saßen sie um den Tisch und hatten eben gegessen, ein Teller mit Äpfeln stand noch da. Es war gegen acht Uhr. Nie war ich ohne Erlaubnis so spät heimgekommen, nie hatte ich beim Abendessen gefehlt.

»Gott sei Dank, da bist du!« rief meine Mutter lebhaft. Ich sah, sie war in Sorge um mich gewesen. Sie lief auf mich zu und blieb erschrocken stehen, als sie mein Gesicht und die beschmutzten und zerrissenen Kleider sah. Ich sagte nichts und blickte niemand an, doch spürte ich deutlich, daß Vater und Mutter sich mit Blicken meinetwegen verständigten. Mein Vater schwieg und beherrschte sich; ich fühlte, wie zornig er war. Die Mutter nahm sich meiner an, Gesicht und Hände wurden mir gewaschen, Pflaster aufgeklebt, dann bekam ich zu essen. Mitleid und Sorgfalt umgab mich, ich saß still und tief beschämt, fühlte die Wärme und genoß sie mit schlechtem Gewissen. Dann ward ich zu Bett geschickt. Dem Vater gab ich die Hand, ohne ihn anzusehen.

Als ich schon im Bette lag, kam die Mutter noch zu mir. Sie nahm meine Kleider vom Stuhl und legte mir andere hin, denn morgen war Sonntag. Dann fing sie behutsam zu fragen an, und ich mußte von meiner Rauferei erzählen. Sie fand es zwar schlimm, schalt aber nicht und schien ein wenig verwundert, daß ich dieser Sache wegen so sehr gedrückt und scheu war. Dann ging sie.

Und nun, dachte ich, war sie überzeugt, daß alles gut sei. Ich hätte Händel ausgefochten und war blutig gehauen worden, aber das würde morgen vergessen sein. Von dem andern, dem Eigentlichen, wußte sie nichts. Sie war betrübt gewesen, aber unbefangen und zärtlich. Auch der Vater wußte also vermutlich noch nichts.
Und nun überkam mich ein furchtbares Gefühl von Enttäuschung. Ich merkte jetzt, daß ich seit dem Augenblick, wo ich unser Haus betreten hatte, ganz und gar von einem einzigen, sehnlichen, verzehrenden Wunsch erfüllt gewesen war. Ich hatte nichts anderes gedacht, gewünscht, ersehnt, als daß das Gewitter nun ausbrechen möge, daß das Gericht über mich ergehe, daß das Furchtbare zur Wirklichkeit werde und die entsetzliche Angst davor aufhöre. Ich war auf alles gefaßt, zu allem bereit gewesen. Mochte ich schwer gestraft, geschlagen und eingesperrt werden! Mochte er mich hungern lassen! Mochte er mich verfluchen und verstoßen! Wenn nur die Angst und Spannung ein Ende nahm!
Statt dessen lag ich nun da und konnte aufs neue warten und bangen. Sie hatten mir die zerrissenen Kleider, das lange Fortbleiben, das versäumte Abendessen vergeben, weil ich müde war und blutete und ihnen leid tat, vor allem aber, weil sie das andere nicht ahnten, weil sie nur von meinen Unarten, nichts von meinem Verbrechen wußten. Es würde mir doppelt schlimm gehen, wenn es ans Licht kam! Vielleicht schickte man mich, wie man früher einmal gedroht hatte, in eine Besserungsanstalt, wo man altes, hartes Brot essen und während der ganzen Freizeit Holz sägen und Stiefel putzen mußte, wo es Schlafsäle mit Aufsehern geben sollte, die einen mit dem Stock schlugen und morgens um vier Uhr mit kaltem Wasser weckten. Oder man übergab mich der Polizei?
Jedenfalls aber, es komme wie es möge, lag wieder eine Wartezeit vor mir. Noch länger mußte ich die Angst ertragen, noch länger mit meinem Geheimnis herumgehen, vor

jedem Blick und Schritt im Hause zittern und niemand ins Gesicht sehen können.

Oder war es am Ende möglich, daß mein Diebstahl gar nicht bemerkt wurde? Daß alles blieb, wie es war? Daß ich mir alle diese Angst und Pein vergebens gemacht hatte? – O, wenn das geschehen sollte, wenn dies Unausdenkliche, Wundervolle möglich war, dann wollte ich ein ganz neues Leben beginnen, dann wollte ich Gott danken und mich dadurch würdig zeigen, daß ich Stunde für Stunde ganz rein und fleckenlos lebte! Was ich schon früher versucht hatte und was mir mißglückt war, jetzt würde es gelingen, jetzt war mein Vorsatz und Wille stark genug, jetzt nach diesem Elend, dieser Hölle voll Qual! Mein ganzes Wesen bemächtigte sich dieses Wunschgedankens und sog sich inbrünstig daran fest. Trost regnete vom Himmel, Zukunft tat sich blau und sonnig auf. In diesen Phantasien schlief ich endlich ein und schlief unbeschwert die ganze, gute Nacht hindurch.

Am Morgen war Sonntag, und noch im Bett empfand ich, wie den Geschmack einer Frucht, das eigentümliche, sonderbar gemischte, im ganzen aber so köstliche Sonntagsgefühl, wie ich es seit meiner Schulzeit kannte. Der Sonntagmorgen war eine gute Sache: Ausschlafen, keine Schule, Aussicht auf ein gutes Mittagessen, kein Geruch nach Lehrer und Tinte, eine Menge freie Zeit. Dies war die Hauptsache. Schwächer nur klangen andere, fremdere, fadere Töne hinein: Kirchgang oder Sonntagsschule, Familienspaziergang, Sorge um die schönen Kleider. Damit wurde der reine, gute, köstliche Geschmack und Duft ein wenig verfälscht und zersetzt – so, wie wenn zwei gleichzeitig gegessene Speisen nicht ganz zusammenpaßten, oder wie zuweilen Bonbons oder Backwerk, die man in kleinen Läden geschenkt bekam, einen fatalen leisen Beigeschmack von Käse oder von Erdöl hatten. Man aß sie, und sie waren gut, aber es war nichts Volles und Strahlendes, man mußte ein Auge dabei zudrücken. Nun, so ähnlich war meistens der Sonntag, namentlich wenn ich in

die Kirche oder Sonntagsschule gehen mußte, was zum Glück nicht immer der Fall war. Der freie Tag bekam dadurch einen Beigeschmack von Pflicht und von Langeweile. Und bei den Spaziergängen mit der ganzen Familie passierte gewöhnlich irgend etwas, es gab Streit mit den Schwestern, man ging zu rasch oder zu langsam, man brachte Harz an die Kleider; irgendein Haken war meistens dabei.
Nun, das mochte kommen. Mir war wohl. Seit gestern war eine Masse Zeit vergangen. Vergessen hatte ich meine Schandtat nicht, sie fiel mir schon am Morgen wieder ein, aber es war nun so lange her, die Schrecken waren ferngerückt und unwirklich geworden. Ich hatte gestern meine Schuld gebüßt, wenn auch nur durch Gewissensqualen, ich hatte einen bösen, jammervollen Tag durchlitten. Nun war ich wieder zu Vertrauen und Harmlosigkeit geneigt und machte mir wenig Gedanken mehr. Ganz war es ja noch nicht abgetan, es klang noch ein wenig Drohung und Peinlichkeit nach, so wie in den schönen Sonntag jene kleinen Pflichten und Kümmernisse mit hineinklangen.
Beim Frühstück waren wir alle vergnügt. Es wurde mir die Wahl zwischen Kirche und Sonntagsschule gelassen. Ich zog, wie immer, die Kirche vor. Dort wurde man wenigstens in Ruhe gelassen und konnte seine Gedanken laufen lassen; auch war der hohe, feierliche Raum mit den bunten Fenstern oft schön und ehrwürdig, und wenn man mit eingekniffenen Augen durch das lange dämmernde Schiff gegen die Orgel sah, dann gab es manchmal wundervolle Bilder; die aus dem Finstern ragenden Orgelpfeifen erschienen oft wie eine strahlende Stadt mit hundert Türmen. Auch war es mir oft geglückt, wenn die Kirche nicht voll war, die ganze Stunde ungestört in einem Geschichtenbuch zu lesen.
Heut nahm ich keines mit und dachte auch nicht daran, mich um den Kirchgang zu drücken, wie ich es auch schon getan hatte. So viel klang von gestern abend noch in mir nach, daß ich gute und redliche Vorsätze hatte und gesonnen war, mich

mit Gott, Eltern und Welt freundlich und gefügig zu vertragen. Auch mein Zorn gegen Oskar Weber war ganz und gar verflogen. Wenn er gekommen wäre, ich hätte ihn aufs beste aufgenommen.

Der Gottesdienst begann, ich sang die Choralverse mit, es war das Lied »Hirte deiner Schafe«, das wir auch in der Schule auswendig gelernt hatten. Es fiel mir dabei wieder einmal auf, wie ein Liedervers beim Singen, und gar bei dem schleppend langsamen Gesang in der Kirche, ein ganz anderes Gesicht hatte als beim Lesen oder Hersagen. Beim Lesen war so ein Vers ein Ganzes, hatte einen Sinn, bestand aus Sätzen. Beim Singen bestand er nur noch aus Worten, Sätze kamen nicht zustande, Sinn war keiner da, aber dafür gewannen die Worte, die einzelnen, gesungenen, langhin gedehnten Worte, ein sonderbar starkes, unabhängiges Leben, ja, oft waren es nur einzelne Silben, etwas an sich ganz Sinnloses, die im Gesang selbständig wurden und Gestalt annahmen. In dem Vers »Hirte deiner Schafe, der von keinem Schlafe etwas wissen mag« war zum Beispiel heute beim Kirchengesang gar kein Zusammenhang und Sinn, man dachte auch weder an einen Hirten noch an Schafe, man dachte durchaus gar nichts. Aber das war keineswegs langweilig. Einzelne Worte, namentlich das »Schla-a-fe«, wurden so seltsam voll und schön, man wiegte sich ganz darin, und auch das »mag« tönte geheimnisvoll und schwer, erinnerte an »Magen« und an dunkle, gefühlsreiche, halbbekannte Dinge, die man in sich innen im Leibe hat. Dazu die Orgel!

Und dann kam der Stadtpfarrer und die Predigt, die stets so unbegreiflich lang war, und das seltsame Zuhören, wobei man oft lange Zeit nur den Ton der redenden Stimme glokkenhaft schweben hörte, dann wieder einzelne Worte scharf und deutlich samt ihrem Sinn vernahm und ihnen zu folgen bemüht war, solange es ging. Wenn ich nur im Chor hätte sitzen dürfen, statt unter all den Männern auf der Empore. Im Chor, wo ich bei Kirchenkonzerten schon gesessen war, da saß man tief in schweren, isolierten Stühlen, deren jeder ein kleines festes Gebäude war, und über sich hatte man ein sonderbar reizvolles, vielfältiges, netzartiges Gewölbe, und hoch an der Wand war die Bergpredigt in sanften Farben gemalt, und das blaue und rote Gewand des Heilands auf dem blaßblauen Himmel war so zart und beglückend anzusehen.

Manchmal knackte das Kirchengestühl, gegen das ich eine tiefe Abneigung hegte, weil es mit einer gelben, öden Lackfarbe gestrichen war, an der man immer ein wenig kleben blieb. Manchmal summte eine Fliege auf und gegen eines der Fenster, in deren Spitzbogen blaurote Blumen und grüne Sterne gemalt waren. Und unversehens war die Predigt zu Ende, und ich streckte mich vor, um den Pfarrer in seinen engen, dunklen Treppenschlauch verschwinden zu sehen. Man sang wieder, aufatmend und sehr laut, und man stand auf und strömte hinaus; ich warf den mitgebrachten Fünfer in die Opferbüchse, deren blecherner Klang so schlecht in die Feierlichkeit paßte, und ließ mich vom Menschenstrom mit ins Portal ziehen und ins Freie treiben.

Jetzt kam die schönste Zeit des Sonntags, die zwei Stunden zwischen Kirche und Mittagessen. Da hatte man seine Pflicht getan, man war im langen Sitzen auf Bewegung, auf Spiele oder Gänge begierig geworden oder auf ein Buch, und war völlig frei bis zum Mittag, wo es meistens etwas Gutes gab. Zufrieden schlenderte ich nach Hause, angefüllt mit freundlichen Gedanken und Gesinnungen. Die Welt war in Ordnung, es ließ sich in ihr leben. Friedfertig trabte ich durch Flur und Treppe hinauf.

In meinem Stübchen schien Sonne. Ich sah nach meinen Raupenkästen, die ich gestern vernachlässigt hatte, fand ein paar neue Puppen, gab den Pflanzen frisches Wasser.

Da ging die Tür.

Ich achtete nicht gleich darauf. Nach einer Minute wurde die Stille mir sonderbar; ich drehte mich um. Da stand mein Vater. Er war blaß und sah gequält aus. Der Gruß blieb mir im Halse stecken. Ich sah: er wußte! Er war da. Das Gericht begann. Nichts war gut geworden, nichts abgebüßt, nichts vergessen! Die Sonne wurde bleich, und der Sonntagmorgen sank welk dahin.

Aus allen Himmeln gerissen starrte ich dem Vater entgegen. Ich haßte ihn, warum war er nicht gestern gekommen? Jetzt war ich auf nichts vorbereitet, hatte nichts bereit, nicht einmal Reue und Schuldgefühl. – Und wozu brauchte er oben in seiner Kommode Feigen zu haben?

Er ging zu meinem Bücherschrank, griff hinter die Bücher und zog einige Feigen hervor. Es waren wenige mehr da. Dazu sah er mich an, mit stummer, peinlicher Frage. Ich konnte nichts sagen. Leid und Trotz würgten mich.

»Was ist denn?« brachte ich dann heraus.

»Woher hast du diese Feigen?« fragte er, mit einer beherrschten, leisen Stimme, die mir bitter verhaßt war.

Ich begann sofort zu reden. Zu lügen. Ich erzählte, daß ich die Feigen bei einem Konditor gekauft hätte, es sei ein ganzer Kranz gewesen. Woher das Geld dazu kam? Das Geld kam aus einer Sparkasse, die ich gemeinsam mit einem Freunde hatte. Da hatten wir beide alles kleine Geld hineingetan, das wir je und je bekamen. Übrigens – hier war die Kasse. Ich holte die Schachtel mit dem Schlitz hervor. Jetzt war bloß noch ein Zehner darin, eben weil wir gestern die Feigen gekauft hatten.

Mein Vater hörte zu, mit einem stillen, beherrschten Gesicht, dem ich nichts glaubte.

»Wieviel haben denn die Feigen gekostet?« fragte er mit der zu leisen Stimme.

»Eine Mark und sechzig.«

»Und wo hast du sie gekauft?«

»Beim Konditor.«

»Bei welchem?«

»Bei Haager.«

Es gab eine Pause. Ich hielt die Geldschachtel noch in frierenden Fingern. Alles an mir war kalt und fror.
Und nun fragte er, mit einer Drohung in der Stimme: »Ist das wahr?«
Ich redete wieder rasch. Ja, natürlich war es wahr, und mein Freund Weber war im Laden gewesen, ich hatte ihn nur begleitet. Das Geld hatte hauptsächlich ihm, dem Weber, gehört, von mir war nur wenig dabei.
»Nimm deine Mütze«, sagte mein Vater, »wir wollen miteinander zum Konditor Haager gehen. Er wird ja wissen, ob es wahr ist.«
Ich versuchte zu lächeln. Nun ging mir die Kälte bis in Herz und Magen. Ich ging voran und nahm im Korridor meine blaue Mütze. Der Vater öffnete die Glastür, auch er hatte seinen Hut genommen.
»Noch einen Augenblick!« sagte ich, »ich muß noch schnell hinausgehen.«
Er nickte. Ich ging auf den Abtritt, schloß zu, war allein, war noch einen Augenblick gesichert. O, wenn ich jetzt gestorben wäre!
Ich blieb eine Minute, blieb zwei. Es half nichts. Man starb nicht. Es galt standzuhalten. Ich schloß auf und kam. Wir gingen die Treppe hinunter.
Als wir eben durchs Haustor gingen, fiel mir etwas Gutes ein, und ich sagte schnell: »Aber heut ist ja Sonntag, da hat der Haager gar nicht offen.«
Das war eine Hoffnung, zwei Sekunden lang. Mein Vater sagte gelassen: »Dann gehen wir zu ihm in die Wohnung. Komm.«
Wir gingen. Ich schob meine Mütze gerade, steckte eine Hand in die Tasche und versuchte neben ihm daherzugehen, als sei nichts Besonderes los. Obwohl ich wußte, daß alle Leute mir ansahen, ich sei ein abgeführter Verbrecher, versuchte ich doch mit tausend Künsten es zu verheimlichen. Ich bemühte mich, einfach und harmlos zu atmen; es brauchte

niemand zu sehen, wie es mir die Brust zusammenzog. Ich war bestrebt, ein argloses Gesicht zu machen, Selbstverständlichkeit und Sicherheit zu heucheln. Ich zog einen Strumpf hoch, ohne daß er es nötig hatte, und lächelte, während ich wußte, daß dies Lächeln dumm und künstlich aussehe.

Wir kamen am Gasthaus vorüber, beim Hufschmied, beim Lohnkutscher, bei der Eisenbahnbrücke. Dort drüben hatte ich gestern abend mit Weber gekämpft. Tat nicht der Riß beim Auge noch weh? Mein Gott! Mein Gott!

Willenlos ging ich weiter, unter Krämpfen um meine Haltung bemüht. An der Adlerscheuer vorbei, die Bahnhofstraße hinaus. Wie war diese Straße gestern noch gut und harmlos gewesen! Nicht denken! Weiter! Weiter!

Wir waren ganz nahe bei Haagers Haus. Ich hatte in diesen paar Minuten einige hundertmal die Szene vorauserlebt, die mich dort erwartete. Nun waren wir da. Nun kam es.

Aber es war mir unmöglich, das auszuhalten. Ich blieb stehen.

»Nun? Was ist?« fragte mein Vater.

»Ich gehe nicht hinein«, sagte ich leise.

Er sah zu mir herab. Er hatte es ja gewußt, von Anfang an. Warum hatte ich ihm das alles vorgespielt und mir so viel Mühe gegeben? Es hatte ja keinen Sinn.

»Hast du die Feigen nicht bei Haager gekauft?« fragte er.

Ich schüttelte den Kopf.

»Ach so«, sagte er mit scheinbarer Ruhe. »Dann können wir ja wieder nach Hause gehen.«

Er benahm sich anständig, er schonte mich auf der Straße, vor den Leuten. Es waren viele Leute unterwegs, jeden Augenblick wurde mein Vater gegrüßt. Welches Theater! Ich konnte ihm für diese Schonung nicht dankbar sein.

Er wußte ja alles! Und er ließ mich tanzen, ließ mich meine nutzlosen Kapriolen vollführen, wie man eine gefangene Maus in der Drahtfalle tanzen läßt, ehe man sie ersäuft. Ach, hätte er mir gleich zu Anfang, ohne mich überhaupt zu fragen und zu verhören, mit dem Stock über den Kopf gehauen, das wäre mir im Grunde lieber gewesen als diese Ruhe und Gerechtigkeit, mit der er mich in meinem dummen Lügengespinst einkreiste und langsam erstickte. Überhaupt, vielleicht war es besser, einen groben Vater zu haben als so einen feinen und gerechten. Wenn ein Vater, so wie es in Geschichten und Traktätchen vorkam, im Zorn oder in der Betrunkenheit seine Kinder furchtbar prügelte, so war er eben im Unrecht, und wenn die Prügel auch weh taten, so konnte man doch innerlich die Achseln zucken und ihn verachten. Bei meinem Vater ging das nicht, er war zu fein, zu einwandfrei, er war nie im Unrecht! Ihm gegenüber wurde man immer klein und elend.

Mit zusammengebissenen Zähnen ging ich vor ihm her ins Haus und wieder in mein Zimmer. Er war noch immer ruhig und kühl, vielmehr er stellte sich so, denn in Wahrheit war er, wie ich deutlich spürte, sehr böse. Nun begann er in seiner gewohnten Art zu sprechen.

»Ich möchte nur wissen, wozu diese Komödie dienen soll? Kannst du mir das nicht sagen? Ich wußte ja gleich, daß deine ganze hübsche Geschichte erlogen war. Also wozu die Faxen? Du hältst mich doch nicht im Ernst für so dumm, daß ich sie dir glauben würde?«

Ich biß weiter auf meine Zähne und schluckte. Wenn er doch aufhören wollte! Als ob ich selber gewußt hätte, warum ich ihm diese Geschichte vorlog! Als ob ich selber gewußt hätte, warum ich nicht mein Verbrechen gestehen und um Verzeihung bitten konnte! Als ob ich auch nur gewußt hätte, warum ich diese unseligen Feigen stahl! Hatte ich das denn *gewollt*, hatte ich es denn mit Überlegung und Wissen und aus Gründen getan?! Tat es mir denn nicht leid? Litt ich denn nicht mehr darunter als er?

Er wartete und machte ein nervöses Gesicht voll mühsamer Geduld. Einen Augenblick lang war mir selbst die Lage vollkommen klar, im Unbewußten, doch hätte ich es nicht wie heut mit Worten sagen können. Es war so: Ich hatte gestohlen, weil ich trostbedürftig in Vaters Zimmer gekommen war und es zu meiner Enttäuschung leer gefunden hatte. Ich hatte nicht stehlen wollen. Ich hatte, als der Vater nicht da war, nur spionieren wollen, mich unter seinen Sachen umsehen, seine Geheimnisse belauschen, etwas über ihn erfahren. So war es. Dann lagen Feigen da, und ich stahl. Und sofort bereute ich, und den ganzen Tag gestern hatte ich Qual und Verzweiflung gelitten, hatte zu sterben gewünscht, hatte mich verurteilt, hatte neue, gute Vorsätze gefaßt. Heut aber – ja, heut war es nun anders. Ich hatte diese Reue und all das nun ausgekostet, ich war jetzt nüchterner, und ich spürte unerklärliche, aber riesenstarke Widerstände gegen den Vater und gegen alles, was er von mir erwartete und verlangte. Hätte ich ihm das sagen können, so hätte er mich verstanden. Aber auch Kinder, so sehr sie den Großen an Klugheit überlegen sind, stehen einsam und ratlos vor dem Schicksal.

Steif vor Trotz und verbissenem Weh schwieg ich weiter, ließ ihn klugreden und sah mit Leid und seltsamer Schadenfreude zu, wie alles schief ging und schlimm und schlimmer wurde, wie er litt und enttäuscht war, wie er vergeblich an alles Bessere in mir appellierte.

Als er fragte: »Also hast du die Feigen gestohlen?«, konnte ich nur nicken. Mehr als ein schwaches Nicken brachte ich auch nicht über mich, als er wissen wollte, ob es mir leid tue. – Wie konnte er, der große, kluge Mann, so unsinnig fragen! Als ob es mir etwa nicht leid getan hätte! Als ob er nicht hätte sehen können, wie mir das Ganze weh tat und das Herz umdrehte! Als ob es mir möglich gewesen wäre, mich etwa gar noch meiner Tat und der elenden Feigen zu freuen!

Vielleicht zum erstenmal in meinem kindlichen Leben empfand ich fast bis zur Schwelle der Einsicht und des Bewußtwerdens, wie namenlos zwei verwandte, gegeneinander wohlgesinnte Menschen sich mißverstehen und quälen und martern können, und wie dann alles Reden, alles Klugseinwollen, alle Vernunft bloß noch Gift hinzugießt, bloß neue Qualen, neue Stiche, neue Irrtümer schafft. Wie war das möglich? Aber es war möglich, es geschah. Es war unsinnig, es war toll, es war zum Lachen und zum Verzweifeln – aber es war so.

Genug nun von dieser Geschichte! Es endete damit, daß ich über den Sonntagnachmittag in der Dachkammer eingesperrt wurde. Einen Teil ihrer Schrecken verlor die harte Strafe durch Umstände, welche freilich mein Geheimnis waren. In der dunkeln, unbenutzten Bodenkammer stand nämlich tiefverstaubt eine Kiste, halb voll mit alten Büchern, von denen einige keineswegs für Kinder bestimmt waren. Das Licht zum Lesen gewann ich durch das Beiseiteschieben eines Dachziegels.

Am Abend dieses traurigen Sonntags gelang es meinem Vater, kurz vor Schlafengehen mich noch zu einem kurzen Gespräch zu bringen, das uns versöhnte. Als ich im Bette lag, hatte ich die Gewißheit, daß er mir ganz und vollkommen verziehen habe – vollkommener als ich ihm.

KURT SCHWITTERS

Auguste Bolte

Gedicht:

O Mensch, tu dieser nichts zu Leide,
Dies ist kein Bleistift, sondern Kreide.
Sie hat Berechtigung zu denken,
Drum wolln wir ihr nich weiter kränken.

Einleitung

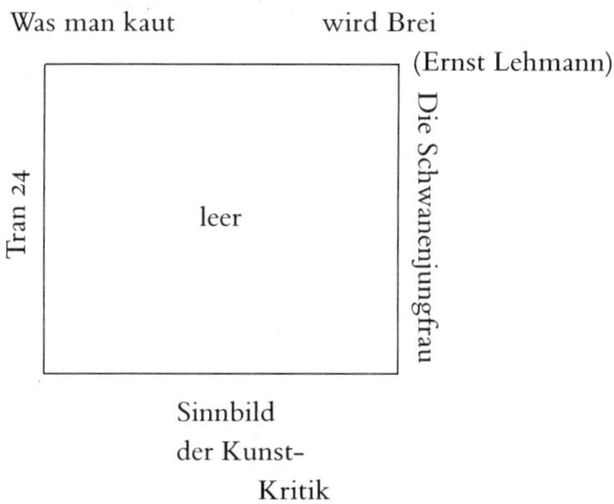

Der Autor hat ein merkwürdiges Sinnbild für die brave Kkunstkkritik geschaffen. Es ist eine naturgetreue Nachbildung aus den Kritiken in Tageszeitungen. Die Tagespresse über Kunst, sogenannte Tageskunstpresse, hat ein Kinderkleidchen an. Keusch und tüchtig hat sie ein Schürzchen vorgebunden, mit Stickereibesatz, nicht zu verwechseln mit Stänkereibeschmutz. Beine hat sie keine, sozusagen ausverkauft. Womit soll sie also gehen? Auf die Hände. Aber die sind sozusagen inklusive Arme auch ausverkauft. Womit soll sie also zupacken? Mit dem Kopfe. Aber der Kopf ist weiter nichts als ein Kleiderhaken. Daran hängt nun die Tageskunstpresse mit Stickereibesatz. Womit soll sie aber denken? Zu diesem Zweck hat ihr der Autor einen Ersatzreservekopf beigegeben, wie man solche bei den Büsten altägyptischer Könige in deren Grabkammern in den Pyramiden schon findet.* Der Kopf hat den charakteristischen, eigentümlich bellenden Ausdruck der Kunstkritiker, Brille auf der Nase und ein Kopftuch an Stelle des fehlenden Verstandes. Die Nase ist rot. Wer Sorgen hat, braucht auch Likör.

Wieso dieses aber eine Einleitung wäre? Mein Herr, zunächst gilt es die Kritik zu bestechen, damit sie meinem Buche recht gute Zensuren schreibt. Wer gut schmiert, der gut fährt.

Kurt Schwitters

Auguste Bolte** sah etwa 10 Menschen auf der Straße, die in einer und derselben Richtung geradeaus vorwärts gingen. Das kam Auguste Bolte verdächtig, ja sogar sehr verdächtig vor. 10 Menschen gingen in einer und derselben Richtung. 1, 2, 3, 4, 5, 6, 7, 8, 9, 10. Da mußte etwas los sein. Denn sonst würden nicht ausgerechnet 1, 2, 3, 4, 5, 6, 7, 8, 9, 10 Menschen in genau einer und derselben Richtung gehen. Wenn nämlich nichts los ist, so gehen 1, 2, 3, 4, 5, 6, 7, 8, 9, 10 Menschen nicht in der ausgerechnet selben Richtung, sondern dann gehen 1, 2, 3, 4, 5, 6, 7, 8, 9, 10 Menschen in 1, 2, 3, 4, 5, 6, 7, 8, 9, 10 verschiedenen Richtungen. Das ist einmal sicher, und Fräulein Auguste Bolte

* siehe Peliareusmuseum, Hildesheim

** Auguste Bolte, Anna Blume und Arnold Böcklin haben die gleichen Anfangsbuchstaben: A. B.

war immer ein gescheites Mädchen gewesen, schon in der Schule. Wenn aber was los ist, so gehen 1, 2, 3, 4, 5, 6, 7, 8, 9, 10 Menschen in der Regel in einer und derselben Richtung, und nicht in 1, 2, 3, 4, 5, 6, 7, 8, 9, 10 verschiedenen Richtungen. Wenn etwas los ist, können auch 10, 20, 30, 40, 50, 60, 70, 80, 90, 100 Menschen in einer und derselben Richtung gehen. Wenn etwas los ist, können sogar 100, 200, 300, 400, 500, 600, 700, 800, 900, 1000 Menschen in einer und derselben Richtung gehen. Das, und vieles andere, wußte Auguste. Z. B. wußte Auguste, daß sie sich auf wußte reimen mußte. Auguste zählte. Es waren tatsächlich 1, 2, 3, 4, 5, 6, 7, 8, 9, 10 Menschen, die ausgerechnet in einer und derselben Richtung gingen. Warum ausgerechnet? Wer sollte sich erdreistet haben, diese 1, 2, 3, 4, 5, 6, 7, 8, 9, 10 Menschen auszurechnen? Aber jemand mußte es getan haben, die Grenze ist nämlich 9. Denn bei 9 Menschen, d. h. wenn ausgerechnet 1, 2, 3, 4, 5, 6, 7, 8, 9 Menschen in einer und derselben Richtung gehen, kann zwar etwas los sein, braucht aber nicht unbedingt etwas los zu sein. Die Zahl 10 aber überzeugt gewissermaßen restlos, d. h. wenn ausgerechnet 1, 2, 3, 4, 5, 6, 7, 8, 9, 10 Menschen in ausgerechnet einer und derselben Richtung gehen, so muß gewissermaßen ausgerechnet etwas los sein. Aber was? Es war Auguste klar, wobei sich war auf klar reimt, daß etwas los sein mußte, wobei mußte sich wieder auf Auguste reimte. Aber wie gesagt, was? Es war ihr klar, sie würde es nie nie erfahren, wenn sie einen von den 1, 2, 3, 4, 5, 6, 7, 8, 9, 10 Menschen fragte, denn jeder einzelne, also 1, 2, 3, 4, 5, 6, 7, 8, 9, 10, jeder einzelne, ist so gemein, indem gemein der einzig passende Ausdruck für so eine Gemeinheit ist, daß er seine, gewissermaßen je seine Neuigkeit exklusive für sich behielt. Auguste wußte das, sie war schon in der Schule gewissermaßen eine begabte Schülerin gewesen. Und nun? Was war nun zu tun? Ein unerhörter Reim! Nun reimte sich auf zu tun. Es war Fräulein Auguste darüber hinaus noch insbesondere auffällig, daß sowohl nun sich auf zu tun, als auch zu tun sich anderseits auf nun reimte. Und inzwischen gingen die 1, 2, 3, 4, 5, 6, 7, 8, 9, 10 Menschen gewissermaßen stetig weiter. Auguste aber blieb in Gedanken gewissermaßen wie versunken eine kurze Spanne Zeit wie angewurzelt, gewissermaßen wie ein Baum, stehen, als sie den unerhörten Reim einerseits und anderseits zwischen nun und zu tun entdeckte. Der Reim stieß ihr auf. Wie Lebertran. Auguste schluckte. Wenn nämlich etwas los ist, dann passieren die ungereimtesten Dinge. Dann reimt sich plötzlich, was sich sonst nicht reimt. Resumieren wir! 1, 2, 3, 4, 5, 6, 7, 8, 9, 10 Menschen gingen in einer und derselben Richtung, nun reimte sich auf zu tun. Also mußte was los sein. Wie sollte es nun Auguste erfahren? Nie, wenn sie jemand von den 1, 2, 3, 4, 5, 6, 7, 8, 9, 10 fragte, denn jeder einzelne behielt seine Weisheit für sich. Bloß, um Auguste zu ärgern. Es war eine unerhörte Frechheit, daß nicht ein anständiger Mensch von Seelenadel dabei war und kam, um Auguste alles zu verraten. Man nahm eben Auguste einfach nicht für voll. So etwas darf sich aber kein zivilisierter Mensch gefallen lassen. Was nun zu tun? Ein ganz unheimlicher Reim. Es mußte etwas getan werden, sonst konnten Auguste die unerhörtesten Dinge passieren. Sie würde womöglich in Reimen ersticken. Alliteration würde hinzukommen, und wenn sie gar in eine Metrik eingeleimt würde, wäre es aus. Dann würde man sie womöglich wie eine alte Jungfer behandeln, und sie war doch so ein gescheites Mädel gewesen, schon in der Schule, begabt, und man würde ihr aber auch nichts mehr sagen, was gerade so interessant war, respektive wäre. Das durfte einer Frau wie Auguste nicht passieren. Hier mußte also etwas geschehen. 1, 2, 3, 4, 5, 6, 7, 8, 9, 10 Menschen gingen in akkurat einer und derselben Richtung, nun reimte sich auffällig auf zu tun, niemand verriet Auguste, was los war. Das ging Auguste wider den Strich. Einen Augenblick überlegte sie, was denn der Strich bei ihr wäre, wider den es ihr gewissermaßen ging. Dann raffte sie ihr Kleid und ihre ganze Männlichkeit zusammen und lief hinter den 10, 9, 8, 7, 6, 5, 4, 3, 2, 1 Menschen her.

Aber was war das? An der nächsten Straßenecke trennten sich 5 von den übrigen 5 und gingen in eine Straße, während die restlichen 5 in die andere Straße gingen. Auguste hielt das selbstverständlich für eine infame List, für eine unverschämte Täuschung. Die 10 Leute hatten sich selbstverständlich gesagt, daß es Auguste auffallen mußte, daß sie in einer und derselben Richtung gingen. Daraus würde Auguste dann ihre Schlüsse ziehen, z. B. daß etwas los sein müßte. Diese 10 Menschen rechneten also gewissermaßen bei Auguste mit dem normalen Verstande des durchschnittlichen Menschen. Sie hatten sich auch stillschweigend gesagt, daß Frl. Auguste Bolte zu erfahren suchen würde, was denn nun los wäre. Auguste würde ihnen folgen und folgen und auf diese einfache Weise schließlich sehen, was sie hören wollte, mit anderen Worten, was los war, gewissermaßen um worum es sich eigentlich handelte. O, Auguste kannte die Massenpsychose ganz genau, schon in der Schule war sie ein begabtes Mädchen gewesen. Aber eine alte Jungfer durfte nicht alles wissen. Und um Fräulein Auguste zu täuschen, hatte man sich stillschweigend getrennt. Auguste konnte doch nur je 5 Personen nachlaufen, man wußte, daß Auguste sich nicht teilen konnte. Aus verschiedenen Gründen. D. h. die Gründe waren hier gleichgültig, aber es war eine unverschämte Dreistigkeit von der Masse gewesen, sich zu trennen, oder besser gesagt zu teilen.

Auguste aber war kurz von Entschluß und ging schnell entschlossen den einen 5 nach. Auguste war aber auch gewissenhaft, gewissermaßen Charakter. Ja, sollten es auch wohl die anderen 5 gewesen sein? Salzige Zweifel kochten in ihrem armen, gemarterten Schädel, etwa wie Sauerkohl. Es kam ihr so verdächtig vor, gerade 5.* Sie ging noch ein paar Schritt, da kam ihr die Eingebung, es müssen die anderen 5 gewesen sein. Aber was denn gewesen sein? Jedenfalls besann sie sich und

* und dabei ist 5 ungerad

kehrte, kurz von Entschluß wie sie war, kurzentschlossen um und ging den anderen 5 nach. Fräulein Auguste sah es nämlich nicht ein, weshalb sie nicht ebensogut diesen 5 nachgehen sollte, wie den einen 5. 5 ist 5, und 5 Menschen sind 5 Menschen, von individuellen Eigentümlichkeiten abgesehen, die aber in diesem Spezialfalle gewissermaßen gleichgültig waren. Also ging sie den anderen 5 nach. Aber immerhin, und das gerade war dabei das raffinierte, aus demselben Grunde, wie sie den anderen 5 nachging, hätte sie auch den einen 5 nachgehen können, den ersten 5. Warum aber auch sich 10 Menschen in Gruppen von je 5 teilen mußten. So etwas war eine raffinierte Taktik des gewissermaßen feindlichen Haufens. Denn es war doch in diesem Falle in der Tat an sich gänzlich gleichgültig, welchen von den je 5 Menschen Auguste nachgehen sollte. Die salzigen Zweifel begannen überzukochen. Aber Auguste war stets ein gescheites Mädchen gewesen, schon in der Schule. Ohne dabei Streber zu sein. Und so kam sie auf die einzig richtige Lösung. Da sie nämlich die Wahl zwischen 2 je gleichen 5 der Quantität nach hatte, so mußte sie genaugenommen jeden 5 ganz gleichmäßig nachgehen, besonders in bezug auf die Gehungsdauer. Also vulgär ausgedrückt mußte sie zunächst eine Zeiteinheit den einen 5 nachgehen, darauf dieselbe Zeiteinheit den anderen 5, dann wieder den einen 5, anderen 5, einen 5 usw. Also: Auguste überlegte nicht lange, sondern kehrte schnell entschlossen um und lief um die Straßenecke zurück, mal sehn, was wohl die einen 5 machten. Da nun alle beide 5 stetig weitergingen, so wurde ihre Entfernung von der Ecke und voneinander immer größer und größer, so daß Auguste laufen mußte, schon wieder dieser unheimliche Reim, weil eben der Weg ständig länger wurde. Je nun, Auguste war jung, und sie tat es immerhin gewissermaßen aus Gesundheitsgründen. Nun war Auguste wie gesagt ein gescheites Frauenzimmer. Immer schonst gewesen. Und sie wußte sich zu helfen, als sie immer schneller und schneller laufen mußte. Zunächst legte sie erstlich einmal allen überflüssigen

Ballast ab. Wie ein Schiff alles Entbehrliche ins Meer wirft, wenn es sinken will, damit wenigstens nicht alles auf einmal sinkt, so legte sie, da nun doch einmal gewissermaßen das Leben auf dem Spiele stand, ihren Hut mit Nadel, ihre Handschuhe, ihre Handtasche mit Taschentuch und Portemonnaie, ihren Kneifer, Ringe und Armbänder als in diesem Falle vollständig entbehrlichen Ballast ab und lief bald den einen 5, bald den anderen 5 nach, indem sie um die Ecke pendelte. Dabei bewunderte Auguste ihre Geistesgegenwart, daß sie bei aller Eile immer noch wußte, daß sie Ballast abwerfen mußte. Wieder so ein Fall von Reim, und zwar reimten sich wußte auf mußte, mußte auf wußte und mußte und wußte auf Auguste. Wieder reimte es sich in unerhört lächerlich selbstverständlicher Art und Weise. Alles deutete auf etwas Außerordentliches hin. Und Auguste pendelte wie gesagt inzwischen und währenddessen hin und her um die Ecke und fühlte dabei die innere Genugtuung, daß sie ihre Pflicht, so schwer es ihr auch wurde, voll und ganz erfüllte, und zwar fühlte sie es um so stärker, je schneller sie laufen mußte. Nur wurde sie heiß dabei, und die Kleider schlenkerten ihr um die Knie. Aber Auguste war stets ein scharf denkendes Mädchen von schnellem Entschlusse gewesen. Indem sie beim Laufen nun überlegte, daß sie ihre Geschwindigkeit steigern müßte, um noch inskünftig den Anschluß von den einen 5 bis zu den anderen 5, die sich stetig voneinander sowie von der Ecke entfernten, zu behalten, kam ihr der selbstverständliche, gewissermaßen auf der Hand liegende Gedanke, daß sie auch Kleid und Bluse als überflüssigen Ballast zu betrachten habe. Dabei freute sie sich, daß ihr immer noch bei aller Geschwindigkeit so schöne Wortspiele gelangen und griff den gewissermaßen auf der Hand liegenden Gedanken fest ins Auge und entledigte sich weiteren Ballastes. Auguste lief jetzt zunächst Richtung ab die einen 5 nach den anderen 5. Aber kein Mensch kann seinem Schicksal entgehen. Die Entfernung der beiden je 5 war allmählich so groß geworden, daß Auguste mit Aufbietung aller Schnelligkeit nur noch ein letztes Mal mit Aussicht auf Erfolg, die anderen einen 5 zu treffen, den Weg um die Ecke wagen durfte. Einmal muß der Mensch sich endgültig entscheiden. Das ist Menschenlos. So traurig es an und für sich auch ist. Und so überwand Auguste ihre salzigen Bedenken, ob sie recht täte, den einen oder den anderen 5 zu folgen, und entschloß sich, noch ein letztes Mal den Weg um die Ecke zu laufen, um die einen 5 zu erreichen. Kaum hatte Auguste Bolte ein wenig echauffiert die einen 5 erreicht, als sich plötzlich ein junges Mädchen abtrennte und ohne Wort und ohne Gruß, gewissermaßen wie selbstverständlich, in ein Haus ging. Was nun? Der Reim heißt zu tun. Der nutzte Auguste so viel wie nichts. Zurück zu den anderen 5 wäre jetzt das einzig Richtige gewesen. Aber das Schicksal hatte gewissermaßen gegen Auguste gezeugt.* Denn erreichen konnte sie die anderen 5 nun nicht mehr, die Entfernung war zu groß geworden. Andererseits war die Wahl jetzt allerdings leicht. Zwischen 1, 4 und 5 Personen waren selbstverständlich die 5 zu wählen. Das war Auguste, der Reim heißt klar. Aber Auguste war ein gescheiteltes Mädchen, schonst in der Schule gewesen, und von Entschluß. Die 5 konnte sie nun nicht mehr erreichen, also blieb ihr nur die Wahl zwischen den 4 und der einen. Schnell entschlossen, wie Auguste Bolte nun einmal war, sie war schonst in der Schule ein gescheiteltes Mädchen gewesen, ging sie den 4 nach, merkte sich aber aus Gewissenhaftigkeit zum Überfluß die Hausnummer, hinter der die eine verschwunden war. Das war Nummer 5 gewesen. Ausgerechnet Nr. 5. Was hatte das nun zum Beispiel wieder zu bedeuten? Eine trennte sich von 5 und ging in 5. Das war ungewöhnlich. Das mußte was bedeuten. Alles dieses, unter anderem auch die vielen Reime, bestärkte Auguste in dem richtigen Bewußtsein, daß hier was los sein mußte, welches sie bestimmt erfahren wollte. Denn warum hieß sie sonst Bolte? Ohne Grund reimt man sich nicht ein ganzes Leben lang auf

* von Zeuge, siehe unter »Gericht«

wollte. Nachdem Auguste so gedacht hatte, ging sie, wie gesagt, kurz entschlossen den vieren nach. Junger Mensch muß Glück haben. Auguste wischte sich nun zunächst die Schweißperlen von der Stirn, kühlte sich ein wenig ab und freute sich im Herzen, daß sie sich ein wenig verschnaufen konnte, weil die 4 ganz gemütlich gingen, gewissermaßen als ob nichts passiert wäre. Und dabei wußte es Auguste, schon wieder dieser unheimliche Reim, daß doch und doch etwas los war. Weshalb würden sonst die 4 noch in einer und derselben Richtung zusammen gehen.
Plötzlich kam eine Straßenkreuzung. Und als ob der Teufel im Spiele wäre, gingen 2 rechts weiter und 2 links. Was nun tun? Schon wieder dieser unheimliche, dieser bohrende Reim. Auguste wußte, was sich schon wieder bohrend reimte, nicht was sie tun sollte. Das war mehr, als ein Mensch ertragen konnte, dreifacher Reim in weniger als 30 Sekunden. Auguste wußte, der vierte Reim, daß die ganze Angelegenheit gewissermaßen in ein kritisches Stadium getreten war. Auguste war fest entschlossen, gewissermaßen nachzutreten. Das System kannte ja Auguste schon von ihren Erfahrungen im Verfolgen der je 5 Personen. Auguste war gewissermaßen imstande, eine Taktik im Verfolgen von 2 gleichen Volkshaufen zu schreiben, so gut war sie orientiert. Und sie war willens, diese Taktik, ihre Taktik bei der Verfolgung von 2 Volkshaufen von je 2 Personen wieder anzuwenden. Die Geschichte würde dieses einmal die Fräulein-Augusta-Taktik nennen, dann wäre sie mit einem Male geschichtsreif. Also Fräulein Auguste ging zunächst hinter den einen zweien eine Zeitlang her. Darauf kehrte sie um und ging dieselbe Zeiteinheit hinter den anderen 2 her. Denn wie konnte sie es wissen, welche 2 es waren. Wer konnte es überhaupt wissen, welche 2 die Richtigen wären. Oder vielmehr waren. Ja, waren ist hier der richtige Konjunktiv. Waren war hier der richtige Infinitiv. Dabei war es Auguste immerhin etwas unheimlich, daß bei solchen immerhin schwierigen Situationen

immer noch gewisse Fremdwörter dabei waren. Wer z.B. wollte jetzt noch etwas von Fremdwörtern wissen, die sonst das Leben so angenehm möblieren? Und Auguste kehrte wieder um, Richtung ab die einen zwei nach den anderen zweien. Wie angenehm, daß sie dieses Mal nicht wieder um die Ecke zu pendeln brauchte, denn die je 2 gingen in genau einander entgegengesetzten Richtungen. Wie angenehm, daß bei jedem Übel noch ein Glück dabei ist. Kaum stirbt der Mensch, so kann er sich auch schon einen Sarg leisten, und wenn er im Leben auch noch nicht einmal einen Nagel dazu gehabt hat. So etwas nannte Auguste Glück. Und inzwischen wurde die Entfernung der je 2 und 2 größer und größer. Auguste lief hin und zurück, hin und zurück, bis sie endlich wieder vor die Entscheidung gestellt wurde, sich zu entscheiden, welchen 2 sie endgültig nachlaufen wollte. Aber immerhin kannte sie ja gewissermaßen schonst das System. Das System lag ja der Fräulein-Augusta-Taktik zu Grunde. Was war da im Spezialfalle groß zu entscheiden? Auf das System kommt es immer an. Und im Menschenleben kommt des öfteren der Punkt, wo das entweder-oder aufhört, gewissermaßen ein Wendepunkt, etwa wie eine Wand, auf die geschrieben ist: »Bis hierher und nicht weiter!« Auguste kannte diesen Gedankengang von ihrer Taktik her. Auguste war ein gescheites Mädchen, immer schon gewesen, schonst in der Schule. Ohne dabei Streber zu sein. Besonders aber in der Schule des Lebens war Auguste Bolte gescheitelt. Das Leben war eine strenge Schule. Nur gescheitelte Leute können das Leben leben. Das Leben ist eine hohe Schule. Gewissermaßen Hochschule. Und auf dieser Hochschule wollte Frl. Auguste Bolte ihren Doktor machen, Doktor des Lebens, gewissermaßen, Dr. Leb. Und dieses sollte ihre Doktorarbeit werden. Das Thema schrie nach Bearbeitung, denn es war bislang noch sehr wenig bearbeitet, ein dankbares Thema. Wie würde Auguste nachher dastehen, wenn sie Dr. des Lebens wäre, Frl. Dr. Auguste, Fräulein Dr. Leb. Eine neue Fakultät. Dieses

und manches andere, z. B. das Wort Infinitiv, dachte Auguste, auf deutsch »Die Erhabene«, während sie von den anderen 2 sich endgültig abtrennte, um ab nun den anderen einen 2 nachzulaufen. Auguste schätzte jetzt ihre Geschwindigkeit auf die des Schalles, 333 ⅓ m die Sekunde. Eine weitere Steigerung schien ihr unmöglich zu sein, sie würde sonst ankommen, bevor man ihre Fußtritte hören konnte, und der Donner ihrer Schritte würde ihr auf dem Fuße folgen. Nun war Auguste so bescheiden wie klug, und so beschied sie sich, die einen 2 nun nicht mehr zu verlassen, sondern ihnen zu folgen, bis sie erfahren haben würde, was los wäre.
Plötzlich trennten sich auch diese letzten zwei, einer ging in ein Haus rechts, der andere in ein Haus links. Frl. Dr. Auguste, ich will sie hier honoris causa* schon so nennen, stand auf der Straße wie ein Mann. Links ging eine Hoffnung ins Haus, rechts ging eine Hoffnung ins Haus. Rechts ging eine Hoffnung ins Haus, links ging eine Hoffnung ins Haus. Frl. Dr. Auguste war ein gescheiteltes Mädchen. Sie dachte an das Wort »Infinitiv«. Plötzlich schoß ihr gewissermaßen das Wort »Baum« durch den Kopf. Das heißt eigentlich schoß es gar nicht. Denn wie Frl. Dr. Auguste auch ihren Kopf befühlte, er war ringsum heile geblieben. Hätte oder wäre nämlich das Wort geschossen, so hätte sie ein Loch im Kopf haben müssen. Das heißt genaugenommen 2 Löcher, denn ein Wort konnte ihr doch nicht in den Kopf schießen, sondern es konnte bei der großen Geschwindigkeit nur durch den Kopf schießen. Wie eine Flintenkugel. Plötzlich erschrak Frl. Dr. Auguste, denn sie fand ihre beiden Ohrlöcher. 2 Ohrlöcher, eines links, das andere rechts. Das mußte ihr auffallen. Sollte das Wort ihr wohl durch beide Ohrlöcher geschossen sein und diese zwei Öffnungen gerissen haben? Aber dann hätte es bluten gemußt. Aber bluten tat es nicht. Und dabei hatte Frl. Dr. Auguste auch inzwischen vergessen, welches Wort ei-

* ehrenhalber

gentlich geschossen hätte. Sie konnte sich nicht darauf besinnen. Außerdem schien aber auch wie gesagt nichts geschossen, weder zu haben, noch zu sein. So leicht schießen die Worte nicht. Immerhin jedoch beunruhigte es sie, daß doch vielleicht eventuell ein Wort geschossen haben könnte, wenn es auch ein kalter Schuß gewesen wäre. Dieses ebenso wie die außergewöhnlich häufigen Reime in der Umgangssprache Frl. Dr. Augustes mit sich selbst bestätigten sie in dem ganz richtigen Gefühl, daß etwas los sein mußte. Und dabei war einer rechts und einer links ins Haus gegangen. Frl. Dr. Auguste bewunderte ihre diesbezüglich eigene Ruhe. Es war etwas los, und sie wußte es nicht, immer noch nicht. Und nun begann sie zu überlegen, was hier nun zu tun wäre. Der alte Reim von nun und zu tun hatte sie ja bislang so gut geleitet. Er leitete Auguste, bis sie wußte. Wie alte Poesie umgab sie der Reim. Wem von den beiden sie nun folgen sollte, war schwer zu entscheiden. Einer ist einer, jedenfalls der Quantität nach. An sich war es in der Tat ziemlich gleichgültig, welchem von den beiden Frl. Dr. Auguste nun folgen sollte. Sie sah sich in ihrem Geiste, Frl. Dr. Auguste hatte nämlich Geist, schon wieder stundenlang hin- und herpendeln zwischen den beiden einander gegenüberstehenden Häusern. Denn sie kannte ja die Taktik, denn das System hatte sich nicht geändert. Auguste wußte, daß die Entfernung der beiden einander gegenüberstehenden Häuser stetig größer und größer und größer werden würde, bis sie endlich so groß war, daß Auguste sich wieder entscheiden mußte, wem von den beiden sie endgültig folgen wollte, weil sie bei Aufbietung aller Anstrengung bei der großen Entfernung nicht mehr den Pendelverkehr zwischen den beiden Häusern aufrechterhalten könnte. Wenn sie nun aber zum Schluß sich entschieden haben würde, dann würde dieser eine sich plötzlich in zwei Hälften teilen. Und die eine Hälfte würde in ein Zimmer gehen, die andere in das andere. Welcher Hälfte sollte Auguste dann folgen? An sich war es wieder gleichgültig. Frl. Dr. Leb würde also wieder pendeln zwischen 2 aneinander gegenüberliegenden Zimmern, die sich stetig voneinander entfernten. Schließlich würde die Entfernung der Zimmer so groß werden, daß Frl. Dr. sich wieder würde entscheiden müssen. Die Hälfte würde sich dann in zwei Viertel teilen, das eine Viertel sich auf einen Stuhl setzen, das andere auf einen anderen. Die Entfernung der Stühle würde stetig größer werden, Frl. Dr. pendeln, schließlich sich für ein Viertel entscheiden, das sich dann in 2 Achtel teilte, das eine Achtel würde sich auf eine Stuhlhälfte setzen, das andere auf die andere. Das System kannte Frl. Dr. A. Bolte, und mit ihr und durch sie die Wissenschaft. Aber sie hatte auch durch die Präzedenzfälle* gelernt. Ihre Taktik war eben falsch gegenüber dem System. Anderseits wußte sie nicht gleich eine neue Taktik. Sie würde schließlich erleben, daß die Teilung vom Achtel fortschritte zum Sechzehntel, Zweiunddreißigstel, Vierundsechzigstel, Einhundertachtundzwanzigstel, bis zum Atom, und sie fürchtete, es würde nichts mehr übrigbleiben, an das sie sich wenden könnte, zwecks ihrer Doktorarbeit, um zu erfahren, was los wäre. Es schossen jetzt so viele Gedanken durch Frl. Dr. Augustes Kopf, daß derselbe wie ein Sieb geworden war und mehrere tausend Ohren zu haben schien. Wenigstens kam es Frl. Dr. so vor. Erfahrung ist die größte Wissenschaft. Die Taktik war falsch. Frl. Dr. Auguste würde ihre Kraft schließlich vergeudet haben, und die 10 Menschen würden sich in ca. eine Milliarde von Teilen aufgelöst haben. Ja, Auguste war schon in der Schule ein gescheites Mädel gewesen. Immerhin braucht unsere degenerierte Kultur konsequente Menschen. Frl. Dr. Auguste Bolte war konsequent, sie hatte ohne Frage Charakter.

Kurz entschlossen, wie Frl. Dr. Auguste war, entschloß sie sich, nunmehr die eine junge Dame aufzusuchen, die seinerzeit in das eine Haus gegangen war, indem sie sich von den

* seltenes Tier, lebt in Sibirien, Fell sehr wertvoll

restlichen vieren abtrennte. Auguste fand auch die Straße wieder und ging in ein Haus. Parterre stand an der Tür: »Frau getrocknete Pflaumenerzeugerswitwe Alma Schulz.« Der Titel kam Auguste sehr verdächtig vor. Sie klingelte, und als eine Frau ihr öffnete, sagte sie: »Ist hier wohl vor etwa einer Stunde ein junges Mädchen hereingekommen, welche sich von 4 Genossen zuvor auf der Straße abgetrennt hatte?« Frau getrocknete Pflaumenerzeugerswitwe sagte, es wäre vielleicht gegenüber gewesen. Frl. Dr. Auguste klingelte nun gegenüber und fragte: »Ist hier wohl vor etwa einer Stunde ein junges Mädchen hereingekommen, welche sich kurz zuvor von 4 Genossen abgetrennt hatte?« Die betreffende Dame sagte: »Vielleicht gegenüber?« Frl. Dr. Auguste klingelte also wieder gegenüber bei der wirklichen geheimen Pflaumenerzeugerswitwe Alma Schulz und sagte zu der Dame, als diese ihr öffnete, die Dame von vis-à-vis* hätte sie hierher gewiesen, und so nähme sie noch einmal Gelegenheit, zu fragen, ob hier vielleicht ein junges Mädchen vor einer Stunde hereingekommen wäre, indem diese sich von vier Genossen zuvor abgetrennt gehabt hätte. Frau getrocknete Pflaumenerzeugerswitwe Alma Schulz sagte, es wäre vielleicht erste Etage gewesen. Nun klingelte Frl. Dr. Bolte erste Etage und fragte, ob dort vielleicht ein junges Mädchen vor einer Stunde hereingekommen wäre, indem sie sich zuvor von 4 Genossen abgetrennt gehabt haben würde. Die betreffende Dame sagte: »Vielleicht Parterre?« Also klingelte Frl. Dr. Auguste wieder Parterre und fragte die Frau wirkliche getrocknete Pflaumenerzeugerswitwe, ob dort wohl vor etwa circa einer Stunde ein junges Mädchen hereingekommen wäre, indem sie sich zuvor von 4 Genossen abgetrennt gehabt hätte. Frau wirkliche getrocknete Pflaumenerzeugersrätin verneinte höflich, aber durchaus bestimmt und sagte: »Vielleicht fragen Sie einmal in der zweiten Etage nach, hier isse** nich.«

* französisch
** provinzieller Ausdruck

Frl. Dr. A. Bolte fragte nun auch in der zweiten, dritten, vierten, fünften Etage in beiden Wohnungen, je rechts und links. Zwischendurch wurde sie wiederholt zu der Frau wirklichen getrockneten Pflaumenerzeugersrätin geschickt, die nach wiederholten so bestimmten als höflichen Abweisungen zuletzt begann, sich zu räuspern und heiser zu hüsteln. Es half ihrer hochgetrockneten Rätin nichts. Frl. Dr. Auguste kam nämlich noch einmal, klingelte und fragte, ob hier vielleicht ein junges Mädchen vor ca. ungefähr einer knappen Stunde – »2 ½ Stunden«, verbesserte Frau Rätin –, also vor ca. ungefähr 2 ½ Stunden ein junges Mädchen gewissermaßen hereingekommen wäre – »Indem sie sich zuvor auf der Straße von 4 Genossen vorher getrennt gehabt worden wäre«, ergänzte Frau wirkliche getrocknete Rat. Und mit einem Male wurde Frau Pflaumenrat, indem sie die ganze Angelegenheit für eine Pflaume hielt, so unangenehm, wie es Frl. Dr. doch nicht weder erwartet noch verdient hatte. Nachdem sie* sich wiederholtermaßen geräuspert hatte, grinste sie, wedelte mit beiden Händen**, als ob sie die Luft wiegen wollte, schlug mit flacher Hand des öfteren gegen die Tür und zerschlug aus Versehen dabei die Glasscheibe. Dann schrie sie: »Bi, bi, bi, bi, bi, bi«, bekam einen Schreikrampf, rannte aus dem Hause und alarmierte die Feuerwehr. Scheibe einschlagen, drücken, warten bis jemand kommt. Sie wartete aber nicht, sondern kehrte um, nahm ihren aus Draht geflochtenen Abtreter und haute damit senkrecht von oben mit einer Kraft von etwa 2 Pferdestärken auf Frl. Dr. Augustes vielgeprüften Kopf. Frl. Dr. Auguste bemerkte dieses sogleich und zwar in nicht angenehmer Weise, und da es ihr ungemütlich wurde, ging sie mit Würde ins Hinterhaus, um dort in gleicher Weise nach dem Verbleib des jungen Mädchens zu fragen, die sich vor ca. 3 Stunden von 4 Genossen getrennt hätte, um in 5 zu gehen. Zunächst fiel ihr 3, 4, 5 sehr

* Frau Rat
** wie ein Hund

auf. Das war Rhythmus. Aber lange konnte sie nicht hierüber hin- und herdenken, wieso das wohl von Wichtigkeit wäre, denn sie bekam beim eiligen Auf- und Absteigen einen Wadenkrampf. Es war ihr sehr unangenehm. Sie hatte es etwas eilig. In allen Türen standen neugierige Mäuler. Und Frl. Dr. Auguste mußte der Ruhe pflegen, wobei die Wade lebhaft schmerzte. Sie dachte zunächst über die Begriffe Ramm und Wadenkrampf nach. Ramm ist gewissermaßen ein Wadenkrampf im Fuße und Wadenkrampf ist ein Ramm im Unterschenkel. Maulsperre ist auch so ähnlich. Und es war immerhin noch ein Glück, daß Frl. Dr. Auguste nicht Maulsperre statt Wadenkrampf bekommen hatte. Sie hätte ja auch plötzlich etwa Gehirnerweichung bekommen können, und dann hätte sie die grandiose Verfolgung ihrer Idee vorzeitig aufgeben müssen. Auguste war ein dankbares Wesen, und sie erzählte es allen Leuten, die in den Türen standen, wie gut es wäre, daß sie bloß Wadenkrampf hätte. »Da müssen Se mitten Filzschuh draufhaun«, sagte eine Dame. Frl. Dr. bat um einen Filzschuh und konnte nun die Verfolgung ihrer Idee wieder aufnehmen. In der fünften Etage zweite Tür sagte man ihr, die Dame wäre vielleicht in Nr. 5 gegangen, dieses wäre Nr. 6. Frl. Dr. Auguste sagte »Dankeschön« und ging ein Haus weiter, Vorderhaus und Hinterhaus, je 12 Wohnungen. Zwischendurch kam der Wadenkrampf wieder, dann lieh sie sich wieder einen Filzschuh. Plötzlich verlor sie einen Absatz. Aber was bedeutet das gegenüber der Ewigkeit? Und in der fünften Etage Hinterhaus zweite Tür sagte man ihr, sie sollte es doch in Nr. 5 versuchen, dieses wäre 5a. Frl. Dr. Auguste war ein gescheites Mädchen, schon in der Schule gewesen. Sie wußte, daß der Mensch durch Übung geschickt wird, und daß sie die junge Dame um so schneller finden würde, je länger sie suchen müßte. Das macht eben die Übung. Plötzlich findet man, wenn man noch zu suchen glaubt. Das macht eben die Übung. Aber Auguste wollte dieses Mal sicher gehen, daß sie nicht wieder die Hausnummer verwechselte. Daher redete sie einen Herrn auf der Straße an und bat ihn, ihr die Nr. 5 zu zeigen. Frl. Dr. Auguste wußte, schon wieder dieser unheimliche Reim, daß sie, indem sie Frl. Dr. war, eine Persönlichkeit darstellte, und daß ihrer Autorität jeder willig sich beugte. Jeder mußte es ihr sagen, wo und wann Nr. 5 wäre. Sie war eine Persönlichkeit, genau wie die ganz großen Persönlichkeiten großer Zeiten. Dabei war es gänzlich gleichgültig, daß sie nur im Unterrock dastand*, denn die Kleidung macht die Persönlichkeit nicht, so was hat man in sich. Schade, daß sie ihren Hacken verloren hatte. Der Herr aber hieß Mayer. Mayer war Weltmann. Mayer machte eine elegante Verbeugung und nannte Frl. Dr. Auguste: »Gnädige Frau«. Dann erkundigte er sich teilnehmend, ob sie ihren Klemmer verloren hätte, indem er es taktvoll vermied, den niedrigen Absatz zu bemerken. Mayer zeigte ihr dann Nr. 5. Frl. Dr. Auguste fragte noch einmal nach, ob es auch ganz bestimmt Nr. 5 wäre. Jawohl, es wäre ganz gewiß Nr. 5. Und mit einer förmlichen Verbeugung ging Mayer weiter. Aber Frl. Dr. Auguste war infolge ihrer Erfahrungen mißtrauisch geworden und fragte deshalb einen zweiten Mann nach Nr. 5. Der hieß Müller. Frl. Dr. Auguste wußte, daß ihr als Persönlichkeit jeder antworten mußte. Sie bat also Müller, ihr zu sagen, wo Nr. 5 wäre. Müller war von Beruf Klosettreiniger. Müller brummte nur zwischen den Zahnlücken: »Kann det Biest nich sehn?« Auguste bat noch einmal: »Ach bitte haben Sie die große Güte, mir die Hausnummer 5 zu zeigen, ich leide nämlich an Wadenkrampf.« »Die werk dich zeijen«, fletschte Müller und zeigte ihr Nr. 4. Also fragte Auguste in 4 in 24 Wohnungen nach dem Fräulein. Zuletzt schickte man sie nach Nr. 3. Aber welch glücklicher Zufall, welche Wendung des Himmels! Auguste war schon als Kind ein gescheiteltes Mädchen gewesen.** Und sie hatte schon immer so gewisse

* etwa wie die Kunstkritik
** s. Kritiker

Ahnungen gehabt. Und so traf es sich per Zufall, daß Frl. Dr. Auguste, indem sie in Nr. 3 gehen wollte, zufällig in Nr. 5 hineinging. Bewegung macht Hunger, und Hunger macht satt. Bewegung ist der beste Koch. Das heißt, an Essen war gar nicht zu denken. Jedenfalls war Auguste nun in Nr. 5, der Instinkt war mit ihr durchgegangen. Und tatsächlich, nachdem sie in allen 10 Wohnungen des Vorderhauses und allen 10 Wohnungen des Hinterhauses nach dem jungen Mädchen gefragt hatte, erkannte sie die betreffende junge Dame, die vor ca. 6 Stunden sich von 5 getrennt hatte, um in 5 zu gehen. Die betreffende Betroffene öffnete ihr nämlich selbst die Tür in der fünften Etage, Hinterhaus.* Der Instinkt war eben mit Frl. Dr. Leb durchgegangen, wie hätte sie sonst so schnell das junge Mädchen gefunden haben können. Wie freute sich Auguste, daß das Mädchen nicht inzwischen verzogen oder gestorben war. Aber was sollte Auguste nun sagen? Jedenfalls wollte sie es dieses Mal geschickt anfangen. Auguste wußte, daß sie jetzt diplomatisch vorgehen mußte. Sonst würde sie nichts erfahren. Auguste wußte, daß sie ihre persönliche Autorität wahren mußte. Es kam ihr ein genialer Gedanke, wie ein Freier, und schoß durch ihren durchlöcherten Kopf. Und wie ein Querschläger blieb der Gedanke sitzen. Auguste fühlte, daß sie jetzt quasi vis-à-vis der Ewigkeit stünde und schwieg deshalb. Auguste schwieg. »Was wünschen Sie?« fragte das junge Mädchen. Frl. Dr. Auguste wahrte ihre persönliche Autorität und schwieg. »Womit kann ich Ihnen dienen?« fragte das Mädchen weiter. Frl. Dr. Auguste schwieg. »Was wollen Sie denn hier?« – Auguste wußte ihre persönliche Autorität zu wahren. Jetzt begann das junge Mädchen ihr ins Ohr zu brüllen, was sie eigentlich wollte. Frl. Dr. Leb war ja gar nicht taub, nur zuweilen Persönlichkeit, nichts weiter. Aber Frl. Dr. Auguste erregte sich über diese Behandlung gegen eine Persönlichkeit, wenn sie auch

* ausgerechnet »fünfte« Etage

einige Genugtuung darüber empfand, daß sie so großen Eindruck machte. Gegen Persönlichkeiten pflegt nämlich ein sittsamer Mensch ruhig, freundlich und leise zu sein. Ertauben Persönlichkeiten aber, so können sie sowieso nichts hören. Man legt den Finger auf den Mund und sagt ehrfürchtig: »Da steht sie, die Persönlichkeit. Sie sagt keinen Ton. Hört ihr, wie sie schweigt?«

Und mit einem Male schlug das Mädchen die Tür zu.

Frl. Dr. Auguste begann abermals zu klingeln. Das junge Mädchen kam nicht. Frl. Dr. klingelte wieder. Das junge Mädchen öffnete. Frl. Dr. Auguste schwieg. Sie wahrte ihre Persönlichkeit. Da schlug das junge Mädchen wieder die Tür zu.

Frl. Dr. Auguste begann zum dritten Male zu klingeln. Das junge Mädchen kam nicht. Frl. Dr. klingelte stärker. Ein Hund begann zu bellen. Es kamen viele Hunde und bellten. Das junge Mädchen kam nicht. Frl. Dr. Auguste klingelte sehr laut und klopfte mit der Hand an die Scheiben. Die Hunde bellten jetzt sehr laut. Aus allen Türen kamen Leute. Da kam das junge Mädchen wieder. Frl. Dr. schwieg. Das Mädchen war aufgeregt, zitterte und sagte: »Wollen Sie mir nun endlich sagen, was Sie hier eigentlich wollen?« – Frl. Dr. Auguste warf ihr einen verächtlichen Blick zu. Man muß die Bestien zähmen. »Ich fordere Sie jetzt auf«, schrie nun das junge Mädchen, »mir zu sagen, was Sie eigentlich wollen, oder das Haus zu verlassen.« »Das ist unerhört«, rief eine Stimme von unten. Frl. Dr. Auguste schwieg. Aber die Hunde bellten lauter. Das junge Mädchen mußte nun weinen.

Jetzt empfand Frl. Dr. Auguste mit Genugtuung den Erfolg, daß ihre Schweigetaktik doch die richtige gewesen war. Sie war im übrigen damit beschäftigt, einen neuen Wadenkrampf zu bekämpfen. Jetzt gab sie ihre Taktik auf, ging auf das junge Mädchen zu und nahm deren Kopf zwischen ihre beiden Hände, indem sie ihn sanft an ihre Brust drückte.

Das junge Mädchen schluchzte tief auf und ab. Gerade als der Wadenkrampf erneut ausbrach, überschluchzte sich das jugendliche Mädchen. Die Hunde waren heiser geworden. Einer wollte in Frl. Dr. Augustes kranke Wade beißen. Das war ein großes Glück, denn sonst ständen die zwei Frauen immer noch im Treppenhause.

Plötzlich ging Frl. Dr. Auguste in die Wohnung, als ob sie hineingehörte und forderte das junge Mädchen freundlich auf, ihr zu folgen und bitte Platz zu nehmen. Frl. Dr. Auguste war eine Autorität. Deshalb folgte ihr das junge Mädchen. »Setzen Sie sich«, sagte darauf die Autoritätsperson zu dem jugendlichen Mädchen. »Wie heißen Sie?« – »Anna.« – »Und der Nachname?« – »Sündig.« – »Und welche Vornamen haben Ihnen Ihre lieben Eltern noch gegeben?« – »Louise, Eilerdine.« – »Ist Anna der Rufname?« – »Ja.« – »Wie alt sind Sie, Anna Sündig?« – »Siebenunddreißig Jahre.« – »Noch so jung!« – »Jawohl.« – »Militärische Verwendbarkeit?« »G. v. Heimat.«* – »Militärmaß?« – »194 cm hoch.« – »Gewicht?« – »Schlank.« – Woran leiden Sie?« – »Ich leide am Herzen.« – »Militärischer Grad?« – »Schief, nicht grade.« – »Zivilstellung?« – »Hühneraugenmasseuse.« – »Ledig?« – »Gewissermaßen.« – »Können Sie kochen?« – »Für den Hausgebrauch.« – »Dann kochen Sie uns eine starke Tasse Tee.« – Das junge Mädchen setzte Wasser auf Gas. Inzwischen, als das junge Mädchen draußen war, dachte Frl. Dr. Auguste.

»Dachte** sind keine Lichte«, sagte schon meine Großmutter. Frl. Dr. Auguste dachte aber bei sich, daß sie auf diese Weise nichts erfahren würde. D.h. sie erfuhr allerhand, aber nicht, was sie wissen wollte. Ungewöhnliche Begebenheiten hatten sich ereignet, und Frl. Dr. Auguste wußte zwar daß, aber nicht was. Ein neuer unerhörter Reim. ß reimt sich auf s. Auguste fragte jetzt auf andere Weise, um aus dem jungen Mädchen alles zu erfahren. Zunächst fragte Frl. Dr. Bolte, ob

* ältere Lesart: Heirat

** provinzieller Ausdruck für: Dochte

das junge Mädchen die Dame gewesen wäre, die indem sie sich von 5 getrennt hätte, in 5 gegangen wäre. Das junge Mädchen leugnete es. Und dabei war sie es bestimmt gewesen. Auguste wußte es genau. Sonst hätte Auguste doch nicht gefragt. Man fragt doch nicht, wenn man nicht die Antwort weiß. Sie war es bestimmt gewesen, bestimmt. Bolte sagte ihr jetzt auf den Kopf zu, daß sie es gewesen wäre, bestimmt. Wie ein aus Draht geflochtener Abtreter sagte es ihr Frl. Dr. Bolte auf den Kopf, daß sie zunächst in einer Gruppe von 10 Personen in einer und derselben Richtung gegangen wäre, dann hätte sie sich mit 4 anderen abgetrennt und hätte schließlich auch diese 4 verlassen, um in 5 zu gehen. Annalouise Sündig bestritt diese Tatsache. Und dafür hatte Auguste keine Mühe gescheut, um dieses undankbare Wesen zu finden. Auguste hatte jede Geschwindigkeit gelitten, allen überflüssigen Ballast abgeworfen, Abtreter auf dem Kopfe gefühlt und Wadenkrämpfe bekommen, und dieses Wesen, das alles wußte, sagte nicht einmal, was Auguste selbst schon wußte. Sie log. Das Wesen log. Nun fragte Auguste: »Habe ich Ihnen vielleicht noch nicht genug Ballast abgeworfen? Soll ich Ihnen vielleicht noch meine Watte aus den Ohren auf den Tisch legen?« und sie legte 2 Wattebäuschchen auf den Tisch. »Sie können doch unmöglich verlangen, daß ich Ihretwegen auch noch meinen Unterrock ausziehe. Sie verwogenes Wesen Sie, Kaffer! Und wegen Ihnen habe ich mir von ihrer Exzellenz Frau wirkliche geheimgetrocknete Pflaumenerzeugungsrätin, Frau Alma Schulz, deren hochgeborenen drahtgeflochtenen Abtreter mit 2 Pferdestärken senkrecht auf den Kopf hauen lassen. Und dieser Idiot lügt! Habe ich meine 2 Wadenkrämpfe denn umsonst gehabt?« Und mit diesen Worten wurde Auguste sehr zornig. Und indem sie mit dem Finger auf den Tisch wies und dazu sagte: »Da, da ist die Watte«, riß sie dem Schreibtisch ein Bein aus. Annalouise Sündig ergriff ihre beiden Beine und hielt sie fest. Mit diesem Beine des Schreibtisches zertrümmerte Auguste Bolte die

Fenster, daß die Scheiben zur Straße klirrten, dann den Tisch, die Stühle, ein Kommödchen, Bilder, Spiegel, Nippessachen usw. Die Bilder an der Wand traten aus ihren Rahmen, und Frl. Annalouise flüchtete. Inzwischen war der Tee angebrannt. Vielleicht ist dieses der einzige Fall in der Weltgeschichte, daß Tee angebrannt war. Eine dicke Luft durchwehte die kleine Wohnung, etwa wie Würmer. Auguste Bolte dachte, wie leicht sie, wenn sie statt des Wadenkrampfes einen Ramm gehabt hätte, hätte rammdösig geworden sein können. Die Hausbewohner, erschreckt durch die klirrenden Scheiben, liefen zusammen. Hier war für Auguste nichts mehr zu erfahren, soviel wußte sie. Und mit Würde wie eine Autorität verließ sie das Lokal*, indem sie den ihr begegnenden Hausbewohnern sagte, sie sollten nach oben laufen, der Tee wäre angebrannt, und es bestünde die Gefahr, daß er explodierte.
Als nun alle nach oben liefen, begab sich Frl. Dr. Auguste Bolte auf die Straße und schickte alle Leute, die ihr begegneten, in Nr. 5, weil dort etwas passiert wäre. Ein Mann nannte Auguste eine harmlose Irre, durch welche Bemerkung ihr Eifer bedeutend angefacht wurde. Aber dann riß sie sich los vom angebrannten Tee und stand nun wieder mit beiden Beinen in der Wirklichkeit. Denn die Lage erforderte Auguste ganz. Auguste wußte, daß etwas Unerhörtes passiert sein mußte, welches Auguste Bolte erfahren wollte. 1, 2, 3, 4, 5, 6, 7, 8, 9, 10 Menschen waren in ein und derselben Richtung gegangen. Grunds genug, daß was los war. Aber hier war nun nichts mehr zu erfahren. Also wußte Auguste, Auguste mußte es anders zu erfahren suchen. Es lag immer noch etwas gewissermaßen in der Luft. Warum nur alle Leute sie, Auguste Bolte, so ansahen! So was tut keiner ohne Grund. Deshalb mußte was los sein. Denn sie hatte doch nichts Besonderes an sich. Einen Unterrock sowie Hemd hatte doch wohl jede

* vergleiche Kunstkritik

Frau an, also das war nichts Besonderes. Auguste war ein gescheites Mädchen, stets gewesen, schon in der Schule. Aber dieses war eine sehr schwierige Doktorarbeit. Der Dr. Leb gehört zu den schwierigsten Fakultäten.
Anfangs beschloß Frl. Dr. Auguste, zu warten, bis wieder einmal 1, 2, 3, 4, 5, 6, 7, 8, 9, 10 Personen in einer und derselben Richtung gingen. Aber aus Analogieschlüssen mit anderen großen Ereignissen, wieder solch unheimlicher Reim, schlüssen und nissen, wußte Auguste, es reimt sich wußte und guste, daß ganz große Ereignisse sich stets verschieden ankündigen. Sie war doch gescheitelt. Also Auguste wußte, daß, wenn jetzt 1, 2, 3, 4, 5, 6, 7, 8, 9, 10 Personen ausgerechnet in einer und derselben Himmelsrichtung gehen würden, so würde das dieses Mal nichts zu sagen haben, nicht einmal, daß etwas los wäre. Auguste wollte sich nicht täuschen lassen.*
Und als sie noch so dachte, gingen 1, 2, 3, 4, 5, 6, 7, 8, 9, 10 kleine Mädchen in einer und derselben Richtung, und das Pensionat begegnete Frl. Dr. Auguste. Auguste zählte: »1, 2, 3, 4, 5, 6, 7, 8, 9, 10.« Ja, aber warum sollten sich große Ereignisse stets anders ankündigen? Aus welchem Grunde? Auguste fand keinen Grund. An sich konnten sie sich nämlich anders und ebensogut auch in gleicher Weise ankündigen. Also mußte Auguste als gewissenhafter Mensch die 10 Mädchen ebensogut verfolgen, wie im Anfang jene 10 Personen. Und Auguste tat es. Aber indem sie dem Pensionat folgte, kam ihr der Gedanke, daß sie die ganze Wahrheit, aus dem Grunde, daß große Ereignisse sich auch verschieden ankündigen können, auch anders erfahren könnte, d. h., wenn sie, statt den 10 Mädchen zu folgen, in entgegengesetzter Richtung ginge. Also ging Auguste zunächst in entgegengesetzter Richtung. Aber da Auguste nun einmal nicht wußte, ob es richtiger wäre, wenn sie mit den 10 Mädchen ginge,

* vergleiche Nachläufertum. (Epigone)

oder entgegengesetzt, und da es gewissermaßen vor der Ewigkeit gleichgültig war, so begann sie wieder ihren Pendelverkehr. Auguste war eben ein logischer Mensch, wenn es auch oft schwerfiel. Hier dachte Frl. Auguste an die großen Erfinder aller Zeiten. War nicht eine Ähnlichkeit in der ganzen Situation? Gewissermaßen wenigstens. Denn was ist eigentlich gewiß auf der Erde? Wenn so einer z. B. das Pulver erfinden wollte, wie sollte er es dann wohl machen? Wenn er z. B. alles zu Pulver zermahlen würde, so gebe das noch nicht ausgerechnet Pulver.* Vielleicht müßte er sogar manches heile lassen, denn nichts ist anders zu erkennen, als durch sein Gegenteil. Also wer Pulver erfnden wollte, mußte Klötze bauen. Und dann überhaupt was für ein Pulver? Es gab z. B. Schießpulver, Backpulver, Brustpulver, Scheuerpulver, Putzpulver, je nachdem was der betreffende Erfinder zermahlen hatte. Und die Sache war sogar noch komplizierter. Zum Beispiel brauchte Brustpulver nicht ausgerechnet zermahlene Brust zu sein. Anderseits konnte es aber trotzdem zermahlene Brust sein. Denn wer wollte einen daran hindern, zermahlene Brust anders als Brustpulver zu nennen. Und wie sollte man Brust überhaupt zermahlen? Man müßte sie doch jedenfalls erst gut trocknen. Und dann welche Brust? Es gab Gänsebrust, Armbrust, Gänseleber, Gänseleberpastete, Beutelwurst, Schlackwurst, Puppenküchen usw. So dachte Frl. Dr. Auguste, als sie wiederholt umkehrte und bald hinter dem Pensionat herlief, bald in entgegengesetzter Richtung. Dabei wurde die Entfernung von Pensionat und der Stelle, an der Auguste dasselbe bemerkt hatte, stetig größer, und die Geschwindigkeit Augustes hatte mittlerweile bald die Zahl 333 ⅓ erreicht. Sie dachte wieder an neue unerhörte Dinge, die sich ereignen würden, als Vorboten großer Ereignisse. Da sah sie in der Ferne einen Mann, der, indem er sie erblickte, sich entsetzt umkehrte und davonlief. Nun

* vergleiche noch einmal die Kunstkritik

setzte sich Frl. Dr. Leb in bedeutend gesteigerter Geschwindigkeit in Bewegung, Richtung fliehender Mann. Dieser floh, wie von Furien gepeitscht. Auguste entledigte sich nun auch des Unterrockes als Ballast, um den Flüchtling zu erreichen. Sie hatte immer noch einen kleinen Unterrock an. Man schätzt die von ihr erreichte Geschwindigkeit auf 5-6 hundert m in der s. Plötzlich sprang der Mann in eine Droschke und entfuhr.
Frl. Dr. Auguste stand nun wie eine Schmuckfigur in den Anlagen.* Das Pensionat zu erreichen, war bei der jetzigen Entfernung unmöglich gewoden. Der Mann fuhr per Droschke davon. Aber lange stand sie nicht. Plötzlich sprang sie in ein Auto, und das Auto verfolgte die Droschke wie im Kino.
Nun aber, als das Auto in rasender Fahrt die Droschke erreicht hatte, begann Frl. Dr. Leb Auguste Bolte zu reflektieren. Denn wenn gute Worte sie begleiten, dann fließt die Arbeit munter fort. Sie überlegte nämlich, daß es vielleicht einseitig wäre, wenn sie jetzt nur den Mann in der Droschke verfolgte; wer konnte es wissen, ob gerade dieser Mann der Vorbote großer Ereignisse wäre. Sollte nicht vielleicht gerade das Pensionat auf außergewöhnliche Begebenheiten hindeuten. Per Auto aber wäre es noch zu erreichen, das Pensionat nämlich. Also gab sie dem Chauffeur die nötigen Anweisungen und richtete nun nach bekanntem System einen Automobilpendelverkehr zwischen Manndroschke und Zehnmädchenpensionat ein, bis ihr ein neuer Gedanke kam.
Zunächst wäre nun etwas über Richard Eckemecker zu schreiben. Seine Geschichte ist kurz. Wer er war, ist gleichgültig. Denn er war eben weiter nichts als Richard Eckemecker, stammte vom alten Eckemecker ab, sah seinem Vater und seiner lieben Mutter nicht unähnlich und hatte schon von seinem Vater eine gewisse Scheu, speziell vor Menschen geerbt. (Unsinn Aujuste, heiraten mußt de.) Von dem alten Eckemecker stammte das berühmte Wort: »Der Mensch ist ein

* wie der Kritiker in der Kunstausstellung

Vieh, ja ein Viehlu sogar.« (Unsinn Aujuste, heiraten mußt de.) Der kleine Richard war schon als kleines Kind scheu gewesen. Vieh war ihm greulich. Die Mücken stachen, die Bienen stachen, die Ameisen pieten, die Schlangen bissen, die Pferde und Esel schlugen, die Löwen bissen, die Katzen kratzten usw. (Unsinn Aujuste, heiraten mußte). Ein Viehlu aber, so schien es ihm, das stach, piete, biß, schlug, boxte, kratzte und schoß sogar, je nach Bedarf. Kein Wunder, daß der kleine Richard scheu wurde. (Unsinn Aujuste, heiraten mußte.) Er scheute vor Menschen. Wie ein Pferd. Ein einzelner Mensch war ihm nicht unangenehm, denn kein Viehlu hat je Mut gehabt. (Nach Eckemecker natürlich.) Ein Viehlu allein würde nie angreifen. Aber in der Mehrzahl wurde das Viehlu kühn. (Unsinn Aujuste, heiraten mußte.) Und sowie nun der kleine Richard 2 und mehr Menschen sah, so scheute er. Seine liebe Mutter hatte ihm deshalb 2 niedliche Scheuklappen gearbeitet, damit er nicht gleich so viele Menschen auf einmal sähe. Richards Leiden hatte sich auch schon etwas gebessert, denn er scheute nicht mehr bei 2 Menschen, sondern erst bei 3, falls ihn nicht andere Gründe zu der Annahme zwangen, daß er einem wildgewordenen Viehlu auf Gnade ausgeliefert wäre.

An Schule war nicht zu denken gewesen. Richard war nicht vor dem Lehrer, aber vor den Mitschülern scheu geworden und war jedesmal durchgegangen, wie ein Pferd. Weder Strenge noch Milde hatten etwas vermocht. Und so war er auch nicht konfirmiert. Als man ihn seinerzeit zum Soldaten machen hatte wollen, hatte Richard die Kaserne demoliert, war dann festgenommen worden und vor seinen Feldwebel gestellt, wobei ihn der Unteroffizier ein Filou genannt hatte. Richard hatte Viehlu verstanden und war abermals durchgebrannt. Wie ein Topf. Und man hatte ihn laufen lassen. Ebenfalls wie ein Topf.

An jenem Tage nun, als Auguste Bolte ihren Dr. Leb machte, war Richard Eckemecker auf der Straße spazierengegangen, mit Scheuklappen wie gewöhnlich, seitlich der Augen, ohne sich viel zu denken. Da waren ihm plötzlich 1, 2, 3, 4, 5, 6, 7, 8, 9, 10 Menschen begegnet, die ihm in einer und derselben Richtung entgegenkamen. Kaum hatte sie der scheue Richard gesehen, so war er scheu geworden und mit Geschrei durchgegangen, durch die Mitte der 1-10 Menschen hindurch, die nach allen Seiten auseinanderplatzten. Ein junges Mädchen hatte sich nicht mehr rechtzeitig retten können. Eckemecker hatte sie niedergestreckt. (Unsinn Aujuste, heiraten mußte.) Nun waren die restlichen 9 stehen geblieben, und als sie ihn hatten davonlaufen sehen, war in ihnen das Viehlu erwacht. Die 9 Menschen waren ihm nachgelaufen, um ihm etwas zu tun. Nun kamen andere Menschen hinzu. Passanten und ein Polizist. Es begann eine wilde Jagd Richtung Eckemecker. Wie im Kino. Richard wußte sich nicht zu helfen. Da lief er durch eine Spiegelscheibe in ein Delikatessengeschäft. Dort warf er zunächst den Inhaber um, dann alles andere. Er warf den Fischkasten und den Marmeladenschrank um, er warf den Käsequark und die Kasse um, er warf den Wurstschrank und den Senftopf um, er warf den Zuckersack und die Schmierseife um. Der Inhaber, Herr Mayer, lag unten. Nun kam die Meute der Viehlus ihm nach. Während einige zu plündern begannen und die Fische sprangen, während andere weiter demolierten, während andere den Inhaber, einen gewissen Herrn Mayer, verprügelten, während der Polizist vor Schreck Schreckschüsse abgab, entkam Richard Eckemecker unerkannt durch das Privatbüro und einen Gang auf eine andere Straße.

Da stand nun Richard Eckemecker, schwitzend, schäumend und zitternd wie ein Pferd. Wie wenn ein edles Pferd durchgegangen war. Er nahm jetzt seine Scheuklappen ab, um sich die Stirn abzutrocknen. Plötzlich gewahrte* er eine fürchterliche Erscheinung. Eine Frau in Hemdsärmeln, ohne Korsett, dagegen mit Unterrock, ohne Kleid, dagegen mit total ver-

* Kritikerdeutsch

rutschten Strümpfen, mit einem hohen und einem niederen Absatz, die Haare aufgelöst im Winde flatternd, die Hände schüttelnd, wie zur Tat bereit, eine solche Frau kam mit Würde auf ihn zu, wie eine Autoritätsperson, laufend, geraden Wegs. Der scheue Richard begann zu schluchzen. Dann rannte er plötzlich davon, wie von den bekannten Furien gepeitscht, fort, aber dieses Mal nicht in Richtung nach der Frau, sondern entgegengesetzt. Schreck wühlte Augenlichter zischen Eingeweide. Richard Eckemecker fühlte ein unsagbares Grauen. Er schwang sich in eine Droschke und entfuhr. Und als er sich scheu über die Schulter umblickte, sah er die Frau in ein Auto springen. (Unsinn Aujuste, heiraten mußt de.) Wieso, was heißt hier heiraten?

Es gab eine angstverzerrte Jagd, wie im Kino. Zwischendurch raste das Auto davon, um das Pensionat zu erreichen. Dann kam es zurück mit neuer Wut, wie ein Dorfhund.* Plötzlich enteilte es wieder zum Zehnmädchenpensionat. Die Jagd war angstverzerrt, wie im Kino.

Plötzlich schoß wieder etwas durch Frl. Dr. Augustes Kopf. Ein Gedanke schoß. Auguste erinnerte sich, daß es gewissermaßen vor der Ewigkeit gleichgültig wäre, ob sie dem Mann folgte oder nicht, wie es seinerzeit gleichgültig gewesen war, ob sie dem Zehnmädchenpensionat folgte, oder in entgegengesetzter Richtung ginge. Frl. Dr. Leb war schon in der Schule ein gescheites Mädchen gewesen.** Denn wer konnte es wissen, ob der fliehende Mann von großen Ereignissen käme, oder zu großen Ereignissen zu laufen im Begriffe wäre. Wer wollte es wagen zu entscheiden, ob Frl. Dr. Auguste dem Manne folgen sollte, oder in entgegengesetzter Richtung fahren mußte. Und welches war überhaupt die entgegengesetzte Richtung? Und genaugenommen hätte sie in jener entgegengesetzten Richtung gehen müssen, nicht fahren, da ja seinerzeit der Mann aus jener Richtung zu Fuß gekommen war.

* lies Kunstkritiken

** siehe oben

Salzige Zweifel überschlugen sich. Denn wer konnte es wissen, ob sie nicht gerade wegen der Gegensätzlichkeit in entgegengesetzter Richtung hätte fahren müssen und in gleicher Richtung laufen? Wer konnte überhaupt etwas wissen? Und es wurde ihr klar, daß der Dr. Leb nichts wissen konnte.* Und sie empfand in aller Eile die Genugtuung, nun gewissermaßen sogar Frl. Dr. Professor zu sein, wenigstens außerordentlicher Professor, und zwar weil sie nichts wissen konnte.

Plötzlich hielt die Droschke.

Der Mann entsprang in ein Haus.

Die Würfel waren gefallen, und der Mann in ein Haus entsprungen, Frl. Professor Auguste ließ ihr Auto halten. Es war klar, daß hier etwas los war. Warum sonst entspringt ein Mann in ein Haus? So was geht nicht in einen hohlen Zahn! Warum sonst springt ein Mann in eine Droschke, um in ein Haus zu entspringen? Warum? Soviel war sicher, wenn hier nichts los war, war nirgends was los. Obzwar es auch umgekehrt sein konnte. Aber indem Auguste die Gleichgültigkeit aller Werte erkannte, indem sie nun wußte, daß alles je nach Geschmack alles oder auch nichts beweisen konnte, kam ihr eine neue unerhörte Erkenntnis, daß es nämlich gleichgültig ist, ob sich ein Mensch darum kümmert oder nicht.

Um alles konnte sich niemand kümmern. Der Mensch mußte sich entscheiden. Und er mußte sich entscheiden. Und er mußte sich entscheiden, nicht weil er sich entscheiden mußte, sondern gerade weil es an sich gleichgültig war, ob er sich entschied und wie er sich entschied.

Frl. Dr. Professor Auguste machte nun angesichts der neuen Erkenntnis einen Strich durch ihr früheres Leben und wollte nun nur noch ausschließlich ihre ganze Forscherkraft dem ins Haus entsprungenen Manne widmen. Hier sollte sich alles entscheiden. Nur schade, daß sie nicht mit dem Auto ins

* Der Autor ernennt den Kritiker zum Dr. Leb

Haus fahren konnte. Vielleicht würde dieser Mann sie sogar heiraten, wenn er erfuhr, daß sie Dr. Prof. Leb wäre. Überhaupt wenn sie einmal heiraten sollte, so wäre das gerade ein Mann für sie gewesen. Denn dieser Mann hatte Respekt vor ihr. Dieser Mann betrachtete sie, wie sie bei ihrer geistigen Bedeutung betrachtet werden mußte, als Respektsperson. Deshalb entsprang er in jenes Haus. Auguste Bolte wußte jetzt, was sie wollte. Sie sprang aus dem Auto, warf den Schlag zu und lief in – – d.h. sie wollte laufen.

»Halt!« schrie der Chauffeur*. »Erst bezahlen!« – Auguste suchte ihre Handtasche und fand sie nicht. Plötzlich kam ihr ein rettender Gedanke, war sie doch schon immer ein gescheiteltes Mädchen gewesen, schon in der Schule. Sie bezeichnete dem Chauffeur genau die Ecke, an der sie seinerzeit die Handtasche niedergelegt hatte, als sie die je 5 Personen zu Fuß verfolgt und Ballast abwerfen mußte, und sagte, in der Tasche wäre mehr Geld, als er verlangte; den Rest solle er als gutes Trinkgeld behalten. Da wurde der Mann wütend und bezeichnete sie mit dem Ausdruck: »Betrügerin.« Demgegenüber betonte Frl. Dr. Auguste, daß sie wahr und echt sei und für den Idealismus kämpfe; sie wollte als erste den Dr. Leb machen. – »Wie«, sagte der Chauffeur, »Lebkuchen? Unsinn Aujuste, heiraten mußte!« und erinnerte noch einmal an Barzahlung. Frl. Dr. Prof. Leb stellte dem Automann eindringlichst vor, daß sie aussteigen müßte. Hier würde es sich entscheiden, hier würde sie die Früchte ihres Studiums ernten, sie müßte den Mann erreichen, der in jenes Haus entsprungen wäre, um ihn zu fragen, was er eigentlich wollte. Der Chauffeur verlangte wiederholt und sehr eindringlich sein Geld, indem er seine Hand bewegte wie ein Eichbaum im Sturme. Sie sprach nur von Idealismus. Da hielt der Chauffeur sie für verrückt und hatte Angst vor ihr.

* als wie der Autor selbst

Plötzlich packte der Chauffeur Frl. Dr. Leberwurst* mit beiden Händen, setzte sie ins Auto, ohne sich um ihr Geschrei zu kümmern, und fuhr davon. Er fuhr und fuhr, bis das Auto eine große Sandfläche in der Heide erreichte. Mitten auf einem riesigen Truppenübungsplatz hielt er an, setzte Frl. Dr. Auguste nieder und fuhr weiter.

Der Leser denkt nun, hier würde sich etwas ereignen; vielleicht daß die Truppen kämen. Aber die Truppen kamen nicht, fanden Frl. Dr. Leb nicht und hatten nicht ihre Freude an dieser Blume. Vielleicht denkt der Leser, hier würde Frl. Dr. Leb verhungern, aber sie verhungert hier nicht. Vielleicht denkt der Leser, Frl. Dr. Leb würde nach Hause finden, wie eine Katze; aber sie findet nicht. Jedenfalls glaubt der Leser, hier würde es Frl. Dr. Leb erfahren, wer oder was los wäre, aber sie erfährt es nicht. Der Leser glaubt ein Recht darauf zu haben es zu erfahren, aber der Leser hat kein Recht, jedenfalls nicht das Recht, im Kunstwerk irgend etwas zu erfahren. Jedenfalls vermutet der Leser, hier würde Frl. Dr. Auguste für ihre Mühe belohnt werden, etwa indem der Rektor der Universität käme und sie zum ordentlichen Professor Leb machte. Is nich.

Sondern die Geschichte ist aus, einfach aus, so leid es mir auch tut, so brutal es auch klingen mag, ich kann nicht anders. Ich als Autor erkläre hier, daß dieses der Schluß meines Versuches ist, dem Volke eine Auguste Bolte zu schenken. Danke sehr!

Einbeck, 1.7.1922. Merz

Nachwort

Der Hammer schwebt schon, die Katastrophe kommt.

(Rektor Lauenstein.)

* resp. Lebertran

THOMAS MANN

Unordnung und frühes Leid

Als Hauptgericht hat es nur Gemüse gegeben, Wirsing-Koteletts; darum folgt noch eine Flammeri, hergestellt aus einem der nach Mandeln und Seife schmeckenden Puddingpulver, die man jetzt kauft, und während Xaver, der jugendliche Hausdiener, in einer gestreiften Jacke, welcher er entwachsen ist, weißwollenen Handschuhen und gelben Sandalen, ihn auftischt, erinnern die Großen ihren Vater auf schonende Art daran, daß sie heute Gesellschaft haben.
Die Großen, das sind die achtzehnjährige und braunäugige Ingrid, ein sehr reizvolles Mädchen, das zwar vor dem Abiturium steht und es wahrscheinlich auch ablegen wird, wenn auch nur, weil sie den Lehrern und namentlich dem Direktor die Köpfe bis zu absoluter Nachsicht zu verdrehen gewußt hat, von ihrem Berechtigungsschein aber keinen Gebrauch zu machen gedenkt, sondern auf Grund ihres angenehmen Lächelns, ihrer ebenfalls wohltuenden Stimme und eines ausgesprochenen und sehr amüsanten parodistischen Talentes zum Theater drängt – und Bert, blond und siebzehnjährig, der die Schule um keinen Preis zu beenden, sondern sich so bald wie möglich ins Leben zu werfen wünscht und entweder Tänzer oder Kabarett-Rezitator oder aber Kellner werden will: dies letztere unbedingt »in Kairo« – zu welchem Ziel er schon einmal, morgens um fünf, einen knapp vereitelten Fluchtversuch unternommen hat. Er zeigt entschiedene Ähnlichkeit mit Xaver Kleinsgütl, dem gleichaltrigen Hausdiener: nicht weil er gewöhnlich aussähe – er gleicht in den Zügen sogar auffallend seinem Vater, Professor Cornelius –,

sondern eher kraft einer Annäherung von der anderen Seite her, oder allenfalls vermöge einer wechselseitigen Anpassung der Typen, bei der ein weitgehender Ausgleich der Kleidung und allgemeinen Haltung die Hauptrolle spielt. Beide tragen ihr dichtes Haar auf dem Kopfe sehr lang, flüchtig in der Mitte gescheitelt, und haben folglich die gleiche Kopfbewegung, um es aus der Stirn zurückzuwerfen. Wenn einer von ihnen durch die Gartenpforte das Haus verläßt, barhaupt bei jedem Wetter, in einer Windjacke, die aus bloßer Koketterie mit einem Lederriemen gegürtet ist, und mit etwas vorgeneigtem Oberkörper, dazu noch den Kopf auf der Schulter, davonschiebt oder sich aufs Rad setzt – Xaver benutzt willkürlich die Räder seiner Herrschaft, auch die weiblichen und in besonders sorgloser Laune sogar das des Professors –, so kann Doktor Cornelius von seinem Schlafzimmerfenster aus beim besten Willen nicht unterscheiden, wen er vor sich hat, den Burschen oder seinen Sohn. Wie junge Mushiks, findet er, sehen sie aus, einer wie der andere, und beide sind sie leidenschaftliche Zigarettenraucher, wenn auch Bert nicht über die Mittel verfügt, so viele zu rauchen wie Xaver, der es auf dreißig Stück pro Tag gebracht hat, und zwar von einer Marke, die den Namen einer in Flor stehenden Kino-Diva trägt.

Die Großen nennen ihre Eltern »die Greise« – nicht hinter ihrem Rücken, sondern anredeweise und in aller Anhänglichkeit, obgleich Cornelius erst siebenundvierzig und seine Frau noch acht Jahre jünger ist. »Geschätzter Greis!« sagen sie, »treuherzige Greisin!«, und die Eltern des Professors, die in seiner Heimat das bestürzte und verschüchterte Leben alter Leute führen, heißen in ihrem Munde »die Urgreise«. Was die »Kleinen« betrifft, Lorchen und Beißer, die mit der »blauen Anna«, so genannt nach der Bläue ihrer Backen, auf der oberen Diele essen, so reden sie nach dem Beispiel der Mutter den Vater mit Vornamen an, sagen also Abel. Es klingt unbeschreiblich drollig in seiner extravaganten Zutraulichkeit, wenn sie ihn so rufen und nennen, besonders in dem süßen Stimmklang der fünfjährigen Eleonore, die genau aussieht wie Frau Cornelius auf ihren Kinderbildern, und die der Professor über alles liebt.

»Greislein«, sagt Ingrid angenehm, indem sie ihre große, aber schöne Hand auf die des Vaters legt, der nach bürgerlichem und nicht unnatürlichem Herkommen dem Familientisch vorsitzt, und zu dessen Linken sie, der Mutter gegenüber, ihren Platz hat – »guter Vorfahr, laß dich nun sanft gemahnen, denn sicher hast du's verdrängt. Es war also heute nachmittag, daß wir unsere kleine Lustbarkeit haben sollten, unser Gänsehüpfen mit Heringssalat – da heißt es für deine Person denn Fassung bewahren und nicht verzagen, um neun Uhr ist alles vorüber.«

»Ach?« sagt Cornelius mit verlängerter Miene – »Gut, gut«, sagt er und schüttelt den Kopf, um sich in Harmonie mit dem Notwendigen zu zeigen. »Ich dachte nur – ist das schon fällig? Donnerstag, ja. Wie die Zeit verfliegt. Wann kommen sie denn?«

Um halb fünf, antwortet Ingrid, der ihr Bruder im Verkehr mit dem Vater den Vortritt läßt, würden die Gäste wohl einlaufen. Im Oberstock, solange er ruhe, höre er fast nichts, und von sieben bis acht halte er seinen Spaziergang. Wenn er wolle, könne er sogar über die Terrasse entweichen.

»Oh –«, macht Cornelius im Sinne von ›Du übertreibst‹. Aber Bert sagt nun doch:

»Es ist der einzige Abend der Woche, an dem Wanja nicht spielen muß. Um halb sieben müßte er gehen an jedem andern. Das wäre doch schmerzlich für alle Beteiligten.«

»Wanja«, das ist Iwan Herzl, der gefeierte jugendliche Liebhaber des Staatstheaters, sehr befreundet mit Bert und Ingrid, die häufig bei ihm Tee trinken und ihn in seiner Garderobe besuchen. Er ist ein Künstler der neueren Schule, der in sonderbaren und, wie es dem Professor scheint, äußerst gezierten und unnatürlichen Tänzerposen auf der Bühne steht

und leidvoll schreit. Einen Professor der Geschichte kann das unmöglich ansprechen, aber Bert hat sich stark unter Herzls Einfluß begeben, schwärzt sich den Rand der unteren Augenlider, worüber es zu einigen schweren, aber fruchtlosen Szenen mit dem Vater gekommen ist, und erklärt mit jugendlicher Gefühllosigkeit für die Herzenspein der Altvorderen, daß er sich Herzl nicht nur zum Vorbild nehmen wolle, falls er sich für den Tänzerberuf entscheide, sondern sich auch als Kellner in Kairo genau so zu bewegen gedenke wie er.
Cornelius verbeugt sich leicht gegen seinen Sohn, die Augenbrauen etwas hochgezogen, jene loyale Bescheidung und Selbstbeherrschung andeutend, die seiner Generation gebührt. Die Pantomime ist frei von nachweisbarer Ironie und allgemeingültig. Bert mag sie sowohl auf sich wie auf das Ausdruckstalent seines Freundes beziehen.
Wer sonst noch komme, erkundigt sich der Hausherr. Man nennt ihm einige Namen, ihm mehr oder weniger bekannt, Namen aus der Villenkolonie, aus der Stadt, Namen von Kolleginnen Ingrids aus der Oberklasse des Mädchengymnasiums ... Man müsse noch telephonieren, heißt es. Man müsse zum Beispiel mit Max telephonieren, Max Hergesell, stud. ing., dessen Namen Ingrid sofort in der gedehnten und näselnden Weise vorbringt, die nach ihrer Angabe die Privat-Sprechmanier aller Hergesells sein soll, und die sie auf äußerst drollige und lebenswahrscheinliche Weise zu parodieren fortfährt, so daß die Eltern vor Lachen in Gefahr kommen, sich mit dem schlechten Flammeri zu verschlucken. Denn auch in diesen Zeiten muß man lachen, wenn etwas komisch ist.
Zwischendurch ruft das Telephon im Arbeitszimmer des Professors, und die Großen laufen hinüber, denn sie wissen, daß es sie angeht. Viele Leute haben das Telephon bei der letzten Verteuerung aufgeben müssen, aber die Cornelius' haben es gerade noch halten können, wie sie die vor dem

Kriege gebaute Villa bis jetzt noch haben halten können, kraft des leidlich den Umständen angepaßten Millionengehalts, das der Professor als Ordinarius für Geschichte bezieht. Das Vorstadthaus ist elegant und bequem, wenn auch etwas verwahrlost, weil Reparaturen aus Materialmangel unmöglich sind, und entstellt von eisernen Öfen mit langen Rohren. Aber es ist der Lebensrahmen des höheren Mittelstandes von ehemals, worin man nun lebt, wie es nicht mehr dazu paßt, das heißt ärmlich und schwierig, in abgetragenen und gewendeten Kleidern. Die Kinder wissen nichts anderes, für sie ist es Norm und Ordnung, es sind geborene Villenproletarier. Die Kleiderfrage kümmert sie wenig. Dies Geschlecht hat sich ein zeitgemäßes Kostüm erfunden, ein Produkt aus Armut und Pfadfindergeschmack, das im Sommer beinahe nur aus einem gegürteten Leinenkittel und Sandalen besteht. Die bürgerlich Alten haben es schwerer.

Die Großen reden nebenan mit den Freunden, während ihre Servietten über den Stuhllehnen hängen. Es sind Eingeladene, die anrufen. Sie wollen zusagen oder absagen oder über irgend etwas verhandeln, und die Großen verhandeln mit ihnen im Jargon des Kreises, einem Rotwelsch voller Redensartlichkeit und Übermut, von dem die »Greise« selten ein Wort verstehen. Auch diese beraten unterdessen: über die Verpflegung, die man den Gästen bieten wird. Der Professor zeigt bürgerlichen Ehrgeiz. Er möchte, daß es zum Abendessen, nach dem italienischen Salat und dem belegten Schwarzbrot eine Torte gebe, etwas Tortenähnliches; aber Frau Cornelius erklärt, daß das zu weit führen würde – die jungen Leute erwarten es gar nicht, meint sie, und die Kinder stimmen ihr zu, als sie sich noch einmal zum Flammeri setzen.

Die Hausfrau, von der die höher gewachsene Ingrid den Typus hat, ist mürbe und matt von den verrückten Schwierigkeiten der Wirtschaft. Sie müßte ein Bad aufsuchen, aber das Schwanken des Bodens unter den Füßen, das Drüber und

Drunter aller Dinge machen das vorläufig untunlich. Sie denkt an die Eier, die heute unbedingt eingekauft werden müssen, und spricht davon: von den Sechstausend-Mark-Eiern, die nur an diesem Wochentage von einem bestimmten Geschäft, eine Viertelstunde von hier, in bestimmter Anzahl abgegeben werden, und zu deren Entgegennahme sich die Kinder unmittelbar nach Tische vor allem anderen aufmachen müssen. Danny, der Nachbarssohn, wird kommen, sie abzuholen, und Xaver wird sich in Zivilkleidung den jungen Herrschaften ebenfalls anschließen. Denn das Geschäft gibt nur fünf Eier pro Woche an einen und denselben Hausstand ab, und darum werden die jungen Leute einzeln, nacheinander und unter verschiedenen angenommenen Namen den Laden betreten, um zwanzig Eier im ganzen für die Villa Cornelius zu erringen: ein wöchentlicher Hauptspaß für alle Beteiligten, den Mushik Kleinsgütl nicht ausgenommen, namentlich aber für Ingrid und Bert, die außerordentlich zur Mystifikation und Irreführung ihrer Mitmenschen neigen und dergleichen auf Schritt und Tritt um seiner selbst willen betreiben, auch wenn durchaus keine Eier dabei herauskommen. Sie lieben es, sich im Trambahnwagen indirekt und auf dem Wege der Darstellung für ganz andere junge Personen auszugeben, als sie in Wirklichkeit sind, indem sie miteinander im Landesdialekt, den sie sonst gar nicht sprechen, öffentlich lange, gefälschte Gespräche führen, so recht ordinäre Gespräche, wie die Leute sie führen: das allergewöhnlichste Zeug über Politik und Lebensmittelpreise und Menschen, die es nicht gibt, so daß der ganze Wagen mit Sympathie und doch mit dem dunklen Argwohn, daß hier irgend etwas nicht stimmt, ihrer grenzenlos gewöhnlichen Zungenfertigkeit lauscht. Dann werden sie immer frecher und fangen an, sich von den Menschen, die es nicht gibt, die abscheulichsten Geschichten zu erzählen. Ingrid ist imstande, mit hoher, schwankender, ordinär zwitschernder Stimme vorzugeben, daß sie ein Ladenfräulein ist, welches ein uneheliches Kind besitzt, einen Sohn, der sadistisch veranlagt ist und neulich auf dem Lande eine Kuh so unbeschreiblich gemartert hat, daß es für einen Christenmenschen kaum anzusehen gewesen ist. Über die Art, wie sie das Wort »gemartert« zwitschert, ist Bert dicht daran herauszuplatzen, legt aber eine schaurige Teilnahme an den Tag und tritt mit dem unglücklichen Ladenfräulein in ein langes und schauriges, zugleich verderbtes und dummes Gespräch über die Natur der krankhaften Grausamkeit ein, bis ein alter Herr, schräg gegenüber, der sein Billett zusammengefaltet zwischen Zeigefinger und Siegelring trägt, das Maß voll findet und sich öffentlich dagegen verwahrt, daß so junge Leute solche Themata (er gebraucht den griechischen Plural »Themata«) in dieser Ausführlichkeit erörtern. Worauf Ingrid so tut, als ob sie in Tränen schwömme, und Bert sich den Anschein gibt, als ob er eine tödliche Wut auf den alten Herrn mit äußerster Anstrengung, aber kaum noch auf lange Zeit, unterdrücke und bändige: die Fäuste geballt, zähneknirschend und am ganzen Leibe zitternd, so daß der alte Herr, der es nur gut gemeint hat, an der nächsten Station schleunig den Wagen verläßt.

Solcherart sind die Unterhaltungen der »Großen«. Das Telephon spielt eine hervorragende Rolle dabei: sie klingeln an bei aller Welt, bei Opernsängern, Staatspersonen und Kirchenfürsten, melden sich als Ladenfräulein oder als Graf und Gräfin Mannsteufel und bequemen sich nur schwer zu der Einsicht, daß sie falsch verbunden sind. Einmal haben sie die Besuchskartenschale der Eltern ausgeleert und die Karten kreuz und quer, aber nicht ohne Sinn für das Verwirrend-Halbwahrscheinliche, in die Briefkästen des Viertels verteilt, woraus viel Unruhe erwuchs, da plötzlich Gott weiß wer bei der Himmel weiß wem Besuch abgelegt zu haben schien.

Xaver, jetzt ohne Servierhandschuhe, so daß man den gelben Kettenring sieht, den er an der Linken trägt, kommt haarwerfend herein, um abzudecken, und während der Professor sein Achttausend-Mark-Dünnbier austrinkt und sich eine Zigarette anzündet, hört man die »Kleinen« sich auf Treppe und Diele tummeln. Sie kommen, wie üblich, die Eltern nach Tisch zu begrüßen, stürmen das Eßzimmer, im Kampf mit der Tür, an deren Klinke sie sich gemeinsam mit den Händchen hängen, und stapfen und stolpern mit ihren eiligen, ungeschickten Beinchen, in roten Filzhausschuhen, über denen die Söckchen faltig heruntergerutscht sind, rufend, berichtend und schwatzend über den Teppich, indem ein jedes nach seinem gewohnten Ziele steuert: Beißer zur Mutter, auf deren Schoß er mit den Knien klettert, um ihr zu sagen, wieviel er gegessen hat, und ihr zum Beweise seinen geschwollenen Bauch zu zeigen, und Lorchen zu ihrem »Abel«, – so sehr der Ihre, weil sie so sehr die Seine ist, weil sie die innige und wie alles tiefe Gefühl etwas melancholische Zärtlichkeit spürt und lächelnd genießt, mit der er ihre Klein-Mädchen-Person umfängt, die Liebe, mit der er sie anblickt und ihr fein gestaltetes Händchen oder ihre Schläfe küßt, auf der sich bläuliche Äderchen so zart und rührend abzeichnen.

Die Kinder zeigen die zugleich starke und unbestimmte, durch gleichmäßige Kleidung und Haartracht unterstützte Ähnlichkeit des Geschwisterpärchens, unterscheiden sich aber auch wieder auffallend voneinander, und zwar im Sinne des Männlichen und Weiblichen. Das ist ein kleiner Adam und eine kleine Eva, deutlich betont, – auf seiten Beißers, wie es scheint, sogar bewußt und vom Selbstgefühl her betont: von Figur schon ist er gedrungener, stämmiger, stärker, unterstreicht aber seine vierjährige Manneswürde noch in Haltung, Miene und Redeweise, indem er die Ärmchen athletisch, wie ein junger Amerikaner, von den etwas gehobenen Schultern hängen läßt, beim Sprechen den Mund hinunterzieht und seiner Stimme einen tiefen, biederen Klang zu geben sucht. Übrigens ist all diese Würde und Männlichkeit mehr angestrebt als wahrhaft in seiner Natur gesichert; denn, gehegt und geboren in wüsten, verstörten Zeiten, hat er ein recht labiles und reizbares Nervensystem mitbekommen, leidet schwer unter den Mißhelligkeiten des Lebens, neigt zu Jähzorn und Wutgetrampel, zu verzweifelten und erbitterten Tränenergüssen über jede Kleinigkeit und ist schon darum der besondere Pflegling der Mutter. Er hat kastanienbraune Kugelaugen, die leicht etwas schielen, weshalb er wohl bald eine korrigierende Brille wird tragen müssen, ein langes Näschen und einen kleinen Mund. Es sind die Nase und der Mund des Vaters, wie recht deutlich geworden, seitdem der Professor sich den Spitzbart hat abnehmen lassen und glatt rasiert geht. (Der Spitzbart war wirklich nicht länger zu halten; auch der historische Mensch bequemt sich schließlich zu solchen Zugeständnissen an die Sitten der Gegenwart.) Aber Cornelius hält sein Töchterchen auf den Knien, sein Eleonorchen, die kleine Eva – so viel graziler, im Ausdruck süßer als der Junge –, und läßt sie, indem er die Zigarette weit von ihr weghält, mit ihren feinen Händchen an seiner Brille fingern, deren zum Lesen und Fernsehen abgeteilte Gläser täglich wieder ihre Neugier beschäftigen.

Im Grunde hat er ein Gefühl dafür, daß die Vorliebe seiner Frau wohl hochherziger gewählt hat als die seine und daß die schwierige Männlichkeit Beißers vielleicht mehr wiegt als der ausgeglichenere Liebreiz seines Kindchens. Aber dem Herzen, meint er, läßt sich nicht gebieten, und sein Herz gehört nun einmal der Kleinen, seitdem sie da ist, seitdem er sie zum erstenmal gesehen. Auch erinnert er sich fast immer, wenn er sie in den Armen hält, an dieses erste Mal: es war in einem hellen Zimmer der Frauenklinik, wo Lorchen zur Welt gekommen, in zwölfjährigem Abstand von ihren großen Geschwistern. Er trat herzu, und in dem Augenblick fast, wo er unter dem Lächeln der Mutter behutsam die Gardine von dem Puppenhimmelbettchen zog, das neben dem großen stand, und das kleine Wunder gewahrte, das da so wohlausgebildet und wie von der Klarheit süßen Ebenmaßes umflossen in den Kissen lag, mit Händchen, die schon damals, in noch viel winzigeren Maßen, so schön waren wie jetzt, mit offenen Augen, die damals himmelblau waren und den hellen Tag widerstrahlten – fast in derselben Sekunde fühlte er sich ergriffen und gebunden; es war Liebe auf den ersten Blick und für immer, ein Gefühl, das ungekannt, unerwartet und unerhofft – soweit das Bewußtsein in Frage kam – von ihm Besitz ergriff, und das er sofort mit Erstaunen und Freude als lebensendgültig verstand.

Übrigens weiß Doktor Cornelius, daß es mit der Unverhofftheit, der gänzlichen Ungeahntheit dieses Gefühls und selbst seiner völligen Unwillkürlichkeit, genau erforscht, nicht ganz richtig ist. Er versteht im Grunde, daß es ihn nicht so von ungefähr überkommen und sich mit seinem Leben verbunden hat, sondern daß er unbewußt dennoch darauf vorbereitet oder richtiger: dafür bereitet gewesen ist; daß etwas in ihm bereit war, es im gegebenen Augenblick aus sich zu erzeugen, und daß dies Etwas seine Eigenschaft als Professor der Geschichte gewesen ist – höchst sonderbar zu sagen. Aber Doktor Cornelius sagt es auch nicht, sondern weiß es eben nur manchmal, mit geheimem Lächeln. Er weiß, daß Professoren der Geschichte die Geschichte nicht lieben, sofern sie geschieht, sondern sofern sie geschehen ist; daß sie die gegenwärtige Umwälzung hassen, weil sie sie als gesetzlos, unzusammenhängend und frech, mit einem Worte, als ›unhistorisch‹ empfinden, und daß ihr Herz der zusammenhängenden, frommen und historischen Vergangenheit angehört. Denn über dem Vergangenen, so gesteht sich der Universitätsgelehrte, wenn er vor dem Abendessen am Flusse spazierengeht, liegt die Stimmung des Zeitlosen und Ewigen, und das ist eine Stimmung, die den Nerven eines Geschichtsprofessors weit mehr zusagt als die Frechheiten der Gegenwart. Das Vergangene ist verewigt, das heißt: es ist tot, und der Tod ist die Quelle aller Frömmigkeit und alles erhaltenden Sinnes. Der Doktor sieht das heimlich ein, wenn er allein im Dunklen geht. Es ist sein erhaltender Instinkt, sein Sinn für das ›Ewige‹ gewesen, der sich vor den Frechheiten der Zeit in die Liebe zu diesem Töchterchen gerettet hat. Denn Vaterliebe und ein Kindchen an der Mutterbrust, das ist zeitlos und ewig und darum sehr heilig und schön. Und doch versteht Cornelius im Dunkeln, daß etwas nicht ganz recht und gut ist in dieser seiner Liebe, – er gesteht es sich theoretisch um der Wissenschaft willen ein. Sie hat ihrem Ursprunge nach etwas Tendenziöses, diese Liebe; es ist Feindseligkeit darin, Opposition gegen die geschehende Geschichte zugunsten der geschehenen, das heißt des Todes. Ja, sonderbar genug, aber wahr, gewissermaßen wahr. Seine Inbrunst für dies süße Stückchen Leben und Nachwuchs hat etwas mit dem Tode zu tun, sie hält zu ihm, gegen das Leben, und das ist in gewissem Sinne nicht ganz schön und gut – obgleich es natürlich die wahnsinnigste Askese wäre, sich wegen solcher gelegentlichen wissenschaftlichen Einsicht das liebste und reinste Gefühl aus dem Herzen zu reißen.

Er hält das Töchterchen auf dem Schoß, das seine dünnen, rosigen Beinchen von seinen Knien hängen läßt, spricht zu ihr, die Augenbrauen hochgezogen, im Ton einer zarten, spaßhaften Ehrerbietung und lauscht entzückt auf das süße, hohe Stimmchen, mit dem sie ihm antwortet und ihn »Abel« nennt. Er tauscht sprechende Blicke dabei mit der Mutter, die ihren Beißer betreut und ihn mit sanftem Vorwurf zu Vernunft und Fassung ermahnt, da er heute, gereizt durch das Leben, wieder einem Wutanfall unterlegen ist und sich wie ein heulender Derwisch benommen hat. Auch zu den »Großen« wirft Cornelius manchmal einen etwas argwöhnischen Blick hinüber, denn er hält es nicht für unmöglich, daß ihnen gewisse wissenschaftliche Einsichten seiner Abendspaziergänge auch nicht ganz fremd sind. Aber wenn dem so ist, so lassen sie es nicht merken. Hinter ihren Stühlen stehend, die Arme auf die Lehnen gestützt, sehen sie wohlwollend, wenn auch mit einiger Ironie, dem elterlichen Glücke zu.

Die Kinder tragen dicke, ziegelrote, modern bestickte

Künstlerkleidchen, die seinerzeit schon Bert und Ingrid gehört haben und die ganz gleich sind, mit dem einzigen Unterschied, daß bei Beißer kleine, kurze Hosen unter dem Kittel hervorkommen. Auch den gleichen Haarschnitt tragen sie, die Pagenfrisur. Beißers Haar ist unregelmäßig blond, noch in langsamem Nachdunkeln begriffen, ungeschickt angewachsen überall, struppig, und sieht aus wie eine kleine, komische, schlechtsitzende Perücke. Lorchens dagegen ist kastanienbraun, seidenfein, spiegelnd und so angenehm wie das ganze Persönchen. Es verdeckt ihre Ohren, die, wie man weiß, verschieden groß sind: das eine hat richtiges Verhältnis, das andere aber ist etwas ausgeartet, entschieden zu groß. Der Vater holt die Ohren zuweilen hervor, um sich in starken Akzenten darüber zu verwundern, als hätte er den kleinen Schaden noch nie bemerkt, was Lorchen zugleich beschämt und amüsiert. Ihre weit auseinanderliegenden Augen sind goldig braun und haben einen süßen Schimmer, den klarsten und lieblichsten Blick. Die Brauen darüber sind blond. Ihre Nase ist noch ganz formlos, mit ziemlich dicken Nüstern, so daß die Löcher fast kreisrund sind, ihr Mündchen groß und ausdrucksvoll, mit schön geschwungener, beweglicher Oberlippe. Wenn sie lacht und ihre getrennt stehenden Perlzähne zeigt (erst einen hat sie verloren; sie hat sich das nach allen Seiten wackelnde Ding von ihrem Vater mit dem Taschentuch herausbiegen lassen, wobei sie sehr blaß geworden ist und gezittert hat), so bekommt sie Grübchen in die Wangen, die ihre charakteristische, bei aller kindlichen Weichheit etwas gehöhlte Form daher haben, daß ihr Untergesichtchen leicht vorgebaut ist. Auf der einen Wange, nahe gegen den schlichten Fall des Haares hin, hat sie einen Leberflecken mit Flaum darauf.

Im ganzen ist sie selbst von ihrem Äußeren wenig befriedigt – ein Zeichen, daß sie sich darum kümmert. Ihr Gesichtchen, urteilt sie traurig, sei leider nun einmal häßlich, dagegen »das Figürle« recht nett. Sie liebt kleine gewählte, gebildete Ausdrücke und reiht sie aneinander, wie »vielleicht, freilich, am End'«. Beißers selbstkritische Sorgen betreffen mehr das Moralische. Er neigt zur Zerknirschung, hält sich auf Grund seiner Wutanfälle für einen großen Sünder und ist überzeugt, daß er nicht in den Himmel kommen wird, sondern in die »Höhle«. Da hilft kein Zureden, daß Gott viel Einsicht besitze und fünf gern einmal gerade sein lasse: er schüttelt in verstockter Schwermut den Kopf mit der schlechtsitzenden Perücke und erklärt sein Eingehen in die Seligkeit für völlig unmöglich. Ist er erkältet, so scheint er ganz voll von Schleim; er rasselt und knarrt von oben bis unten, wenn man ihn nur anrührt, und hat sofort das höchste Fieber, so daß er nur so pustet. Kinds-Anna neigt denn auch zur Schwarzseherei, was seine Konstitution betrifft, und ist der Meinung, daß einen Knaben mit so »ungemein fettem Blut« jeden Augenblick der Schlag treffen könne. Einmal hat sie diesen furchtbaren Augenblick schon gekommen gewähnt: als man nämlich Beißer, zur Buße für einen berserkerhaften Wutanfall, das Gesicht zur Wand gekehrt, in die Ecke gestellt hatte – und dieses Gesicht bei zufälliger Prüfung sich als über und über blau angelaufen erwies, viel blauer als Kinds-Anna's eigenes. Sie brachte das Haus auf die Beine, verkündend, daß des Jungen allzu fettes Blut sein letztes Stündlein nun herbeigeführt habe, und der böse Beißer fand sich zu seiner gerechten Verwunderung plötzlich in angstvolle Zärtlichkeit eingehüllt, bis sich herausstellte, daß die Bläue seiner Züge nicht vom Schlagfluß, sondern von der gestrichenen Wand des Kinderzimmers herrührte, die ihr Indigo an sein tränenüberschwemmtes Gesicht abgegeben hatte.

Kinds-Anna ist ebenfalls mit eingetreten und mit zusammengelegten Händen an der Tür stehen geblieben: in weißer Schürze, mit öliger Frisur, Gänseaugen und einer Miene, in der sich die strenge Würde der Beschränktheit malt. »Die Kinder«, erklärt sie, stolz auf ihre Pflege und Unterweisung, »entziffern sich wunderbar.« Siebzehn vereiterte Zahnstümpfe hat sie sich kürzlich entfernen und sich ein ebenmäßiges Kunstgebiß gelber Zähne mit dunkelrotem Kautschukgaumen dafür anmessen lassen, das nun ihr Bäuerinnengesicht verschönt. Ihr Geist ist von der eigentümlichen Vorstellung umfangen, daß ihr Gebiß den Gesprächsstoff weiter Kreise bildet, daß gleichsam die Spatzen diese Angelegenheit von den Dächern pfeifen. »Es hat viel unnützes Gerede gegeben«, sagte sie streng und mystisch, »weil ich mir bekanntlich Zähne habe setzen lassen.« Überhaupt neigt sie zu dunklen und undeutlichen, dem Verständnis anderer nicht angepaßten Reden, wie zum Beispiel von einem Doktor Bleifuß, den jedes Kind kenne, und »da wohnen mehr im Haus«, sagt sie, »die sich für ihn ausgeben«. Man kann nur nachgiebig darüber hinwegsehen. Sie lehrt die Kinder schöne Gedichte, wie zum Beispiel:

> Eisenbahn, Eisenbahn,
> Lokomotiv'.
> Fahrt sie fort, bleibt sie da,
> Tut sie einen Pfief.

Oder jenen zeitgemäß entbehrungsreichen, dabei aber vergnügten Wochenküchenzettel, der lautet:

> Montag fängt die Woche an.
> Dienstag sind wir übel dran.
> Mittwoch sind wir mitten drin.
> Donnerstag gibt's Kümmerling.
> Freitag gibt's gebratnen Fisch.
> Samstag tanzen wir um den Tisch.
> Sonntag gibt es Schweinebrätle
> Und dazu ein gut's Salätle.

Oder auch einen gewissen Vierzeiler von unbegreiflicher und ungelöster Romantik:

> Macht auf das Tor, macht auf das Tor,
> Es kommt ein großer Wagen.
> Wer sitzt in diesem Wagen?
> Ein Herr mit goldenen Haaren!

Oder endlich die schrecklich aufgeräumte Ballade vom Mariechen, die auf einem Stein, einem Stein, einem Stein saß und sich ihr gleichfalls goldnes Haar, goldnes Haar, goldnes Haar kämmte. Und von Rudolf, der ein Messer raus, Messer raus, Messer rauszog, und mit dem es denn auch ein fürchterliches Ende nahm.

Lorchen sagt und singt das alles ganz reizend mit ihrem beweglichen Mäulchen und ihrer süßen Stimme – viel besser als Beißer. Sie macht alles besser als er, und er bewundert sie denn auch ehrlich und ordnet sich ihr, von Anfällen der Auflehnung und des raufsüchtigen Kollers abgesehen, in allen Stücken unter. Oft unterrichtet sie ihn wissenschaftlich, erklärt ihm die Vögel im Bilderbuch, macht sie ihm namhaft: den Wolkenfresser, den Hagelfresser, den Rabenfresser. Das muß er nachsprechen. Auch medizinisch unterweist sie ihn, lehrt ihn Krankheiten, wie Brustentzündung, Blutentzündung und Luftentzündung. Wenn er nicht achtgibt und es nicht nachsprechen kann, stellt sie ihn in die Ecke. Einmal hat sie ihm noch dazu eine Ohrfeige gegeben, aber darüber hat sie sich so geschämt, daß sie sich selber auf längere Zeit in die Ecke gestellt hat.

Ja, sie kommen gut miteinander aus, sind ein Herz und eine Seele. Alles erleben sie gemeinsam, alle Abenteuer. Sie kommen nach Hause und erzählen noch ganz erregt und wie aus einem Munde, daß sie auf der Landstraße »zwei Kuhli-Muhli und ein Kalbfleisch« gesehen haben. Mit den Dienstboten unten, mit Xaver und den Damen Hinterhöfer, zwei ehemals bürgerlichen Schwestern, die »au pair«, wie man sagt, das ist gegen Kost und Logis, die Ämter der Köchin und des Zimmermädchens versehen, leben sie auf vertrautem Fuß, empfinden wenigstens zeitweise eine gewisse Verwandtschaft des Verhältnisses dieser Unteren zu den Eltern mit dem ihren. Sind sie gescholten worden, so gehen sie in die Küche und sagen: »Unsere Herrschaften sind bös!« Dennoch aber ist es ein schöneres Spielen mit den Oberen und namentlich mit

»Abel«, wenn er nicht lesen und schreiben muß. Ihm fallen wundervollere Dinge ein als Xaver und den Damen. Die beiden spielen, daß sie »vier Herren« sind und spazierengehen. Dann macht »Abel« ganz krumme Knie, so daß er ebenso klein ist wie sie, und geht so mit spazieren, Hand in Hand mit ihnen, wovon sie nicht genug haben können. Den ganzen Tag könnten sie, alles in allem fünf Herren, mit dem klein gewordenen »Abel« rund um das Eßzimmer spazierengehen.

Ferner ist da das äußerst spannende Kissenspiel, darin bestehend, daß eines der Kinder, aber meistens Lorchen, sich, scheinbar unbemerkt von Abel, auf seinen Stuhl am Eßtisch setzt und mäuschenstill sein Kommen erwartet. In der Luft herumblickend und unter Reden, die laut und stark dem Vertrauen auf die Bequemlichkeit seines Stuhles Ausdruck geben, nähert er sich und nimmt auf Lorchen Platz. »Wie?« sagt er. »Was?« Und rückt hin und her, ohne das versteckte Kichern zu hören, das hinter ihm laut wird. »Man hat mir ein Kissen auf meinen Stuhl gelegt? Was für ein hartes, unregelmäßiges, vertracktes Kissen ist das, auf dem ich so auffallend unbequem sitze?« Und immer stärker rutscht er auf dem befremdenden Kissen hin und her und greift hinter sich in das entzückte Kichern und Quieken hinein, bis er sich endlich umwendet und eine große Entdeckungs- und Erkennungsszene das Drama beschließt. Auch dieses Spiel büßt durch hundertfache Wiederholung nichts von seinen Spannungsreizen ein.

Heut kommt es nicht zu solchen Vergnügungen. Die Unruhe des bevorstehenden Festes der »Großen« liegt in der Luft, dem noch der Einkauf mit verteilten Rollen vorangehen muß: Lorchen hat nur eben »Eisenbahn, Eisenbahn« rezitiert und Doktor Cornelius gerade zu ihrer Beschämung entdeckt, daß ja ihre Ohren ganz verschieden groß sind, als Danny, der Nachbarssohn, eintrifft, um Bert und Ingrid abzuholen; und auch Xaver hat schon seine gestreifte Livree mit

der Ziviljacke vertauscht, die ihm sofort ein etwas strizzihaftes, wenn auch immer noch flottes und sympathisches Aussehen verleiht. So suchen denn die Kleinen mit Kinds-Anna ihr Reich im Obergeschoß wieder auf, während der Professor sich in sein Arbeitszimmer zurückzieht, um zu lesen, wie es nach Tische seine Gewohnheit ist, und seine Frau Gedanken und Tätigkeit auf die Anchovis-Brötchen und den italienischen Salat richtet, die für die Tanzgesellschaft vorzubereiten sind. Sie muß, bevor die Jugend eintrifft, auch noch zu Rade mit ihrer Einkaufstasche zur Stadt fahren, um eine Summe Geldes, die sie in Händen hat, und die sie nicht der Entwertung aussetzen darf, in Lebensmittel umzusetzen.
Cornelius liest, in seinen Stuhl zurückgelehnt. Die Zigarre zwischen Zeige- und Mittelfinger, liest er im Macaulay etwas nach über die Entstehung der englischen Staatsschuld zu Ende des siebzehnten Jahrhunderts und danach bei einem französischen Autor etwas über die wachsende Verschuldung Spaniens gegen Ende des sechzehnten – beides für sein Kolleg von morgen vormittag. Denn er will Englands überraschende wirtschaftliche Prosperität von damals vergleichen mit den verhängnisvollen Wirkungen, die die Staatsverschuldung hundert Jahre früher in Spanien zeitigte, und die ethischen und psychologischen Ursachen dieses Unterschiedes analysieren. Das gibt ihm nämlich Gelegenheit, von dem England Wilhelms III., um das es sich eigentlich gerade handelt, auf das Zeitalter Philipps II. und der Gegenreformation zu kommen, das sein Steckenpferd ist und über das er selbst ein verdienstvolles Buch geschrieben hat – ein vielzitiertes Werk, dem er sein Ordinariat verdankt. Während seine Zigarre zu Ende geht und dabei etwas zu schwer wird, bewegt er bei sich ein paar leise melancholisch gefärbte Sätze, die er morgen vor seinen Studenten sprechen will, über den sachlich aussichtslosen Kampf des langsamen Philipp gegen das Neue, den Gang der Geschichte, die reichzersetzenden Kräfte des Individuums und der germanischen Freiheit, über diesen

vom Leben verurteilten und also auch von Gott verworfenen Kampf beharrender Vornehmheit gegen die Mächte des Fortschritts und der Umgestaltung. Er findet die Sätze gut und feilt noch daran, während er die benutzten Bücher wieder einräumt und hinauf in sein Schlafzimmer geht, um seinem Tag die gewohnte Zäsur zu geben, diese Stunde bei geschlossenen Läden und mit geschlossenen Augen, die er braucht, und die heute, wie ihm nach der wissenschaftlichen Ablenkung wieder einfällt, im Zeichen häuslich-festlicher Unruhe stehen wird. Er lächelt über das schwache Herzklopfen, das diese Erinnerung ihm verursacht; in seinem Kopfe vermischen sich die Satzentwürfe über den in schwarzes Seidentuch gekleideten Philipp mit dem Gedanken an den Hausball der Kinder, und so schläft er auf fünf Minuten ein.

Wiederholt, während er liegt und ruht, hört er die Hausglocke gehen, die Gartenpforte zufallen, und jedesmal empfindet er einen kleinen Stich der Erregung, Erwartung und Beklemmung bei dem Gedanken, daß es die jungen Leute sind, die eintreffen und schon die Diele zu füllen beginnen. Jedesmal wieder lächelt er bei sich selbst über den Stich, aber auch dieses Lächeln noch ist ein Ausdruck einer Nervosität, die natürlich übrigens auch etwas Freude enthält; denn wer freute sich nicht auf ein Fest. Um halb fünf (es ist schon Abend) steht er auf und erfrischt sich am Waschtisch. Die Waschschüssel ist seit einem Jahre entzwei. Es ist eine Kippschüssel, die an einer Seite aus dem Gelenke gebrochen ist und nicht repariert werden kann, weil keine Handwerker kommen, und nicht erneuert, weil kein Geschäft in der Lage ist, eine zu liefern. So ist sie notdürftig über ihrem Ablauf an den Rändern der Marmorplatte aufgehängt und kann nur entleert werden, indem man sie mit beiden Händen hochhebt und ausgießt. Cornelius schüttelt, wie täglich mehrmals, den Kopf über die Schüssel, macht sich dann fertig – mit Sorgfalt übrigens; er putzt unter dem Deckenlicht seine

Brille vollkommen blank und durchsichtig – und tritt den Gang hinunter ins Eßzimmer an.

Als er unterwegs die Stimmen hört, die drunten ineinandergehen, und das Grammophon, das schon in Bewegung gesetzt ist, nimmt seine Miene einen gesellschaftlich verbindlichen Ausdruck an. ›Bitte, sich nicht stören zu lassen!‹ beschließt er zu sagen und geradeswegs ins Eßzimmer zum Tee zu gehen. Der Satz erscheint ihm als das gegebene Wort der Stunde: heiter-rücksichtsvoll nach außen, wie es ist, und eine gute Brustwehr für ihn selber.

Die Diele ist hell erleuchtet; alle elektrischen Kerzen des Kronleuchters brennen, bis auf eine ganz ausgebrannte. Auf einer unteren Stufe der Treppe bleibt Cornelius stehen und überblickt die Diele. Sie nimmt sich hübsch aus im Licht, mit der Marées-Kopie über dem Backsteinkamin, der Täfelung, die übrigens weiches Holz ist, und dem roten Teppich, darauf die Gäste umherstehen, plaudernd, in den Händen Teetassen und halbe Brotscheiben, die mit Anchovispaste bestrichen sind. Festatmosphäre, ein leichter Dunst von Kleidern, Haar und Atem webt über der Diele, charakteristisch und erinnerungsvoll. Die Tür zur Garderobe ist offen, denn noch kommen neue Geladene.

Gesellschaft blendet im ersten Augenblick; der Professor sieht nur das allgemeine Bild. Er hat nicht bemerkt, daß Ingrid, in dunklem Seidenkleid mit weißem plissierten Schulterüberfall und bloßen Armen, dicht vor ihm mit Freunden am Fuße der Stufen steht. Sie nickt und lächelt mit ihren schönen Zähnen zu ihm herauf.

»Ausgeruht?« fragt sie leise, unter vier Augen. Und als er sie mit ungerechtfertigter Überraschung erkennt, macht sie ihn mit den Freunden bekannt.

»Darf ich dir Herrn Zuber vorstellen?« sagt sie. »Das ist Fräulein Plaichinger.«

Herr Zuber ist dürftigen Ansehens, die Plaichinger dagegen eine Germania, blond, üppig und locker gekleidet, mit

Stumpfnase und der hohen Stimme beleibter Frauen, wie sich herausstellt, als sie dem Professor auf seine artige Begrüßung antwortet.

»Oh, herzlich willkommen«, sagt er. »Das ist ja schön, daß Sie uns die Ehre schenken. Coabiturientin wahrscheinlich?«

Herr Zuber ist Golfklub-Genosse Ingrids. Er steht im Wirtschaftsleben, ist in der Brauerei seines Onkels tätig, und der Professor scherzt einen Augenblick mit ihm über das dünne Bier, indem er tut, als ob er den Einfluß des jungen Zuber auf die Qualität des Bieres grenzenlos überschätze. »Aber wollen Sie sich doch ja nicht stören lassen!« sagt er dann und will ins Eßzimmer hinübergehen.

»Da kommt ja auch Max«, sagt Ingrid. »Nun, Max, du Schlot, was bummelst du so spät heran zu Spiel und Tanz!«

Das duzt sich allgemein und geht miteinander um, wie es den Alten ganz fremd ist: von Züchtigkeit, Galanterie und Salon ist wenig zu spüren.

Ein junger Mensch mit weißer Hemdbrust und schmaler Smokingschleife kommt von der Garderobe her zur Treppe und grüßt, – brünett, aber rosig, rasiert natürlich, aber mit einem kleinen Ansatz von Backenbart neben den Ohren, ein bildhübscher Junge, – nicht lächerlich und lodernd schön wie ein Violin-Zigeuner, sondern hübsch auf eine sehr angenehme, gesittete und gewinnende Art, mit freundlichen, schwarzen Augen, und der Smoking sitzt ihm sogar noch etwas ungeschickt.

»Na, na, nicht schimpfen, Cornelia. Das blöde Kolleg«, sagt er und Ingrid stellt ihn dem Vater vor als Herrn Hergesell.

So, das ist also Herr Hergesell. Wohlerzogen bedankt er sich beim Hausherrn, der ihm die Hand schüttelt, für die freundliche Einladung. »Ich zügele etwas nach«, sagt er und macht einen kleinen sprachlichen Scherz. »Ausgerechnet Bananen muß ich heute bis vier Uhr Kolleg haben; und dann sollte ich doch noch nach Hause, mich umziehen.« Hierauf spricht er von seinen Pumps, mit denen er eben in der Garderobe große Plage gehabt haben will.

»Ich habe sie im Beutel mitgebracht«, erzählt er. »Es geht doch nicht, daß wir Ihnen hier mit den Straßenschuhen den Teppich zertrampeln. Nun hatte ich aber verblendeterweise keinen Schuhlöffel eingesteckt und konnte bei Gott nicht hineinkommen, haha, stellen Sie sich vor, eine unglaubliche Kiste! Mein Lebtag habe ich nicht so enge Pumps gehabt. Die Nummern fallen verschieden aus, es ist kein Verlaß darauf, und dann ist das Zeug auch hart heutzutage – schauen Sie, das ist kein Leder, das ist Gußeisen! Den ganzen Zeigefinger habe ich mir zerquetscht ...« Und er weist zutraulich seinen geröteten Zeigefinger vor, indem er das Ganze noch einmal als eine »Kiste« bezeichnet, und zwar als eine ekelhafte. Er spricht wirklich ganz so, wie Ingrid es nachgemacht hat: nasal und auf besondere Weise gedehnt, aber offenbar ohne jede Affektion, sondern eben nur, weil es so in der Art aller Hergesells liegt.

Doktor Cornelius rügt es, daß kein Schuhlöffel in der Garderobe ist, und erweist dem Zeigefinger alle Teilnahme. »Nun dürfen Sie sich aber absolut nicht stören lassen«, sagt er. »Auf Wiedersehen!« Und er geht über die Diele ins Eßzimmer.

Auch dort sind Gäste; der Familientisch ist lang ausgezogen, und es wird Tee daran getrunken. Aber der Professor geht geradeswegs in den mit Stickerei ausgeschlagenen und von einem eigenen kleinen Deckenkörper besonders beleuchteten Winkel, an dessen Rundtischchen er Tee zu trinken pflegt. Er findet dort seine Frau im Gespräch mit Bert und zwei anderen jungen Herren. Der eine ist Herzl; Cornelius kennt und begrüßt ihn. Der andere heißt Möller, – ein Wandervogel-Typ, der bürgerliche Festkleider offenbar weder besitzt noch besitzen will (im Grunde gibt es das gar nicht mehr), ein junger Mensch, der fern davon ist, den ›Herrn‹ zu spielen (das gibt es im Grunde auch nicht mehr), – in gegürteter Bluse und kurzer Hose, mit einer dicken Haartolle, langem Hals und einer

Hornbrille. Er ist im Bankfach tätig, wie der Professor erfährt, ist aber außerdem etwas wie ein künstlerischer Folklorist, ein Sammler und Sänger von Volksliedern aus allen Zonen und Zungen. Auch heute hat er auf Wunsch seine Gitarre mitgebracht. Sie hängt noch im Wachstuchsack in der Garderobe.

Schauspieler Herzl ist schmal und klein, hat aber einen mächtigen schwarzen Bartwuchs, wie man an der überpuderten Rasur erkennt. Seine Augen sind übergroß, glutvoll und tief schwermütig; dabei hat er jedoch außer dem vielen Rasierpuder offenbar auch etwas Rot aufgelegt – das matte Karmesin auf der Höhe seiner Wangen ist sichtlich kosmetischer Herkunft. Sonderbar, denkt der Professor. Man sollte meinen, entweder Schwermut oder Schminke. Zusammen bildet es doch einen seelischen Widerspruch. Wie mag ein Schwermütiger sich schminken? Aber da haben wir wohl eben die besondere fremdartige seelische Form des Künstlers, die diesen Widerspruch möglich macht, vielleicht geradezu daraus besteht. Interessant und kein Grund, es an Zuvorkommenheit fehlen zu lassen. Es ist eine legitime Form, eine Urform …

»Nehmen Sie etwas Zitrone, Herr Hofschauspieler!«

Hofschauspieler gibt es gar nicht mehr, aber Herzl hört den Titel gern, obgleich er ein revolutionärer Künstler ist. Das ist auch so ein Widerspruch, der zu seiner seelischen Form gehört. Mit Recht setzt der Professor sein Vorhandensein voraus und schmeichelt ihm, gewissermaßen zur Sühne für den geheimen Anstoß, den er an dem leichten Auftrag von Rouge auf Herzls Wangen genommen.

»Allerverbindlichsten Dank, verehrter Herr Professor!« sagt Herzl so überstürzt, daß nur seine hervorragende Sprechtechnik eine Entgleisung seiner Zunge verhütet. Überhaupt ist sein Verhalten gegen die Wirte und gegen den Hausherrn im besonderen von dem größten Respekt, ja von fast übertriebener und unterwürfiger Höflichkeit getragen. Es ist, als habe er ein schlechtes Gewissen wegen des Rouge, das aufzu-

legen er zwar innerlich gezwungen war, das er aber selbst aus der Seele des Professors heraus mißbilligt, und mit dem er durch größte Bescheidenheit gegen die nicht geschminkte Welt zu versöhnen sucht.
Man unterhält sich, während man Tee trinkt, von Möllers Volksliedern, von spanischen, baskischen Volksliedern, und von da kommt man auf die Neu-Einstudierung von Schillers ›Don Carlos‹ im Staatstheater, eine Aufführung, in der Herzl die Titelrolle spielt. Er spricht von seinem Carlos. »Ich hoffe«, sagt er, »mein Carlos ist aus einem Guß.« Auch von der übrigen Besetzung ist kritisch die Rede, von den Werten der Inszenierung, dem Milieu, und schon sieht sich der Professor wieder in sein Fahrwasser bugsiert, auf das Spanien der Gegenreformation gebracht, was ihn fast peinlich dünkt. Er ist ganz unschuldig daran, hat gar nichts getan, dem Gespräch diese Wendung zu geben. Er fürchtet, daß es aussehen könnte, als habe er die Gelegenheit gesucht, zu dozieren, wundert sich und wird darüber schweigsam. Es ist ihm lieb, daß die Kleinen an den Tisch kommen, Lorchen und Beißer. Sie haben blaue Sammetkleidchen an, ihr Sonntagshabit, und wollen ebenfalls bis zur Schlafensstunde auf ihre Art an dem Feste der Großen teilnehmen. Schüchtern und mit großen Augen sagen sie den Fremden guten Tag, müssen ihre Namen und ihr Alter sagen. Herr Möller sieht sie nur ernsthaft an, aber Schauspieler Herzl zeigt sich völlig berückt, beglückt und entzückt von ihnen. Er segnet sie geradezu, hebt die Augen zum Himmel und faltet die Hände vor seinem Mund. Es kommt ihm gewiß von Herzen, aber die Gewöhnung an die Wirkungsbedingungen des Theaters macht seine Worte und Taten fürchterlich falsch, und außerdem scheint es, als solle auch seine Devotion vor den Kindern mit dem Rouge auf der Höhe seiner Wangen versöhnen.
Der Teetisch der Gäste hat sich schon geleert, auf der Diele wird nun getanzt, die Kleinen laufen dorthin, und der Professor zieht sich zurück. »Recht viel Vergnügen!« sagt er, indem

er den Herren Möller und Herzl, die aufgesprungen sind, die Hand schüttelt. Und er geht in sein Arbeitszimmer hinüber, sein gefriedetes Reich, wo er die Rolläden herunterläßt, die Schreibtischlampe andreht und sich zu seiner Arbeit setzt.

Es ist Arbeit, die sich bei unruhiger Umgebung zur Not erledigen läßt: ein paar Briefe, ein paar Exzerpte. Natürlich ist Cornelius zerstreut. Er hängt kleinen Eindrücken nach, den ungeschmeidigen Pumps des Herrn Hergesell, der hohen Stimme in dem dicken Körper der Plaichinger. Auch auf Möllers baskische Liedersammlung gehen seine Gedanken zurück, während er schreibt oder zurückgelehnt ins Leere blickt, auf Herzls Demut und Übertriebenheit, »seinen« Carlos und Philipps Hof. Mit Gesprächen, findet er, ist es geheimnisvoll. Sie sind gefügig, gehen ganz ungelenkt einem insgeheim dominierenden Interesse nach. Er meint das öfters beobachtet zu haben. Zwischendurch lauscht er auf die übrigens keineswegs lärmenden Geräusche des Hausballes draußen. Nur einiges Reden, nicht einmal Tanzgeschlürf ist zu hören. Sie schlürfen und kreisen ja nicht, sie gehen sonderbar auf dem Teppich herum, der sie nicht stört, ganz anders angefaßt, als es zu seiner Zeit geschah, zu den Klängen des Grammophons, denen er hauptsächlich nachhängt, diesen sonderbaren Weisen der neuen Welt, jazzartig instrumentiert, mit allerlei Schlagzeug, das der Apparat vorzüglich wiedergibt, und dem schnalzenden Geknack der Kastagnetten, die aber eben nur als Jazz-Instrument und durchaus nicht spanisch wirken. Nein, spanisch nicht. Und er ist wieder bei seinen Berufsgedanken.

Nach einer halben Stunde fällt ihm ein, daß es nicht mehr als freundlich von ihm wäre, mit einer Schachtel Zigaretten zu der Lustbarkeit beizutragen. Es geht nicht an, findet er, daß die jungen Leute ihre eigenen Zigaretten rauchen, – obgleich sie selbst sich wohl nicht viel dabei denken würden. Und er geht ins leere Eßzimmer und nimmt aus dem Wandschränkchen eine Schachtel von seinem Vorrat, nicht gerade die besten, oder doch nicht gerade die, die er selber am liebsten raucht, ein etwas zu langes und dünnes Format, das er nicht ungern los wird bei dieser Gelegenheit, denn schließlich sind es ja junge Leute. Er geht damit auf die Diele, hebt lächelnd die Schachtel hoch und stellt sie offen auf die Kaminplatte, um sich sogleich und nur unter leichter Umschau wieder gegen sein Zimmer zu wenden.

Eben ist Tanzpause, der Musikapparat schweigt. Man steht und sitzt an den Rändern der Diele plaudernd umher, an dem Mappentisch vor den Fenstern, auf den Stühlen vor dem Kamin. Auch auf den Stufen der eingebauten Treppe, ihrem reichlich schadhaften Plüschläufer, sitzt junge Welt amphitheatralisch: Max Hergesell zum Beispiel sitzt dort mit der üppig-hochstimmigen Plaichinger, die ihm ins Gesicht blickt, während er halb liegend zu ihr spricht, den einen Ellbogen hinter sich auf die nächsthöhere Stufe gestützt und mit der anderen Hand zu seinen Reden gestikulierend. Die Hauptfläche des Raumes ist leer; nur in der Mitte, gerade unter dem Kronleuchter, sieht man die beiden Kleinen in ihren blauen Kleidchen, ungeschickt umschlungen, sich still, benommen und langsam um sich selber drehen. Cornelius beugt sich im Vorbeigehen zu ihnen nieder und streicht ihnen mit einem guten Wort über das Haar, ohne daß sie sich dadurch stören ließen in ihrem kleinen, ernsthaften Tun. Aber an seiner Türe sieht er noch, wie stud. ing. Hergesell, wahrscheinlich weil er den Professor bemerkt hat, sich mit dem Ellenbogen von der Stufe abstößt, herunterkommt und Lorchen aus den Ärmchen ihres Bruders nimmt, um selber drollig und ohne Musik mit ihr zu tanzen. Beinahe wie Cornelius selbst macht er es, wenn dieser mit den »vier Herren« spazierengeht, beugt tief die Knie, indem er sie anzufassen sucht wie eine Große, und macht einige Shimmy-Schritte mit dem verschämten Lorchen. Wer es bemerkt, amüsiert sich sehr. Es ist das Zeichen, das Grammophon wieder laufen zu lassen, den Tanz allgemein wieder aufzunehmen. Der Professor, den Türgriff in der Hand, sieht einen Augenblick nickend und mit den Schultern lachend zu und tritt in sein Zimmer. Noch einige Minuten lang halten seine Züge das Lächeln von draußen mechanisch fest.

Er blättert wieder bei seiner Schirmlampe und schreibt, erledigt ein paar ausdruckslose Sachlichkeiten. Nach einer Weile beobachtet er, daß die Gesellschaft sich von der Diele in den Salon seiner Frau hinüberzieht, welcher sowohl mit der Diele wie mit seinem Zimmer Verbindung hat. Dort wird nun gesprochen, und Gitarrenklänge mischen sich versuchend darein. Herr Möller will also singen, und er singt auch schon. Zu tönenden Gitarrengriffen singt der junge Beamte mit kräftiger Baßstimme ein Lied in fremder Sprache – kann sein, daß es Schwedisch ist; mit voller Bestimmtheit vermag der Professor es bis zum Schluß, dem mit großem Beifall aufgenommenen Schluß, nicht zu erkennen. Eine Portière ist hinter der Tür zum Salon, sie dämpft den Schall. Als ein neues Lied beginnt, geht Cornelius vorsichtig hinüber.

Es ist halb dunkel im Salon. Nur die verhüllte Stehlampe brennt, und in ihrer Nähe sitzt Möller mit übergeschlagenem Bein auf dem Truhenpolster und greift mit dem Daumen in die Saiten. Die Anordnung des Publikums ist zwanglos, trägt das Gepräge lässigen Notbehelfs, da für so viele Zuhörer nicht Sitzplätze vorhanden sind. Einige stehen, aber viele, auch junge Damen, sitzen einfach am Boden, auf dem Teppich, die Knie mit den Armen umschlungen oder auch die Beine vor sich gestreckt. Hergesell zum Beispiel, wiewohl im Smoking, sitzt so an der Erde, zu Füßen des Flügels, und neben ihm die Plaichinger. Auch die »Kleinen« sind da: Frau Cornelius, in ihrem Lehnstuhl dem Sänger gegenüber, hält sie beide auf dem Schoß, und Beißer, der Barbar, fängt in den Gesang hinein laut zu reden an, so daß er durch Zischen und Fingerdrohen eingeschüchtert werden muß. Nie würde Lorchen sich so etwas zuschulden kommen lassen: sie hält sich zart und still auf dem Knie der Mutter. Der Professor sucht ihren Blick, um seinem Kindchen heimlich zuzuzwinkern; aber sie sieht ihn nicht, obgleich sie auch den Künstler nicht zu beachten scheint. Ihre Augen gehen tiefer.

Möller singt den ›Joli tambour‹:

Sire, mon roi, donnez-moi votre fille –

Alle sind entzückt. »Wie gut!« hört man Hergesell in der nasalen und besonderen, gleichsam verwöhnten Art aller Hergesells sagen. Es folgt dann etwas Deutsches, wozu Herr Möller selbst die Melodie komponiert hat, und was stürmischen Beifall bei der Jugend findet, ein Bettlerlied:

Bettelweibel will kirfarten gehn,
  Jejucheh!
Bettelmandl will a mitgehn,
Tideldumteideh.

Geradezu Jubel herrscht nach dem fröhlichen Bettlerlied. »Wie ausnehmend gut!« sagt Hergesell wieder auf seine Art. Noch etwas Ungarisches kommt, auch ein Schlager, in der wildfremden Originalsprache vorgetragen, und Möller hat starken Erfolg. Auch der Professor beteiligt sich ostentativ an dem Applaus. Dieser Einschlag von Bildung und historisierend-rückblickender Kunstübung in die Shimmy-Geselligkeit erwärmt ihn. Er tritt an Möller heran, gratuliert ihm und unterhält sich mit ihm über das Vorgetragene, über seine Quellen, ein Liederbuch mit Noten, das Möller ihm zur Einsichtnahme zu leihen verspricht. Cornelius ist um so liebenswürdiger gegen ihn, als er, nach Art aller Väter, die Gaben und Werte des fremden jungen Menschen sofort mit denen seines eigenen Sohnes vergleicht und Unruhe, Neid und Beschämung dabei empfindet. Da ist nun dieser Möller, denkt er, ein tüchtiger Bankbeamter. (Er weiß gar nicht, ob Möller in der Bank so sehr tüchtig ist.) Und dabei hat er noch dies spezielle Talent aufzuweisen, zu dessen Ausbildung natürlich Energie und Studium gehört haben. Dagegen mein armer Bert, der nichts weiß und nichts kann und nur daran denkt, den Hanswursten zu spielen, obgleich er gewiß nicht einmal dazu Talent hat! – Er möchte gerecht sein, sagt sich versuchsweise, daß Bert bei alledem ein feiner Junge ist, mit mehr Fonds vielleicht als der erfolgreiche Möller; daß möglicherweise ein Dichter in ihm steckt oder so etwas, und daß seine tänzerischen Kellnerpläne bloß knabenhaftes und zeitverstörtes Irrlichtelieren sind. Aber sein neidvoller Vaterpessimismus ist stärker. – Als Möller noch einmal zu singen beginnt, geht Doktor Cornelius wieder zu sich hinüber.

Es wird sieben, während er es bei geteilter Aufmerksamkeit treibt wie bisher; und da ihm noch ein kurzer, sachlicher Brief einfällt, den er ganz gut jetzt schreiben kann, wird es – denn Schreiben ist ein sehr starker Zeitvertreib – beinahe halb acht. Halb neun Uhr soll der italienische Salat eingenommen werden, und so heißt es denn nun ausgehen für den Professor, seine Post einwerfen und sich im Winterdunkel sein Quantum Luft und Bewegung verschaffen. Längst ist der Ball auf der Diele wieder eröffnet; er muß hindurch, um zu seinem Mantel und seinen Überschuhen zu gelangen, aber das hat weiter nichts Spannendes mehr: er ist ja ein wiederholt gesehener Hospitant bei der Jugendgeselligkeit und braucht nicht zu fürchten, daß er stört. Er tritt hinaus, nachdem er seine Papiere verwahrt und seine Briefe an sich genommen, und verweilt sich sogar etwas auf der Diele, da er seine Frau in einem Lehnstuhl neben der Tür seines Zimmers sitzend findet. Sie sitzt dort und sieht zu, zuweilen besucht von den »Großen« und anderen jungen Leuten, und Cornelius stellt sich neben sie und blickt ebenfalls lächelnd in das Treiben, das nun offenbar auf den Höhepunkt seiner Lebhaftigkeit gekommen ist. Es sind noch mehr Zuschauer da: die blaue Anna, in strenger Beschränktheit, steht an der Treppe, weil die »Kleinen« der Festivität nicht satt werden, und weil sie achtgeben muß, daß Beißer sich nicht zu heftig dreht und so sein allzu fettes Blut in gefährliche Wallung bringt. Aber auch die untere Welt will etwas vom Tanzvergnügen der Großen haben: sowohl die Damen Hinterhöfer wie auch Xaver stehen an der Tür zur Anrichte und unterhalten sich mit Zusehen. Fräulein Walburga, die ältere der deklassierten Schwestern und der kochende Teil (um sie nicht geradezu als Köchin zu bezeichnen, da sie es nicht gerne hört), schaut mit braunen Augen durch ihre dick geschliffene Rundbrille, deren Nasenhügel, damit er nicht drücke, mit einem Leinenläppchen umwunden ist – ein gutmütig-humoristischer Typ, während Fräulein Cäcilia, die jüngere, wenn auch nicht eben junge, wie stets eine äußerst süffisante Miene zur Schau trägt – in Wahrung ihrer Würde als ehemalige Angehörige des dritten Standes. Sehr bitter leidet Fräulein Cäcilia unter ihrem Sturz aus der kleinbürgerlichen Sphäre in die Dienstbotenregion. Sie lehnt es strikte ab, ein Mützchen oder sonst irgendein Abzeichen des Zimmermädchenberufs zu tragen, und ihre schwerste Stunde kommt regelmäßig am Mittwochabend, wenn Xaver Ausgang hat und sie servieren muß. Sie serviert mit abgewandtem Gesicht und gerümpfter Nase, eine gefallene Königin; es ist eine Qual und tiefe Bedrückung, ihre Erniedrigung mit anzusehen, und die »Kleinen«, als sie einmal zufällig am Abendessen teilnahmen, haben bei ihrem Anblick alle beide und genau gleichzeitig laut zu weinen begonnen.

Solche Leiden kennt Jung-Xaver nicht. Er serviert sogar recht gern, tut es mit einem gewissen sowohl natürlichen wie geübten Geschick, denn er war einmal Pikkolo. Sonst aber ist er wirklich ein ausgemachter Taugenichts und Windbeutel – mit positiven Eigenschaften, wie seine bescheidene Herrschaft jederzeit zuzugeben bereit ist, aber ein unmöglicher Windbeutel eben doch. Man muß ihn nehmen, wie er ist, und von dem Dornbusch nicht Feigen verlangen. Er ist ein Kind und Früchtchen der gelösten Zeit, ein rechtes Beispiel seiner Generation, ein Revolutionsdiener, ein sympathischer Bolschewist. Der Professor pflegt ihn als »Festordner« zu kennzeichnen, da er bei außerordentlichen, bei amüsanten Gelegenheiten durchaus seinen Mann steht, sich anstellig und gefällig erweist. Aber, völlig unbekannt mit der Vorstellung der Pflicht, ist er für die Erfüllung langweilig laufender, alltäglicher Obliegenheiten sowenig zu gewinnen, wie man gewisse Hunde dazu bringt, über den Stock zu springen. Offensichtlich wäre es gegen seine Natur, und das entwaffnet und stimmt zum Verzicht. Aus einem bestimmten, ungewöhnlichen und amüsanten Anlaß wäre er bereit, zu jeder beliebigen Nachtstunde das Bett zu verlassen. Alltäglich aber steht er nicht vor acht Uhr auf – er tut es nicht, er springt nicht über den Stock; aber den ganzen Tag schallen die Äußerungen seiner gelösten Existenz, sein Mundharmonikaspiel, sein rauher, aber gefühlvoller Gesang, sein fröhliches Pfeifen aus dem Küchen-Souterrain ins obere Haus empor, während der Rauch seiner Zigaretten die Anrichte füllt. Er steht und sieht den gefallenen Damen zu, die arbeiten. Des Morgens, wenn der Professor frühstückt, reißt er auf dessen Schreibtisch das Kalenderblatt ab – sonst legt er keine Hand an das Zimmer. Er soll das Kalenderblatt in Ruhe lassen, Doktor Cornelius hat es ihm oftmals anbefohlen, da dieser dazu neigt, auch das nächste noch abzureißen, und so Gefahr läuft, aus aller Ordnung zu geraten. Aber diese Arbeit des Blattabreißens gefällt dem jungen Xaver, und darum läßt er sie sich nicht nehmen.

Übrigens ist er ein Kinderfreund, das gehört zu seinen gewinnenden Seiten. Er spielt aufs treuherzigste mit den Kleinen im Garten, schnitzt und bastelt ihnen talentvoll dieses und jenes, ja liest ihnen sogar mit seinen dicken Lippen aus ihren Büchern vor, was wunderlich genug zu hören ist. Das Kino liebt er von ganzer Seele und neigt zur Schwermut, Sehnsucht und Selbstgesprächen, wenn er es besucht hat. Unbestimmte Hoffnungen, dieser Welt eines Tages persönlich anzugehören und darin sein Glück zu machen, bewegen ihn. Er begründet sie auf sein Schüttelhaar und seine körperliche Gewandtheit und Waghalsigkeit. Öfters besteigt er die Esche im Vorgarten, einen hohen, aber schwanken Baum, klettert von Zweig zu Zweig bis in den obersten Wipfel, so daß jedem angst und bange wird, der ihm zusieht. Oben zündet er sich eine Zigarette an, schwingt sich hin und her, daß der hohe Mast bis in seine Wurzeln schwankt, und hält Ausschau nach einem Kino-Direktor, der des Weges kommen und ihn engagieren könnte.

Zöge er seine gestreifte Jacke aus und legte Zivil an, so könnte er einfach mittanzen; er würde nicht sonderlich aus dem Rahmen fallen. Die Freundschaft der »Großen« ist von gemischtem Äußeren: der bürgerliche Gesellschaftsanzug kommt wohl mehrmals vor unter den jungen Leuten, ist aber nicht herrschend. Typen von der Art des Lieder-Möller sind vielfach eingesprengt, und zwar sowohl weiblicherseits wie unter den jungen Herren. Dem Professor, der neben dem Sessel seiner Frau stehend ins Bild blickt, sind die sozialen Umstände dieses Nachwuchses beiläufig und vom Hörensagen bekannt. Es sind Gymnasiastinnen, Studentinnen und Kunstgewerblerinnen; es sind im männlichen Teil manchmal rein abenteuerliche und von der Zeit ganz eigens erfundene Existenzen. Ein bleicher, lang aufgeschossener Jüngling mit Perlen im Hemd, Sohn eines Zahnarztes, ist nichts als Börsenspekulant und lebt nach allem, was der Professor hört, in dieser Eigenschaft wie Aladin mit der Wunderlampe. Er hält sich ein Auto, gibt seinen Freunden Champagner-Soupers und liebt es, bei jeder Gelegenheit Geschenke unter sie zu verteilen, kostbare kleine Andenken aus Gold und Perlmutter. Auch heute hat er den jungen Gastgebern Geschenke mitgebracht: einen goldenen Bleistift für Bert und für Ingrid ein Paar riesiger Ohrringe, wirklicher Ringe und von barbarischer Größe, die aber gottlob nicht im Ernst durchs Läppchen zu ziehen, sondern nur mit einer Zwicke darüber zu befestigen sind. Die »Großen« kommen und zeigen ihre Geschenke lachend den Eltern, und diese schütteln die Köpfe, indem sie sie bewundern, während Aladin sich wiederholt aus der Ferne verbeugt.

Die Jugend tanzt eifrig, soweit man es tanzen nennen kann, was sie da mit ruhiger Hingebung vollzieht. Das schiebt sich eigentümlich umfaßt und in neuartiger Haltung, den Unterleib vorgedrückt, die Schultern hochgezogen und mit einigem Wiegen der Hüften, nach undurchsichtiger Vorschrift schreitend, langsam auf dem Teppich umher, ohne zu ermüden, da man auf diese Weise gar nicht ermüden kann. Wogende Busen, erhöhte Wangen auch nur, sind nicht zu bemerken. Hie und da tanzen zwei junge Mädchen zusammen, zuweilen sogar zwei junge Männer; es ist ihnen alles einerlei. Sie gehen so zu den exotischen Klängen des Grammophons, das mit robusten Nadeln bedient wird, damit es laut klingt, und seine Shimmys, Foxtrotts und Onesteps erschallen läßt, diese Double Fox, Afrikanischen Shimmys, Java dances und Polka Creolas – wildes, parfümiertes Zeug, teils schmachtend, teils exerzierend, von fremdem Rhythmus, ein monotones, mit orchestralem Zierat, Schlagzeug, Geklimper und Schnalzen aufgeputztes Neger-Amüsement.

»Wie heißt die Platte?« erkundigt sich Cornelius bei der mit dem bleichen Spekulanten vorüberschiebenden Ingrid nach einem Stück, das nicht übel schmachtet und exerziert und ihn durch gewisse Einzelheiten der Erfindung vergleichsweise anmutet.

»Fürst von Pappenheim, Tröste dich, mein schönes Kind«, sagt sie und lächelt angenehm mit ihren weißen Zähnen.

Zigarettenrauch schwebt unter dem Kronleuchter. Der Geselligkeitsdunst hat sich verstärkt, – dieser trocken-süßliche, verdickte, erregende, an Ingredienzien reiche Festbrodem, der für jeden Menschen, besonders aber für den, der eine allzu empfindliche Jugend überstand, so voll ist von Erinnerungen unreifer Herzenspein ... Die »Kleinen« sind immer noch auf der Diele; bis acht Uhr dürfen sie mittun, da ihnen das Fest so große Freude macht. Die jungen Leute haben sich an ihre Teilnahme gewöhnt; sie gehören dazu auf ihre Art und gewissermaßen. Übrigens haben sie sich getrennt: Beißer dreht sich allein in seinem blausamtenen Kittelchen in der Mitte des Teppichs, während Lorchen drolligerweise hinter einem schiebenden Paare herläuft und den Tänzer an seinem Smoking festzuhalten sucht. Es ist Max Hergesell mit seiner Dame, der Plaichinger. Sie schieben gut, es ist ein Vergnügen, ihnen zuzusehen. Man muß einräumen, daß aus diesen Tänzen der wilden Neuzeit sehr wohl etwas Erfreuliches gemacht werden kann, wenn die rechten Leute sich ihrer annehmen. Der junge Hergesell führt vorzüglich, frei innerhalb der Regel, wie es scheint. Wie elegant er rückwärts auszuschreiten weiß, wenn Raum vorhanden ist! Aber auch auf dem Platz, im Gedränge versteht er sich mit Geschmack zu halten, unterstützt von der Schmiegsamkeit einer Partnerin, die die überraschende Grazie entwickelt, über welche volleibige Frauen manchmal verfügen. Sie plaudern Gesicht an Gesicht und scheinen das sie verfolgende Lorchen nicht zu beachten. Andere lachen über die Hartnäckigkeit der Kleinen, und Doktor Cornelius sucht, als die Gruppe an ihm vorüberkommt, sein Kindchen abzufangen und an sich zu ziehen. Aber Lorchen entwindet sich ihm fast gequält und will von Abel zurzeit nichts wissen. Sie kennt ihn nicht, stemmt das Ärmchen gegen seine Brust und strebt, das liebe Gesichtchen abgewandt, nervös und belästigt von ihm fort, ihrer Caprice nach.

Der Professor kann nicht umhin, sich schmerzlich berührt zu fühlen. In diesem Augenblick haßt er das Fest, das mit seinen Ingredienzien das Herz seines Lieblings verwirrt und es ihm entfremdet. Seine Liebe, diese nicht ganz tendenzlose, an ihrer Wurzel nicht ganz einwandfreie Liebe ist empfindlich. Er lächelt mechanisch, aber seine Augen haben sich getrübt und sich irgendwo vor ihm auf dem Teppichmuster, zwischen den Füßen der Tanzenden ›festgesehen‹.

»Die Kleinen sollten zu Bette gehen«, sagt er zu seiner Frau. Aber sie bittet um noch eine Viertelstunde für die Kinder. Man habe sie ihnen zugesagt, da sie den Trubel so sehr genössen. Er lächelt wieder und schüttelt den Kopf, bleibt noch einen Augenblick an seinem Platz und geht dann in die Garderobe, die überfüllt ist von Mänteln, Tüchern, Hüten und Überschuhen.

Er hat Mühe, seine eigenen Sachen aus dem Wust hervorzukramen, und darüber kommt Max Hergesell in die Garderobe, indem er sich mit dem Taschentuch die Stirn wischt.

»Herr Professor«, sagt er im Tone aller Hergesells und dienert jugendlich, »... wollen Sie ausgehen? Das ist eine ganz blöde Kiste mit meinen Pumps, sie drücken wie Karl der Große. Das Zeug ist mir einfach zu klein, wie sich herausstellt, von der Härte ganz abgesehen. Es drückt mich hier auf den Nagel vom großen Zeh«, sagt er und steht auf einem Bein, während er den andern Fuß in beiden Händen hält, »daß es knapp in Worte zu fassen ist. Ich habe mich entschließen müssen zu wechseln, die Straßenschuhe müssen nun doch dran glauben ... Oh, darf ich Ihnen behilflich sein?«

»Aber danke!« sagt Cornelius. »Lassen Sie doch. Befreien Sie sich lieber von Ihrer Plage! Sehr liebenswürdig von Ihnen.« Denn Hergesell hat sich auf ein Knie niedergelassen und hakt ihm die Schließen seiner Überschuhe zu.

Der Professor bedankt sich, angenehm berührt von soviel respektvoll treuherziger Dienstfertigkeit. »Noch recht viel Vergnügen«, wünscht er, »wenn Sie gewechselt haben! Das geht natürlich nicht an, daß Sie in drückenden Schuhen tanzen. Unbedingt müssen Sie wechseln. Auf Wiedersehn, ich muß etwas Luft schöpfen.«

»Gleich tanze ich wieder mit Lorchen«, ruft Hergesell ihm noch nach. »Das wird mal eine prima Tänzerin, wenn sie in die Jahre kommt. Garantie!«

»Meinen Sie?« antwortet Cornelius vom Hausflur her. »Ja, Sie sind Fachmann und Champion. Daß Sie sich nur keine Rückgratverkrümmung zuziehen beim Bücken!«

Er winkt und geht. Netter Junge, denkt er, während er das Anwesen verläßt. Stud. ing., klare Direktion, alles in Ord-

nung. Dabei so gut aussehend und freundlich. – Und schon wieder faßt ihn der Vaterneid seines »armen Bert« wegen, diese Unruhe, die ihm die Existenz des fremden jungen Mannes im rosigsten Licht, die seines Sohnes aber im allertrübsten erscheinen läßt. So tritt er seinen Abendspaziergang an.
Er geht die Allee hinauf, über die Brücke und jenseits ein Stück flußaufwärts, die Uferpromenade entlang bis zur übernächsten Brücke. Es ist naßkalt und schneit zuweilen etwas. Er hat den Mantelkragen aufgestellt, hält den Stock im Rükken, die Krücke an den einen Oberarm gehakt und ventiliert dann und wann seine Lunge tief mit der winterlichen Abendluft. Wie gewöhnlich bei dieser Bewegung denkt er an seine wissenschaftlichen Angelegenheiten, sein Kolleg, die Sätze, die er morgen über Philipps Kampf gegen den germanischen Umsturz sprechen will, und die getränkt sein sollen mit Gerechtigkeit und Melancholie. Namentlich mit Gerechtigkeit! denkt er. Sie ist der Geist der Wissenschaft, das Prinzip der Erkenntnis und das Licht, in dem man den jungen Leuten die Dinge zeigen muß, sowohl um der geistigen Zucht willen wie auch aus menschlich-persönlichen Gründen: um nicht bei ihnen anzustoßen und sie nicht mittelbar in ihren politischen Gesinnungen zu verletzen, die heutzutage natürlich schrecklich zerklüftet und gegensätzlich sind, so daß viel Zündstoff vorhanden ist und man sich leicht das Gescharr der einen Seite zuziehen, womöglich Skandal erregen kann, wenn man historisch Partei nimmt. Aber Parteinahme, denkt er, ist eben auch unhistorisch; historisch allein ist die Gerechtigkeit. Nur allerdings, eben darum und wohlüberlegt ... Gerechtigkeit ist nicht Jugendhitze und frisch-fromm-fröhliche Entschlossenheit, sie ist Melancholie. Da sie jedoch von Natur Melancholie ist, so sympathisiert sie auch von Natur und insgeheim mit der melancholischen, der aussichtslosen Partei und Geschichtsmacht mehr als mit der frisch-fromm-fröhlichen. Am Ende besteht sie aus solcher

Sympathie und wäre ohne sie gar nicht vorhanden? Am Ende gibt es also gar keine Gerechtigkeit? fragt sich der Professor und ist in diesen Gedanken so vertieft, daß er seine Briefe ganz unbewußt in den Kasten bei der übernächsten Brücke wirft und anfängt zurückzugehen. Es ist ein die Wissenschaft störender Gedanke, dem er da nachhängt, aber er ist selber Wissenschaft, Gewissensangelegenheit, Psychologie und muß pflichtgemäß vorurteilslos aufgenommen werden, ob er nun stört oder nicht ... Unter solchen Träumereien kehrt Doktor Cornelius nach Hause zurück.

Im Torbogen der Haustür steht Xaver und scheint nach ihm auszuschauen.

»Herr Professor«, sagt Xaver mit seinen dicken Lippen und wirft das Haar zurück, »gehen S' nur glei nauf zum Lorchen. Die hat's.«

»Was gibt es?« fragt Cornelius erschrocken. »Ist sie krank?«

»Ne, krank grad net«, antwortet Xaver. »Bloß erwischt hat sie's und recht weinen tut s' alleweil recht heftik. Es ist zwegn den Herrn, der wo mit ihr tanzt hat, den Frackjacketen, Herrn Hergesell. Net weg hat s' mögn von der Diele um kein Preis net und weint ganze Bäch. Recht erwischt hat sie's halt bereits recht heftik.«

»Unsinn«, sagt der Professor, der eingetreten ist und seine Sachen in die Garderobe wirft. Er sagt nichts weiter, öffnet die verkleidete Glastür zur Diele und gönnt der Tanzgesellschaft keinen Blick, während er rechtshin zur Treppe geht. Er nimmt die Treppe, indem er jede zweite Stufe überschlägt, und begibt sich über die obere Diele und noch einen kleinen Flur direkt ins Kinderzimmer, gefolgt von Xaver, der an der Tür stehen bleibt.

Im Kinderzimmer ist noch helles Licht. Ein bunter Bilderfries aus Papier läuft rings um die Wände, ein großes Regal ist da, das wirr mit Spielzeug gefüllt ist, ein Schaukelpferd mit rotlackierten Nüstern stemmt die Hufe auf seine geschwungenen Wiegebalken, und weiteres Spielzeug – eine kleine

Trompete, Bauklötze, Eisenbahnwaggons – liegt noch auf dem Linoleum des Fußbodens umher. Die weißen Geländerbettchen stehen nicht weit voneinander: das Lorchens ganz in der Ecke am Fenster und Beißers einen Schritt davon, frei ins Zimmer hinein.

Beißer schläft. Er hat wie gewöhnlich, unter Blau-Anna's Assistenz, mit schallender Stimme gebetet und ist dann sofort in Schlaf gefallen, in seinen stürmischen, rot glühenden, ungeheuer festen Schlaf, in dem auch ein neben seinem Lager abgefeuerter Kanonenschuß ihn nicht stören würde: seine geballten Fäuste, aufs Kissen zurückgeworfen, liegen zu beiden Seiten des Kopfes, neben der von vehementem Schlaf zerzausten, verklebten, schlechtsitzenden kleinen Perücke.

Lorchens Bett ist von Frauen umgeben: außer der blauen Anna stehen auch die Damen Hinterhöfer an seinem Geländer und besprechen sich mit jener sowohl wie untereinander. Sie treten zur Seite, als der Professor sich nähert, und da sieht man denn Lorchen in ihren kleinen Kissen sitzen, bleich und so bitterlich weinend und schluchzend, wie Doktor Cornelius sich nicht erinnert, sie je gesehn zu haben. Ihre schönen, kleinen Hände liegen vor ihr auf der Decke, das mit einer schmalen Spitzenkante versehene Nachthemdchen ist ihr von einer ihrer spatzenhaft mageren Schultern geglitten, und den Kopf, dies süße Köpfchen, das Cornelius so liebt, weil es mit seinem vorgebauten Untergesichtchen so ungewöhnlich blütenhaft auf dem dünnen Stengel des Hälschens sitzt, hat sie schräg in den Nacken gelegt, so daß ihre weinenden Augen hinauf in den Winkel von Decke und Wand gerichtet sind, und dorthin scheint sie ihrem eigenen großen Herzeleid beständig zuzunicken; denn sei es willkürlich und ausdrucksweise, sei es durch die Erschütterung des Schluchzens – ihr Köpfchen nickt und wackelt immerfort, ihr beweglicher Mund aber, mit der bogenförmig geschnittenen Oberlippe, ist halb geöffnet, wie bei einer kleinen mater dolorosa, und während die Tränen ihren Augen entstürzen, stößt sie monotone Klagelaute aus, die nichts mit dem ärgerlichen und überflüssigen Geschrei unartiger Kinder zu tun haben, sondern aus wirklicher Herzensnot kommen und dem Professor, der Lorchen überhaupt nicht weinen sehen kann, sie aber so noch nie gesehen hat, ein unerträgliches Mitleid zufügen.

Dies Mitleid äußert sich vor allem in schärfster Nervosität gegen die beistehenden Damen Hinterhöfer.

»Mit dem Abendessen«, sagt er bewegt, »gibt es sicher eine Menge zu tun. Wie es scheint, überläßt man es der gnädigen Frau allein, sich darum zu kümmern?«

Das genügt für die Feinhörigkeit ehemaliger Mittelstandspersonen. In echter Gekränktheit entfernen sie sich, an der Tür noch mimisch verhöhnt von Xaver Kleinsgütl, der frischweg und von vornherein gleich niedrig geboren ist und dem die Gesunkenheit der Damen allezeit den größten Spaß macht.

»Kindchen, Kindchen«, sagt Cornelius gepreßt und schließt das leidende Lorchen in seine Arme, indem er sich auf den Stuhl am Gitterbettchen niederläßt. »Was ist denn mit meinem Kindchen?!«

Sie benäßt sein Gesicht mit ihren Tränen.

»Abel ... Abel ...«, stammelt sie schluchzend, »warum ... ist ... Max ... nicht mein Bruder? Max ... soll mein Bruder sein.«

Was für ein Unglück, was für ein peinliches Unglück! Was hat die Tanzgeselligkeit da angerichtet mit ihren Ingredienzien! denkt Cornelius und blickt in voller Ratlosigkeit zur blauen Kinds-Anna auf, welche, die Hände auf der Schürze zusammengelegt, in würdiger Beschränktheit am Fußende des Bettchens steht.

»Es verhält sich an dem«, sagt sie streng und weise, mit angezogener Unterlippe, »daß bei dem Kind die weiblichen Triebe ganz uhngemein lepphaft in Vorschein treten.«

»Halten Sie doch den Mund«, antwortet Cornelius gequält. Er muß noch froh sein, daß Lorchen sich ihm wenigstens nicht entzieht, ihn nicht von sich weist, wie vorhin auf der Diele, sondern sich hilfesuchend an ihn schmiegt, während sie ihren törichten, verworrenen Wunsch wiederholt, daß Max doch ihr Bruder sein möchte, und aufjammernd verlangt, zu ihm, auf die Diele, zurückzukehren, damit er wieder mit ihr tanze. Aber Max tanzt ja auf der Diele mit Fräulein Plaichinger, die ein ausgewachsener Koloß ist und alle Rechte auf ihn hat – während Lorchen dem von Mitleid zerrissenen Professor noch nie so winzig und spatzenhaft vorgekommen ist wie jetzt, da sie sich hilflos, von Schluchzen gestoßen, an ihn schmiegt und nicht weiß, wie ihrem armen Seelchen geschieht. Sie weiß es nicht. Es ist ihr nicht deutlich, daß sie um der dicken, ausgewachsenen, vollberechtigten Plaichinger willen leidet, die auf der Diele mit Max Hergesell tanzen darf, während Lorchen es nur spaßeshalber einmal durfte, nur im Scherz, obgleich sie die unvergleichlich Lieblichere ist. Daraus aber dem jungen Hergesell einen Vorwurf zu machen, ist durchaus unmöglich, da es eine wahnsinnige Zumutung an ihn enthalten würde. Lorchens Kummer ist recht- und heillos und müßte sich also verbergen. Da er aber ohne Verstand ist, ist er auch ohne Hemmung, und das erzeugt eine große Peinlichkeit. Blau-Anna und Xaver machen sich gar nichts aus dieser Peinlichkeit, zeigen sich unempfindlich für sie, sei es aus Dummheit, sei es aus trockenem Natursinn. Aber des Professors Vaterherz ist ganz zerrissen von ihr und von den beschämenden Schrecken der recht- und heillosen Leidenschaft.

Es hilft nichts, daß er dem armen Lorchen vorhält, wie sie ja doch einen ausgezeichneten kleinen Bruder habe, in der Person des heftig schlafenden Beißer nebenan. Sie wirft nur durch ihre Tränen einen verächtlichen Schmerzensblick hinüber zum andern Bettchen und verlangt nach Max. Es hilft auch nichts, daß er ihr für morgen einen ausgedehnten Fünf-Herren-Spaziergang ums Eßzimmer verspricht und ihr zu schildern versucht, in welcher glänzenden Ausführlichkeit sie das Kissenspiel vor Tische vollziehen wollen. Sie will von alldem nichts wissen, auch nicht davon, sich niederzulegen und einzuschlafen. Sie will nicht schlafen, sie will aufrecht sitzen und leiden ... Aber da horchen beide, Abel und Lorchen, auf etwas Wunderbares, was nun geschieht, was sich schrittweise, in zwei Paar Schritten, dem Kinderzimmer nähert und überwältigend in Erscheinung tritt ...

Es ist Xavers Werk – sofort wird das klar. Xaver Kleinsgütl ist nicht die ganze Zeit an der Tür gestanden, wo er die ausgewiesenen Damen verhöhnte. Er hat sich geregt, etwas unternommen und seine Anstalten getroffen. Er ist auf die Diele hinuntergestiegen, hat Herrn Hergesell am Ärmel gezogen, ihm mit seinen dicken Lippen etwas gesagt und eine Bitte an ihn gerichtet. Da sind sie nun beide. Xaver bleibt wiederum an der Tür zurück, nachdem er das Seine getan; aber Max Hergesell kommt durch das Zimmer auf Lorchens Gitterbett zu, in seinem Smoking, mit seinem kleinen dunklen Backenbart-Anflug neben den Ohren und seinen hübschen schwarzen Augen – kommt daher im sichtlichen Vollgefühl seiner Rolle als Glückbringer, Märchenprinz und Schwanenritter, wie einer, der sagt: Nun denn, da bin ich, alle Not hat nun restlos ein Ende!

Cornelius ist fast ebenso überwältigt wie Lorchen.

»Sieh einmal«, sagt er schwach, »wer da kommt. Das ist aber außerordentlich freundlich von Herrn Hergesell.«

»Das ist gar nicht besonders freundlich von ihm!« sagt Hergesell. »Das ist ganz selbstverständlich, daß er noch mal nach seiner Tänzerin sieht und ihr gute Nacht sagt.«

Und er tritt an das Gitter, hinter dem das verstummte Lorchen sitzt. Sie lächelt selig durch ihre Tränen. Ein kleiner, hoher Laut, ein halbes Seufzen des Glücks kommt noch aus ihrem Mund, und dann blickt sie schweigend zum Schwanenritter auf, mit ihren goldnen Augen, die, obgleich nun verquollen und rot, so unvergleichlich viel lieblicher sind als die der vollbeleibten Plaichinger. Sie hebt nicht die Ärmchen, ihn zu umhalsen. Ihr Glück, wie ihr Schmerz, ist ohne Verstand, aber sie tut das nicht. Ihre schönen, kleinen Hände bleiben still auf der Decke, während Max Hergesell sich mit den Armen auf das Gitter stützt wie auf eine Balkonbrüstung.

»Damit sie nicht«, sagt er, »auf ihrem Bette weinend sitzt die kummervollen Nächte!« Und er äugelt nach dem Professor, um Beifall einzuheimsen für seine Bildung. »Ha, ha, ha, in den Jahren! ›Tröste dich, mein schönes Kind!‹ Du bist gut. Aus dir kann was werden. Du brauchst bloß so zu bleiben. Ha, ha, ha, in den Jahren! Wirst du nun schlafen und nicht mehr weinen, Loreleyerl, wo ich gekommen bin?«

Verklärt blickt Lorchen ihn an. Ihr Spatzenschulterchen ist bloß; der Professor zieht ihr die schmale Klöppelborte darüber. Er muß an eine sentimentale Geschichte denken von dem sterbenden Kind, dem man einen Clown bestellt, den es im Zirkus mit unauslöschlichem Entzücken gesehen. Er kam im Kostüm zu dem Kind in dessen letzter Stunde, vorn und hinten mit silbernen Schmetterlingen bestickt, und es starb in Seligkeit. Max Hergesell ist nicht bestickt, und Lorchen soll gottlob nicht sterben, sondern es hat sie nur »recht heftik erwischt«; aber sonst ist es wirklich eine verwandte Geschichte, und die Empfindungen, die den Professor gegen den jungen Hergesell beseelen, der da lehnt und gar dämlich schwatzt – mehr für den Vater als für das Kind, was Lorchen aber nicht merkt –, sind ganz eigentümlich aus Dankbarkeit, Verlegenheit, Haß und Bewunderung zusammengequirlt.

»Gute Nacht, Loreleyerl!« sagt Hergesell und gibt ihr über das Gitter die Hand. Ihr kleines, schönes, weißes Händchen verschwindet in seiner großen, kräftigen, rötlichen. »Schlafe gut«, sagt er. »Träume süß! Aber nicht von mir! Um Gottes willen! In den Jahren! Ha, ha, ha, ha!« Und er beendet seinen märchenhaften Clownsbesuch, von Cornelius zur Tür geleitet.

»Aber nichts zu danken! Aber absolut kein Wort zu verlieren!« wehrt er höflich-hochherzig ab, während sie zusammen dorthin gehen; und Xaver schließt sich ihm an, um drunten den italienischen Salat zu servieren.

Aber Doktor Cornelius kehrt zu Lorchen zurück, die sich nun niedergelassen, die Wange auf ihr flaches kleines Kopfkissen gelegt hat.

»Das war aber schön«, sagt er, während er zart die Decke über ihr ordnet, und sie nickt mit einem nachschluchzenden Atemzug. Wohl noch eine Viertelstunde sitzt er am Gitter und sieht sie entschlummern, dem Brüderchen nach, das den guten Weg schon soviel früher gefunden. Ihr seidiges braunes Haar gewinnt den schönen, geringelten Fall, den es im Schlafe zu zeigen pflegt; tief liegen die langen Wimpern über den Augen, aus denen sich soviel Leid ergossen; der engelhafte Mund mit der gewölbten, geschwungenen Oberlippe steht in süßer Befriedigung offen, und nur noch manchmal zittert in ihrem langsamen Atem ein verspätetes Schluchzen nach.

Und ihre Händchen, die weiß-rosig blütenhaften Händchen, wie sie da ruhen, das eine auf dem Blau der Steppdecke, das andere vor ihrem Gesicht auf dem Kissen! Doktor Cornelius' Herz füllt sich mit Zärtlichkeit wie mit Wein.

Welch ein Glück, denkt er, daß Lethe mit jedem Atemzug dieses Schlummers in ihre kleine Seele strömt; daß so eine Kindernacht zwischen Tag und Tag einen tiefen und breiten Abgrund bildet! Morgen, das ist gewiß, wird der junge Hergesell nur noch ein blasser Schatten sein, unkräftig, ihrem Herzen irgendwelche Verstörung zuzufügen, und in gedächtnisloser Lust wird sie mit Abel und Beißer dem Fünf-Herren-Spaziergang, dem spannenden Kissenspiel obliegen.

Dem Himmel sei Dank dafür!

JOSEPH ROTH
Stationschef Fallmerayer

1

Das merkwürdige Schicksal des österreichischen Stationschefs Adam Fallmerayer verdient, ohne Zweifel, aufgezeichnet und festgehalten zu werden. Er verlor sein Leben, das, nebenbei gesagt, niemals ein glänzendes – und vielleicht nicht einmal ein dauernd zufriedenes – geworden wäre, auf eine verblüffende Weise. Nach allem, was Menschen voneinander wissen können, wäre es unmöglich gewesen, Fallmerayer ein ungewöhnliches Geschick vorauszusagen. Dennoch erreichte es ihn, es ergriff ihn – und er selbst schien sich ihm sogar mit einer gewissen Wollust auszuliefern.

Seit 1908 war er Stationschef. Er heiratete, kurz nachdem er seinen Posten auf der Station L. an der Südbahn, kaum zwei Stunden von Wien entfernt, angetreten hatte, die brave und ein wenig beschränkte, nicht mehr ganz junge Tochter eines Kanzleirats aus Brünn. Es war eine »Liebesehe« – wie man es zu jener Zeit nannte, in der die sogenannten »Vernunft-Ehen« noch Sitte und Herkommen waren. Seine Eltern waren tot. Fallmerayer folgte, als er heiratete, immerhin einem sehr maßvollen Zuge seines maßvollen Herzens, keineswegs dem Diktat seiner Vernunft. Er zeugte zwei Kinder – Mädchen und Zwillinge. Er hatte einen Sohn erwartet. Es lag in seiner Natur begründet, einen Sohn zu erwarten und die gleichzeitige Ankunft zweier Mädchen als eine peinliche Überraschung, wenn nicht als eine Bosheit Gottes anzusehen. Da er aber materiell gesichert und pensionsberechtigt war, gewöhnte er sich, kaum waren drei Monate seit der Geburt verflossen, an die Freigebigkeit der Natur, und er begann, seine Kinder zu lieben. Zu lieben: das heißt: sie mit der überlieferten bürgerlichen Gewissenhaftigkeit eines Vaters und braven Beamten zu versorgen.

An einem Märztag des Jahres 1914 saß Adam Fallmerayer, wie gewöhnlich, in seinem Amtszimmer. Der Telegrafenapparat tickte unaufhörlich. Und draußen regnete es. Es war ein verfrühter Regen. Eine Woche vorher hatte man noch den Schnee von den Schienen schaufeln müssen, und die Züge waren mit erschrecklicher Verspätung angekommen und abgefahren. Eines Nachts, auf einmal, hatte der Regen angefangen. Der Schnee verschwand. Und gegenüber der kleinen Station, wo die unerreichbare blendende Herrlichkeit des Alpenschnees die ewige Herrschaft des Winters versprochen zu haben schien, schwebte seit einigen Tagen ein unnennbarer, ein namenloser graublauer Dunst: Wolke, Himmel, Regen und Berge in einem.

Es regnete, und die Luft war lau. Niemals hatte der Stationschef Fallmerayer einen so frühen Frühling erlebt. An seiner winzigen Station pflegten die Expreßzüge, die nach dem Süden fuhren, nach Meran, nach Triest, nach Italien, niemals zu halten. An Fallmerayer, der zweimal täglich mit leuchtend roter Kappe grüßend auf den Perron trat, rasten die Expreßzüge hemmungslos vorbei; sie degradierten beinahe den Stationschef zu einem Bahnwärter. Die Gesichter der Passagiere an den großen Fenstern verschwammen zu einem grauweißen Brei. Der Stationschef Fallmerayer hatte selten das Angesicht eines Passagiers sehen können, der nach dem Süden fuhr. Und der »Süden« war für den Stationschef mehr als lediglich eine geographische Bezeichnung. Der »Süden« war das Meer, ein Meer aus Sonne, Freiheit und Glück.

Eine Freikarte für die ganze Familie in der Ferienzeit gehörte gewißlich zu den Rechten eines höheren Beamten der Südbahn. Als die Zwillinge drei Jahre alt gewesen waren, hatte

man mit ihnen eine Reise nach Bozen gemacht. Man fuhr mit dem Personenzug eine Stunde bis zu der Station, in der die hochmütigen Expreßzüge hielten, stieg ein, stieg aus – und war noch lange nicht im Süden. Vier Wochen dauerte der Urlaub. Man sah die reichen Menschen der ganzen Welt – und es war, als seien diejenigen, die man gerade sah, zufällig auch die reichsten. Einen Urlaub hatten sie nicht. Ihr ganzes Leben war ein einziger Urlaub. So weit man sah – weit und breit – hatten die reichsten Leute der Welt auch keine Zwillinge; besonders nicht Mädchen. Und überhaupt: die reichen Leute waren es erst, die den Süden nach dem Süden brachten. Ein Beamter der Südbahn lebte ständig mitten im Norden.
Man fuhr also zurück und begann seinen Dienst von neuem. Der Morseapparat tickte unaufhörlich. Und der Regen regnete.

Fallmerayer sah von seinem Schreibtisch auf. Es war fünf Uhr nachmittags. Obwohl die Sonne noch nicht untergegangen war, dämmerte es bereits, vom Regen kam es. Auf den gläsernen Vorsprung des Perrondachs trommelte der Regen ebenso unaufhörlich, wie der Telegrafenapparat zu ticken pflegte – und es war eine gemütliche, unaufhörliche Zwiesprache der Technik mit der Natur. Die großen bläulichen Quadersteine unter dem Glasdach des Perrons waren trokken. Die Schienen aber – und zwischen den Schienenpaaren die winzigen Kieselsteine – funkelten trotz der Dunkelheit im nassen Zauber des Regens.
Obwohl der Stationschef Fallmerayer keine phantasiebegabte Natur war, schien es ihm dennoch, daß dieser Tag ein ganz besonderer Schicksalstag sei, und er begann, wie er so zum Fenster hinausblickte, wahrhaftig zu zittern. In sechsunddreißig Minuten erwartete er den Schnellzug nach Meran. In sechsunddreißig Minuten – so schien es Fallmerayer – würde die Nacht vollkommen sein – eine fürchterli-

che Nacht. Über seiner Kanzlei, im ersten Stock, tobten die Zwillinge, wie gewöhnlich; er hörte ihre trippelnden, kindlichen und dennoch ein wenig brutalen Schritte. Er machte das Fenster auf. Es war nicht mehr kalt. Der Frühling kam über die Berge gezogen. Man hörte die Pfiffe rangierender Lokomotiven, wie jeden Tag, und die Rufe der Eisenbahnarbeiter und den dumpf scheppernden Anschlag der verkoppelten Waggons. Dennoch hatten heute die Lokomotiven einen besonderen Pfiff – so war es Fallmerayer. Er war ein ganz gewöhnlicher Mensch. Und nichts schien ihm sonderbarer, als daß er an diesem Tage in all den gewohnten, keineswegs überraschenden Geräuschen die unheimliche Stimme eines ungewöhnlichen Schicksals zu vernehmen glaubte. In der Tat aber ereignete sich an diesem Tage die unheimliche Katastrophe, deren Folgen das Leben Adam Fallmerayers vollständig verändern sollten.

2

Der Expreßzug hatte schon von B. aus eine geringe Verspätung angekündigt. Zwei Minuten, bevor er auf der Station L. einlaufen sollte, stieß er infolge einer falsch gestellten Weiche auf einen wartenden Lastzug. Die Katastrophe war da.
Mit eilig ergriffener und völlig zweckloser Laterne, die irgendwo auf dem Bahnsteig gestanden hatte, lief der Stationschef Fallmerayer die Schienen entlang dem Schauplatz des Unglücks entgegen. Er hatte das Bedürfnis gefühlt, irgendeinen Gegenstand zu ergreifen. Es schien ihm unmöglich, mit leeren, gewissermaßen unbewaffneten Händen dem Unheil entgegenzurennen. Er rannte zehn Minuten, ohne Mantel, die ständigen Peitschenhiebe des Regens auf Nacken und Schulter.
Als er an der Unglücksstelle ankam, hatte man die Bergung der Toten, der Verwundeten, der Eingeklemmten bereits begonnen. Es fing an, heftiger noch zu dunkeln, so, als beeilte

sich die Nacht selber, zum ersten Schrecken zurechtzukommen und ihn zu vergrößern. Die Feuerwehr aus dem Städtchen kam mit Fackeln, die mit Geprassel und Geknister dem Regen mühsam standhielten. Dreizehn Waggons lagen zertrümmert auf den Schienen. Den Lokomotivführer wie den Heizer – sie waren beide tot – hatte man bereits fortgeschafft. Eisenbahner und Feuerwehrmänner und Passagiere arbeiteten mit wahllos aufgelesenen Werkzeugen an den Trümmern. Die Verwundeten schrien jämmerlich, der Regen rauschte, die Fackelfeuer knisterten. Den Stationschef fröstelte im Regen. Seine Zähne klapperten. Er hatte die Empfindung, daß er etwas tun müsse wie die andern, und gleichzeitig Angst, man würde es ihm verwehren zu helfen, weil er selbst das Unheil verschuldet haben könnte. Dem und jenem unter den Eisenbahnern, die ihn erkannten und im Eifer der Arbeit flüchtig grüßten, versuchte Fallmerayer mit tonloser Stimme irgend etwas zu sagen, was ebensogut ein Befehl wie eine Bitte um Verzeihung hätte sein können. Aber niemand hörte ihn. So überflüssig in der Welt war er sich noch niemals vorgekommen. Und schon begann er zu beklagen, daß er sich nicht selbst unter den Opfern befinde, als sein ziellos umherirrender Blick auf eine Frau fiel, die man soeben auf eine Tragbahre gelegt hatte. Da lag sie nun, von den Helfern verlassen, von denen sie gerettet worden war, die großen dunklen Augen auf die Fackeln in ihrer nächsten Nähe gerichtet, mit einem silbergrauen Pelz bis zu den Hüften zugedeckt und offenbar nicht imstande, sich zu rühren. Auf ihr großes, blasses und breites Angesicht fiel der unermüdliche Regen, und das schwankende Feuer der Fackeln zuckte darüber hin. Das Angesicht selbst leuchtete, ein nasses, silbernes Angesicht, im zauberhaften Wechsel von Flamme und Schatten. Die langen, weißen Hände lagen über dem Pelz, regungslos auch sie, zwei wunderbare Leichen. Es schien dem Stationsvorsteher, daß diese Frau auf der Bahre auf einer großen, weißen Insel aus Stille ruhe, mitten in einem betäubenden Meer von Lärm und Geräusch, und daß sie sogar Stille verbreite. In der Tat war es, als ob all die hurtigen und geschäftigen Menschen einen Bogen um die Bahre machen wollten, auf der die Frau ruhte. War sie schon gestorben? Brauchte man sich nicht mehr um sie zu kümmern? Der Stationschef Fallmerayer näherte sich langsam der Bahre.

Die Frau lebte noch. Unverletzt war sie geblieben. Als Fallmerayer sich zu ihr niederbeugte, sagte sie, ohne seine Frage abzuwarten – ja sogar wie in einer gewissen Angst vor seinen Fragen –, ihr fehle nichts, sie glaube, sie könne aufstehen. Sie habe höchstens lediglich den Verlust ihres Gepäcks zu beklagen. Sie könne sich bestimmt erheben. Und sie machte sofort Anstalten aufzustehn. Fallmerayer half ihr. Er nahm den Pelz mit der Linken, umfaßte die Schulter der Frau mit der Rechten, wartete, bis sie sich erhob, legte den Pelz um ihre Schultern, hierauf den Arm um den Pelz, und so gingen sie beide, ohne ein Wort, ein paar Schritte über Schienen und Geröll in das nahe Häuschen eines Weichenwärters, die wenigen Stufen hinauf, in die trockene, lichtvolle Wärme.

»Hier bleiben Sie ein paar Minuten ruhig sitzen«, sagte Fallmerayer. »Ich habe draußen zu tun. Ich komme gleich wieder.«

Im selben Augenblick wußte er, daß er log, und er log wahrscheinlich zum erstenmal in seinem Leben. Dennoch war ihm die Lüge selbstverständlich. Und obwohl er in dieser Stunde nichts sehnlicher gewünscht hätte als bei der Frau zu bleiben, wäre es ihm doch fürchterlich gewesen, in ihren Augen als ein Nutzloser zu erscheinen, der nichts anderes zu tun hatte, während draußen tausend Hände halfen und retteten. Er begab sich also eilig hinaus – und fand, zu seinem eigenen Erstaunen, jetzt den Mut und die Kraft zu helfen, zu retten, hier einen Befehl zu erteilen und dort einen Rat, und obwohl er die ganze Zeit, während er half, rettete und schaffte, an die Frau im Häuschen denken mußte, und obwohl die Vorstellung, er könnte sie später nicht wiedersehn, grausam war und grauenhaft, blieb er dennoch tätig auf dem Schauplatz der Katastrophe, aus Angst, er könnte viel zu früh zurückkehren und also seine Nutzlosigkeit vor der Fremden beweisen. Und als verfolgten ihn ihre Blicke und feuerten ihn an, gewann er sehr schnell Vertrauen zu seinem Wort und zu seiner Vernunft, und er erwies sich als flinker, kluger und mutiger Helfer.

Also arbeitete er zwei Stunden etwa, ständig denkend an die wartende Fremde. Nachdem Arzt und Sanitäter den Verletzten die notwendige Hilfe geleistet hatten, machte sich Fallmerayer daran, in das Häuschen des Weichenstellers zurückzukehren. Dem Doktor, den er kannte, sagte er hastig, drüben sei noch ein Opfer der Katastrophe. Nicht ganz ohne Selbstbewußtsein betrachtete er seine zerschürften Hände und seine beschmutzte Uniform. Er führte den Arzt in die Stube des Weichenwärters und begrüßte die Fremde, die sich nicht von ihrem Platz gerührt zu haben schien, mit dem fröhlich-selbstverständlichen Lächeln, mit dem man längst Vertrauten wiederzubegegnen pflegt.

»Untersuchen Sie die Dame!« sagte er zum Arzt. Und er selbst wandte sich zur Tür.

Er wartete ein paar Minuten draußen. Der Arzt kam und sagte: »Ein kleiner Schock, nichts weiter. Am besten, sie bleibt hier. Haben Sie Platz in Ihrer Wohnung?«

»Gewiß, gewiß!« – antwortete Fallmerayer. Und gemeinsam führten sie die Fremde in die Station, die Treppe hinauf, in die Wohnung des Stationschefs.

»In drei, vier Tagen ist sie völlig gesund« – sagte der Arzt. In diesem Augenblick wünschte Fallmerayer, es möchten viel mehr Tage vergehen.

3

Der Fremden überließ Fallmerayer sein Zimmer und sein Bett. Die Frau des Stationsvorstehers handelte geschäftig zwischen der Kranken und den Kindern. Zweimal täglich kam Fallmerayer selbst. Die Zwillinge wurden zu strenger Ruhe angehalten.

Einen Tag später waren die Spuren des Unglücks beseitigt, die übliche Untersuchung eingeleitet, Fallmerayer vernommen, der schuldige Weichensteller vom Dienst entfernt. Zweimal täglich rasten die Expreßzüge, wie bisher, am grüßenden Stationschef vorbei.

Am Abend nach der Katastrophe erfuhr Fallmerayer den Namen der Fremden: es war eine Gräfin Walewska, Russin, aus der Umgebung von Kiew, auf der Fahrt von Wien nach Meran begriffen. Ein Teil ihres Gepäcks fand sich und wurde ihr zugestellt: braune und schwarze lederne Koffer. Sie rochen nach Juchten und unbekanntem Parfüm. So roch es nun in der ganzen Wohnung Fallmerayers.

Er schlief jetzt – da man sein Bett der Fremden gegeben hatte – nicht in seinem Schlafzimmer, neben Frau Fallmerayer – sondern unten, in seinem Dienstzimmer. Das heißt: er schlief überhaupt nicht. Er lag wach. Am Morgen gegen neun Uhr betrat er das Zimmer, in dem die fremde Frau lag. Er fragte, ob sie gut geschlafen und gefrühstückt habe, ob sie sich wohl fühle. Ging mit frischen Veilchen zu der Vase auf der Konsole, wo die alten gestern gestanden hatten, entfernte die alten Blumen, setzte die neuen in frisches Wasser und blieb dann am Fußende des Bettes stehen. Vor ihm lag die fremde Frau, auf seinem Kissen, unter seiner Decke. Er murmelte etwas Undeutliches. Mit großen, dunklen Augen, einem weißen, starken Angesicht, das weit war wie eine fremde und süße Landschaft, auf den Kissen, unter der Decke des Stationsvorstehers, lag die fremde Frau. »Setzen Sie sich doch« – sagte sie, jeden Tag zweimal. Sie sprach das harte und fremde

Deutsch einer Russin, eine tiefe, fremde Stimme. Alle Pracht der Weite und des Unbekannten war in ihrer Kehle. Fallmerayer setzte sich nicht. »Entschuldigen schon, ich hab' viel zu tun« – sagte er, machte kehrt und entfernte sich. Sechs Tage ging es so. Am siebenten riet der Doktor der Fremden, weiterzufahren. Ihr Mann erwartete sie in Meran. Sie fuhr also und hinterließ in allen Zimmern und besonders im Bett Fallmerayers einen unauslöschbaren Duft von Juchten und einem namenlosen Parfüm.

4

Dieser merkwürdige Duft blieb im Hause, im Gedächtnis, ja, man könnte sagen, im Herzen Fallmerayers viel länger haften als die Katastrophe. Und während der folgenden Wochen, in denen die langwierigen Untersuchungen über genauere Ursachen und detaillierteren Hergang des Unglücks ihren vorschriftsmäßigen Verlauf nahmen und Fallmerayer ein paarmal einvernommen wurde, hörte er nicht auf, an die fremde Frau zu denken, und wie betäubt von dem Geruch, den sie rings um ihn und in ihm hinterlassen hatte, gab er beinahe verworrene Auskünfte auf präzise Fragen. Wäre sein Dienst nicht verhältnismäßig einfach gewesen und er seit Jahren nicht bereits selbst zu einem fast mechanischen Bestandteil des Dienstes geworden, er hätte ihn nicht mehr guten Gewissens versehen können. Im stillen hoffte er von einer Post zur andern auf eine Nachricht der Fremden. Er zweifelte nicht daran, daß sie noch einmal schreiben würde, wie es sich schickte, um für die Gastfreundschaft zu danken. Und eines Tages traf wirklich ein großer dunkelblauer Brief aus Italien ein. Die Walewska schrieb, daß sie mit ihrem Mann weiter südwärts gefahren sei. Augenblicklich befände sie sich in Rom. Nach Sizilien wollten sie und ihr Mann fahren. Für die Zwillinge Fallmerayers kam einen Tag später ein niedlicher Korb mit Früchten und vom Mann der Gräfin Walewska für die Frau des Stationschefs ein Paket sehr zarter und duftender blasser Rosen. Es hätte lange gedauert, schrieb die Gräfin, ehe sie Zeit gefunden habe, ihren gütigen Wirten zu danken, aber sie sei auch eine längere Zeit nach ihrer Ankunft in Meran erschüttert und der Erholung bedürftig gewesen. Die Früchte und die Blumen brachte Fallmerayer sofort in seine Wohnung. Den Brief aber, obwohl er einen Tag früher angekommen war, behielt der Stationschef noch etwas länger. Sehr stark dufteten Früchte und Rosen aus dem Süden, aber Fallmerayer war es, als röche der Brief der Gräfin noch kräftiger. Es war ein kurzer Brief. Fallmerayer kannte ihn auswendig. Er wußte genau, welche Stelle jedes Wort einnahm. Mit lila Tinte, in großen, fliegenden Zügen geschrieben, nahmen sich die Buchstaben aus wie eine schöne Schar fremder, seltsam gefiederter, schlanker Vögel, dahinschwebend auf tiefblauem Hintergrund. »Anja Walewska« lautete die Unterschrift. Auf den Vornamen der Fremden, nach dem er sie zu fragen niemals gewagt hatte, war er längst begierig gewesen, als wäre ihr Vorname einer ihrer verborgenen körperlichen Reize. Nun, da er ihn kannte, war es ihm eine Weile, als hätte sie ihm ein süßes Geheimnis geschenkt. Und aus Eifersucht, um es für sich allein zu bewahren, entschloß er sich, erst zwei Tage später den Brief seiner Frau zu zeigen. Seitdem er den Vornamen der Walewska wußte, kam es ihm zum Bewußtsein, daß der seiner Frau – sie hieß Klara – nicht schön war. Als er nun sah, mit welch gleichgültigen Händen Frau Klara den Brief der Fremden entfaltete, kamen ihm auch die fremden Hände der Schreiberin in Erinnerung – so, wie er sie zum erstenmal erblickt hatte, über dem Pelz, regungslose Hände, zwei schimmernde, silberne Hände. Damals hätte ich sie küssen sollen – dachte er einen Augenblick. »Ein sehr netter Brief« – sagte seine Frau und legte den Brief weg. Ihre Augen waren stahlblau und pflichtbewußt, nicht einmal bekümmert. Frau Klara Fallmerayer besaß die Fähigkeit, sogar Sorgen als Pflichten zu werten und im Kummer eine Genugtu-

ung zu finden. Das glaubte Fallmerayer – dem derlei Überlegungen oder Einfälle immer fremd gewesen waren – auf einmal zu erkennen. Und er schützte heute nacht eine dringende dienstliche Obliegenheit vor, mied das gemeinsame Zimmer und legte sich unten im Dienstraum schlafen und versuchte sich einzureden, oben, über ihm, in seinem Bett, schliefe noch immer die Fremde.
Die Tage vergingen, die Monate. Aus Sizilien flogen noch zwei bunte Ansichtskarten heran, mit flüchtigen Grüßen. Der Sommer kam, ein heißer Sommer. Als die Zeit des Urlaubs herannahte, beschloß Fallmerayer, nirgends hinzufahren. Frau und Kinder schickte er in eine Sommerfrische nach Österreich. Er blieb und versah seinen Dienst weiter. Zum erstenmal seit seiner Verheiratung war er von seiner Frau getrennt. Im stillen hatte er sich zuviel von dieser Einsamkeit versprochen. Erst als er allein geblieben war, begann er zu merken, daß er keineswegs allein hatte sein wollen. Er kramte in allen Fächern; er suchte nach dem Brief der fremden Frau. Aber er fand ihn nicht mehr. Frau Fallmerayer hatte ihn vielleicht längst vernichtet.
Frau und Kinder kamen zurück, der Juli ging zu Ende.
Da war die allgemeine Mobilisierung da.

5

Fallmerayer war Fähnrich in der Reserve im einundzwanzigsten Jägerbataillon. Da er einen verhältnismäßig wichtigen Posten versah, wäre es ihm, wie mehreren seiner Kollegen, möglich gewesen, noch eine Weile im Hinterland zu bleiben. Allein Fallmerayer legte seine Uniform an, packte seinen Koffer, umarmte seine Kinder, küßte seine Frau und fuhr zu seinem Kader. Dem Bahnassistenten übergab er den Dienst. Frau Fallmerayer weinte, die Kinder jubelten, weil sie ihren Vater in einer ungewohnten Kleidung sahen. Frau Fallmerayer verfehlte nicht, stolz auf ihren Mann zu sein – aber erst in der Stunde der Abfahrt. Sie unterdrückte die Tränen. Ihre blauen Augen waren erfüllt von bitterem Pflichtbewußtsein.

Was den Stationschef selbst betraf, so empfand er erst, als er mit einigen Kameraden in einem Abteil geblieben war, die grausame Entschiedenheit dieser Stunden. Dennoch glaubte er zu fühlen, daß er sich durch eine ganz unbestimmte Heiterkeit von all den in seinem Abteil anwesenden Offizieren unterschied. Es waren Reserveoffiziere. Jeder von ihnen hatte ein geliebtes Haus verlassen. Und jeder von ihnen war in dieser Stunde begeisterter Soldat. Jeder zugleich auch ein trostloser Vater, ein trostloser Sohn. Fallmerayer allein schien es, daß ihn der Krieg aus einer aussichtslosen Lage befreit hatte. Seine Zwillinge kamen ihm gewiß bedauernswert vor. Auch seine Frau. Gewiß, auch seine Frau. Während aber die Kameraden, begannen sie von der Heimat zu sprechen, alle zärtliche Herzlichkeit, deren sie fähig sein mochten, in Mienen und Gebärden offenbarten, war es Fallmerayer, als müßte er, um es ihnen gleichzutun, sobald er von den Seinen zu erzählen begann, wenn auch keine lügnerische, so doch eine übertriebene Bangigkeit in Blick und Stimme legen. Und eigentlich hatte er eher Lust, mit den Kameraden von der Gräfin Walewska zu sprechen, als von seinem Haus. Er zwang sich zu schweigen. Und es kam ihm vor, daß er doppelt log: einmal, weil er verschwieg, was ihn im Innersten bewegte, und zweitens, weil er hie und da von seiner Frau und seinen Kindern erzählte – von denen er in dieser Stunde viel weiter entfernt war als von der Gräfin Walewska, der Frau eines feindlichen Landes. Er begann, sich ein wenig zu verachten.

6

Er rückte ein. Er ging ins Feld. Er kämpfte. Er war ein tapferer Soldat. Er schrieb die üblichen herzlichen Feldpostbriefe nach Haus. Er wurde ausgezeichnet, zum Leutnant ernannt. Er wurde verwundet. Er kam ins Lazarett. Er hatte Anspruch auf Urlaub. Er verzichtete und ging wieder ins Feld. Er kämpfte im Osten. In freien Stunden, zwischen Gefecht, Inspizierung, Sturmangriff, begann er, aus zufällig gefundenen Büchern Russisch zu lernen. Beinahe mit Wollust. Mitten im Gestank des Gases, im Geruch des Blutes, im Regen, im Sumpf, im Schlamm, im Schweiß der Lebendigen, im Dunst der faulenden Kadaver verfolgte Fallmerayer der fremde Duft von Juchten und das namenlose Parfüm der Frau, die einmal in seinem Bett, auf seinem Kissen, unter seiner Decke gelegen hatte. Er lernte die Muttersprache dieser Frau und stellte sich vor, er spräche mit ihr, in ihrer Sprache. Zärtlichkeiten lernte er, Verschwiegenheiten, kostbare russische Zärtlichkeiten. Er sprach mit ihr. Durch einen ganzen großen Weltkrieg war er von ihr getrennt, und er sprach mit ihr. Mit kriegsgefangenen Russen unterhielt er sich. Mit hundertfach geschärftem Ohr vernahm er die zartesten Tönungen, und mit geläufiger Zunge sprach er sie nach. Mit jedem neuen Klang der fremden Sprache, den er lernte, kam er der fremden Frau näher. Nichts mehr wußte er von ihr, als was er zuletzt von ihr gesehn hatte: flüchtigen Gruß und flüchtige Unterschrift auf einer banalen Ansichtskarte. Aber für ihn lebte sie; auf ihn wartete sie; bald sollte er mit ihr sprechen.

Er kam, weil er Russisch konnte, als sein Bataillon an die Südfront abkommandiert wurde, zu einem der Regimenter, die eine kurze Zeit später in die sogenannte Okkupationsarmee eingereiht wurden. Fallmerayer wurde zuerst als Dolmetsch zum Divisionskommando versetzt, hierauf zur »Kundschafter- und Nachrichtenstelle«. Er gelangte schließlich in die Nähe von Kiew.

7

Den Namen Solowienki hatte er wohl behalten. Mehr als behalten: vertraut und heimisch war ihm dieser Name geworden.

Ein leichtes war es, den Namen des Gutes herauszufinden, das der Familie Walewski gehörte. Solowki hieß es und lag drei Werst südlich von Kiew. Fallmerayer geriet in süße, beklemmende und schmerzliche Erregung. Er hatte das Gefühl einer unendlichen Dankbarkeit gegen das Schicksal, das ihn in den Krieg und hierher geführt hatte, und zugleich eine namenlose Angst vor allem, was es ihm jetzt erst zu bereiten begann. Krieg, Sturmangriff, Verwundung, Todesnähe: es waren ganz blasse Ereignisse, verglichen mit jenem, das ihm nun bevorstand. Lediglich eine – wer weiß: vielleicht unzulängliche – Vorbereitung für die Begegnung mit der Frau war alles gewesen. War er wirklich für alle Fälle gerüstet? War sie überhaupt in ihrem Hause? Hatte sie nicht der Einmarsch der feindlichen Armee in gesicherte Gegenden getrieben? Und wenn sie zu Hause lebte, war ihr Mann mit ihr? Man mußte auf alle Fälle hingehn und sehn.

Fallmerayer ließ einspannen und fuhr los.

Es war ein ziemlich früher Morgen im Mai. Man fuhr im leichten zweirädrigen Wägelchen an blühenden Wiesen vorbei, auf gewundener, sandiger Landstraße, durch eine fast unbewohnte Gegend. Soldaten marschierten klappernd und rasselnd dahin, zu den üblichen Exerzierübungen. Im lichten und hohen blauen Gewölbe des Himmels verborgen trillerten die Lerchen. Dichte dunkle Flecken kleiner Tannenwäldchen wechselten ab mit dem hellen, fröhlichen Silber der Birken. Und der Morgenwind brachte aus weiter Ferne abgebrochenen Gesang der Soldaten aus entlegenen Baracken. Fallmerayer dachte an seine Kindheit, an die Natur seiner Heimat. Nicht weit von der Station, an der er bis zum Kriege Dienst getan hatte, war er geboren worden und aufgewach-

sen. Auch sein Vater war Bahnbeamter gewesen, niederer Bahnbeamter, Magazineur. Die ganze Kindheit Fallmerayers war, wie sein späteres Leben, erfüllt gewesen von den Geräuschen und Gerüchen der Eisenbahn wie von denen der Natur. Die Lokomotiven pfiffen und hielten Zwiesprache mit dem Jubel der Vögel. Der schwere Dunst der Steinkohle lagerte über dem Duft der blühenden Felder. Der graue Rauch der Bahnen verschwamm mit dem blauen Gewölk über den Bergen zu einem einzigen Nebel aus süßer Wehmut und Sehnsucht. Wie anders war diese Welt hier, heiter und traurig in einem, keine heimliche Güte mehr auf mildem, sanftem Abhang, spärlicher Flieder hier, keine vollen Dolden mehr hinter sauber gestrichenen Zäunen. Niedere Hütten mit breiten, tiefen Dächern aus Stroh, wie Kapuzen, winzige Dörfer, verloren in der Weite und sogar in dieser übersichtlichen Fläche noch gleichsam verborgen. Wie verschieden waren die Länder! Waren es auch die menschlichen Herzen? Wird sie mich auch begreifen? – fragte sich Fallmerayer. Wird sie mich auch begreifen? – Und je näher er dem Gute der Walewskis kam, desto heftiger loderte die Frage in seinem Herzen. Je näher er kam, desto sicherer schien es ihm auch, daß die Frau zu Hause war. Bald zweifelte er gar nicht mehr daran, daß ihn noch Minuten nur von ihr trennten. Ja, sie war zu Hause.
Gleich am Anfang der schütteren Birkenallee, die den sachten Aufstieg zum Herrenhaus ankündigte, sprang Fallmerayer aus dem Wagen. Zu Fuß legte er den Weg zurück, damit es noch ein wenig länger dauere. Ein alter Gärtner fragte nach seinen Wünschen. Er möchte die Gräfin sehen, sagte Fallmerayer. Er wolle es ausrichten, meinte der Mann, entfernte sich langsam und kam bald wieder. Ja, die Frau Gräfin war da und erwartete den Besuch.
Die Walewska erkannte Fallmerayer selbstverständlich nicht. Sie hielt ihn für einen der vielen militärischen Besucher, die sie in der letzten Zeit hatte empfangen müssen. Sie bat ihn, sich zu setzen. Ihre Stimme, tief, dunkel, fremd, er-

schreckte ihn und war ihm wohlvertraut zugleich, ein heimischer Schauder, ein wohlbekannter, liebevoll begrüßter, seit undenklichen Jahren sehnsüchtig erwarteter Schrecken. »Ich heiße Fallmerayer!« sagte der Offizier. – Sie hatte natürlich den Namen vergessen. »Sie erinnern sich« – begann er wieder – »ich bin der Stationschef von L.« Sie trat näher zu ihm, faßte seine Hände, er roch ihn wieder, den Duft, der ihn undenkliche Jahre verfolgt, umgeben, gehegt, geschmerzt und getröstet hatte. Ihre Hände lagen einen Augenblick auf den seinen. »Oh, erzählen Sie, erzählen Sie!« – rief die Walewska. Er erzählte kurz, wie es ihm ging. »Und Ihre Frau, Ihre Kinder?« – fragte die Gräfin. »Ich habe sie nicht mehr gesehen!« – sagte Fallmerayer. »Ich habe nie Urlaub genommen.«
Hierauf entstand eine kleine Stille. Sie sahen sich an. In dem breiten und niederen, weiß getünchten und fast kahlen Zimmer lag die Sonne des jungen Vormittags golden und satt. Fliegen summten an den Fenstern. Fallmerayer sah still auf das breite, weiße Angesicht der Gräfin. Vielleicht verstand sie ihn. Sie erhob sich, um eine Gardine vor das mittlere der drei Fenster zu ziehen. »Zu hell?« – fragte sie. »Lieber dunkel!« – antwortete Fallmerayer. Sie kam an das Tischchen zurück, rührte ein Glöckchen, der alte Diener kam; sie bestellte Tee. Die Stille zwischen ihnen wich nicht: sie wuchs im Gegenteil, bis man den Tee brachte. Fallmerayer rauchte. Während sie ihm den Tee einschenkte, fragte er plötzlich: »Und wo ist Ihr Mann?«
Sie wartete, bis sie die Tasse gefüllt hatte, als müßte sie erst eine sehr vorsorgliche Antwort überlegen. »An der Front natürlich!« sagte sie dann. »Ich höre seit drei Monaten nichts mehr von ihm. Wir können ja jetzt nicht korrespondieren!« – »Sind Sie sehr in Sorge?« – fragte Fallmerayer. »Gewiß«, erwiderte sie, »nicht weniger als Ihre Frau um Sie wahrscheinlich.« – »Verzeihen Sie, Sie haben recht, ich war recht dumm« – sagte Fallmerayer. Er blickte auf die Teetasse.
Sie hätte sich geweigert, erzählte die Gräfin weiter, das Haus

zu verlassen. Andere seien geflohen. Sie fliehe nicht, vor ihren Bauern nicht und auch nicht vor dem Feind. Sie lebe hier mit vier Dienstboten, zwei Reitpferden und einem Hund. Geld und Schmuck habe sie vergraben. Sie suchte lange nach einem Wort, sie wußte nicht, wie man »vergraben« auf deutsch sage, und zeigte auf die Erde. Fallmerayer sagte das russische Wort. »Sie können Russisch?« – fragte sie. »Ja« – sagte er – »ich habe es gelernt, im Felde gelernt.« Und auf russisch fügte er hinzu: »Ihretwegen, für Sie, um einmal mit Ihnen sprechen zu können, habe ich Russisch gelernt.«

Sie bestätigte ihm, daß er vorzüglich spreche, so, als hätte er seinen inhaltsschweren Satz nur gesprochen, um seine sprachlichen Fähigkeiten zu beweisen. Auf diese Weise verwandelte sie sein Geständnis in eine bedeutungslose Stilübung. Aber gerade diese ihre Antwort bewies ihm, daß sie ihn gut verstanden habe.

Nun will ich gehen – dachte er. Er stand auch sofort auf. Und ohne ihre Einladung abzuwarten und wohl wissend, daß sie seine Unhöflichkeit richtig deuten würde, sagte er: »Ich komme in der nächsten Zeit wieder!« – Sie antwortete nicht. Er küßte ihre Hand und ging.

8

Er ging – und zweifelte nicht mehr daran, daß sein Geschick anfing, sich zu erfüllen. Es ist ein Gesetz – sagte er sich. Es ist unmöglich, daß ein Mensch einem andern so unwiderstehlich entgegengetrieben wird und daß der andere zugeschlossen bleibt. Sie fühlt, was ich fühle. Wenn sie mich noch nicht liebt, so wird sie mich bald lieben.

Mit der gewohnten sicheren Solidität des Beamten und Offiziers erledigte Fallmerayer seine Obliegenheiten. Er beschloß, vorläufig zwei Wochen Urlaub zu nehmen, zum erstenmal, seitdem er eingerückt war. Seine Ernennung zum

Oberleutnant mußte in einigen Tagen erfolgen. Diese wollte er noch abwarten.

Zwei Tage später fuhr er noch einmal nach Solowki. Man sagte ihm, die Gräfin Walewska sei nicht zu Hause und würde vor Mittag nicht erwartet. »Nun«, sagte er, »so werde ich im Garten so lange bleiben.« Und da man nicht wagte, ihn hinauszuweisen, ließ man ihn in den Garten hinter dem Hause.

Er sah zu den zwei Reihen der Fenster hinauf. Er vermutete, daß die Gräfin zu Hause war und sich verleugnen ließ. In der Tat glaubte er, bald hinter diesem, bald hinter jenem Fenster den Schimmer eines hellen Kleides zu sehen. Er wartete geduldig und geradezu gelassen.

Als es zwölf Uhr vom nahen Kirchturm schlug, ging er wieder ins Haus. Frau Walewska war da. Sie kam gerade die Treppe herunter, in einem schwarzen, engen und hochgeschlossenen Kleid, eine dünne Schnur kleiner Perlen um den Kragen und ein silbernes Armband um die enge linke Manschette. Es schien Fallmerayer, daß sie sich seinetwegen gepanzert hatte – und es war, als ob das Feuer, das ewig in seinem Herzen für sie brannte, noch ein neues, ein besonderes kleines Feuerchen geboren habe. Neue Lichter zündete die Liebe an. Fallmerayer lächelte. »Ich habe lange warten müssen«, sagte er, »aber ich habe gern gewartet, wie Sie wissen. Ich habe hinten im Garten zu den Fenstern hinaufgeschaut und habe mir eingebildet, daß ich das Glück habe, Sie zu sehn. So ist mir die Zeit vergangen.«

Ob er essen wolle, fragte die Gräfin, da es gerade Zeit sei. Gewiß, sagte er, er habe Hunger. Aber von den drei Gängen, die man dann servierte, nahm er nur die lächerlichsten Brokken.

Die Gräfin erzählte vom Ausbruch des Krieges. Wie sie in höchster Eile aus Kairo nach Hause heimgekehrt seien. Vom Garderegiment ihres Mannes. Von dessen Kameraden. Von ihrer Jugend hierauf. Von Vater und Mutter. Von der Kindheit dann. Es war, als suchte sie sehr krampfhaft nach Geschichten und als wäre sie sogar bereit, etwelche zu erfinden – alles nur, um den ohnehin schweigsamen Fallmerayer nicht sprechen zu lassen. Er strich seinen kleinen blonden Schnurrbart und schien genau zuzuhören. Er aber hörte viel stärker auf den Duft, den die Frau ausströmte, als auf die Reden, die sie führte. Seine Poren lauschten. Und, im übrigen: auch ihre Worte dufteten, ihre Sprache. Alles, was sie erzählen konnte, erriet er ohnedies. Nichts von ihr konnte ihm verborgen bleiben. Was konnte sie ihm verbergen? Ihr strenges Kleid schützte ihren Körper keineswegs vor seinem wissenden Blick. Er fühlte die Sehnsucht seiner Hände nach ihr, das Heimweh seiner Hände nach der Frau. Als sie aufstanden, sagte er, daß er noch zu bleiben gedenke, Urlaub habe er heute, einen viel längeren Urlaub nehme er in einigen Tagen, sobald er Oberleutnant geworden sei. Wohin er fahren wolle? – fragte die Gräfin. »Nirgendwohin!« – sagte Fallmerayer. »Bei Ihnen will ich bleiben!« Sie lud ihn ein, zu bleiben, solange er wolle – heute und später. Jetzt müsse sie ihn allein lassen und sich im Hause ein wenig umsehen. Wolle er kommen – es gäbe Zimmer genug im Hause – und so viele, daß sie es nicht nötig hätten, einander zu stören.

Er verabschiedete sich. Da sie nicht mit ihm bleiben könne, sagte er, zöge er es vor, in die Stadt zurückzufahren.

Als er in den Wagen stieg, wartete sie auf der Schwelle, im strengen schwarzen Kleid, mit ihrem weiten, hellen Antlitz darüber – und während er die Peitsche ergriff, hob sie sachte die Hand zu einem halben, gleichsam angestrengt gezügelten Gruß.

9

Ungefähr eine Woche nach diesem Besuch erhielt der neuernannte Oberleutnant Adam Fallmerayer seinen Urlaub. Allen Kameraden sagte er, er wolle nach Hause fahren. Indessen begab er sich in das Herrenhaus der Walewski, bezog ein Zimmer im Parterre, das man für ihn vorbereitet hatte, aß jeden Tag mit der Frau des Hauses, sprach mit ihr über dies und jenes, Gleichgültiges und Fernes, erzählte von der Front und gab nie acht auf den Inhalt seiner Rede, ließ sich erzählen und hörte nicht zu. In der Nacht schlief er nicht, schlief er ebensowenig wie vor Jahren daheim, im Stationsgebäude, während der sechs Tage, an denen die Gräfin über ihm, in seinem Zimmer, genächtigt hatte. Auch heute ahnte er sie in den Nächten über sich, über seinem Haupt, über seinem Herzen.

Eines Nachts, es war schwül, ein linder, guter Regen fiel, erhob sich Fallmerayer, kleidete sich an und trat vor das Haus. Im geräumigen Treppenhaus brannte eine gelbe Petroleumlaterne. Still war das Haus, still war die Nacht, still war der Regen, er fiel wie auf zarten Sand, und sein eintöniges Singen war der Gesang der nächtlichen Stille selbst. Auf einmal knarrte die Treppe. Fallmerayer hörte es, obwohl er sich vor dem Tor befand. Er sah sich um. Er hatte das schwere Tor offen gelassen. Und er sah die Gräfin Walewska die Treppen hinuntersteigen. Sie war vollkommen angezogen, wie bei Tag. Er verneigte sich, ohne ein Wort zu sagen. Sie kam nahe zu ihm heran. So blieben sie, stumm, ein paar Sekunden. Fallmerayer hörte sein Herz klopfen. Auch war ihm, als klopfte das Herz der Frau so laut wie das seine – und im gleichen Takt mit diesem. Schwül schien auf einmal die Luft geworden zu sein, kein Zug kam durch das offene Tor. Fallmerayer sagte: »Gehen wir durch den Regen, ich hole Ihnen den Mantel!« Und ohne eine Zustimmung abzuwarten, stürzte er in sein Zimmer, kam mit dem Mantel zurück, legte ihn der Frau um die Schultern, wie er ihr einmal den Pelz umgelegt hatte, damals, an dem unvergeßlichen Abend der Katastrophe, und hierauf den Arm um den Mantel. Und so gingen sie in die Nacht und in den Regen.

Sie gingen die Allee entlang, trotz der nassen Finsternis leuchteten silbern die dünnen, schütteren Stämme, wie von einem im Innern entzündeten Licht. Und als erweckte dieser silberne Glanz der zärtlichsten Bäume der Welt Zärtlichkeit im Herzen Fallmerayers, drückte er seinen Arm fester um die Schultern der Frau, spürte durch den harten, durchnäßten Stoff des Mantels die nachgiebige Güte des Körpers, für eine Weile schien es ihm, daß sich ihm die Frau zuneige, ja, daß sie sich an ihn schmiege, und doch war einen hurtigen Augenblick später wieder geraumer Abstand zwischen ihren Körpern. Seine Hand verließ ihre Schultern, tastete sich empor zu ihrem nassen Haar, strich über ihr nasses Ohr, berührte ihr nasses Angesicht. Und im nächsten Augenblick blieben sie beide gleichzeitig stehn, wandten sich einander zu, umfingen sich, der Mantel sank von ihren Schultern nieder und fiel taub und schwer auf die Erde – und so, mitten in Regen und Nacht, legten sie Gesicht an Gesicht, Mund an Mund und küßten sich lange.

10

Einmal sollte Oberleutnant Fallmerayer nach Shmerinka versetzt werden, aber es gelang ihm, mit vieler Anstrengung, zu bleiben. Fest entschlossen war er, zu bleiben. Jeden Morgen, jeden Abend segnete er den Krieg und die Okkupation. Nichts fürchtete er mehr als einen plötzlichen Frieden. Für ihn war der Graf Walewski seit langem tot, an der Front gefallen oder von meuternden kommunistischen Soldaten umgebracht. Ewig hatte der Krieg zu währen, ewig der Dienst Fallmerayers an diesem Ort, in dieser Stellung.

Nie mehr Frieden auf Erden.

Dem Übermut war Fallmerayer eben anheimgefallen, wie es manchen Menschen geschieht, denen das Übermaß ihrer Leidenschaft die Sinne blendet, die Einsicht raubt, den Verstand betört. Allein, schien es ihm, sei er auf der Erde, er und der Gegenstand seiner Liebe. Selbstverständlich aber ging, unbekümmert um ihn, das große und verworrene Schicksal der Welt weiter. Die Revolution kam. Der Oberleutnant und Liebhaber Fallmerayer hatte sie keineswegs erwartet.

Doch schärfte, wie es in höchster Gefahr zu geschehen pflegt, der heftige Schlag der außergewöhnlichen Schicksalsstunde auch seine eingeschläferte Vernunft, und mit verdoppelter Wachsamkeit erkannte er schnell, daß es galt, das Leben der geliebten Frau, sein eigenes, und vor allem ihrer beider Gemeinsamkeit zu retten. Und da ihm, mitten in der Verwirrung, welche die plötzlichen Ereignisse angerichtet hatten, dank seiner militärischen Grade und der besonderen Dienste, die er versah, immer noch einige fürs erste genügende Hilfs- und sogar Machtmittel verblieben waren, bemühte er sich, diese schnell zu nutzen; und also gelang es ihm, innerhalb der ersten paar Tage, in denen die österreichische Armee zerfiel, die deutsche sich aus der Ukraine zurückzog, die russischen Roten ihren Einmarsch begannen und die neuerlich revoltierenden Bauern gegen die Gutshöfe ihrer bisherigen Herren mit Brand und Plünderung anrückten, zwei gut geschützte Autos der Gräfin Walewska zur Verfügung zu stellen, ein halbes Dutzend ergebener Mannschaften mit Gewehren und Munition und einem Mundvorrat für ungefähr eine Woche.

Eines Abends – die Gräfin weigerte sich immer noch, ihren Hof zu verlassen – erschien Fallmerayer mit den Wagen und seinen Soldaten und zwang seine Geliebte mit heftigen Worten und beinahe mit körperlicher Gewalt, den Schmuck, den sie im Garten vergraben hatte, zu holen und sich zur Abreise fertig zu machen. Das dauerte eine ganze Nacht. Als der trübe und feuchte Spätherbstmorgen zu grauen begann, waren sie fertig, und die Flucht konnte beginnen. In dem geräumigeren, von Zeltleinwand überdachten Auto befanden sich die Soldaten. Ein Militärchauffeur lenkte das Personen-Automobil, das dem ersten folgte und in dem die Gräfin und Fallmerayer saßen. Sie hatten beschlossen, nicht westwärts zu fahren, wie damals alle Welt tat, sondern südlich. Man konnte mit Sicherheit annehmen, daß alle Straßen des Landes, die nach dem Westen führten, von rückflutenden Truppen verstopft sein würden. Und wer weiß, was man noch an den Grenzen der neu entstandenen westlichen Staates zu erwarten hatte! Möglich war immerhin – und wie es sich später zeigte, war es sogar Tatsache –, daß man an den westlichen Grenzen des russischen Reiches neue Kriege angefangen hatte. In der Krim und im Kaukasus hatte die Gräfin Walewska außerdem reiche und mächtige Anverwandte. Hilfe war von ihnen selbst unter diesen veränderten Verhältnissen immerhin noch zu erwarten, sollte man ihrer bedürftig werden. Und was das wichtigste war: ein kluger Instinkt sagte den beiden Liebenden, daß in einer Zeit, in der das wahrhaftige Chaos auf der ganzen Erde herrschte, das ewige Meer die einzige Freiheit bedeuten müsse. An das Meer wollten sie zuallererst gelangen. Sie versprachen den Männern, die sie bis zum Kaukasus begleiten sollten, jedem eine ansehnliche Summe in purem Gold. Und wohlgemut, wenn auch in natürlicher Aufregung, fuhren sie dahin.

Da Fallmerayer alles sehr wohl vorbereitet und auch jeden möglichen und unwahrscheinlichen Zufall im voraus berechnet hatte, gelang es ihnen, innerhalb einer sehr kurzen Frist – vier Tage waren es im ganzen – nach Tiflis zu kommen. Hier entließen sie ihre Begleiter, zahlten ihnen den ausgemachten Lohn und behielten lediglich den Chauffeur bis Baku. Auch nach dem Süden und nach der Krim hatten sich viele Russen aus den adligen und gutbürgerlichen Schichten geflüchtet.

Man vermied, obwohl man es sich vorgenommen hatte, Verwandte zu treffen, von Bekannten gesehen zu werden. Vielmehr bemühte sich Fallmerayer, ein Schiff zu finden, das ihn und seine Geliebte unmittelbar von Baku nach dem nächsten Hafen eines weniger gefährdeten Landes bringen konnte. Dabei ließ es sich nicht vermeiden, daß man andre, mit den Walewskis mehr oder weniger bekannte, Familien traf, die ebenfalls, wie Fallmerayer, nach einem rettenden Schiff Ausschau hielten – und daß die Gräfin über die Person Fallmerayers wie über ihre Beziehungen zu ihm lügenhafte Auskünfte geben mußte. Schließlich sah man ein, daß man nur in Gemeinschaft mit den andern die geplante Art der Flucht bewerkstelligen konnte. Man einigte sich also mit acht andern, die Rußland auf dem Seewege verlassen wollten, fand schließlich einen zuverlässigen Kapitän eines etwas gebrechlich aussehenden Dampfers und fuhr zuerst nach Konstantinopel, von wo aus regelmäßig Schiffe nach Italien und Frankreich immer noch abgingen.

Drei Wochen später gelangte Fallmerayer mit seiner geliebten Frau nach Monte Carlo, wo die Walewskis vor dem Kriege eine kleine Villa gekauft hatten. Und nun glaubte sich Fallmerayer auf dem Höhepunkt seines Glücks und seines Lebens. Von der schönsten Frau der Welt wurde er geliebt. Mehr noch: er liebte die schönste Frau der Welt. Neben ihm war sie jetzt ständig, wie ihr starkes Abbild jahrelang in ihm gelebt hatte. In ihr lebte er jetzt selbst. In ihren Augen sah er stündlich sein eigenes Spiegelbild, wenn er ihr nahe kam – und kaum gab es eine Stunde im Tag, in der sie beide einander nicht ganz nahe waren. Diese Frau, die kurze Zeit vorher noch zu hochmütig gewesen wäre, um dem Wunsch ihres Herzens oder ihrer Sinne zu gehorchen: diese Frau war nun ohne Ziel und ohne Willen ausgeliefert der Leidenschaft Fallmerayers, eines Stationschefs der österreichischen Südbahn, sein Kind war sie, seine Geliebte, seine Welt. Wunschlos wie Fallmerayer war die Gräfin Walewska. Der Sturm der Liebe, der seit der Schicksalsnacht, in der sich die Katastrophe auf der Station L. zugetragen hatte, im Herzen Fallmerayers zu wachsen angefangen hatte, nahm die Frau mit, trug sie davon, entfernte sie tausend Meilen weit von ihrer Herkunft, von ihren Sitten, von der Wirklichkeit, in der sie gelebt hatte. In ein wildfremdes Land der Gefühle und Gedanken wurde sie entführt. Und dieses Land war ihre Heimat geworden. Was alles in der großen, ruhelosen Welt vorging, bekümmerte die beiden nicht. Das Gut, das sie mitgenommen hatte, sicherte ihnen auf mehrere Jahre hinaus ein arbeitsloses Leben. Auch machten sie sich keine Sorgen um die Zukunft. Wenn sie den Spielsaal besuchten, geschah es aus Übermut. Sie konnten es sich leisten, Geld zu verlieren – und sie verloren in der Tat, wie um dem Sprichwort gerecht zu werden, das sagt, wer Glück in der Liebe habe, verliere im Spiel. Über jeden Verlust waren beide beglückt; als bedürften sie noch des Aberglaubens, um ihrer Liebe sicher zu sein. Aber wie alle Glücklichen waren sie geneigt, ihr Glück auf eine Probe zu stellen, um es, bewährte es sich, womöglich zu vergrößern.

11

Hatte die Gräfin Walewska auch ihren Fallmerayer ganz für sich, so war sie doch – wie es sonst nur wenige Frauen können – keineswegs imstande, längere Zeit zu lieben, ohne den Verlust des Geliebten zu fürchten (denn es ist oft die Furcht der Frauen, sie könnten den geliebten Mann verlieren, die ihre Leidenschaft steigert und ihre Liebe). So begann sie denn eines Tages, obwohl Fallmerayer keinen Anlaß dazu gegeben hatte, von ihm zu fordern, er möge sich von seiner Frau scheiden lassen und auf Kinder und Amt verzichten. Sofort schrieb Adam Fallmerayer seinem Vetter Heinrich, der ein höheres Amt im Wiener Unterrichtsministerium bekleidete, daß er seine frühere Existenz endgültig aufgegeben habe. Da er aber nach Wien nicht kommen wolle, möge, wenn dies überhaupt möglich, ein geschickter Advokat die Scheidung veranlassen.

Ein merkwürdiger Zufall – so erwiderte ein paar Tage später der Vetter Heinrich – habe es gefügt, daß Fallmerayer schon vor mehr als zwei Jahren in der Liste der Vermißten gestanden habe. Da er auch niemals habe von sich hören lassen, sei er von seiner Frau und von seinen wenigen Blutsverwandten bereits zu den Toten gezählt worden. Längst verwalte ein neuer Stationschef die Station L. Längst habe Frau Fallmerayer mit den Zwillingen Wohnung bei ihren Eltern in Brünn genommen. Am besten sei es, man schweige weiter, vorausgesetzt, daß Fallmerayer bei den ausländischen Vertretungen Österreichs keine Schwierigkeiten habe, was den Paß und dergleichen betreffe.

Fallmerayer dankte seinem Vetter, versprach, ihm allein fernerhin zu schreiben, bat um Verschwiegenheit und zeigte den Briefwechsel der Geliebten. Sie war beruhigt. Sie zitterte nicht mehr um Fallmerayer. Allein einmal von der rätselhaften Angst befallen, welche die Natur in die Seelen der so stark liebenden Frauen gesät hat (vielleicht, wer weiß, um den Bestand der Welt zu sichern), forderte die Gräfin Walewska von ihrem Geliebten ein Kind – und seit der Minute, in der dieser Wunsch in ihr aufgetaucht war, begann sie, sich den Vorstellungen von den vorzüglichen Beschaffenheiten dieses Kindes zu ergeben; gewissermaßen sich der unerschütterlichen Hingabe an dieses Kind zu weihen. Unbedacht, leichtsinnig, beschwingt, wie sie war, erblickte sie in ihrem Geliebten, dessen maßlose Liebe ja erst ihre schöne, natürliche Unbesonnenheit geweckt hatte, dennoch das Muster der vernünftigen, maßvollen Überlegenheit. Und nichts erschien ihr wichtiger, als ein Kind in die Welt zu setzen, das ihre eigenen Vorzüge mit den unübertrefflichen ihres geliebten Mannes vereinigen sollte.

Sie wurde schwanger. Fallmerayer, wie alle verliebten Männer dem Schicksal dankbar wie der Frau, die es erfüllen half, konnte sich vor Freude nicht lassen. Keine Grenzen mehr hatte seine Zärtlichkeit. Unwiderleglich bestätigt sah er seine eigene Persönlichkeit und seine Liebe. Erfüllung wurde ihm jetzt erst. Das Leben hatte noch gar nicht begonnen. In sechs Monaten erwartete man das Kind. Erst in sechs Monaten sollte das Leben beginnen.

Indessen war Fallmerayer fünfundvierzig Jahre alt geworden.

12

Da erschien eines Tages in der Villa der Walewski ein Fremder, ein Kaukasier, namens Kirdza-Schwili, und teilte der Gräfin mit, daß der Graf Walewski dank einem glücklichen Geschick und, wahrscheinlich, gerettet durch ein besonders geweihtes, im Kloster von Pokroschni geweihtes Bildnis des heiligen Prokop, der Unbill des Krieges wie den Bolschewiken entronnen und auf dem Wege nach Monte Carlo begriffen sei. In ungefähr vierzehn Tagen sei er zu erwarten. Er, der Bote, früherer Ataman Kirdza-Schwili, sei auf dem Wege nach Belgrad, im Auftrag der zaristischen Gegenrevolution. Seines Auftrages habe er sich nunmehr entledigt. Er wolle gehn.

Dem Fremden stellte die Gräfin Walewska Fallmerayer als den getreuen Verwalter des Hauses vor. Während der Anwesenheit des Kaukasiers schwieg Fallmerayer. Er begleitete den Gast ein Stück Weges. Als er zurückkam, fühlte er zum erstenmal in seinem Leben einen scharfen, jähen Stich in der Brust.

Seine Geliebte saß am Fenster und las.

»Du kannst ihn nicht empfangen!« – sagte Fallmerayer. »Fliehen wir!«

»Ich werde ihm die ganze Wahrheit sagen« – erwiderte sie. »Wir warten!«

»Du hast ein Kind von mir !« – sagte Fallmerayer, »eine unmögliche Situation!«

»Du bleibst hier, bis er kommt! Ich kenne ihn! Er wird alles verstehn!« – antwortete die Frau.

Sie sprachen seit dieser Stunde nicht mehr über den Grafen Walewski. Sie warteten.

Sie warteten, bis eines Tages eine Depesche von ihm eintraf. An einem Abend kam er. Sie holten ihn beide von der Bahn ab.

Zwei Schaffner hoben ihn aus dem Waggon, und ein Gepäckträger brachte einen Rollstuhl herbei. Man setzte ihn in den Rollstuhl. Er hielt sein gelbes, knochiges, gestrecktes Angesicht seiner Frau entgegen, sie beugte sich über ihn und küßte ihn. Mit langen, blaugefrorenen, knöchernen Händen versuchte er, immer wieder umsonst, zwei braune Decken über seine Beine zu ziehen. Fallmerayer half ihm.

Fallmerayer sah das Angesicht des Grafen, ein längliches, gelbes, knöchernes Angesicht, mit scharfer Nase, hellen Augen, schmalem Mund, darüber einen herabhängenden schwarzen Schnurrbart. Man rollte den Grafen wie eines der vielen Gepäckstücke den Perron entlang. Seine Frau ging hinter dem Wagen her, Fallmerayer voran.

Man mußte ihn – Fallmerayer und der Chauffeur – ins Auto heben. Der Rollwagen wurde auf das Dach des Autos verladen.

Man mußte ihn in die Villa hineintragen. Fallmerayer hielt den Kopf und die Schultern, der Diener die Füße.

»Ich bin hungrig« – sagte der Graf Walewski.

Als man den Tisch richtete, erwies es sich, daß Walewski nicht allein essen konnte. Seine Frau mußte ihn füttern. Und als, nach einem grausam schweigenden Mahl, die Stunde des Schlafs nahte, sagte der Graf: »Ich bin schläfrig. Legt mich ins Bett.«

Die Gräfin Walewska, der Diener und Fallmerayer trugen den Grafen in sein Zimmer im ersten Stock, wo man ein Bett bereitet hatte.

»Gute Nacht!« – sagte Fallmerayer. Er sah noch, wie seine

Geliebte die Kissen zurechtrückte und sich an den Rand des Bettes setzte.

13

Hierauf reiste Fallmerayer ab; man hat nie mehr etwas von ihm gehört.

ROBERT MUSIL

Die Amsel

Die beiden Männer, deren ich erwähnen muß – um drei kleine Geschichten zu erzählen, bei denen es darauf ankommt, wer sie berichtet –, waren Jugendfreunde; nennen wie sie Aeins und Azwei. Denn im Grunde ist Jugendfreundschaft um so sonderbarer, je älter man wird. Man ändert sich im Laufe solcher Jahre vom Scheitel bis zur Sohle und von den Härchen der Haut bis ins Herz, aber das Verhältnis zueinander bleibt merkwürdigerweise das gleiche und ändert sich sowenig wie die Beziehungen, die jeder einzelne Mensch zu den verschiedenen Herren pflegt, die er der Reihe nach mit Ich anspricht. Es kommt ja nicht darauf an, ob man so empfindet wie der kleine Knabe mit dickem Kopf und blondem Haar, der einst photographiert worden ist; nein, man kann im Grunde nicht einmal sagen, daß man dieses kleine, alberne, ichige Scheusal gern hat. Und so ist man auch mit seinen besten Freunden weder einverstanden noch zufrieden; ja, viele Freunde mögen sich nicht einmal leiden. In gewissem Sinn sind das sogar die tiefsten und besten Freundschaften und enthalten das unbegreifliche Element ohne alle Beimengungen.

Die Jugend, welche die beiden Freunde Aeins und Azwei verband, war nichts weniger als eine religiöse gewesen. Sie waren zwar beide in einem Institut erzogen worden, wo man sich schmeichelte, den religiösen Grundsätzen gebührenden Nachdruck zu geben; aber seine Zöglinge setzten ihren ganzen Ehrgeiz darein, nichts davon zu halten. Die Kirche dieses Instituts zum Beispiel war eine schöne, richtige, große Kirche, mit einem steinernen Turm, und nur für den Gebrauch der Schule bestimmt. So konnten, da niemals ein Fremder eintrat, immer einzelne Gruppen der Schüler, indes der Rest, je nachdem es die heilige Sitte forderte, vorn in den Bänken bald kniete, bald aufstand, hinten bei den Beichtstühlen Karten spielen, auf der Orgeltreppe Zigaretten rauchen oder sich auf den Turm verziehen, der unter dem spitzen Dach wie einen Kerzenteller einen steinernen Balkon trug, auf dessen Geländer in schwindelnder Höhe Kunststücke aufgeführt wurden, die selbst weniger sündenbeladene Knaben den Hals kosten konnten.

Eine dieser Herausforderungen Gottes bestand darin, sich auf dem Turmgeländer mit dem Blick nach unten, durch langsamen Druck der Muskeln in die Höhe zu heben und schwankend auf den Händen stehenzubleiben; jeder, der dieses Akrobatenkunststück zu ebener Erde ausgeführt hat, wird wissen, wieviel Selbstvertrauen, Kühnheit und Glück dazu gehören, es auf einem fußbreiten Steinstreifen in Turmhöhe zu wiederholen. Es muß auch gesagt werden, daß viele wilde und geschickte Burschen sich dessen nicht unterfingen, obgleich sie zu ebener Erde auf ihren Händen geradezu lustwandeln konnten. Zum Beispiel Aeins tat es nicht. Dagegen war Azwei, und das mag gut zu seiner Einführung als Erzähler dienen, in seiner Knabenzeit der Erfinder dieser Gesinnungsprobe gewesen. Es war schwer, einen Körper zu finden wie den seinen. Er trug nicht die Muskeln des Sports wie die Körper vieler, sondern schien einfach und mühelos von der Natur aus Muskeln geflochten zu sein. Ein schmaler, ziemlich kleiner Kopf saß darauf, mit Augen, die in Samt gewickelte Blitze waren, und mit Zähnen, die es eher zuließen, an die Blankheit eines jagenden Tiers zu denken, als die Sanftmut der Mystik zu erwarten.

Später, in ihrer Studienzeit, schwärmten die beiden Freunde für eine materialistische Lebenserklärung, die ohne Seele und Gott den Menschen als physiologische oder wirtschaftliche

Maschine ansieht, was er ja vielleicht auch wirklich ist, worauf es ihnen aber gar nicht ankam, weil der Reiz solcher Philosophie nicht in ihrer Wahrheit liegt, sondern in ihrem dämonischen, pessimistischen, schaurig-intellektuellen Charakter. Damals war ihr Verhältnis zueinander bereits eine Jugendfreundschaft. Denn Azwei studierte Waldwirtschaft und sprach davon, als Forstingenieur weit fortzugehen, nach Rußland oder Asien, sobald seine Studien vollendet wären; während sein Freund, statt solcher jungenhaften, schon eine solidere Schwärmerei gewählt hatte und sich zu dieser Zeit in der aufstrebenden Arbeiterbewegung umtat. Als sie dann kurz vor dem großen Krieg wieder zusammentrafen, hatte Azwei seine russischen Unternehmungen bereits hinter sich; er erzählte wenig von ihnen, war in den Bureaus irgendeiner großen Gesellschaft angestellt und schien beträchtliche Fehlschläge erlitten zu haben, wenn es ihm auch bürgerlich auskömmlich ging. Sein Jugendfreund aber war inzwischen aus einem Klassenkämpfer der Herausgeber einer Zeitung geworden, die viel vom sozialen Frieden schrieb und einem Börsenmann gehörte. Sie verachteten sich seither gegenseitig und untrennbar, verloren einander aber wieder aus den Augen; und als sie endlich für kurze Zeit abermals zusammengeführt wurden, erzählte Azwei das nun Folgende in der Art, wie man vor einem Freund einen Sack mit Erinnerungen ausschüttet, um mit der leeren Leinwand weiterzugehen. Es kam unter diesen Umständen wenig darauf an, was dieser erwiderte, und es kann ihre Unterredung fast wie ein Selbstgespräch erzählt werden. Wichtiger wäre es, wenn man genau zu beschreiben vermöchte, wie Azwei damals aussah, weil dieser unmittelbare Eindruck für die Bedeutung seiner Worte nicht ganz zu entbehren ist. Aber das ist schwer. Am ehesten könnte man sagen, er erinnerte an eine scharfe, nervige, schlanke Reitgerte, die, auf ihre weiche Spitze gestellt, an einer Wand lehnt; in so einer halb aufgerichteten und halb zusammengesunkenen Lage schien er sich wohlzufühlen.

Zu den sonderbarsten Orten der Welt – sagte Azwei – gehören jene Berliner Höfe, wo zwei, drei, oder vier Häuser einander den Hintern zeigen, Köchinnen sitzen mitten in den Wänden, in viereckigen Löchern, und singen. Man sieht es dem roten Kupfergeschirr auf den Borden an, wie laut es klappert. Tief unten grölt eine Männerstimme Scheltworte zu einem der Mädchen empor, oder es gehen schwere Holzschuhe auf dem klinkernden Pflaster hin und her. Langsam. Hart. Ruhelos. Sinnlos. Immer. Ist es so oder nicht?

Da hinaus und hinab sehen nun die Küchen und die Schlafzimmer; nahe beieinander liegen sie, wie Liebe und Verdauung am menschlichen Körper. Etagenweise sind die Ehebetten übereinander geschichtet; denn alle Schlafzimmer haben im Haus die gleiche Lage, und Fensterwand, Badezimmerwand, Schrankwand bestimmen den Platz des Bettes fast auf den halben Meter genau. Ebenso etagenweise türmen sich die Speisezimmer übereinander, das Bad mit den weißen Kacheln und der Balkon mit dem roten Lampenschirm. Liebe, Schlaf, Geburt, Verdauung, unerwartete Wiedersehen, sorgenvolle und gesellige Nächte liegen in diesen Häusern übereinander wie die Säulen der Brötchen in einem Automatenbüfett. Das persönliche Schicksal ist in solchen Mittelstandswohnungen schon vorgerichtet, wenn man einzieht. Du wirst zugeben, daß die menschliche Freiheit hauptsächlich darin liegt, wo und wann man etwas tut, denn was die Menschen tun, ist fast immer das gleiche: da hat es eine verdammte Bedeutung, wenn man auch noch den Grundriß von allem gleich macht. Ich bin einmal auf einen Schrank geklettert, nur um die Vertikale auszunutzen, und kann sagen, daß das unangenehme Gespräch, das ich zu führen hatte, von da ganz anders aussah.

Azwei lachte über seine Erinnerung und schenkte sich ein; Aeins dachte daran, daß sie auf einem Balkon mit einem roten Lampenschirm säßen, der zu seiner Wohnung gehörte, aber er schwieg, denn er wußte zu genau, was er hätte einwenden können.

Ich gebe übrigens noch heute zu, daß etwas Gewaltiges in dieser Regelmäßigkeit liegt – räumte Azwei von selbst ein –, und damals glaubte ich, in diesem Geist der Massenhaftigkeit und Öde etwas wie eine Wüste oder ein Meer zu sehen; ein Schlachthaus in Chikago, obgleich mir die Vorstellung den Magen umdreht, ist doch eine ganz andere Sache als ein Blumentöpfchen! Das Merkwürdige war aber, daß ich gerade in der Zeit, wo ich diese Wohnung besaß, ungewöhnlich oft an meine Eltern dachte. Du erinnerst dich, daß ich so gut wie jede Beziehung zu ihnen verloren hatte; aber da gab es nun mit einem Male in meinem Kopf den Satz: Sie haben dir das Leben geschenkt; und dieser komische Satz kehrte von Zeit zu Zeit wieder wie eine Fliege, die sich nicht verscheuchen läßt. Es ist über diese scheinheilige Redensart, die man uns in der Kindheit einprägt, weiter nichts zu bemerken. Aber wenn ich meine Wohnung betrachtete, sagte ich nun ebenso: Siehst du, jetzt hast du dein Leben gekauft; für soundsoviel Mark jährlicher Miete. Vielleicht sagte ich auch manchmal: Nun hast du ein Leben aus eigener Kraft geschaffen. Es lag so in der Mitte zwischen Warenhaus, Versicherung auf Ableben und Stolz. Und da erschien es mir doch überaus merkwürdig, ja geradezu als ein Geheimnis, daß es etwas gab, das mir geschenkt worden war, ob ich wollte oder nicht, und noch dazu das Grundlegende von allem übrigen. Ich glaube, dieser Satz barg einen Schatz von Unregelmäßigkeit und Unberechenbarkeit, den ich vergraben hatte. Und dann kam eben die Geschichte mit der Nachtigall.

Sie begann mit einem Abend wie viele andere. Ich war zu Hause geblieben und hatte mich, nachdem meine Frau zu Bett gegangen war, ins Herrenzimmer gesetzt; der einzige Unterschied von ähnlichen Abenden bestand vielleicht darin, daß ich kein Buch und nichts anrührte; aber auch das war schon vorgekommen. Nach ein Uhr fängt die Straße an ruhiger zu werden; Gespräche beginnen als Seltenheit zu wirken; es ist hübsch, mit dem Ohr dem Vorschreiten der Nacht zu folgen. Um zwei Uhr ist Lärmen und Lachen unten schon deutlich Trunkenheit und Späte. Mir wurde bewußt, daß ich auf etwas wartete, aber ich ahnte nicht, worauf. Gegen drei Uhr; es war im Mai, fing der Himmel an, lichter zu werden; ich tastete mich durch die dunkle Wohnung bis ans Schlafzimmer und legte mich geräuschlos nieder. Ich erwartete nun nichts mehr als den Schlaf und am nächsten Morgen einen Tag wie den abgelaufenen. Ich wußte bald nicht mehr, ob ich wachte oder schlief. Zwischen den Vorhängen und den Spalten der Rolläden quoll dunkles Grün auf, dünne Bänder weißen Morgenschaums schlangen sich hindurch. Es kann mein letzter wacher Eindruck gewesen sein oder ein ruhendes Traumgesicht. Da wurde ich durch etwas Näherkommendes erweckt; Töne kamen näher. Ein-, zweimal stellte ich das schlaftrunken fest. Dann saßen sie auf dem First des Nachbarhauses und sprangen dort in die Luft wie Delphine. Ich hätte auch sagen können, wie Leuchtkugeln beim Feuerwerk; denn der Eindruck von Leuchtkugeln blieb; im Herabfallen zerplatzten sie sanft an den Fensterscheiben und sanken wie große Silbersterne in die Tiefe. Ich empfand jetzt einen zauberhaften Zustand; ich lag in meinem Bett wie eine Figur auf ihrer Grabplatte und wachte, aber ich wachte anders als bei Tage. Es ist sehr schwer zu beschreiben, aber wenn ich daran denke, ist mir, als ob mich etwas umgestülpt hätte; ich war keine Plastik mehr, sondern etwas Eingesenktes. Und das Zimmer war nicht hohl, sondern bestand aus einem Stoff, den es unter den Stoffen des Tages nicht gibt, einem schwarz durchsichtigen und schwarz zu durchfühlenden Stoff, aus dem auch ich bestand. Die Zeit rann in fieberkleinen schnellen Pulsschlägen. Weshalb sollte nicht jetzt geschehen, was sonst nie geschieht? – Es ist eine Nachtigall, was da singt! – sagte ich mir halblaut vor.

Nun gibt es ja in Berlin vielleicht mehr Nachtigallen, – fuhr Azwei fort – als ich dachte. Ich glaubte damals, es gäbe in diesem steinernen Gebirge keine, und diese sei weither zu mir geflogen. Zu mir!! – fühlte ich und richtete mich lächelnd auf. – Ein Himmelsvogel! Das gibt es also wirklich! – In einem solchen Augenblick, siehst du, ist man auf die natürlichste Weise bereit, an das Übernatürliche zu glauben; es ist, als ob man seine Kindheit in einer Zauberwelt verbracht hätte. Ich dachte unverzüglich: Ich werde der Nachtigall folgen. Leb wohl, Geliebte! dachte ich – Lebt wohl, Geliebte, Haus, Stadt ...! Aber ehe ich noch von meinem Lager gestiegen war, und ehe ich mir klargemacht hatte, ob ich denn zu der Nachtigall auf die Dächer steigen oder ob ich ihr unten in den Straßen folgen wolle, war der Vogel verstummt und offenbar weitergeflogen.

Nun sang er auf einem andern Dach für einen andern Schlafenden. – Azwei dachte nach. – Du wirst annehmen, daß die Geschichte damit zu Ende ist? – Erst jetzt fing sie an, und ich weiß nicht, welches Ende sie finden soll!

Ich war verwaist und von schwerem Mißmut bedrückt zurückgeblieben. Es war gar keine Nachtigall, es war eine Amsel, sagte ich mir, genau so, wie du es sagen möchtest. Solche Amseln machen, das weiß man, andere Vögel nach. Ich war nun völlig wach, und die Stille langweilte mich. Ich zündete eine Kerze an und betrachtete die Frau, die neben mir lag. Ihr Körper sah blaß ziegelfarben aus. Über der Haut lag der weiße Rand der Bettdecke wie ein Schneestreifen. Breite Schattenlinien krümmten sich um den Körper, deren Herkunft nicht recht zu begreifen war, obgleich sie natürlich mit der Kerze und der Haltung meines Arms zusammenhängen mußten. – Was tut es, – dachte ich dabei – wenn es wirklich nur eine Amsel war! Oh, im Gegenteil; gerade daß es bloß eine ganz gewöhnliche Amsel gewesen ist, was mich so verrückt machen konnte: das bedeutet noch viel mehr! Du weißt doch, man weint nur bei einer einfachen Enttäuschung, bei einer doppelten bringt man schon wieder ein Lächeln zuwege. Und ich sah dazwischen immer wieder meine Frau an. Das alles hing ganz von selbst zusammen, aber ich weiß nicht wie. Seit Jahren habe ich dich geliebt – dachte ich – wie nichts auf dieser Welt, und nun liegst du da wie eine ausgebrannte Hülse der Liebe. Nun bist du mir ganz fremd geworden, nun bin ich herausgekommen am anderen Ende der Liebe. War das Überdruß? Ich erinnere mich nicht, je Überdruß empfunden zu haben. Und ich schildere es dir so, als ob ein Gefühl ein Herz durchbohren könnte wie einen Berg, auf dessen anderer Seite eine andere Welt mit dem gleichen Tal, den gleichen Häusern und kleinen Brücken liegt. Aber ich wußte ganz einfach nicht, was es war. Ich weiß das auch heute nicht. Vielleicht habe ich unrecht, dir diese Geschichte im Zusammenhang mit zwei anderen zu erzählen, die darauf gefolgt sind. Ich kann dir nur sagen, wofür ich es hielt, als ich es erlebte: Es hatte mich von irgendwo ein Signal getroffen – das war mein Eindruck davon.

Ich legte meinen Kopf neben ihren Körper, die ahnungslos und ohne Teilnahme schlief. Da schien sich ihre Brust in Übermaßen zu heben und zu senken, und die Wände des Zimmers tauchten an diesem schlafenden Leib auf und ab wie hohe See um ein Schiff, das schon weit im Fahren ist. Ich hätte es wahrscheinlich nie über mich gebracht, Abschied zu nehmen; aber wenn ich mich jetzt fortstehle, kam mir vor, bleibe ich das kleine verlassene Boot in der Einsamkeit, und ein großes, sicheres Schiff ist achtlos über mich hinausgefahren. Ich küßte die Schlafende, sie fühlte es nicht. Ich flüsterte ihr etwas ins Ohr, und vielleicht tat ich es so vorsichtig, daß sie es nicht hörte. Da machte ich mich über mich lustig und spottete über die Nachtigall; aber ich zog mich heimlich an. Ich glaube, daß ich geschluchzt habe, aber ich ging wirklich fort. Mir war taumelnd leicht, obgleich ich mir zu sagen versuchte, daß kein anständiger Mensch so handeln dürfe; ich erinnere mich, ich war wie ein Betrunkener, der mit der Straße schilt, auf der er geht, um sich seiner Nüchternheit zu versichern.

Ich habe natürlich oft daran gedacht zurückzukehren;

manchmal hätte ich durch die halbe Welt zurückkehren mögen; aber ich habe es nicht getan. Sie war unberührbar für mich geworden; kurz gesagt; ich weiß nicht, ob du mich verstehst: Wer ein Unrecht sehr tief empfindet, der ändert es nicht mehr. Ich will übrigens nicht deine Lossprechung. Ich will dir meine Geschichten erzählen, um zu erfahren, ob sie wahr sind; ich habe mich jahrelang mit keinem Menschen aussprechen können, und wenn ich mich darüber laut mit mir selbst sprechen hörte, wäre ich mir, offen gestanden, unheimlich.

Halte also daran fest, daß meine Vernunft deiner Aufgeklärtheit nichts nachgeben will.

Aber zwei Jahre später befand ich mich in einem Sack, dem toten Winkel einer Kampflinie in Südtirol, die sich von den blutigen Gräben der Cima di Vezzena an den Caldonazzo-See zurückbog. Dort lief sie tief im Tal wie eine sonnige Welle über zwei Hügel mit schönen Namen und stieg auf der andern Seite des Tals wieder empor, um sich in einem stillen Gebirge zu verlieren. Es war im Oktober; die schwach besetzten Kampfgräben versanken in Laub, der See brannte lautlos in Blau, die Hügel lagen wie große welke Kränze da; wie Grabkränze, dachte ich oft, ohne mich vor ihnen zu fürchten. Zögernd und verteilt floß das Tal um sie; aber jenseits des Striches, den wir besetzt hielten, entfloh es solcher süßen Zerstreutheit und fuhr wie ein Posaunenstoß, braun, breit und heroisch, in die feindliche Weite.

In der Nacht bezogen wir mitten darin eine vorgeschobene Stellung. Sie lag so offen im Tal, daß man uns von oben mit Steinwürfen erschlagen konnte; aber man röstete uns bloß an langsamem Artilleriefeuer. Immerhin, am Morgen nach so einer Nacht hatten alle einen sonderbaren Ausdruck, der sich erst nach einigen Stunden verlor: die Augen waren vergrößert, und die Köpfe auf den vielen Schultern richteten sich unregelmäßig auf wie ein niedergetretener Rasen. Trotzdem habe ich in jeder solchen Nacht oftmals den Kopf über den Grabenrand gehoben und ihn vorsichtig über die Schulter zurückgedreht wie ein Verliebter: da sah ich dann die Brentagruppe hell himmelblau, wie aus Glas steif gefältelt, in der Nacht stehen. Und gerade in diesen Nächten waren die Sterne groß und wie aus Goldpapier gestanzt und flimmerten fett wie aus Teig gebacken, und der Himmel war noch in der Nacht blau, und die dünne, mädchenhafte Mondsichel, ganz silbern oder ganz golden, lag auf dem Rücken mitten darin und schwamm in Entzücken. Du mußt trachten, dir vorzustellen, wie schön das war; so schön ist nichts im gesicherten Leben. Dann hielt ich es manchmal nicht aus und kroch vor Glück und Sehnsucht in der Nacht spazieren; bis zu den goldgrünen schwarzen Bäumen, zwischen denen ich mich aufrichtete wie eine kleine braungrüne Feder im Gefieder des ruhig sitzenden, scharfschnäbeligen Vogels Tod, der so zauberisch bunt und schwarz ist, wie du es nicht gesehen hast. Tagsüber, in der Hauptstellung, konnte man dagegen geradezu spazierenreiten. Auf solchen Plätzen, wo man Zeit zum Nachdenken wie zum Erschrecken hat, lernt man die Gefahr erst kennen. Jeden Tag holt sie sich ihre Opfer, einen festen Wochendurchschnitt, soundsoviel vom Hundert, und schon die Generalstabsoffiziere der Division rechnen so unpersönlich damit wie eine Versicherungsgesellschaft. Übrigens man selbst auch. Man kennt instinktiv seine Chance und fühlt sich versichert, wenn auch nicht gerade unter günstigen Bedingungen. Das ist jene merkwürdige Ruhe, die man empfindet, wenn man dauernd im Feuerbereich lebt. Das muß ich vorausschicken, damit du dir nicht falsche Vorstellungen von meinem Zustand machst. Freilich kommt es vor, daß man sich plötzlich getrieben fühlt, nach einem bestimmten bekannten Gesicht zu suchen, das man noch vor einigen Tagen gesehen hat; aber es ist nicht mehr da. So ein Gesicht kann dann mehr erschüttern, als vernünftig ist, und lang in der Luft hängen wie ein Kerzenschimmer. Man hat also weniger

Todesfurcht als sonst, aber ist allerhand Erregungen zugänglicher. Es ist so, als ob die Angst vor dem Ende, die offenbar immer wie ein Stein auf dem Menschen liegt, weggewälzt worden wäre, und nun blüht in der unbestimmten Nähe des Todes eine sonderbare innere Freiheit.

Über unsere ruhige Stellung kam einmal mitten in der Zeit ein feindlicher Flieger. Das geschah nicht oft, weil das Gebirge mit seinen schmalen Luftrinnen zwischen befestigten Kuppen hoch überflogen werden mußte. Wir standen gerade auf einem der Grabkränze, und im Nu war der Himmel mit den weißen Schrapnellwölkchen der Batterien betupft wie von einer behenden Puderquaste. Das sah lustig aus und fast lieblich. Dazu schien die Sonne durch die dreifarbigen Tragflächen des Flugzeugs, gerade als es hoch über unseren Köpfen fuhr, wie durch ein Kirchenfenster oder buntes Seidenpapier, und es hätte zu diesem Augenblick nur noch einer Musik von Mozart bedurft. Mir ging zwar der Gedanke durch den Kopf, daß wir wie eine Gruppe von Rennbesuchern beisammenstanden und ein gutes Ziel abgaben. Auch sagte einer von uns: Ihr solltet euch lieber decken! Aber es hatte offenbar keiner Lust, wie eine Feldmaus in ein Erdloch zu fahren. In diesem Augenblick hörte ich ein leises Klingen, das sich meinem hingerissen emporstarrenden Gesicht näherte. Natürlich kann es auch umgekehrt zugegangen sein, so daß ich zuerst das Klingen hörte und dann erst das Nahen einer Gefahr begriff; aber im gleichen Augenblick wußte ich auch schon: es ist ein Fliegerpfeil! Das waren spitze Eisenstäbe, nicht dicker als ein Zimmermannsblei, welche damals die Flugzeuge aus der Höhe abwarfen; und trafen sie den Schädel, so kamen sie wohl erst bei den Fußsohlen wieder heraus, aber sie trafen eben nicht oft, und man hat sie bald wieder aufgegeben. Darum war das mein erster Fliegerpfeil; aber Bomben und Maschinengewehrschüsse hört man ganz anders, und ich wußte sofort, womit ich es zu tun hätte. Ich war gespannt, und im nächsten Augenblick hatte ich auch schon das sonderbare, nicht im Wahrscheinlichen begründete Empfinden: er trifft!

Und weißt du, wie das war? Nicht wie eine schreckende Ahnung, sondern wie ein noch nie erwartetes Glück! Ich wunderte mich zuerst darüber, daß bloß ich das Klingen hören sollte. Dann dachte ich, daß der Laut wieder verschwinden werde. Aber er verschwand nicht. Er näherte sich mir, wenn auch sehr fern, und wurde perspektivisch größer. Ich sah vorsichtig die Gesichter an, aber niemand nahm ihn wahr. Und in diesem Augenblick, wo ich inne wurde, daß ich allein diesen feinen Gesang hörte, stieg ihm etwas aus mir entgegen: ein Lebensstrahl; ebenso unendlich wie der von oben kommende des Todes. Ich erfinde das nicht, ich suche es so einfach wie möglich zu beschreiben; ich habe die Überzeugung, daß ich mich physikalisch nüchtern ausgedrückt habe; freilich weiß ich, daß das bis zu einem Grad wie im Traum ist, wo man ganz klar zu sprechen wähnt, während die Worte außen wirr sind.

Das dauerte eine lange Zeit, während derer nur ich das Geschehen näher kommen hörte. Es war ein dünner, singender, einfacher hoher Laut, wie wenn der Rand eines Glases zum Tönen gebracht wird; aber es war etwas Unwirkliches daran; das hast du noch nie gehört, sagte ich mir. Und dieser Laut war auf mich gerichtet; ich war in Verbindung mit diesem Laut und zweifelte nicht im geringsten daran, daß etwas Entscheidendes mit mir vor sich gehen wolle. Kein einziger Gedanke in mir war von der Art, die sich in den Augenblicken des Lebensabschiedes einstellen soll, sondern alles, was ich empfand, war in die Zukunft gerichtet; und ich muß einfach sagen, ich war sicher, in der nächsten Minute Gottes Nähe in der Nähe meines Körpers zu fühlen. Das ist immerhin nicht wenig bei einem Menschen, der seit seinem achten Jahr nicht an Gott geglaubt hat.

Inzwischen war der Laut von oben körperlicher geworden, er schwoll an und drohte. Ich hatte mich einigemal gefragt, ob ich warnen solle; aber mochte ich oder ein anderer getroffen werden, ich wollte es nicht tun! Vielleicht steckte eine verdammte Eitelkeit in dieser Einbildung, daß da, hoch oben über einem Kampffeld, eine Stimme für mich singe. Vielleicht ist Gott überhaupt nichts, als daß wir armen Schnorrer in der Enge unseres Daseins uns eitel brüsten, einen reichen Verwandten im Himmel zu haben. Ich weiß es nicht. Aber ohne Zweifel hatte nun die Luft auch für die anderen zu klingen begonnen; ich bemerkte, daß Flecken von Unruhe über ihre Gesichter huschten, und siehst du – auch keiner von ihnen ließ sich ein Wort entschlüpfen! Ich sah noch einmal diese Gesichter an: Burschen, denen nichts ferner lag als solche Gedanken, standen, ohne es zu wissen, wie eine Gruppe von Jüngern da, die eine Botschaft erwarten. Und plötzlich war das Singen zu einem irdischen Ton geworden, zehn Fuß, hundert Fuß über uns, und erstarb. Er, es war da. Mitten zwischen uns, aber mir zunächst, war etwas verstummt und von der Erde verschluckt worden, war zu einer unwirklichen Lautlosigkeit zerplatzt. Mein Herz schlug breit und ruhig; ich kann auch nicht den Bruchteil einer Sekunde erschrocken gewesen sein; es fehlte nicht das kleinste Zeitteilchen in meinem Leben. Aber das erste, was ich wieder wahrnahm, war, daß mich alle ansahen. Ich stand am gleichen Fleck, mein Leib aber war wild zur Seite gerissen worden und hatte eine tiefe, halbkreisförmige Verbeugung ausgeführt. Ich fühlte, daß ich aus einem Rausch erwache, und wußte nicht, wie lange ich fort gewesen war. Niemand sprach mich an; endlich sagte einer: ein Fliegerpfeil! und alle wollten ihn suchen, aber er stak metertief in der Erde. In diesem Augenblick überströmte mich ein heißes Dankgefühl, und ich glaube, daß ich am ganzen Körper errötete. Wenn einer da gesagt hätte, Gott sei in meinen Leib gefahren, ich hätte nicht gelacht. Ich hätte es aber auch nicht geglaubt. Nicht einmal, daß ich einen Splitter von ihm davontrug, hätte ich geglaubt. Und trotzdem, jedesmal, wenn ich mich daran erinnere, möchte ich etwas von dieser Art noch einmal deutlicher erleben!

Ich habe es übrigens noch einmal erlebt, aber nicht deutlicher – begann Azwei seine letzte Geschichte. Er schien unsicherer geworden zu sein, aber man konnte ihm anmerken, daß er gerade deshalb darauf brannte, sich diese Geschichte erzählen zu hören.

Sie handelte von seiner Mutter, die nicht viel von Azweis Liebe besessen hatte; aber er behauptete, das sei nicht so gewesen. – Wir haben oberflächlich schlecht zueinander gepaßt, – sagte er – und das ist schließlich nur natürlich, wenn eine alte Frau seit Jahrzehnten in der gleichen Kleinstadt lebt, und ein Sohn es nach ihren Begriffen in der weiten Welt zu nichts gebracht hat. Sie machte mich so unruhig wie das Beisammensein mit einem Spiegel, der das Bild unmerklich in die Breite zieht; und ich kränkte sie, indem ich jahrelang nicht nach Hause kam. Aber sie schrieb mir alle Monate einen besorgten Brief mit vielen Fragen, und wenn ich den auch gewöhnlich nicht beantwortete, so war doch etwas sehr Sonderbares dabei, und ich hing trotz allem tief mit ihr zusammen, wie sich schließlich gezeigt hat.

Vielleicht hatte sich ihr vor Jahrzehnten das Bild eines kleinen Knaben leidenschaftlich eingeprägt, in den sie weiß Gott welche Hoffnungen gesetzt haben mochte, die durch nichts ausgelöscht werden konnten; und da ich dieser längst verschwundene Knabe war, hing ihre Liebe an mir, wie wenn alle seither untergegangenen Sonnen noch irgendwo zwischen Licht und Finsternis schwebten. Da hättest du wieder diese geheimnisvolle Eitelkeit, die keine ist. Denn ich kann wohl sagen, ich verweile nicht gern bei mir, und was so viele Menschen tun, daß sie sich behaglich Photographien ansehen, die sie in früheren Zeiten darstellen, oder sich gern erinnern, was sie da und dann getan haben, dieses Ich-Sparkassen-System ist mir völlig unbegreiflich. Ich bin weder

besonders launenhaft, noch lebe ich nur für den Augenblick; aber wenn etwas vorbei ist, dann bin ich auch an mir vorbei, und wenn ich mich in einer Straße erinnere, ehemals oft diesen Weg gegangen zu sein, oder wenn ich mein früheres Haus sehe, so empfinde ich ohne alle Gedanken einfach wie einen Schmerz eine heftige Abneigung gegen mich, als ob ich an eine Schändlichkeit erinnert würde. Das Gewesene entfließt, wenn man sich ändert; und mir scheint, wie immer man sich ändere, man täte es ja nicht, wenn der, den man verläßt, gar so einwandfrei wäre. Aber gerade weil ich gewöhnlich so fühle, war es wunderbar, als ich bemerkte, daß da ein Mensch, solang ich lebe, ein Bild von mir festgehalten hat; wahrscheinlich ein Bild, dem ich nie entsprach, das jedoch in gewissem Sinn mein Schöpfungsbefehl und meine Urkunde war. Verstehst du mich, wenn ich sage, daß meine Mutter in diesem bildlichen Sinn eine Löwennatur war, in das wirkliche Dasein einer mannigfach beschränkten Frau gebannt? Sie war nicht klug nach unseren Begriffen, sie konnte von nichts absehen und nichts weit herholen; sie war, wenn ich mich an meine Kindheit erinnere, auch nicht gut zu nennen, denn sie war heftig und von ihren Nerven abhängig; und du magst dir vorstellen, was aus der Verbindung von Leidenschaft mit engen Gesichtsgrenzen manchmal hervorgeht: Aber ich möchte behaupten, daß es eine Größe, einen Charakter gibt, die sich mit der Verkörperung, in der sich ein Mensch für unsere gewöhnliche Erfahrung darstellt, heute noch so unbegreiflich vereinen, wie in den Märchenzeiten Götter die Gestalt von Schlangen und Fischen angenommen haben.
Ich bin sehr bald nach der Geschichte mit dem Fliegerpfeil bei einem Gefecht in Rußland in Gefangenschaft geraten, machte später dort die große Umwandlung mit und kehrte nicht so rasch zurück, denn das neue Leben hat mir lange Zeit gefallen. Ich bewundere es heute noch; aber eines Tags entdeckte ich, daß ich einige für unentbehrlich geltende Glaubenssätze nicht mehr aussprechen konnte, ohne zu gähnen, und entzog

mich der damit verbundenen Lebensgefahr, indem ich mich nach Deutschland rettete, wo der Individualismus gerade in der Inflationsblüte stand. Ich machte allerhand zweifelhafte Geschäfte, teils aus Not, teils nur aus Freude darüber, wieder in einem alten Land zu sein, wo man unrecht tun kann, ohne sich schämen zu müssen. Es ist mir dabei nicht sehr gut gegangen, und manchmal war ich sogar ungemein übel daran. Auch meinen Eltern ging es nicht gerade gut. Da schrieb mir meine Mutter einigemal: Wir können dir nicht helfen; aber wenn ich dir mit dem wenigen helfen könnte, was du einst erben wirst, möchte ich mir zu sterben wünschen. Das schrieb sie, obgleich ich sie seit Jahren nicht besucht, noch ihr irgendein Zeichen der Neigung gegeben hatte. Ich muß gestehen, daß ich es nur für eine etwas übertriebene Redensart gehalten habe, der ich keine Bedeutung beimaß, wenn ich auch an der Echtheit des Gefühls, das sich sentimental ausdrückte, nicht zweifelte. Aber nun geschah eben das durchaus Sonderbare: meine Mutter erkrankte wirklich, und man könnte glauben, daß sie dann auch meinen Vater, der ihr sehr ergeben war, mitgenommen hat.

Azwei überlegte. – Sie starb an einer Krankheit, die sie in sich getragen haben mußte, ohne daß ein Mensch es ahnte. Man könnte dem Zusammentreffen vielerlei natürliche Erklärungen geben, und ich fürchte, du wirst es mir verübeln, wenn ich es nicht tue. Aber das Merkwürdige waren wieder die Nebenumstände. Sie wollte keineswegs sterben; ich weiß, daß sie sich gegen den frühen Tod gewehrt und heftig geklagt hat. Ihr Lebenswille, ihre Entschlüsse und Wünsche waren gegen das Ereignis gerichtet. Man kann auch nicht sagen, daß sich gegen ihren Augenblickswillen eine Charakterentscheidung vollzog; denn sonst hätte sie ja schon früher an Selbstmord oder freiwillige Armut denken können, was sie nicht im geringsten getan hat. Sie war selbst ganz und gar ein Opfer. Aber hast du nie bemerkt, daß dein Körper auch noch einen anderen Willen hat als den deinen? Ich glaube, daß alles, was uns als Wille oder als unsere Gefühle, Empfindungen und Gedanken vorkommt und scheinbar die Herrschaft über uns hat, das nur im Namen einer begrenzten Vollmacht darf, und daß es in schweren Krankheiten und Genesungen, in unsicheren Kämpfen und an allen Wendepunkten des Schicksals eine Art Urentscheidung des ganzen Körpers gibt, bei der die letzte Macht und Wahrheit ist. Aber möge dem sein wie immer; sicher war es, daß ich von der Erkrankung meiner Mutter sofort den Eindruck von etwas ganz und gar Freiwilligem hatte; und wenn du alles für Einbildung hieltest, so bliebe es bestehen, daß ich in dem Augenblick, wo ich die Nachricht von der Erkrankung meiner Mutter erhielt, obgleich gar kein Grund zur Besorgnis darin lag, in einer auffallenden Weise und völlig verändert worden bin: eine Härte, die mich umgeben hatte, schmolz augenblicklich weg, und ich kann nicht mehr sagen, als daß der Zustand, in dem ich mich von da an befand, viel Ähnlichkeit mit dem Erwachen in jener Nacht hatte, wo ich mein Haus verließ, und mit der Erwartung des singenden Pfeils aus der Höhe. Ich wollte gleich zu meiner Mutter reisen, aber sie hielt mich mit allerhand Vorwänden fern. Zuerst hieß es, sie freue sich, mich zu sehen, aber ich möge die bedeutungslose Erkrankung abwarten, damit sie mich gesund empfange; später ließ sie mir mitteilen, mein Besuch könnte sie im Augenblick zu sehr aufregen; zuletzt, als ich drängte: die entscheidende Wendung zum Guten stünde bevor, und ich möge mich nur noch etwas gedulden. Es sieht so aus, als ob sie gefürchtet hätte, durch ein Wiedersehen unsicher gemacht zu werden; und dann entschied sich alles so rasch, daß ich gerade noch zum Begräbnis zurecht kam.

Ich fand auch meinen Vater krank vor, und wie ich dir sagte, ich konnte ihm bald nur noch sterben helfen. Er war früher ein guter Mann gewesen, aber in diesen Wochen war er wunderlich eigensinnig und voll Launen, als ob er mir vieles nachtrüge und sich durch meine Anwesenheit geärgert fühlte. Nach seinem Begräbnis mußte ich den Haushalt auflösen, und das dauerte auch einige Wochen; ich hatte keine Eile. Die Leute aus der kleinen Stadt kamen hie und da zu mir aus alter Gewohnheit und erzählten mir, auf welchem Platz im Wohnzimmer mein Vater gesessen habe und wo meine Mutter und wo sie. Sie sahen sich alles genau an und erboten sich, mir dieses oder jenes Stück abzukaufen. Sie sind so gründlich, diese Menschen in der Provinz, und einmal sagte einer zu mir, nachdem er alles eingehend untersucht hatte: Es ist doch schrecklich, wenn binnen wenigen Wochen eine ganze Familie ausgerottet wird! – mich selbst rechnete keiner hinzu. Wenn ich allein war, saß ich still und las Kinderbücher; ich hatte auf dem Dachboden eine große Kiste voll von ihnen gefunden. Sie waren verstaubt, verrußt, teils vertrocknet, teils von Feuchtigkeit beschlagen, und wenn man sie klopfte, schieden sie immerzu Wolken von sanfter Schwärze aus; von den Pappbänden war das gemaserte Papier geschwunden und hatte nur Gruppen von zackigen Inseln zurückgelassen. Aber wenn ich in die Seiten eindrang, eroberte ich den Inhalt wie ein Seefahrer zwischen diesen Fährnissen, und einmal machte ich eine seltsame Entdeckung. Ich bemerkte, daß die Schwärze oben, wo man die Blätter wendet, und unten am Rand in einer leise deutlichen Weise doch anders war, als der Moder sie verleiht, und dann fand ich allerhand unbezeichenbare Flecken und schließlich wilde, verblaßte Bleistiftspuren auf den Titelblättern; und mit einemmal überwältigte es mich, daß ich erkannte, diese leidenschaftliche Abgegriffenheit, diese Bleistiftritzer und eilig hinterlassenen Flecken seien die Spuren von Kinderfingern, meiner Kinderfinger, dreißig und mehr Jahre in einer Kiste unter dem Dach aufgehoben und wohl von aller Welt vergessen! – Nun, ich sagte dir, für andere Menschen mag es nichts Besonderes sein, wenn sie sich an sich selbst erinnern, aber für mich war es, als ob das Unterste zuoberst gekehrt würde. Ich hatte auch ein Zimmer wiedergefunden, das vor dreißig und mehr Jahren mein Kinderzimmer war; es diente später für Wäscheschränke und dergleichen, aber im Grunde hatte man es gelassen, wie es gewesen war, als ich dort am Fichtentisch unter der Petroleumlampe saß, deren Ketten drei Delphine im Maul trugen. Dort saß ich nun wieder viele Stunden des Tags und las wie ein Kind, das mit den Beinen nicht bis zur Erde reicht. Denn siehst du, daß unser Kopf haltlos ist oder in nichts ragt, daran sind wir gewöhnt, denn wir haben unter den Füßen etwas Festes; aber Kindheit, das heißt, an beiden Enden nicht ganz gesichert sein und statt der Greifzangen von später noch die weichen Flanellhände haben und vor einem Buch sitzen, als ob man auf einem kleinen Blatt über Abstürzen durch den Raum segelte. Ich sage dir, ich reichte wirklich nicht mehr unter dem Tisch zur Erde.

Ich hatte mir auch ein Bett in dieses Zimmer gestellt und schlief dort. Und da kam dann die Amsel wieder. Einmal nach Mitternacht weckte mich ein wunderbarer, herrlicher Gesang. Ich wachte nicht gleich auf, sondern hörte erst lange im Schlaf zu. Es war der Gesang einer Nachtigall; aber sie saß nicht in den Büschen des Gartens, sondern auf dem Dach eines Nebenhauses. Ich begann mit offenen Augen zu schlafen. Hier gibt es keine Nachtigall – dachte ich dabei –, es ist eine Amsel.

Du brauchst aber nicht zu glauben, daß ich das heute schon einmal erzählt habe! Sondern wie ich dachte: Hier gibt es keine Nachtigallen, es ist eine Amsel, erwachte ich; es war vier Uhr morgens, der Tag kehrte in meine Augen ein, der Schlaf versank so rasch, wie die Spur einer Welle in trockenem Ufersand aufgesaugt wird, und da saß vor dem Licht, das wie ein zartes weißes Wolltuch war, ein schwarzer Vogel im offenen Fenster! Er saß dort, so wahr ich hier sitze.

Ich bin deine Amsel, – sagte er – kennst du mich nicht?

Ich habe mich wirklich nicht gleich erinnert, aber ich fühlte mich überaus glücklich, wenn der Vogel zu mir sprach.

Auf diesem Fensterbrett bin ich schon einmal gesessen, erin-

nerst du dich nicht? – fuhr er fort, und nun erwiderte ich: Ja, eines Tags bist du dort gesessen, wo du jetzt sitzt, und ich habe rasch das Fenster geschlossen.
Ich bin deine Mutter – sagte sie.
Siehst du, das mag ich ja geträumt haben. Aber den Vogel habe ich nicht geträumt; er saß da, flog ins Zimmer herein, und ich schloß rasch das Fenster. Ich ging auf den Dachboden und suchte einen großen Holzkäfig, an den ich mich erinnerte, weil die Amsel schon einmal bei mir gewesen war; in meiner Kindheit, genauso, wie ich es eben sagte. Sie war im Fenster gesessen und dann ins Zimmer geflogen, und ich hatte einen Käfig gebraucht, aber sie wurde bald zahm, und ich habe sie nicht gefangengehalten, sie lebte frei in meinem Zimmer und flog aus und ein. Und eines Tages war sie nicht mehr wiedergekommen, und jetzt war sie also wieder da. Ich hatte keine Lust, mir Schwierigkeiten zu machen und nachzudenken, ob es die gleiche Amsel sei; ich fand den Käfig und eine neue Kiste Bücher dazu, und ich kann dir nur sagen: ich bin nie im Leben ein so guter Mensch gewesen wie von dem Tag an, wo ich die Amsel besaß; aber ich kann dir wahrscheinlich nicht beschreiben, was ein guter Mensch ist.
Hat sie noch oft gesprochen? – fragte Aeins listig.
Nein, – erwiderte Azwei – gesprochen hat sie nicht. Aber ich habe ihr Amselfutter beschaffen müssen und Würmer. Sieh wohl, das ist schon eine kleine Schwierigkeit, daß sie Würmer fraß, und ich sollte sie wie meine Mutter halten –; aber es geht, sage ich dir, das ist nur Gewohnheit, und woran muß man sich nicht auch bei alltäglicheren Dingen gewöhnen! Ich habe sie seither nicht mehr von mir gelassen, und mehr kann ich dir nicht sagen; das ist die dritte Geschichte, wie sie enden wird, weiß ich nicht.
Aber du deutest doch an, – suchte sich Aeins vorsichtig zu vergewissern – daß dies alles einen Sinn gemeinsam hat?
Du lieber Himmel, – widersprach Azwei – es hat sich eben

alles so ereignet; und wenn ich den Sinn wüßte, so brauchte ich dir wohl nicht erst zu erzählen. Aber es ist, wie wenn du flüstern hörst oder bloß rauschen, ohne das unterscheiden zu können!

HEINRICH MANN

Eine Liebesgeschichte

Die Liebe bringt auf Ideen und in Gefahren. Als Beispiel will ich einen einfachen Kaufmann nennen – nicht so einfach, wie man denkt, aber doch immer ein durchschnittlicher Mitgänger des Zeitalters, das Verwandlungen durchgemacht hat: während es noch Frieden zu haben glaubte, trug es in seinen Falten schon den Krieg. So auch der mehr oder weniger – eher weniger – imaginäre Kaufmann, Sohn eines Kaufmannes und von ihm der Jurisprudenz bestimmt.

Warum nicht. Die Familie hatte dem Eisenhandel en gros lange genug obgelegen. Es wurde Zeit, nach öffentlicher Ehre zu geizen, anstatt nach Geld. Der Doktor juris führte zu allem. Sein Inhaber war nach dem Herkommen für sein Leben versorgt. Wer das Staatsexamen hatte, mußte nicht ununterbrochen dienen. Er konnte aussetzen, Reisen machen, Musik treiben: sobald er wieder eine Anstellung verlangte, war sie ihm geschuldet. Er stieg um so schneller im Rang, wenn man ihn bemittelt wußte, wie diesen jungen Kaufmannssohn.

Indessen, so weit kam es gar nicht, die Liebe zerriß die Rechnung. Gleich sollte er das Gymnasium hinter sich haben, da, kurz vor dem Abiturium, verführte ihn seine Kusine. Sie war um sieben Jahre älter als der Siebzehnjährige, sie wußte, was sie wollte, ihm dagegen ahnte nichts. Als Waise, die sie war, lebte sie im Haus, sie bewohnte sogar das Zimmer neben seinem. Dem Kaufmann, ja, seiner gesellschaftlich geschulten Gattin verstand sich das Moralische von selbst. So bleibt man trotz Erfahrungen, wenn die früheren Eindrücke vom Leben den Anstand als das Natürliche hingestellt haben. Alice besuchte ihren Vetter wohl einmal, wenn er über seinen Aufgaben saß: es war kein Geheimnis. Man kannte ihre Neugier hinsichtlich der unfaßbaren Wissenschaften, denen so ein Junge sich näherte. Sie verhehlte keineswegs ihr Erstaunen, daß er Griechisch las! Damit er sie in einige seiner Künste einweihte, wenn noch so flüchtig, stand sie nahe hinter ihm, schlang um seine Schulter den Arm, ließ ihn ihren Atem spüren, und an seiner Schläfe schwirrten ihre langen Wimpern.

Sie war bis jetzt größer als er, ihre vollgeformte, leichte Büste stützte sich von selbst auf seine Schultern, die schlanke Taille, die gebauschte Tournure waren fortgebogen. Er erhob den Blick nicht vom Buch, dort lag aber ihre schön gestaltete große und nackte Hand. Sie fingerte an den gedruckten Zeilen: ein Fingern mit Anspielungen auf Kenntnisse – oh! kein Gedanke, daß er ihr Wissenschaften hätte vermitteln können wie sie ihm. Um ihrer Hand zu entgehen, richtete er seine Stirn seitwärts hinauf gegen sie.

Ihr Anblick beruhigte ihn einigermaßen, der harmlose, ungewandte Eifer, den sie zur Schau trug. Ihr kindlich guter Wille machte, daß zwischen den Zähnen, aus dem feuchten, starken Munde die Zunge schlängelte. Ihr ovales Gesicht hatte Farben, glatt wie nur auf kolorierten Bildnissen von Damen, die es einst gegeben haben soll. Aschblonde Haarfransen fielen von der hohen Frisur herab, in Abschnitten, dazwischen schimmerte die Stirn. Sie blieb gesenkt, die veilchenblauen Augen in den dunklen Wimpern begegneten mitnichten den seinen. Er war darauf angewiesen, ihre Nase zu bewundern, ihm klopfte dabei das Herz.

Ihre Nase, aufwärts gebogen, weit vorgestreckt, wäre von ihrem ganzen Körper das Stück, das er küssen mochte, gesetzt, die Versuchung übermannte ihn. Das einzige, was er weiß, ist vielmehr: zwei Zoll von mir ab, aber unerreichbar, existiert Alice, die schönste der Frauen. Der Frauen nur?

Nein. Alles was die Erde hat an Begehrenswertem, ihr Endzweck, der ganze Sinn des Lebens – Alice! Wie geschieht es, daß sie sich hier befindet?
Dies ist eine kleine alte Handelsstadt, mancher verläßt sie nie. Alice könnte überall die Schönste, die Erste und Einzige sein, was geht vor, daß sie es nur bei mir ist? Ich wäre sie niemals wert, kein Mensch ist ihrer würdig. Überdies bin ich zu jung, fünf Jahre werde ich an Universitäten studieren müssen, Zeit genug, daß sie mich vergißt bis auf das Aussehen. Hat sie überhaupt schon beachtet, wie ich beschaffen bin? Es würde nicht lohnen. Ich bin ein gewöhnlicher Schüler.
Dabei hielt er von sich mehr, ihm waren seine schmalen, energischen Züge bewußt – energisch nur, wenn sie nicht zusah. Er erinnerte sich wohl, daß ein Geschäftsfreund seinem Vater zugeflüstert hatte: »Der Junge hat schöne Augen«, denn sein Blick verriet die Fähigkeit zu lieben, bevor es statthaft war. Sie betrat sein Zimmer um der Wissenschaften willen einmal, zweimal, dann lange nicht. Als sie dennoch eines Tages den Arm um ihn legte, hatte er aufreibend nachgedacht, es wurde unerträglich, er mußte endlich in ihr Gesicht blicken und sie in seines. Hier, Kopf an Kopf, allein und im Ernst. Am Familientisch fand man keine wirklichen Blicke.
Plötzlich richtete er sich auf, nach dem Spiegel an der Wand. Sie bemerkte genau gleichzeitig den Spiegel. Niemand weiß, ob eine Sekunde oder mehrere Minuten, Tatsache ist, sie erkannten einander sehr tief und endgültig. Nachdem dies geschehen, streckte sie ihm lang die Zunge heraus und verließ das Zimmer.
Er blieb zurück mit seinem Entschluß, der gefaßt war. Er wollte sie besitzen, sie wollte, daß er sie besaß. Obwohl aber die beiden Zimmer nebeneinanderlagen, kam der Vollzug nicht von selbst, bei weitem nicht. Die Kühnheit des Siebzehnjährigen reichte nicht bis an sein Verlangen, im Gegenteil hemmte ihn sein übermächtiger Wunsch. Er faßte das

Hindernis von einer anderen Seite: er verkaufte seine Schulbücher. Von ungefähr begründete er es damit, daß er doch nie studieren werde; es war noch nicht seine Überzeugung, nur die vorläufige Ausrede, die er brauchte, eine Geste, als bräche er Brücken ab.

Die Händlerin kam, sie war ein beleibte, nicht übel erhaltene Figur, das ungepflegte Gesicht faltig aber lüstern. Haarfransen hatte auch sie. Statt des »Goldfuchses«, den sie für seine Habe bot, nahm er sie selbst, und sie war es zufrieden, doppelt sogar, da sie mit ihrem geretteten Geld wieder abzog. Jetzt, merkwürdigerweise, störte ihn nichts mehr in seinem Vorhaben.

Nur gedulden mußte er sich, bis im Haus alles still war. Da präsentierte er sich heftig und tatbereit, mit Schwung und Sprung, übrigens ohne eine Faser von Bekleidung, seiner Kusine. Sie saß, gleichfalls entblößt, vor ihrer Toilette. Sie streckte ihm diesmal nicht die Zunge heraus, das nicht; sie erschrak sogar, wenn auch mit Anstand. Sie konnte erschrocken sein, weil das vergebens Erwartete endlich doch eintritt. Er, blind von seiner Wut, sah nicht sie, nicht was sie taten, und so verbanden sie sich.

Sie empfing ihn jeden Abend, eine Woche lang. Beim achten Wiedersehen sagte sie: »Jetzt etwas anderes.« An ihm wäre hier das Erschrecken gewesen; aber er wußte sich sicher, zu genau fühlte er: Alice ist mein. Das ganze Leben mit Alice. Er hatte es das erstemal noch nicht erkannt, beim achten mußte er gar nicht nachdenken. Unversehens lag sie nicht mehr, die hingebreitete Schönheit und immer nehmende, gewährende Liebe, die sie für ihn war. Hochgestützt, die ziselierten Finger an der bläulichen Schläfe, forderte sie ihn auf, mit ihr zu überlegen.

Die Zukunft natürlich, denn wir leben nicht für eine Woche, und wäre es die seligste. »Ich meine« ihre Aussprache war »iesch«, eine mädchenhafte Geziertheit –, »iesch bin offenherzig.« Hierbei lachte sie. Das Wort »offenherzig« wurde in bürgerlicher Gesellschaft verübelt, es konnte auf einen freigelegten Busen anspielen. In ihrer gegenwärtigen Haltung, mit ihrem Herzen über ihm, versenkt in seines und er dem ihren ergeben auf immer – beide lachten. Dann folgte das Überlegen.

Es bestand darin, daß sie ihm ihren Willen eröffnete. Er studierte nicht, das war vorbei. Nach bestandener Abgangsprüfung – aber was konnte ihm die Schule noch nützen –, trat er alsbald in das väterliche Geschäft. Mit seiner Bildung und Tüchtigkeit genügten ihm wenige Monate bis zur Erreichung eines Gehaltes, von dem sie beide leben konnten. Sie heirateten noch dieses Jahr. Er hörte dies wie eine Offenbarung, obwohl er dasselbe als Vorsatz und Möglichkeit selbst schon erwogen hatte. Hier war es ein Wille, ihr Wille, er betete ihn an, weil er die Frau anbetete. Jeder ihrer weiteren Sätze kehrte Schwierigkeiten weg, zuletzt wunderte es ihn, daß etwas im Weg gewesen sein sollte.

Sie sagte, tiefer auf seinen Körper geglitten, ihre Wimpern kitzelten sein Gesicht. »Zusammen sind wir die Stärkeren. Dich verstoßen oder nach Amerika schicken, kommt nicht in Frage. Deine Mutter ist schüchtern aus Wohlanständigkeit. Du weißt, ich bin nicht anständig«, sprach sie ruhig. »Daher sehe ich die Dinge, wie sie sind. Dein Vater wird seine Pläne aufgeben, nachdem er uns etwas gedroht hat. Sein Sohn wird nicht Minister werden, aber Nachfolger in seinem Geschäft. Er wird noch froh sein, dich hineinzunehmen.«

Der Junge unterbrach sie nur, um einzustimmen. »Erst recht, da ich jung genug bin – minderjährig sogar, und dürfte gar nicht heiraten. Aber mein Vater hat Einfluß, er ist nicht reich, nur sehr wohlhabend.« Hier stimmte wieder sie ein: »Das habe ich dich selbst sagen lassen. Deine Minderjährigkeit wird uns nicht stören. Seine Wohlhabenheit haben wir nötig, ja, sie ist unsere Bedingung.«

Nunmehr lag sie vollends auf ihm und sprach ihm von dem, was zuletzt kommt: Geständnisse, die nur gewährt werden, wenn die Liebe erprobt und ein für alle Male gegeben ist. Sie nannte mit Namen den Vorsprung, den ihr Alter ihr sicherte: sieben Jahre mehr als er – und er hatte wohl nicht bedacht, welche Erfahrungen in diesen sieben Jahren ein Mädchen erwirbt? Die Enttäuschungen, die sie sammelt? Ihre Einblicke und die Entschlüsse, zu denen sie gelangt?

Sie war natürlich geküßt worden, in einem oder zwei Fällen noch etwas mehr als das; der ernsteste Bewerber war ein verheirateter Mann. Man läßt sich nicht scheiden, das ist kein Anfang. Übrigens war die Auswahl hier in L. gering und allbekannt; sie konkurrierte mit allen Mädchen ihres Jahrgangs, bei derselben begrenzten Zahl von Direktoren, Agenten, Firmeninhabern gesetzten Alters. Keiner hatte den Mut oder Geist, über die im Leben erreichte Stufe hinauszugehen. Einen Mann ertragen, wenn er bis in die Verkalkung hinein zu bleiben gedenkt, was er vorher schon gewesen war? Danke.

Hier folgten die Worte, die man nicht vergißt, und würde man hundert Jahre alt. »Dich habe ich gewählt und gewollt, weil du mich liebst wie nur ein Jüngerer, wie gerade nur du, und weil die Liebe auf Ideen bringt. Auch in Gefahren, hör ich. Du, mein lieber Junge, stößt um meinetwillen deinen Stundenplan um, das heißt etwas. Du sollst ein ganz anderer sein als vorgesehen, nun, das macht stark, es führt hoch hinaus, oder man läßt es. Du liebst mich, um ein großer Mann zu werden. Glaube mir, beinahe in dieser Absicht bist du mein. Ich – in dem zarten Jüngling, nicht zu zart bekanntlich, liebe ich im voraus den großen Mann. Sei ruhig, ich liebe auch den zarten Jüngling.«

Kuß, und in nächtlicher Stille der geraunte Rest: »Dein Vater ist sehr wohlhabend, auch das muß sein. Nicht um uns auszuruhen. Aber der reichste Kaufmann, weiterhin als nur hierorts, könntest du ohne eine gesunde Grundlage nicht werden. Unsere geradezu meisterhafte Leidenschaft füreinander täte manches, nur zu langsam. Du siehst, alles muß zusammentreffen: so glücklich sind wir.«

Sie kamen von selbst dahin überein, daß morgen, Sonntag, »die Bombe platzen solle«. Beim Nachmittagskaffee war die Familie ohnehin versammelt, man ersparte die Einberufung eines Familienrates, der unvermeidlich schien bei so widergesetzlichen, wenn nicht widernatürlichen Vorgängen. Ihre Berechnung erwies sich als richtig. Die erste Reaktion der Versammlung, Eltern, Tante, Onkel, Großmutter, war Geschlagenheit. Alle wurden auf ihren Stühlen kleiner, als stellte sich bei den jungen Leuten eine giftige Krankheit heraus – noch schlimmer, sie hätten sich einer Verbrechergesellschaft angeschlossen.

Im Vordergrund, dem ganzen Halbkreis vollauf sichtbar, stand das entartete Paar, zwei Hände fest ineinander, jeder auf jeden die Augen treu und unverwandt. Der Vater versäumte zu verbieten, was er fertig vor sich sah. Die Mutter flüsterte ratlos über seine Schulter, die sie umklammerte. Die Tante ließ vernehmen: »Die alte Person – das Kind!« Dem Onkel fiel das »Rauhe Haus« ein, wo man abgeschweifte Knaben auf den rechten Weg zurückbrachte. Indessen setzte er selbst hinzu: »Sie sollen dort gänzlich verdorben werden.«

Der Vater, ein Mann von Welt und von Humor, lachte unvermittelt auf. »Das Rauhe Haus! Er kann die Zöglinge in Latein unterrichten.« Die Mutter unternahm ihren solange aufgeschobenen Versuch; sie fand sich selbst fehlerhaft, wenn sie laut vorging gegen eine wahre Wirrnis von Unstatthaftem. »Ihr werdet freiwillig zur Einsicht gelangen«, sagte sie nur, obwohl ihr gewesen war, als werde sie länger reden.

Das Beispiel seiner Frau erinnerte den Vater an seine Pflicht. So erhob er sich denn und sprach: »Erstens ist euer Altersabstand natürlich unpassend, damit ich nicht sage: anstößig. Er beträgt nicht sieben Jahre, sondern vierzehn, die du mehr haben müßtest, mein Lieber. Ferner bist du auf eine Karriere vorbereitet und wärest fahnenflüchtig. Ein Überläufer taugt auch im Kaufmannsstande nichts. Du weißt schon zuviel aus abgelegenen Gebieten, du würdest scheitern. Es bleibt dabei. Du beziehst die Universität. Das genügt.« – Er schloß sogar gütig: »Wir brauchen einander.«

Trotzdem enthielt das Schlußwort die Drohung, auf die beide Schuldige sich gefaßt gemacht hatten. Sie waren sofort einig. Der Junge berichtete heftig: »Meine Bücher habe ich verkauft.« Dem Onkel wurde die Antwort überlassen. »Man kauft andere«, murmelte er. Jetzt Alice mit ganz klarer Stimme und einem Blick über den Halbkreis hin. »Wir haben ein Verhältnis.« Der Vater setzte sich wieder. Die Tante behauptete: »Es war ihnen anzusehen.«

Dennoch zeigten alle sich zerschmettert wie bei der ersten Ankündigung des Unheils, diesmal aber endgültig. Die Großmutter, eine fromme Dame, wollte das Äußerste nicht gehört haben, ihr herzlicher Vermittlungsvorschlag ging darauf nicht ein. Der junge Mensch prüfte sich ein Jahr lang unter fleißigem Studieren. Das Mädchen inzwischen wartete ab, ob ihre Gefühle die nächste Ballsaison überstanden. Dieser wohlgemeinte Unsinn, den die Großmutter selbst wohl schwerlich ernst nahm, fiel einfach zu Boden.

Während die ganze Gesellschaft am Ende ihres guten Rates war, wußten nur die Liebenden, was zu tun sei. Sie umschlangen einander, und sie küßten keinen dezenten Kuß von Verlobten, zum Besten einer andächtigen Familie. Sie küßten wie im Schlafzimmer.

Ohne einen anderen Aufschub als den von der Minderjährigkeit des Bräutigams verursachten wurden sie verheiratet; die Tatsache ihrer ohnedies vollzogenen Verbindung hatte dies bewirkt. Zu sagen, daß sie glücklich waren, genügt nicht. Sie triumphierten. Sein schneller Erfolg im Geschäft war der ihre; dies verdoppelte ihn. Er hatte wirklich Ideen und hatte sie wirklich, weil er liebte, Alice liebte, und sie ihn – jede Stunde und Minute, die nicht dem Geschäft gehörte.

Im Zweifel zwischen Liebesstunde und Geschäftsstunde siegte immer das Geschäft. Die Kraft, vernünftig zu handeln, war ein Ergebnis seiner Leidenschaft. Wahrscheinlich brachte er die diplomatischen Talente eines neuartigen Geschäftemachers schon mit. Ohne Alice und seine Liebe hätte er sie weder entdeckt noch entwickelt. Seine einzige Leidenschaft war sie, war ihr Ehrgeiz, reich zu sein, ihn groß zu sehen. Seinen unwandelbaren Sinn für ihren Körper, ihr Gesicht unterschied er keinen Augenblick von seiner Aufgabe, Vorrang und Macht zu erwerben.

Sie blieben die langen Jahre vereint ihren Gliedern, ihrem Atem, so vollkommen, wie damals in der heimlich seligen Woche, als er ein Schüler gewesen und sie die entschlossene Person, die ihn sich aussucht. Ihr eingefleischtes Interesse aneinander verstärkte sich immerfort durch den Nutzen, den es brachte. Sie war ihm treu.

Übrigens alterte sie nicht, bei so viel Liebe. Indessen hielt sie sich gegenwärtig, daß er der Jüngere und vielbegehrt war. Bei den ehelichen Sicherungen der Fürstin Pauline Metternich ließ sie es nicht bewenden. Diese Botschafterin entwendete jeden Morgen ihrem Gatten die Bereitschaft für die Künste der Frauen am Hof der Kaiserin Eugénie.

Alice ging die Gefahr nicht ein, daß ihr einziger Mann im Lauf des Tages dennoch Stimmung sammelte, um Verführungen entgegenzukommen. Sie setzte durch und er selbst erreichte, daß jede andere ein mehr oder weniger angenehmes Gebilde ohne betontes Geschlecht war: einzig für Alice entflammte er, und dies bei jedem Wiedersehen.

Natürlich veränderte sich mit fünfzig Jahren ihre Linie, er fand sie nur schöner. Ihn erhielt die Frau jung, da auch sie es mit allen Sinnen war. Ihr Schritt wurde schwerer, er aber erbebte, sooft beim gemeinsamen Betreten einer Gesellschaft ihr Schenkel sich senkte den seinen entlang. Er hätte ihre vorgestreckte Stumpfnase küssen wollen, als Herausforderung all der aufmerksamen Augen, die dem Auftreten des Paares

beiwohnten. Sie hätten einander so wenig dezent geküßt, wie einst vor dem Halbkreis der entgeisterten Familie.
Damit man anschaulich erkenne, wer am Arm des reichsten Herrn daherkam, behängte er sie mit fabelhaften Kleinodien. Sie wußte Bescheid und trug die Pracht, die sie beide kleidete, nach Verdienst, wie Generäle ihre fünfzig Orden, worüber auch niemand lacht. Ihre Kleider und Mäntel waren Modelle, einzige Exemplare: die Männer, außer dem ihren, bemerkten das nicht. Die Frauen – das ist etwas anderes. Sie machen sich beim Anblick ihrer Gestalt und ihrer Bewegung, sonst nichts, Gedanken, die nie erklärt werden.
Alice stieg aus einem ihrer Wagen, sie war an der Stelle grell beleuchtet. Eine Unbekannte, die vorüber wollte und aufgehalten wurde, wahrscheinlich neigte sie ohnedies zur Entrüstung, sagte hörbar: »Das triumphierende Laster!« Alice sah nicht hin. Das Sonderbare: daß sie sich auch nicht wunderte.
Dies war 1913, das Jahr vor dem Krieg, für die Gemüter schon ein Kriegsjahr. Manche, um nicht zu sagen die meisten, hatten irgend etwas gründlich satt, es zu beschreiben, war ihnen nicht gegeben. Sie rochen Fäulnis, die Geruchshalluzinationen aber sind dauerhaft, sind sehr lästig; um sie zu vertreiben, willigt man in das Unwahrscheinliche. Der Krieg versprach eine Erfrischung, er sollte reinigen – sowohl die Luft als auch die Phantasie, da er die Wirklichkeit stark untermalt – high colored, mit einem wenngleich feindlichen Ausdruck – und da er endlich allein ehrenhaft die Tat macht.
Ein Geschäftsmann, der den Eisenhandel monopolisiert hat und seinen Erfolg in Gestalt einer anspruchsvollen Gattin mit sich umherführt, oh, er war nicht einmal im Preis gesunken, Geld bleibt Geld. Früher als er entwertete sich seine Legende. Mit siebzehn Jahren, wie bekannt, hatte er den Grund seines riesigen Vermögens gelegt. Heute bekam er als Gegenspieler siebzehnjährige Helden. Wenige Monate, sie brachen auf, sie siegten, starben, machten sich unsterblich. Der Erwerb ist

nichts Unsterbliches, die Frage erhebt sich vielmehr, ob ihm nicht Grenzen gesetzt sein sollen. Für gewisse Fälle errichtet sie der Krieg.

Der erste Eisenhändler der Welt hatte, noch zu der Zeit seines Vaters, damit angefangen, daß er, einen nach dem anderen, alle Abnehmer des schwedischen Eisens verdrängte. In welche Länder es immer geleitet wurde, unfehlbar nahm es den Weg über seine Bücher, seine Frachtschiffe. Seine langfristigen Verträge hätten nach festem Gesetz und Recht keine Wendung des Geschickes erlaubt; man nennt es Bruch, es wäre strafbar, die Gerichte jedes Landes verfügten den Erlag von Entschädigungen, die nicht auszurechnen wären, aber der Anspruch aus den Verträgen bestände fort.

Dies die strengen Sitten eines Zeitalters, das sich indessen selbst veruntreute, da es Krieg machte. Der Monopolinhaber stand damals vereinzelt wie sein Geschäft. Sein Vater war ausgetreten, als der Sohn es auf die nie geahnte Höhe gebracht hatte, und gestorben war er, als der Nachfolger in sein fünftes Jahrzehnt trat. Die Mutter, der neuen Stellung des Hauses nicht gewachsen, zog sich in eine Waldeinsamkeit zurück. Ihr Sohn besuchte sie, bis sie unter dem Waldesboden ausruhte, und auch dann noch.

Er nahm einen Juniorpartner auf: kein Geschäftsmann, ein Adliger von gutem Aussehen. Sein vornehm eingeschätzter Teil war das Auftreten, die Empfänge von Gästen, die nur distinguiert waren, die Repräsentation bei Versammlungen und auf Reisen, wo flüchtige Sachkenntnis genügte. Plötzlich überschritt er seine Kompetenzen: der unerfahrene Zugelassene wies den Chef offen darauf hin, daß die Lieferungen an das feindliche Ausland aufhören müßten.

Er wußte es. Er hatte vorerst eine kurze Pause eingelegt; Stockung und Verwirrung des Verkehrs machte sie anfangs unvermeidlich. Inzwischen überlegte er mit seiner Frau: er hatte allein sie. Sie hatten einander, wie nur ein Mensch den anderen, von allem Besitz der gründlichste. Noch immer verständigten sie sich in liegender Stellung. Der Unterschied gegen früher: sie waren für die Nacht bekleidet und beide locker aufgestützt; es sollte sich erst entscheiden wozu. Ihr Gespräch konnte in eine Umarmung oder in eine Meinungsverschiedenheit übergehen.

Nun hatte das Leben lang dieselbe Anschauung, ein niemals abgewichenes Interesse sie bestimmt. Wenn sie es sich sogar vorgesetzt hätten, keiner der beiden war nachgerade noch stark genug zu widersprechen. Der Zweifel und Warnungen wenig gewohnt, ließen sie sich ungern darauf ein, von dem Selbstbewußtsein des anderen, und vom eigenen, etwas abzuhandeln. Gewiß waren sie überzeugt, daß Deutschland siegen müsse und auch werde: sonst entfiel das Eisenmonopol, und alles andere stürzte mit ein.

Beiseite bemerkten sie, daß die einzelnen Sterbefälle, mochte man im Schützengraben noch so zahlreich fallen, vorübergehend zu hoch bewertet würden – ganz natürlich unter den neu geschaffenen Umständen. Für weitere Sicht wog der Bestand des internationalen Eisenmonopols eine Armee auf. Es dahingeben unter dem Vorwand eines mittelmäßigen Patriotismus und einer unechten Gesetzlichkeit wäre mehr als ein Verbrechen, es wäre ein Fehler gewesen.

»Erfüllen wir wirklich nicht mehr unsere klaren Verträge«, sagte Alice, »die Schweden werden keinen Grund sehen, den Schaden zu tragen. Wenn auch ohne unser Zutun, die Feinde bekommen todsicher das Eisen, das sie brauchen; und heute brauchen sie mehr, benötigen es dringender als in all unserer Zeit. Es ist etwas viel verlangt, daß wir uns aus dem Geschäft zurückziehen sollen genau beim Einsetzen der großen Konjunktur, die eigentlich unser Werk ist. Unser fünfundzwanzigjähriges Werk«, wiederholte sie und ließ von ihrer aufgestützten Haltung etwas nach, ihr Schlafanzug öffnete sich.

»Nicht nur das Eisen ist auf der Höhe«, erwiderte er. »Du bist herrlicher als je.« Er küßte. Sie liebten. Der einige Beschluß im Geschäftlichen war gefaßt. Die Schiffe, mit Eisen beladen, fuhren unter neutraler Flagge, ohne deutsche Häfen zu berühren, nach den Empfangsstationen der Kriegsgegner. Diese verfertigten mit einer Hilfe, die niemandem unerwartet kam, die besten Waffen gegen ihren gemeinsamen Feind. Das ging gut – obwohl gemunkelt wurde und die Behörden aufmerkten –, bis einer der Kapitäne dennoch hierorts anlegte; zuerst behauptete er, wegen eines Maschinendefektes.

Dann kam er darauf, seine Sache zu verbessern durch die Heranziehung seines vaterländischen Gewissens. Ein verhängnisvolles Wort: einmal in Umlauf gesetzt, verkehrte es die Meinung der Kaufleute und der Ämter ins Unerbittliche. Bis dahin hatten sie widerstrebend noch zugegeben, daß ein verdienter Mann das Recht auf zeitgemäße Maximalverdienste besaß. Zwei Rechtsauffassungen, die alt anerkannte und die neue des Krieges, standen einander entgegen. Solang möglich, war davon abgesehen worden.

Man bedenke, was alles einbegriffen ist in die unbeschränkte Bereicherung eines einzelnen, wie hier. Zahllose Existenzen hingen an seiner, das wirtschaftliche Gleichgewicht einer Stadt, ja, des Landes, waren, schwer unterscheidbar von dem seinen, gesichert oder bedroht. Beziehungen von allgemeiner Bedeutung schützten ihn. Das wußte er selbst am besten und hatte darauf vertraut – auf alle seine Vorteile, um einen Augenblick zu lange. Versäumt hatte er dennoch nichts. Keine vernünftige Frist, denn sie war nicht gestellt gewesen.

»Apfelsinenschalen, über die man ausgleitet«, erklärte er seiner Frau, »liegen niemals da, wenn man hinsieht. Dieser Kapitän mußte nicht notwendig ein dunkler Ehrenmann sein. Wir haben uns nichts vorzuwerfen.« Er wollte vor allem, daß Alice sich nichts vorwürfe. Seine eigene Schuld – nach Nietzsche die Bezeichnung für etwas schief Gegangenes – war ihm bewußt.

Seine Verhaftung war schon in aller Mund, als er darüber

noch die Achseln zuckte. Indessen besprach er mit seiner Frau, wie sie, gesetzt, er wäre einmal abwesend, sich zu verhalten habe. Es schien, daß man ihm gerade hierfür noch die Muße ließ: dann wurde er wirklich verhaftet.

Es lag nicht im Sinn ihrer Beziehungen von jeher, daß sie weinend ins Gefängnis lief. Im Zweifel zwischen Liebesstunden und Geschäftsstunden hatte noch immer das Geschäft gesiegt. An ihrem Wohnort unternahm sie nichts, vergab sich nichts. Diese Leute mußten selbst entscheiden, ob sie eine Verurteilung ihres Gatten wagen wollten: schon daß er angeklagt war, stellte alle bloß, es setzte die Stadt herab.

Sie verreiste – ohnehin jetzt das Angenehmere; sie hielt sich an ihre Standesgenossen, die reichen Familien außerhalb. Sie wurde, sie sonst, von Ministern empfangen, privat natürlich. Einer war verheiratet mit einer ihrer Verehrerinnen, wenn nicht Verehrerin des Reichtums überhaupt. Alice wurde zum Diner geladen, hatte den gewohnten Erfolg, verändert erwies sich bisher nichts, obwohl ihr Mann in Untersuchungshaft saß. Man gab vor, den Irrtum zu belächeln: Widersinnigkeiten liefen einer zwar großen, aber auch verbiesterten Zeit natürlich mit unter. Soweit das Gesellschaftliche, es klappte.

Amtlich wurde ihr Hoffnung gegeben, die Verurteilung für nicht wünschenswert erklärt, aber außer Frage blieb eine Überschreitung der Zuständigkeiten. Sie sah durchaus: das Aufsehen, das ihre Angelegenheit machte, wuchs an sich selbst, aufzuhalten war es nicht. Allein ein Machtwort, das militärisch sein mußte, beendete den Skandal. So ließ sie denn den Juniorpartner nachkommen.

Wenn jemals, konnte er seine Daseinsberechtigung hier erhärten. Der Herr von historischer Abkunft und gutem Aussehen machte Eindruck überall, nur nicht bei den Befehlshabern, denen jetzt die Macht gehörte. Seine Vettern dritten Grades nannten ihn scherzweise »Koofmich«, ihre Ansicht der Sache klang deutlich mit. Ein hochgestellter Onkel sprach endlich das Wort, das gemeint war: Vaterlandsverrat.

Damit schien die Aufgabe dieses Mitgliedes der Firma gescheitert, wenigstens hielt er sie dafür. Allerdings fehlten in dem Gesamtbild gerade die Personen, die ihr eigenes Verhalten dem Beschuldigten – nicht annäherte, wer wird das zugeben. Immerhin wären die Generäle und Ministerialdirektoren, die um des Mammons willen ihre früheren Büros mit denen der Schwerindustrie vertauscht hatten, die geeigneten Vermittler gewesen. Es lag zu nahe, um erwähnt zu werden. Wenn ihr Gehilfe keinen Anlaß nahm, schwieg auch Alice davon.

Sie hielt nur noch Besprechungen mit dem berühmtesten Verteidiger, einem Champion der mitreißenden Beredsamkeit, überführte Mörder gingen aus seinen Händen rein hervor. Sie reiste; am Vorabend der gerichtlichen Verhandlung war sie zur Stelle. Der Landgerichtspräsident wartete nicht, bis sie ihn aufsuchte: er kam selbst.

In leichter, gesellschaftlicher Form, die ein Richter als Mann von Welt einfach mitmachen mußte, erwirkte sie die Erlaubnis, ihren Gatten bis in den Sitzungssaal zu begleiten. Das Gespräch gab ihr Gelegenheit, Namen auszusprechen: die Personen von Rang, die nicht das geschäftliche Verhalten des Angeklagten, wohl aber das Verfahren gegen ihn für staatsgefährlich erachteten. Der Richter stutzte, obwohl eine Stirnader ihm anschwoll.

Als sie ihren – sichtlich gealterten – Mann im Gefängnis abholte, war das erste, was vorausging, eine leidenschaftliche Zärtlichkeit: beide ließen sich überwältigen, ungeachtet des Beiseins der Beamten. Um so kühler besprachen sie alsdann den bevorstehenden Tag – ein Tag wie andere, mit den gewöhnlichen geteilten Ansichten, nur daß die besseren die wahrscheinlichen waren, gemäß Regeln und Erfahrung.

Wie sie übrigens, jeder für eigene Rechnung, wirklich denken mochten, die Beweisaufnahme als erste Prozedur des Gerichtshofes verdarb bestimmt nichts. Die Tatsachen waren nachgerade bekannt, sie waren abgeleiert. Jeder im Hause glaubte der Einzelheiten mehr zu wissen, als die Akten enthielten. Der Kapitän mit seinen belastenden Aussagen erregte bei dem Publikum entschiedenen Widerwillen. Zuerst sich bezahlen lassen, dann denunzieren, zum Schaden eines Gemeinwesens, ja, mit Folgen, die noch offenblieben.

Der Angeklagte und seine Frau, zwei Schritte vor ihm am Rand einer Bank, verständigten sich mit den Augen über die Eindrücke, die auch das Gericht empfing. Unlust an der Sache war das geringste, was sich ablesen ließ. Schon entstand die Frage, warum es zu dem Prozeß gekommen war. Derselben Stimmung, seiner eigenen, paßte der Vertreter der Anklage seine Forderungen an. Für den Fall, daß auf eine Freiheitsstrafe verzichtet wurde – dem Staatsanwalt hätte es keinen Kummer bereitet –, beantragte er eine Buße in barem Geld, so ungeheuer hoch, daß jeder erschrak – bis man sich erinnerte, wer den Monsterbetrag zahlen sollte: da wurde still gelächelt.

Der berühmte Verteidiger beging den Fehler, daß er nicht einmal heut und hier von seiner Berühmtheit absah. Er mußte sich nur klein machen und hatte schon gewonnen. Statt dessen ritt er die Hohe Schule, warf die Reitpeitsche in die Luft und grüßte mit dem Zylinderhut – was noch harmlos gewesen wäre. Aber er bestand auf der unverantwortlichen Haltung des Staates gegen Wirtschaft und Nation. Er geißelte den Mißbrauch des Krieges, als eines Vorwandes, um die Autorität zu übertreiben.

Obwohl persönlich nichts weniger als revolutionär, ging er bis an die Grenze, wo der Krieg nicht mehr mit nebensächlichen Nachteilen belastet, sondern um seiner selbst willen verworfen wird. »Der Übermut der Ämter« ist von Shakespeare, ein Gericht aber erträgt keine Maßregelung durch Dichterworte. Den Verteidiger mußte an dem Tage seine erprobte Weltläufigkeit verlassen haben, oder hielt er den Fall für entschieden und erlaubte sich, ins Leere hinein zu glänzen? Da er mehrfach sein Gesicht abzuwischen hatte und seine Augen bald nach der Decke himmelten, bald eingedrückt wurden, entging ihm seine Wirkung: sie war beklagenswert.

Der Beifall, den seine Kunst natürlich errang, veranlaßte den Vorsitzenden, einzuschreiten. Die Replik des Staatsanwaltes nötigte jeden Hörer, auf gründlich berichtigte Auffassungen zu schließen. Nicht mehr um den bekannten Konflikt ging es – hier hohe, eigentlich geheiligte Interessen, hier ein Verbot, das nicht der Nation, wohl aber anderen nützte. Nein, die Nation war verletzt in der vornehmsten ihrer sittlichen Betätigungen: das ist der Krieg. Verletzt hatte sie der Angeklagte, nach dem eigenen Geständnis seines Verteidigers.

Während das Gericht beriet, begleitete seine Frau den so gut wie Verurteilten in das vorbehaltene Zimmer. Sie sprachen nicht. Der Verteidiger sprach und bekam keine Antwort.

Alice erhielt an den folgenden Tagen der Beweise genug, daß die Verurteilung ihres Mannes mißbilligt wurde. Die gute Gesellschaft nannte sie barbarisch, vernunftwidrig, eine Niederlage der deutschen Sache: staatliche, ja, auch militärische Stellen äußerten sich wenig anders. Bei ihren Besuchen im Gefängnis erfuhr ihr Mann von ihr noch einmal, was ihm auch sonst zugetragen war. Etwas Neues gab es nicht. Dies machte, zum erstenmal im Leben, ihr Zusammensein unfruchtbar.

Keinem vorigen hatte die volle Vertraulichkeit gefehlt: nicht die körperliche allein verstand sich von selbst, immer auch ein Projekt, das nur sie beide kannten. Hier gab es, unerhörterweise, nichts zu beraten, nichts zu tun. Den Kaiser um Begnadigung angehen, nun ja. Aber gerade der Kaiser war gehalten, den Krieg hoch zu achten, mit allen Opfern, die er forderte: von den Armen das Leben, von den Reichen den Verzicht auf gewisse Arten des Gewinnes.

Der höchste Herr erriet, daß man sich lieber drückt, sowohl

vom Sterben wie vom Geldverlust. Im Gegenteil verzeichneten das Leben und der Profit eine merkliche Zunahme an unwiderstehlichem Reiz. Worauf es ankam: nicht ertappt zu werden. Soweit war es damals nicht, wie zwanzig Jahre später, als ein Ministerpräsident und Marschall dasselbe schwedische Eisen einem Feinde, der spanischen Republik, verkaufte, und hatte es seinem selbst regierten Staat unterschlagen. Für dies und mehr dergleichen wurde er Reichsmarschall. Andererseits konnte er, derart in die Geschäfte eingeführt, den gesamteuropäischen Trust begründen. Einer seiner Vorgänger, bisher Inhaber des Eisenmonopols, erschlaffte in seiner tristen Einzelhaft, obwohl er Goethe las. Die Besuche seiner Frau begann er zu fürchten, während er sie doch herbeisehnte.

Bei jedem ungewöhnlichen Geräusch hinter der Tür seiner Zelle klopfte ihm das Herz, um nur müder zu schlagen, wenn nichts erfolgte. Er war unterrichtet, daß ihr allmählich seltener erlaubt wurde, ihn zu sehen. Aber äußere Schwierigkeiten beseitigten keineswegs die selbst verantworteten – weder seine noch ihre.

Es stand derart, daß beide einander leidenschaftlich umklammert hätten mit allen ihren Gliedern, sobald ein Umschwung der Dinge stattfand. Je weiter aber der Coup de théâtre, an den sie ohnedies nie geglaubt hatten, ihren Blicken entschwand, um so peinlicher wurden ihnen die Begegnungen, entfremdet der Leidenschaft, wie sie sein mußten. Dies nicht nur, weil für Aufwallungen kein Raum, noch mehr, weil sie ungefühlt waren.

Im Einklang mit ihr – und mit der Außenwelt – bemerkte der Gefangene, daß sein Geschick sich eingliederte unter die landläufigen, zeitgemäßen. Es hörte auf, ihn auszuzeichnen, weder im Sinn der Entrüstung noch des befriedigten Neides. Sein Geschäft war ruiniert, alle Beteiligten hatten sich umzustellen: nur natürlich, daß sie auch hinsichtlich seiner Person anders disponierten. Er war kein Gegenstand mehr, wurde voraussichtlich nie wieder ein Gegenstand ihrer Anhänglichkeit und Furcht. Der Tag erschien, als die Ehegatten sich aussprachen über die wirkliche Wahrheit. Sie war durchaus neu, das erste Neue, das sie seit der Katastrophe einander zu bieten hatten.

Alice begann: »Mein Lieber, wir sind Realisten« – was er bestätigte, mit einem angstvollen Vorgefühl; aber so weit wie die wirkliche Wahrheit gingen seine Ahnungen denn doch nicht. Sie stellte fest, daß seine internationalen Verträge unwirksam geworden waren – infolge höherer Umstände, ohne sein Verschulden, aber so gut wie aufgelöst. Andere hatten die Lieferungen übernommen, Ausländer, die gegebenenfalls bei den Gerichten im Vorteil waren. Es wäre denn, daß die deutschen Heere zuletzt noch im Triumph den Sieg davontrügen. Danach sah es immer weniger aus.

Er war einverstanden: danach sah es nicht aus. Ob man es bedauern sollte? Sogenannte Vaterlandsverräter wie er selbst wurden am ehesten durch die Niederlage und den Umsturz in Freiheit gesetzt. Alice gab es freudig zu. Wenn es so weit wäre! Eine oder zwei Minuten raunten die beiden Angehörigen der herrschenden Klasse, mit Blicken nach der Tür, staatsgefährliche Wünsche.

Indessen waren es fromme Wünsche. Bis jetzt war Krieg. Von dem überführten Verräter kauften weder Deutschland noch seine Verbündeten das Eisen, das ihm abzunehmen ihre verbürgte Pflicht gewesen wäre. Die Firma erfüllte beständig ihre Verbindlichkeiten in Schweden, das unabsehbare Eisen häufte sich an. Ein Teil mußte mit Verlust abgegeben werden, an neutrale Händler. Es bildete immer noch einen Schatz ohne Ende – wenn der Krieg erst aus und Deutschland geschlagen war. Bis zu diesem Zeitpunkt war es eine Last: das Haus trug an ihr schwerer und schwerer. Sein verhinderter Chef zog selbst das Ergebnis: »Ich sitze hier, bis ich in aller Stille ein armer Mann geworden bin.«

Zwei Minuten eines unheilschwangeren Schweigens. Die

Augen der Gatten streiften einander, sie hafteten nicht. Die Ahnungen des Mannes gewannen während der Pause an Inhalt. Sie waren furchtbar konkret geworden, als Alice ihr Wort sprach. »Du mußt das Geschäft abtreten.« – »An meinen Juniorpartner«, vollendete er. »Zum Schein« – dies holte er versuchsweise nach. Sie belehrte ihn, obwohl es kaum nötig war, daß eine fiktive Übertragung sich verbiete: sie war genau informiert. Was aber dann? Ebensogut, wollte er meinen, war ein geduldiges Abwarten des Endes.

Er gab sich überzeugt, während er doch wußte: so leicht resignieren wir nicht. Am wenigsten sie, und sie hat zu verfügen. Ich – für wieviel zähle ich noch? Das sollte er jetzt erfahren. Sie sagte, daß sie seine Gefährtin sei und niemand lieben werde als nur ihn. Sie sprach es im Ton einer geschäftlichen Erörterung. Er hatte genug. Das übrige nahm er ihr aus dem Mund – um ihretwillen. Sie sollte nicht genötigt sein, es auszusprechen.

»Unser Freund wird Alleininhaber der Firma, unter der Bedingung, daß er dich heiratet. Deutschland und der Balkan kaufen wieder, du bleibst die Frau, die du bist. Bemerke wohl, daß ich es will. Dir in den Weg treten, nie. Aber es gibt einen anderen, du wirst meinen Vorschlag in Betracht ziehen wie ich den deinen. Ich habe im Ausland beträchtliche Guthaben. Wir sind nach Abtretung der Firma persönlich noch immer reich genug, um unsere Stellung – deine Stellung – zu behaupten.«

»Du vergißt deine eigene Lage«, erwiderte sie schonend und traurig. »Meine Stellung, solange mein Mann hier sitzen muß?« – »Nicht lange« – zum ersten Male bat er, seine Stimme wurde flehentlich. »Vielleicht nicht einmal für die Dauer des Krieges. Wegen meiner guten Führung – und aus anderen Gründen, werden mir Hoffnungen auf Abkürzung der Strafe gemacht.« – »Sehr möglich«, sagte sie, immer schonend, »aber wir wissen es nicht. Inzwischen werden wir älter.«

Er verstand: sie selbst alterte. Sie hatte um sieben Jahre mehr. Sie fürchtete das Alter. Hier sah er sie voll an, ein langer Blick, berauscht von Liebe – dermaßen, daß sie aufweinte. »Du bist schöner als je« – er atmete stark. »Schöner als in unserer besten Zeit und sie war nicht die beste. Ich verspreche dir mehr. Denn ich begehre dich mehr.«
»Dich liebe ich. Dich allein werde ich immer lieben.« Sie stöhnte wie er. Wo blieb die geschäftliche Erörterung und ihr Ton? Im Zweifel zwischen Geschäft und Liebe siegte die Liebe. Alice sank an seine hingebreitete Brust. Nach ihrer Vereinigung trennten sie sich, um nie einander wiederzusehen.
Statt ihrer betrat seine Zelle ihr Arzt, um ihm mitzuteilen, daß sein Juniorpartner ein kranker Mann sei. Ein Herzklappenfehler, die herrschenden Umstände machten ihn schneller kritisch, als er sonst wohl gewesen wäre. Frage: »Wie lange?« Antwort: »Sie werden ihn bei Ihrer Rückkehr kaum noch vorfinden.« Hiernach verging dem Gefangenen jeder Zweifel – nicht gerade an dem Gesundheitsbefund des gutaussehenden Herrn. Nur was Alice beschlossen hatte, war im reinen. Nach dem pünktlichen Abgang ihres zweiten Gatten brachte sie ihrem ersten das gerettete Geschäft in eine neue Ehe mit.
Er begriff, daß sein Widerstand unnütz und daß er verderblich gewesen wäre. Er willigte in die Scheidung – die wegen gegenseitiger unüberwindlicher Abneigung ausgesprochen wurde. Sie ließ bis zu ihrer Wiederverheiratung die Anstandsfrist vergehen, er wartete sie ab; erst als er sie auf der Hochzeitsreise wußte, erhängte er sich. »Aber die Liebe bringt in gewissen Jahren dem Geschäftsmann erst die wahren Gefahren«, wäre die Inschrift auf seinem Stein gewesen, aber sie hätte sich indiskret ausgenommen.
Als nicht der Herzkranke, sondern Alice ihm in Bälde folgte, hätte man über dies wirklich gebrochene Herz die Worte setzen können: »Aber die Liebe verführt die armen Frauen, immer blond zu bleiben, nie zu ergrauen.« Auch das unterblieb.

ANNA SEGHERS

Der Ausflug der toten Mädchen

»Nein, von viel weiter her. Aus Europa.« Der Mann sah mich lächelnd an, als ob ich erwidert hätte: »Vom Mond.« Er war der Wirt der Pulqueria am Ausgang des Dorfes. Er trat vom Tisch zurück und fing an, reglos an die Hauswand gelehnt, mich zu betrachten, als suche er Spuren meiner phantastischen Herkunft.

Mir kam es plötzlich genauso phantastisch wie ihm vor, daß ich aus Europa nach Mexiko verschlagen war. – Das Dorf war festungsartig von Orgelkakteen umgeben wie von Palisaden. Ich konnte durch eine Ritze in die graubraunen Bergabfälle hineinsehen, die, kahl und wild wie ein Mondgebirge, durch ihren bloßen Anblick jeden Verdacht abwiesen, je etwas mit Leben zu tun gehabt zu haben. Zwei Pfefferbäume glühten am Rand einer völlig öden Schlucht. Auch diese Bäume schienen eher zu brennen als zu blühen. Der Wirt hatte sich auf den Boden gehockt, unter den riesigen Schatten seines Hutes. Er hatte aufgehört, mich zu betrachten, ihn lockten weder das Dorf noch die Berge, er starrte bewegungslos das einzige an, was ihm unermeßliche, unlösbare Rätsel aufgab: das vollkommene Nichts.

Ich lehnte mich gegen die Wand in den schmalen Schatten. Um Rettung genannt zu werden, dafür war die Zuflucht in diesem Land zu fragwürdig und zu ungewiß. Ich hatte Monate Krankheit gerade hinter mir, die mich hier erreicht hatte, obwohl mir die mannigfachen Gefahren des Krieges nichts hatten anhaben können. Ich konnte, obwohl mir die Augen vor Hitze und Müdigkeit brannten, den Teil des Weges verfolgen, der aus dem Dorf in die Wildnis führte. Der Weg war so weiß, daß er in die Innenseiten der Augenlider geritzt schien, sobald ich die Augen schloß. Ich sah auch am Rand der Schlucht den Winkel der weißen Mauer, die mir bereits vom Dach meiner Herberge aus in dem großen, höher gelegenen Dorf, aus dem ich heruntergestiegen war, in den Augen gelegen hatte. Ich hatte sofort nach der Mauer und nach dem Rancho gefragt oder was es sonst war, mit seinem einzelnen, vom Nachthimmel gefallenen Licht, doch niemand hatte mir Auskunft geben können. Ich hatte mich auf den Weg gemacht. Trotz Schwäche und Müdigkeit, die mich schon hier zum Ausschnaufen zwangen, mußte ich selbst herausfinden, was es mit dem Haus auf sich hatte. Die müßige Neugierde war nur der Restbestand meiner alten Reiselust, ein Antrieb aus gewohnheitsmäßigem Zwang. Ich würde, sobald sie befriedigt war, sofort zu dem vorgeschriebenen Obdach zurücksteigen. Die Bank, auf der ich ausruhte, war bis jetzt der letzte Punkt meiner Reise, sogar der äußerste westliche Punkt, an den ich jemals auf Erden geraten war. Die Lust auf absonderliche, ausschweifende Unternehmungen, die mich früher einmal beunruhigt hatte, war längst gestillt, bis zum Überdruß. Es gab nur noch eine einzige Unternehmung, die mich anspornen konnte: die Heimfahrt.

Das Rancho lag, wie die Berge selbst, in flimmrigem Dunst, von dem ich nicht wußte, ob er aus Sonnenstaub bestand oder aus eigener Müdigkeit, die alles vernebelte, so daß die Nähe entwich und die Ferne sich klärte wie eine Fata Morgana. Ich stand auf, da mir meine Müdigkeit schon zuwider war, wodurch der Dunst vor meinen Augen ein wenig verrauchte.

Ich ging durch den Einschnitt in der Palisade aus Kakteen und dann um den Hund herum, der, wie ein Kadaver völlig reglos, mit Staub bedeckt, auf dem Weg schlief, mit abgestreckten Beinen. Es war kurz vor der Regenzeit. Die offenen Wurzeln kahler, verschlungener Bäume klammerten sich an den

Abhang, im Begriff zu versteinern. Die weiße Mauer rückte näher. Die Wolke von Staub oder auch von Müdigkeit, die sich schon ein wenig gelichtet hatte, verdichtete sich, in den Bergeinschnitten nicht dunkel wie Wolken sonst, sondern glänzend und flimmrig. Ich hätte an mein Fieber geglaubt, wenn nicht ein leichter, heißer Windstoß die Wolken wie Nebelfetzen nach anderen Abhängen verweht hätte.
Es schimmerte grün hinter der langen weißen Mauer. Wahrscheinlich gab es dort einen Brunnen oder einen abgeleiteten Bach, der das Rancho mehr bewässerte als das Dorf. Dabei sah es unbewohnt aus mit dem niedrigen Haus, das auf der Wegseite fensterlos war. Das einzelne Licht gestern abend hatte wahrscheinlich, wenn es keine Täuschung gewesen war, dem Hofhüter gehört. Das Gitterwerk war, längst überflüssig und morsch, aus dem Toreingang gebrochen. Doch gab es im Torbogen noch die Reste eines von unzähligen Regenzeiten verwaschenen Wappens. Die Reste des Wappens kamen mir bekannt vor, wie die steinernen Muschelhälften, in denen es ruhte. Ich trat in das leere Tor. Ich hörte jetzt inwendig zu meinem Erstaunen ein leichtes, regelmäßiges Knarren. Ich ging noch einen Schritt weiter. Ich konnte das Grün im Garten jetzt riechen, das immer frischer und üppiger wurde, je länger ich hineinsah. Das Knarren wurde bald deutlicher, und ich sah in dem Gebüsch, das immer dichter und saftiger wurde, ein gleichmäßiges Auf und Ab von einer Schaukel oder von einem Wippbrett. Jetzt war meine Neugier wach, so daß ich durch das Tor lief, auf die Schaukel zu. Im selben Augenblick rief jemand: »Netty!«
Mit diesem Namen hatte mich seit der Schulzeit niemand mehr gerufen. Ich hatte gelernt, auf alle die guten und bösen Namen zu hören, mit denen mich Freunde und Feinde zu rufen pflegten, die Namen, die man mir in vielen Jahren in Straßen, Versammlungen, Festen, nächtlichen Zimmern, Polizeiverhören, Büchertiteln, Zeitungsberichten, Protokollen und Pässen beigelegt hatte. Ich hatte sogar, als ich krank

und besinnungslos lag, manchmal auf jenen alten, frühen Namen gehofft, doch der Name blieb verloren, von dem ich in Selbsttäuschung glaubte, er könnte mich wieder gesund machen, jung, lustig, bereit zu dem alten Leben mit den alten Gefährten, das unwiederbringlich verloren war. Beim Klang meines alten Namens packte ich vor Bestürzung, obwohl man mich immer in der Klasse wegen dieser Bewegung verspottet hatte, mit beiden Fäusten nach meinen Zöpfen. Ich wunderte mich, daß ich die zwei dicken Zöpfe anpacken konnte: Man hatte sie also doch nicht im Krankenhaus abgeschnitten.

Der Baumstumpf, auf den die Wippschaukel genagelt war, schien auch zuerst in einer dicken Wolke zu stehen, doch teilte und klärte sich die Wolke sogleich in lauter Hagebuttenbüsche. Bald glänzten einzelne Butterblumen in dem Bodendunst, der aus der Erde durch das hohe und dichte Gras quoll, der Dunst verzog sich, bis Löwenzahn und Storchschnabel gesondert dastanden. Dazwischen gab es auch bräunlichrosa Büschel von Zittergras, das schon beim Hinsehen bebte.

Auf jedem Ende der Schaukel ritt ein Mädchen, meine zwei besten Schulfreundinnen. Leni stemmte sich kräftig mit ihren großen Füßen ab, die in eckigen Knopfschuhen steckten. Mir fiel ein, daß sie immer die Schuhe eines älteren Bruders erbte. Der Bruder war freilich schon im Herbst 1914 im ersten Weltkrieg gefallen. Ich wunderte mich zugleich, wieso man in Lenis Gesicht gar keine Spur von den grimmigen Vorfällen anmerkte, die ihr Leben verdorben hatten. Ihr Gesicht war so glatt und blank wie ein frischer Apfel, und nicht der geringste Rest war darin, nicht die geringste Narbe von den Schlägen, die ihr die Gestapo bei der Verhaftung versetzt hatte, als sie sich weigerte, über ihren Mann auszusagen. Ihr dicker Mozartzopf stand beim Schaukeln stark vom Nacken ab. Sie hatte mit zusammengezogenen dichten Brauen in ihrem runden Gesicht den entschlossenen, etwas energischen

Ausdruck, den sie von klein auf bei allen schwierigen Unternehmungen annahm. Ich kannte die Falte in ihrer Stirn, in ihrem sonst spiegelglatten und runden Apfelgesicht, von allen Gelegenheiten, von schwierigen Ballspielen und Wettschwimmen und Klassenaufsätzen und später auch bei erregten Versammlungen und beim Flugblätterverteilen. Ich hatte dieselbe Falte zwischen ihren Brauen zuletzt gesehen, als ich zu Hitlers Zeit, kurz vor der endgültigen Flucht, in meiner Vaterstadt meine Freunde zum letztenmal traf. Sie hatte sie früher auch in der Stirn gehabt, als ihr Mann zur vereinbarten Zeit nicht an den vereinbarten Ort kam, woraus sich ergab, daß er in der von den Nazis verbotenen Druckerei verhaftet worden war. Sie hatte auch sicher Brauen und Mund verzogen, als man sie gleich darauf selbst verhaftete. Die Falte in ihrer Stirn, die früher nur bei besonderen Gelegenheiten entstand, wurde zu einem ständigen Merkmal, als man sie im Frauenkonzentrationslager im zweiten Winter dieses Krieges langsam, aber sicher an Hunger zugrunde gehen ließ. Ich wunderte mich, wieso ich ihren Kopf, der durch das breite Band um den Mozartzopf beschattet war, bisweilen vergessen konnte, wo ich doch sicher war, daß sie selbst im Tod ihr Apfelgesicht mit der eingekerbten Stirn behalten hatte.

Auf der anderen Schaukelseite hockte Marianne, das hübscheste Mädchen der Klasse, die hohen, dünnen Beine vor sich auf dem Brett verschränkt. Sie hatte die aschblonden Zöpfe in Kringeln über die Ohren gesteckt. In ihrem Gesicht, so edel und regelmäßig geschnitten wie die Gesichter der steinernen Mädchenfiguren aus dem Mittelalter im Dom von Marburg, war nichts zu sehen als Heiterkeit und Anmut. Man sah ihr ebensowenig wie einer Blume Zeichen von Herzlosigkeit an, von Verschulden oder Gewissenskälte. Ich selbst vergaß sofort alles, was ich über sie wußte, und freute mich ihres Anblicks. Durch ihren stracksen mageren Körper lief jedesmal ein Ruck, wenn sie, ohne sich abzustoßen, den Schwung der Schaukel verstärkte. Sie sah aus, als ob sie auch

mühelos abfliegen könnte, die Nelke zwischen den Zähnen, mit ihrer festen kleinen Brust in dem grünleinenen, verwaschenen Kittel.
Ich erkannte die Stimme der ältlichen Lehrerin, Fräulein Mees, auf der Suche nach uns, dicht hinter der niedrigen Mauer, die den Schaukelhof von der Kaffeeterrasse abtrennte. »Leni! Marianne! Netty!« Ich packte nicht mehr vor Erstaunen meine Zöpfe. Die Lehrerin hatte mich ja mit den anderen zusammen bei gar keinem anderen Namen rufen können. Marianne zog die Beine von der Schaukel und stellte, sobald das Brett nach Lenis Seite abwärts wippte, ihre Füße fest auf, damit Leni bequem absteigen konnte. Dann legte sie einen Arm um Lenis Hals und zupfte ihr behutsam Halme aus dem Haar. Mir kam jetzt alles unmöglich vor, was man mir über die beiden erzählt und geschrieben hatte. Wenn Marianne so vorsichtig die Schaukel für Leni festhielt und ihr mit soviel Freundschaft und soviel Behutsamkeit die Halme aus dem Haar zupfte und sogar ihren Arm um Lenis Hals schlang, dann konnte sie sich unmöglich mit kalten Worten später schroff weigern, Leni einen Freundschaftsdienst zu tun. Sie konnte unmöglich die Antwort über die Lippen bringen, sie kümmere sich nicht um ein Mädchen, das irgendwann, irgendwo einmal zufällig in ihre Klasse gegangen sei. Ein jeder Pfennig, an Leni und deren Familie gewandt, sei herausgeworfen, ein Betrug am Staat. Die Gestapobeamten, die nacheinander beide Eltern verhaftet hatten, erklärten vor den Nachbarn, das schutzlos zurückgebliebene Kind der Leni gehöre sofort in ein nationalsozialistisches Erziehungsheim. Darauf fingen Nachbarsfrauen das Kind am Spielplatz ab und hielten es versteckt, damit es nach Berlin zu Verwandten des Vaters fahren könnte. Sie liefen, um Reisegeld zu leihen, zu Marianne, die sie früher manchmal Arm in Arm mit Leni erblickt hatten. Doch Marianne weigerte sich und fügte hinzu, ihr eigener Mann sei ein hoher Nazibeamter, und Leni samt ihrem Mann seien zu Recht arretiert, weil sie sich gegen

Hitler vergangen hätten. Die Frauen fürchteten sich, sie würden noch selbst der Gestapo angezeigt.
Mir flog durch den Kopf, ob Lenis Töchterlein eine ähnlich eingekerbte Stirn gezeigt hatte wie ihre Mutter, als sie dann doch zur Zwangserziehung abgeholt wurde.
Jetzt zogen die beiden, Marianne und Leni, von denen eine ihres Kindes verlustig gegangen war durch das Verschulden der anderen, die Arme gegenseitig um die Hälse geschlungen, Schläfe an Schläfe gelehnt, aus dem Schaukelgärtchen. Ich wurde gerade ein wenig traurig, kam mir, wie es in der Schulzeit leicht geschah, ein wenig verbannt vor aus den gemeinsamen Spielen und herzlichen Freundschaften der anderen. Da blieben die beiden noch einmal stehen und nahmen mich in die Mitte.
Wir zogen wie drei Küken hinter der Ente hinter Fräulein Mees her auf die Kaffeeterrasse. Fräulein Mees hinkte ein wenig, was sie, zusammen mit ihrem großen Hintern, einer Ente noch ähnlicher machte. Auf ihrem Busen, im Blusenausschnitt, hing ein großes schwarzes Kreuz. Ich hätte ein Lächeln verbissen, wie Leni und Marianne, doch milderte sich die Belustigung über ihren komischen Anblick durch eine schwer damit zu vereinende Achtung: Sie hatte später das klobige schwarze Kreuz im Kleidausschnitt nie abgelegt. Sie war ganz freimütig furchtlos statt mit einem Hakenkreuz mit ebendiesem Kreuz nach dem verbotenen Gottesdienst der Bekenntniskirche umhergegangen.
Die Kaffeeterrasse am Rhein war mit Rosenstöcken bepflanzt. Sie schienen, mit den Mädchen verglichen, so regelrecht, so kerzengerade, so wohlbehütet wie Gartenblumen neben Feldblumen. Durch den Geruch von Wasser und Garten drang verlockend Kaffeegeruch. Von den mit rotweiß karierten Tüchern gedeckten Tischen vor dem langgestreckten, niedrigen Gartenhaus tönte das Gesumm junger Stimmen wie ein Bienenschwarm. Mich zog es zuerst dichter ans Ufer, damit ich die unbegrenzte sonnige Weite des Landes in

mich einatmen konnte. Ich riß die zwei anderen, Leni und Marianne, zum Gartenzaun, wo wir in den Fluß sahen, der graublau und flimmrig an der Wirtschaft vorbeiströmte. Die Dörfer und Hügel auf dem gegenüberliegenden Ufer mit ihren Äckern und Wäldern spiegelten sich in einem Netz von Sonnenkringeln. Je mehr und je länger ich um mich sah, desto freier konnte ich atmen, desto rascher füllte sich mein Herz mit Heiterkeit. Denn fast unmerklich verflüchtigte sich der schwere Druck von Trübsinn, der auf jedem Atemzug gelegen hatte. Bei dem bloßen Anblick des weichen, hügeligen Landes gedieh die Lebensfreude und Heiterkeit statt der Schwermut aus dem Blut selbst, wie ein bestimmtes Korn aus einer bestimmten Luft und Erde.
Ein holländischer Dampfer mit einer Kette von acht Schleppkähnen fuhr durch die im Wasser widergespiegelten Hügel. Sie fuhren Holz. Die Schiffersfrau, umtanzt von ihrem Hündchen, kehrte gerade das Verdeck. Wir Mädchen warteten, bis im Rhein die weiße Spur hinter dem Zug aus Holzschleppern verschwunden und nichts mehr im Wasser zu sehen war als der Abglanz des gegenüberliegenden Ufers, der mit dem Abglanz unseres diesseitigen Gartens zusammenstieß. Wir machten kehrt zu den Kaffeetischen, voran unser wackliges Fräulein Mees, die mir gar nicht mehr drollig vorkam, mit ihrem ebenfalls wackligen Brustkreuz, das für mich auf einmal bedeutsam und unumstößlich geworden war und feierlich wie ein Wahrzeichen.
Vielleicht gab es unter den Schulmädchen auch mürrische und schmierige: In ihren bunten Sommerkleidern, mit ihren hüpfenden Zöpfen und lustigen Kringeln sahen sie alle frisch und festlich aus. Weil die meisten Plätze besetzt waren, teilten sich Marianne und Leni Stuhl und Kaffeetasse. Eine kleine stupsnäsige Nora, mit dünnem Stimmchen, mit zwei um den Kopf gewundenen Zöpfen, in kariertem Kleidchen, schenkte selbstbewußt Kaffee ein und teilte Zucker aus, als sei sie selbst die Wirtin. Marianne, die sonst ihre ehemaligen

Mitschülerinnen zu vergessen pflegte, erinnerte sich noch deutlich dieses Ausflugs, als Nora, die Leiterin der Nationalsozialistischen Frauenschaft geworden war, sie dort als Volksgenossin und ehemalige Schulkameradin begrüßte.

Die blaue Wolke aus Dunst, die aus dem Rhein kam oder immer noch aus meinen übermüdeten Augen, vernebelte über allen Mädchentischen, so daß ich die einzelnen Gesichter von Nora und Leni und Marianne und wie sie sonst hießen, nicht mehr deutlich unterschied, wie sich keine einzelne Dolde mehr abhebt in einem Gewirr wilder Blumen. Ich hörte eine Weile das Gestreite, wo die jüngere Lehrerin, Fräulein Sichel, die gerade aus dem Gasthaus trat, sich am besten setzten könnte. Die Dunstwolke verschwebte von meinen Augen, so daß ich Fräulein Sichel genau erkannte, die frisch und hell gekleidet einherkam wie ihre Schülerinnen.

Sie setzte sich dicht neben mich, die hurtige Nora schenkte ihr, der Lieblingslehrerin, Kaffee ein: In ihrer Gefälligkeit und Bereitschaft hatte sie Fräulein Sichels Platz sogar geschwind mit ein paar Jasminzweigen umwunden.

Das hätte die Nora sicher, wäre ihr Gedächtnis nicht ebenso dünn gewesen wie ihre Stimme, später bereut, als Leiterin der Nationalsozialistischen Frauenschaft unserer Stadt. Jetzt sah sie mit Stolz und beinahe sogar mit Verliebtheit zu, wie Fräulein Sichel einen von diesen Jasminzweigen in das Knopfloch ihrer Jacke steckte. Im ersten Weltkrieg würde sie sich noch immer freuen, daß sie in einer Abteilung des Frauendienstes, der durchfahrende Soldaten tränkte und speiste, die gleiche Dienstzeit wie Fräulein Sichel hatte. Doch später sollte sie dieselbe Lehrerin, die dann schon greisenhaft zittrig geworden war, mit groben Worten von einer Bank am Rhein herunterjagen, weil sie auf einer judenfreien Bank sitzen wollte. Mich selbst durchfuhr plötzlich, da ich dicht neben ihr saß, wie ein schweres Versäumnis in meinem Gedächtnis, als ob ich die höhere Pflicht hätte, mir auch die winzigsten Einzelheiten für immer zu merken, daß das Haar von Fräu-

lein Sichel keineswegs von jeher schneeweiß war, wie ich es in Erinnerung hatte, sondern in der Zeit unseres Schulausfluges duftig braun, bis auf ein paar weiße Strähnen an ihren Schläfen. Es waren ihrer jetzt noch so wenig weiße, daß man sie zählen konnte, doch mich bestürzten sie, als sei ich zum erstenmal heute und hier auf eine Spur des Alters gestoßen. Alle übrigen Mädchen an unserem Tisch freuten sich mit Nora über die Nähe der jungen Lehrerin, ohne zu ahnen, daß sie später das Fräulein Sichel bespucken und als »Judensau« verhöhnen würden.
Die älteste von uns allen, Lore – sie trug Rock und Bluse und rötliches, onduliertes Haar und hatte schon längst echte Liebschaften –, war inzwischen von einem Tisch zum anderen gegangen, um selbstgebackenen Kuchen zu verteilen. In diesem Mädchen wohnten allerlei kostbare häusliche Begabungen zusammen, die sich teils auf die Liebes-, teils auf die Kochkunst bezogen. Die Lore war immerzu überaus lustig und gefällig und zu drolligen Witzen und Streichen aufgelegt. Ihr ungewöhnlich frühzeitig begonnener, von den Lehrerinnen streng gerügter leichtfertiger Lebenswandel führte zu keiner Heirat und sogar zu keiner ernsthaften Liebesbeziehung, so daß sie, als die meisten längst würdige Mütter waren, noch immer wie heute aussah, als Mitschülerin, kurzröckig mit großem rotem, genäschigem Mund. Wie konnte es da mit ihr so ein finsteres Ende nehmen? Freiwilliges Sterben durch eine Röhre Schlafpulver. Ein verärgerter Naziliebhaber hatte sie, da ihre Untreue Rassenschande hieß, mit Konzentrationslager bedroht. Er hatte lange umsonst gelauert, sie endlich mit dem gesetzlich verbotenen Freund zu überraschen. Doch trotz seiner Eifersucht und Strafgier war ihm der Nachweis erst gelungen, als kurz vor diesem Krieg bei einer Fliegeralarmprobe der Luftwart alle Einwohner aus Zimmern und Betten in den Keller zwang, auch die Lore mit dem verfemten Liebsten. –
Sie schenkte nun heimlich, was uns aber doch nicht entging,

ein übriggebliebenes Zimtsternchen der ebenfalls auffällig hübschen, pfiffigen, mit zahllosen natürlichen Löckchen geputzten Ida. Sie war ihr in der Klasse die einzige Freundin, da Lore sonst wegen ihrer Belustigungen ziemlich schief angesehen wurde. Wir munkelten viel über die fidelen Verabredungen von Ida und Lore, auch über ihre gemeinsamen Besuche der Schwimmanstalten, wo sie gelenkige Gefährten zum Freischwimmen trafen. Ich weiß nur nicht, warum Ida, die heimlich das Zimtsternchen nagte, nie von der Feme der Mütter und Töchter getroffen wurde, vielleicht, weil sie eine Lehrerstochter war und Lore eine Friseurstochter. Ida machte beizeiten Schluß mit dem lockeren Leben, aber es kam auch bei ihr nicht zur Heirat, weil ihr Bräutigam vor Verdun fiel. Dieses Herzeleid trieb sie zur Krankenpflege, damit sie wenigstens den Verwundeten nützlich werden könnte. Da sie ihren Beruf mit dem Friedensschluß 1918 nicht aufgeben wollte, trat sie bei den Diakonissinnen ein. Ihre Lieblichkeit war schon ein wenig verwelkt, ihre Löckchen waren schon ein wenig grau, wie mit Asche bestreut, als sie Funktionärin bei den nationalsozialistischen Krankenschwestern wurde, und wenn sie auch in dem jetzigen Krieg keinen Bräutigam hatte, ihr Wunsch nach Rache, ihre Erbitterung waren immer noch wach. Sie prägte den jüngeren Pflegerinnen die staatlichen Anweisungen ein, die zur Vermeidung von Gesprächen und falschen Mitleidsdiensten bei der Pflege Kriegsgefangener mahnten. Doch ihre Anweisung, den frisch gekommenen Mull ausschließlich für Landsleute zu verwenden, nützte gar nichts. Denn an dem Ort ihrer neuen Tätigkeit, in das Spital weit hinter der Front, schlug eine Bombe ein, die Freunde und Feinde zerknallte und natürlich auch ihren Lockenkopf, über den jetzt noch einmal Lore fuhr mit fünf manikürten Fingern, wie nur sie allein in der Klasse welche hatte. –

Gleichzeitig schlug Fräulein Mees mit dem Löffel an die Kaffeetasse und befahl uns, unseren Geldbeitrag zum Kaffee in den Zwiebelmusterteller zu werfen, den sie gerade mit ihrer Lieblingsschülerin um die Tische herumschickte. Genauso flink und beherzt hatte sie später für die von den Nazis verpönte Bekenntniskirche gesammelt, wo sie, an solche Ämter gewöhnt, zuletzt Kassiererin geworden war. Kein ungefährliches Amt, aber sie hatte ebenso frisch und natürlich das Scherflein gesammelt. Die Lieblingsschülerin Gerda klapperte heute lustig mit dem Sammelteller und trug ihn dann zur Wirtin. Gerda war, ohne schön zu sein, einnehmend und gewandt, mit einem stutenartigen Schädel, mit grobem, zottigem Haar, starken Zähnen und schönen braunen, ebenfalls pferdeartigen, treuen und sanftgewölbten Augen. Sie jagte gleich darauf von der Wirtin zurück – auch darin glich sie einem Pferdchen, daß sie immer im Galopp war –, um die Erlaubnis zu erbitten, sich von der Klasse zu sondern und das nächste Schiff benutzen zu dürfen. Sie hatte im Gasthaus erfahren, daß das Kind der Besitzerin schwer erkrankt war. Da zu seiner Pflege sonst niemand da war, wollte Gerda die Kranke besorgen. Fräulein Mees beschwichtigte alle Einwände von Fräulein Sichel, und Gerda galoppierte zu ihrer Krankenpflege wie zu einem Fest. Sie war zur Krankenpflege und Menschenliebe geboren, zum Beruf einer Lehrerin in einem aus dem Bestand der Welt fast verschwundenen Sinn, als sei sie auserlesen, überall Kinder zu suchen, denen sie vonnöten war, und sie entdeckte auch immer und überall Hilfsbedürftige. Wenn auch ihr Leben zuletzt unbeachtet und sinnlos endete, so war darin doch nichts verloren, nicht die bescheidenste ihrer Hilfeleistungen. Ihr Leben selbst war leichter vertilgbar als die Spuren ihres Lebens, die im Gedächtnis von vielen sind, denen sie einmal zufällig geholfen hat. Wer aber war denn zur Stelle, ihr selbst zu helfen, als ihr eigener Mann, gegen ihr Verbot und gegen ihre Drohung, die Hakenkreuzfahne, wie es der neue Staat befahl, zum Ersten Mai heraushängte, weil man ihm sonst die Stelle gekündigt hätte? Niemand war da, um sie rechtzeitig zu beruhigen, als sie, vom Markt heimlaufend, die schauerlich beflaggte Wohnung erblickte, voll Scham und Verzweiflung hinaufstürzte und den Gashahn aufdrehte. Niemand stand ihr bei. Sie blieb in dieser Stunde hoffnungslos allein, wie vielen sie selbst auch beigestanden hatte. –

Ein Dampfer tutete vom Rhein her. Wir reckten unsere Köpfe. Auf seinem weißen Rumpf stand in goldener Schrift »Remagen«. Obwohl er weitab trieb, konnte ich den Namen mit meinen kranken Augen glatt entziffern. Ich sah das Rauchgekräusel überm Schornstein und die Luken der Kajüte. Ich verfolgte die Fahrbahn des Dampfers, die sich in einem fort glättete und in einem fort neu entstand. Meine Augen hatten sich inzwischen in der gewohnten vertrauten Welt eingewöhnt, ich sah alles noch schärfer als bei der Durchfahrt des holländischen Schleppers. Es haftete diesem Dampferchen »Remagen« auf dem breiten stillen Strom, Dörfer streifend und Hügelketten und Wolkenzüge, eine durch nichts verlorene, durch nichts verlierbare Klarheit an, die durch nichts auf der Welt zu trüben war. Ich hatte auch bereits selbst auf dem Deck des Dampfers und in den Bullaugen die bekannten Gesichter festgestellt, die die Mädchen jetzt laut ausriefen: »Lehrer Schenk! Lehrer Reiß! Otto Helmholz! Eugen Lütgens! Fritz Müller!«

Alle Mädchen riefen miteinander: »Das ist das Realgymnasium! Das ist die Unterprima!« Ob diese Klasse, die wie wir ihren Ausflug machte, hier bei der nächsten Dampferstation halten würde? Fräulein Sichel und Fräulein Mees befahlen nach kurzer Beratung uns Mädchen das Aufstellen in Viererreihen, da sie auf jeden Fall das Zusammentreffen der beiden Klassen vermeiden wollten. Marianne, deren Zöpfe sich bei der Schaukelfahrt aufgelöst hatten, begann ihre Schnecken über den Ohren frisch aufzustecken, denn ihre Freundin Leni, mit der sie seit der gemeinsamen Schaukelei den Stuhl geteilt hatte, stellte mit besseren Augen fest, Otto Fresenius sei auch an Bord, Mariannes liebster Werber und Tänzer.

Leni flüsterte ihr überdies zu: »Sie steigen hier aus; er zeigt mit der Hand.«

Fresenius, ein dunkelblonder schlaksiger Junge von siebzehn Jahren, der schon längst hartnäckig vom Schiff herwinkte, wäre auch zu uns herübergeschwommen, um mit seinem Mädchen vereint zu sein. Marianne hing den Arm fest um Lenis Hals, ihr war die Freundin, an die sie sich später überhaupt nicht mehr erinnern wollte, als man um ihre Hilfe bat, wie eine echte Schwester, in Freud und Not der Liebe eine gute Betreuerin, die gewissenhaft Briefe und heimliche Zusammentreffen vermittelte. Marianne, die immer ein schönes, gesundes Mädchen war, wurde durch die bloße Nähe des Freundes ein solches Wunder an Zartheit und Anmut, daß sie wie ein sagenhaftes Kind von allen Schulmädchen abstach. Otto Fresenius hatte bereits daheim seiner Mutter, mit der er Geheimnisse teilte, seine Zuneigung verraten. Da die Mutter sich selbst an der glücklichen Wahl freute, meinte sie, daß einmal später, wenn man gebührend wartete, nichts einer Ehe im Wege stünde. Zum Verlobungsfest kam es dann auch, aber zur Hochzeit nie, denn der Bräutigam fiel ja schon 1914 in einem Studentenbataillon in den Argonnen.

Der Dampfer »Remagen« machte jetzt eine Drehung zum Landungssteg. Unsere zwei Lehrerinnen, die zur Heimfahrt der Mädchen das Schiff aus entgegengesetzter Richtung abwarten mußten, begannen sofort, uns abzuzählen. Leni und Marianne sahen gespannt dem Dampfer entgegen. Leni drehte so neugierig ihren Kopf, als ob sie ahne, daß auch ihre eigene Zukunft, der Ablauf ihres eigenen Schicksals, von der Vereinigung oder Trennung des Liebespaares abhänge. Wäre es allein nach Leni gegangen statt nach Kaiser Wilhelms Mobilmachung und später nach den französischen Scharfschützen, die beiden wären sicher ein Paar geworden. Sie fühlte genau, wie gut die zwei jungen Leute an Herz und Körper zusammenpaßten. Dann hätte sich Marianne auch später nie geweigert, für Lenis Kind zu sorgen. Otto Fresenius hätte vielleicht schon vorher Mittel gefunden, der Leni zur Flucht zu verhelfen. Er hätte wahrscheinlich dem zarten schönen Gesicht seiner Frau Marianne nach und nach einen solchen Zug von Rechtlichkeit, von gemeinsam geachteter Menschenwürde eingeprägt, der sie dann verhindert hätte ihre Schulfreundin zu verleugnen.

Jetzt kam Otto Fresenius, dem ein Geschoß im ersten Weltkrieg den Bauch zerreißen sollte, von seiner Liebe angespornt, als erster über den Landungssteg auf den Wirtsgarten zu. Marianne, die eine Hand nie von Lenis Schulter wegzog, gab ihm ihre freie Hand und überließ sie ihm. Nicht nur der Leni und mir, uns Kindern allen war es klar, daß diese zwei ein Liebespaar waren. Sie gaben uns zum erstenmal, nicht geträumt, nicht gelesen aus Dichtungen oder Märchen oder aus klassischen Dramen, sondern echt und wirklich, den richtigen Begriff eines Liebespaares, wie es die Natur selbst geplant und zusammengefügt hat.

Einen Finger noch immer in seinen gehängt, zeigte Mariannes Gesicht einen Ausdruck völliger Ergebenheit, der jetzt zum Ausdruck ewiger Treue wurde zu dem hohen, mageren, dunkelblonden Jungen, um den sie auch, wenn ihr Feldpostbrief mit dem Stempel »Gefallen« zurückkommt, wie eine Witwe in Schwarz trauern wird. In diesen schweren Tagen, in denen Marianne, die ich doch früher das Leben anbeten sah mit seinen großen und kleinen Freuden, ob es um ihre Liebe ging oder um die Wippschaukel, am Leben schlechthin verzweifelte, würde die Freundin Leni, um die sie jetzt ihren Arm gelegt hielt, die Bekanntschaft des Urlaubers Fritz machen, aus einer Eisenbahnerfamilie unserer Stadt. Während Marianne lange Zeit von einer schwarzen Wolke umhüllt war, in verzweifelter Anmut, in tieftrauriger Lieblichkeit, war Leni der reifste, rosigste Apfel. Die beiden Freundinnen waren dadurch eine Zeitlang auf die gewöhnliche menschliche Weise entfremdet, mit der Leid und Glück entfremdet sind. Nach dem Ablauf der Trauerzeit würde sich Marianne nach verschiedenen Treffen in Kaffeewirtschaften am Rheinufer, mit ineinandergehakten Fingern wie jetzt und dem gleichen Ausdruck ewiger Treue wie jetzt auf dem länglichen sanften Gesicht, eine neue Verbindung mit einem gewissen Gustav Liebig wählen, der den ersten Weltkrieg heil überstanden hatte und später in unserer Stadt SS-Sturmbannführer werden sollte. Das wäre Otto Fresenius, selbst wenn er gesund aus dem Krieg gekommen wäre, nie geworden, weder SS-Sturmbannführer noch Vertrauensmann der Gauleitung. Die Spur von Gerechtigkeit und Rechtlichkeit, die seinen Zügen schon jetzt im Knabengesicht unverkennbar innewohnte, machte ihn untauglich für eine solche Laufbahn und solchen Beruf. Leni war nur beruhigt, als sie erfuhr, daß ihre Klassengefährtin, an der sie damals noch hing wie an einer Schwester, sich in ein frisches, neue Freuden versprechendes Schicksal gefunden hatte. Sie war genau wie jetzt viel zu töricht, um zu ahnen, daß die Schicksale der Knaben und Mädchen zusammen das Schicksal der Heimat, das Schicksal des Volkes ausmachen, daß darum über kurz oder lang das Leid oder Glück ihrer Klassenfreundin sie selbst beschatten oder besonnen könnte. Mir entging jetzt genausowenig wie Leni das lautlose, unaustilgbare Gelöbnis im Gesicht Mariannes, das leicht, wie zufällig, an den Arm des Freundes gelehnt war, die Bürgschaft unzerstörbarer Zusammengehörigkeit. Leni atmete tief auf, als sei es für sie ein besonderes Glück, Zeuge solcher Liebe zu sein. Ehe sie, Leni und ihr Mann, von der Gestapo verhaftet sein würden, sollte Marianne von ihrem neuen Mann Liebig, dem sie auch ewige Treue gelobt hatte, so viel verächtliche Worte über den Mann ihrer Schulfreundin hören, daß ihr selbst bald die Freundschaft mit einem für so verächtlich gehaltenen Mädchen entglitt. Lenis Mann hatte sich mit allen Mitteln gesträubt, in die SA oder SS einzutreten. Mariannes Mann, der stolz auf Rang und Ordnung war, wäre dort in der SS sein Vorgesetzter geworden. Wie er merkte, daß Lenis Mann den von ihm für so ehrenvoll gehaltenen Eintritt verschmähte, machte er die Behörden der kleinen Stadt auf den nachlässigen Volksgenossen aufmerksam. –

Nach und nach war die ganze Knabenklasse mit ihren zwei Lehrern gelandet. Ein gewisser Herr Neeb, ein junger Lehrer mit blondem Schnurrbärtchen, ließ nach einer Verbeugung gegen die beiden Lehrerinnen seinen scharfen Blick über uns Mädchen gehen, wobei er feststellte, daß Gerda, die er unwillkürlich suchte, nicht dabei war. Gerda pflegte und wusch noch immer im Gasthaus das kranke Kind der Wirtin, ahnte nichts von dem Knabenzustrom draußen im Garten, auch nicht, daß sie der Lehrer Neeb bereits vermißte, dem sie schon bei anderen Gelegenheiten durch ihre braunen Augen und durch ihre Hilfsbereitschaft aufgefallen war. Erst nach 1918, nach dem Abschluß des ersten Weltkrieges, als die Gerda schon selbst Lehrerin war und schon beide die Schulverbesserungen der Weimarer Republik unterstützten, sollten sie sich endgültig in dem jüngst gegründeten »Bund entschiedener Schulreformer« treffen. Aber die Gerda blieb den alten Wünschen und Zielen treuer als er. Nachdem er endlich mit dem Mädchen verheiratet war, das er wegen ihrer Gesinnung gewählt hatte, achtete er bald ein Zusammenleben in Frieden und Wohlstand höher als die gemeinsame Gesinnung. Deshalb hing er auch die Hakenkreuzfahne aus seinem Wohnzimmerfenster, denn das Gesetz bedrohte ihn im Unterlassungsfall, seine Stellung und dadurch das Brot für seine Familie zu verlieren. –

Nicht nur mir war Neebs Enttäuschung aufgefallen, weil er in unserer Schar das Mädchen Gerda nicht sah, die er später so sicher finden und zu der Seinen machen sollte, daß er dadurch ihren Tod mitverschuldete. Else war, glaube ich, die Jüngste von uns allen, ein dickzöpfiges rundes Mädchen mit einem runden, kirschenroten Mund. Sie äußerte scheinbar beiläufig, gleichmütig, daß noch eine von uns, Gerda, im Gasthaus geblieben sei, um ein erkranktes Kind zu versorgen. Else, die ich und alle bald vergaßen in ihrer Kleinheit und Unauffälligkeit, wie man eben an irgendeinem Strauch eine bestimmte dicke Knospe vergißt, hatte noch gar keine eigenen Liebesgeschichten, liebte es aber, die der anderen ausfindig zu machen und darin herumzustöbern. Jetzt belehrte sie das Aufglänzen in den Augen des Herrn Neeb, daß sie richtig geraten hatte, sie fügte scheinbar zufällig hinzu: »Das Krankenzimmer ist gleich hinter der Küche.« Während die Else solchermaßen ihre Schlauheit erprobte, und sie konnte mit ihren glitzernden Kinderaugen Neebs Gedanken viel besser entziffern als mit erwachsenen, durch Erfahrung getrübten Augen, sollte ihre eigene Liebe noch lange auf sich warten lassen. Denn ihr künftiger Mann, der Schreiner Ebi, ging erst noch in den Krieg. Er hatte schon damals Spitzbärtchen und Bäuchlein und war viel älter als sie. Als er die immer noch runde und stupsnäsige Else nach dem damaligen Friedensschluß zur Schreinermeisterin machte, kam es ihm im Geschäft gelegen, daß sie inzwischen Buchhaltung auf der Handelsschule gelernt hatte. Beiden war die Schreinerei wichtig und ihre drei Kinder. Der Schreiner pflegte später zu sagen, für ihn laufe sein Handwerk gleich, ob in Darmstadt, der Provinzialhauptstadt, großherzogliche oder sozialdemokratische Ministerräte säßen. Auch Hitlers Macht und den Ausbruch des neuen Krieges sah er wie eine Art böses Naturereignis an, wie ein Gewitter oder wie einen Schneesturm. Er war damals schon ziemlich gealtert. Auch in Elses buschigen Zöpfen gab es manche graue Strähnen. Seine Meinung zu ändern fand er wohl auch keine Zeit, als bei dem englischen Fliegerangriff auf Mainz innerhalb fünf Minuten seine Frau Else, er selbst, seine Kinder und seine Gesellen das Leben verließen, mit seinem Haus und seiner Werkstatt in Staub und Fetzen verwandelt. –

Während die Else, fest und rund wie ein Knödelchen, durch nichts anderes zu zersplittern als durch eine Bombe, in ihre Mädchenreihe hineinsprang, nahm Marianne ihren Platz in der äußersten Ecke der hintersten Reihe ein, wo Otto noch immer neben ihr stehen konnte, ihre Hand in seiner. Sie sahen über den Zaun weg ins Wasser, wo sich ihre Schatten mit den Spiegelbildern der Berge und Wolken vermischten und der weißen Mauer der Ausflugswirtschaft. Sie sprachen nichts miteinander, sie waren sicher, daß nichts sie trennen konnte, keine Viererreihen und keine Dampferabfahrt, nicht einmal später der gemeinsame Tod im geruhsamen Alter in einer Schar Kinder.

Der ältere Lehrer der Knabenklasse – er schlürfte dahin und räusperte sich, er hieß bei den Buben der »Greis« – kam über den Landungssteg in den Garten, von seinen Knaben umgeben. Sie setzten sich flink und gierig an den Tisch, den wir Mädchen eben verlassen hatten, und die Wirtin, die froh war, daß ihr krankes Kind noch immer von Gerda betreut wurde, brachte ihr frisches, blau-weißes Zwiebelmustergeschirr. Der Knabenklassenchef, Lehrer Reiß, fing seinen Kaffee zu schlecken an. Es klang, als schlecke ein bärtiger Riese.

Umgekehrt wie es sonst geschieht, erlebte der Lehrer das Absterben seiner jungen Schüler im folgenden und im jetzigen Krieg, in schwarzweißroten und in Hakenkreuzregimentern. Er aber überlebte alles unbeschadet. Denn er wurde allmählich zu alt, nicht bloß für Kämpfe, sondern auch für auslegbare Äußerungen, die ihn hätten in Haft und Konzentrationslager bringen können.

Während die teils gesitteten, teils strolchigen Buben, die um den »Greis« herumbummelten, den Kobolden aus der Sage glichen, war der Mädchenschwarm drunten im Garten piepsig und elfig. Bei unserer Abzählung hatte man festgestellt, daß ein paar Mädchen fehlten. Lore saß in der Knabenklasse, denn sie blieb immer so lange wie möglich, heute sowohl wie ihr ganzes, übrigens durch Nazieifersucht schlecht beendetes Leben, in männlicher Gesellschaft. Neben ihr kicherte eine gewisse Elli, die ihren Tanzstundenfreund plötzlich entdeckt hatte, Walter, ein pausbäckiges Knäblein. Jetzt waren die zu

seinem Kummer noch kurzen Höschen zu stramm über seinem festen Hintern, später würde er, ein zwar schon ältlicher, aber noch äußerst ansehnlicher SS-Mann, als Transportleiter Lenis verhafteten Mann für immer fortbringen. Leni stellte sich weiter sorgfältig schräg, damit Marianne die letzten Worte mit ihrem Liebsten wechseln konnte, ohne daß sie nur ahnen konnte, von wieviel künftigen Feindschaften sie hier im Garten umgeben war. Ida, die künftige Diakonissin, trottete pfeifend mit drolligen Tanzschritten zu uns herunter: die runden Kulleraugen der kleinen Burschen und die schrägen, behaglichen des alten Kaffeeschleckers von Lehrer lagen erfreut auf ihrem Lockenkopf, um den ein Samtband gedreht war. Einmal im russischen Winter 1943, wenn ihr Spital unerwartet unter dem Bombardement liegt, wird sie an das Samtbändchen in ihrem Haar denken und an das weiße, sonnige Wirtshaus und den Garten am Rhein und an die ankommenden Knaben und die abfahrenden Mädchen.
Marianne hatte die Hand ihres Otto Fresenius losgelassen. Sie hatte auch ihren Arm nicht mehr auf Lenis Schulter, sie stand in ihrer Mädchenreihe allein und verlassen im Nachdenken der Liebe. Trotz dieser irdischsten aller Gesinnungen stach sie jetzt von den anderen Mädchen durch eine beinahe überirdische Schönheit ab. Otto Fresenius kehrte zu dem Knabentisch zurück, Seite an Seite mit dem jungen Lehrer Neeb. Der betrug sich ohne Spott und Fragen wie ein guter Kamerad, weil er ja in derselben Klasse ein Mädchen suchte und weil er auch bei den Allerjüngsten Liebesunternehmungen achtete. Da diesen Jungen, den Otto, soviel rascher als den älteren Lehrer der Tod von seiner Liebsten reißen würde, blieb ihm im kurzen Leben Treue für immer gewährt und alles Böse erspart, alle Versuchungen, alle Gemeinheit und Schande, denen der ältere Mann zum Opfer fiel, als er für sich und Gerda eine staatlich bezahlte Stelle retten wollte.
Fräulein Mees, mit dem mächtigen, unzerstörbaren Kreuz auf dem Busen, bewachte sorgfältig uns Mädchen, damit

keines vor der Ankunft des Dampfers zu ihrem Tanzstundenfreund durchbrannte. Fräulein Sichel war auf die Suche nach einer gewissen Sophie Meier gegangen, fand sie auch schließlich auf der Wippschaukel mit einem Jungen, Herbert Becker, zusammen, der genau wie sie selbst schmächtig und bebrillt war, so daß sie eher Geschwistern glichen als einem Liebespaar. Herbert Becker jagte beim Anblick der Lehrerin davon. Ich sah ihn noch oft durch unsere Stadt jagen, grinsend und Grimassen schneidend. Er hatte noch immer das gleiche bebrillte, pfiffige Bubengesicht, als ich ihn vor wenigen Jahren in Frankreich wiedertraf, da er gerade aus dem spanischen Bürgerkrieg kam. Sophie wurde von Fräulein Sichel wegen ihrer Rumtreiberei ausgescholten, so daß sie ihre von Tränen feucht gewordene Brille putzen mußte. Nicht nur das Haar der Lehrerin, in dem ich auch jetzt wieder verwundert ein Gemisch grauer Strähnen feststellte, auch das Haar der Schülerin Sophie, jetzt noch so schwarz wie Ebenholz wie das Haar Schneewittchens, sollte über und über weiß sein, als sie zusammen im vollgepferchten plombierten Waggon von den Nazis nach Polen deportiert wurden. Sophie war sogar völlig verhutzelt und veraltert, als sie in den Armen von Fräulein Sichel wie eine gleichaltrige Schwester überraschend abstarb.

Wir trösteten Sophie und putzten ihre Brillengläser, als Fräulein Mees in die Hände klatschte zum Abzug an die Dampferstation. Wir schämten uns, weil die Knabenklasse beobachtete, wie man uns aufmarschieren ließ, und weil sich alle über den schiefen, wackligen Entengang unserer Lehrerin belustigten. Nur bei mir milderte sich der Spott durch die Achtung vor ihrer immer gleichgebliebenen Haltung, der auch die Vorladung vor das von Hitler in Szene gesetzte Volksgericht mit Androhung von Gefängnis nichts anhaben konnte. Wir warteten alle zusammen auf dem Landungssteg, bis unser Dampfer sein Seil auswarf. Mir erschien das Auffangen des Seiles durch den Bootsmann, das Winden des Seiles um den Pflock, das Aufstellen der Schiffsbrücke ungemein behende, der Willkomm einer neuen Welt, die Bürgschaft unserer Wasserfahrt, so daß alle Reisen über unendliche Meere von einem Kontinent zum anderen verblaßten und abenteuerlich wurden wie Kinderträume. Sie waren bei weitem nicht so erregend, so wirklichkeitstreu im Geruch von Holz und Wasser, im leichten Geschwank der Schiffsbrücke, im Knirschen der Seile wie der Antritt der zwanzig Minuten langen Rheinfahrt nach meiner Vaterstadt.

Ich sprang aufs Verdeck, um nahe am Steuerrad zu sitzen. Das Schiffsglöckchen läutete, das Seil wurde eingeholt, der Dampfer drehte. Sein weißer, glitzernder Bogen von Schaum grub sich in den Fluß ein. Mir fielen alle weißen Schaumritzen ein, die alle möglichen Schiffe unter allen möglichen Breitengraden in die Meere gefurcht hatten. Die Flüchtigkeit und die Unverrückbarkeit einer Fahrt, die Bodenlosigkeit und die Erreichbarkeit des Wassers hatten sich nie mehr so stark einprägen können. Da stellte sich plötzlich Fräulein Sichel vor mich. Sie sah in der Sonne sehr jung aus in ihrem getupften Kleid mit ihrer festen kleinen Brust. Sie sagte zu mir mit blanken grauen Augen, weil ich gerne fahre und weil ich gern Aufsätze schreibe, sollte ich für die nächste Deutschstunde eine Beschreibung des Schulausfluges machen.

Alle Mädchen der Schulklasse, die das Verdeck der Kajüte vorzogen, stürzten um mich herum auf die Bänke. Aus dem Garten winkten und pfiffen die Knaben. Lore pfiff schrill zurück, sie wurde dafür heftig von Fräulein Mees ausgescholten, derweil die drüben im selben Takt fortfuhren zu pfeifen; Marianne beugte sich weit über das Geländer und ließ den Otto nicht aus den Augen, als könne schon diese Trennung für immer sein wie später die im Krieg 1914. Als sie ihren Freund nicht mehr erkennen konnte, legte sie einen Arm um mich und einen um Leni. Ich spürte zugleich mit der Zärtlichkeit ihres mageren bloßen Armes den Aufglanz der Sonne auf meinem Nacken. Ich sah jetzt auch zu Otto Fresenius zurück, der immer noch seinem Mädchen nachstarrte, als könnte er sie im Auge behalten und, da sie jetzt ihren Kopf an Leni lehnte, für immer an unverbrüchliche Liebe erinnern.

Wir drei sahen eng umarmt stromaufwärts. Die schräge Nachmittagssonne auf den Hügeln und Weinbergen plusterte da und dort die weißen und rosa Obstblütenbäume. Im späten Sonnenschein glänzten ein paar Fenster wie in einer Feuersbrunst. Die Dörfer schienen zu wachsen, je näher man kam, und, wenn man sie kaum gestreift hatte, zusammenzuschrumpfen. Das war der angeborene Wunsch nach Fahrt, den man nie stillen kann, weil man alles nur im Vorbeifahren streift. Wir fuhren unter der Rheinbrücke durch, über die bald im ersten Weltkrieg Militärzüge fahren sollten mit all den Knaben, die jetzt im Garten ihren Kaffee tranken, und mit den Schülern aller Schulen. Als dieser Krieg endete, rückten die Soldaten der Alliierten über die gleiche Brücke und später Hitler mit seiner blutjungen Armee, die das Rheinland wieder besetzte, bis die neuen Militärzüge zum neuen Weltkrieg alle Knaben des Volkes zum Sterben rollten.

Unser Dampfer fuhr an der Petersau vorbei, auf der einer der Brückenpfeiler ruhte. Wir winkten alle zu den drei weißen Häuschen, die uns von klein auf vertraut waren wie aus Bilderbüchern mit Hexenmärchen. Die Häuschen und ein Angler spiegelten sich im Wasser, dazu das Dorf auf der anderen Seite, das mit seinen Raps- und Kornfeldern über einen Saum rosa Apfelbäume in einem ineinandergeduckten Schwarm von Giebeldächern bis zu dem Kirchturmspitzlein auf dem Bergabfall in einem gotischen Dreieck anstieg.

Das späte Licht schien bald in eine Tallücke mit einer Eisenbahnspur, bald gegen eine entlegene Kapelle, und alles lugte rasch noch einmal aus dem Rhein, bevor es in der Dämmerung verschwand.

Wir waren alle im stillen Licht still geworden, so daß man das Krächzen von ein paar Vögeln hörte und das Fabrikgeheul

aus Amöneburg. Sogar Lore war völlig verstummt. Marianne und Leni und ich, wir hatten alle drei unsere Arme ineinander verschränkt in einer Verbundenheit, die einfach zu der großen Verbundenheit alles Irdischen unter der Sonne gehörte. Marianne hatte noch immer den Kopf an Lenis Kopf gelehnt. Wie konnte dann später ein Betrug, ein Wahn, in ihre Gedanken eindringen, daß sie und ihr Mann allein die Liebe zu diesem Land gepachtet hätten und deshalb mit gutem Recht das Mädchen, an das sie sich jetzt lehnte, verachteten und anzeigten. Nie hat uns jemand, als noch Zeit dazu war, an diese gemeinsame Fahrt erinnert. Wie viele Aufsätze auch noch geschrieben wurden über die Heimat und die Geschichte der Heimat und die Liebe zur Heimat, nie wurde erwähnt, daß vornehmlich unser Schwarm aneinandergelehnter Mädchen, stromaufwärts im schrägen Nachmittagslicht, zur Heimat gehörte.
Ein Flußarm zweigte schon ab zum Floßhafen, aus dem frisch gefälltes, geschnittenes und geflößtes Holz nach Holland gebracht wurde. Die Stadt schien mir noch entfernt genug zu liegen, als könnte sie mich nie zum Aussteigen und Bleiben zwingen, obwohl mir ihr Floßhafen, die Platanenreihen und Warenspeicher am Ufer viel vertrauter waren als jegliche Einfahrt in fremde Städte, die mich zum Bleiben gezwungen haben. Ich erkannte nach und nach schon vertraute Straßenzüge und Dachfirste und Kirchtürme unversehrt und vertraut, gleich längst untergegangenen Orten in Märchen und Liedern. Der eine Tag Schulausflug schien mir alles zugleich entfernt und zurückgeschenkt zu haben.
Als jetzt der Dampfer seinen Anlegebogen machte und Kinder und Strolche sich müßig zu unserer Ankunft drängten, schienen wir nicht nach dem Ausflug, sondern nach jahrelanger Reise heimzukehren. Kein Loch, kein Brandschaden hafteten dieser vertrauten winkligen, wimmligen Stadt an, so daß sich meine Beunruhigung legte und ich mich daheim fühlte.

Die Lotte verabschiedete sich zuerst, kaum waren die Seile ausgeworfen. Sie wollte zur Abendmesse in den Dom, der schon bis zur Schiffsbrücke läutete. Die Lotte endete später im Kloster auf der Rheininsel Nonnenwerth, von wo aus man sie mit einem Trupp Schwestern über die holländische Grenze schaffte, aber das Schicksal kam ihnen nach. – Die Klasse verabschiedete sich von den Lehrerinnen. Fräulein Sichel erinnerte mich noch einmal an den Schulaufsatz, ihre grauen Augen blinkten wie feingescheuerte Kieselsteine. Dann teilte sich unsere Klasse nach den verschiedenen Wohnrichtungen in einzelne Schwärme auf.

Leni und Marianne gingen eingehängt auf die Rheinstraße. Marianne hatte noch immer eine rote Nelke zwischen den Zähnen. Sie hatte die gleiche Nelke in das Band von Lenis Mozartzopf gesteckt. Ich sehe Marianne immer weiter mit ihrer roten Nelke zwischen den Zähnen, auch wie sie den Nachbarinnen der Leni bösartige Antworten gibt, auch wie sie mit halbverkohltem Körper, in rauchenden Kleiderfetzen in der Asche ihres Elternhauses liegt. Denn die Feuerwehr kam zu spät, um Marianne zu retten, als das Feuer des Bombardements von den unmittelbar getroffenen Häusern auf die Rheinstraße übergriff, wo sie gerade bei ihren Eltern zu Gast war. Sie hatte keinen leichteren Tod als die von ihr verleugnete Leni, die von Hunger und Krankheiten im Konzentrationslager abstarb. Doch durch die Verleugnung überlebte das Kind Lenis das Bombardement. Denn es wurde von der Gestapo in ein abgelegenes Nazierziehungsheim gebracht.

Ich trottete mit ein paar Schülerinnen Richtung Christhofstraße. Zuerst war mir bang. Wie wir vom Rhein her in die Innenstadt einbogen, da legte sich's hart auf mein Herz, als ob mir etwas Unsinniges, etwas Böses bevorstünde, vielleicht eine heillose Nachricht oder ein Unheil, das ich über dem sonnigen Ausflug leichtfertig vergessen hatte. Dann verstand ich klar, die Christhofskirche konnte unmöglich bei einem nächtlichen Fliegerangriff zerstört worden sein, denn wir hörten ihr Abendläuten. Ich hatte mich überhaupt umsonst gegraut, auf diesem Weg heimzugehen, weil sich mir im Gedächtnis festgehakt hatte, dieser mittlere Stadtstreifen sei völlig von Bomben zerstört. Es ging mir auch durch den Kopf, daß jene Zeitungsphotographie sich geirrt haben möchte, auf der alle Gassen und Plätze abrasiert oder zerstört waren. Ich dachte zuerst, man hätte vielleicht auf Goebbel's Befehl, um über das Ausmaß des Angriffs zu täuschen, eine Scheinstadt mit äußerster Geschwindigkeit aufgebaut, in der kein Stein mehr wie früher auf dem anderen stand, die aber immerhin ganz kompakt und ansehnlich anmutete. Wir waren ja alle längst gewöhnt an solche Art Vorspiegelung und Betrug, nicht nur bei Bombenangriffen, sondern auch bei anderen Vorkommnissen, die schwer zu durchschauen waren.

Doch die Häuser, die Treppen, der Brunnen standen wie immer. Auch Brauns Tapetengeschäft, das mit der Familie in diesem Krieg verbrannt sein sollte, nachdem ihm im ersten Krieg durch ein Fliegerabwehrgeschoß nur die Schaufenster zertrümmert worden waren, zeigte die geblümten und gestreiften Tapetenauslagen, so daß die Marie Braun, die zuletzt neben mir gegangen war, rasch in das Geschäft ihres Vaters ging. Die nächste unter uns Heimkehrerinnen, Katharina, lief zu ihrer winzig kleinen Schwester Toni, die unter den Platanen auf einer steinernen Stufe vor dem Brunnen spielte. Der Brunnen und alle Platanen waren ja wohl längst zerschmettert, doch die Kinder vermißten gar nichts zum Spielen, denn auch ihre letzte Stunde hatte geschlagen in den Kellern der umstehenden Häuser. Dabei kam auch die kleine Toni in dem Haus um, das sie von ihrem Vater geerbt hatte, mit einem Töchterlein, winzig wie sie heute, die das Wasser aus dicken Backen blies. Auch Katharina, die große Schwester, die sie jetzt am Schopf packte, und die Mutter und die Tante in der offenen Haustür, die beide mit Küssen begrüßten, sie sollten alle noch miteinander im Keller des väterlichen Hauses umkommen. Katharinas Mann, Tapezierer, Nachfolger des Vaters, half währenddessen Frankreich besetzen. Er hielt sich mit seinem kurzen Schnurrbart, seinem Tapezidererdaumen für den Angehörigen eines Volkes, das stärker ist als die anderen Völker – bis ihn die Nachricht ereilte, daß sein Haus und seine Familie zermalmt worden waren. Die kleine Schwester drehte sich noch einmal um und spritzte auch mich mit dem letzten Wasser, das sie noch in der Backe aufgespeichert hatte. Ich lief den Rest des Weges allein. In der Flachsmarktstraße traf ich die bleiche Liese Möbius, auch ein Mädchen aus meiner Klasse, die wegen einer Lungenentzündung seit zwei Monaten keine Ausflüge mitmachen konnte. Jetzt hatte das Abendläuten der Christhofskirche sie von daheim weggelockt. Sie rannte an mir vorbei mit ihren zwei baumelnden, langen braunen Zöpfen, einen Zwicker in ihrem kleinen Gesicht, behend, als renne sie auf einen Spielplatz statt zur Abendmesse. Sie bettelte später bei ihren Eltern, mit Lotte auf Nonnenwerth ins Kloster eintreten zu dürfen. Als Lotte allein die Erlaubnis bekam, wurde Liese Lehrerin in einer Volksschule unserer Stadt. Ich sah sie noch manchmal zur Messe laufen mit ihrem bleichen, spitzen Gesichtlein, wie heute den Zwicker vorgeklemmt. Sie wurde von der Nazibehörde geringschätzig behandelt wegen ihrer Glaubenstreue, doch auch die Versetzung in eine Schule für Schwachbegabte, was unter Hitler für Geringschätzung galt, störte sie gar nicht, weil sie durch ihren Glauben an Verfolgungen aller Art gewöhnt war. Auch wurden die rabiatesten Naziweiber, die tückischsten, spöttischsten Nachbarn überaus sanft und mild, als sie beim Fliegerangriff um Liese herum im Keller saßen. Den Älteren kam dabei in den Kopf, daß sie schon einmal mit derselben Nachbarin Liese im selben Kellerloch gehockt hatten, als im ersten Krieg die ersten Geschosse krachten. Sie rückten jetzt dicht an die verachtete kleine Lehrerin, als ob sie durch ihren Glauben und ihre Ruhe schon einmal den Tod beschwichtigt hätte. Die Frechsten und Spottlustigsten waren sogar geneigt, etwas von dem Glauben der kleinen Lehrerin Liese abzubekommen, die immer in ihren Augen verschüchtert und ängstlich gewesen war, doch jetzt wieder zuversichtlich unter all den grauweißen Fratzen im künstlichen Kellerlicht hockte bei dem Bombenabwurf, der diesmal die Stadt fast gänzlich zerstörte, auch sie selbst und ihre gläubig-ungläubigen Nachbarinnen.

Die Läden waren gerade geschlossen worden. Ich lief durch die Flachsmarktstraße, durch ein Gewimmel heimkehrender Menschen. Sie freuten sich, daß der Tag zu Ende war und eine geruhsame Nacht bevorstand. Wie ihre Häuser noch unversehrt waren von Geschossen, von der ersten großen Probe 1914 bis 1918 sowie von den jüngsten Haupttreffern, so waren auch ihre behaglichen, durch und durch vertrauten, mageren und dicklichen, schnurr- und vollbärtigen, warzigen und glatten Gesichter unversehrt von Schuld, von Zusehen und Dulden dieser Schuld aus Feigheit, aus Angst vor der Macht des Staates. Dabei sollten sie doch bald genug bekommen an aufgeblähter Staatsmacht, an großspurigen Befehlen. Oder hatten sie gar Geschmack daran gefunden, dieser Bäkker mit dem gezwirbelten Schnurrbart und dem runden Bäuchlein, Ecke Flachsmarkt, wo wir immer den Streuselkuchen kauften, oder der Trambahnschaffner, der eben an uns vorbeibimmelte? Oder hatte der Friede dieses Abends mit den hastigen Schritten der Heimkehrenden, mit Glokkengeläut, mit Feierabendtuten entlegener Fabriken, die bescheidene Behaglichkeit des alltäglichen Werktags, die ich jetzt wie ein Labsal genoß, für alle die Kinder etwas Widriges an sich, so daß sie bald die Kriegsberichte ihrer Väter begierig einsogen, sich aus dem bemehlten oder bestaubten Arbeitskittel in Uniformen hineinsehnten?

Ich hatte wieder einen Anflug von Angst, in meine eigene Straße zu biegen, als ob ich ahnen würde, daß sie zerstört war. Die Ahnung verflog bald. Denn schon in der letzten Strecke der Bauhofstraße konnte ich wie immer meinen

Lieblingsweg heimgehen, unter den beiden großen Eschen, die sich von der rechten und linken Seite der Straße wie ein Triumphbogen spannten, sich gegenseitig berührend, unzerstört, unzerstörbar. Ich sah auch schon die weißen, roten und blauen Kreisrunde von Blumenbeeten aus Geranien und Begonien in dem Rasen, die meine Straße durchkreuzten. Wie ich hinzutrat, wehte ein Abendwind, wie ich so stark noch keinen auf meinen Schläfen gespürt hatte, aus den Rotdornbäumen eine Wolke von Blättern, die mir zuerst von der Sonne beglänzt schienen, in Wirklichkeit aber sonnenrot gefärbt waren. Es war mir wie immer nach Tagesausflügen zumute, als hätte ich schon geraume Zeit nicht mehr das Sausen des Windes vom Rhein her, in meiner eigenen Straße eingefangen, angehört. Ich war durch und durch müde, so daß ich froh war, endlich vor dem Hause zu stehen. Nur kam es mir unerträglich schwer vor, die Treppe hinaufzusteigen. Ich sah bis zum zweiten Stock hinauf, in dem unsere Wohnung lag. Meine Mutter stand schon auf der kleinen, mit Geranienkästen verzierten Veranda über der Straße. Sie wartete schon auf mich. Wie jung sie doch aussah, die Mutter, viel jünger als ich. Wie dunkel ihr glattes Haar war, mit meinem verglichen. Meins wurde ja schon bald grau, während durch ihres noch keine sichtbaren grauen Strähnen liefen. Sie stand vergnügt und aufrecht da, bestimmt zu arbeitsreichem Familienleben, mit den gewöhnlichen Freuden und Lasten des Alltags, nicht zu einem qualvollen grausamen Ende in einem abgelegenen Dorf, wohin sie von Hitler verbannt worden war. Jetzt erkannte sie mich und winkte, als sei ich verreist gewesen. So lachte und winkte sie immer nach Ausflügen. Ich lief so schnell ich nur konnte ins Treppenhaus.

Ich stutzte vor dem ersten Treppenabsatz. Ich war plötzlich viel zu müde, rasch hochzusteigen, wie ich noch eben gewollt hatte. Der graublaue Nebel von Müdigkeit hüllte alles ein. Dabei war es um mich herum hell und heiß, nicht dämmerig wie sonst in Treppenhäusern. Ich zwang mich zu mei-

ner Mutter hinauf; die Treppe, vor Dunst unübersehbar, erschien mir unerreichbar hoch, unbezwingbar steil, als steige sie eine Bergwand hinauf. Vielleicht war meine Mutter schon in den Flur gegangen und wartete an der Treppentür. Doch mir versagten die Beine. Ich hatte nur als ganz kleines Kind eine ähnliche Bangnis gespürt, ein Verhängnis könnte mich am Wiedersehen hindern. Ich stellte mir vor, wie sie umsonst auf mich wartete, nur ein paar Stufen getrennt. Dann fiel mir zum Trost ein, falls ich hier aus Erschöpfung zusammenbreche, mein Vater könnte mich doch sofort finden. Er war gar nicht tot, denn er kam gleich heim, es war ja Feierabend. Er liebte nur, länger als meiner Mutter lieb war, an den Straßenecken mit seinen Nachbarn herumzuschwatzen.
Man klapperte schon mit den Tellern zum Abendessen. Ich hörte hinter sämtlichen Türen das Klatschen von Händen auf Teig in vertrautem Rhythmus; daß man auf diese Art Pfannkuchen buk, befremdete mich: die zähe Masse, statt sie auszurollen, zwischen zwei Händen plattzuschlagen. Ich hörte zugleich vom Hof her das zügellose Schreien von Truthähnen und wunderte mich, wieso man plötzlich im Hof Truthähne züchtete. Ich wollte mich umsehen, doch blendete mich zuerst das überaus starke Licht aus den Hoffenstern. Die Stufen waren verschwommen von Dunst, das Treppenhaus weitete sich überall in einer unbezwingbaren Tiefe wie ein Abgrund. Dann ballten sich in Fensternischen Wolken zusammen, die ziemlich schnell den Abgrund ausfüllten. Ich dachte noch schwach: Wie schade, ich hätte mich gar zu gern von der Mutter umarmen lassen. Wenn ich zu müd bin, hinaufzusteigen, wo nehme ich da die Kräfte her, um mein höher gelegenes Ursprungsdorf zu erreichen, in dem man mich zur Nacht erwartet? Die Sonne brannte noch immer stark, ihr Licht brannte nie schneidender, als wenn es schräg gerichtet war. Mir war es immer fremd, daß es hier keine Dämmerung gibt, sondern immer nur jähen Übergang von Tag zu Nacht. Ich nahm mich zusammen und schritt jetzt kräftiger

aus, obwohl der Anstieg in einem unbezwinglichen Abgrund verloren war. Das Treppengeländer drehte und wölbte sich zu einem mächtigen, pfähleartigen Zaun aus Orgelkakteen. Ich konnte nicht mehr unterscheiden, was Bergkämme und was Wolkenzüge waren. Ich fand den Weg zu der Kneipe, wo ich nach dem Abstieg aus dem höher gelegenen Dorf gegessen hatte. Der Hund war weggelaufen. Zwei Truthähne, die vorhin noch nicht dagewesen waren, weideten jetzt auf dem Weg. Mein Wirt hockte noch immer vor dem Haus, und neben ihm hockte ein Freund oder Verwandter, genau wie er, erstarrt von Nachdenken oder von gar nichts. Zu ihren Füßen hockten einträchtig die Schatten ihrer Hüte. Mein Wirt machte keine Bewegung, als ich zurückkam, ich war es nicht wert, ich war schon in die gewöhnlichen Sinneseindrücke eingereiht. Ich war jetzt zu müde, nur noch einen Schritt zu machen, ich setzte mich vor meinen alten Tisch. Ich wollte in die Berge zurück, sobald ich ein wenig ausgeschnauft hatte. Ich fragte mich, wie ich die Zeit verbringen sollte, heute und morgen, hier und dort, denn ich spürte jetzt einen unermeßlichen Strom von Zeit, unbezwingbar wie die Luft. Man hat uns nun einmal von klein auf angewöhnt, statt uns der Zeit demütig zu ergeben, sie auf irgendeine Weise zu bewältigen. Plötzlich fiel mir der Auftrag meiner Lehrerin wieder ein, den Schulausflug sorgfältig zu beschreiben. Ich wollte gleich morgen oder noch heute abend, wenn meine Müdigkeit vergangen war, die befohlene Aufgabe machen.

HERMANN BROCH
Der Tod des Vergil

Stahlblau und leicht, bewegt von einem leisen, kaum merklichen Gegenwind, waren die Wellen des Adriatischen Meeres dem kaiserlichen Geschwader entgegengeströmt, als dieses, die mählich anrückenden Flachhügel der kalabrischen Küste zur Linken, dem Hafen Brundisium zusteuerte, und jetzt, da die sonnige, dennoch so todesahnende Einsamkeit der See sich ins friedvoll Freudige menschlicher Tätigkeit wandelte, da die Fluten, sanft überglänzt von der Nähe menschlichen Seins und Hausens, sich mit vielerlei Schiffen bevölkerten, mit solchen, die gleicherweise dem Hafen zustrebten, mit solchen, die aus ihm ausgelaufen waren, jetzt, da die braunsegeligen Fischerboote bereits überall die kleinen Schutzmolen all der vielen Dörfer und Ansiedlungen längs der weißbespülten Ufer verließen, um zum abendlichen Fang auszuziehen, da war das Wasser beinahe spiegelglatt geworden; perlmuttern war darüber die Muschel des Himmels geöffnet, es wurde Abend, und man roch das Holzfeuer der Herdstätten, sooft die Töne des Lebens, ein Hämmern oder ein Ruf von dort hergeweht und herangetragen wurden.
Von den sieben hochbordigen Fahrzeugen, die in entwickelter Kiellinie einander folgten, gehörten bloß das erste und das letzte, beides schlanke, rammspornige Penteren, der Kriegsflotte an; die übrigen fünf, schwerfälliger und imposanter, zehnruderreihig, zwölfruderreihig, waren von der prunkvollen Bauart, die der augustteischen Hofhaltung ziemte, und das mittlere, prächtigste, goldglänzend sein bronzebeschlagener Bug, goldglänzend die ringtragenden Löwen-

köpfe unter der Reling, buntbewimpelt die Wanten, trug unter Purpursegeln feierlich und groß das Zelt des Cäsars. Doch auf dem unmittelbar hinterdrein folgenden Schiffe befand sich der Dichter der Äneis, und das Zeichen des Todes stand auf seine Stirne geschrieben.

Der Seekrankheit ausgeliefert, von ihrem ständig drohenden Ausbruch in Spannung gehalten, hatte er den ganzen Tag hindurch nicht gewagt sich zu rühren, indes, wenn auch gefesselt an sein Lager, das mittschiffs für ihn aufgeschlagen war, er fühlte nunmehr sich, oder richtiger seinen Körper und sein körperliches Leben, das er schon seit vielen Jahren kaum mehr als sein eigenes anzuerkennen vermochte, wie ein einziges nachtastendes, nachkostendes Erinnern an die Entspannung, von der er mit einem Male durchflutet gewesen, als die stillere Küstenzone erreicht worden war, und diese flutende, beruhigt beruhigende Müdigkeit wäre vielleicht eine geradezu vollkommene Beglückung geworden, hätte sich nicht, ungeachtet der heilsam kräftigen Meeresluft, neuerdings der plagende Husten eingestellt, die Erschlaffung durch das allabendliche Fieber, die allabendliche Beängstigung. So lag er da, er, der Dichter der Äneis, er, Publius Vergilius Maro, er lag da mit herabgemindertem Bewußtsein, beinahe beschämt ob seiner Hilflosigkeit, beinahe erbost ob solchen Schicksals, und er starrte in das perlmutterne Rund der Himmelsschale: warum nur hatte er dem Drängen des Augustus nachgegeben? Warum nur hatte er Athen verlassen? hingeschwunden war nun die Hoffnung, es werde der heilig heitere Himmel Homers hold die Fertigstellung der Äneis begünstigen, hingeschwunden jegliche Hoffnung auf das unermeßlich Neue, das hernach hätte anheben sollen, die Hoffnung auf ein kunstabgewandtes, dichtungsfreies Leben der Philosophie und der Wissenschaft in der Stadt Platons, hingeschwunden die Hoffnung, das ionische Land je noch betreten zu dürfen, oh, hingeschwunden war die Hoffnung auf das Wunder der Erkenntnis und auf die Heilung in die

Erkenntnis. Warum hatte er darauf verzichtet? Freiwillig? Nein! es war wie ein Befehl der unabweislichen Lebensgewalten gewesen, jener unabweislichen Schicksalsgewalten, die niemals völlig verschwinden, mögen sie auch zeitweise ins Unterirdische, Unsichtbare, Unerlauschbare tauchen, dennoch ungebrochen gegenwärtig als unerforschliche Drohung der Mächte, denen man sich niemals entziehen kann, denen man sich stets zu unterwerfen hat; es war das Schicksal. Er hatte sich vom Schicksal treiben lassen, und das Schicksal trieb ihn dem Ende zu. War dies nicht stets die Form seines Lebens gewesen? hatte er jemals anders gelebt? hatte ihm die perlmutterne Schale des Himmels, hatte ihm das lenzliche Meer, hatte ihm das Singen der Berge und das, was schmerzend in der Brust ihm sang, hatte der Flötenton des Gottes ihm je etwas anderes bedeutet als ein Geschehnis, das wie ein Gefäß der Sphären ihn bald aufnehmen sollte, um ihn ins Unendliche zu tragen? Ein Landmann war er von Geburt, einer, der den Frieden des irdischen Seins liebt, einer, dem ein schlichtes und gefestigtes Leben in der ländlichen Gemeinschaft getaugt hätte, einer, dem es seiner Abstammung nach beschieden gewesen wäre, bleiben zu dürfen, bleiben zu müssen, und den es, einem höheren Schicksal gemäß, von der Heimat nicht losgelassen, dennoch nicht in ihr belassen hatte; es hatte ihn hinausgetrieben, hinaus aus der Gemeinschaft, hinein in die nackteste, böseste, wildeste Einsamkeit des Menschengewühles, es hatte ihn weggejagt von der Einfachheit seines Ursprunges, gejagt ins Weite zu immer größer werdender Vielfalt, und wenn hierdurch irgend etwas größer oder weiter geworden war, so war es lediglich der Abstand vom eigentlichen Leben, denn wahrlich, der allein war gewachsen: bloß am Rande seiner Felder war er geschritten, bloß am Rande seines Lebens hatte er gelebt; er war zu einem Ruhelosen geworden, den Tod fliehend, den Tod suchend, das Werk suchend, das Werk fliehend, ein Liebender und dabei doch ein Gehetzter, ein Irrender durch die Leidenschaften des Innen und Außen, ein Gast seines Lebens. Und heute, fast am Ende seiner Kräfte, am Ende seiner Flucht, am Ende seiner Suche, da er sich durchgerungen hatte und abschiedsbereit geworden war, durchgerungen zur Bereitschaft und bereit, die letzte Einsamkeit auf sich zu nehmen, den innern Rückweg zu ihr anzutreten, da hatte das Schicksal mit seinen Gewalten sich nochmals seiner bemächtigt, hatte ihm nochmals die Einfachheit und den Ursprung und das Innen verwehrt, hatte den Rückweg ihm wieder abgebogen, verbogen zum Weg in die Vielfalt des Außen, hatte ihn rückgezwungen zu dem Übel, das sein ganzes Leben überschattet hatte, ja es war als hätte das Schicksal nur noch eine einzige Schlichtheit für ihn übrig – die Schlichtheit des Sterbens. Über ihm knarrten die Rahen in den Tauen, dazwischen dröhnte es weich in der Segelleinwand, er hörte das gleitende Schäumen des Kielwassers und den silbernen Guß, der mit jedem Herausheben der Ruder zu sprühen begann, er hörte deren schweres Kreischen in den Dollen und den klatschenden Wasserschnitt ihres Wiedereintauchens, er spürte den weich-gleichmäßigen Vorstoß des Schiffes im Takte der vielhundertfachen Rudermasse, er sah die weißbesäumte Strandlinie vorbeigleiten, und er gedachte der angeketteten stummen Knechtsleiber im stickig-zugigen, stinkenden, donnernden Schiffsrumpf. Der nämliche dumpfdonnernde, silberumsprühte Rucktakt tönte von den beiden Nachbarschiffen herüber, von dem nächsten und übernächsten, einem Echo gleichend, das sich über alle Meere hin fortsetzte und von allen Meeren her beantwortet wurde, denn überall fuhren sie so, beladen mit Menschen, beladen mit Waffen, beladen mit Korn und Weizen, beladen mit Marmor, mit Öl, mit Wein, mit Spezereien, mit Seide, beladen mit Sklaven, allüberall die Schiffahrt, die tauscht und handelt, unter den vielen Verderbtheiten der Welt eine der ärgsten. Hier freilich wurden nicht Waren, sondern Freßbäuche befördert, die Leute des Hofstaates: das gesamte Hinterschiff bis zum Heck hin war für ihre Ernährung in Anspruch genommen, seit dem frühen Morgen erscholl es dort von Eßgeräuschen, und immer noch umstanden Scharen von Eßlustigen den Gastraum, lauernd, daß daselbst ein Triklinenplatz frei werde, gewärtig, sich im Kampfe mit Nebenbuhlern darauf zu stürzen, gierig, sich endlich selber hinzulegen, um ihrerseits mit dem Tafeln beginnen oder wiederbeginnen zu dürfen; die Aufwärter, leichtfüßige, elegant herausgeputzte Burschen, nicht wenig Hübschlinge unter ihnen, jetzt jedoch verschwitzt und zerhetzt, kamen nicht zu Atem, und ihr ewig lächelnder Vorsteher, mit dem kalten Blick in den Augenwinkeln und den höflich trinkgeldgeöffneten Händen, trieb sie dahin und dorthin, eilte selber deckauf und deckab, weil neben dem Betriebe des Gelages nicht minder für jene gesorgt werden mußte, welche – wundersam genug – bereits gesättigt schienen und sich nun auf andere Weise vergnügten, manche umherwandelnd, die Hände vor dem Bauch oder hinter dem Gesäße gefaltet, manche hingegen mit weitausholenden Gesten diskutierend, manche auf ihren Ruhebetten schlummernd oder schnarchend, das Gesicht von der Toga bedeckt, manche beim Brettspiel sitzend, sie mußten unaufhörlich umsorgt und umhegt werden, mit kleinen Imbissen, welche die Decks entlang auf großen Silberplatten herumgereicht und ihnen angeboten wurden, bedacht auf einen Hunger, der sich jeden Augenblick frisch anmelden konnte, bedacht auf eine Freßgier, deren Ausdruck ihnen allen, den Wohlgenährten ebensosehr wie den Hageren, den Langsamen wie den Behenden, den Wandelnden wie den Sitzenden, den Wachenden wie den Schlafenden unverlöschbar und unverkennbar ins Gesicht eingezeichnet war, mitunter eingemeißelt, mitunter eingeknetet, scharf oder weich, bösartiger oder gutmütiger, wölfisch, füchsig, katzig, papageiig, pferdig, haiig, immer aber einen gräßlichen, irgendwie in sich beschlossenen Genusse zugekehrt, süchtig nach einem unstillbaren Haben, süchtig nach einem Schachern um Waren,

Geld, Stellen und Ehren, süchtig nach der geschäftigen Untätigkeit des Besitzes. Überall gab es einen, der etwas in den Mund steckte, überall schwelte Begehrlichkeit, schwelte Habsucht, wurzellos, schlingbereit, allesverschlingend, ihr Brodem flackerte über das Deck hin, wurde im Rucktakte der Ruder mitbefördert, unentrinnbar, unabstellbar: das ganze Schiff war von Gier umflackert. Oh, sie verdienten es, einmal richtig dargestellt zu werden! Ein Gesang der Gier müßte ihnen gewidmet werden! Doch was sollte dies schon nützen?! nichts vermag der Dichter, keinem Übel vermag er abzuhelfen; er wird nur dann gehört, wenn er die Welt verherrlicht, nicht jedoch, wenn er sie darstellt, wie sie ist. Bloß die Lüge ist Ruhm, nicht die Erkenntnis! Und wäre es da denkbar, daß der Äneis eine andere, eine bessere Wirkung vergönnt sein sollte? Ach, man wird sie preisen, weil noch alles, was er geschrieben hatte, gepriesen worden war, weil auch aus ihr lediglich das Genehme herausgelesen werden wird, und weil weder die Gefahr noch die Aussicht bestand, daß Mahnungen gehört werden könnten; ach, es war ihm verwehrt, sich etwas vorzutäuschen oder vortäuschen zu lassen, nur allzugut kannte er dieses Publikum, dem die schwere, die erkenntniserleidende und eigentliche Arbeit des Dichters genau so wenig Beachtung abringt wie die bitterniserfüllte, bitterschwere der Ruderknechte, dem die eine wie die andere genau das nämliche gilt: ein gebührender Tribut für den Nutznießer, als Tributgenuß empfangen und hingenommen! Dabei waren es keineswegs nur Schmarotzer, die da um ihn herumfaulenzten und schmatzten, mochte auch der Augustus so manche dieser Art in seiner Umgebung dulden müssen, nein, viele von ihnen hatten schon allerlei Verdienstliches und Ersprießliches geleistet, aber von dem, was sie sonst waren, hatten sie mit einer geradezu genießerischen Selbstentblößung während der Reiseuntätigkeit das meiste abgestreift, und ungebrochen war ihnen bloß ihr blinder Hochmut in dämmerhafter Gier, in giererfülltem Dahindämmern geblieben. Unten, in der Dämmerhaftigkeit des Unten, da arbeitete Schub um Schub, großartig, wild, viehisch, untermenschlich, die gebändigte Rudermasse. Die dort unten verstanden ihn nicht und kümmerten sich nicht um ihn, die hier oben behaupteten, daß sie ihn verehrten, ja, sie glaubten es sogar, indes, wie immer dem auch war, gleichgültig ob sie aus geschmäcklicher Verlogenheit seine Werke zu lieben vermeinten, oder ob sie, nicht minder verlogen, ihm als Freund des Cäsars ihre Ergebenheit bekundeten, er, Publius Vergilius Maro, er hatte nichts mit ihnen gemein, obschon das Schicksal ihn in ihren Kreis getrieben hatte, sie ekelten ihn an, und hätte nicht, den Sonnenuntergang vorbegrüßend, die Küstenbrise zu wehen begonnen, hätte sie nicht den Stank des Gelages und der Küche vom Schiffe weggeblasen, es hätte die Seekrankheit ihn neuerlich angefallen. Er vergewisserte sich, daß der Koffer mit dem Manuskript der Äneis unberührt neben ihm stand, und in das tiefsinkende westliche Gestirn blinzelnd, zog er den Mantel bis unters Kinn; er fror.

Von Zeit zu Zeit lüstete es ihn, sich doch nach der lärmenden Menschenhorde da hinten umzuwenden, beinahe neugierig, was sie noch alles treiben würden; allein, er tat es nicht, und es war besser, es nicht zu tun, ja es deuchte ihm mehr und mehr, daß solche Umwendung geradezu verboten wäre.

So lag er ruhig. Die erste Vordämmerung überspannte klar den Himmel, überspannte zart die Welt, als man bei Brundisiums schmaler, flußartiger Einfahrt anlangte; kühler, doch auch milder war es geworden, der Salzhauch mischte sich mit der satteren Luft des Landes, in dessen Kanal die Schiffe, eines nach dem andern die Fahrgeschwindigkeit verlangsamend, nun eindrangen. Eisengrau, bleifarben wurde das poseidonische Element, von keiner Welle mehr gekräuselt. Auf den Zinnen der Kastelle links und rechts des Kanales waren dem Cäsar zu Ehren Truppen der Besatzung aufgestellt, vielleicht auch als erster Geburtstagsgruß, denn zum Wiegenfeste kehrte der Octavianus Augustus heim; in zwei Tagen, ja wahrhaftig, schon am übernächsten Tage sollte es in Rom gefeiert werden, und dreiundvierzig Jahre wurde nun der Octavian, der dort vorne fuhr. Rauhkehlig flogen die Heilrufe der Mannschaften von den Ufern auf, die Fahnenträger an den Flügeln der Manipelen stießen zu den Rufen knapp und gedrillt das rote Vexillum hoch, um es hernach vor dem Herrscher zu senken, schräg die Stange gegen den Boden gehalten, kurzum, was hier stattfand, war die kräftig nüchterne Begrüßungsveranstaltung, wie sie das Militärreglement vorschrieb, reglement-richtig in ihrer soldatischen Rauheit, und sie war trotz alledem merkwürdig sanft, merkwürdig abendhaft; fast hätte man es als verträumt bezeichnen können, so sehr und so überaus klein verflatterten die Rufe in der Größe des Lichtes, so sehr und so überaus herbstlich verwelkte das Fahnenrot, überschattet von dem zum Grau abglühenden Firmamente. Größer als die Erde ist das Licht, größer als der Mensch ist die Erde, und nimmermehr vermag der Mensch zu bestehen, insolange er nicht heimatwärts atmet, heimkehrend zur Erde, irdisch heimkehrend zum Lichte, auf der Erde irdisch das Licht empfangend, nur durch sie vom Lichte empfangen, Erde, die zum Lichte wird. Und niemals ist die Erde von innigerer Lichtnähe, das Licht von vertrauterer Erdnähe als in der anhebenden Dämmerung der beiden Nachtgrenzen. Noch schlummerte die Nacht in den Tiefen der Gewässer, aber mit winzig lautlosen Wellen begann sie emporzusickern, überall im Spiegel des Meeres, ununterscheidbar das Oben und Unten, tauchten die sammetstummen Wellen des Nachthintergrundes auf, die Wellen der zweiten Unendlichkeit, der gebärend sprießenden Überunendlichkeit, und sachte begannen sie das Glitzernde mit Stille zu überhauchen. Das Licht kam nicht mehr von oben, es hing in sich selber, und in sich selber hängend leuchtete es zwar noch, aber es beleuchtete nichts mehr, so daß auch die Landschaft, über der es hing, auf ein seltsames Eigenlicht beschränkt schien. Grillengezirpe, myriadenhaft, dennoch in einem einzigen anhaltenden Ton, durchdringend, dennoch still vor Gleichmäßigkeit, weder anschwellend noch abschwellend, erfüllte mit seinem Schwirren das dämmernde Land; endlos. Unterhalb der Befestigungen, herab bis zum steinigen Ufer, waren die Hänge mit spärlichem Gras bewachsen, und so karg dieses auch war, das Sprießende war Frieden, war Nachtstille, war Wurzeldunkelheit, war Dunkel der Erde, ausgebreitet unter dem scheidenden Licht. Dann wurde der Bestand zusammenhängender und pflanzenreicher, voller in der Farbe, und sehr bald war auch Buschwerk darein eingesprengt, während auf den Hügelkuppen, droben zwischen bäuerlichen Steinwallgevierten, sich die Ölbäume zeigten, grau wie das hauchdünne Nebelgestrahle der dichter werdenden Dämmerung. Oh, unbändig wurde da der Wunsch, die Hand nach diesen, ach so sehr entfernten Ufern auszustrecken, in die Dunkelheit der Gebüsche zu greifen, das erdentsprossene Laub zwischen den Fingern zu spüren, es festzuhalten für immerdar –, der Wunsch zuckte in seinen Händen, zuckte in den Fingern vor unzügelbarem Begehren nach dem grünen Blattwerk, nach den geschmeidigen Blattstengeln, nach den scharf-milden Blatträndern, nach dem harten lebendigen Blattfleisch, er spürte es sehnend, wenn er die Augen schloß, und es war eine geradezu sinnliche Sehnsucht, sinnlich einfältig und zupackend wie die männliche Grobknochigkeit seiner Bauernfaust, sinnlich auskostend und empfindungsreich wie deren schmalfesselige, beinahe weibliche Feinnervigkeit; oh, Gras, oh, Laub, oh, Rindenglätte und Rindenrauheit, Lebendigkeit des Sprießens, vielfältige, in sich verzweigte und körperlich gewordene Erddunkelheit! oh, Hand, fühlende, tastende, aufnehmende, einschließende Hand, oh, Finger und Fingerspitze, rauh und zart und weich, lebendige Haut, oberste Oberfläche der Seelendunkelheit, aufgeschlossen in den erhobenen Händen! Stets hatte er dieses seltsame, beinahe vulkanische Pulsieren in seinen Händen gespürt, stets hatte ihn Ahnung um ein seltsames Eigenleben seiner Hände begleitet, eine Ahnung, der es ein für allemal verboten war, die Schwelle des Wissens zu überschreiten, gleichsam als lauerte trübe Gefahr in solchem Wissen, und wenn er seiner Gewohnheit gemäß, wie er es auch jetzt tat, an dem Siegelring drehte, der feingearbeitet und fast ein wenig unmännlich ob solcher Feinarbeit auf dem Finger seiner Rechten saß, so war es als könnte er damit jene trübe Gefahr bannen, als könnte er damit die Sehnsucht der Hände beschwichtigen, als könnte er sie damit zu einer Art Selbstzügelung bringen, abdämpfend ihre Angst, die sehnsüchtige Angst von Bauernhänden, die nie mehr den Pflug, nie mehr das Saatgut fassen durften und daher das Unfaßbare zu fassen gelernt hatten, die ahnende Angst von Händen, deren Formwillen, beraubt der Erde, nichts geblieben war als ihr Eigenleben, im unerfaßlichen All, gefährdet und gefährdend, so tief ins Nichts greifend und von seiner Gefährlichkeit ergriffen, daß die Angstahnung, gewissermaßen über sich selber gehoben, zu einem übermächtigen Bemühen wurde, zum Bemühen, die Einheit des menschlichen Lebens festzuhalten, die Einheit menschlicher Sehnsucht zu bewahren, um solcherweise ihren Zerfall in eine Vielfalt einzelhaft sehnsuchtskleiner und kleinsehnsüchtiger Teilleben zu verhüten, denn unzureichend ist die Sehnsucht der Hände, unzureichend ist die Sehnsucht des Auges, unzureichend ist die Sehnsucht des Hörens, denn zureichend allein ist die Sehnsucht des Herzens und des Denkens in ihrer Gemeinsamkeit, die sehnsüchtige Ganzheit des unendlichen Innen und Außen, schauend, lauschend, erfassend, atmend in doppelveratmeter Einheit, denn ihr allein ist es vergönnt, die trüb hoffnungslose Blindheit angstvoller Vereinzelung zu überwinden, allein in ihr begibt sich die zweifache Entfaltung aus den Erkenntniswurzeln des Seins, und dies ahnte er, dies hatte er stets geahnt – oh, Sehnsucht desjenigen, der immer nur Gast ist, immer nur Gast sein darf, oh, Sehnsucht des Menschen –, dies war sein ahnendes Lauschen, sein ahnendes Atmen, sein ahnendes Denken stets gewesen, einverlauscht, einveratmet, eingedacht in das flutende Licht des Alls, in das unerreichbare Wissen um das All, in die niemals vollendbare Annäherung an des Alls Unendlichkeit, unerreichbar sogar ihr äußerster Saum, so daß die sehnsüchtig begehrende Hand nicht einmal an diesen zu rühren wagt. Doch Annäherung war es trotzdem, Annäherung blieb es, und atmendes, wartendes Lauschen blieb sein Denken, lauschend in den zwiefachen Abgrund der poseidonischen und vulkanischen Sphären, vereinigt sie beide, weil sie gemeinsam von Jupiters Himmel überwölbt sind. Aufgetan und gleitend war das Dämmerlicht, war das Atembare, so gleitend wie das Flutende, in das die Kiele tauchten, flüssiges Bad des Innen und Außen, flüssiges Bad der Seele, das Atembare fließend aus dem Diesseitigen ins Jenseitige, aus dem Jenseitigen ins Diesseitige, enthüllte Pforte des Wissens, nimmermehr dieses selber, dennoch schon Wissensahnung, Ahnung um den Eingang, Ahnung um den Weg, dämmernde Ahnung dämmerhafter Fahrt. Vorne am Bug sang ein Musikantensklave; vermutlich hatte die dort versammelte Gesellschaft, deren Lärm von der Stille des Abends aufgesogen war, den Knaben zu sich beschieden, heimkehrahnend selbst sie, und nach einer kurzen Pause für das Stimmen der Leier sowie nach einem kurzen, kunstgerechten Zuwarten war es aufgeklungen, wurde es herbeigeweht, das namenlose Lied des namenlosen Knaben, mild strahlend das Licht, hauchschwebend wie die Farben eines Regenbogens im Nachthimmel, mild strahlend das Saitenspiel, elfenbeinzart, Menschenwerk das Lied, Menschenwerk das Saitenspiel, aber über den menschlichen Ursprung hinaus menschenentfernt, menschenentlöst, leidenentlöst, Sphärenluft, die sich selber singt. Es wurde dunkler, die Gesichter wurden undeutlicher, die Ufer verblaßten, das Schiff wurde undeutlicher, lediglich die Stimme blieb, sie wurde klarer und beherrschender, als wollte sie das Schiff und den Takt seiner Ruder lenken, vergessen der Ursprung der Stimme und trotzdem lenkende Stimme eines Sklavenknaben; wegweisend war das Lied, ruhend in sich selbst und eben darum wegweisend, eben darum ewigkeitsgeöffnet, denn nur das Ruhende ist zur Wegweisung imstande, nur das Einmalige, das aus dem Fluß der Dinge herausgegriffen, nein, herausgerettet ist, öffnet sich zur Unendlichkeit, nur das Festgehaltene – ach, war ihm selber jemals solch wahrhaft wegweisende Festhaltung gelungen? – nur das wahrhaft Festgehaltene, und sei es nur ein einziger Augenblick aus dem Meere der Jahrmillionen, wird zur zeitlosen Dauer, wird zum richtunggebenden Gesang, wird Führerschaft; oh, ein einziger Lebensaugenblick, geweitet zur Ganzheit, geweitet zum Kreise des Ganzheitserkennens, unendlichkeitsgeöffnet; hoch über dem strahlenden Liede, hoch über der strahlenden Dämmerung atmete der Himmel, dessen klarherbe Herbstessüße seit Jahrhunderttausenden sich unverändert wiederholt hatte und noch Jahrhunderttausende unverändert sich wiederholen wird, einmalig trotzdem in seinem Hier und Jetzt, und seiner Kuppel heller Seidenglanz war von der Stille der anbrechenden Nacht überhaucht.

Das Lied führte, allerdings nicht mehr sehr lange; die Fahrt zwischen den Ufern des Eingangskanals war bald zu Ende, und das Lied erlosch in der allgemeinen Unruhe, die sich an Bord entwickelte, als sich die innere Hafenbucht auftat, schwarzglänzend schon ihr bleierner Spiegel, und die im Fächerhalbkreis um das Becken gelagerte Stadt mit ihrer Lichtermenge, im Dämmernebel sternhimmelgleich schimmernd, sichtbar wurde. Jäh war es warm geworden. Das Geschwader hielt an, um das Schiff des Cäsars an die Spitze zu lassen, und nun – auch dieses Geschehen unter der weichen Unabänderlichkeit des Herbsthimmels hätte als unendliche Einmaligkeit festgehalten werden müssen – begann ein vorsichtiges Manövrieren, um ohne Fährlichkeit zwischen den allseits verankerten Booten, Seglern, Fischkuttern, Tartanen und Transportschiffen sich hindurchzulotsen; je weiter man kam, desto schmäler wurde die freie Fahrrinne, gedrängter die Masse der Schiffsleiber ringsum, desto dichter das Gewirr der Maste und der Taue und der gerefften Segel, tot in ihrer Starrheit, lebendig in ihrer Ruhe, ein sonderbar finsteres, verkreuztes und verworrenes Wurzelwerk, das düster aus der glänzenden ölig-dunklen Wasserfläche emporwuchs zu des Himmels unbewegter Abendhelle, ein schwarzes Spinnengewebe aus Holz und Hanf, gespenstisch sich in den Wassern unten spiegelnd, gespenstisch oben durchzuckt von dem wilden Geflacker der zum Willkommen allerwärts auf den Verdecken johlend geschwungenen Fackeln, gespenstisch durchleuchtet von dem Lichterprunk auf dem Hafenplatze: in der Reihe der Hafenhäuser war Fenster um Fenster erleuchtet, bis hinauf zu den Dachgeschossen, erleuchtet war eine Osteria neben der andern unter den Kolonnaden, quer über den Platz zog sich ein fackeltragendes Doppelspalier von Soldaten, funkelnd die Helme, Mann an Mann, welche offenbar den Weg von der Landungsstelle in die Stadt freizuhalten hatten, fackelbeleuchtet waren die Zollschuppen und Zollämter an den Molen, es war ein funkelnder Riesenraum, vollgestopft mit Menschenleibern, ein funkelnder Riesenbehälter für ein ebenso gewaltiges wie gewalttätiges Warten, erfüllt von einem Rauschen, das Hunderttausende von Füßen schleifend, schlurfend, tretend, scharrend auf dem Steinpflaster erzeugten, eine brodelnde Riesenarena, erfüllt von einem auf- und abschwellenden schwarzen Summen, von einem Tosen der Ungeduld, das aber plötzlich verstummte und in Spannung erstarrte, als das Kaiserschiff, nur noch von einem Dutzend Ruder getrieben, mit sanfter Wendung den Kai erreichte und an der vorbestimmten Stelle – dort erwartet von den Stadtwürdenträgern in der Mitte des militärischen Fakkelkarrees – beinahe lautlos anlegte; da freilich war der Augenblick gekommen, den das dumpf brütende Massentier erwartet hatte, um sein Jubelgeheul ausstoßen zu können, und da brach es los, ohne Pause und ohne Ende, sieghaft, erschütternd, ungezügelt, furchteinflößend, großartig, geduckt, sich selbst anbetend in der Person des Einen.

Dies also war die Masse, für die der Cäsar lebte, für die das Imperium geschaffen worden war, für die Gallien hatte erobert werden müssen, für die das Partherreich besiegt, Germanien bekämpft wurde, dies war die Masse, für die des Augustus großer Frieden geschaffen wurde und die für solches Friedenswerk wieder zu staatlicher Zucht und Ordnung gebracht werden sollte, zum Glauben an die Götter und zur göttlich-menschlichen Sittlichkeit. Und dies war die Masse, ohne die keine Politik betrieben werden konnte und auf die auch der Augustus sich stützen mußte, soferne er sich zu behaupten wünschte; und natürlich hatte der Augustus keinen andern Wunsch. Ja, und dies war das Volk, das römische Volk, dessen Geist und dessen Ehre er, Publius Vergilius Maro, er, ein echter Bauernsohn aus Andes bei Mantua, zwar nicht geschildert, wohl aber zu verherrlichen versucht hatte! Verherrlicht und nicht geschildert, das war der Fehler gewesen, oh, und dies hier waren die Italer der Äneis! Unheil, ein Schwall von Unheil, ein ungeheurer Schwall unsäglichen, unaussprechbaren, unerfaßlichen Unheils brodelte in dem Behälter des Platzes, fünfzigtausend, hunderttausend Münder brüllten das Unheil aus sich heraus, brüllten es einander zu, ohne es zu hören, ohne um das Unheil zu wissen, dennoch gewillt, es in höllischem Gebrüll, in Lärm und Geschrei zu ersticken und zu übertäuben; welch ein Geburtstagsgruß! wußte bloß er allein darum? Steinschwer die Erde, bleischwer die Flut, und hier war der Dämonenkrater des Unheils, aufgerissen von Vulcanus selber, ein Lärmkrater am Rande des poseidonischen Bereiches. Wußte der Augustus nicht, daß dies keine Geburtstagsbegrüßung war, sondern etwas ganz anderes? Ein Gefühl gequältesten Mitleides stieg in ihm auf, eines Mitleides, das ebensowohl dem Octavianus

Augustus wie den Menschenmassen hier galt, ebensowohl dem Herrscher wie den Beherrschten, und es war von dem Gefühl einer nicht minder gequälten und eigentlich unerträglichen Verantwortung begleitet, über die er sich kaum Rechenschaft geben konnte, nur noch gerade wissend, daß sie mit einer Last, wie sie der Cäsar auf sich genommen hatte, wenig Ähnlichkeit aufwies, vielmehr eine Verantwortung ganz anderer Art war, denn unerreichbar jeder staatlichen Maßnahme, unerreichbar jeder noch so großen irdischen Gewalt, vielleicht sogar den Göttern unerreichbar war dieses dämmerig brodelnde, unbekannt geheimnisvolle Unheil, und keinerlei Massengeschrei vermochte es zu übertäuben, eher noch die schwache Seelenstimme, welche Gesang heißt und mit des Unheils Ahnung doch auch schon das erweckende Heil verkündet, erkenntnisahnend, erkenntnisträchtig, erkenntnisweisend jedes wahre Lied. Die Verantwortung des Sängers, seine Erkenntnisverantwortung, die zu tragen und zu erfüllen er trotzdem für ewig unfähig bleibt –, oh, warum war es ihm nicht erlaubt gewesen, über die Ahnung hinaus vorzudringen hin zum echten Wissen, von dem allein das Heil zu erwarten sein wird?! Warum hatte ihn das Schicksal gezwungen, hierher zurückzukehren?! Hier war nichts als Tod, nichts als Tod und Abertod! Mit entsetzensvoll geöffneten Augen hatte er sich halb aufgerichtet, jetzt fiel er auf das Lager zurück, übermannt von Grauen, von Mitleid, von Jammer, von Verantwortungswillen, von Hilflosigkeit, von Schwäche; nicht Haß war es, was er gegen die Masse empfand, nicht einmal Verachtung, nicht einmal Abneigung, sowenig wie eh und je wollte er sich vom Volke absondern oder gar sich über das Volk erheben, aber es war etwas Neues in Erscheinung getreten, etwas, das er bei all seiner Berührung mit dem Volke niemals hatte zur Kenntnis nehmen wollen, obwohl überall, wo er gewesen, gleichgültig ob in Neapel oder in Rom oder in Athen, mehr als genug Gelegenheit hierzu gegeben war, und das sich nun hier in

Brundisium überraschend aufdrängte, nämlich des Volkes Unheilsabgründigkeit in ihrem ganzen Umfang, des Menschen Absinken zum Großstadtpöbel und damit die Verkehrung des Menschen ins Gegenmenschliche, bewirkt durch die Aushöhlung des Seins, durch des Seins Verwandlung zum bloßen Gierleben der Oberfläche, verlustig seines Wurzelursprunges und von diesem abgeschnitten, so daß nichts anderes mehr als das gefährlich abgelöste Eigenleben eines trüben schieren Außen vorhanden bleibt, unheilschwanger, todesschwanger, oh, schwanger eines geheimnisvoll höllischen Endes. War es dies, was das Schicksal ihn hatte lehren wollen, da er zurückgezwungen worden war in die Vielfalt, zurück in den Kessel grausam aufgewühlter Diesseitigkeit? war dies die Rache für seine frühere Blindheit? niemals hatte er das Massenunheil in solcher Unmittelbarkeit erfahren; jetzt war er gezwungen, es zu sehen, es zu hören, bis in die letzten Wurzelgründe seines eigenen Seins zu erfahren, denn die Blindheit ist selber ein Teil des Unheils. Wieder und immer wieder erscholl das unfrohe Jubelgebrüll der Selbstbetäubung; Fackeln wurden geschwungen, Befehle durchhallten das Schiff, dumpf flog ein vom Lande hergeschleudertes Tau auf die Deckplanken, und das Unheil lärmte, und die Qual lärmte, und der Tod lärmte, es lärmte das unheilsträchtige Geheimnis, unentdeckbar, dennoch unverhüllt überall gegenwärtig. Inmitten des Getrappels vieler eiliger Füße lag er still, seine Hand hielt den einen Henkel des ledernen Manuskriptkoffers fest umklammert, damit ihm dieser nicht etwa entrissen werde, doch müde des Lärmes, müde des Fiebers wie des Hustens, müde der Reise, müde des Kommenden, stellte er sich vor, daß diese Ankunftsstunde leichtlich auch zu seiner Sterbestunde werden könnte, und fast war es ein Wunsch, obwohl oder weil er genau spürte, daß die Zeit hierfür noch nicht gekommen war, ja, fast war es Wunsch, obwohl oder weil es ein verwunderlich verwildertes, verwunderlich lärmendes Sterben gewesen wäre, es erschien

ihm nicht unannehmbar und eben fast wünschenswert, denn gezwungen in die Feuerhölle zu schauen, gezwungen sie zu hören, wurde sein Herz zum Wissen um das unterweltlich Schwelende des Untermenschlichen gezwungen.
Nun, so verlockend es gewesen wäre, sich schwindenden Sinnes davontragen zu lassen, um sich so dem Gelärm zu entziehen, sich dem Gejohle der Menge zu verschließen, dem vulkanischen und unterirdischen, das ohne Unterlaß, als wollte es nimmer enden, trägwellig über den Platz herflutete, es war solche Flucht verboten, geschweige denn daß sie bis ins Sterben führen durfte, denn überstark war das Geheiß, jedes kleinste Teilchen der Zeit, jedes kleinste Teilchen des Geschehens festzuhalten und der Erinnerung einzuverleiben, als könnte es mit dieser durch alle Tode hindurch für alle Zeiten aufbewahrt werden; er klammerte sich an das Bewußtsein, er klammerte sich daran mit der Kraft desjenigen, der das Bedeutsamste seines irdischen Lebens nahen fühlt und voller Angst ist, daß er es versäumen könnte, und das Bewußtsein, wachgehalten von der wachen Angst, gehorchte seinem Willen: nichts entging ihm, weder die vorsorglichen Gesten und der leere Zuspruch des glattgesichtig-jungen, überaus geschniegelten Hilfsarztes, der auf Befehl des Augustus nun an seiner Seite war, noch die stur befremdeten Gesichter der Träger, die eine Sänfte an Bord gebracht hatten, um ihn, den Kranken und Kraftlosen, wie eine gebrechliche und vornehme Ware abzuholen; er vermerkte alles, er mußte alles festhalten, er vermerkte den eingekerkerten Blick ihrer Augen, er vermerkte die mürrischen Knurrtöne, mit denen die vier Männer sich verständigten, als sie die Last auf die Schultern hoben, er vermerkte den angriffswilden, bösartigen Schweißgeruch ihrer Körper, aber es entging ihm auch nicht, daß sein Mantel liegengeblieben war und von einem recht kindlich aussehenden, dunkellockigen Knaben, der raschen Zusprunges das Kleidungsstück aufgerafft hatte, ihm nun nachgetragen wurde. Freilich war der Mantel weniger

wichtig als der Manuskriptkoffer, dessen beide Träger er knapp neben die Sänfte beordert hatte, indes, ein kleines Stück der Wachsamkeit, zu der er sich, gegen alle eindämmerungssüchtigen Müdigkeitsanwandlungen, verpflichtet fühlte und selbst verpflichtete, konnte auch dem Mantel zugute kommen, und er fragte sich, woher der Knabe, der ihm verwunderlich vertraut und bekannt dünkte, wohl aufgetaucht sein mochte, da er ihm während der ganzen Reise nicht aufgefallen war: es war ein etwas unhübscher, bäuerisch tapsiger Bursche, sicherlich kein Sklave, sicherlich keiner der Aufwärter, und wie er dort, sehr jungenhaft, die hellen Augen in dem bräunlichen Gesicht, an der Reling stand, wartend, weil es überall Stauungen gab, warf er von Zeit zu Zeit verstohlen einen Blick zur Sänfte herauf, sanft und belustigt und schüchtern wegschauend, sobald er sich hierbei beobachtet fühlte. Augenspiel? Liebesspiel? sollte er, ein Kranker, da nochmals in das schmerzliche Spiel töricht lieblichen Lebens hineingezogen werden, er, ein Hingestreckter, nochmals hineingezogen in das Spiel der Aufgerichteten? oh, in ihrer Aufgerichtetheit wissen sie nicht, wie sehr der Tod ihren Augen und ihren Gesichtern einverwoben ist, sie lehnen es ab, dies zu wissen, sie wollen nur das Spiel ihrer Anlockungen und ihres Ineinanderverstrickens weiter spielen, das Spiel ihres Vor-Kusses, töricht-lieblich Auge ins Auge gesenkt, und sie wissen nicht, daß alles Hinliegen zur Liebe stets auch ein Hinliegen zum Tode ist; aber der unabänderlich Hingestreckte weiß darum, und fast schämt er sich, einstmals selber aufgerichtet einhergeschritten zu sein, einstmals selber – wann war es? war es vor unvordenklichen Zeiten, war es erst vor Monaten? – an dem lieblich dämmerigen, lieblich blinden Lebensspiele teilgenommen zu haben, ja, und fast ist ihm die Verachtung, mit der ihn die Spielverstrickten bedenken, weil er nunmehr ausgeschlossen ist und hilflos daliegt, fast ist sie ihm wie ein Lob. Denn nicht süße Verlockung ist die Wahrheit des Auges, nein, erst mit seinen Tränen wird es sehend, erst im Leide wird es zum sehenden Auge, erst mit seinen eigenen Tränen wird es von denen der Welt erfüllt, wahrheitserfüllt vom Vergessenheits-Naß alles Seins! Oh, erst im Erwachen unter Tränen wird das Diesseits-Sterben, in dem die Spielverstrickten sich befinden und an dem sie hängen, zum todeserschauenden, alles-erschauenden Leben. Und eben darum sollte auch der Knabe – wessen Züge trug er doch? waren es die einer unvordenklichen oder einer jüngsten Vergangenheit? –, ebendarum sollte er lieber den Blick abwenden und nicht ein Spiel fortsetzen wollen, das als Zeitvertreib nicht mehr an der Zeit war; allzu unstimmig war es, daß dieser Blick über die eigene Todesverwobenheit hinwegzulächeln vermochte, allzu unstimmig war es, daß er zu einem Hingestreckten heraufgesandt wurde, dessen Auge nicht mehr Antwort geben konnte, ach, nicht mehr geben wollte, allzu unstimmig war das Törichte, das Liebliche, das Schmerzliche inmitten einer Lärm- und Feuerhölle, die von blindem Getriebe starrte, menschdurchhetzt, menschheitserschlafft. Drei Brücken waren vom Schiff zum Kai hinüber gelegt worden, die heckseitige den Fahrgästen vorbehalten, freilich das plötzlich ungeduldig gewordene Gedränge bei weitem nicht aufnehmend, hingegen die zwei anderen für die Waren- und Gepäckentladung bestimmt, und während die hiezu befohlenen Sklaven in langer Schlangenreihe, oftmals wie Hunde paarweise mit Halsringen und Verbindungsketten aneinandergekoppelt, vielfarbenes Volk entwürdigten Blikkes, menschlich noch und doch nicht mehr menschlich, nur noch bewegte und gehetzte Kreatürlichkeit, Gestalten in Hemdfetzen oder halbnackt, schweißglänzend im rohen Fakkelscheine, oh, entsetzlich, oh, gräßlich, während sie so auf dem mittleren Stege an Bord liefen, um auf dem bugseitigen das Schiff wieder zu verlassen, den Leib unter der Last der Kisten, Säcke und Koffer nahezu rechtwinklig abgebogen, während all das geschah, schwangen die beaufsichtigenden Schiffsmeister, von denen je einer an den Kopfenden der beiden Planken stand, auf gut Glück die kurze Geißel über die vorbeiziehenden Leiber, ohne Wahl und einfach drauflos, hinschlagend mit der sinnlosen, kaum mehr grausamen Grausamkeit uneingeschränkter Macht, bar jedes eigentlichen Zweckes, da die Leute ohnehin hasteten, was ihre Lungen hergaben, kaum mehr wissend, wie ihnen geschah, ja sich nicht einmal mehr duckten, wenn der Riemen aufklatschte, sondern eher noch dazu grinsten; ein kleiner schwarzer Syrer, den es beim Erreichen des Decks gerade getroffen, stopfte gleichmütig und des Striemens auf seinem Rücken nicht achtend, die Lappen zurecht, die er dem Halsring unterlegt hatte, damit es ihm die Schlüsselbeine möglichst wenig aufscheuere, und er feixte bloß, feixte auf zu der emporgehobenen Sänfte: »Komm mal runter, großer König, komm runter, kannst auch mal versuchen, wie's unsereinem schmeckt!« –, ein nochmaliges Ausholen der Geißel war die Antwort, indes da hatte der Kleine, derselben schon gewärtig, einen flinken Satz getan, die Verbindungskette straffte sich jäh, und der Schlag sauste auf die Achsel des durch den Ruck vorwärtsgerissenen Kettengenossen, eines stämmigen, rothaarig filzbärtigen Parthers, der gleichsam erstaunt den Kopf drehte und auf der zugewandten Gesichtshälfte inmitten mißfarbenen Narbengewirres, er war wohl ein Kriegsgefangener, rot und blutig und starrend ein ausgeschossenes, ausgerissenes, ausgestochenes Auge zeigte, starrend und bei aller Blindheit richtig überrascht, denn bevor er noch von der vorwärtsdrängenden, kettenklirrenden Reihe weitergestoßen worden war, hatte es ihm, offenbar weil es schon in einem abging, nochmals um den Kopf gepfiffen und ihm das Ohr mit einem blutigen Schnitt gespalten. Dies alles hatte nur einen kurzen Herzschlag lang gedauert, nichtsdestoweniger lang genug, um den Herzschlag aussetzen zu lassen: schmachvoll war es, hinzublicken und nicht den leisesten Versuch eines Eingreifens zu unternehmen, unfähig und vielleicht sogar unwillig zu solchem Eingreifen, schmachvoll war es selbst noch dieses Geschehen festhalten zu wollen, schmachvoll eine Erinnerung, in die selbst dieses noch für ewig eingeschrieben werden sollte! Erinnerungslos hatte der kleine Syrer gefeixt, erinnerungslos, als gäbe es nichts als eine verwüstete, vergewaltigte Gegenwart, ohne Zukunft und daher auch ohne Vergangenheit, ohne Nachher und darum auch ohne Vorher, als wären die beiden Verketteten niemals Knaben gewesen, spielend in den Gefilden der Jugend, als gäbe es in ihrer Heimat keine Berge, keine Matten, keine Blumen und nicht einmal einen Bach, der des Abends im fernen Tal lauscht und rauscht –, oh, schmachvoll war es, der eigenen Erinnerung nachzuhängen, sich um sie zu bemühen und sie zu pflegen! Oh, Erinnerung, unverlierbare, Erinnerung voll des Weizengewoges, voll der Felder, voll des knisternd rauschenden, kühlwandigen Waldes, voll der Jugendhaine, augentrunken am Morgen, herzenstrunken am Abend, aufzitterndes Grün und verzitterndes Grau, oh, Wissen um die Herkunft und um die Rückkehr, Gepränge der Erinnerung! Doch gegeißelt der Besiegte, jubelbrüllend der Sieger, steinern der Raum, in dem es geschieht, brennend das Auge, brennend die Blindheit –, für welch unauffindbares Sein galt es da noch sich wach zu erhalten? für welche Zukunft galt da noch das unsägliche Bemühen um Erinnerung? in welche Zukunft sollte Erinnerung da noch eingehen? gab es da überhaupt noch Zukunft?

GOTTFRIED BENN

Der Ptolemäer

Berliner Novelle, 1947

Lotosland

Ein bösartiger Winter geht zu Ende, ein fortwährend rückfälliger mit immer neuen Hochs, die regelmäßig eine sogenannte Aufheiterung brachten (offenbar eine ganz besondere Form innerhalb der Heiterkeitsskala), ein wahrhaft maligner Winter, dem alle Opfer an Möbelrudimenten, Kinderwiegen, Trümmerresten vergeblich fielen, der die Felle, die das Lebendige schützen sollten, mit 20° vier Monate lang blutig riß.
Wölfe an der Oder, Adler in den Müggelbergen! Ein Winter in der Besatzungszeit! Der Magistrat verschanzte sich hinter die Besatzungsmächte, diese hinter die Elemente, diese vermutlich hinter das Hochland von Tibet, dies hinter irgendeinen Dalai Lama und so fort – und darüber ging alles zugrunde, die Geschäfte schliefen ein, das Geld verschwand, Steuern wurden nicht mehr gezahlt, das Leben stockte. Mein Geschäftsbetrieb, Schönheitsinstitut einschließlich Krampfadern, war längst zum Erliegen gekommen. Im Behandlungsraum war wochenlang nicht geheizt, einen Arm aus dem Pelz oder einen Fuß aus den Lumpen zu nehmen, hätte für den Kunden eine neue Pathologie bedeutet. Ich war froh. Schluß mit den erfrorenen Pedalen und den geschwollenen Fingern, dem Bauchjucken und den Aderknoten hinten und vorn! Endlich allein! Schließlich wurde mir auch das Geklingel und Geklopfe an der Tür noch lästig, ich richtete ein Ma-

schinengewehr, das ich mir allen Nachforschungen zum Trotz aus dem großen Völkerringen gerettet hatte, verborgen auf die Annäherungsstraße und schoß alle Verdächtigen ab. Die Leichen sahen nicht viel anders aus als die der Erfrorenen und derer, die sich selbst erledigt hatten, sie lagen auf den Trottoirs, und die Vorübergehenden fanden das natürlich, – Zahnschmerzen, eine entzündete Pulpa hätte sie vielleicht noch in Bewegung gebracht, aber Buckel im Schnee –, das konnten auch Ratten oder Keilkissen sein.
Raskolnikow hatte eine alte Pfandleiherin ermordet und litt darunter, es verlangte ihn sogar nach Sühne und Vergeben, – eines der tiefsten Bücher der weißen Rasse hatte das vor einem Dreivierteljahrhundert unvergleichlich dargestellt –, heute war die moralische Bewertung von Todesfällen, sogenannten normalen, aber auch herbeigeführten, gänzlich abwegig, so fernliegend wie Pleureusen oder Vatermörder; nur in der sogenannten Rechtsprechung, in besonders hergerichteten Monstreprozessen wurde auf das Vorliegen verschiedenartiger juridischer Voraussetzungen bei letztem Blick und Augenbrechen hingewiesen. – Wenn es einmal ein spezifisch moralisches Fluidum im Menschen gegeben hatte – und die Lektüre alter Schriften ließ das als wahrscheinlich vermuten – heute war es völlig zur Ruhe gekommen. In einer Welt, in der so Ungeheuerliches geschah, die auf so ungeheuerlichen Prinzipien beruhte, wie es die neuere Forschung als erwiesen darstellte, war es wirklich gleichgültig, ob einige Menschen einige Tage länger lebten oder einige Nächte mehr schliefen, man beende endlich dies konfuse Gerede von Leben und Glück. Das stand bestimmt nicht zur Frage. Die Materie war Strahlung und die Gottheit Schweigen, was dazwischenlag, war Bagatelle. Stroherne Hunde die Geschöpfe für die jenseitige Welt, und der Raum zwischen Himmel und Erde leer wie eine Flöte, aber die Große Mauer stand, und der Löß war ewiger als die Ming's: – das, schien mir, verwies auf den Vorrang des Amorphen.

Um das Moralische weiterzuführen: ich litt in keiner Form. Der Winter war viel zu hart, er jagte uns, er erforderte Verbrechen. Wenn ich schlief und nachts mein Atem über mir gefror und wie ein Moskitonetz über meinem Schädel lag und wenn ich mich im Schlaf bewegte und die Gesichtshaut wundscheuerte an diesem Eisgitter, bis ich erwachte, erwachte ich aus klaren Träumen. Der Unendliche sprach zu mir und er sprach so:

»Meinst du, daß Kepler oder Galilei großes Meerleuchten war –, das waren doch lauter alte Tanten. Es war ihr Strickstrumpf, daß sich die Erde um die Sonne dreht. Sicher ganz unruhige, extrovertierte Typen. Und nun beachte den Schrumpfungsprozeß dieser Hypothese! Heute dreht sich Alles um Alles, und wenn sich Alles um Alles dreht, dreht sich nichts mehr außer um sich selber. Natürlich könnte man die Öffentlichkeit darauf hinweisen, die ›Richtigkeit der Namen‹ ist zum Beispiel ein chinesischer Grundbegriff, er hat gewissermaßen recht, die Menschheit entsteht durch Propaganda –, aber du bist noch nicht weit genug, das zu verfolgen.«

Hyperboräische Nächte! Ein ander Mal hörte ich ihn sich folgendermaßen äußern:

»Zum Beispiel das klassische, das heißt fundierende Zeitalter der Mathematik! Die Linie Descartes, Pascal, Leibniz – also 1630 bis 1750 – anknüpfend an den großartigen Euklidkommentar des Proklus Diadochus, – herreichend zu uns in der symbolischen Logik der Boole und Peirce, der Russell und Hilbert – –: Auswüchse, Betrieb, Seltsamkeiten! Kleiner Kreis! Größere Kreise flanierten in den gleichen Jahren nachmittags ungestört am Nil oder an der Newa –, dort Troddelschärpen der Äthiopier, hier Sakko; – der Mokka breitete sich aus: Tinto in Brasilien, Chico in Mexiko im Reich der Maya auf den Trümmerstätten der alten Azteken, – Plauderstündchen unter Urwaldriesen. Aber noch viel weiter geht das: Hausbauten, Klimawechsel, Sturmschäden, sogar Theater-

brände, Völkervernichtung, Usurpatoren –: wo in aller Welt machen sich denn Reduktionen, Extremalprinzipien, Feldtheorien zwanghaft und identisch geltend? Man erblickt nichts weiter als den genannten zärtlichen kleinen Kreis.«
Wie Inseln aus dem Schlamm stiegen diese sonderbaren Bemerkungen des Nächtlichen in mir auf und durchschienen meine eisigen Tage. Ich war kein Menschenfeind, wenngleich ich zugeben muß, daß ich am Telefon beim Ankündigen von Besuchen öfter sagte, aber bitte kommen Sie pünktlich und bleiben Sie nicht zu lange. Doch das war mehr eine Aufmerksamkeit gegen gewisse Formen, die ich mir selber schuldig glaubte. Zu oft auch stieß ich auf ausgeblasene Eier, Hülsen: etwas europäischen Scharfsinn, etwas genitale Erotik und einige rührende Staatsgedanken –, abgetragene Wendungen, ausgefranste Gegenäußerungen, und man saß dabei und hatte von Nichts –, und nun diese Satzfolgen des Abwegigen, jedenfalls durchaus des Nachdenkens wert.
Sie kamen allerdings meiner eigenen Betrachtungsrichtung entgegen. Das Intellektuelle war hoffnungslos, die Humanität ohne Gehäuse, vielleicht noch im Bienenstock vorhanden, die Substanzen relativiert –, das griff man ja mit Händen, das war schon populär. Die Vorzeitenforschung hatte nicht umsonst seit 1900 so redlich gegrübelt. Auch der Primitive hatte seinen Energiebegriff, er sah Zusammenhänge, er hatte eine Welt. Er hatte Erkenntnis, er fühlte die magischen Wirkungen der Gegenstände, er sah die Einheit und erhielt sie im Schauer der Identität. In den primitiven Kulturen wirkte der Raum bedingend: was in der Nähe voneinander stand, war begründet; im Spätbewußtsein tat es die Zeit; was nacheinander geschah, war begriffen. Die Kausalität und die Taschenuhr – ich glaube mit dem Namen Hume war das verbunden, aber die Glas- und Uhrenindustrie und das moderne wissenschaftliche Weltbild – das war ein neues Thema, und zwar ein abgründiges! Das wissenschaftliche Weltbild stellte die Behauptungen auf, das wissenschaftliche Weltbild prüfte dann

die Behauptungen nach und das wissenschaftliche Weltbild bestätigte sie (sich) dann und übergab sie der Presse. Etwas Gleißnerisches schien mir dabei gar nicht zu verkennen. Aber, sagte man, der Komet erscheint doch, und die Sonnenfinsternis tritt doch ein, ganze Expeditionen fuhrwerken doch nach Brasilien und ähnlichen Kaffeeländern –, nun, was da unten eintrat, wußte ich nicht, meiner Meinung nach traten die Fernrohre ein und Linsen und Brechungsindex manipulierten sich dabei herum, und wer wußte außerdem, was die unter Komet und Sonnenfinsternis verstanden –, eine berußte Glasscheibe vor das Auge halten und den Mond vor das Tagesgestirn treten sehn, wie wir es als Kinder machten, erschien mir eine völlig genügende Astronomie. Auch störten mich als reellen Geschäftsmann seit langem diese bombastischen Zahlen und Räume. Das Weltall (Professor U. von der Universität K.) fließt in rasender Geschwindigkeit auseinander, in jeder einzigen Sekunde fließt es um das Dreiunddreißigfache des Erddurchmessers auseinander –: wenn in meinem Institut etwas auseinanderfließt, aus einer Parfümflasche oder einem Toilettenwasserflacon, übersehe ich mit einem Blick den Gesamtschaden. Das Weltall (Professor K. von der Universität U.) hat ein Alter von zehn Milliarden Jahren, es ist nicht anzunehmen, daß es wesentlich älter ist –: mein Haus hat selbst während der Saison nur acht Stunden offen, da ist meine Lage gegenüber diesen zehn Milliarden von vornherein nichtssagend. Das Weltall (Professor x für u) bezieht seine Gesamtenergie »bereits« aus der Atomverwandlung von Wasserstoff zu Helium –: nun kenne ich als Fachmann natürlich Wasserstoff vom Blondieren, aber dies »bereits« lebt von einem Zwiespalt. Die eine Wissenschaft, der Kritizismus, sagt, Zeit und Raum sind Formen unserer Anschauung, die Welt hat keine Zeit, und das halte ich für äußerst wahrscheinlich; aber nun kommt die andere Wissenschaft, setzt diese fragmentarische Zeit als historisch vorhanden und ernährt sich aus ihr mit Hilfe dieser grotesken Zahlen. Da stimmt was nicht –, entweder – oder; natürlich verlangt der heutige Mensch von seiner Zeitung in regelmäßigen Abständen das Schöpfungswunder, aber was die hier zeigen, ist Treppenschneiden – : wenn ich meinen Kunden solchen Haarschnitt machte, könnte keiner mehr auf Freite gehn.

Laieneinstellung – gewiß. Wenngleich ich sagen muß, ich hatte seit je eine Schwäche für spekulative Abfassungen, Fiktionen, Kombinationen, deduktive Ausschweifungen, studierte dies und das, fand den Existentialismus unterhaltend und las die Kategorienlehre wie einen Wallace –, Spezialbegabung von mir wie bei anderen Schach oder Sprachen. Oft auch bildete ich mich durch Unterhaltungen mit Kunden, Höherstehenden, selbständig Urteilenden –, Bauräten, Vertretern, Sachbearbeitern –, andere Sphären taten sich auf, ein Schriftsteller zum Beispiel, der öfter kam und sich mit einem bestimmten Blauwasser das Haar waschen ließ, das verlieh seinem weißen Schopf einen silbernen Glanz, äußerte auf meine Bemerkung, sein letzter Artikel sei interessant gehalten, er habe ein Grauen vor der furchtbaren Brutalität der Ausdrucksfindung, der Formgeburt, niemand werde ihm weis machen, die höchste Macht sei sanft und bei Liedern drehe sie die Spindel –: »Ich bin sicher, sie beugt das Haupt und hört entsetzt die Felsen stürzen.«

So trat ich ferneren Fragen näher und blickte in mich hinein, doch was ich da sah, war staunenerregend, es waren zwei Erscheinungen, es war die Soziologie und das Leere. Zog ich von mir meine geschäftlichen Obliegenheiten ab wie Lohnauszahlung, Seifenbeschaffung, Steuerbetrug, Schwarzhandel, so blieb nichts übrig, das ich als individuell hätte bezeichnen können. Die Soziologie und das Leere! Was Trieb war, bekämpfte der Staat, das Gedankliche spurte die Wissenschaft, die Affekte beanspruchte die öffentliche Wohlfahrt, das Amüsement bestimmten die Plakate und die Reisebüros, das Interieur die Mode, Krankheiten die Universitätskliniken –, analysiert, aber frei waren wohl nur noch die Träume. Aber das alles war doch nur möglich, weil das Innenleben dem so entgegenkam, glückselig ich-entronnen dem zufiel, und ich war immer wieder erschüttert zu sehen, wie die größten Geister – wirklich große – zur Soziologie ablenkten, weil sie sich nicht mehr zu sich selber zu bekennen wagten, nicht zu ihrer Fülle, vor allem aber nicht zu ihrer Leere – –, es muß alles voll und dick sein, massenhaft, unerschöpflich, breit –, alle diese Stigmata der Natur und des Körperlichen übernahm das Jahrhundert wie selbstverständlich für das Geistige und Produktive, es könnte in seiner Plumpheit gar nicht eine Metaphysik der Leere, eine Konfession des Lethargischen und Katatonen ertragen (was doch die Voraussetzung einer identischen Deskription, einer identifizierenden Bestimmung des heutigen Phänotyps wäre –), also, die Soziologie und das Leere – höchstens noch das Reißen, es muß weh tun, mal da, mal dort, man fühlt in sich hinein, rechtes Schultergelenk, die Beine wollen auch nicht mehr so –, Gedanken, Gewäsch, aber man hat Inhalt, die Zeit vergeht – –: so endet das mediterrane Becken, Athene Tritogeneia, mit der schuppigen Ägis bedeckt, von der Akropolis über das Meer blickend, seine Einsamkeit, seine Leere. –

In diese Richtung hatte ich auch meine berufliche Seite gelenkt. Mein Haus hieß »Lotos« – Appell an den Schönheitssinn, gleichzeitig mythologisch anklingend – Lotophagen, Lotosesser, wer von den Früchten aß, brauchte kein anderes Brot, er konnte hoffen und vergessen. Aber darüber hinaus bedeutete mein Institut schon an sich eine selektive Haltung, eine ideeliche Beschränkung: Körperpflege einschließlich Krampfadern – gut, so weit ging es, das war auch noch kein Handeln, aber Gesamtschau, Totalitätsbetreuung, Lebenseinheit, Harmonie – das lehnte ich ab. Wir alle leben etwas anderes, als wir sind. Dort wie hier Bruchstücke, Reflexe; wer Synthese sagt, ist schon gebrochen. *Gelegenheiten* – das war es! Im Rhythmus des vierzehntägigen Haarschnitts oder im Zyklus des vierwöchigen Kopfwaschens –: Auftauchen,

nur im Akt vorhanden sein und wieder versinken –: das war der ideologische Inhalt meines Instituts.
Dies mein Institut gehörte zu einer Polis, lag in einem Ort, früher Musterlager für Nordeuropa, jetzt Vorbild von Schutt, zerstörtem Karthago und den sich auflösenden Riesenmetropolen aus den Urwäldern von Saigon. Geologie der Völker, Geschichtsgewalten! Von hängenden Gärten und Löwentoren zu grauer Grenzstadt, durch die die östlichen und westlichen Karawanen zogen. Staubstürme im Sommer, mannshohe Brennessel auf den Trottoirs, und wo einst die schnittigen Verkehrsmittel fuhren, mähten sie nachts heimlich Gras für das in den Stuben verborgengehaltene Vieh. Eine Million menschenähnlicher Lebewesen noch in den Trümmern, doch alle ohne Beruf, hinter vernagelten Fenstern, Ratten in den Lauben. Ein Gemeinwesen! Jetzt im Winter schritt ich abends manchmal durch den Schnee aufmerksam in der Mitte der Straßen, vor Frost und Windstärken barsten die Ruinen.
Schritt vorbei an den Wärmehallen, Flüchtlingskonzernen, Konglomeratbaracken, vorbei an den sie bewachenden Polizeirevieren, Bezirksbüros, Magistratsretiraden, Verwaltungsauswüchsen, Organisationsexzessen, sah dahinter den Staat, völlig wesenlos, kachektisch, mit seinen transzendenten Leistungen: er spürte Kaninchen auf und ließ die Zahnplomben registrieren, Hühneraugen durften erst nach einem Kurs von vier Wochen beschnitten werden. Mit Steuerspitzeln und Politagenten nahm er den ehrbaren Kaufmann wie mich in die Zange und gefährdete Schwarz- und Weißhändler mit Methoden, denen gegenüber Scylla und Charybdis Walderdbeeren waren. In Konzertsälen, Vortragszyklen, Tag- und Nachtvorstellungen in drei Schichten bearbeitete er das Schöne, richtete es aus: den Bogen des Philoktet und das Parzenlied hinter den Weißen Flieder und die Caprifischer. Hin zur Wirklichkeit, zu Wahlplakaten und schlichten Figuren, schon die Toilettenfrau war esoterisch, das zwanzigste

Jahrhundert verrichtete in Anbetracht der eingefrorenen Wasserleitungen seine Notdurft aus den Fenstern. Ein Volk von Brüdern, Jacke wie Hose dieser Staat! Ferner beschickte er Konferenzen, bildete Kommissionen, diese ihrerseits veranstalteten Tagungen, auf diesen wiederum äußerten Vertreter Einerseits-Andererseits und letzten Endes und voll und ganz. Wie schon gesagt, die Soziologie und das Leere, und dazu kam nun noch ein Weiteres, doch dazu muß ich etwas ausholen.

Ein langjähriger Kunde von mir, dessen Nagelpflege durch eine neue Angestellte ich beobachtete und überwachte, erzählte, seine Tochter – verheiratet, zwei Kinder – habe ihn nach langer Zeit wieder besucht. Charmante Person, – ein Einverständnis, als wären wir gestern auseinandergegangen (aber wegen der Kriegswirren waren es sieben Jahre gewesen) –, eine Übereinstimmung und Kenntnis von einander und mit einander von magischem Charakter –, aber sie habe ihn ordentlich hochgenommen, ausgeräubert, reizend in der Form, aber gründlich in der Sache, und nun sagte er wörtlich: »Aber Frauen, die Kinder haben, können wohl gar nicht anständig sein, sie plündern und füllen ihre Kiepen auf allen Landstraßen; ihre Gedanken befassen sich mit Konfirmationsgeschenken und, wenn sie Töchter haben, mit Kuppelei. Der Löwe reißt, das Reh äst und dies hier ist die Mutterliebe, wir betreten den heiligsten bürgerlichen Bezirk.«

Ungewöhnliche Bemerkungen! Für mich, der ich keine Nachkommenschaft besaß, geradezu etwas befremdend! Aber schon führte mein Kunde seine Gedankengänge zum Versöhnlichen zurück –, was wollen Sie, meinte er, es ist die Zukunft, und der dienen wir ja wohl alle, es ist das Leben, das den einzelnen ausschaltet und seinen ewigen Zwecken unterwirft.

Das Leben und seine ewigen Zwecke – aha! – jetzt waren wir an dem springenden Punkt! Kunden gegenüber ist man mit Privatmeinungen zurückhaltend, dem Einen stimmt man zu und dem nächsten stimmt man wieder ab, ich beschränkte mich daher auf ein beifälliges Gemurmel, aber innerlich war ich so erregt, daß ich einen Geschäftsgang vorschützte und mein Institut verließ. Das Leben, – dies Speibecken, in das alles spuckte, die Kühe und die Würmer und die Huren –, das Leben, das sie alle fraßen mit Haut und Haar, seine letzte Blödheit, seine niedrigste physiologische Fassung als Verdauung, als Sperma, als Reflexe – und das nun noch mit ewigen Zwecken serviert, – aber der Kunde hatte recht, hier lag in der Tat der Kern der allgemein hingenommenen Konzeption des Seinsgrundes, die in dieser Rasse galt, jener Konzeption, die, philosophisch gesprochen, die Realitätsentscheidung im Sinne der empirischen Wissenschaften gebracht und die psycho-physische Tragödie heraufbeschworen hatte und die nun das definitive Hindernis für die Konstituierung eines neuen Kulturbewußtseins war, das nach allen diesen Zusammenbrüchen einer Vereinigung der Sphären jenseits des Lebens Rechnung tragen wollte.

Das Leben – hier standen wir an dem Grundbegriff, vor dem alles Halt machte, der Abgrund, in den sich alles in seiner Wertverwahrlosung blindlings hinabwarf, sich bei einander fand und ergriffen schwieg. Aber anzunehmen, daß der Schöpfer sich auf das Leben spezialisierte, es hervorhob, betonte und etwas anderes als seine übliche Spielerei mit ihm betrieb, erschien mir absurd. Diese Größe hatte doch bestimmt noch andere Betätigungsfelder und warf das Auge auf Dies und Jenes, das weit ablag von einem so unklaren Sonderfall. Das Leben, wenn man sich einen Überblick über seine Forderungen und Leistungen verschaffen wollte, zeigte als den Mittelpunkt seiner Gunst die Fortpflanzung, und die war ja erfahrungsgemäß einfach und ohne Hinzusehn zu bewerkstelligen. Die ersten Atemzüge des Lebens werden ja wahrscheinlich auch nicht ohne einen Schimmer von Tiefe gewesen sein, und der alte Ballonfabrikant war wahrscheinlich ganz benommen von dem gelungenen Eiweiß und seinen neuen Indianern und allen den möglichen Luftsprüngen, die er sie nun wieder beginnen lassen konnte, – aber für einen so pflanzenentfernten Kulturkreis von rein spirituellem Erlebnismaterial war dieser Lebensbegriff doch reichlich primitiv. Nietzsche hatte zwar gesagt, die Griechen seien ein so großes Volk geworden, weil sie sich in allen ihren Krisen immer wieder an ihren physiologischen Bedürfnissen regenerierten, aber diesen Bedürfnissen schwebte noch etwas anderes vor, lag noch etwas anderes ob: die Bildung des Gedankens und die Verschmelzung der Götter, – das Abendland bewegte sich seinen ersten Monat in ihrem Bauch, dieser Bastard und die Anlage alles dessen, was aus ihm wurde.

Das Leben als Mulattenstadt: Zuckerrohr kauen, Rumfässer wälzen, mit zehn Jahren defloriert werden und Cancan, bis die Hintern wackeln. Aber Europa fehlte das tierische dumme Auge und die Hibiskusblüte hinter dem Ohr. Und jemand anders trat ihm entgegen, ein Gegen-Mulatte, griff ihm an die Gurgel, den Adamsapfel, spaltete ihm den engen Schädel, sang atonal: ein neuer Ballon, eine alte Sphinx: der Geist. Gegen den rottete sich das moderne Lebenseuropa zusammen, suchte ihn zu zähmen, brachte ihn in Disziplinen und Methoden, desinfizierte ihn, machte ihn wissenschaftlich, das heißt unverdächtig und verdeckte seine letalen bionegativen Züge. »Was fruchtbar ist, allein ist wahr« –, das legten sie sich so aus, die Eierstöcke sind die größten Philosophen, und nun zogen sie alle in ein Einfamilienhaus und pflegten das Abendland, ihr Blick fiel im Frühling auf Salat und im Herbst auf Malven, sonntags wanderten sie nach Greenwich, östlich und westlich, da schlurften ihre Pedale. Aber hinter ihnen, im Grau der Dinge, stand jene Welt, die sich mit Raum und Zeit nur flüchtig verschleiert.

Das Abendland! Aus dem westlichen Mittelmeer geboren, dann terrestrisch angereichert, – ein Bug in Amalfi, ein Kohlenmeiler in den Ardennen, – amphibisch: Schuppen, aber gleichzeitig Füße –: ein Drachen! Festländische Schwere und

Dränge zum Meer. Uralte Tempeltraditionen, Welteimotive – Überschneidungen von Symbolreihen, Überklirren von Themenketten; syrische Apokalypsen, indopazifische Sagen, Samoa und Persien, Olymp und Golgatha, Leda und Maria –: große Kulturretorte, die letzte der acht großen solaren.
Tief und gleißnerisch, Faune und Sphinxe. Über altlunare Brücken kommen die Ortsgötter, aber dies gezeitenlose schmale Meer bringt den Monotheismus, den Universalismus, aber damit auch die Vorstufen zu dem verheerenden Begriff der Synthese, der Gesetze, der Abstraktion –, die terrestrische Vielfältigkeit und Begrenztheit hätte die kosmologische Einheitsvorstellung nie bewerkstelligt. Poseidonisch –! Wasser, alles fließt, – so widerspruchsvoll begann das All-Eine, das in den irrealen transzendentalen Systemen dann in uns, in unserer Leere, in unseren inneren Schatten endet. Am Ende ist das Wort, wie es am Anfang war – war es am Anfang? War am Anfang das Erleben »unwirklicher« Dinge?
Ja, die Bemerkungen des Kunden hatten mich weit geführt – Malven und Mulatten, wirkliche und unwirkliche Dinge, empirische und transzendente hinüberreichende Sachverhalte –, hinüberreichend, aber von wem und vor allem wohin –, – das Wirkliche als Reales, das Wirkliche als Geist, das Wirkliche als körperlicher Mythos – unentrinnbar sich verlierende Gedankengänge, die auch schon etwas Konventionelles an sich hatten, etwas Berufsständisches, – erstarrte Gedankengänge, denen man doch immer von neuem verfiel. Das Wasser und die Worte und die Götter – Tritogeneia, die über das Meer sah, seine Leere, seine Antwortlosigkeit –, alles Treppenschneiden –: und plötzlich geschah etwas, das ich mir selber nicht erklären konnte, plötzlich begann ich diesen Winter zu lieben, zu halten, mich an ihn zu ketten. Glut strömte er in mich hinein, – bliebe, dachte ich, der Schnee doch ewig liegen, der Frost nähme kein Ende, denn der Frühling stand vor mir wie eine Last, der war nicht Glas- und

Uhrenindustrie, er rauschte, hatte etwas Zerreißendes, er rührte an jene autistische Realität, die ich noch ahnte, die sich uns aber für immer entzogen hatte. Niemand wird auf den Gedanken kommen, hinter dieser Gefühlsparadoxie stünde Sorge hinsichtlich des Tauwetters, der mit ihm verbundenen Schneeschmelze und der etwa vor meinem Haus zu findenden toten Gestalten –, ach, das wären ja ephemere Dinge! In einer Epoche, die nur die Masse gelten ließ, war die Vorstellung einer Individualleiche Romantik. Vor einer Zeit, von der jedes persönliche Leben, jede Verfeinerung, jedes produktive Oszillieren als Ästhetizismus und reaktionär gebrandmarkt wurde, brauchte ich mich wegen einiger fehlender Roboter, Lebensläufe, Leerläufe nicht zu scheuen, ich blieb durchaus im Sinne dieser Zeit, sollte sie zusehn, wie sie zu ihren juridischen Verhandlungsinhalten gelangte. Auch war ich seit langem völlig gefestigt in dem Gefühl, daß es bei dem Zustand, in dem sich die weißen Völker befanden, weit ehrenhafter war, in ihren Gefängnissen verpflegt zu werden als in ihren Klubs. Nein, – mit dem Frühling verhielt es sich anders: ich würde das seit Monaten nicht vernommene Geräusch des Regens hören, dies süße Geräusch, ich würde am Fenster stehn, ihn auf die Gartenerde fallen sehn, diese monotone ruhige Erde, für die man, auch wenn man sie lange anstarrte, keine Organe hatte und die man nicht begriff –, eine neue Zerstörung würde beginnen.

Ein Morgen erhob sich, der Hahn krähte, er krähte dreimal, er schrie geradezu nach Verrat –, aber niemand war mehr da, der verraten werden konnte oder der verriet. Alles schlief, der Prophet und die Prophezeiten; auf dem Ölberg lag Tau, die Palmen rauschten in einem unfühlbaren Wind –, da flog eine Taube empor, spiritus sanctus, ihre Flügel schwirrten und die Wolken nahmen sie auf, sie kehrte nicht mehr zurück – das Dogma war zu Ende.

Etwas Ähnliches sah ich vor mir. Wieder war eine solche Stunde da, eine Stunde, in der sich etwas abzog von der Erde:

der Geist oder die Götter oder das, was menschliches Wesen gewesen war –, es handelte sich nicht mehr um den Verfall des einzelnen Menschen, auch nicht einmal den einer Rasse, eines Kontinents oder einer sozialen Ordnung, eines geschichtlichen Systems, sondern etwas weit Ausholenderes geschah: die Zukunftslosigkeit eines ganzen Schöpfungswurfes trat in das allgemeine Gefühl, eine Mutation – an ein Erdzeitalter gebunden, an das hominine –, mit einem Wort: das Quartär ging hintenüber. Nicht dramatisch, nicht wie das Ende einer Schlacht, mehr atrophisch durch Abspannung der der Art bestimmt gewesenen Formen. Hier würden noch einige ideologische Draperien aus dem historisch-politischen Fond in der blendenden Helle des Tiefstrahlers einige Generationen benebeln, in Asien würden sie noch einige Opfer für die Hexen und einige Gebete für die Wasserratten vor die Tempel tragen, aber dort wie hier alles abgespielt und ohne tiefen Glauben, sehr durchsichtig, sehr aufgelockert, abhebbar und ohne jede Hoffnung auf Erfüllung. Was sonst noch dawar, würden ein paar Reste einsamer Seelen sein, etwas sehr bewußter, tief melancholischer, schweigend sich erlebender Geist –: aber das Dogma, das vom Homo sapiens, war zu Ende.

Natürlich würde es hier noch Epochen geben, sogenannte historische, so sang- und klanglos trat dies Reptil »Geschichte« nicht ab –, und auch hierüber drängten sich ohne weiteres Vorstellungen auf. Das nächste Weltbild, das man sich vorstellen konnte, würde ein Zusammenhangsversuch sein zwischen Mythenrealität, Paläontologie und Hirnstammanalyse, aber auch dies wird sehr einheitsentfernt und tragisch sein, keine Erkenntnis, kein Stil blühte an seinem Wege. Überschattet von dem Wissen, das sich ihm als Ausschnitt nur, als geographischer und meteorologischer Sektor, als abendländischer Spezialfall eine Bestimmung und Definition der Menschheit völlig versagt. Es wird stärker auf die Unendlichkeitserfahrung hindrängen, als auf die heutige empirisch-kasuistische, aber die Urzeit bleibt für uns zu Ende. Die psychophysische Situation wird etwas verändert sein: die provozierten Lebensphänomene werden einen Teil der naiven, unbearbeiteten ersetzen, einige primitive Reduktionen werden konkretisiert, einige Ausfälle mit archaischen Rudimenten sich auffüllen, es wird ein allgemeines Gefühl für den historischen Charakter des heutigen Kulturbewußtseins, die Relativität seiner Thesen, seiner Größen, seiner Ränge weit verbreitet zur Diskussion gelangen, aber eine Änderung des ethnisch-biologischen Tuns ist nicht mehr möglich, Versuche zu einem Übergang von Maßnahmen der Realitätsumformung enden in Stimmungen, Drängen, Exaltationen und vermutlich in einer immer klareren theoretischen Begriffsfindung für alles dieses Situationäre.

Und innerhalb dieses Weltbildes werden die Luxushotels vor Überfüllung bersten, vielgabelige Lifts befördern vor jede Tür. Das Zeitalter des Kapitalismus und des synthetischen Lebens hat erst begonnen. Weißen, krokuslila- und braunbemalten Lippen werden die Erwägungen der Lady's und Signora's gelten, »blasse Koralle« zu goldenem Haar, Lila zu silberblondem, doch nur in den Tropen. Lebensverlängerung über alle Maßen: Drüsen werden gehandelt, die Leber operativ durch Filter ersetzt, das antiretikuläre zytotoxische Serum (A.C.S.) strömt als Porenwasser über gepflegtes Fleisch. Vom Menahaus, dem Ziel vieler Hochzeitsreisender, geht der Blick über die stolzen Zeichen uralter Kultur; in den Schwimmbädern, gefilterte Nilflut, hebt der vollkommenste Jazztrompeter beider Welten, Bix Beiderbecke, das Saxophon an den Schlund und endet den Ragtime mit einem Tutti von den kühnsten Überschneidungen, das im Augenblick seiner höchsten Entfaltung einen Wimperschlag lang bewegungslos steht und dann erlischt. Und im Galle Face Hotel in Kolombo und auf den Poloplätzen in Kandy ebenso: die alte Orchideengentry und die neue Uranclique: innen Pokerface der letzten Runden, außen mohnrot. Die Welt wird von den Reichen gemacht, und sie wird schön gemacht. Der Name des Stückes ist Aprèslude.

Sollten diese Zeilen, die nur für meinen Freund O. bestimmt sind, der ihr Geheimnis bewahren wird, in unrechte Hände fallen und etwa ein postumer Leser sie als den gang und gäben Pessimismus bezeichnen, so war dieser Pessimismus mein Gewicht und meine Erdverbundenheit. Oder ein Anderer sie als Zynismus charakterisieren, so gibt es einige Resultate des Ich, die sich nur in dieser Färbung zur Geltung bringen lassen, sie gehört zur Suite der Erkenntnis und diese muß kalt sein, sonst wird sie familiär, jeder weiß ja, sie läßt einen Gedanken lieber fallen, als ihn nicht völlig klar zum Ausdruck zu bringen. Doch auch andere Färbungen waren mir nicht fremd –: songdurchklungene Stunden, Kantilenen, Schwebezustände –: manchmal *hörte* ich die Tropen: Bienensummen über Päonien und Taubengurren über der Blüte der Bougainville, und auch hier im Norden waren zu Zeiten starke Stimmungen –, wenn Tränen Geruch ausströmten, würde es, dachte ich, immer der von Phlox sein, der von Gartenphlox, auf den die Wolkenbrüche niedergingen bei des Sommers Ende. Aber eines gebe ich zu, alles in allem sind in diesen Zeilen mehr Spannungen als Glück.

Spannungen –, doch kein Finale mit Posaune und Fagott. Im Gegenteil, aus der modernen Physik war eine Hypothese in mich eingedrungen, der selbst bei dieser Herkunft etwas Stimmungsvolles eignete. Es war die Konstruktion des »Lotoslandes«, in dem nichts geschieht und alles stillsteht – der Raum, mit der geraden Dimensionszahl, in dessen Weiten das Licht nach Auslöschen der Lichtquellen bestehen bleibt. Die Schilderung stammt von de Sitter. Sie ist eine streng mathematisch-physikalische Imagination, aber sie erinnert auffallend an Gedankengänge aus anderen Bereichen, – an die »stille Wüste der Gottheit«, in die Eckehart die Welten münden sieht, und an die indischen Innewerdungen, in die Gewißheit des eigenen Selbst gegründet, »ganz golden Buch bin ich, ohne Hand und Fuß bin ich, – ohne Wesen bin ich –«, und auch bei einem Intellektualverbrecher wie Descartes finden sich anklingende Sätze, wenn er auf eine Gottheit verweist, die keine Veränderung kennt und die immer in gleicher Weise handelt. Mit den Gottheiten zwar war es für uns vorbei, es hingen zu viel Imponderabilien an ihnen von Feigheit, Blinzeln nach Ananke, glückhafter Notwendigkeit und zu wenig Hinweis auf Versuch, Entwurf und auf Zurücknahme und Spiel. Aber vor allem berührte mich an dieser neuen Bezeichnung die Beziehung auf mein Haus: Lotos, Lotophagen –, wer von ihren Früchten aß, bedurfte keines anderen Brotes, er brauchte den Schein nicht zu wahren, er konnte hoffen und vergessen.

Die Lage barg noch viele Möglichkeiten und Deutungen, doch eines erschien mir evident. Das kommende Jahrhundert würde die Männerwelt in einen Zwang nehmen, vor eine Entscheidung stellen, vor der es kein Ausweichen mehr gab mit keiner Konzession, mit keinem Blinzeln, mit keinem Schwarzhandel, mit keiner Emigration –, sie mußten sich entscheiden. Das kommende Jahrhundert würde nur noch zwei Typen zulassen, zwei Konstitutionen, zwei Reaktionsformen: diejenigen, die handelten und hoch wollten, und diejenigen, die schweigend die Verwandlung erwarteten –: Verbrecher und Mönche, etwas anderes würde es nicht mehr geben. Die Orden, die Brüder werden vor dem Erlöschen noch einmal auferstehen. Ich sehe an Wassern und auf Bergen neue Athos und neue Monte Cassinos wachsen, – schwarze Kutten wandeln in stillem, in sich gekehrten Gang. Jenseits der Gegensätze von Erkennen und Erkanntem, außerhalb der Kette von Geburt und Wiedergeburt. Durch Einsamkeit, Riten und Verzicht auf das Gewohnte wird die autistische Realität die Weltausweitung löschen und in einem stummen gefaßten tat twam asi, auch das bist Du, wird sich die Vereinigung mit der verlorenen Dingwelt vollziehn. Schwarze Kutten! Die Seele wird sich wieder schließen, wird wieder ihren Lotos schmecken und kann hoffen und vergessen. Vielleicht – vielleicht auch nicht. Wenn nicht mehr für mich, vielleicht für Dich. Und wenn auch nicht für Dich, vielleicht als Wolke oder Taube vor dem Unendlichen, der in diesen Winterstunden zu mir sprach, vor jenem Spieler, dem Nächtigen, der diese Handvoll Erde hinstreute aus seinem Traum.

BERTOLT BRECHT

Die unwürdige Greisin

Meine Großmutter war zweiundsiebzig Jahre alt, als mein Großvater starb. Er hatte eine kleine Lithographenanstalt in einem badischen Städtchen und arbeitete darin mit zwei, drei Gehilfen bis zu seinem Tod. Meine Großmutter besorgte ohne Magd den Haushalt, betreute das alte, wacklige Haus und kochte für die Mannsleute und Kinder.

Sie war eine kleine magere Frau mit lebhaften Eidechsenaugen, aber langsamer Sprechweise. Mit recht kärglichen Mitteln hatte sie fünf Kinder großgezogen – von den sieben, die sie geboren hatte. Davon war sie mit den Jahren kleiner geworden.

Von den Kindern gingen die zwei Mädchen nach Amerika, und zwei der Söhne zogen ebenfalls weg. Nur der Jüngste, der eine schwache Gesundheit hatte, blieb im Städtchen. Er wurde Buchdrucker und legte sich eine viel zu große Familie zu.

So war sie allein im Haus, als mein Großvater gestorben war.

Die Kinder schrieben sich Briefe über das Problem, was mit ihr zu geschehen hätte. Einer konnte ihr bei sich ein Heim anbieten, und der Buchdrucker wollte mit den Seinen zu ihr ins Haus ziehen. Aber die Greisin verhielt sich abweisend zu den Vorschlägen und wollte nur von jedem ihrer Kinder, das dazu imstande war, eine kleine geldliche Unterstützung annehmen. Die Lithographenanstalt, längst veraltet, brachte fast nichts beim Verkauf, und es waren auch Schulden da.

Die Kinder schrieben ihr, sie könne doch nicht ganz allein

leben, aber als sie darauf überhaupt nicht einging, gaben sie nach und schickten ihr monatlich ein bißchen Geld. Schließlich, dachten sie, war ja der Buchdrucker im Städtchen geblieben.

Der Buchdrucker übernahm es auch, seinen Geschwistern mitunter über die Mutter zu berichten. Seine Briefe an meinen Vater und was dieser bei einem Besuch und nach dem Begräbnis meiner Großmutter zwei Jahre später erfuhr, geben mir ein Bild von dem, was in diesen zwei Jahren geschah.

Es scheint, daß der Buchdrucker von Anfang an enttäuscht war, daß meine Großmutter sich weigerte, ihn in das ziemlich große und nun leerstehende Haus aufzunehmen. Er wohnte mit vier Kindern in drei Zimmern. Aber die Greisin hielt überhaupt nur eine sehr lose Verbindung mit ihm aufrecht. Sie lud die Kinder jeden Sonntagnachmittag zum Kaffee, das war eigentlich alles.

Sie besuchte ihren Sohn ein- oder zweimal in einem Vierteljahr und half der Schwiegertochter beim Beereneinkochen. Die junge Frau entnahm einigen ihrer Äußerungen, daß es ihr in der kleinen Wohnung des Buchdruckers zu eng war. Dieser konnte sich nicht enthalten, in seinem Bericht darüber ein Ausrufezeichen anzubringen.

Auf eine schriftliche Anfrage meines Vaters, was die alte Frau denn jetzt so mache, antwortete er ziemlich kurz, sie besuche das Kino.

Man muß verstehen, daß das nichts Gewöhnliches war, jedenfalls nicht in den Augen ihrer Kinder. Das Kino war vor dreißig Jahren noch nicht, was es heute ist. Es handelte sich um elende, schlecht gelüftete Lokale, oft in alten Kegelbahnen eingerichtet, mit schreienden Plakaten vor dem Eingang, auf denen Morde und Tragödien der Leidenschaft angezeigt waren. Eigentlich gingen nur Halbwüchsige hin oder, des Dunkels wegen, Liebespaare. Eine einzelne alte Frau mußte dort sicher auffallen.

Und so war noch eine andere Seite dieses Kinobesuches zu bedenken. Der Eintritt war gewiß billig, da aber das Vergnügen ungefähr unter den Schleckereien rangierte, bedeutete es »hinausgeworfenes Geld«. Und Geld hinauszuwerfen, war nicht respektabel.

Dazu kam, daß meine Großmutter nicht nur mit ihrem Sohn am Ort keinen regelmäßigen Verkehr pflegte, sondern auch sonst niemanden von ihren Bekannten besuchte oder einlud. Sie ging niemals zu den Kaffeegesellschaften des Städtchens. Dafür besuchte sie häufig die Werkstatt eines Flickschusters in einem armen und sogar etwas verrufenen Gäßchen, in der, besonders nachmittags, allerlei nicht besonders respektable Existenzen herumsaßen, stellungslose Kellnerinnen und Handwerksburschen. Der Flickschuster war ein Mann in mittleren Jahren, der in der ganzen Welt herumgekommen war, ohne es zu etwas gebracht zu haben. Es hieß auch, daß er trank. Er war jedenfalls kein Verkehr für meine Großmutter.

Der Buchdrucker deutete in einem Brief an, daß er seine Mutter darauf hingewiesen, aber einen recht kühlen Bescheid bekommen habe. »Er hat etwas gesehen«, war ihre Antwort, und das Gespräch war damit zu Ende. Es war nicht leicht, mit meiner Großmutter über Dinge zu reden, die sie nicht bereden wollte.

Etwa ein halbes Jahr nach dem Tod des Großvaters schrieb der Buchdrucker meinem Vater, daß die Mutter jetzt jeden zweiten Tag im Gasthof esse.

Was für eine Nachricht! Großmutter, die zeit ihres Lebens für ein Dutzend Menschen gekocht und immer nur die Reste aufgegessen hatte, aß jetzt im Gasthof! Was war in sie gefahren?

Bald darauf führte meinen Vater eine Geschäftsreise in die Nähe, und er besuchte seine Mutter.

Er traf sie im Begriffe, auszugehen. Sie nahm den Hut wieder ab und setzte ihm ein Glas Rotwein mit Zwieback vor. Sie

schien ganz ausgeglichener Stimmung zu sein, weder besonders aufgekratzt noch besonders schweigsam. Sie erkundigte sich nach uns, allerdings nicht sehr eingehend, und wollte hauptsächlich wissen, ob es für die Kinder auch Kirschen gäbe. Da war sie ganz wie immer. Die Stube war natürlich peinlich sauber, und sie sah gesund aus.
Das einzige, was auf ihr neues Leben hindeutete, war, daß sie nicht mit meinem Vater auf den Gottesacker gehen wollte, das Grab ihres Mannes zu besuchen. »Du kannst allein hingehen«, sagte sie beiläufig, »es ist das dritte von links in der elften Reihe. Ich muß noch wohin.«
Der Buchdrucker erklärte nachher, daß sie wahrscheinlich zu ihrem Flickschuster mußte. Er klagte sehr.
»Ich sitze hier in diesen Löchern mit den Meinen und habe nur noch fünf Stunden Arbeit und schlecht bezahlte, dazu macht mir mein Asthma wieder zu schaffen, und das Haus in der Hauptstraße steht leer.«
Mein Vater hatte im Gasthof ein Zimmer genommen, aber erwartet, daß er zum Wohnen doch von seiner Mutter eingeladen werden würde, wenigstens pro forma, aber sie sprach nicht davon. Und sogar als das Haus voll gewesen war, hatte sie immer etwas dagegen gehabt, daß er nicht bei ihnen wohnte und dazu das Geld für das Hotel ausgab!
Aber sie schien mit ihrem Familienleben abgeschlossen zu haben und neue Wege zu gehen, jetzt, wo ihr Leben sich neigte. Mein Vater, der eine gute Portion Humor besaß, fand sie ›ganz munter‹ und sagte meinem Onkel, er solle die alte Frau machen lassen, was sie wolle.
Aber was wollte sie?
Das nächste, was berichtet wurde, war, daß sie eine Bregg bestellt hatte und nach einem Ausflugsort gefahren war, an einem gewöhnlichen Donnerstag. Eine Bregg war ein großes hochrädriges Pferdegefährt mit Plätzen für ganze Familien. Einige wenige Male, wenn wir Enkelkinder zu Besuch gekommen waren, hatte Großvater die Bregg gemietet.

Großmutter war immer zu Hause geblieben. Sie hatte es mit einer wegwerfenden Handbewegung abgelehnt, mitzukommen.
Und nach der Bregg kam die Reise nach K., einer größeren Stadt, etwa zwei Eisenbahnstunden entfernt. Dort war ein Pferderennen, und zu dem Pferderennen fuhr meine Großmutter.
Der Buchdrucker war jetzt durch und durch alarmiert. Er wollte einen Arzt hinzugezogen haben. Mein Vater schüttelte den Kopf, als er den Brief las, lehnte aber die Hinzuziehung eines Arztes ab.
Nach K. war meine Großmutter nicht allein gefahren. Sie hatte ein junges Mädchen mitgenommen, eine halb Schwachsinnige, wie der Buchdrucker schrieb, das Küchenmädchen des Gasthofs, in dem die Greisin jeden zweiten Tag speiste.
Dieser ›Krüppel‹ spielte von jetzt ab eine Rolle.
Meine Großmutter schien einen Narren an ihr gefressen zu haben. Sie nahm sie mit ins Kino und zum Flickschuster, der sich übrigens als Sozialdemokrat herausgestellt hatte, und es ging das Gerücht, daß die beiden Frauen bei einem Glas Rotwein in der Küche Karten spielten.
»Sie hat dem Krüppel jetzt einen Hut gekauft mit Rosen drauf«, schrieb der Buchdrucker verzweifelt. »Und unsere Anna hat kein Kommunionskleid!«
Die Briefe meines Onkels wurden ganz hysterisch, handelten nur von der ›unwürdigen Aufführung unserer lieben Mutter‹ und gaben sonst nichts mehr her. Das Weitere habe ich von meinem Vater.
Der Gastwirt hatte ihm mit Augenzwinkern zugeraunt: »Frau B. amüsiert sich ja jetzt, wie man hört.«
In Wirklichkeit lebte meine Großmutter auch diese letzten Jahre keinesfalls üppig. Wenn sie nicht im Gasthof aß, nahm sie meist nur ein wenig Eierspeise zu sich, etwas Kaffee und vor allem ihren geliebten Zwieback. Dafür leistete sie sich

einen billigen Rotwein, von dem sie zu allen Mahlzeiten ein kleines Glas trank. Das Haus hielt sie sehr rein, und nicht nur die Schlafstube und die Küche, die sie benutzte. Jedoch nahm sie darauf ohne Wissen ihrer Kinder eine Hypothek auf. Es kam niemals heraus, was sie mit dem Geld machte. Sie scheint es dem Flickschuster gegeben zu haben. Er zog nach ihrem Tod in eine andere Stadt und soll dort ein größeres Geschäft für Maßschuhe eröffnet haben.

Genau betrachtet lebte sie hintereinander zwei Leben. Das eine, erste, als Tochter, als Frau und als Mutter, und das zweite einfach als Frau B., eine alleinstehende Person ohne Verpflichtungen und mit bescheidenen, aber ausreichenden Mitteln. Das erste Leben dauerte etwa sechs Jahrzehnte, das zweite nicht mehr als zwei Jahre.

Mein Vater brachte in Erfahrung, daß sie im letzten halben Jahr sich gewisse Freiheiten gestattete, die normale Leute gar nicht kennen. So konnte sie im Sommer früh um drei Uhr aufstehen und durch die leeren Straßen des Städtchens spazieren, das sie so für sich ganz allein hatte. Und den Pfarrer, der sie besuchen kam, um der alten Frau in ihrer Vereinsamung Gesellschaft zu leisten, lud sie, wie allgemein behauptet wurde, ins Kino ein!

Sie war keineswegs vereinsamt. Bei dem Flickschuster verkehrten anscheinend lauter lustige Leute, und es wurde viel erzählt. Sie hatte dort immer eine Flasche ihres eigenen Rotweins stehen, und daraus trank sie ihr Gläschen, während die anderen erzählten und über die würdigen Autoritäten der Stadt loszogen. Dieser Rotwein blieb für sie reserviert, jedoch brachte sie mitunter der Gesellschaft stärkere Getränke mit.

Sie starb ganz unvermittelt, an einem Herbstnachmittag in ihrem Schlafzimmer, aber nicht im Bett, sondern auf dem Holzstuhl am Fenster. Sie hatte den ›Krüppel‹ für den Abend ins Kino eingeladen, und so war das Mädchen bei ihr, als sie starb. Sie war vierundsiebzig Jahre alt.

Ich habe eine Fotografie von ihr gesehen, die sie auf dem Totenbett zeigt und die für die Kinder angefertigt worden war.

Man sieht ein winziges Gesichtchen mit vielen Falten und einen schmallippigen, aber breiten Mund. Viel Kleines, aber nichts Kleinliches. Sie hatte die langen Jahre der Knechtschaft und die kurzen Jahre der Freiheit ausgekostet und das Brot des Lebens aufgezehrt bis auf den letzten Brosamen.

ARNO SCHMIDT

Brand's Haide

Blakenhof oder Die Überlebenden

21. 3. 1946: auf britischem Klopapier.

Glasgelb lag der gesprungene Mond, es stieß mich auf, unten im violen Dunst (später immer noch).

»*Kaninchen*«, sagte ich; »ganz einfach: wie ein Kaninchen!«. Und sah ihnen nach, ein halbes Dutzend, schultaschenpendelnd durch die kalte Luft, mit Stöckelbeinen. Drei derbere hinterher; also Söhnchen der Ortsbauern. Eltern, die immer noch Kinder in diese Welt setzen, müßten bestraft werden (d.h. finanziell: fürs erste Kind müßten sie 20 Mark monatlich zahlen, fürs zweite 150, fürs dritte 800).

»*Wieso gerade 800?*« Ich sah ihn an: ein alter Mann (genauer: älterer). Rauhes Wollzeug, Stiefel, vor ihm ein Karren mit feinstem Herbstlaub, matt, rot und rötlich. Ich nahm vorsichtig ein Blatt herunter (Ahorn) und hielt das durchsichtige gegens Licht: meisterhaft, meisterhaft. (Und welche Verschwendung! Der muß es dicke haben!) »No«, sagte ich leutselig (wollte ja auch noch eine geographische Auskunft!), »also meinetwegen: 1000. – Meinen Sie nicht, daß es gut wäre?« »Hm«, schob er nachdenklich, »von mir aus schon. Es hat viel zu viel auf der Welt: Menschen.« »Na also«, resümierte ich (dies Thema): »auswandern lassen sie uns nicht. Bleibt also nur rigorose Geburtenbeschränkung; Pfaffengequätsch ist quantité négligeable –« (er nickte, zutiefst überzeugt) »– in 100 Jahren ist die Menschheit auf 10 Millionen runter, dann läßt sich wieder leben!« Ich hatte wenig Zeit; auch kam ein hundekalter Wind die schöne verwachsene Schneise herunter; ich fragte den Pelzgestiefelten (solide Arbeit: mir fiel unwillkürlich das Wort »Bärenfell« ein!): »Noch weit bis Blakenhof?« Er zeigte mit dem breiten Kopf: »Da!« pommte er kurz: »kleines Nest« und: »Sie kommwoll aus Gefangenschaft? – Vom Iwan??«. »Nee«, sagte ich bluffig, widrige Erinnerungen kürzend: »Brüssel. Vom Engländer.« »Und? Wie waan die?«. Ich winkte ab: »Einen genommen und den Andern damit geprügelt. Etwas besser als der Russe natürlich.« Aber: »14 Tage lang haben wir manchmal keinen Stuhlgang gehabt. Im Juli haben sie uns Stille Nacht, Heilige Nacht singen lassen: eher durften wir nicht wegtreten.« »Nee, nee: Persil bleibt Persil!« (d.h. Freiheit!) Aus seinen blauen Augen nahm ich weitere Fragen: »Der Landrat«, erläuterte ich überdrüssig brauendrückend: »zum Schullehrer eingewiesen«. »Och: das iss Der drüben!« wies er mit hohen Augen: »Da oben, wo die Kirche iss. – – Zum Lehrer??: iss doch gar kein Platz mehr! – Auch Lehrer?« Ich schüttelte entschieden, entschloß mich: »Schriftsteller«, sagte ich, »und ausgerechnet bei der Kirche? Deus afflavit...« (und winkte gähnend ab). Er grinste (gloobt also ooch nischt: guter Kern hier in Niedersachsen!). Aber neugierig war er auch: »Schriftsteller!« sagte er munter: »so für Zeitungen, was?!«. »Nichts da«, entgegnete ich entrüstet (schätze Journalistenarbeit nicht): »kurze Erzählungen; früher süß, jetzt rabiat. In den Zwischenräumen Fouqué-Biographie: so als ewiges Lämpchen.« Er sann und faltete ein Graumaul: »Fouqué –« sagte er bedeutsam: »frommer Mann das. – – n Baron, nich?« »Und ein großer Dichter dazu«, sagte ich herb, »ich bin nichts von alledem. Dennoch!« Dann fiel er mir auf: »Sie wissen von Fouqué?!« fragte ich mit schwacher Teilnahme (derbe Hände, aber eine Mordsnase. Und der Wind fing wieder an zu pfeifen, als käme er von den Sigynnen: die mit den zottigen Hunden). »Die Undine kennt Jeder von uns erementaschen hier«, versetzte er mit Würde; ich hatte das vorletzte Wort nicht verstanden; wollte auch keine Zeit verlieren, denn die Knochen taten mir weh vom Schleppen. Ich stand vom Schemel auf: »Also da rum –« sagte ich müde; »Ja: hier –« er nahm einen Zweig und kratzte in den Sand des Radfahrweges: »Den S-teig hoch; die Kirche bleibt rechts; links wohnt der Supperndent –« (ich winkte ab: nur Palafox und Sarpi waren ehrwürdig; vielleicht noch Muscovius; vielleicht noch mehr. Na, ist egal.): »– das Neue ist das Schulhaus: so rum!« – »Danke«, nahm die Munikiste hoch (ein Prachtstück: innen Zinkwanne mit Gummidichtung, wie ne Tropenpackung): »Wiedersehn!«. Er strich sich mit der Hand übers Gesicht und war weg (verschwinden kann heutzutage Jedermann; ich hab mal Einen gesehen, neben dem ne achtundzwanziger einschlug!)

Den Wasserschlauch: beim Pfarrer dehnte ihn Einer in feisten Händen: Laokoon oder über die Grenzen von Malerei und Dichtkunst. Oben verwüsteter Himmel, trostlos wie ein leeres Kartoffelfeld, fehlen bloß Treckerspuren und Igel, don't ask me, why. Stattliche Figur, nebenbei, der Dicke, d.h. nach dem Tode gut seine anderthalb Düngerkarren wert. Und neben der Kirche: mir bleibt auch nichts erspart! – Ich fühlte mich auf dem freien Platze irgendwie exponiert: wenn mir jetzt eine Sternschnuppe auf den Hinterkopf fällt; und ging beleidigt um die Ecke. (Ein Buchtitel fiel mir ein: »Hör mal!« = Gespräche mit Gott.)

»O Gott!« sagte sie, ältlich und dünn. Ich zuckte sämtliche Achseln: »Der Landrat hat mich hierhergewiesen« sagte ich, als seis persönlich unter lauter shake-hands geschehen, und blickte unerbittlich auf Stempel und Signum (in hoc signo vinces; hoffentlich). »Na ja; kommen Sie bitte rein«, kapitulierte sie. Ich stellte den Hocker in den Flur, hob die dicke Kiste am Seilgriff darauf, und folgte ihr in ein Wohn-

zimmer: komplett grün und mit Goldschnitt. Brandmalerei hing gegenüber; dies galt für vornehm und üppig damals (auch meine Eltern...); ein Bücherschrank, vor den ich sogleich hintrat, nachdem ich mich kurz zu erkennen gegeben hatte; Bücher. 200 etwa. »Wir haben den ganzen Ganghofer«, stolz; und sie wies auf die jägergrüne Reihe. »Jaja, ich sehe« antwortete ich düster: also Brandmalerei und Ganghofer: ich würde mich wie bei Muttern fühlen. Ein greises Brockhauslexikon: ich griff kalt den Band F heraus; Fouqué;... »nach den Freiheitskriegen lebte er abwechselnd in Nennhausen u n d P a r i s (sic!)«, las ich und lächelte eisig. Richtig: da war auch das Vertiko; mit Spiegelchen, Beulen, Zinnen; ein Borobudur von Mahagoni. Echtem. Aus Holz kann man Alles machen: sie fuhr einmal beherrscht und glücklich mit der Hand um ein drallgedrehtes Säulchen: so mochte Tristan die Isolde gestreichelt haben, oder Kara ben Nemsi den Rih.

»Schorsch« hieß ihr Lehrersohn. O. A. gewesen. Und ihre Augen stolzten unecht wie aus Gablonz. Oder Pforzheim. Dabei liefen alle Männer in gefärbten Tommyuniformen rum; alle Frauen trugen Hosen. Lächerliches Weib.

»Schriftsteller –?« machte sie neugierig, und ihr ward sichtlich wohler, standesgemäßer. »Ja, aber...«; kurz: sie zeigte es mir:

Das Loch: hinten, um die Ecke; am Kirchplatz. 2,50 mal 3,00 Meter; aber erst mußte das Gerümpel raus; Spaten, Hakken, Werkzeug, und ich erbot mich, das selbst zu machen (ich brauchte ohnehin Hammer und Zange, Nägel: eigentlich Alles cosa rara, wie?)

»Angenehm« sagte er lässig. Ende Zwanzig und schon volle Glatze; dazu jenes fatale Benehmen, wie es stets die Offiziere aller Zeiten ausgezeichnet hat. Pfui Bock. Worte, Worte; blöd, blöd: außerdem Einer von Denen, die schon mit 20 Jahren »aus Gesundheitsrücksichten« nicht rauchen oder trinken (Viele davon wandern dann sonntags seppel-

hosig und halsfrei nicht unter 60 km, und schätzen Holzschalen und Bauernblumen in primitiven Vasen); der hier tanzte; »leidenschaftlich«, wie ihm zu sagen beliebte: Du hast ne Ahnung von Leidenschaft!

»Drüben hats 2 Mädel« zeigte er mit dem Kinn eines Mannes, der sie aus- und inwendig zum Überdruß kennt: dann war gottlob wieder Unterricht und er ging; vamoose plenty pronto. Schon sangen Schulkinder mit festen Stimmen ein Lied; ein Schwächling hätte gesagt: klaren; aber ich erkannte tödlich genau, wie diese erzenen Kehlen in den Pausen würden brüllen können. (Wußte damals noch nicht, daß Superintendent Schrader ihnen das Toben auf dem Kirchplatz verwiesen hatte, und sie dafür am Fußballfeld die Lüfte wahnsinnig machten). Vielleicht hielt man meine zerklüftete Kleidung auch für Originalstreiche eines Genies; unvermittelt fiel mir Dumont d'Urville ein und die Reise der Astrolabe. Wunderbare Illustrationen. Aber es war keine Zeit. Ich ging über den winzigen gekalkten Vorraum: ein Wasserhahn, der zum Zeichen des Funktionierens tropfte: das ist gut! (d.h. das Tropfen nicht, aber daß gleich Wasser dabei ist!)

Ich klopfte: »Entschuldigen Sie: – können Sie mir etwa Handfeger und Kehrschaufel leihen? Und einen Eimer mit Wischlappen: für ne halbe Stunde –?« – – – Ein kleines stilles Mädchen, etwa 30, aber plain Jane, also eigentlich häßlich, stand am Tisch (ganz nette Einrichtung übrigens, obwohls auch nur eine Stube war. Aber ein großes Ding; lang; mindestens 8 Meter!); sie sah mich still und verlegen an: »Ja ...« sagte sie zögernd: »– wieso ...« und von hinten, wo hinter einer spanischen Wand wohl die Betten standen, kam eine scharfe blanke Stimme heraus: »Ja: wieso?! – Kommt gar nicht in Frage! –« Sie sprach noch mehr; aber ich zog schon die Tür zu: »Oh, Verzeihung –« hatte ich noch überhöflich gesagt: es war schön, zuerst etwas gekränkt zu werden; da hatten sie nachher gewisse

Verpflichtungen; das war dann eine sichere Grundlage für weitere Anpumpungen. Aber erst mal stand ich da!

Wie heißt das: Eine Chaiselongue ohne Kopfteil und Federn, der auch der Bezugstoff fehlt? Die Lehrermutter verkaufte mirs, und ein paar Bretter, die ich barsch zurecht schnitt und auf den (ganz soliden, nebenbei) Holzrahmen nagelte. Blieb sogar noch was übrig; wenn ich mein Koppel zerschneide, kann ich n Paar Holzlatschen draus machen; brillanter Einfall. Große Bauern im Dorf, Einer soll 28 Rinder haben: Apel heißt er (wir wollen ihn den großen Kuhfürsten nennen). Natürlich lag jetzt alles voll Sägespäne und altem Dreck; Wände hübsch weiß gekalkt; Steinfußboden. Zuschließen ließ sichs auch nicht; nur ein eiserner Riegel mit Krampe: das setzte ein Vorhängeschloß voraus: dann eben nicht. Außerdem schienen »die Mädels« immer die Vordertür geschlossen zu halten, stets steckte der Schlüssel innen. Außen ein kleines handgeschriebenes Schild, allerdings unter vornehmem Cellophan (oder Transparit; damit Wolff & Co. nicht beleidigt ist); gelobt sei Mil Gov: man weiß immer gleich, wer da wohnt. Keine Frau kann mehr ihr Alter verschleiern (wie diese Albertine Tode: das ist ein ganz dolles Ding, denn Fouqué selbst hats nicht gewußt, wie alt seine Frau war. Äußerst merkwürdig.). »Lore Peters, 32 Jahre, Sekretärin«. »Grete Meyer, 32, Arbeiterin«: Dann hieß die mit dem großen Mund unweigerlich Peters (oder gerade nicht: Arbeiterinnen sind auch saftig frech und weltgewandt wie Fernfahrer; war jetzt nicht rauszukriegen). Ich nahm den Bleistiftrest aus der Tasche (das war im Lager ein Kleinod gewesen; vor allem auch Papier; ich hatte auf das seltene Klopapier gekritzelt und sigma und tau berechnet) und schriebs dazu: Name. Auch 32. Klein dahinter wegenm Platz: Schriftsteller: war so gut wie ne Vorstellung; denn ich wurde schon durch die koketten Scheibchengardinen (Fenster mit Tändelschürzchen) diskret beobachtet. Dann ging ich nach einem Handfeger übern Kirchplatz.

Ein runder Teich lebte seit 300 Jahren in der Sandgrube. Auch Frau Schrader schmiß mich mißtrauisch raus: liebe Deinen Nächsten wie Dich selbst: quod erat demonstrandum. Zu Frau Bauer (mein Gott: der Lehrerin!) ging ich nicht: ich hatte schon einen Ruf zu verlieren. Das Klo stand adrett, dreisitzig, allein draußen; hübsches Steinhäuschen, reinliche Kabinen; wohl für die Schulkinder erbaut; das Wasser lief; superb.

»Soll ich wegen einem Handfeger bis ins Dorf rennen?!« (und da krieg ich erst recht keinen!) So stand ich wieder auf der Landstraße, frierend und tückisch.

Rrumms stand der LKW; ein Tommy sprang ab, approchierte, und fragte kurz: »Dis way to Uelzen?!« Ich tat fremd in der Sprache (Dym Sassenach) – wußte auch wirklich nicht, ob er rechts oder links fahren müsse –; sann obediently und produzierte gefällig meinen Personalausweis, blau, AP Nr. 498109. Er faltete ergeben amüsiert den Mund und nickte: laß gut sein; noch einmal hob er die Finger: »Jül – zenn!« sagte er eindringlich: Nichts. Gar nichts. Schwang sich wieder hoch: wunderbare Schuhe, US-made mit dicken Gummisohlen: hat unser Barras nie mitgekonnt: by by. Wenn ich n Handfeger gehabt hätte, hätte ich wahrscheinlich etwas gedahlt, aber so nicht; schon überschlug ich im Gehen, was ich so Alles gesagt hätte, verscheuchte die müßigen Gedanken: komisch ist der Mensch, inclusive Schmidt .... Auch die Mädel würden jetzt oben vor der Tür stehen, d.h. eine davon Schmiere; die Andere, die Peters, sicher schon im Tadsch Mahal; würde die Grete reinrufen, sich übers Mobiliar, Pritschehockerkiste, mokieren: Mitleid, Scham, bessere Vorsätze: exzellent.

Stück Pappe: geht als Kehrblech, und n Zweig eventuell. Rutenbesen. Ich war wieder an der Schonung von vorhin: der Alte hatte auch solches Schanzzeug gehabt, als er die Waldwege abstaubte. Ich rief nochmal hallo; aber es war

Niemand mehr zu sehen; er würde ja wahrscheinlich auch nicht seinen Lebensabend auf derselben Stelle verbringen. Ich ging unschlüssig ein Stück in die Schneise hinein: so Ästchen und Gesträuch abschneiden kann ich immer schlecht (bin Anti-Vegetarier in der Hinsicht); rausreißen schon gar nicht, und n Messer hatte ich nicht; so ein Mist. Schön hier. Nieseln tats auch; Brot mußt ich auch noch kaufen; in einer Stunde wars finster: das war das Wort: finster! In solcher Stimmung drehte ich wieder um: da stand der Bube unten am Eingang!

Ich sagte, atemlos: »Entschuldigen Sie, daß ich so gebrüllt habe. Ich wollte Sie nur mal fragen, ob Sie mir nicht für – – 40 Minuten – Ihr Gerät borgen können. Ich brings sofort wieder.« Und erzählte ganz kurz what's what. »Mm – Sie sind bes-timmt nich hier außer Gegend« lachte er befriedigt (das hatte er eigentlich vorhin schon gewußt; was sollte die Anmerkung: denn sie bloß so als Causeur zu machen, sah er viel zu schlau aus. Er mußte irgend was meinen. – Quien sabe; ich nicht). »Na ja«, sagte er mild; hob lauernd den Kopf: »Was wollten Sie denn da drinn?« Ich verschwiegs ihm nicht; aber ich wäre halt ein Pflanzenfreund, Wälderfreund, und siehe da: es wäre ja auch gut gewesen! Er nickte, zuerst gerunzelt, dann einverstanden: »Brave Gesinnung!« brummte er gönnerhaft: »– sehr brav. – Also 40 Minuten sagten Sie. – –« Er kratzte sich die breiten gesunden Ohren: »Nachher stellen Sie die Sachen man – an den kleinen Wacholder da hin, nich?« Ich merkte mir das Büschel: »Ja aber«, sagte ich zögernd: »Wenn Sie nun nicht da sind; – und es sieht Jemand die Sachen von der Straße: kommt rein und –«. Er schüttelte, völlig sicher, den Kopf: »Hier kommt Keiner rein«, wußte er ganz entschieden; und: »Ich bin auch immer in der Nähe . . .«. Er reichte mir den Besen, und ich dankte herzlich: prima!

Rechts trug ich die Sachen: langsam und ausdrücklich an den

Fenstern der Hartherzigen vorüber: »Lore und Grete«: oh, ihr Brüder! (Eigentlich Schwestern; ich weiß).

Am Holderstrauch: das Lied meint zwar Holunder, aber ist egal. Jetzt kratze ich mich hinter den Löffeln; es war mir doch nicht recht, das Zeug so einfach in die freie Wildbahn zu stellen; vielleicht kam er gleich (aber unterdessen machen sie die Läden im Dorfe zu, großer Fuchs!). Ich stand wie ein gemalter Wüterich, parteilos und so weiter. Regenwind bog sich um die Ecke und zischelte mir feucht ins Ohr: kanns nicht verstehen; ich zog ein braunes Blättchen, four by six, aus der Tasche, strich auf der Rückseite zwei müßige Formeln (Konfirmation = Christenkörung; und »Gebet und Notdurft verrichtet man ...«: warum sind Sie neugierig.); malte in Blockbuchstaben darauf »RECHT SCHÖNEN DANK« und knautschte es um den Schaufelgriff; döste weltblind: nein, es hatte keinen Zweck. Ich ging, langsam, mit queren Querulantenaugen: war das peinlich! Ich wieder zurück: klein lehnte es am zufriedenen Busch. Auf der Straße. Schon war Licht in einem Haus drüben. Wieder den Kopf rum: – weg war es! Da kann man fertig sein. –

So ein Wildwestkaufhaus: wo es einfach alles gibt, ein Konsumverein. Ich wartete geduldig im gelben stickigen Lampenlicht; Schilder, Reklamen, Knorrs Suppenwürfel; Margarine wog man aufs halbe Gramm in Achtelpfunden. »Ein Brot« sagte ich (hart wie Deutschlands Jugend; na: da reichts länger); »Fett«: sie schnitt, klipp, Kreuzworträtselmuster in die Marken; »Hab ich Fleisch dran?«. Sie schätzte flüchtig übers grün getönte Holzpapier: »Normalverbraucher gibts den Monat keines«, kurz und hastig, sah mich an: »Käse ist noch da« sagte sie geschäftsmäßig: das machte 2 Harzer im Monat. »Haben Sie etwa Messer und Gabel zu kaufen?« fiel mir ein; die im weißen Kittel griente mir ins Gesicht: »Nee! Dat gifft dat noch nich wedder!« und hinter mir lachte dumpf der Hausfrauenchor.

Scham überfiel mich ob meiner Weltfremdheit, zahlte 1,92 und wandelte »heim«. (Auch Papier zum Einpacken müsse man immer bringen, hatte sie mir noch eingeschärft: die Lumpen warten Alle auf eine Währungsreform!). Beim Superintendenten stand ein Riesenscheiterhaufen am Zaun; ich wollte erst nicht, aber dann steckte ich doch 2 Stückchen ein: »Laß uns, die wir Ritter der Nacht sind ...«

»Ob ich rüber gehe, nach einem Messer fragen?« Ich wußtes nicht. Ich räumte meine Kiste aus: 3 Zeltbahnen (aus Luthe; würde sich apart auf den Knöpfen schlafen, Prinzessin auf der Erbse, morgen trenn ich sie ab), eine ganze Decke, ein winkliger rötlicher Rest. Dann richtete ich sie als Speisekammer ein: in eine Ecke das Brot; pedantisch daneben die Käse, die Margarine; auf die andere Seite der Brotbeutel am Strick, den Aluminiumlöffel darauf: fermez la porte; wenn ich auf dem »Bett« saß, war sie, auf den Schemel gestellt, ein Tisch. Handtuch hatte ich noch, ein Stück Seife (Lux: in der Hinsicht waren die Engländer ganz groß zu uns gewesen; auch wunderbare kanadische Zahnpaste und Rasierseife in Tuben), Zahnbürste, Rasierapparat (mit 1 Klinge: das war auch noch so ein Ding!). Morgen mußte ich irgendwie ein Wandbrettchen machen. Und kalt wars in dem Stall; aber an einen Ofen war gar nicht zu denken; ich holte die 2 Stücke Holz aus der Tasche, legte sie in die Stubenecke, und projizierte mir wehmütig den dazugehörigen Ofen herum, mit glimmendem Feuermäulchen. O mei.

Fast dunkel: Noch mal draußen rumgetrieben; die Kleine kam vorbei und wollte eine Blechbüchse in die Aschengrube werfen. Ich überwand einen Anstandsrest (ach, es ist grausam!), holte sie ein und bat: »Verzeihung – wollen Sie die tin etwa wegwerfen – –?« Sie blieb ganz still; dann fragte sie: »– Ja, wollen Sie denn –.« »Nicht den Inhalt«, sagte ich gutmütig, »ich brauch nur was zum Trinken und so.«

(»Und so« war gut! Aber warum soll gerade ich immer Bedeutendes äußern?). »O Gott«, sagte sie; aber ich ließ ihr keine Zeit: »darf ich –!« fragte ich nochmals (und ballte schon die Hand in der Tasche: hätt ich doch bloß nichts gesagt!), und da hielt sie mir endlich das Ding hin: »Es sind Fischgräten drin«, erklärte sie schüchtern: »es hat Zuteilung gegeben.«; »Danke schön!« und weg war ich. (Mitsamt den Fischgräten; bin dann nochmal rausgegangen und hab die weggeschüttet. – Ist so ne kleine 8 ozs can, hoch und schmal, die Aufschrift konnte ich nicht mehr lesen, weils dunkel war. N bissel auswässern, wirds ohne weiteres ne Tasse!)

Licht von drüben: schön hell, wohl ne Hunderter (später erfuhr ich, daß Alle hier oben auf der Warft, einschließlich der Kirche, nur einen Zähler haben; da wird gebrannt, was bloß geht). Radio sang; ein feines hohes Pfeifen dazwischen, wie aus kühlen traurigen Weltraumtiefen; sie waren geschäftig dort oben in den Gestirnen; Zauberei. Ich widerstand der Versuchung reinzukucken (sie verdunkelten auch gleich); zog die Knobelbecher aus und legte mich hin: in Mantel und Mütze, ohne Reue; ich war nicht schuld dran; so ward aus Morgen und Abend der erste Tag. (Aber die Knöpfe müssen unbedingt runter!)

Öreland: dies hab ich am 22. 3. gegen Morgen get- (bäh! wird grade getrennt!) räumt; kein Wort verstellt! (Wie auch die andern Träume im Leviathan! Bin ein Bardur in der Hinsicht.) Also:

Öreland: Es war einmal eine große Stadt; die war auf Pfählen, schweren Pfählen, mitten in der rauhen See erbaut, es war weit im Nordmeer. Aber die Leute wurden wild und böse, obwohl täglich vom Sturm Seerauch durch die Gassen schwebte; sie soffen und prahlten, fast Alle; und unten knurrte das graue Gewell. Der Meergeist Öreland, düster und kalt, bekam den Auftrag, die Stadt zu vernichten; er legte sich um sie als brauner und trüber Nebelwulst, dicht überm Wasser. Aber als er schon mit schwerer Zunge an den ersten Bollwerken leckte, saß da ein Kaninchen – wie das dort hinkam?! – Da entschied Öreland, daß von Denen wohl Einige unschuldig sein mochten, und vielleicht auch von den Menschen; er hüllte Alles in kreisendes, in greisendes Gewölk; man hat von so einem Sturm nicht mehr erhört.

Als nun die Sicht wieder klarer wurde, war die schlimme Stadt verschwunden; nur scholliges Eis und etwa ein paar Bohlen trieben überhin. Und von den Planken aufs Eis, oder zurück, wies eben trug, sprangen zweifelhaft ein paar Menschen, Bauern in grober Tracht; natürlich saßen auch die Kaninchen da und froren.

Es war aber eine Strömung aufgekommen, die führte dies reißend mit sich fort, in den heulenden Abend und die lange Nacht.

Als der Morgen anbrach, wolkig und wintergrau, sahen sie, schon ganz nahe, ein wildes Land in schwerem Schnee: da hinein schwemmte sie der Flutstrom, in eine lange und tiefe Bucht. Über die schwankenden Trümmer klommen sie zum Strand, und die Kaninchen fuhren sogleich unter die nächsten Kiefernwurzeln. Auch die Steilwände, welche den Fjord säumten, waren schneeweiß und voll Ödwald, nach hinten stieg und stieg es unabsehbar.

Als sie sich noch umsahen, trat drüben zwischen Baum und Fels ein riesiger Kerl heraus, der Wind schlug ihm im Schulterumhang; er war wohl zweimal so groß wie ein Mensch. Er schrie ihnen zu, daß Bergwand und See und Wildwuchs zitterte: »Öreland!«, wandte sich kurz und schritt weit landeinwärts, war auch schon im Hochwald verschwunden.

Da war unter den Geretteten ein junger derber Knecht, der sagte zögernd zu den Anderen: »Ja nun – man müßte doch eigentlich – – fragen, wie?!«, und da trugen ihn auch schon seine Füße den Steinstrand hinauf, dann an den Büschen vorbei, schon waren da die ersten Bäume, und immer der großen Spur nach; das waren Schritte, da konnte er zweimal springen.

Es ging stets hart bergan, weglos zwischen den Stämmen fort, stundenlang. Endlich blieb er stehen und sah sich um; war tiefer Schnee und Wildnis, und steile Berghäupter sahen von überall herein. Da schrie er einmal mit aller Macht, was ihm entgegengerufen war: »Öreland!«; aber von den Felsen und aus dem Holz fuhr ihm nur sogleich verworrener Widerhall entgegen, so daß er den Kopf schüttelte, und rüstig rascher weiterlief.

Der Schnee wurde immer tiefer, und lautlos stapfte er unter den schwer belegten Ästen; immer höher kam er, und wenn er es recht bedachte, hatte auch die Spur längst aufgehört. Die Stille, die Stille. Er reckte sich im niedrigen Tannendickicht und schrie wieder, lauter als zuvor: »Öreland!«. Wartete. Lange. Nach Stunden federte ein Zweig; aus nadelgrünem Eismund seufzte es zurück: »Öreland«. Weither kam das Echo. Er wandte sich unwillig und stieg weiter die kahler werdenden Hänge hinauf. Weißlich war der Himmel und so flach gewölbt, daß er manchmal daran zweifelte, zwischen ihm und den Bergkuppen hindurchzukommen.

Aber einmal begann das Bergland sich wieder zu senken; wieder kamen Wald und Täler, und als er um einen Felsen bog, sah er ganz dicht unter sich, in einem kleinen Grunde, ein Blockhaus aus dunklen Stämmen gefügt. Ein Kind lief gerade über den Hof, und er rief ihm eilig zu: »Wie heißt es hier?«. Die Kleine wartete verdutzt ein wenig, rief dann verwundert: »Öreland!« und verschwand im Schuppen.

Er lief weiter, immer dem nach, was ihm ein Weg däuchte, und kam nach langer Zeit an ein anderes Tal: ho, das war ja schon fast ein Dorf! Drei, vier Gehöfte standen da, und aus dem ersten trat just ein Knecht mit rotem gesundem Gesicht und einer Axt in der Hand. Der ging zu einem verschneiten Klotz, strich das dicke Schneekissen herunter, rollte Blöcke heran, und begann lustig zu hacken, daß die Späne flogen.

Vom Weg rief unser Wanderer herab: »Wie heißt das Dorf?!« Der Andere blickte zuerst überrascht auf; aber der Frager war auch nicht größer, und die Axt hatte er. So lachte er, und sagte laut in seinem Dialekt: »Öreland«. So so. Und weiter gings.

Der Wald wurde lichter, das Land freier, und ehe er sichs versah, stand er vor den ersten Häusern einer großen Stadt. Blanke Läden; zuweilen rollte ein Wagen vorbei. Über den Platz kam flink ein junges Mädchen mit glatter Pelzmütze; er ging gleich auf sie zu und nahm die seine ab: »Öreland?« fragte er und wies ringsum. Sie sah den großen Burschen spöttisch und interessiert an: »Hm –« nickte sie und ging langsam vorüber; nach ein paar Schritten sah sie noch einmal lockend über die behende schmale Schulter. Er fühlte den kunstvollen winzigen Stich im Herzen, und lachte polternd: nein, dazu war jetzt keine Zeit!

Er sprang in seinen Klobenschuhen rüstig an der Stadt entlang und vorbei; die Felsen begannen sogleich, wurden rasch höher, und bald ging er in einer tiefen Schlucht, deren Boden leicht anstieg: die Wände wurden immer düsterer und steiler, bis sie endlich in unabsehbare Höhe aufragten und der Weg so schmal wie eine Gasse wurde. »Det er alt så mörke her«, sagte er verdrießlich zu einer ihm begegnenden Frau: »was ist das nun schon wieder –?« (im blauen Kopftuch). »Das ist die Schlucht des Berges Glimma«, antwortete sie bereitwillig und sah ihn im Weitergehen aufmerksam an. Zur Linken waren manchmal Häuser in die Felswand halb hineingebaut, vor denen auch Kinder spielten.

Nach einiger Zeit öffnete sich die Schlucht wieder auf ein wüstes Hochland; schwarze glatte Klippen standen da, als könnten sie heidnisch strenge Gesichter zeigen. Sie wurden immer größer, und zwischen ihnen, von weither, vernahm er ein allmählich lauter werdendes Dröhnen, und Donner wie von einem nahen Meer. Und da lag es auch schon vor ihm; eisenfarben und schwer bewegt. Er klomm zum Strand hinab, setzte sich ins Gestein, und besah das Wasser. Es dröhnte an den Granit; wälzte Hügel heran und zerschlug sie an den Blöcken. Er saß und horchte: es zitterte nicht, das Ufer. Das war ein gutes und festes Ding, dieses Öreland.

Dann stand er auf; da wollte er nur gleich wieder zurück zu seinen Leuten und ihnen das Alles sagen. Ein paar Äxte hatten sie ja noch; da könnte man sogleich ein Haus zimmern. Eine Säge würde er sich in dem ersten Ödhof borgen. Fische standen genug im Fjord, und sicher kam auch einmal ein Bär. Vielleicht würden sie ihm gar ein paar Nägel schenken. Er sah sich schon mit dem Papp-Paket durch die Wälder springen – – (Nochmals: ist ein wörtlicher Traumbericht!)

Angebissen hab ich das Brot einfach; Wasser aus der Büchse (hatte heißes bei Madame Bauer geholt: zum Rasieren angeblich). Sobald das Metall warm wurde, kam der Heringsgeschmack wieder durch (nachher aber wirklich rasieren!). Käse war eingewickelt in »Befreite Kunst«, Ausstellung in Celle. Auf dem Titel eine Abbildung: Barlach: »Der Geistkämpfer«: also so ein Krampf! (Gekrille). Da lob ich mir Rodins Denker! (Obwohl da auch was nicht stimmt: selbst unbekleidet macht es Mühe, den rechten Ellenbogen so auf den linken Oberschenkel zu setzen, und noch dabei zu denken!). Dabei hatte Barlach oft was gekonnt! Aber das hier war blöd. War bei uns Allen wohl so. – Wenn man bloß das verdammte Kritisieren lassen könnte! – So war mir heute Nacht, als die Fenstertafeln gelbgrau schimmerten, stundenlang, Licht schlich wohl oben, eingefallen, einen literarischen Essay zu schreiben:

»Die erste Seite«; wie sies angefangen haben, die Leser zu »ergreifen«: gibts so was eigentlich schon?

Kvinnen i mine drömmer: Drüben forderte es heraus: »In der Nacht ist der Mensch nicht gern allei-né!« (direkt tiefsinnig, nicht?!), und ich nickte trübe, dachte an das alte verbaute Schloß Akershus im Mondschein (ich als Unteroffizier Anführer der lautlosen Scharwache, spitzwegmäßig); Herrn Ludwig Holberg, bronzen vorm Theater: Du Blitzkerl, und der Nils Klim; längs die Karl Johans Gate, mischten sich Överaas, Romsdal, Framhus; ich werd lieber ein Schneidebrettel machen.

Dies getan (there is much gold – as I am told – on the banks of Sacramento; irgendwas muß man ja dudeln. – Ein Schulknabe stürzte vorbei, die Hand am Gürtel: nach seinem Bilde schuf er ihn!) Aß flink und häßlich noch ein Stück Brot: hol der Teufel die Heringe! (Und den Käse.) Wie Junker Toby. Gab noch eins zu: »Hört die Musik / singét mit uns im Chore ... (ein Kanon, mit dem uns das Nachbarzelt im Camp A schier wahnsinnig machte, bis wir Deputationen aussandten. Es gibt ja auch Leute, die Treitschke für einen Historiker halten).

Drei Buchruinen holte ich aus dem Mantel: Stettinius, Lend-lease; Smith: Topper und den armen Spielmann (der hatte in Luthe in einem Zelt gelegen, Morgensonne drum herum, ich stak im Uniformfutteral und bläkte die Augen: eingesteckt hab ichs. Und würds sofort nochmal tun; da sieht man, was Grillparzer konnte, dämonisch! Jedenfalls mehr als ich; est cui per mediam nolis occurrere noctem. Dostojewskis »Idiot« ist eigentlich dasselbe Thema, wie?)

»Wokeen heddidadd geem?« fragte er barsch. (Schorsch: heddidadd!), na dann. »Tjä: nu issad twei«, erwiderte der Kleine nörgelig und hielt ihm das zerbrochene Gerät hin. – Wie die in »Lend-lease« die Russen verhimmeln: in zwei Jahren werden sie anders reden! (Aber wir sind politisch unreif, gelt?! – Amerikaner wissen nichts!)

Lore, Lorelorelore (bin drüben gewesen: also stimmts doch: sie heißt Lore!! –). Ganz sachlich: habe erklärt, daß sie, wenn sie die Tür immer abschließen: – ob ich am Fenster klopfen dürfte? Sie hatten noch Licht, und man sah Alles: Ich, lang, schwarz und wetterwendisch; die Grete von gestern Abend klein und ruhig (wollte gleich auf Halbtagsarbeit fahren, in die Fabrik nach Krumau). Lore größer, schulterbreit und geschmeidig; sie hätte gar nicht das Sportabzeichen an der Jacke gebraucht; blasser klarer Mund, spöttische kalte Augen: Lore expects every man to do his duty; ich sah sie an und funkelte, daß wir Beide die Brauen hoben. Grete schaltete das Licht aus, und im Morgendüstern sprachen wir kluge und dumme Sachen. (Bin neugierig, ob die Postkarten alle angekommen sind – müßten eigentlich –, daß ich sie mit Arbeit und Urkunden beeindrucken kann); Beide habens Abitur gemacht, in Görlitz. Kenn ich auch; und wir aßen ein Eis am Blockhaus (wo man bis zur Schneekoppe sehen kann), gingen durch den Jakobstunnel und standen in der Bahnhofshalle. Ein Messer und eine Tasse haben sie mir geborgt; Gretel ist gut: sie will mir einen Tisch von der Firma besorgen. Wir kennen also unsere Biogramme. Haben mich mütterlich gebieterisch eingeladen, abends rüberzukommen (weil ich doch kein Licht habe!); Kaffee gibts auf die Marken noch, Seife und etwas Zucker; Lore wolltes nachher mitbringen. Und Grete 100 Mark vom Krumauer Postamt (denn ich habe 1100 Mark auf dem Postsparbuch).

Holzschuppen: sie zeigten ihn mir: ums Haus; ein Raum, größer als meine Stube: eine Ecke bekam ich. Ich griff in die Manteltasche, zog die zwei Kirchenscheite heraus und dekorierte sie hinein, symbolisch. Lore sah mich von der Seite an, hob eins auf und prüfte die rötliche Faser: »Das ist doch ...«, meinte sie mißtrauisch; zögerte, lachte, flammte stolz auf, und zeigte eine Schicht in ihrer Ecke: »Ich nehm auch meist ein paar mit«, sagte sie stählern: oh, wir Schoßkinder Lunae unter den Horden des Tages! – Ich hätte sie anbeten mögen: ich bin dîn ... (aber ob du mîn bist ... which I am doubtful of!). Sägen und hacken darf ich bei Gelegenheit; ein ganzer Haufen Rundholz ist zu zerlegen: kann ich machen: dafür sitz ich ja abends drin!

Tieck möchte ich lesen: Vogelscheuche, Zerbino, Kater, Eckbert, Runenberg. – Oh: Das alte Buch oder die Reise ins Blaue hinein!! (Wenn ich an meine verlorenen Bücher denke, möchte ich am Handgriff ziehen: siehe »Alexander« der Weltvernichtungsapparat!). – Die Misere verlesen.

Abends: Grete hat weiß Gott einen Tisch besorgt, für 60 Mark; morgen bringen sie ihn von K. in dem LKW mit, der täglich die Arbeiterinnen herumomnibusiert (Omnibus, omnibi, omnibo, omnibum etc.). Ich hatte neue Holzbrettchen an den Füßen und saß behaglich im warmen Zimmer (wenn man die Augen hätte schließen und schlafen können, wärs Frieden). Grete stopfte Wollenzeug; und wir erzählten von allem Möglichen, Gott und der Welt, besonders der letzteren. (Wenn ich tot bin, mir soll mal Einer mit Auferstehung oder so kommen: ich hau ihm Eine rein!)

Sie setzten mir hart zu: Vor allem Grete hatte die kleine Gelehrsamkeit rührend beisammen, und ich machte den tiefsten Eindruck (»Intellektueller« betrachte ich als Ehrentitel: es ist nun mal das Auszeichnende am Menschen! Wenns Alle wären, würden die Schlägereien wenigstens nur mit der Feder ausgetragen, oder mitm Mund. Wär wesentlich besser!). Aus dem Radio sang auch Rehkämpfer, mozartisch und unter Glöckchengeplapper (Hol der Teufel den Käse!). Dann: »Blende ihn mit Deinem Schein ...!« (Ist schon passiert!)

Wilhelm Elfers: ich erzählte von Wilhelm Elfers und dem Radio: hoho, es war 1924. Von der Volksschule Hammerweg aus gingen wir zu ihm, fröhlich, die Daumen in den

Schultornistern, aus Vorstadt in noch mehr Gärtlichkeit: Gottseidank war die Mutter nicht da (Marie hieß sie; Schullehrerswitwe, abends Konzerte mit Kollegen ihres verstorbenen Mannes – oh, wo seid ihr Alle: Kurt Lindenberg, Albert Lodz, Lehrer Tonn; ich werde ihnen einmal das alte Bild zeigen, wo ich auf den Stufen stehe, weinrot und grau die Strickjacke). Nun, und da hatte er auf dem Tisch ein kleines technisches Gewirre: drahtumwickelte Spule, Detektor, ein Kupferdraht hing zur Antenne, Kopfhörer, mein Herz rannte, heut sitz ich hier in Blakenhof: ich nahm die Hörer unbeholfen um die Kleinohren – da sang eine grillenfeine Geige: heute noch seh ich den Tisch und die blöde Decke drauf. Ganz leise zisterte die Musik aus der Norag (Wilhelm ging zum Klavier, konnte das Stück, wirbelte illustrierend laut in die Tasten: ich verachtete ihn unwillig, hörte nur, eine Stimme sprach Unverständliches; Musik zog fern – –). Ich nahm dann die Hörer ab; für 5 Mark 40 kauften Wir-zuhause ein handgroßes braunes Kästchen, zogen Drähte, lauschten im Blaupunkt: wo ist die Zeit hin; Fluch der Vergänglichkeit! (Noch heute hab ich das Kästel, als Piggybank, 20 Mark sind drin.)

Warum kann man andere Menschen nicht an sein Gehirn anschließen, daß sie dieselben Bilder, Erinnerungsbilder, sehen, wie man selbst? (Es gibt aber auch Lumpen, die dann)

Kaffee: Ich wirbelte mit dem Löffel den saftigen Sud, Odhins Trost. Schaum lag netzig darauf, verdichtete sich beim Rühren, ich gab hohe Drehzahl, zog den Löffel durch die Trichtermitte heraus: zuerst rotierte da eine winzige Schaumscheibe, weißbraun und noch sinnlos; dann griff der Sog die fernen Teilchen: in S p i r a l f o r m ordneten sie sich an, standen einen Augenblick lang still, wurden von der immerwachsenden Scheibe eingeschluckt: eine Spiralnebelform! Also rotieren die Spiralnebel: bloß ihrer Form halber! – Ich zeigte das Beispiel; erläuterte es am Weltall;

bewies am Analogon Rotation und Kontraktion: soff kalt das Ganze: »Kennen Sie James Fenimore Cooper?« Niemand kannte den großen Mann; also ging ich zu Bett; 22 Uhr 17 zeigte der Wecker: m e i n e Uhr haben die Tommys mir Gefangenem weggenommen, daß ich des Kompasses ermangeln möge (und die Zeit kann man außerdem noch dran ablesen; Einer hatte etwa 200 solcher Kompasse; war 16. 4. 45 bei Vechta.)

Schlaf: mit Lore in Großstadtstraßen; wir gingen, zwängten uns durch verwickelte Kaufhäuser, Hand in Hand, Licht glitzerte in unendlichen Auslagen; Gesichter wirrten sich; ich ließ die Hand nicht los.

Kurz draußen: in der fleckigen Nacht war alles geschäftig, busy motion, unruhiges Gebäum, Wind in Wolken: Wind, kalt, hier unten.

Schorsch (ich saß vor der Tür auf dem Hocker im Sonnenschein). Las eben angekommene Fouquémanuskripte (arbeitete also), und er spann; so billiges Gerede, wie 222, rote Liste; tönernes Geschöpf: sagte »Gachten« für seine paar Hauspflanzen. Und die Zeit war wie angestemmt; wir dauerten zähe aus, eiris sazun idisi, wie ein Gemeinderat. Ein Bauer zog zum Superintendenten rein, mit tunkendem Gang, als schöbe er eine unsichtbare Mistkarre vor sich her: er wolle ein Kind anmelden, wußte Schorsch (also wie die Kaninchen!).

»Tag, Lore!« sagte das Schwein! Ich hätte ihm alles Mögliche rausreißen können; hielt mich am Bleistiftstumpen fest: der verfluchte Hund; wurde ganz kalt, dachte an die verwickeltsten Preuves de noblesse: es half Alles nichts.

Als Köder: ich drehte das Blatt, den Brief König Friedrich Wilhelms IV. (1837 allerdings noch Kronprinz), so daß das Mordssiegel sichtbar wurde, zog eine zerkratzte Linse aus der Brusttasche und betrachtete es – (: also wenn Das nicht wirkt! Heute war das Paket vom Baron Fouqué gekommen, mit 10000 Mark versichert: der Briefträger hatte sowas noch nicht gehabt, sagte er. You can't have driven very far. Wenn ich bloß mal n Schnaps hätte; Apel soll welchen brauen. Apel: der große Kuhfürst).

Resolut holte sie sich einen Stuhl in das blitzende Licht. Setzte sich: neben mich! »Hier will ich arbeiten!« sagte sie (wie Undine: neben mich!!)

Ich zitierte: »Leben ist ein Hauch nur ...« »Was ist Das?« fragte Schorsch nach einer Weile träumerisch bestürzt. Ich feixte nachlässig und schüttelte: »Nichts für Sie; oder einen Schlagerrefrain: ist bereits anderweitiges geistiges Eigentum.« Aber er sah mich starr an, und flüsterte dabei schon abwesend: probierend. (Später hörte ich ihn elastisch im Flur gehen – Vorbereitung zum Dorfbummel – und tällern: »Leben ist ein Hauch nur – da da da dada. Sum sum sum – sumsumsum –«, er kauerte vorm Schrank, wühlte nach Schuhwerk, tauchte wieder auf: »Ja, und es währt nicht –«. »Ja und es währt nicht – –!« –: »Ja und es währt nicht: la-a-ang!« – Und ich nickte registrierend: Tja, c'est ça. Und armer Fouqué; ach, weg mit dem Affen. Schorsch ist natürlich gemeint. N Fußball-fan ist er auch noch!)

Ich sah hoch: flammte meine Augen in ihr Gesicht: »Uralter französischer Boden« erwiderte ich, und bewies ihr, daß 1810-13 das französische Kaiserreich hier gewesen wäre; die Böhme war die Grenze: vive l'empereur! (Was hätte jetzt Alles geschehen müssen; ich kann doch mit einer Garnitur Wäsche nicht sagen: ich liebe Dich!). »Sobald mein Buch erscheint, werden Sies sehen«; ich zeigte ihr vorsichtshalber den Vertrag; sie las aufmerksam: gelt, ich war keine Mesalliance?!

Eine geschiedene Frau! Ich war fertig; ich schluckte; ich bat verstört: »Darf ich aber Fräulein Peters sagen?« Sie erlaubte es mir nach erstauntem Zögern; auch der Tisch kam, gottlob; man hörte das Auto auf der Chaussee schurren und puten (Holzgaswagen: damit haben wir den Krieg gewinnen wollen!), und ich ging hinunter: warum hab ich sie nicht früher kennen gelernt!! (Und n Schubfach hatte er auch nicht; aber sonst stabil.)

Ich kam von hinten: da hörte ich sie sprechen: »Warum will er wohl durchaus Fräulein sagen?«, fragte sie listig (dabei wußte sies ganz genau!). Grete erklärte trübe: »Er ist halt ein Dichter, und wird die Einbildung brauchen, daß er noch der Erste bei Dir sein könnte. – Du hast immer Glück.«; sie seufzte resigniert (neidisch). Stille. Ich ging durch die Stille vorbei.

Auf Abschnitt L solltes 100 Gramm Backpflaumen pro Kopf geben; Grete wurde ganz aufgeregt und entwarf, und selbst Lore zeigte lüsternes Interesse. »Geben Sie Ihre Karte!«; ich gab den krausen Rest; sie suchte: gut! Wir hatten aber Mühe, Grete von einer verzweifelten Radfahrt zurückzuhalten: sie wüßte in Westensen einen Laden ...

Wieder vor der Tür, lustig alle Drei: das Wetter war aber auch zu verlockend. Von drüben kam Schrader, würdig erregt: setzte sich: der Ölberg war das erste Mal in der Geschichte des neuen Bundes als Skigelände benutzt worden! Erst dann machte er meine Bekanntschaft; wartete auf unsere Mißbilligung, die ihm aber nur Grete aufrichtig bekümmert spendete. Lore war mehr neugierig, was ich sagen würde: das merkte ich wohl, kopierte aber schweigend den alten Text (: eine Handschrift hat die Marianne von Hessen-Homburg gehabt: das war der Gipfel der Unleserlichkeit; bloß Wellenlinien und weite Schwünge); was geht mich Schrader an: de tribus impostoribus; einzig Gautama war von Denen ein großer Mann, gebildet. Nun, allmählich entrunzelte sich auch die Seele von Hochmerkwürden; ja: ein schöner Tag; hm (so wahr ich Leben atme: und zu was Besserem gemacht, als sich zu ennuyieren, mon vieux! Wann wird er mich wohl entern?). Er verbindlichte sein Gesicht; fragte mit der Sicherheit des zu Allem Berechtigten: »Oh?: Alte Autographen!«. Ich nickte mechanisch und stumm; sah ihn unwillkürlich im Geist mit drallen Beffchen und sonnigem Talar auf Bretteln am Ölberg lang machen: dolle Welt (Un Holland gifft dat ook noch!); »Fouqué«, sagte ich kurz um des lieben Friedens willen (obwohls ihn nischt anging!). »Ah!« leuchtete er gönnerhaft auf: »Undine: Ozean, Du Ungeheuer ...« und nickte beruhigt; ich sah ihn von der Seite an, sagte aber höflich: »Lortzings Text und Musik hat mit Fouqué persönlich allerdings nichts mehr zu tun.« »Ist es denn öfter komponiert worden?!« wunderte er sich majestätisch: »davon weiß ich ja gar nichts ...!« Nun langte es mir; er schien sich für allwissend nicht nur gehalten zu haben: nein: zu halten! »Doch!« erwiderte ich sparsam und arbeitete weiter, und schon kam mir Lores Rock beifällig ein Stück näher, zitternd (Diesem Lehrerjungen könnt ich Eine knallen!)

»Große wissenschaftliche Ausgabe?« (Oh, ich weiß schon, was die Brüder so nennen: wenn sie uns zu dem Kind noch die placenta servieren! Frau Wirtin hatt auch einen Knecht). »Eruieren« und »exzerpieren« und »Palimpsest« fing er an; Grete replizierte, und so gebrauchten wir all solch erstklassige Worte, längere Zeit. (Ein Bekannter, früher, konnte »Parerga und Paralipomena« aussprechen, daß es wie die größte Sauerei klang; war nicht dumm gewesen, der Amandus!)

Ja doch! Jetzt fiel mirs ein: »Darf ich auch einmal in Ihren alten Kirchenbüchern etwas nachsehen?« bat ich höflich: »auch zu diesem Orte hatte Fouqué Beziehungen.« Alle spitzten Augen und Ohren, und ich erklärte knapp aber präzise: über Fricke, den ersten Hauslehrer (behielt aber Einiges für mich). »Ja natürlich« sagte er mit Nachdruck; aber auch: »Falls Sie Nichts der Kirche Nachteiliges daraus eruieren wollen –«. Ich mußte fast grienen (hat er mich doch schon im Verdacht?); »Nein, nein« erläuterte ich kalt: »lediglich ein paar genealogische Daten, Geburt und Grab.« »Ein ewiges Meer –!« sagte Grete andächtig auf, und auch

Schradern hatte die grobe Anspielung ungemein gefallen: so gewinnt man in Tyskland die Gebildeten.

Flüchtlinge!: ich sah mich fest im Kreise um, lachte grell: »Da kann ich Ihnen ein feines Beispiel geben, Ladies and Gents« (Bauer war auch wieder noch angekrochen gekommen); ich nahm die altgelben rieselnden Blätter heraus, bellte die Stimme: »1687« sagte ich und hob wütend die Oberlippe: »Austreibung der Huguenotten –« und las:

Kurtze Nachricht von meiner Flucht aus Frankreich: um in diese fremden Länder zu kommen, meine Gewissensfreiheit zu suchen, und unsere geheyligte Religion ausüben zu können:

Es geschah zu Rochelle, der Haupt-Stadt des Landes Denis, bey der ein Meer-Hafen war, Anno 1687.

Ich war von meinen Brüdern und Schwestern die Älteste, und in Abwesenheit meiner Ältern die Erste im Hause; da noch fünf jüngere von meinen Geschwistern, wovon das älteste zehn und das kleinste nur zwey Jahr alt waren. Die Erlaubnis hatte ich von meinen lieben Eltern erhalten: keine Gelegenheit, wann sie eine ereignete, vorbey gehen zu lassen, wo nicht mit Allen, doch mit einem Theil unserer Familie aus dem Königreich zu fliehen.

Den 24. April desselben Jahres 1687 kam ein guter und getreuer Freund, welcher wegen der üblen Folgen und harter Strafen, die desfalls gesetzt waren, nicht genennet zu werden verlangte, mich zu benachrichtigen, daß ein kleines Schiff oder Fahrzeug nach Engelland abgehen würde, und er, auf sein Bitten, den Captain des Schiffes bewogen hätte, vier oder fünf Persohnen mit zu nehmen; und daß in diesem Schiff nicht mehr Platz übrig sey, als vor fünf Persohnen: er müßte zu dem Ende ein Faß Wein ins Meer werfen, und uns in den Platz zwischen Saltz verstecken; denn er liefe Gefahr, wenn es entdeckt würde Alles zu verliehren, und verlangte daher zur Schadloshaltung eine große

Summe Geldes. Alles dieses hinderte mein Vorhaben und unseren Accord nicht. Ich bat unseren ungenannten Freund, daß er den Schiffs-Capitain mit sich, früh morgens drey Viertel auf Vier, zu mir bringen möchte, damit niemand von unsern Nachbahrn etwas mutmaßete, und ich mich unseres Freunds zugleich als eines Dolmetschers und Zeugen unseres Accordes bedienen wollte.

Der Accord ward gemacht; ich versprach dem Capitain vor jeden Kopf derer fünf Persohnen 200 Thaler, die er mitnehmen würde; das war also eine Summa von 1000 Thalern frantzösischen Geldes. Die Helfte sollte er, ehe wir abgingen, empfangen, und den Rest alsdann erhalten, sobald er uns in Engelland in Chichester (einer Stadt daselbst) ausgesetzt hätte, wohin er uns zu bringen versprach.

Da ich nun in Beyseyn unseres Zeugen den Accord gemacht, so nahmen wir Abrede, daß die Einschiffung den 27. Aprill, des Abends um 8 Uhr seyn sollte. – An diesem Tage zogen ich, zwey von meinen Brüdern und zwey von meinen Schwestern, uns aufs sauberste an (und was uns möglich war, mit zu nehmen; die Umstände erlaubten es nicht, uns anders zu kleiden); ich nahm die Hofmeisterin der Kinder mit, uns zu begleiten, weil diese von dem Geheimnisse wußte.

Wir stellten uns, als wenn wir uns nach dem Schloß-Platze, einem Ohrte wo täglich des Abends vornehme Leute sich einfanden, spatzieren gehen wollten. Gegen 10 Uhr, da die Gesellschaft anfing auseinander zu gehen, schlich ich mich von denen Bekannten weg; und anstatt nach Haus zu gehen, nahmen wir einen ganz anderen Weg, nehmlich nach dem Ohrte hin, den man mir angezeiget hatte, ohnweit des Teiches. Hinter demselben fanden wir eine offene Tür; wir gingen hinein; wir stiegen Treppen ohne Licht und ohne einen Laut von uns zu geben in die Höhe; wir blieben daselbst bis 1 Uhr hinter Mitternacht, da unser Freund mit dem Capitain erschien. Ich sagte zu dem Capitain, daß mich nichts mehr schmertze, als meine kleinste Schwester zurück zu lassen; sie wäre noch dazu mein Pahte; sie läge mir sehr am Herzen, ich hielte mich daher noch mehr verbunden, sie von der Abgötterey abzuziehen, als alle Anderen. Dieses konnte ich nicht ohne große Hertzens-Betrübnis und Ströhme von Tränen vorbringen: ich versprach dem Capitain Alles was er haben wollte, und vielen Segen vom Himmel, wenn er dieses gute Werk verrichtete. Meine Rede und Thränen rührten ihn dermaßen, daß er sich anheischig machte, sie auch mitzunehmen, wenn ich ihm dagegen versprechen könnte, daß sie kein Geschrey machte, wenn die Visitasters daß Schiff zu durchsuchen kämen, welches an zwey oder drey Ohrten mit denen Degen geschehen würde. Ich versprach es ihm in der Hoffnung, daß Gott meine Hülfe seyn und mit diese Gnade angedeihen lassen würde. Sogleich eilte mein Freund und unsere Hofmeisterin, sie zu holen, aus dem anderen Theile der Stadt, wo wir wohnten. Sie nahmen das Kind aus dem Bette, wickelten es nebst den Kleidern in eine Decke, und trugen es in der Schürzte hierher; Gott wollte es also, daß Niemand das Geringste davon gewahr wurde. Das kleine Kind, welches mich ausnehmend lieb hatte, freute sich sehr, mich wieder zu sehen, versprach mir auch, recht fromm und stille zu seyn, und nichts zu thun, als was ich ihr sagte. Ich zog sie an und wickelte sie in das Übrige ein.

In eben der Nacht, um zwey Uhr, kamen vier Bohts-Knechte von dem Ufer, trugen uns Alle auf ihren Schultern (ich meine kleinste Schwester im Arme) auf das Schiff, und an den Ohrt, den man vor uns zurecht gemacht hatte: der Eingang dessen war so klein, daß Jemand darin sein mußte, uns nach sich zu ziehen; da wir denn so eingetheilt waren, daß wir zwischen dem Saltze saßen, und keine andere Stellung nehmen konnten; so machte man die

Öffnung hinter uns zu, so wie es gewesen war, so daß man nicht das Geringste sehen konnte. Es war so niedrig, daß unsere Köpfe oben anstießen; dennoch bemüheten wir uns Alle, den Kopf gerade unter den Balken zu haben, damit bey dem Durchsuchen nach der schönen Gewohnheit uns die Degens nicht treffen können.

Sobald man uns also eingeschifft, ging das Fahrzeug unter Segel; des Königs Leute kamen und durchsuchten es: wir hatten das Glück, weder den 28. als auch die zwey andern Mahl entdeckt noch gefunden zu werden. Der Wind war uns günstig, und brachte uns gegen 11 oder 12 Uhr aus dem Gesicht aller unserer Feinde der Wahrheit ...

»Atemlos lauschend« –?: das kommt nur in Romanen vor; die hier hatten Alle herbe Bronchien; sogar Grete nieste mitten rein. Ich brach ab: es wurde zu viel auf einmal; um die Spannung wieder herzustellen, sagte ich kurz: »Nächstens mehr; s geht noch weiter: 17 Jahre war sie damals. – Die hat dann auch hier ganz in der Nähe lange Jahre gelebt; ist auch da gestorben.« Schon war die Neugierde da: »Und sie steht auch zu Fouqué in Beziehung?« fragte man; »Ja«, erwiderte ich, noch der Geschichte nachsinnend: »es war seine – Urgroßmutter.« Suzanne de Robillard aus dem Hause Champagné. »Ein tapferes Mädchen«, und Grete würdigte das (war dieselbe Sorte). Also klaubte sich Jeder das heraus, was ihm besonders zusagte; Schrader die Glaubenstreue (la Faridondäne, la Faridondon; Dondäne dondäne, dondäne, dondon); um ihn endlich zum Schweigen zu bringen, erwähnte ich kurz den anderen Verwandten, der dann sogar zum Islam übergetreten war: Marquis de Bonneval – mein Allah! Sie finden ihn in jeder Weltgeschichte – und seinen Harem avec des belles Grecques: »Ist das interessant!!« sagte Lore angeregt: »oh: Sie müssen uns Alles erzählen ...« (Alles: verlaß Dich drauf!)

Rest des Nachmittags: faul und bösartig. (Wie Gott vor der Schöpfung).

Kurzgeschichte: Nachtdunkel; Mondfinsternis. Einer hockt geschäftlich am Wegrand. 2 kurzsichtige Mathematiker bleiben davor stehen und debattieren, obs ein Baumstumpf, Stein oder Mensch sei. Man will zur Probe mit dem Stock drauf schlagen. Gefühle des Dasitzenden.

Vorher Zähneputzen: so, Gebräch wär wieder ausgekratzt. Nun noch mal raus, und dann zur soiree.

Im Klo: Eine plärre Kinderstimme kam heran, herein: sang dabei: Schön Annchen von der Mü-hüle / saß eines Abends kü-hüle / auf einem weißen Stein: / auf einem weißen Stein. – Wasser; verhallend: ... in Samt und Seide schweheben ...: der Verfasser wußte auch, was zieht!

»Lore ist tanzen!« Ich saß stumm und kopierte; 19 Briefe und Brieffetzen des Generals Fouqué an seinen Bruder, a mon tres cher frere, Henry Charles Frederic Baron de St. Surin in Celle: war das manchmal schwer, mit den zerfallenen Rändern und dem altmodischen Französisch! Grete half, wie sie konnte; abers war nicht viel; außerdem hatte sie ja auch andere Arbeit (Stopfen und Flicken).

»Ich möchte furchtbar gern auch etwas für die Wissenschaft tun«, sagte sie still: »aber wie soll man das machen. Ich meine: – man hat ja keine Anleitung, und nachher ist Alles Unfug gewesen.« Sie sah mich an, und wir ventilierten kurz dies wichtige Thema: Stellen Sie sich vor: da liegen in den Großbibliotheken tausende von Manuskripten; Dichterhandschriften, Urkunden, was Sie wollen: Wichtigste Dinge; und nur in diesem einen einzigen, also höchst gefährdeten Exemplar vorhanden. Denken Sie nur an die Bombenangriffe! (Sie nickte gespannt): Wie wichtig wäre es, wenn von jedem wenigstens noch eine Abschrift – oder gar mehrere: mit der Schreibmaschine! – existierten, an einige Stellen verteilt: und das kann Jeder machen. Jeder höhere Schüler. Jeder Erwachsene; auch mit »nur« Volksschulbildung. (Ja!) Dann: Material sammeln für biographische Arbeiten: Daten aus den alten Kirchenbüchern holen. Oder: Wer macht uns ein vollständiges Namensregister zu den 200 Bänden des »Gothaer«: es gibt unendlich viel Arbeit für jeden Willigen, auch den einfachsten Mann; und wie dankbar wären die Wissenschaftler für solche Unterstützung! Sie saß mit spähenden Augen: »Ja«, meinte sie: »das müßte man dann aber auch überall sagen und lehren, schon die Lehrer in den Schulen. – Das möchte ich auch machen –« und sie wies ehrerbietig und schüchtern.

»Cellophan kann ich Ihnen mitbringen«, sagte sie ganz eifrig und saß näher: »wir machen doch drüben welches im Werk. Und da sind ganz viel Abfälle. – So wie hier!« Sie schlüpfte in eine Ecke und trug eine perlmuttern spiegelnde Rolle heran: »Ja: nehmen Sie«, sie legte Alles neben mich: »und wenns nicht reicht, bring ich Neues.« Sie brachte auch eine große Schere, und ich zeigte ihr, wie man die morschen Blätter ganz genau und fein verpackt: nun konnte man sie wieder bequem handhaben. Sie atmete tief und rührend begeistert; ». . . Wir packen Alle ein«, bestimmte sie: »dann halten sie wieder ein paar hundert Jahre.« Ich sagte verbissen: »Sehen Sie: das ist auch schon eine gute Tat; Sie wären eine Mitarbeiterin. – Das ist viel besser, als das elende Froufrou in der Literatur zu machen, wozu ich leider verurteilt sein werde.« Wir schnitten und falteten.

» Tüt. – Tüt. – Tüt: tüt: tüt«: 22 Uhr: Wir übermitteln Ihnen das hamburger Zeitzeichen. »Übermitteln« und »hamburger«; noch gedunsener gings nicht. Wir schnitten und falteten.

»Geht Fräulein«, sagte ich: »– Peters –; eigentlich oft tanzen?« Schnitt und faltete. »Ja«, sagte sie trübe: »fast immer sonnabends und sonntags.«

(Als ich später ging): »Warten Sie nur noch«, lud sie ein: »ich muß ja ohnehin wach bleiben, bis Lore kommt.« Aber ich ging; sie will ja auch mal allein sein; sich waschen oder so.

Ist Mitternacht und Guldmond drin: Platzeinsamkeit mit starrem leichtem Wind. Klo dunkel. Zurück im blauen Raume soff ich vom steinkalten gepreßten Strahlwasser, bis ich den

Bauch prall am Koppel fühlte. Drinnen schrieb ich auf rauhes Mondpapier:

Dichter: erhältst Du den Beifall des Volkes, so frage Dich: was habe ich schlecht gemacht?! Erhält ihn auch Dein zweites Buch, so wirf die Feder fort: Du kannst nie ein Großer werden. Denn das Volk kennt Kunst nur in Verbindung mit -dünger und -honig (Keine Mißverständnisse: sonst mögens Wackermänner sein, aber schlechte Musikanten!) – Kunst dem Volke?!: das jault vor Rührung, wenn es Zarewitschens Wolgalied hört, und bleibt eiskalt gelangweilt beim Orpheus des Ritter Gluck. Kunst dem Volke?!: den slogan lasse man Nazis und Kommunisten: umgekehrt ists: das Volk (Jeder!) hat sich gefälligst zur Kunst hin zu bemühen! –

Anzüglichkeiten treppten und steppten mir noch lustig weiter im Gehirn; aber ich zog mirn Mantel an, zum Schlafen.

Hoho!: Stimmen, Schritte, flottes Gelächter. Ich trat breit ins Fenster und sah zu. Die Tänzer kamen nach Hause: 3 Mädel, 2 Kerle; schmusten, dalberten, klatschten sich zum Abschied auf die Schultern (und Lore immer dazwischen mit Gang und Wortschatz eines gefallenen Engels). Samba, Samba: noch von fern näselte Einer süß aus den Hüften und im Boptakt: Allerdings / sprach die Sphinx / dreh das Dings / mehr nach links /: und da gings / : oh, Deutschland, mein Vaterland!

Kam, sah, stand: Der Mond mochte nicht gut auf uns zu sprechen sein, denn er gab bares wildes Licht in die trennende Glaswand: wir standen einander gegenüber wie zwei Gewitter: Lore und ich. Meines mochte weiß sein; ihr dunkles Gesicht entgrenzte windiges milchiges Haar. Zu reden war nichts; deshalb lachte sie nur einmal kurz, und kam dann ins Haus. Schloß langsam ab. Raffiniert langsam. (Dann ging schon drüben die Tür; Grete gab Licht). –

»Mein Lehrer und Gönner, Bischof Theophil Wurm.« Ich er-

schrak so, daß ers merkte und erläuternd mit der Hand wandwärts wies, zum gerahmten Foto: weiß Gott: Theophil, Wurm und Bischof; Manchen triffts hart! Er hielt mich Niedergeschlagenen für ergriffen, und murkste weiter in seinen Erinnerungen. (Schrader nämlich; er war heut Vormittag frei, da der Krumauer Primarius Konfirmanden und Kandidaten exerzierte, und ihn nicht leiden konnte: beatus qui solus. – Er hatte promeniert und gesehen, daß wir auch nicht in die Kirche gingen: Grete hatte Arbeit, Lore tat so, und ich gab mich als Ungläubigen zu erkennen: und irgendwie kamen wir aufs Schach.)

Also spielen wir: Er war der typische alte Remis-Fuchs, hatte leidliche Theoriekenntnis (ich kann ja nischt mehr!); wir trennten uns 1/2 : 1/2. Dennoch war er überrascht und proponierte zukünftige matches (hat mich wohl heimlich primsigniert, daß er mit mir verkehren kann. – Also dieser Wurm: ich erinnerte mich an Bilder, die ich in meiner Kindheit gierig aus billigen Illustrierten gesammelt hatte: Johann Jakob Dorner: Wasserfall im Hochlande; Joseph Anton Koch: Heroische Landschaft; Franz Sedlacek; Dier. Aber kein Wurm.)

Morphys Armen entrissen: jetzt kamen Bücher dran. Na ja. Ich erinnerte mich, daß ich bei einem Theologen war und schwieg.

»Sie müssen ihn mal waschen«: ein alter heller Schweinslederband: Luther (oder die Guyon, was weeß ich), aber scheußlich speckig; und in sein gefaltetes Gesicht erläuterte ich wohlwollend: »Mit Salmiak. – Der Einband ist noch ganz fest: der wird wie Elfenbein! – Machen Sies mal –«, und gab ihm den alten Schinken wieder. Er hatte vielleicht gedacht, daß ich mirs ausborgen würde; aber so weit war ich mit meinen Nerven noch nicht; wenns noch Scheibles Kloster gewesen wäre. Um ihn loszuwerden, sah ich lange und leer vor mich hin, während er noch pikiert in dem Ding blätterte (bf: nee, dann lieber noch uffm

blanken Zementboden; immerhin wollte er mir die Kirchenbücher »demnächst« rauslegen: dafür dankte ich ihm herzlich und aufrichtig, und entwischte, sobald ich konnte. Außerdem heißt »demnächst« bei Denen bestenfalls in 4 Wochen!)

»Unentschieden« erklärte ich zu Lore: »er stochert fürchterlich langsam in den Figuren«. »Na, immerhin« nickte sie befriedigt: »damit schneidet er nämlich immer auf.«

Gerührt: sie haben mir sogar ein Schüsselchen Kartoffeln zu Mittag gegeben, und ich habe den letzten halben Harzer dazu gegessen (der für den ganzen Monat reichen sollte: da entfällt halt das Abendbrot; après moi ...)

1714 Menschenhandel: Fürst Leopold (der alte liebe Dessauer) schließt mit dem Landgrafen Dingsda von Hessen-Kassel einen Vertrag, daß er für jeden demselben übersandten Biber einen langen Rekruten eintauscht: so leem wir alle Tage! (Na, im Massenbach kriegen sie ihr Fett!)

»Eljen« sagte Schorsch und kam vornehm längsseits; »Banzai, banzai« erwiderte ich verwundert, doch rasch gefaßt: was will der Muff?

Politisch: wir trommelten unsere Brüste: ahumm, ahumm, und ließen Ideal um Ideal raus. »Sie sind ja Alle zu Hakenkreuze gekrochen!« – »Weil sie mußten!« behauptete er. »Nee, nee« erklärte ich ihm verächtlich: »die fühlten gar zu heldisch beim Badenweiler oder Egerländer: 95 Prozent der Deutschen sind – auch heut noch – echte Nazis!« Schloß die Augen; sah – Callot: Les misères et les malheurs de la guerre – die Bäume voller Generäle: da hingen sie samt unsern politischen Invertebraten, Franz neben Hjalmar; und pfiff gellend ein Gemisch von Völker hört die Signale und allons enfants (aber mehr allons!)

Dann: »Die Russen tun immer dicke, daß ihre unvergleichliche rote Armee den Krieg gewonnen habe; allerdings erwähnen sie nie dabei, daß Deutschland bloß mit einem Arm gegen sie kämpfte, und Amerika lieferte.« »Ein

Single: Deutschland – UdSSR wäre für die Letztere genau so ausgegangen wie für Frankreich.« Meinetwegen. »Den Krieg hat nur Amerika gewonnen!« Meinetwegen.

Recht hat er! Die Regierungen sind nie viel besser und nie viel schlechter, als das Volk, das ihnen gehorcht. – Wie lange wirds dauern, und sie werden Millionen Reisläufer bei uns suchen; und finden.

Wanzen-Hoffmann: angenehm: Schmidt. »Früher (33-45 sic!) ist Alles besser gewesen!« »Alles?!« fragte ich ironisch (dachte an Kz, Aufmärsche, Bombenstädte, etc, etc.) »Alles!!« antwortete er scharf (hat wahrscheinlich unter Hitler ne feine Stelle in der Muni-Industrie gehabt. Nu, laß ihn; er war mir zu blöd. – Später erfuhr ich, daß er tatsächlich in der Eibia, Krumau, Bomben gemixt hatte; projizierte ihn wiederum an Callots Bäume).

Die Tiere!: Das Gespenst der Freiheit erhob sich vor ihnen, und sie rieben sich ratlose Hände! (d.h. ich mußte auch immer noch einen Anlauf nehmen; aber ich erinnerte mich doch stets wieder blitzschnell der seligen Jünglingszeit, wo man vor keinem Menschen hatte strammstehen brauchen, es kein »Ehrenkleid« gab: hei! Wie war ich durch die Nachtfunkelei gelaufen, auf dem Fahrrad über die Hohwaldchaussee gebraust, hatte hastig vom starken dunklen Biere getrunken, augenweit und haarumwallt. Noch kamen die Bilder in meine Träume, that on their restless front bore stars, auf meine ruhelose Stirn. Oh, ich war bereit zu jeder Rebellion gegen vieles Geehrte! Ich.)

»Ja: ich bin scha nur ein Rei – taun die Sehnsuch treibmich weitanach Konschie – ta.« trällerte er düster. – »Polvo di bacco« (Backpulver) sagte er und lachte boshaft ob des Kalauers (dann kann man ihn auch al fresco schlagen, quelqu'un avec quelquechose!)

Exzellent (der Pokal!): nun, davon später!

Blakenhofs Tagesgespräch: Ein Radfahrer stieß am Sportplatz mit einem Mädchen im Trainingsanzug zusammen ...

»Er erlitt eine schwere Erektion und mußte ins Krankenhaus eingeliefert werden« ergänzte ich mechanisch: Gelächter. – Sport; viel vom Sport (»Autoren boxen gegen Verleger« fiel mir ein: ich atmete tief und begeistert, und stellte mirs vor) Schorsch und Sport: er war von jener Sorte, die Hans Albers und Max Schmeling für Hamburgs größte Söhne halten, und lud mich ein, dem Fußball zuzusehen. (Ich hab kein Interesse für Sport: schwimmen kann ich fischmäßig; radfahren; mit jeder Hand einen Zentner heben – d.h. heute auch nicht mehr: früher). Also schön: gingen wir zum Sportplatz. Er im hellgrauen schneidigen Anzug, schlug den Weg durchs Dorf vor; ich ging den kürzesten, gleich hinten runter.

Mädchen; viele Mädchen: mit Verführerschein Klasse II-IV. Aber die Meisten in so ärmlichen Fähnchen, daß Gott erbarm; die Mäntel aus Tommydecken, hellgrau und steif, nichtsnutzige Futterale. (– Na, nichts für mich. – Die Welt als Vaudeville, mit mir in der männlichen Hauptrolle: so konnte ich mirs schon als Knabe nie vorstellen; eher wie ein finsterer schrankbestandener Korridor, durch den man mit gesenktem Kopfe hinschoß: nichts für mich!)

TSV Blakenhof – Germania Westensen: sie sprangen tödlich umeinander herum; aber der Kleine war flinker: es gelang ihm, mit einer hyänisch kriechenden Bewegung an dem Anderen vorbei zu kommen, und mein Begleiter schrie auf: »Tulle!: Tulle!!« ... Da war ein Dritter da, trat wie zufällig den Kleinen mit dem rehfarbenen harten Schuh gegen den Bauch, daß der jaulte, sein Unterleib ging los wie eine Kanone, und das klang widerlich zum zarten klaren Schiedsrichterpfiff.

»Na?!«: (Gott, sah der blöd aus mit der Glatze über dem OA-Gesicht!) Ich blickte ihn mitleidig an: »Wäre es nicht besser« sagte ich vorsichtig (wie zu'm Kranken) »wenn man diese 22 – nee: 23, und die Zuschauer – während der anderthalb Stunden irgendwo in Hannover oder Hamburg

Trümmer räumen ließe? Wenn die mit ihren Markknochen da eben so ran gingen ...« Er verstand nur kindlich langsam: wurde wutrot: ein Ideal war angegriffen; so Vieles hätte jetzt gesagt werden müssen: er schwang den Hut; er drang mit gefälltem Hut auf meine Richtung ein – da rettete uns das Aufbranden der Menge: –:

Er pedipulierte mit solcher Geschicklichkeit, daß er förmlich auf dem Balle zu schweben schien, eine haarige schwitzende Fortuna, eine wollsockne: so wehte er strafraumwärts, bis der feindliche düstere Verteidiger ihn mit einer Hüftbewegung umwarf: loin du bal. – Mitten in der allgemeinen Ekstase dauerte es mir zu lange; ich ging mit einem verächtlichen Blick: Affen ringsum. (Wie überall.)

Winziger Spaziergang im Dorf: Fachwerkhäuser; Kleinbauern, Großbauern: alle mit Pferdeköpfen (nicht weise Houynims, sondern oben am Giebel). Aber es war so kalt, daß man bis in die letzten Zipfel fror (auch schon Mürrisch-Gewölk und der Wind hallte Brands-Haide herüber); man hat halt nichts in den Knochen. – Die Flüchtlinge mit ihren verfluchten Schuppen und Gärtchen und sinnlosen krummen Zäunchen machen die aparteste Landschaft zur Sau! (Ich bin selber Einer, aber Alles hat seine Grenzen!)

Lange gedankenlos gestanden: ist ja beim Militär exerziermäßig geübt worden: die Mädchen würden auch froh sein, daß sie mich mal n paar Stunden los sind. (Morgen früh kann ich überhaupt Holz hacken!). Dämmerung schlich mit schweren Körben über die Felder; dreimal spähte das hagere Sbirrenantlitz des Mondes aus den Wolkengassen: dann senkte ich den Kopf (war zu faul zum Zurücktreten).

Besoffene (gibts also auch noch; na, die brauen selber); sie traten sehr stark. Der Eine lüsterte: »Du, die müßten mal ne Atombombe in'n feuerspeienden Berg werfen: das würde spritzen: Mann!« und sie lachten kehlig und unbestimmt genital. Zwei Menschen, blieben sie auf der Straße vor mir stehen, studierten mich Schwarzen und den schwarzen Hintergrund. Mir zu lange. Ich sagte höflich: »Alau tahalaui fugau«, aber Keiner rührte sich (hilft also auch nichts). Sie horchten kurz; dann sagte der Eine flink: »Duder: – kommta raus ...« und sie wackelten eiliger weiter.

»Ach so: Sie sind das –« sagte der Alte beruhigt. Er war aus dem Walde gekommen, über den kleinen Graben gestampft, und stand nun breit neben mir, einen Knüttel in der Hand, daß es eine Pracht war. »Ischa zu unsicher jetz« erklärte er wohlgefällig und ließ das Ding besichtigen und loben. »Na: und wie sind Sie da so unnergekomm?!« ich erzählte ihm sparsam von der Misere; vom Zupperndenten, und daß ich demnächst an die Kirchenbücher ranginge. »Wie komm Sie denn da auf?« fragte er scharf, und ich erläuterte ihm milde (in Anbetracht seiner Verdienste: Schaufel und Handfeger): Fouqué – sein erster Hauslehrer Wilhelm Heinrich Albrecht Fricke – dessen Mutter – deren Vater. »Ähä!« machte er zu Dritteln nörgelig, überrascht und gedankenvoll: »Na dann. –« Er raspelte sich mit der linken Hand den Hinterkopf: »Na, dann s-teen Ihn ja sicher noch allerhand Überraschungen bevor. – Ich komm noch n Stück mit. Bis zum Kirchweg.« – »Wohnen Sie eigentlich dort drin?« fragte ich müde waldwärts; es brummte neben mir (war schon ganz dunkel): »Richtung Ödern« gab er ungefähr an, lenkte aber sofort wieder auf mich um: »Und in Celle waren auch viele von den Brüdern?« meinte er neugierig: »iss gaa nich weit von hier, nich?! Ich hab da auch wohl n Bekannten. – Schöne S-tadt. – Hm«

Hände im Dunkeln: wir schüttelten sie uns, wie es Kräftigen ziemt. »Na dann.« »Aber son S-tock müssen Sie auch haben« mahnte er: »Sie könnten da wohl mit umgehn.« »Ja: woher« fragte ich gleichgültig: »Soll man denn andauernd klauen?! – Schön wärs schon.« »Na, – ich werd ma zusehn« sagte er, etwas ärgerlich anscheinend (aber warum?)

– und: »Na, dann viel S-paß noch für den Herrn Auen!« »Schön Dank: Gut Nacht!« – »Wiedersehn!«

Und blieb betroffen stehen: Ich hätte nie gedacht, daß zwei schutzlose Mädchen derart schnarchen könnten. Ich neigte den Poller; – horchte; – schüttelte ihn: großer Fuchs!! Oder war ein Kerl drin?! – ! – Ich klaubte die Faust aus der Tasche, weiß und knotig beim Mondspan: ich freß Dich ohne Senf!! –

Doch wohl nicht. Ich klopfte schüchtern; Grete war sofort da: »Ja? – Ach so« schloß von drinnen auf; floh jungfräulich hinein: »Sie schließen wieder zu, ja?!« Lore fragte schläfrig: »Wie spät ist denn? – Neun?: Gott: ein solider junger Mann!« (Ein freches Geschöpf!)

Zum Frühstück geschlafen: Vom Sport fiel mir noch ein: Byzanz, die Blauen und Grünen im Hippodrom: genau wie bei uns an der Avus. Und wenn Schanghai fällt oder Berlin wackelt: das Wichtigste für die New-Yorker ist, daß Leo Durocher angeklagt wurde (wohl der Trainer der »Giants« oder so) – Lebendige Geschichte: ich könnte ihnen den »Kosmas« schon mundgerecht machen!

Ostwind: eiskalt aber klar. Ich ging hinüber und wollte den Schuppenschlüssel. –: »Ja, das ist recht« sagte Lore: »Wir haben nämlich morgen usw. Wäsche – Waschküchenbenutzung ist genau geregelt – und brauchen Holz. – Zum Feuern ohnehin auch.« Grete kam (ausm Dorf, einholen): »Denk mal,: der Lebke unten soll 537 Mark im Toto gewonnen haben ...« Das neue Golkonda.

Flüstern. Lore rief mich zurück; sie fragte streng: »Was haben S i e eigentlich für Wäsche?!«. »Die können wir gleich mit waschen!« Ich senkte den Kopf: ich war doch keine gute Partie. »Ziehn Sie mal den Mantel aus!« bestimmte sie wissend; Besichtigung;: »Kommt ganz am Schluß mit rein.« »Hemden und Unterhosen geben Sie jetzt gleich rein; Strümpfe und Pullover« (richtig; sie war verheiratet gewesen und kannte Alles schamlos genau). »Je ein Stück«

sagte ich dumpf; sie waren einen Augenblick still; dann meinte Lore resolut: »Ja: also was Sie anhaben. Und sonst Nichts ...?« Nichts. »Ja, was ziehen Sie dann in der Zeit an...?« Nichts. Sie mußten lachen; aber es war ja auch doll. »Na ja. Hm« räusperte sie sich: »dann ists desto schneller fertig.« – »Ich helf natürlich mit« sagte ich fest: »ein großer Teil ist ja eigentlich Männerarbeit: Auswinden vor allem wohl.« Sie pfiff anerkennend und hob das klare kalte Gesicht: »Erstaunlich! –« sagte sie: »Bon! Wird angenommen. – Du: da werden wir vielleicht endlich mal an einem Tage fertig!« Aber Grete hatte Bedenken; sie wisperte bekümmert hinter dem Wandschirm, und wurde erst durch Lores hochfahrendes »Ph« gestoppt: »Herr Schmidt wird schon andere Sachen im Leben gesehen haben, als ein Paar Mädchenschlüpfer.« Das kann man wohl sagen: Unteroffizier bei der schweren Artillerie, mon enfant.

Entkleidet: ich betrachtete voll Grauen und Scham meine Wäsche: bloß gut, daß es nur fünf Stück waren. Ich verkroch mich blitzschnell in die rohe Uniform; das kratzte wie die Pest; und abfärben würde das billige Schwarz auch noch: der Neger schlägt, man glaubt es kaum. Ich legte mit geschlossenen Augen die dreckigen und zerrissenen Hülsen auf die Diele, und bat angeekelt: »Möglichst nicht ansehen!« »Ach du lieber Gott« sagte Grete mitleidig: gute Grete. Aber ich mußte noch einmal zurück, Lebensmittelkarte vorzeigen: »Prima: hier ist auch noch ein Waschmittel dran«: das war eine Freude. »Aber taugen tuts Alles nichts« sagte Lore düster: »na, ich geh heut Nachmittag noch mal runter.« – »Eine Säge?« – »Bei Frau Bauer! Ich sprech aber nicht mit ihr.« »Ich geh schon«.

»Guten Morgen, Herr!« Sie strahlte mich mißtrauisch an (war das Anpumpen wohl schon gewöhnt); auch ich umfassend verbindlich (soll ich mal die Jacke aufmachen?): »Die Säge hat der Herr Schrader drüben.« Wir knixten und lächelten

noch ein bißchen: ja, auch das Wetter war sehr frisch: fahr zur Hölle.

Am Holzstoß lehnte sie, eine Bügelsäge; ich nahm sie gleich mit: nicht Roß nicht Reisigee / schützen die steile Höh / : wo Fürsten stehn! (Was sich Willem damals immer so dabei gedacht haben muß! Wies in solchen Köpfen aussieht, wird unsereins nie begreifen!)

Säche, liebe Säche: und stumpf wie ein greiser Dorfpfarrer (Die müßte Lang mal in die Kur nehmen). Dafür war die Axt ein Bihänder wie aus dem Rolandslied (»Lagestu in thes meres grunt« ... wär mir auch lieber gewesen!)

»Ist die Post schon durch?!« Lore hatte nichts gesehen: »Ich klopf an die Wand« – Richtig; es trennten uns ja nur zwanzig Zentimeter. Eine Zeit, in der die Menschen so auf Post lauern, kann nicht gut sein! Nach einer Zeit kam sie herum, Kontrollkommission, und war sichtlich betroffen: ein Drittel der Wand war mit aufgeschichteten Scheiten verkleidet: doppelt sogar. Selbst auf dem Holzklotz sah sie aus wie meine Göttin.

»Denn er hat ja keine Heimat mehr ...«: Zwei näselnde Stromer auf dem Platz draußen (wir und uns sahen sie gottlob gar nicht. Für arbeitsscheue Hofsänger müßte man stets Lorbeerkränze, kinstliche Blumänn und ähnliche nichtswürdige Präsente bereithalten; stellen Sie sich das Gesicht vor, wenn man damit applaudierend herausstürzte: dem Künstler eine gleich göttlich unnütze Gabe.) »Singen ist immer noch einfacher als Arbeiten« bestätigte sie heiter: ging das auch gegen mich?! »Viel einfacher!« sagte ich beleidigt. Sie ließ erst die Monarchen vorbei, und glitt dann hinaus; eine Kaaba war der Hackklotz geworden; na, einen Stamm nehm ich noch. – –

Wie zu einem Nachtwandler sprach sie: so vorsichtig: »Sie müssen unterschreiben« sagte sie tonlos: »Kommen Sie«. Ich ließ die Säge stecken: nein, ich zog sie in lustvoller Selbstquälerei heraus, legte die Axt pedantisch auf einen

Balken, Heautontimorumenos, haspelte an der Tür, und kam.

»*Na also*« sagte lütt Grete, treuherzig und seifenhändig. Und Stille. Wir standen um einen Tisch herum, und das Paket lag drauf: violette Marken, weinrote: eine größere weiße: ein Dollar.

»*Ich* hab auch schon an meinen Vetter in Südamerika geschrieben« sagte Lore, sehnsuchtneidisch. – »Na: hoffentlich ist was Feines drin«, und sie wollten sich drücken; aber ich faßte an Jeder eine Hand, ich ließ sie nicht fort. Stumm. Und sie blieben; d.h. Grete holte Werkzeug, zumal eine Stopfnadel, und polkte die Knoten auf: »Prima Schnur«. Wir hatten uns auf mein Bett gesetzt und sahen untätig und geschäftig zu; Lore bewegte die Schultern (saß wohl auf einem Zeltbahnknopf); dann untersuchte sie wirklich die Bestandteile meines Bettes: Bretter, zwei Zeltbahnen, eine graue Decke, ein Deckenrest (rötlich: hatt ich wohl schon gesagt!) Sagte nichts. Grete machte vier Bindfadenringel und sah mich an; ich nahm ihr das Messer ab, durchschnitt den breiten Klebestreifen, und wir falteten das doppelte feste braune Papier ab: Alles daran war unschätzbar. Aber nochmal war der große Karton umbunden: also: Grete. Lore hatte schon die Adresse vor der Nase, und fragte von der Kaaba her: »Ist das Ihre Schwester?! Lucy Kiesler?!« »Tjawoll« sagte ich großspurig; »thats her« (jetzt wird nur noch amerikanisch gesprochen). Wieder drei Ringel. Und ich atmete tief, zögerte noch einmal und begann: obenauf eine Lage Zeitungen: New-York-Post. »Vorsicht!« schrie Grete auf: »Es ist Zucker drin!« Richtig: es knisterte weiß: ganz vorsichtig; (sie holten schon ein Schüsselchen)

»*Ah!«:* Bunte Büchschen, weißblechne tin-Köpfe, geheimnisvolle Zeitungsziegel: es roch nach – –

»Bohnenkaffee« sagte Lore ungläubig: 1 Pfund Bohnenkaffee.

2 Schachteln Camel: »Was denken Sie, was das heißt für

Sie!« »Dafür kriegen Sie alles Mögliche!« – Dexo: »Was ist das?« las ich aus den Fragestirnen, und überflog den emailleglatten Text. »Backfett« sagte ich: »kenns aber auch nicht weiter.« In einem milden Seidenpapier: blütengelb und elfenweiß: 2 Stücke complexion soap: sie senkten wehmütig die Gesichter und schnupperten so enthaltsam, daß es mir im Herzen weh tat; ich füllte Jeder eine Hand (Grete weiß, Lore gelb; rote war keine dabei, daher nahm ich die zunächstliegende Farbe): prompt legten sie die Knollen wieder auf den Tisch. Ich wollte auch noch weiter auspacken; ich sagte unmutig: »Also hören Sie: ich sitz alle Abende drüben bei Ihnen, in Licht und Wärme, und darf Sie stundenlang ennuyieren:« Sah von Einer zur Andern: sie schwiegen verstockt; ich machte die Kiste auf und sagte: »Hier: ich hab auch Eins.« Richtig, es war das Brüsseler Stück Lux; sie sahen stumpf hin, aber es wirkte doch etwas; sie atmeten und schwiegen. Also: ich legte ihnen noch einmal die Stücke hinein (Sie hatte wunderbare Hände, und bei Grete gings wesentlich schneller). Ich zog sie blitzschnell weiter von Gegenstand zu Gegenstand: 2 Pfund Rohrzucker, Jack Frost, granulated. Tee: 16 federleichte Papierbeutel am Faden: »Der wird Euch schmecken« dachte ich (Dachte; mußte ja vorsichtig sein mit den Bälgern). Mor-pork: Schweinefleisch. »Das ist mehr als ne Monatszuteilung. Doppelt so viel« sagte Grete; aber hielt das Fäustchen brav geschlossen.

Zerbröckelt: eine dünne silberne Tafel Schokolade: ich riß das Papier so geschickt und schnell auf, daß sie nicht widersprechen konnten; griff ein paar Dreiecke, schob sie durch abwehrende Hände und beteuernde Lippen hinein. (Mir auch!) Sie bliesen: durch die Stumpfnase, durch die Rassenase: sprechen konnten sie ja nicht, und auch ich lutschte, wehrte mit der Hand weiteren Unsinn ab. (Machte die Grete nicht schon wieder die Hand auf? Ich drehte die Augen blitzschnell einmal herum, daß sie erschrak und wieder zumachte. So was!)

»Eine Rolle Garn«: Grete griff danach: »Noch Eine« sagte sie andächtig. »Aber Lila«, warf ich ein, auf die unmögliche Farbe blickend. Sie schüttelte stark den Kopf: »Das ist egal!«; Tränen traten ihr in die Augen: »Seit vier Monaten haben wir keine Zuteilung mehr gekriegt. Und das waren 50 Meter weiß, damals!« Ich schlug vor (scheinbar nachdenklich die Hand am Kinn): »Wenn Sie mir meine Sachen mit nähen, können Sie eine behalten.« Ich wurde grob: »Ja denken Sie denn, ich will mir was draus weben?! Ich hab doch nich mal ne Nadel!« (Richtig: auch mein Nähschächtelchen hatte einem Tommy gefallen, konnte wahrscheinlich auch als Kompaß gebraucht werden: armes England.) »Ich näh Ihnen Alles!« Sie schluckte weich und schwor zehnmal durch Kopfnicken. »Und wenn mir mal n Knopf fehlt, können Sie den auch noch zugeben!«: »Ach ja!« Dann kamen Pfeffer. Zimt. Kakao. Wir rochen und trampten durch Urhaine. Dann –

Ja, ich mußte mich setzen: »Schaffen Sie erst mal die Seife und das Garn rüber, und dann kommen Sie« sagte ich klanglos. 5 Sekunden; dann waren sie wieder da. »Soll man da nun lachen oder weinen?« forderte ich ein Urteil heraus; Grete griff hinein und hob 2, dann Lore und hob die letzten Beiden: 4 seidene Schlipse (und vor Jedem von uns Dreien stieg das Bild meines Wäschehäufchens auf: is this a dagger which I see before me?)

»Ja, die können sich halt gar keine Vorstellung drüben machen, wies bei uns aussieht!« schlug ich vor. »Wunderbar –« sagte Lore: »Zwei sind mit Seide gefüttert: kuck mal die Farben!« Aber Grete war jetzt entschlossen: »Die werden umgetauscht« rechnete sie ruhig (ich nickte sofort): »Sie brauchen ja – ja, Sie brauchen ja Alles.«

Ein Wickelkind: ich rollte weißlichen weichen Stoff ab, ab; ab:

innen ein Marmeladenglas, damson plum. Aber der Stoff war merkwürdig; die Fachmädchen drehten ihn murmelnd. »Rund gewebt« (Grete); »Das ist Trikot« (Grete); zwei straffe Arme dehnten ihn messend: »Fast zwei Meter« (Lore). Verlegenes Schweigen; also noch eine Lage Zeitungen. Ich lachte wild und verstört auf: »Ja, ist das wirklich an mich?!«; es waren nämlich ein karierter Rock und eine quittegelbe Bluse. Auch kariert. Leicht getragen. Noch mal Zeitungen. Schluß. Ff: Blaßviolette Streifen drin und schwarze (in der Bluse). – Ich sah hoch; auch sie besichtigten es stumm: nickten still: feine Sachen.

Überblick (wir sortierten und beschlossen). Kaffee, Zigaretten, Schlipse, Kakao –: umgetauscht. »Das hier verbrauchen wir!« sagte ich hart. Zeitungen werden studiert (viel Frauenmoden drin: da werdet ihr ganz schön drüber sitzen; ich weiß!). Blieben Rock und Bluse, und 2 yards Ringelstoff.

Ich stellte mich vorsichtshalber vor die Tür: ich hob die Hand wie der Arringatore, runzelte die Stirn und dozierte: »Sie kennen alle Leute hier in der Gegend.« Sie konntens nicht abstreiten. »Wogegen ich durchaus fremd und verdächtig bin!« »Nein! Verdächtig nicht!« sagte Grete bieder;: »Nein!«; schüttelte noch einmal; atmete. »Außerdem k a n n ich sowas schlecht« nervös: »also: wenn Sie den Umtausch übernehmen wollen – Sie tun mir w i r k l i c h einen großen Gefallen!« Ich sah bittend umher: »Wir machen das ganz sachlich: Sie bekommen für Ihre Arbeit das Zeug hier (d.h. Rock und Bluse): w i e Sie sich einigen, ist allerdings Ihre Sache.« Ich hings Lore über den Unterarm; aber Grete meuterte: »Das kostet doch ein paar hundert Mark heute. – Und so was Gutes kriegen Sie nicht mal!« – »Schöner Wollstoff« sagte Lore, die langen festen Finger tief im Rocksaum: »und ganz weit umgeschlagen ...«

Aber jetzt drängte Grete wild zur Tür: denn ich wiegte den Ringelstoff lang über den Armen, raffiniert wie ein orientalischer Shawl-Verkäufer, lächelte schwelgerisch und vieltausendnächtig. – Ich sang aus: »Ich brauche – als Eigentum! – das Eßbesteck; Tasse, Untertasse, Teller; eine Schüssel. Dazu den Blechkanister, der im Stall liegt.« (als Waschschüssel nebenbei –): »Nun? – Ein solides Geschäft?!« – »Es ist der Teufel persönlich« murmelte Lore ehrerbietig; was ich als Einwilligung auffaßte und ihr das Gewinde über die Schulter legte. Dann warf ich sie raus.

5 Minuten wartete ich: dann ging ich mit dem restlichen Zeug hinüber. Nur die Zeitungen behielt ich erstmal.

»Hemdchen!« hörte ich vor ihrer Tür Lore sagen: »einfach abgeschnitten; oben und unten ganz leicht gesäumt: Trägerband für die Achseln haben wir noch! – – Mensch: das ist die Rettung für Uns. Das werden 3 Stück! Ohne weiteres!« »Nein; zwei.« sagte Grete fest. »Drei!« (Lore). Pause. Pause. »Zwei.« sagte Grete ruhig, aber so, daß die Große sofort nachgab. Ich trat ein (zur Ablenkung).

»Natürlich!« ich durfte die Sachen in den Schrank stellen.

Ganz schnelle Beratung: »Als Wichtigstes brauch ich« zählte ich an den Fingern: »einen Spind – ganz einfachen Soldatenschrank. Einen Stuhl.« – »Ein Oberhemd, und –« Grete überwand vor Dankbarkeit die Scham: »eine Unterhose. – Und Strümpfe.« sagte sie. »Eine Glühbirne.« Da fiel mir etwas ein; ich wurde kunstvoll bedrückt; stockend begann ich: »Ich habe noch eine Bitte! –: Sie wissen ja, ich hab keinen Ofen, kein Holz, keine Töpfe. –« Kurz: »Wieviel Kartoffeln kriegt man für ein Pfund Kaffee?! – Sie müssen aber mitessen: dafür machen Sie mir dann jeden Tag mein Mittagessen zurecht.« Ich sah flehend in die dünnen Gesichter (es war ja auch wirklich abscheulich für mich, wo ich nicht kochen konnte; und ja auch Anderes zu tun hatte.) »3 bis 4 Zentner« sagte Lore vorlaut. »Wir brauchen ja auch jeden Monat n Zentner« meinte ich stirngerunzelt: »März, April, Mai, Juni – paßt grade – nicht?!« Und wir sahen unsicher zum Hausmütterchen Grete hin:

die fing unvermittelt an zu weinen, little Dorrit: »Wir sind spottschlechtes Volk« sagte sie: »Beide. Und Sie sind auch schuld, weil Sie uns sowas anbieten! –«. »Aber ich machs«, schloß sie dumpf, und machte ein düsteres Fäustchen: »Wir sind so verhungert! – –: Ich machs« – Jetzt spielte ich meinen letzten Trumpf aus: »Was ist eigentlich mit der Wäsche?« fragte ich wie erwachend: sie schrieen auf und stürzten zum Einweichmittel.

Die heizbare Steppdecke: ich sah noch immer auf das verführerisch bunte Bild, wo eine amerikanische Schöne soeben lächelnd ihr Mittelstück vorwärmte. Kopfschütteln. Nochmal. Unwillkürlich mußte ich auf mein Lager gukken: ein dreifach Heil dem Sanitätsgefreiten Neumann.

»*Und ich* hab ihm damals nicht mal n Handfeger geborgt« erinnerte sich Lore reuevoll in der Waschküche. (Exzellent: siehst Du!!)

Um 1 mußte Grete in Krumau sein; sie nahm auf dem alten Herrenfahrrad Platz und klapperte los. Wir entwarfen noch rasch den Feldzugsplan: Nachmittags schlafen gehen; ich steh um 23 Uhr auf, auch Lore. Sie beschickt den Kessel; während ich heize, geht sie rüber, und macht Essen für uns Drei (Hier raunte ich ihr ins Ohr, und sie lächelte: spöttisches Geistergestrahle: ich geb den Rest meines Lebens für 8 Tage: das sagte ich aber noch nicht!). Um halb Eins essen; um Eins fangen wir, mitten in der Nacht, an zu waschen: dann hängt um – na 8 oder 9 alles auf der Leine. (Und Frau Bauer ärgert sich grün!) Muy bien.

»*Rührkartoffeln!*« rief ich ihr noch nach! – Wetter kühl; sehr kühl: aber klar. (Rührkartoffeln: großer Gott, seit wieviel Jahren das erste Mal wieder?! Magnus nascitur ordo.). Holz muß ich auch noch in die Waschküche schaffen; wie gut, daß jetzt Papier und Pappe zum Anfeuern da sind.

Wie mit Fäusten raste der Wecker, besinnungslos, übern Romsdalsfjord, über delphinische Wasserklippen; ich zog mit leerem Kopf die Schuhe an, schaudernd in dem kratzigen Zeug.

Poch, Poch? – »Ja: sofort!« (das war Lore; hatte also auch den leichten nervösen Schlaf): »Ich warte draußen!«

Draußen: Mond buckelte still hinter stillen gelben Wolkenfronten. Wer weiß, ob Herrschaften in der vierten Dimension nicht alle 10000 Jahre ne Zeitraffer-Aufnahme von unserem Weltall machen: da ist die Erde nur ein Plattenfehler!

Mit hartem Schritt auf den Platz; weiter vor zwischen Kirche und Haus Schrader (Wurm: also so was!). Weit im Norden bewegte sich ein Licht: wars ein nächtlicher Güterzug?: Gott, welche Bilder drängen bei jedem solchen Wort auf einen Soldatenmenschen ein! »Nächtliche Güterzüge!«: ich senkte den Kopf, fluchte, und knarrte zurück: da prellte breites Licht aus einem Mädchenfenster.

Sie kam mit Glühbirne: »Tag, Herr Interlokuteur« knixte (wunderbar!); der Schlüssel ging von Hand zu Hand wie ein stählerner Kuß: »Sie sind groß: Sie können so rauf langen«; kann ich, Lore, kann ich. »Wenn sie drin bliebe, würde sie sofort geklaut werden.« Ich nickte, zutiefst überzeugt (würde auch keinen Augenblick anstehen; hab selbst keine). Sie hatte ein Tuch um den Kopf gewunden; breite weiße Stirn, schmales listiges Kinn.

Ich wandte mich roh: ich sagte scharf: »Wie alt ist der eigentlich?!« –? –: »Der Vetter aus Dingsda!« Sie lachte geschmeichelt: »Och: – reich und unverheiratet (kokett!). – So: 55!« Da wird zufrieden gebrummt. Weiter Wäsche einseifen und in den Kessel hinüberschwenken.

»So!« Ich hatte schon 5 Minuten sinnvoll im Feuerloch hantiert. »Also Sie machen jetzt Feuer; wenns kocht, klopfen Sie ans Fenster – ach Quatsch: an die Tür natürlich. – Das wird vielleicht anderthalb Stunden dauern. Ich mach Essen –« Wir lächelten, Gourmands, und atmeten tief: gesegnet sei Mrs. Kiesler! »Anschließend trinken wir Jeder Tee«

sagte ich: »mit Rohrzucker!« Les mille et une nuits. (Galland war ein großer Mann; nicht der Flieger, sondern der alte Literat 1646-1715). – Gut.

Allein: Der Ofen zieht gut; oder: es brennt superb: ist dasselbe. Viel Zeit zwischen jedem Anlegen, immer so 5 Minuten, zum Spinnen. (Aber kalt ist es ohne Mantel und Wäsche: grausam!)

Zartes Gestirn zittert im Ruhegewölk: Viermal schrie es ums Haus: Wish-ton-wish. Wish-ton-wish: Käuzchen. Großer Mann, der Cooper. Das ist der Fluch der Soldaten: nie allein sein können; hier war ich allein: endlich! Kalt, ja: aber endlich allein. Nur drüben hantierten und schliefen die beiden; das ging noch an.

Mit einem eisernen Haken: vorm Ofenloch kauernd: da glüht Alles fremd und edelsteinern, aber so klar, daß man hinein möchte. Salamander sind keine so dumme Hypothese. Not so bad, not quite so bad. Und natürlich fielen mir Hoffmann ein, und Fouqué: mein Fouqué: den möchte ich sehen, der davon nur halb so viel weiß, wie ich! Wenn jetzt die Fee Radiante vor mich hin träte, und mir drei Wünsche frei gäbe ... ich spreizte die Hand und kniff den Stoppelmund ... drei Wünsche ... (ich werde Euch was pfeifen; denn am Wünschen erkennt man die Menschen, und ich bin nicht Sir Epikur Mammon!)

Blakenhof: ein Licht. Die junge Frau Müller soll ein Kind bekommen. – »Kinder binden« (Sollen sich lieber n Tandem anschaffen: da sind sie noch mehr aufeinander angewiesen!)

»Es kocht!« Jetzt war sie frisch und sachlich zurechtgemacht. »Gut« sagte sie: »in 15 Minuten komm ich wieder; das Essen ist auch soweit: soll ich die Büchse aufmachen? ...«

Ich machte 6 Scheiben daraus: dicke! Und Grete briet sie selbst. Sauce aus irgendwas mit einem Eßlöffel! Dexo dazu: sie hatten vor Entzücken aufgeschrieen, als sie das schneeweiße Fett sahen! – Oh! (Apel will 4 Zentner für den Kaffee

geben, sagte Grete) – Ach, ist das wunderbar: man kann nur den Kopf bewegen. Essen, Essen: Oh: Essen!! –
Und schon kochte das Teewasser; sie hingen die Beutel in die Gläser mit den silbernen Henkeln (ich kriegte meine große Steinguttasse; schildert Mohammed nicht so die Wonnen des Paradieses?), und auch der Rohrzucker wurde nicht geschont: »Das war was« sagte selbst Grete.

Waschen, Auswinden; Waschen, Auswinden: wir arbeiteten wie die Diesel. Und sie waren begeistert, wie schnell's ging (Wäsche auswinden ist keine Frauenarbeit, s kann Einer sagen, was er will!). Und nun weiter: 140 Stücke sinds, glaub ich.

Heiliger Antropoff: tat mir der Rücken weh! (»Mitternacht ist vorüber: das Kreuz beginnt sich zu neigen.« hatten Humboldts Gauchos immer gesagt: demnach wärs also bestimmt 12. – Tembladores fielen mir ein, mit allen Geschichten und Widerlegungen, und die ganze voyage equinoxiale prozessionierte heran, so daß ich entrüstet an was anderes dachte: ein gußeisernes Gedächtnis ist eine Strafe!!)

Die starke schwarze Morgenluft, in der ein Endchen Mond flakkerte. Zinnern zog der Tag über den Sportplatz heran: zähe; auch Bauers rührten sich. »Der Schorsch ist ein großer Affe« sagte Lore verächtlich. So ausdrucksvoll, daß es auch Einen von der Mon-Khmer Gruppe überzeugt hätte.

Jetzt wurde es rosa: aber auch gleich so gemein rosa, wie in einem Mädchenpensionat um 1900; als sei nichts passiert; schamlos. Und ich trug die nächste Wanne mit auf den Wäscheplan hinterm Haus, wo Grete verfroren im weißen Geflatter kämpfte. »Die Klammern reichen nicht!« krähte sie durch Festons diskrete Dinge: selbst mein Gelumpe war sauber geworden.

7 Uhr 30: Fertig! »So zeitig hats noch nie geklappt!« gestanden sie. Und besahen mich stolz. »Jetzt schlafen wir wieder bis Mittag, wenn Grete gehen muß.« Auch ich war wie

Stein und Holz; wir trennten uns gähnend (aber das Essen war gut gewesen!: man hatte tatsächlich noch keinen Hunger; God bless her.)

Ich trat hinein: mädchenhafte Vasen standen straff auf Konsolen, blauer Schmelz und Linien der Jugend; Pokale in Schränken, metallene Schreinlein; Petrus mit dem Schlüssel Terminus in Greisenlocken (laut Stägemann). Im nächsten Raum Bilder: Trinkende Frauen; Landschaft im Odenwald; Muscovius stand da, im Predigerhabit, mit der Amsel auf der lächelnden Hand: dunkelbrauner Rahmen: das war gut. Eine alte Truhe: 1702 ... Eisleben ... Henry Cha ... (schwer zu lesen!). Ich ging langsam weiter durch das Museum: auf umglasten Tischen viele Abdrücke babylonischer Siegelzylinder; die hatte ich als junger Mensch stundenlang und gierig besehen: Greiffe in Perücken standen wie ihresgleichen inmitten der Menschen, Stilbäume bogen sich blättersimpel über Einhörner: Vollbärte waren auch damals Mode. Hinter mir an der Wand lehnten zwei Mumienschreine: einer noch geschlossen; das andere dicke braune Gesicht beobachtete mich überlegen, göttingisch, ägyptisch. Moderne Malerei: »Rote Form«, und: »Zwei Menschen«, Plastik, als altes Fahrrad. Ohne mich. Rüstungen gafften aus hohlen Visieren; Fouqué pflegte so was mit Rührung zu betrachten: »... darin einst ein kühner Leib gewaltet hatte ...«; ich ging kühler an den Konservenbüchsen vorbei, und trat in die letzte stille Halle: groß, groß.

Aus der Seitentür trat ein Alter, händegepflegt, mit fremdenführergroßem Maulwerk, weißes geschäftigtes Haar; alt, groß und klapprig: watch out for flying parts. Ich nahm ihm das Messer mit einer Gebärde, die etwa den Wert einer mittleren Ohrfeige hatte, und schnitt stirnrunzelnd die dicke Papierschnur durch, die die Flügel des Triptychons geschlossen hielt. Sie schwangen leicht und weit aus. Ich ergriff meine Oberarme mit beiden Händen und stand.

Und. Sah. (Und andauernd stänkerte der blecherne Alte hinten vorm Eckgetäfel).

Links: Erster Akt: ein Zimmer. Am riesenbreiten Schreibtisch der Wernigeroder Herr, recht rotentrüstet und hoffärtig: nannten sich die Buben nicht Hoheit? Der nasenfeixende Sekretär daneben, geschwungener antiker Frack, schlank und billiger Jesuitentyp (als wenns einen teuren auch gäbe!). Der Mann im Vordergrund hob soeben schweigend die Bücher auf, die man nach ihm geworfen hatte; mittelgroß; in langgetragener Demut blieb der Rükken; die Hände mit den vernachlässigten Nägeln faßten still um die alten Formate. »Das ist der Bibliothekar Schnabel« schrotete der Alte mir im Genick »und der Herr sind ungehalten – oh!«; ich hieb ihn mit dem Hinterkopf in seine Ecke und ballte die Backenmuskeln: da sah ich, wie Schnabels Gesicht unter dem Arm hervorkam; ich hatte ein verschlossenes, verschossenes, erwartet; aber nie, auch beim trocken-genialen Hogarth nicht, sah ich so wildes boshaftes Grinsen, solch erhabenen Hohn über sich und die Welt (auch den Fürsten; auch Gott, natürlich). Hier war nichts zu tun, als wegzugehen; ich neigte mich wie im Tressenrock (und das Altmaul plapperte!)

Rechts: eine ärmliche Dachstube; auf einer Art Chaiselongue stirbt er. Ein sachlicher Mann in schwarz und weiß als Arzt; Pfeffer und Salz. Eine reife Haushälterin ringt, besorgt um sich, die Hände. Aber das lappige graue Gesicht blickte im herzstockenden Gemisch von Todesangst und Lächeln, oh Schweiß und Übelkeit, übers Fußende zur Tür, wo geisterhaft durchsichtig, und nur für ihn die lange Reihe hereintrat: Albertus Julius und Cornelia (Bergmann); Litzberg, Jünglinge, Mädchenkinder; und dem schandharten Bett, wie aus Zeltbahn lags über Brettern, nahte sich heiter und ehrerbietig-kühn Wolfgang der Seefahrer: er hatte die Hand des Meisters gefunden und zog ihn leicht, hoch aus dem Erdengestank: denn es mochte ein

Boot draußen warten: dann zum Schiff: und dann fort: ach, fort! (Und hinten kommentierte der alte Fant wie ein Germanist)

Dahin: Dahin!: Aus der Tafelmitte strahlte, gewaltig groß, die Insel: weiße Wände über dröhnendem Meer: o du mein Exil! Ich konntes nicht ertragen; ich drückte den Kopf auf die Fäuste, und heulte und fluchte quer durcheinander (Aber mehr fluchen: you may lie to it!) – Ich habs ja auch schon anderswo beschrieben.

Halbwach: ich klaubte die Glieder vom »Bett« hoch und schludderte mit sandsteinernen Füßen zum Tisch. Ich schrieb einen flehentlichen Brief an Johann Gottfried Schnabel, esquire,: er solle wieder einmal ein Schiff von Felsenburg schicken, botenbemannt: die würden durch die Straßen gehen zu Tag und Nacht in weiten rauschenden Mänteln, und in alle Gesichter spähen, ob wieder welche reif wären, Gequälte, wild nach Ruhe, den Inseln der Seligen. Sofort müßte man aufbrechen, nach einer Hafenstadt: in Amsterdam hatte Kapitän Wolfgang immer angelegt; ich wußte wohl und fluchte mit verbissenen Augen nach dem Entschluß.

Lore sah herein: da sprang ich mit ihr zur Wäsche (sie trocknete sehr schlecht; aber es ist ja noch 3 Stunden hell, und der Wind geht recht munter: never say die. – Das Bügeleisen borgt Grete immer bei Frau Schrader)

Müssen morgen noch mal raushängen. Die Hälfte ist – tja, ich würdes ja auch noch feucht nennen – aber man belehrte mich in gewichtigem Tone, daß dies »bügelfertig« sei.

Wie Hackelnberg, der wilde Jäger, kam Grete auf der alten Arcona an; das klapperte so erbärmlich (ich seh morgen mal alle Schrauben durch; die Handbremse funktioniert auch seit Jahren nicht mehr). Sie billigte unsere Behandlung der Wäsche: »Ich geh gleich noch mal rüber zu Frau Schrader: da kann ich dann morgen ganz früh mit Plätten anfangen«. Ich winkte Lore gebieterisch und fürstlich und sie eilte zum Tee: aus so einem Beutelchen kann man 4-5 mal Tee machen: »Und dann tun wir sie zusammen; und ich kochs nochmal« sagte Grete glücklich: »einen Schrank hab ich auch schon!«. Und sie erzählte, daß früher bei der Fabrik – im Kriege – viel Fremdarbeiter gewesen wären, in Barakkenlagern, auch Alle soldatenmäßig eingerichtet. Und da wär jetzt noch Einiges da: alte Tische, Feldbetten, Schränke. Und der Geräteverwalter wäre ein Lump und rauchte; diese Verbindung erschien mir bedenklich: ich erklärte gekränkt, daß auch ich bis vor zwei Jahren ... sie lachten artig, und weiter gings: für 10 amerikanische hätte er sich bestechen lassen, einen Einmann-Spind für 60 Mark offiziell zu verkaufen: und da nun die Zigarette schwarz 6 Mark kostete ... »Also für eine Schachtel –« sagte ich verblüfft; und Grete nickte tapfer und pfiffig: »Er ist noch ganz fest; allerdings so grob gestrichen: blaugrau und zerkratzt. Aber ganz fest noch!« –: »Na also!«

»Was eulst du denn immer draußen rum?!« fragte Lore gereizt, als sie das zweite Mal ihr Teeglas verließ (vornehme Gläser, das: sah hübsch aus, die Mädchen mit den Gläsern; aber ich lob mir mein Steinkrükchen), und in die flache Dämmerung irrte. »Apel kommt doch noch« erklärte sie verwundert: »heute Abend mit den Kartoffeln: er fährt hinten am Sportplatz lang, und –« sie sah mich unsicher an: »– dann müssen wirs in'n Schuppen schaffen«.

Lore hatte das Vorhängeschloß in der Hand und zählte (auch!) die Säcke: »Drei!«. Ich schnob wie ein Wind; war doch nicht so leicht, immer die hundert Meter den Hang hoch mit einem Zentnersack im Genick! Und die Kiste füllte sich: Grandios: »Ssaotgut« hatte Apel kurz gesagt: w a r e n auch schön; rote und gelbe. Als ich mit dem letzten Leeren runter kam, plauderte Grete noch ein bißchen, bereitete schüchtern weitere Konsumationen vor (wenn noch Eins kommt, könnten wir ja schon ein paar Pfund Speck erhandeln! Welch ein Gedanke!!) – Ich nahm den kleinen Breitschultrigen kurz beiseite (war ihm schon als der eigentliche Eigentümer der Sachen vorgestellt worden); er zögerte, grinste, na endlich: auch Schnaps machte er. Wir schüttelten uns fest die Ehrenhände: Mann hatte den Mann erkannt; außerdem konnte ich als Hamburger sein Platt fast täuschend nachahmen; wir schieden als Komplicen.

Mit einem Licht an der gefüllten Kiste: Grete, notgelehrt die Tür mit der Hand schattend, sah rührend aus: was ist eine Madonna mit dem Kinde gegen dieses Bild der kleinen Flüchtlingsfrau mit den Kartoffeln! (Und die Lichteffekte waren frappant, wie in der »Abendschule«, oder bei Schalcken).

Morgen Abend werd ich wieder n Hemd anhaben.

Lore oder das spielende Licht

26. 7. 1946

Ein Klavier plimmte schüchtern, und Gretes biederes Sopranstimmchen beteuerte, daß ihr nie der Schlummer nahe, bevor sie nicht »ihn« gesehen hätte; und ich widmete einige Augenblicke ruchlosen Betrachtungen (draußen strahlte und funkelte Alles: also ein Strahl- und Funkeltag!).

»Haarig ist die Kokosnuß« pfiffen zwei Tippelbrüder auf der Landstraße.

Und aus Brand's Haide: »Du Schtruhkupp – Du, Du!« lockte die Wildtaube. (»Lore! – Sind Sie soweit?!«)

»5 Minuten!« rief sie: »5 deutsche Reichsminuten!« Und sie kam lange vorher: ein rotes Kopftuch aus Fallschirmstoff, eine Tasche baumelte: so gingen wir in die Wälder nach Beeren und Wurzeln; vor allem nach Pilzen. (Grete wollte uns am Abend abholen).

Drüben saß Pfarrer Schrader in der Laube, erhitzt und ältlich (kann Jedem passieren), wohl über der Predigt; er gähnte, wie ein Unbeobachteter pflegt, unter einem Barett von unglaublicher Flachheit; kratzte sich unterm Arm; wieder. Endlich brach er einen breiten Zweig vom Jasmin und wedelte sich langsam (in seinen Amtsferien nahm er sich, gleich Epikurs Göttern, keines Dinges an, sondern saß in der Laube, trank Fruchtwasser, und las im Luther – oder der Guyon, was weeß ich: jedenfalls in den schon erwähnten speckigen Bänden, die er immer noch nicht gewaschen hatte). »Sehen Sie? –« sagte ich düster und neidvoll angeregt: »Das tun viele Primaten ...« und zitierte flink aus dem Brehm: Bruce, Hornemann, Pechuel-Loesche – es verfing alles nichts: ich mußte mit! (Aber ein belohnendes Lächeln war mir geworden: was wollte ich mehr!)

Ebbes Heiliges: Von der Seite hatte sein Gesicht einen superhimmlischen Ausdruck; das Klo hinterm Haus, halbrund, wie eine Apsis.

Beim Hinuntersteigen: (und der Sonnenpfau prahlte am Himmel) die weiten Horizonte, waldumkränzt, meilenfern: Menschen im Fernrohr: ein Ideal: man sieht sie wohl, aber hört, riecht, fühlt sie nicht. (Die Lautlosen, Bungelosen, Stillen.)

Dürftiges Fenster: die örtliche Tauschzentrale: Bügeleisen, alte Kleider und Schuhe, Automobil gegen Litfaßsäule; vorbei, vorbei.

»Sie müßten eine Sichel tragen« sagte ich gebannt; sie öffnete fragende Augen, oh Nasemundundwangen (Lalla Rukh heißt Tulpenwange!), und ich erzählte ihr von Pschipolniza, der Mittagsgöttin im wendischen Ried. Dann: pfeifen: »das Mädchen aus dem goldnen Westen« (Puccini und der Abbe Prévost; verflucht, daß alles sterben muß; der liederkundigste Mund, und wenns Richard Tauber ist; gläserne Süßigkeit und Leidenschaft).

Nach einem Wege gefragt: Er antwortete, daß es selbst mir, dem der Landessprache leidlich Kundigen, wie »Bärentraubenblättertee« klang; aber es gelang mir, sofort geistesgewandt: »Ah! – Danke! –« zu erwidern. Lore sah mich gespannt an: »Hat keinen Zweck« sagte ich verächtlich: »so lange können wir nicht mehr laufen – –. – Am Besten: wir gehen hier in'n Wald! –« Und sie nickte zufrieden.

Kremplinge: hats zwei Sorten: beide lederbraun, am Rande eingerollt, flache oder meist gar konkave Kappe; die eine mit kaffeedunklem Samtstiel. Die düstere Fichtenschonung; Stämme starrten, braunschwarzstille Säulen, fruchtbare Wesen, in furchtbarer Ordnung; stumme Schnecken fraßen still im pilzigen Fleisch, und die drallen Bitterlinge derbten braunrosa im Genädel: »Stellen Sie sich vor, diese Säulenschlangen könnten sich, wenn auch langsam, bewegen; von 10000 Schmarotzern, tief im Holz, gepeinigt: könnte man bloß die Insekten aus der Welt schaffen!«

Hoffentlich gibts Wasser heute Abend! (Durch die Demontagesprengungen gehen ständig die Kabel kaputt; vorher und nachher Sirenengeheul.) – Gelobt: Hans Watzlik »Die Krönungsoper«: ist gut! Auch Jonathan Swift: ein großer Mann: dies wurde gerühmt, mitten in 200 roten Täublingen (und unsere grünen Mückenschleier, die wir statt der Säckchen in den Händen schlenkerten, füllten sich rapide!). Lautlos brennts im Moos.

Vorsicht vor Schlangen! Ich kannte mal Einen, der erzählte mir: jedes Jahr, in denselben Tagen, wo er gebissen wurde, ging ihm der Nagel am Fuß ab, und ein paar kleine Geschwüre bildeten sich: ist noch ganz geheimnisvoll. Also: precaución!

Grünes Glimmen überm Nadelboden; die Goldhitze umfing uns wie im Traum; es war ja eigentlich meine erste Liebe!

Ein Fremder (wenn er auch schweigend schritt): was wollte der Gringo in unserer lieblichen Zweiöde?! (Zweitönigkeit: oh Wald und Glasluft!)

Ein Baum im Wald: wer ihn mit einem dürren Ast auf 15 Meter trifft, wird glücklich sein: Lore traf ihn; ich traf ihn beim zweiten Mal: so sind wir Beide glücklich! Bon.

Über Krumau donnerte es wichtigtuerisch, und dann fielen so 5 Tropfen (das sanfte Gesetz): wenn ich wegen jeder Gießkanne son Radau machen wollte! (Und mal ganz abgesehen von der His-Master's-voice-Theorie!).

Sie sah mich Kauernden an: ich sagte flehend: »Elfen soll man an dem spielenden Licht aus ihren Augen erkennen!«; ich hob die Brauen, ich bat in ihr Gesicht: –

Waldrand: ein Waldrand. – »Lore!! –«

»Ich bin jetzt soweit –« sagte sie zwischen den Zähnen; ich antwortete überm Herzgehämmer: »Ich auch. – Schon seit dem halben Jahr!« Wir lachten nicht (brauchten unsre Energie zum vernünftig Dastehen); ich forderte rauh: »Gib die Decke. Ich muß mich an was festhalten.«

Ein roter Fleck Quendel.

Ich konnte nicht anders: ich umfaßte mit der Hand ihren kräftigen Knöchel und sie lächelte mokant und gütig: auch in der Hinsicht würde ich zufrieden sein. – (Hat sich neue Strümpfe gepumpt). – Ich sah sie an, lange, mußte den Kopf niedernehmen, und fügte meine linke Hand um die ihre. So atmete ich schwer und langsam, bis sie ihren Kopf zu meinem legte, und unsere langen Haare der Wind eine gute Weile mischte, braun und fahl; und sie wieder wob: fahl und braun.

Sie sang: leise und spöttisch: »Leben ist ein Hauch nur...« – – »Ein verhallnder Sang! –« Und ich nickte glücklich und ehrerbietig. Glücklich. Ehrerbietig. Denn also ist der Unterschied, ob die Geliebte, ob Lehrer Bauer solchen Mist summt.

»Ich kann nicht tanzen.« – »Du wirst es lernen!« sagte sie drohend (hat wohl den Steppenwolf gelesen). »Nein«, sagte ich gutmütig: »das nun eben nicht; – aber Dir stehen die apartesten Sachen bevor!«

Liebe ach, ich schwöre es dir bei der Nova im Perseus; und ich mußte ihr vom großen Madrider Meteor vom 10. Februar 1896 erzählen.

Schneckennamen (zum auf die Häuschen malen): nur 4 Buchstaben, (weils ja nur kleine Häuschen sind!), und originell: »Eine heißt LELE«. Pause. Sie überlegte, runzelte, flammte mich an: »Eine heißt GLOP« sagte sie kurz, und ich spitzte anerkennend den Mund: GLOP war gut! Pause; neidisch: »GLOP ist sehr gut!!« – »Eine heißt TOSE. MINK, ÜTL, XALL, HILM.« – »Eine einfach MAX«. – »Dann kann ich ja auch eine KURT nennen« sagte ich gekränkt: »Nein, nein: Originalität ist ja auch eine der Bedingungen!«; aber sie bewies mir, daß es MAKS zu schreiben sei, und fügte sofort hinzu: »URR, PHEB, KÜPL, ARAO, SIME, LAAR« –: ach, waren wir glücklich (indes die Schnecke weiter zog).

»Wo hast Du Deine glücklichste Stunde verlebt?!« Ich erwiderte schamhaft »Beim Lesen der Dichter. Bei Erkenntnissen.« Sagte nach einer schlimmen Pause: »Jetzt ...« – Nickte: in ihre Augen; Haar zu Haar. –

Da!: Cumuli!: Ich blickte hinauf: hohe gerunzelte Wolkenstirnen ringsum: ernsthaft, mißbilligend, bejahrt, der gerenische reisige Nestor, alles Synonyma (also wahrscheinlich Regen & Hagel gemixt!) – »Lore?« aber auch sie wußte kein Sprüchlein dagegen; früher hatten die Frauen immer solche Sachen gekonnt! – »Wieso?« sagte sie spitzfindig: »Ich habe eigentlich immer nur von Wettermachern gehört?! – ?«. »Vernunfte nicht unziemlich« sagte ich streng: »es handelt sich nicht um machen, sondern um zerstreuen: das ist Frauenarbeit, ganz decidedly. –« und mußte sie schon wieder mit den Augen küssen, was die vâlandinne natürlich sofort merkte, und maliziös den blassen Mund bog und dehnte, daß ich nicht mehr wegsehen konnte (Selbst die Einsiedler der thebaischen Wüsten unterhielten sich oft stundenlang mit dem Teufel. Oder gar mit sich selbst.)

Erst die Bimmelbahn (Von Visselhövede, diabolus ex machina); dann kam klappernd Grete zum Treffpunkt: »Zwanzig Pfund Pilze!!« staunte sie. (Nahm resigniert zur

Kenntnis, daß wir »DU« sagten). So saßen wir auf dem winzigen Haidlein am Waldrand; die Damen putzten Pilze.

»*So!* Und was hat der Film aus Storms IMMENSEE gemacht?!« – »Ist es nicht eine Schande, wie aus der zarten Legende unter den Händen rühriger Farbregisseure ein derbes Anderes wurde!?« Ich rollte mich beleidigt auf Lores Seite.

Klopstocks Messias: insania iuvenili, perversitate saeculi, verbositate senili liber laborat. Sie (Lore) klaubte sich den Sinn zusammen, »Was heißt verbositate« fragte sie; ich sagte es ihr, und sie nickte verächtlich: ». . . toller Mist . . .« sagte sie. C'est ça. Wen der Herr züchtigen will, schickt er zum . . . (soll Jeder beliebig einsetzen)

Grete hatte müde tuchene Braunaugen: das verfluchte Cellophanmachen! Sie sammelte die Quendelstäudchen; Feldthymian. – – »Noch'n bißchen ausruhen!« – –

Warm und still versteckte sich der endlose Abend bei Rauchrot und Ackergrau; nahte Alles aus fernen Kiefernsäumen, lächelnd und verdeckt; dörflich glomm die Butzenscheibe des Mondes hinterm Wacholder, warm und still.

Indian file über Nadeln und Wurzelschwellen; selbst Grete wischelte voll Schmugglerlust an der Dämmerung. Eine weite Wiese tat sich rechts auf; ich flüsterte verdutzt: »Hier sind wir vorhin nicht vorbei gekommen – –«; aber schön sahs aus: das graue (unverstümmelte) Hochgras, selbst die Halme vom vorigen Jahre bewegten sich noch mit; viel lose Stille. Aber die schärfsten Augen hatte mein Falkenmädchen, sie zischte: »eine Laterne – ! – Kommt bloß raus!«; und wir wandten uns instinktiv nach Links, fluchten im Laufen halblaut und ehrlich auf die ewigen Waldwärter, die doch weißgott den Flüchtlingen das bissel Zeug gönnen könnten: »Aber lieber lassen sies so verfaulen!« sagte Grete bitterlich: »eh sie Einem nicht 5 Mark fürn Schein rausgeleiert haben . . .« Wieder nach links, ein kurzes breites Stück: ach, da ist ja die Chaussee! Wir sprangen auf die Teerdecke: jetzt sollte mal Einer kommen, und ich setzte den Eichenstock des Alten dicker auf: bei soviel Strolchen und Banden war der wirklich unschätzbar; jede Nacht wurden ja ein paar Gehöfte überfallen und das Vieh geraubt! So kamen wir zwanglos auf Polen im allgemeinen; dann die Oder-Neiße-Linie, und das Thema reichte ja bis zu Hause.

Die Abendlampe: ich war willkommen und trat ein. »Sind sie das?!« fragte Lore sofort und nahm eins der schwarzen schmalen Dinger in die Hand (Schrader hatte heut nämlich) endlich die Kirchenbücher rausgerückt; »demnächst«). »Och – schalt aus!«, denn »Buli Bulan« oder sonst ein Verantwortungsloser sang sacharinen: Fräulein Loni ist mein Ideal/: denn sie kocht mir jedesmal/: Makkaroni ... also gesendet im Bremer Werbefunk, süß sog und sandete die Musik (bloß, falls mich wieder mal Einer n Misanthropen nennt: ich hab meine Grind!)

»Also schön« sagte ich sachlich (sah Eine dabei unsachlich an) – »helfen würde mirs freilich sehr, denn er will sie schon morgen wieder haben. Was zu tun ist, wissen Sie: Maria Agnese Auen. Eventuell deren Geschwister, Eltern, und so fort: also wo der Name Auen vorkommt wird geschrieen. Wir werden – durch die Heiraten – zwar dann auch auf andere Familien kommen, so daß wir die Bücher zweimal durchgehen müssen, aber sie sind ja dünn genug. – Jeder nimmt Eins – : –«. »Ich will die Heiraten« sagte Lore nachdrücklich und boshaft: »das ist immer so interessant – –«; sie bekams; Grete die Geburten; ich den Tod. »Wo fangen wir an?« Ich formte überlegend den Mund: »No – wollen ganz vorsichtig sein –: 1800!«

Ein Blatt. Dort ein Blatt: der Wecker trippelte in stählernen Schühchen im Kreise. Ich hob die Augen ohne den Kopf zu bewegen: sie hatte darauf gewartet und senkte die ihren. Hier ein Blatt. Wind ging atmend ums Haus und nestelte an den Scheiben. »Wo sind Sie?«; Murmeln: »1780«; – »Du?!«; »60«. – »Dann Vorsicht.«

Nonchalant sagt es von drüben: »Hier ist was. – Du!« und wir steckten Köpfe und Hände zusammen: also:

1752 am 17. 10. heiratete Maria Agnese Auen! – gut, gut! – den hildesheimer Schuster Johann Konrad Fricke: das ist also die in den Briefen vorkommende Mutter. Ihr Vater: Johann Wilhelm Auen, Gärtner zu Amt Coldingen – »Das ist gleich drüben, hinter Brands-Haide –« rief Grete aufgeregt: »ich kenns; Eine von da arbeitet neben mir!«, und ich hörte sie so interessiert an, als nütze mir auch diese Nachricht. »Johann Wilhelm!« sagte ich dann assimilierend: »Johann – Wilhelm: das ist neu: das ist der Großvater, der immer im Scherz behauptete, keinen Geburtstag zu haben. – Gärtner also. – Na, mal weiter!«

1731: Grete hatte ihren Geburtstag gefunden: 4. 3. 1731. Leider war wieder deren Mutter nicht mit erwähnt. – Übrigens gut in Ordnung die Dinger; auch wichtige Bemerkungen ab und zu: besondere Vorkommnisse, Krieg, Naturereignisse, selbst Aberglauben aller Art (das wäre was für Bergers gewesen!). So war bei mir, und ich las es vor, daß Lore mitstenografieren konnte: der Bericht des Predigers Overbeck vom 11. 10. 1742: »... Unterschiedliche Bauern instruierten mich, daß man am heutigen Abend in Brands-Haide viele Lichter sehe, auch Stimmen hören könne, so daß gar das liebe Vieh in den Ställen unruhig sey und sich Kinder und Mägdgen nicht aus den Häusern traueten. Ich verfügte mich in Begleitung des adjuncti, Hrn. von Bock, sogleich auf den Kirchturm, wohin mir auch besagte Bauern mit Laternen und Dusacken folgeten, um den casum zu untersuchen. Die Nacht war ungemein windstill, kühl, und, zumal über Brandshaide voll einiger Nebel, so aber die Sicht nicht sonderlich störeten: so observiereten wir in Richtung Krumau viele schweifende Lichter im Forst, deren Anzahl wir auf circa Fünf-Hundert ästimieren mußten; doch konnte selbst der v. Bock, so sich mit einem guten Dollond versehen hatte, nichts Näheres eruieren. Diese Lufterscheinung dauerte geraume Weile an, doch concentrierte sich immer mehr in einen dunstigen Fleck von hochbedenklichem diameter. Nachdem wir denselben eine Zeitlang consideriret, verließen wir das Gotteshaus wiederum, und persuadirete ich Jene in einer kleinen Ansprachen, daß wir eine bloße, wenn auch gar rare Naturerscheinung gesehen, so ohne Zweifel dem bekannten ignis fatuus oder Irr-Lichtern gleichzusetzen; wiewohl nicht geleugnet werden könne, daß der Fürst der Finsternis auch Gewalt über die Rüstkammern der Luft habe, und selbst soviel Antheil an der Chymie nehme, daß er sogar aurum fulminans bereite, wie einer der instruiertesten Gelehrten neuerer Zeit behauptet, und daß folglich die wirksamste Waffe ...«, und dann hatte er das Gebet »recommendieret«. Wir lasens noch mal und freuten uns der Erzählung. »Was sind Dusacken?« fragte Lore: »sone Art Hellebarden?? – Oder –?«. »Halbe Stangen!« sagte ich wichtig; sie zuckte die Achseln: »Wird nicht klarer dadurch: sags nur immer frei heraus!«. Auch diese Wendung war von mir, und ich hielt einen winzigen Vortrag über die alte Kunst des Klopffechtens, oder die Technik, einen Knüttel zu handhaben: das will nämlich auch gelernt sein; der Könner legt Einen um, wie ein Meister im Säbelfechten einen Anfänger; das waren also die Dusakken. – Sie machten Glanzaugen und leckten sich die Lippen: Gott, sind die Wissenschaften aufregend! –

Hier: Grete hatte wieder was: ein Knecht, der einem Zweig am Straßenrande spöttisch die Hand reicht, und von dem daumesdicken festgehalten wird; schon schwenken drohend stattlichere Äste herüber: da haut er sich in panischer Verzweiflung mit dem Messer die Hand ab und flieht blutend ins Dorf. – Am 29. 10. 1729. – »Direkt unheimlich –« sagte Lore keß und sah sich drahtig um: ich nickte abwesend.

»Was ist eine Pochette –« fragte Grete verlegen, als könne es

sich um was Ungutes handeln; ich sah hoch, und sie las den Passus: ein benachbarter Graf hatte Geburtstag gehabt; große Feier, Tanz und Musik: »Ach so!« sagte ich, und zeichnete ihnen die winzigen Tanzmeistergeiglein auf: »so ungefähr ... So: –«. Nochmal: »La poche: die Tasche; Taschengeigen; also die kleinsten Violenformen.« Und da sie mich so unglücklich betrachteten, gingen wir schnell die ganze Familie durch: Gamben; Viola d'amore, ihre Kraft und Eigenschaft, aber rasch, denn es wollte Nacht werden, und Schrader war unerbittlich: der Fels, auf dem man Kirchen baut.

Ich hob die plumpe Hand: sie schwiegen im gelbschwarzen Licht, und ich las das Atemlose:

»Heute, am Tag invocavit, hat sich folgendes ereugnet: eine Schar von funfzehn geputzten Knechten und Mägdgen, so das Wort Gottes zu hören gewillt waren, observireten unterwegens am Straßenrande ein hell gekleidetes Wesen, von bleichem süßem Gesicht und schlanken proportiones, so ihnen aber nicht auf Anrufen geantwortet, sondern nur aus denen kalten klugen Augen auf die Bauren hingestaunet, und, da es mit Gewalt in den Kreis gezogen worden, gar wunderlich abwehrende gesti ausgeführt, auch sich stets ängstlich in den Schatten derer verrufenen Wälder gehalten habe, so Brands-Haide geheißen. Auf wiederholtes christliches Bedenken, sich doch dem Gang zum Tische des Herrn anzuschließen, habe obbesagte Creatur nur mit einem gar klingenden Lachen geantwortet, auch nach Kräften gesuchet, aus dem Kreise zu entkommen, so aber zween derbe Bedienstete allweil, verhindert; da es nunmehr böse geworden, in unterschiedlichen Gebärden gedreuet, und endlich eine enorme rotbehaarte Zungen aus denen angenehmen Zügen herausgebläket, dergestalt, daß sämtliche Anwesenden zurückgefahren, worauf besagtes Wesen noch einmal spitzfündig im Kreise gelächelt, sodann aber in seyn Bereich zurück gesprungen sey unter vielmaligem Ausrufen des Wortes cannae, wobei es zwischendurch, nach dessen anwesenden Verwalters Bericht, den Namen Caroli Magni (?) zwiefach habe hören lassen. Item ein junger Knecht, so ohnedies wegen frühklugen und ausschweifenden Gehabens bekannt, hat es unternommen, Jener in den Wald nachzusetzen, und ist bis dato keine Spur mehr von ihm zu bemerken gewesen ...« Ich starrte Lore an: das bleiche wilde Gesicht: ich flüsterte: »Zeig Deine Zunge; – ja?« und sie kam hervor als ein Rosenblatt, spitz und von hochbedenklicher Beweglichkeit. Ich sah die Beiden an; ich sagte: »Also deswegen versicherte der Alte, daß Keiner dort hinein käme!« Und Grete, unwillkürlich gähnend, versprach, sich bei ihren Kolleginnen darüber zu erkundigen. Gähnte wieder: das arme Ding mußte ganz früh auf Arbeit! Ich erhob mich steif und raffte die Bücher zusammen: »Ich erledige den Rest drüben: gehen Sie schlafen! – Und schönen Dank! –« Lächelte. (Denn sie warteten auf unsern neuen Abendgruß); ich hob die Seele: »Mögen alle Wesen von Schmerzen frei sein!«; und sie antworteten still und überzeugt: »Mögen alle Wesen von Schmerzen frei sein ...«

Zahnpulver: garantiert unschädlich: so die Aufschrift! (Witzig war unsre 46er Welt, was: nicht etwa wohlschmeckend, oder hochreinigend, oder mit Radium G – nee, nee: man bloß unschädlich!). Und ich feixte, daß mir die Backen wehtaten: n Suppenteller kriegte man nicht zu kaufen, aber wenn man die Totenmaske der inconnue de la Seine, 38 Mark 50, umdrehte, konnte man sie als solchen verwenden. »Und siehe: es war Alles gut!« (Ach, weg mit dem Mist!).

Nacht (wenn man bloß was zu trinken hätte). Ich saß bei mir drüben im grellen Licht der hunderter Birne, über den alten Zeichen: ob meine Schrift 200 Jahre dauert? Lore war bei mir, ob sie gleich schlief: die Nymphe cannae! Cannae; cannae: Halt hier: Kinder, die mutwillig Steine und Unrat in den Wald werfen, werden geschreckt: durch Laute, durch Bewegtes (vast forms, that move phantastically; großer Bruder Poe). Mit dem Bächlein treiben Rätseldinge aus dem Walde, wie Spielzeug; grüne hölzerne Pfeiflein von hohen Tönen; geflügelte Pferdchen mit gestickten samtnen Schabracken; der Bäcker in Krumau, der Stadt, hat den Auftrag bekommen, Kuchen zu bereiten, und um Mitternacht am Waldrand abzuliefern, wo ihn ein alter Herr mit spitzem feuerrotem Hut bezahlet und sogleich vermummter Dienerschaft gewinkt habe: schön! Prokopius von Cäsarea fiel mir ein: Bell. Goth. IV, 20, und Konrad Mannert: ich danke dir, ich verdanke dir viele Kenntnisse: warum haben die Wilhelmsaffen Denkmäler und nicht Konrad Mannert?!

Ein Pfeil (haben Sie schon mal Bücher gestohlen?): ich möchte ein Pfeil sein, im Fliegen, ins Irgendwohin, Littrow, die Wunder des Himmels. (Nämlich draußen).

Ich stand im Dunkeln wie ein einfältiger Pfahl; aus Brand's Haide kam Wind formlos und unerläßlich, zog ewig über mich Pfahl, ins Dunkel gepflanzt. Aus meiner Stube eintönte das Kunstlicht: also: hinein!

Die Blanken: Wieder kleine bunte Kinder am Wegrande, die schelmisch mitfahren wollen: also berichtet Bauer Nieber am 24. 6. 1727: und wie die lachten! Daß dem Klütenpedder unheimlich wurde, er in die wehrlosen Gäule drosch, und nach Westensen (siehe map) gallopierte. – Oh, auch ein Bericht vom Innern: die Feierlichkeit der säuligen Wälder, nebeldurchhangen (Flüchtlinge müßten, fluchend auf die Ortsansässigen, Beck, Felsch, in die Bäume gehen!).

Die Eingangswege verlegten sich ständig: ich überdachte, gerunzelt, geodätisch-kalt: gut, ich würde die Distanzen abschreiten, und das ganze Gebiet aufnehmen; einen Diopter herstellen. – Wind schlug ans Fenster und sprach ein: gut: also keinen Diopter! – Und weiter lesen (Denn Schrader will morgen die Bücher zurück! Unerbittlich wie die Inquisition: lesen Sie Maximilian Klinger: Geschichte Raphaels de Aquillas: das ist ein Buch! Nicht wie Sartres Gelumpe!)

Der Gärtner Auen: ich sprang von meinem härtegefolterten Gesäß hoch, vom Schemel: ich hob die zerkratzte Linse aus der Brusttasche: wenn das wahr ist, dann stimmt meine Jugend bis jetzt: – Ich ging in den Vorraum und trank zwei Züge unterm Hahngetropf: schliefen wohl drüben: Lore!

Draußen: Löwen und Drachen am Himmel.

Ich folgte meinem Finger, der hölzern die Zeilen strich: In Lauferschurz und Blumenhut: so war er am 24. November 1720 aus dem Walde geflohen, als wenn der Wind ihn triebe. Hatte sich zur Pfarre geflüchtet, ein Auge blutunterlaufen. Nach vielfachen Beschwörungen und Vorsichtsmaßnahmen, auch Berichten ans Konsistorium, hatte Overbeck wenig Zusammenhängendes herausbekommen: aber es reichte nicht hin, viel weniger her, da er (wie alle Theologen) nicht genug wußte. Bloß gut, daß ers notiert hatte: von der Nuß der Prinzessin Babiole war viel erzählt worden, das hatte O. besonders mit Fragezeichen versehen, ...

Es ist aber dies: Etwa um ... zehnhundert hatte die Prinzessin Babiole auf der Flucht vor dem Könige Magot und einer ihren Neigungen so wenig angemessenen Heirat, die geschenkte Haselnuß geknackt: »Es purzelte eine Menge von kleinen Baumeistern, Zimmerleuten, Maurern, Tischlern, Tapezierern, Malern, Bildhauern, G ä r t n e r n (jawohl: Gärtnern, Herr Overbeck! Das ists!) usw. heraus, welche ihr in wenig Augenblicken einen prächtigen Palast mit den schönsten Gärten (sic!) von der Welt aufbaueten. Allenthalben schimmerte Gold und Azur. Man trug eine herrliche Mahlzeit auf; 60 Prinzessinnen, schöner geputzt als Königinnen, von ihren Cavalieren geführt und mit einem Gefolge von ihren Edelknaben, empfingen die schöne Babiole mit großen Complimenten und führten sie in den

Speisesaal. Nach der Tafel brachten ihr ihre Schatzmeister 15000 Kisten voll Gold und Diamanten, wovon sie die Werkleute und Künstler, die ihr einen so schönen Palast gebauet hatten, bezahlte, unter der Bedingung, daß sie ihr geschwind eine Stadt bauen und sich darin häuslich niederlassen sollten. Dies geschah auch alsofort, und die Stadt wurde in Drei Viertelstunden fertig, ungeachtet sie fünfmal größer als Rom war...« (Das ist natürlich übertrieben!)

Ich stemmte die Hände auf den Tisch (den hatte Grete besorgt: Gutte Grete!): ein Ausgestoßener aus Brands-Haide also war der Auen gewesen, ein Pflanzengeist, ein Elfenkind: deshalb hatte er immer seinen Geburtstag geschickt verschwiegen! (Er stammte ja auch aus der Nuß: wie lange war er darinnen gewesen: wie kam er hinein?! – Denn daran zu zweifeln fiel mir ebenso wenig ein, als sei ich Don Sylvio!: Bitte: es war ja Alles urkundlich belegt: ich besaß selber 5 Dutzend unter Cellophan!)

Ein Elfenkind: ach, wär ich doch eins, und nicht Rumpffsweg 27, II. geboren, von konkreten Eltern (heißt »concrete« nicht Zement?) – Ich blätterte lange aber unaufmerksamer: was sollte nun noch kommen; auch glitt Schlaf im Raume um: »Elfenbein« war eigentlich ein scheußliches Wort; »Bein«; erinnerte so an beinern, knöchern, kimmerisches Geratter, ich knappte mit dem beinernen Gebiß.

Heerdrauch: war viel Heerdrauch gewesen damals, ich sah schläfrig ins Jahr. Das war ein Wort meiner Kindheit; schweigend waren von Norden, Nordwesten, Nordosten her die grauen oktobernen Weben über mich Knaben gekommen; ich wußte, wie man auf leeren Kartoffelfeldern, bruchäckernen, steht und friert: stets erwartete ich solche Phänomene vom Leben, und nickte nur, wenn sie aus den alten Büchern herzogen. Ich schritt zum Lager, zerwarf die rauhen Decken, kyss meg i reva. –

Sie kam aus der Tür und sagte wie überrascht: »Guten Morgen –«; »Und das ist Alles?!« erwiderte ich kummervoll, so daß sie behend für eine Minute hereinschlüpfte.

Schrader: wie so viele Leute hatte er die Marotte, daß seine Post besonders eilig sei (dabei lief alles, mit Bruckers geistreicher Sprechweise, auf einen bloßen enthusiasmum hinaus!); denn er ließ bei jedem Dreck ein armes Luder von Konfirmanden auf seinem uralten Damenrade nach Krumau klattern: – Ich ging hinüber: er war nicht da (Schön, kriegt er seine Akten also erst morgen wieder!)

»Wie gehts Ihnen denn?« mit mütterlichem Stimmklang (dabei horchte sie immer mit einem Ohr nach dem brodelnden Mokkatopf); nun, ich kann auch stur sein: »Gut!« beteuerte ich der Lumpin, und schmeichelte höhnisch: »Der Herr Sohn wohlauf?!«: und sah ihn dabei in der Küche beim Radio frühstücken: glückliches Vieh! Das konnte sich mühelos der Tränen enthalten, wenn es die Musik des Ritters Gluck hörte: was gab es für Götter (und ich Affe!). Sie glaubte, ich atme so nach einer ihrer Bliemchentassen, und offerierte säuerlich: da hob ich aber doch die Sohlen!! –

Auch drüben: Lore besah mich Wolkigen, rätselte an meinem Gesicht; endlich fragte sie behutsam und teilnahmsvoll: »Nimmt Dich Musik so mit?« Ich bat flehentlich: »DU: –« brach ab;: »ja« sagte ich bitter: »Kunst überhaupt! – Weißt Du, für mich ist das keine Verzierung des Lebens, son Feierabendschnörkel, den man wohlwollend begrüßt, wenn man von der soliden Tagesarbeit ausruht; ich bin da invertiert: für mich ist das Atemluft, das einzig Nötige, und alles Andere Klo und Notdurft. Als junger Mensch: 16 war ich, bin ich aus Euerm Verein ausgetreten. Was Euch langweilig ist: Schopenhauer, Wieland, das Campanerthal, Orpheus: ist mir selbstverständliches Glück; was Euch rasend interessiert: Swing, Film, Hemingway, Politik: stinkt mich an. – Du kannst Dirs gar nicht vorstellen; aber Du siehst ja, daß ich nicht etwa »blutleerer« oder papierener bin, als Ihr: ich reg mich genau so auf und begeistere mich, und kenne Ungeheuer, und hasse.« Pause: anderes Thema: »... und liebe...!« schloß ich galant. »Du lügst!« sagte sie entrüstet: »entweder liebst Du Wieland oder mich...«; ich bewies ihr manuell, daß man Beides vereinen könne, bis sies erschöpft glaubte: »... und das will ein Intellektueller sein...!« sagte sie boshaft: »außerdem darfst Du Dich rasieren.« – »Das ist der Dank!!«

Post: Lore hielts mir hin: tolle, lege, und ich »erbrach« den braunen Brief: alles Mist! – Dann kam Grete und wir konnten essen; aus Krumau hatte sie Pferdegehacktes mitgebracht: davon kriegte man das Doppelte auf die Marken. Kunstvolle Zubereitung; noch schärfer würzen (»Das ist die letzte Zwiebel, Mann!«): da saßen sie und kosteten mißtrauisch; aber allmählich heiterten sich die Argwöhnischen auf, die Knusprigen knackten, und ich sah mich herausfordernd um: »–?–«. »Hätt ich nich gedacht!« sagte Lore stramm, und auch die Kleine nickte: »Das machen wir öfter – ach, man müßte mal – –«; um sie auf nutzvollere Gedankengänge zu bringen, fragte ich (was ich schon längst hatte tun wollen) nach einer Schreibmaschine. »Hast Du was fertig?!« und sie war neugierig, aber ich winkte ab: erst die Maschine: dann sollt Ihrs als die Ersten lesen! – Tja, die Maschine! Coldingen, Westensen, Rodegrund. Krumau: »Höchstens im Werk, und die sind so...« »Hier ist nur aufm Gemeindeamt eine«; und dem stand theoretisch Apel vor, Apel, der große Kuhfürst: »Na, der müßte doch...!« (Ich werds mal versuchen).

Gegen Abend: »Komms mit tanzen, Lore!« (Bauer, wie lakkiert; auch Grete fädelte unauffällig eine Nadel ein); sie antwortete klar aus dem billigen Holzseßlein: »Nö – Wir gehn nachher spazieren.« und sah mich gedankenvoll an; er hob ehrerbietig die »feingezeichneten« Brauen (was zur Glatze besonders aussah) und verneigte sich verwirrt viele Male: ja, hau schon ab!

Fußball: »Alte Herren« spielten ihn. Ein kleiner Igel ritt auf einem Rade vorbei und rief den local boys verächtlich anfeuernd zu: »Haut druff! Tormann iss Krampe!« Und das galt dem hageren 45jährigen Krumauer Veteranen. – Wir feixten und gingen unter dem lachsfarbenen, dem seidengelben, kaltgrünen, friereblauen Himmel entlang, bis die glatten Straßen öde wurden, und hallten. Und hatten viel erzählt: wie wir klein waren; daß ein Mä 10 für mich gut wäre (und wenns ein Mä 5 wäre); daß wir im Winter Schlafkünstler sein wollten: nur alle 4 Wochen einmal führe ein unwirsches Gesichtchen aus dem Fenster; ein bißchen in Brands-Haide gesetzt. »Davon schreibst Du eine Geschichte: aber süß! Keine aus der rabiaten Kiste!« (Denn sie hatte den Leviathan gelesen). Also eine Süße; und ich war gutmütig und versprachs.

»Findest Du das schönste Lied der Welt/: Bring es mit!: Bring es mit!«: ein summendes Mädchen an der Hand. – –

Sonntag früh: »Ich hab die gefährlichste Konkurrentin bekommen, die es gibt« sagte sie: »–: eine von ihm idealisierte Lore, mit viel wildem Geist. Fleisch auch, ja.« – »Das machen wohl nur seltene Männer« murmelte Grete verschämt: »wollen sie meistens nicht nur das Letztere...?« Seufzte. – Ich suchte mir ihre Hand aus den Schalen (der seltenen Bohnen und Mohrrüben) heraus, und küßte ihr das Gelenk. – Graugeflickter Himmel. – »Du mußt noch zu Schrader!«; »Geh mir bloß aus den Ohren!« sagte ich betroffen: das hätte ich fast vergessen!

Unwillkürlich sah ich Apels verdrossenen Braunen an: einmal satt essen!!: Rührkartoffeln, Knorrs Soßenwürfel, ne saure Gurke, und dazu gebraten: Pferdegehacktes satt (d.h. mindestens ein Pfund! – Ach was: Zwei!) Ich schluckte: na, das erlebe ich nicht mehr! Tiefe Schwermut ergriff mich, und ich ging ins

Haus: sofort rochs nach Herrnhuter Losung! Ein Harmonium dehnte einen Choral (Christenschlager: irgend einer ihrer musical hits: einem Gott wurde Schlimmes nachgesagt: daß er nämlich die Welt geschaffen hätte. Und wir ergo aufdanken müßten; – oder niederbeten, was weeß ich!) No, ich schlug mein Gesicht in militärene Falten, und stellte mich stumpf an den Strom der Zeit: gelernt ist gelernt; von mir aus kanns jüngste Gericht mitsamt dem jüngsten Gerichtsvollzieher kommen: bei mir ist nichts zu holen!

»*Wollen Sie nicht* hereinkommen?!« Wir lächelten gar kunstvoll, oh so kunstvoll. Hm, Hm. – Ein Schachbrett aus Feuersteinen, geschliffenen: das war allerdings schön!: »Sehr schön, Herr Schrader!« – Den alten Kügelgen rühmen: seine Freude war direkt rührend, daß wir mal harmonierten.

Die Kirchenbücher retour: er lächelte sauer: »Jaja –: das glauben meine lieben Pfarrkinder heute noch s-teif und fest. – Erst neulich hat Einer gesehen – ach, mein bester Kirchgänger sonst! – wie sein abgestelltes Fahrrad allein ein Stück die Schneise hinauffuhr und wieder zurück kam....« (Ich nickte anerkennend: das hätt ich mal sehen wollen!) Dennoch gelang es ihm (wie auch mir immer) nicht, mich davon zu überzeugen, daß ich unsterblich sei.

Valentinianer: oh, ich konnte ihm mit unangenehmen Einzelheiten aufwarten: Emanationssysteme (wozu hab ich schließlich den Brucker, der als Erster die Zusammenhänge erkannte, »wacker« nannte ihn selbst der geizige Schopenhauer, besessen?!) – »Wollen Sie nicht mal das Wort Gottes lesen?« – »Haben Sie das?!« fragte ich so neugierig und kunstreich eifrig, daß er sich zu einem verkniffenen Lächeln entschloß: er hatte meinen Typus erkannt: »Nun ja« sagte er ablenkend: »Sie sind ja noch jung: es führen viele – und wunderliche – Wege zu Gott..« Und wir quatschten: es fehlten nur noch ein SS-Mann und ne Stigmatisierte; ne Hure, ne Kreuzotter und n Rechtsanwalt: dann war die Gesellschaft komplett (9,22: oh ihr Zeiger, unermüdlicher Diener: wenn ich bloß ne Uhr hätte!) Luther: »der Narr will die ganze Kunst Sodomiä verkehren ...« Selbst Schrader lachte dumpf. – Eine Frau befreite mich: sie weinte geübt, ich möchte sagen: fließend (wenn der Pleonasmus nicht zu doll wäre). Na, man hat ja auch genügend Gelegenheit im Leben, s Heulen zu lernen. – Exit (Immer bei Shakespeare: enter three murderers ..) Also: Exit.

Freiheit und Frechheit: ein Buchstabe Unterschied. – Wieder graugeflickt: der Himmel.

»*Es gibt* hartgummine Seelen, die sich bei Betrachtung einer Hyperbel der Tränen enthalten können ...« Selbst Grete stutzte: »Sie können auch Unendlichkeit sagen« erläuterte ich finster: Oh, Christian von Massenbach! (Weils nämlich keine Unendlichkeit gibt: wohler wäre Uns dann ...)

Bauer hatte Ferien: Gott sei mir armem Sünder gnädig!!

adversus mathematicos (obwohl ich selbst einer bin!); ich hatte gesagt: in 900 von 1000 Fällen ... »Also 9:10« vereinfachte ers: ich hieb die Augen auf den Klotz: »900 von 1000 ist n i c h t dasselbe!!« sagte ich scharf. »Und wieso?« fragte er, nasenhaft lächelnd. »Na, da denken Sie mal drüber nach –« erwiderte ich klobig: »schlimm genug, wenn Sie Ihren Kindern so was beibringen. – Und 9000 von 10000 ist noch besser.« (So konnte nur Einer kucken, der als den wichtigsten Faktor im Leben noch nicht das Glück erkannt hat!): »Wenn jeden Tag ein Schuß auf Sie abgefeuert würde, wären Sie bei 9:10 garantiert am 10. Tage in den ewigen Jagdgründen: aber bei 1000 Fällen könnten Sie möglicherweise 2½ Jahre alt werden: das setzt nämlich voraus, daß 1000 Fälle da sind!« »Ähä« machte er betroffen: »das Kürzen ist also eine reine Fiktion ...« »Nu, nich direkt ne Fiktion –« sagte ich wohlwollend: »man muß bloß wissen ...«; er hatte Offenbarungen erwartet und saß mit gespannten Augen, wagte aber andererseits auch nicht, mich kunstvoll Träumerischen anzutreiben: so wurde eben aus der Offenbarung nichts: bäh!

This may last long: er kam ins »bedeutend Allgemeine« (wie Goethe's formulieren wollte: der hätte in seinem Alter auch allmählich wissen können, daß nur das bedeutend Einzelne bedeutend ist!) – und ich begann unauffällig den Rand meines Schmökers zu guillochieren: man fühlte mit den Spiralen die Zeit sich fortringeln (konnte dabei auch unwillkürlich an Wertpapiere und andere angenehme Dinge denken: ne alte Schreibmaschine asdfjklö; auch verdammt mulmig wurde der Himmel, und die Bremsen riskierten Anflug auf Anflug: Gewitter kam).

»*Nanu?!*« rief ich! »Ich will Ihnen was sagen, Herr Bauer: hoffentlich bleibt die Besatzung 50 Jahre! – Erzählen Sie mir doch nicht, daß Hitlers stets 98prozentige Wahlerfolge gefälscht gewesen wären: das hatte er gar nicht nötig! Wie sie doch alle Gefallen an Achselstücken und fein ersonnenen Dienstgraden fanden, am dröhnenden Marschtritt und zackigen Gehorchen. (Führer befiehl: wir folgen!: Gibt es etwas Widerlicheres, als diese Bitte um einen Befehl?! Pfui Deubel, Deutsche: Nee!! –). Und jeder HJ-Anwärter, jeder SA-Schwengel oder OA (er zuckte!) hielt sich doch für durchaus führerverdächtig! –«

»*Hätten ja nichts Anderes gehört, die Armen?!*«: »*Erstens:* doch!!« – Und dann: »Predigen Sie ihnen doch einmal das Ideal des stillen Menschen, des arbeitsamen Gelehrten! Daß es ihnen voll genug sein soll, wenn sie die großen Werte deutscher Kultur erhalten können und weitergeben: die werden Ihnen was erzählen!« (Nietzsche hats genau gewußt: und gebilligt und mitempfunden! So gehört er zum rohesten Pöbel!: wie sagt er geschliffen: frage einen derben kleinen Igel auf der Straße, ob er etwa besser oder klüger werden wolle, und er wird ironisch lächeln; aber raune verheißend: willst Du mehr Macht?!!!: hei, wie da die Äuglein leuchten!!)

»Leider, Herr Bauer!«: auch für die (die Alliierten) sind wir nur Objekt; wenn sie uns in 5 oder 10 Jahren gegen Rußland brauchen wollen, ziehen sie uns doch wieder Uniformen an, setzen uns die jetzt ausrangierten Berufstotschläger vor die Nase, und: auf gehts! »Üb immer Treu und Redlichkeit ...!« –

»Ja: es ist wahr –« zischte ich, »daß der große Friedrich auch Nachts einen Filzhut aufgehabt hat!!«; er ging sofort, denn er hatte gefragt, ob »Lore« schon wach sei. –

Der Tag ballte sich oben zusammen; Eisernes rumpte: hellgraue Lappen hingen fliegend vorweg; Böen fielen mit heulendem Laubhaar (die Blutbuche drüben in Schraders Garten sah finster aus wie gekochter Rotkohl – ein homerisch Bild).

Die Büsche bewegten sich geduckt am Boden, schlugen geschmeidig mit den Ästen auf; sprangen gierig hoch und nieder; ich ging gebogen ums Haus auf den Wäscheplan: da spielten sie unten Fußball im nackten rosigblauen Blitzgezucke: pikant, eh?! Dann dröhnte der Regen auf den schwarzhallenden Grus (und die Ferne verschwand): bis zum Gürtel sprangen mir die abprallenden Tropfen!

Wäscheplan (wir Drei, denn es war vorübergezogen): die Nähe lag in klaren Gewitterfarben: seltsam verstelltes bewegtes Hellgrün, tropfenflink: und unten spielten sie wieder Fußball; hübsch leuchteten die bunten Jerseys: rosa und weiß; und kobaltblau und gelb. (Vielleicht hat Fußball doch einen Sinn: als Belebung der Landschaft? – Aber die Städte liegen in Trümmern!!) – »Abends tanzen und saufen sie dann bei Willi Kopp: ist ein Geschenk der Götter, sone Psyche!« – »Sollen sie denn immer grämeln und lamentieren?!« fragte sie spöttisch aufsässig:

»Nein!« – »Aber sie sollten ernster sein!«

Drinnen: der Wettermacher spielte Islandtief und Azorenhoch geschickt gegeneinander; »westverlagernd«; »auf Ost drehende Winde ..« –: »Quatsch Dich bloß aus ...!«

sagte Lore drohend; schließlich kam es heraus, daß für die nächsten beiden Tage schönes Wetter zu vermuten sei; »gewittrige Schauer« allerdings: »bim..« kam das hamburger Zeitzeichen.

»*Ich* stell den Wecker« bestimmte sie: »um 2 stehn wir auf und gehn sofort los, da sind wir um 5 schon wieder zurück, und kein Mensch sieht was.« »Hast Du den Sack –?«: es war ein doller Fetzen, geflickt, ohne festen Saum: großer Fuchs! »Nehmt den guten Bindfaden!« »So, und jetzt raus: schlafen!«

»*Das Messer –*« hörte ich Grete noch drinnen nervös sagen: »hast Du das kleine Messer zum Abschneiden..?« »Wenn Euch bloß nichts passiert!!«

Fest schlafen ist schwer, wenn man soviel erlebt hat, Sorgen hat, kein Fußballer ist: wenn meine Schwester nicht wäre.... : und dann dachte ich viel an unsere gemeinsame Kindheit: gesegnet sei Sie: gesegnet sei Mrs. Kiesler: gesegnet sei Sie! – Gute Taten heute: einem Fremden den Weg richtig gezeigt – (ich habe eigentlich nie öfter gelogen, oder mein Wort gebrochen, als unbedingt nötig war; selten aus Lust am Betrug: wenn das Einer von sich sagen kann, so ist das, zumal im Hinblick auf den sonstigen Zustand dieser meilleurs des mondes völlig genügend: mach mir auch gar keine Skrupel weiter!) Schlafen soll ich auch noch!!

»*Kruzi....:* ach so. – Ja: sofort, Lore!«

Voila: ein ungekämmter Morgenmensch der gähnt: das Meisterstück des Demiurgen angeblich – na, ich bins nicht!

»*Hast Du Alles?! –*« »Ja« aus geküßtem Flüstermund: wir zehenspitzten aus dem winzigen Flur.

Am Silberkraal des Mondes kauerte ein löwengelbes Gestern, buschmännig, im Gehöft. Unsere erbärmlichen Flüchtlingskleider flogen, göttlich gefaltet vom Wind; den schwarzen Kirchsteig hinab, alle Christen lagen betäubt in ihren verhangenen Kammern: Freiheit, Freiheit: wir sprangen händegekettet auf der Straße nach Blakenhof. – »Lore –«: sie legte sofort die Unterarme auf meine Schultern, oh Nymphe Cannae, wir stammelten und sahen uns tiefer in die reinen Gesichter, tief in der Nacht. Wir Augengelichter.

»*Kinder* –, oh Lore: leben in ¾ Sklaverei. Eltern haben kein Recht: die wollten nur den Koitus, und wir waren das Allerunwillkommenste, mit Flüchen begleitet ..«; es schüttelte mich vor Wut, und meine Lore: meine: Lore antwortete zwischen den Zähnen: »Du!: denkst Du, ich wäre keine mißlungene Abtreibung?! – Lieber hätten meine Eltern einen Wolf im Zimmer gesehen, als mich Lore!!« Du meine Wölfin! Unsere Zähne stießen aneinander, reinliche Elfenbeintäfelchen, ihr Haar strömte in meinen Händen, und Geräusch trat aus dem Walde zur Rechten: Du mein Geräusch! – Wir sprangen und glitten auf dem Apfelbaumweg.

»*St!*« – »Leiser ...« – »Iss nich bald voll?« – »Ich liebe Dich: Du!« – »Du!« – – »Genug, was:?« – Ich griff nach noch ein paar Rotbackigen, Druwäppel wie Mining und Lining: »Mein lieber Freund, das ist: – Mensch: ich krieg den nicht hoch!! –« Ich kriegte ihn hoch, meine Knochen hätten einen Berg gehoben (bildete ich): so flog der Zentner: »... und ab jetzt! ...« Unter Kichern in den Stolperwald.

Der weißlebrigte Galsworthy!: »The Patrician«: nee sowas von selbstgemachten Problemen (als wenn die englische society eins wäre! – Und wir standen wacholdergleich in Brandshaide!! – Ph!) – »Typhusimpfungen nächsten Monat: dreimal!« – »Wir gehen zusammen, Lore: zusammen« sie legte sofort die Unterarme um meinen armen Hals, und unsre Augen brannten ineinander, blau in grau: warum war kein Wind, der unser Haar mischte?

Frigidität der Frauen: »Lore: jeder-Mann kommt mit einer Frau aus: es muß allerdings die Richtige sein. – (Und sie muß wissen, daß sie nicht bei jedem Mal ein Kind angehängt bekommt: Lore, meine Lore!)« – Die Pilze quollen feuerrot aus dem moosigen Grunde: wir schnitten sie mit feinen Messerchen aus, kaum sah man sie im Dunkel.

Der Wald: »Kennst Du – Lore: wo bist Du?!: ach da: – kennst Du Hiller's ›Jagd‹? – Oh, dann weißt Du vom Freischütz nichts!« Hiller, Johann Adam, † 1804: – »Mensch, Dein Gedächtnis möcht ich haben!« – »Ist nichts, Lore, ist nichts: ich bin gestraft damit: denk an die Träume!« (Habe ihr erzählt, daß ich jeden Traum der Nacht weiß, Alles, zwei 40-stellige Zahlen im Kopf miteinander multiplizieren kann: das ist ein Fluch; ich bin ein Verfluchter: Olé!)

Wie schön leuchtet der Morgenstern (das hielt Schrader für einen alten deutschen bzw. lateinischen Choral! – Und ich bleibe dabei: die Menschen wissen nichts, weil sie nicht 40 Jahre lernen anstatt zu quatschen). Die Bäume schatteten starr; Lore im Tiefschatten: »Bist Du noch da?« – »Ja: Liebster!« – Du tiefe Stimme: »Ho ohn, ho ehn, hos erchetai / Theos hehmohn eulogetai / nai amehn hallehluja! / Theos monos tris hagistos / patehr ho epuranios / ho hyios kai to pneuma ...« (klang gut, griechisch, obwohl der Inhalt wahrscheinlich Mist war, please turn over!)

Mond (noch über der Pilzstelle) ein feines Zeichen im frühesten Morgenhimmel (wie eine Kerze in Wasser: – schön aber sinnlos, das Bild. Dennoch: wie eine Kerze in Wasser!) Und der Sack war schwer, daß ich stöhnte (aber verhalten) und der Schweiß mir übers rotfleckige Gesicht lief: »Hätten wir bloß nicht soviel genommen!« (besorgt). Ich lächelte sie an: da ging eine Nymphe umschallt vom Wind.

»*Es gibt Menschen* – moralische Abnormitäten, und ihre Anzahl ist größer, als man annimmt – die man nur beschreiben, nicht mehr verstehen kann: so sah ich einmal Einen, der las bei seinem Wiener Schnitzel und mashed potatoes, mit Einlaufsuppe vor- und Flammeri hinterher, eine ganze Stunde lang in Dostojewskis Totenhaus, und nachdenklich: – freilich war es ein leitender Angestellter der Textilbranche…«

Vom Chorizonten mischte sich klarstes Gelb ein (ich wollte, ich röche nach Heu, und nicht nach Mensch, Bock. –) Sie erstarrte im Blaubeerkraut: ich im Getänn: da kam schon Einer durch den Frost – »Sssssssst –« (scharf): da kam Einer – –

Ach: der Alte: Ich hob die Schulter, spannte die 115 Brustumfang, schwenkte das Erkennungszeichen: den geschenkten Eichenstock –: »Och – Sie sind es –« sagte er jovial, und Lore hob sich verführerisch aus den blauen Beeren; er lächelte und nickte: »Na dann – – ach: Herr Gaza –« stellte er den dünnen Grauen an seiner Seite vor: wir drückten feuchte Hände und lächelten verworren und mißtrauisch. »Beeren und Pilze –?« fragte er autoritativ –: »na schön: aber immer vorsichtig schneiden, und nichts zertreten nich?!« Ein paar Regentropfen fielen um uns Morgenliche; er musterte mit den großen reifigen Augen mich und die Lore, meine Lore, mich und mich; er sagte recht leise: er schüttelte dabei den mächtigen Kopf: es gefiel ihm nicht: »Oktober: Oktober…« er hob die spitze Hand; ich drückte die Hand.

Ich möchte wie der Himmel sein: early in the morning (aber wirklich early; also nicht erst um 5, wenn die Bauern aufstehen!) – Ich keuchte und mußte sechsmal absetzen; trotz gebissenster Zähne und Lores Gegenwart: und eisige rosige Luft: ich bin fertig!!

Seladonene Hausfronten, schwärzlichgeäugte (und der soll gegen mich aufstehen, der die Astrée gelesen und genossen hat: war auch mal ein best-seller!)

Sang mit näselnder Stimme Marienlieder (ist keine Bosheit von mir: es klang wirklich abscheulich: ein Flüchtling in Blakenhof). Und da wir schon bei ollen Kamellen sind: Perserkriege in moderner Aufmachung, journalistischer:

»Wir stehen hier unten am Hellespont: seit heute früh, 4 Uhr, marschiert das Heer des großen Königs über die Schiffsbrücke, deren Erbauer hier neben uns steht: »Darf ich fragen, Herr Megasthenes, wie lange die Arbeit eigentlich gedauert hat ...?« (Und Gott strafe die Journalisten, ich bleibe dabei: wenn wir Menschen uns betrüben: schon wieder ein Krieg, wieder Verstümmelte und Flüchtlinge! Da krähen und lüsteln die: »Schüsse am 38. Breitengrad!«; allein für die Formulierung gebührt ihnen Entmannung! – Pfui Deubel!)

Im Schuppen: 1 Zentner geklaute Äpfel (und mir wackelten die Wanten. Aber lütt Grete lachte: gutte Grete –), und schob uns ins Bett.

Hastiger Schlaf: vielspältiger; einmal fuhr ich in einem Zuge mit ihr zwischen Görlitz und Dresden; bei einer verlorenen Station sprangen wir auf den fäustigen Kies des Bahndammes, und huschten drüben in die glänzenden langnadligen Wälder; tauchten die Füße ins feste Gras, spannten ein Zelt unter eine Kiefer; zwischen Görlitz und Dresden.

Wasser stürzen: rechtes Ohr und Halsseite schmerzen beim Schlucken; sind auch dicker (und den Kopfschützer ummachen und so schlafen).

Bauernwege über Hügel: der Sand war mattgelb aber fest, und die zwei tiefen Geleise störten noch nicht; auch war ich bald oben und sah, wie die schweren Waldwellen nach allen Seiten hin sanken, sanft wölbten: war nur Glanz und Grün in vielen Stärken, rips und mild. Auch trieb die Sonne ein dunkles Spiel mit mir; als ich bergan kam, stand sie kalt und abendgleich fast hinter fernen blaugegossenen Wolken: nun wieder erschien sie oder eine andere vormittagshoch hinter mir, und heiß dazu; da ging ich leicht weiter (einen schwellfeinen Schmerz im Ohr), eine Senke hinein, hinan. Und die Wagenspur verbog sich in rechte Belanglosigkeit: allein gelaufen ist immer besser, als mit Vielen gefahren; auch war der klare dünnvergraste Weg so schöner; die Kiefern bogen oben rote gesunde Ringerarme, grünbehaarte; ich wehte langsam im goldgestreiften Schweigen, das schöner ist, als viele Vernunft. Als der Weg völlig verrieselt war, bannte ich mich in die Lichtung: oben blaues Geglüh mit goldenem Unerträglich; so heiß wartete die Luft um mich, daß ich gedankenlos sanft anschwebte, durch neue Büsche, um braunhäutige Baumschönen: rauh und keusch und heiß flossen die Feingliedrigen herum, nach hinten, rückwärts. Lange war ich so, lichter Schatten, verwaldet, da wuchs ein freier raumer Hügel, dessen Rand ich leicht emporstieg: und auf der weiten Terrasse eines alten Schlosses stand. Hier und da sah ich Steinfiguren, puttenklein und derb, auf den schweren Balustraden; die Platten des Hofes waren mit feinen Mooslinien zusammengefügt, Sommeröde und alternde Stille; ich schritt hinüber zum sehr hohen gewölbten, umwappten Tor, sah die mächtigen vielfenstrigen Fronten entlang (und ein scharfer Halsschmerz trennte Kopf und Rumpf); dann ging ich leichtfüßig hinein ....

Naiver blauäugiger Himmel: »Mensch, werd bloß nicht krank!« warnte sie bestürzt, und auch Grete zerschrak: »Ach. – – Sie sind doch in keiner Kasse!«, und in ihren Augen stand schwermütigdeutlich die ewige Angst der Armen vor Ausgaben und lebenfressender Arbeit. Sie legten Hände an mich: Fieber! Aber obwohl mir wirklich leicht benaut war, schüttelte ich leichtfertig die Backen: »N Wunder wärs nicht –« sagte ich zuvorkommend: »– nach all der Schinderei; aber so wild is es noch nich.« Ich schluckte schmerzhaft, und sie merktens, und Grete sagte nach etwas Zögern: »Sie haben doch noch Zigaretten ...« »Zwei Schachteln.« Pause; gewiß, wir brauchten sie nötig. »Trinken Sie vielleicht mal Etwas« proponierte Grete hilflos: »bei Männern soll das helfen ...«; und auch Lore nickte, alte Routinieuse: »Geh mal zu Apel nachher; eine Schachtel kann draufgehen, und dann legst Du Dich gleich hin, schwitzen. – Das war ja auch ein Ding –« wandte sie sich zur Andern: »Denk mal: übern Zentner 6 Kilometer weit asten! Bei unserm Essen!« Ich gab nach, obwohls eine Gemeinheit war, denn es ging ja auch den armen Dingern vom Essen ab; man ist ein verdammter Exmensch! »Aber jetzt sind sie Alle auf den Feldern –« rief Grete eifrig (hatte sich wohl reuig alle meine Verdienste zurückgerufen): »Sie nehmen dann mein Rad!« O. K. »Und setz Dich jetzt in die Sonne!« O. K.

Ein Böhm: mit einer Geige, eine Pauke auf dem Rücken (die mit Hackenzug bedient wurde), und auf dem Kopf ein Schellenbäumchen: so musizierte er »kinstlich« und kam gar immer näher, daß mir bei jedem Bums der Hals schmerzte. Natürlich war es aus Jablonetz/Nissa (»ahnfangen« fing er an) aß Tomaten, die er »Paradeiser« nannte, und unterhielt mich ein bißchen: »Spielleute kommen weit rum!« bestätigte ich gequält, und erzählte ihm langsam vom Trompeter Vermann, der gar in der großen Pagode zu Lin-Sing begraben liegt. Bis es ihm zu blöd wurde. (Wie er mir schon lange); und ich schrieb wieder weiter in der Eilikrineia.

Dann kam Bauer: immer Einer nach dem Anderen; lächelte überlegen, als er das Stück Grüntrikot um meine Backe sah (und der Hals wurde immer schlimmer; ich kann kaum noch schlingen und sprechen!); und er säuselte im Wind:

»*Kein Wort* gegen Jean Paul, Mensch!« sagte ich mühsam; er sah mich pikiert an: »Warum nennen Sie mich Mensch –?!« und erzwang ein vornehmes Lachen. »Weil ich Sie erinnern muß, daß wir von Geistern sprechen: er gehört einer andern Größenordnung an, als – Sie« (ich war hundsgrob: ich sagte absichtlich nicht »wir«: soll er doch bloß abhauen, und mich bei den Erinnerungen an Titan und Palingenesien allein lassen! – Aber nichts da: er wars wohl schon gewohnt.)

Zeigte sein neues Oberhemd, weiß Gott! und ich besah dem

Blödling den zart gemusterten Ärmel: »Als wenn Aristoteles selbst es gearbeitet hätte«, mühsamte ich lobend; er erschrak des Todes: aus seinen Augen fragte es: Aristoteles? aber ich ging erschöpft darüber hinweg. – »Wer nicht besser ist, als sein Vorgesetzter, ist kein Untergebener«. – »Zum Vorgesetzten muß man also schlecht genug sein –?« meinte er ironisch; ich nickte so unbeteiligt, daß er ganz wütend wurde (dabei war mir heute wirklich jedes Thema wurscht!). – Große Männer: »Nur was tatkräftig ins Leben eingreift, die Welt gestaltend verändert: kann wahrhaft groß sein!« behauptete er (sah also im tätlich werden das Kriterium). »Alexander!« ausfordernd; »Ludwig Tieck« sagte ich verschwollen; »Bismarck!!« rief er mutig; (und mein Ohr quälte mich); »Fritz Viereck« flüsterte ich: er horchte mit geriegelter gerunzelter Stirn; ging bald, kam wieder.

Pause (schön!)

»W e r war dieser« (betont): »V i e r e c k !«. »Haben Sie im Lexikon nachgesehen?« fragte ich neugierig und kränklich neidisch; er nickte kalt und beherrscht, verbissen und fürstlich;: »Jaja – Viereck – –« sann ich, schüttelte den Kopf, abwesend, schlug unsichtbaren Mantelkragen hoch (er merkte es und ging endgültig ab): das war der exzellenteste Rum gewesen, den ich je gekannt habe; fast göttliche Verehrung hatte der Mann unter uns genossen: Fritz Viereck, Stettin ......:

»Es war einmal am Hofe zu Eisenach –«: Les contes de Hoffmann (und wars nicht Herbert Ernst Groh?!). »Na, wie gehts?!« rief Lore mir Besonntem zu: »Besser??« Ich schüttelte den Kopf, daß sie sofort zu mir altem kopftuchenen Weib herauskam, und sich neben mich hin kauerte: so sahen wir einander an, bis ich bat: »Nicht ankucken, Lore: ich seh so dämlich aus!« »Ach du Muff!« sagte sie entrüstet, wandte aber das Gesicht doch: es stimmte schon! Ich stand auf, schlenkerte das Tuch ab, und sagte laut und zuk-

kend: »Ich versuchs jetzt beim Kuhfürsten.«; sie holte mir das Rad still heraus, und ich flog elegant den Hügel hinunter (bis ich außer Sicht war: dann zog mir der Fahrtwind im Ohr, daß die Tränen liefen, Pest und Tod!)

Sie brauten und kosteten: s war eine ganze Gesellschaft, alles wohlhäbige Hausbesitzersköpfe: und Apel empfing mich lärmend: »Jou!« – »Amerikanische« brauchten sie jetzt und immerfort! »Krix ne Bierflasche voll! –? – Dauert ne Viertels-tunde: wir blasen grade!« (also mit hinein)

V 2-Sprit: (in Krumau, wo Grete war, hatten sie im Kriege auch das hergestellt); da brauchte man das Benzol nur durch ein paar Stunden Luftdurchblasen und Kohlefiltern zu entfernen, und fertig war das schönste Feuerwasser! (D.h. es schmiß Einen immer noch in den Schultern beim Trinken, aber wirken sollte es: grandios!) Sie saßen und glotzten. Wurde vorgestellt, vielen klaffenden Mäulern, aus deren jedem ein dampfender weißpapierener Stift stak: Gott strafe England und Euch Unabkömmliche (denn wieder schöpften diese Landwirte das Fett ab: im Kriege waren sie mehr zu Hause als bei uns draußen, und jetzt fressen sie sich auch wieder als Einzige satt, und nehmen im Tausch der restlichen Bevölkerung das Letzte weg. Neulich hat einer zu Grete gesagt, als sie mit einer Kaffeebüchse ging: ihm fehlte nur noch n Teppich fürn Kuhstall! Krepieren müßten die Schweine! Alle Bauern! – Villân hieß es bei den Mittelhochdeutschen: die wußten noch offiziell, daß Bauern und villain eins ist!)

Türlich: alles »alte Soldaten!«: Einer, schon besoffen, machte für eine Zigarette den Parademarsch von 1914: Da buffa buffa buffa-buff!: die Gesichter dröhnten vor Lachen, gespitzte Hände zeigten auf den alten Trottel, oh ihr abdominales Pack: gelogen wurde aus versteppter Seele; männlich gesaut; unds dauerte immer länger. Jeder gab »erhöhte« Geschichten, schreiend, und Vollgas, daß die Hölle auch noch stank: solche Kondensstreifen könnte Unsereiner gar nicht hinstellen: von was auch! Apel fuhr, halb fett, noch einmal aufs Feld, und sein Freund murkste weiter: »43 Prozent« sagte er stolz zu mir, Gelehrte unter sich eh, und im Topf bobbte das Aräometer: »Na: dor hessemm!«: auf die Schulter schlug er mich auch noch, gönnerhaft und wohlwollend: die Hand soll Dir abfaulen!

Auf einem weißen Stein: auf einem weißen Stein (mit einer heiteren Zahl drauf; also ein Kilometerstein vor Brand's Haide). Noch ein Schluck: s schmeckte fürchterlich; aber vom Magen her geisterte es heiß und verwildert auf, und der Hals tat schon nicht mehr so: weh: das heißt: ich pfiff jetzt drauf! Im letzten Abendlicht! Noch Einen?: Klar: noch Einen! (Dann war sie erst halb leer, unds reichte noch für einmal. – Aber ich wackelte schon ganz schön, schwingend: na ist egal!) – Da lehnte das Rad am Baum mit sehr runden Rädern, alle Speichen hatte ich blankgeputzt: konnte ich noch stehen? Hinter mir sagte man bärbeißig: »Nanu –!«; ich sah mich gar nicht erst um; ich erklärte eifrig: »Es muß sein, liebe Freunde: ich bin nämlich irgendwie defekt. – Ich geh auch sofort wieder!« und schritt auf das runde Rad zu (kein Gefühl mehr im Gesicht: also vollfett!) Er kam, sich altklug umsehend, zu mir herüber und besah mein Gesicht; die dicke Seite, die Zunge: nichts gefiel ihm heute. »Da seien Sie man vorsichtig mit« sagte er vorwurfsvoll: »fahn Sie schetz man nach Hause und s-tecken Sie sich ins Bett: da is in der heutigen Zeit nich mit zu spaßen!« (Mit meinem Bett nicht: da hast Du recht!) Aber er meinte es gut; die Sterne zogen ihre Runde: rundherum, und die alte Kognakpumpe in mir schlug mich wie mit Fäusten: ich reichte ihm stramm die Hand: !: nickte und führte das Rad auf Straßenmitte: kein flacher Kopf, der Schmidt, was?!

Riding on a bike: sssst! – Das war ein Stein, ein Steinchen, ein Kieselchen; röhrig schob ich blitzschnelle Beine: und fett wie ne Axt! Juckjuckjuckjuckjuck: Apel, dem großen

Kuhfürsten, schnitt ich ein so flämisches Gesicht in den Ochsenkarren, daß er kerlig aufsprang und in die pausende Luft schnappte: o Du Kalb Moses!!

Der kantige Mond: sägte im schnarchenden Gewölk, daß es milchig stäubte: sagflis hieß es in Norge: da war ich auch gewesen; ich blies verächtlich aus hartem Spitzmund: Alles lange her. (Nochmal 17, 18 müßte man sein) ich schwenkte den Körper, linkes Bein als Achse (Das rechte taugt nicht mehr viel, vom Kriege her!) und fuderte über den Platz.

Da stand doch dieser Bauer am Fenster!: ich setzte das Rad klirrend auf, und ging auf die beiden zu: ihn fertigte ich mit einem Dolchblick ab, und einem versoffenen »Noamd!«, dem ich den Klang einer schweren Beleidigung zu geben suchte. Ich kehrte mich zu ihr; ich sagte: »Ich liebe Dich!« (Als Gruß, ohne weiteres!); sie antwortete nicht; also drehte ich wieder um: gekränkt: weiß Gott, man sollte nur Fouqué-Material sammeln! Jetzt rief sie: »Herr Schmidt...«; ich fuhr herum: Grete war das gewesen! Und Schorsch lachte doppelbödig und unbändig: wir rechnen auch noch mal ab, Messer Agricola! »Ach so« sagte ich bieder: »bitte um Entschuldigung...«; ging hinein und lehnte mich ein Viertelstündchen flüsternd an die Wand. Dann zog ich Alles an (denn ich begann doch wohl wieder zu frieren) und rollte mich ein (Hoffentlich hat die Dusche geholfen!)

Erst Mittags aufgestanden: dafür nicht gewaschen. »Ja, mir ist besser!« (war aber gar nicht nennenswert!) – Mit der Post wieder lange Bücherprospekte: drucken jetzt bloß 20-30 Jahre alte anerkannte Schlager. Manche davon leidlich (dennoch ist seit Stifter und Storm unsere Literatur tot); meistens aber nur Zuhälter der Poesie. Hamsuns »Mysterien« eins der leidlichen; und ich erinnerte mich: hat aber, was man technisch »überentwickelte« Charaktere nennen könnte – nicht weil ihm etwa übermenschlich große Individualitäten gelängen, Gott bewahre! – aber zu lang ist das Alles: man weiß von den Personen nach 300 Seiten nicht mehr, als man schon nach 100 wußte; das nenne ich überentwickelt, oder einfacher gesprochen: zu viel planloses Gequätsch. Idji! (Ich lobe mir den Gordon Pym: wo solche Kraken auftauchen, ist Tiefsee; beim Nazi Hamsun nicht. – Ich seh ihn immer noch, wie er, stöckchenschwingend, schon 80 und immer noch nicht gescheut, die deutsche Besatzung hofiert, ihre U-Boote besichtigt, und für die »blonde Bestie« schwärmt. Auch als Dichter kann er wenig: Vielleicht begründe ich's später ausführlich; jetzt bin ich krank: also nochmals: idji!)

Bei ihnen: »Na –?« Ich richtete mich hoch auf, die Hände in den Taschen: »Geht schon wieder«; dann setzte ich mich doch lieber auf den bretternen Fensterstuhl; das Buch auf dem Tisch: Mathilde Erhards Kochbuch. (Grete hatte sichs von der Schradern geholt: warum wohl!) Lange und geil in den Rezepten gelesen: man nehme einen 4-pfündigen Rehrücken; zum Baumkuchen 70 (sic!) Eier; Seife kocht man bequem aus den reichlichen Fettabfällen unserer Küchen: wir hätten sie blank verschlungen; mit Abbildungen der gut bürgerlichen Küche um 1900; Pflege des Weinkellers: und ich hatte meine Flasche so einfach in die Kiste gestellt; so also sah ein gedeckter Tisch für 32 Personen aus, und ich las gierig die Gänge, bis mir schlecht wurde. »Iss Essen schonn so weit?!« Kam sofort: Rührkartoffeln, und ohne Fett gebratene Äpfel: mir fielen unsere Vorräte ein, und dies würdes dann also für die nächsten 4 Wochen geben. (Doller Geschmack!)

Bißchen draußen: rundrückiges Wolkenvieh mästete sich am Horizont, im Norden. (Nö: eigentlich rundum). »Können wir heut Abend etwas losgehen –?« fragte Gretel neben mir, zaghaft, schamvoll (aber wir hatten kein Gramm Holz mehr!): »In der Dämmerung, ja?«

Dämmerung, ja: Heuernte in den Mooren; ein draller ländlicher Mond dicht über dem Bauernvolk: »Die sind doch immer dabei!« – Zapfen und Holztrümmer hochheben (mein düsterer Kopf schwankte im mantelgrauen harten Spinnengezweig, Spenstergezweig); lange Stücke, von gebückten Mädchen gebracht, schlug ich gegen den gespannten Oberschenkel, bis etwas brach. Schon am andern Ende der Holzung: Gesicht durchs Gebüsch: Wind büffelte faul in noch Ungemähtem; ein altes flaches Goldstück lag, zerbrochen oder zugestaubt, im Himmelsdunst, ganz da drüben. (Och, zum Sterben wars nicht, aber ich fror und schwitzte wie ein panisches Vieh) Zupfen; Streicheln: – »Ich komm schon.«

Jede hat einen Rucksack, ich den großen, die verfluchten Wurzeln. Absetzen. Schon ganz finster; und dicht am Schienenstrang: »Wir gehen auf den Schwellen lang, ja?« – »Der letzte Zug nach Walsrode ist längst durch.« »Klar!« Tappen, tappen: »Ist Dir nicht gut?« »Nee« sagte ich (ehrlich sein ist keine Tugend, aber s geht meistens schneller; zum Lügen braucht man viel zu viel Zeit und Aufwand) also: »Nee!« – »Wir sind gleich da, – unten is schon die Holzindustrie.« »Und dann is erst mal n paar Tage Ruhe!« entschied Lore.

Frau Bauer, die Alte: mit Löckchen: »Ach, könnten Sie mir wohl endlich die Eimer zurückgeben!!« (Hier haste den Dreck!)

Mit Löckchen: Schon bei Individuen ist es ein peinliches Schauspiel, wenn sie nicht mit Anstand alt werden können: wie viel mehr noch bei Völkern! Solch würdelosen Anblick bot bereits Hitlers Deutschland; bietet zur Zeit wiederum, erhöht und grotesk genug, seine Sowjetzone: bietet letzten Endes Europa. Es gebe doch endlich den schon seit 100 Jahren fragwürdigen, seit 50 aber recht lächerlichen Anspruch auf Führung der Welt auf, und begnüge sich damit, seine Sprachen und alten Kulturwerte den Nachfolgern aus Ost und West so intakt wie noch möglich auszuhändigen; dann aber Industrie und Bevölkerung durch radikalste Geburtenbeschränkung auf 200 Millionen abzubauen. Europa als Hellas-Schweiz der Erde: ist Alles, wonach man billigerweise noch streben sollte; ich fürchte, wir werden nicht einmal das mehr erreichen, oder ein ruhiges Aussterben: in 20 Jahren wird mans wissen. –: »Eher geh ich noch zum heiligen Rock nach Triere, als ins Russische!« und sie neigten betroffen die Mundwinkel: das hieß bei mir allerhand. (Stimmt aber eher umgekehrt!)

»*Du hast Fieber:* geh schlafen!« kommandierte die Herrin; hat recht: »Gut Nacht –« bat ich (und sie kam mit hinaus: DU!) – »Wir sind roh« sagte Grete ärgerlich drinnen: »daß wir ihn heute so haben schleppen lassen. – Aber er wäre ja doch mitgegangen! – – Er ist wundervoll!!« (Wer hörte das nicht gerne!? Aber muß raus, erst mal nach mir sehen!)

Draußen: laufende Lichter fern im Walde (vielleicht auch mehr vor meinen Augen); ich fing so unvermittelt an mit den Zähnen zu schnattern, und das so laut im Dunkeln, daß ich sofort reinrannte. Als Vomitivgabe einen großen V 2-Häger: ich nahm einen kleinen Zettel, ich schrieb mit dem besten Stift: »An Lore / (1 a) in meinem Herzen / : Liebste! /« und Unterschrift; und dazu: d. L. B. (das hieß bei uns: der Liebe Beflissener). – Ich lief an ihre Tür, tupfte leise, und steckte den Zettel in eine Mädchenhand, machte die Türe selbst zu (das Licht war mir zu dick). Stand: –? –: ein leises tiefes Lachen.

Krumau oder
Willst du mich noch einmal sehen

Der Wind, der Wind: pflügte heran, den sausenden Büffelkopf tief, über Brands-Haide, über die befahrene Straße, hügelhoch über Blattloses: dann rannte er auf dem freien

Platz, daß der Kies stob, an uns; aber wir standen fest, die dünnen Arme ineinandergeschränkt, Lore, ich, Grete.
(Drei Häuser um uns: Schrader, unsere Bruchbude, des Gottes Haus: aber das half nichts bei solchem Wind; nur unsere Arme).
Eine Zeit lang lehnte das spitze hippokratische Gesicht des Mondes schräg da oben, in fleckigen leinenen Tüchern, daß wir erst schwankten, erschraken: seltsam: so bleiches Licht und Wind: und dabei Mensch zu sein! Nur gut, daß wir durch den dünnsten Stoff unsere Glieder fühlten, fest aneinander gedrängt (Gott, was hatte Grete für magere Arme: Frauen dürften nicht »arbeiten«! Aber immer robota, robota: das ist der Refrainfluch!)
Es rollte über den schwarzen Wäldern, mondbestarrt;: »Gleich kommt er«, zischte Lore (meine Lore!) und preßte mich, wie einen Kuß; wir senkten die zähen Stirnen, und die Bö zerschellte um uns und über uns: husch war auch der Makabrehochoben weg: wer widersteht Uns?!
Grete zuckte; sie schlug die rechte (freie) Hand in meinen Kragen; sie sagte atemlos: »Du!«, und Lore schnurrte wie eine Göttin nebenan: Alles Du! (Drei Fahrräder müßten wir haben und nebeneinander daherbrausen, mit unbewußt rastlosen Beinen!) Ich zog die flache Flasche aus dem Mantel: Gesegnet sei Mrs. Kiesler! und sie sprachen es langsam und feierlich, hallend, nach: God bless her! Wir nahmen so den letzten Schluck.

Und Wind: Es stampfte oben in den Wolken, daß unsere Beine ausfielen, in alle Richtungen. Fechten mit dem Überall: das heißt Menschsein!

»*Mensch:* Gib mir die Unendlichkeit zurück!« stöhnte Lore (meine Lore!) neben mir. Ich schwenkte (Grete im Arme) zu ihr; ich sagte: »Du!« Pause. »Nein!« sagte ich: »das kann ich nicht, Lore!« (Meine Lore! Grete wurde nur so mitgenommen.) – »Wer weiß, was aus Uns wird –« (Sehr richtig, Lore: quien sabe! Ich nicht!) Wind; Wind: wir neigten uns und federten hoch: Wir uns neigen?! Vor Wem!? Bedecke Deinen Himmel, Zeus, mit Wolkendunst«: Tjawoll!

Oktoberregen: aber ohne Uns! Wir stolperten, verächtlich lachend, hinein: »Ohne Uns!«

»*Und nun lies was!*« ausforderte Lore; ich sah ihr ins brausende Gesicht, über das Wolken zogen, Schatten zogen, und doch Zügeklarheit: Du wirst mir bis ans Ende des bißchen Lebens vorangehen, Lore!: Sie kam um den leuchtenden Tisch herum, den mit der weißen Decke, und nahm mich in die Arme (daß Grete weinte). Und der Wind ritt hunnisch über Brands-Haide, wie der Himmel tränte, und unsere kleinen Scheiben schwirrten: ruhig, ruhig! Wir halten die Stellung! 6 Jahre Soldat und bei der schweren: da muß es schon verdammt knallen, eh wir erschrecken, eh?!

Ein Bleistift (: wenn man den selbst herstellen sollte! Stellt Euch vor, die Menschheit ist weg: und Ihr solltet einen Bleistift machen!! – Zauberei!) und Papierenes in der Hand: ich fuhr mit den Augen im Kreise. Lore; Lore; Grete: ich setzte die Spitze des Dinges auf und las:

»*Nach einigen Stunden etwa* fühlte er sich von einem seltsamen Geräusch erweckt. Wie ein ferner Donner aus tiefer Bergeskluft drang es an sein Ohr. Anfänglich, noch halb schlummernd, wollte er sich überreden, es sei das Unwetter im Gebirge, aber stets vernehmlicher drang der Ton von der andern Seite, wo er bei Tage die verschlossene Tür bemerkt hatte, herauf. / Das nächtliche Erwachen an fremdem Ort, immer von wunderlichen Schauern begleitet, ergriff Alethes Gemüt unter diesen Umgebungen mit zwiefacher Gewalt. Der wahnsinnige Alte schnarchte, und sprach einzelne wehklagende Worte im Traume; ein unruhiges Geflatter, wohl von Fledermäusen, streifte hoch an dem Felsengewölbe hin, und bedrohend stieg das Brausen und Zischen und Brüllen aus der Tiefe herauf. Alethes, von Dunkelheit und Grauen bezwungen, rief nach dem Alten. Der fragte ächzend, was es gebe. »Hörst Du nicht« rief Alethes, »das zornige Getöse von dorten, wie aus unermeßlichen Abgründen her? –« »Ho, ho« sagte der Alte hohnlachend: »ist es nur Das? Ich will Dirs vernehmlicher zu hören geben! –« Damit war er schon an der Tür, die in den Felsen hineinging, riegelte sie auf, und zugleich mit einem schneidend kalten Zugwind drang das furchtbare Tosen fast betäubend empor. – »Was ist es denn? Was will es denn? Böser Zaubrer, sags an!« so rief Alethes, ganz irr in diesem Tumult. Der Alte, dicht neben ihm stehend, denn die Tür war nah bei des Gastes Lager, sprach mit vernehmlicher Stimme durch das Gebrause: »Dieses Felsloch führt tief in den Berg, unbekannte Schlünde hinab, in ein Eisgewölbe, da drinn es einen grundlosen See gibt. Er ist meistens still; aber wenn der Sturm so wild aus den Wolken fährt wie Heute, dringt er auch wohl durch unbekannte Zugänge bis auf das heimliche Gewässer, und dann zischt es und heult, wie Du es eben vernimmst. Man kann auf dem glatten Eise ein wenig in das Gewölbe hineingleiten, aber in Acht muß man sich nehmen, denn drei Schritte zu weit, und Grundlos hat Dich in seinem Gewahrsam bis zum jüngsten Gericht. Ich habe mir deswegen den Zugang mit Riegeln verwahrt: man weiß nicht, es kommen den Menschen bisweilen tolle Dinge an. – Ein wenig schildern will ich doch eben jetzt –« Er sagte diese Worte mit einem heisern Lachen schon außerhalb der Tür, und Alethes hörte, wie er gleitend auf dem Eise umher fuhr. Ihn selbst, den auf dem Lager Liegenden, kam darüber ein Schwindel an, und es war, als raschle ein böser Geist in dem Moose, und flüstre ihm zu: sperre den Alten aus, Freundchen, sperr ihn hübsch aus: so bist Du seiner häßlichen Nähe quitt! – So entfernt auch Alethes war, dem bösen Gedanken zu folgen, so besorgt war er dennoch, der Alte könne von selbst die Eishalle hinunter gleiten, und in seinem eigenen Gemüte müsse es sich dann wie ein Wahnsinn festsetzen, er habe seinen tollen Wirt hinuntergestoßen: er könne ja nie im Leben darüber zur Gewißheit gelangen, und müsse vor dem ängstigenden Zweifel vergehn, da es nachher Niemanden gebe, der ihm ein tröstlichen Zeugnis darüber abzulegen vermöchte. Der Alte kam endlich zurück, verriegelt sorgsam die Tür, legte sich auf sein Lager und schlief ein. Alethes aber konnte keine Ruhe mehr gewinnen; schloß er ja auf kurze Zeit die Augenlider, so kam es ihm vor, bald, als liege er selbst, von dem Alten hineingeschleudert, in dem grundlosen See unter dem Eisgewölbe, auf ewig weitab von allem Leben; bald wieder, als heule der Greis aus der Tiefe durch das wilde Getöse herauf, und klage ihn als seinen Mörder an. / Der Morgen warf endlich durch das umgitterte Luftloch an der vordern Tür seine ersten Lichter in die Höhle. Alethes eilte hinaus, ohne sich nach dem schlafenden Alten umzusehn; ein klarer Himmel, eine stille Luft, und der feste, knarrende Schnee unter seinen Füßen, versprachen ihm glückliche Fahrt, so, daß er auch im Vorwärtsschreiten das Grausen dieser Nacht immer freudiger abzuschütteln im Stande war. Plötzlich aber stand er an einem Abhange, der, mit hohem Schnee überdeckt, keine Spur für den Fortschreitenden mehr darbot. Man konnte eben so gut unter der blendenden Hülle in senkrechte Tiefe hinabtreten, als irgendeinen schützenden Stein erfassen. Es wäre Raserei gewesen, hier auch nur einen Versuch zum Hinabklimmen zu wagen, daher Alethes den Berg nach der andern Seite hin zu erspähen begann. Aber von kaltem Entsetzen fühlte er sich ergriffen, und von immer wachsender Angst, als er an allen Gegenden der Höhe dasselbe Hindernis antraf, und sich endlich überzeugen mußte, er habe den Umkreis, in welchen er gebannt sei, vielleicht schon zwei- bis dreimal vergeblich durchlaufen. Schon blitzte die Sonne hell auf den Schnee, als er endlich erschöpft und in gänzlicher

Hoffnungslosigkeit den Rückweg nach der Höhle antrat. Der Alte sonnte sich vor der Tür und lachte ihm entgegen: »Du wolltest davonlaufen«, sagte er »aber wir sind hier eingeschneit für den Winter. Ich merkte es gleich in der Nacht, als der Schnee so wütig gegen den Berg trieb. Find Dich drein: Du sollst es nicht übel haben. Mein Verwandter bist Du ja ohnehin; bist Organtin, mein Neffe, sonsten der Teufel geheißen, dieweil Du einen Teufel im Panner führst: siehst Du, wie gut ich Alles weiß?! Du hast Dich auch selbst mit dem Liede verraten, das Niemand wissen kann, als meine nächsten Anverwandten. Gräme Dich nicht: mit Anbruch des Sommers kannst Du weiter ziehn, oder wenn es gut Wetter gibt, schon mit Anfang des Frühlings. Bis dahin bist Du Reinalds von Montalban Gast! Tu nur, als ob Du zu Hause wärest, und fürchte Dich nicht vor mir. Meine Gäste, mußt Du wissen, hab ich immerdar gut verpflegt, und mich aller Neckerei gegen sie enthalten: tritt in die Höhle, Organtin!« –

Wen einmal erst ihr Arm umflicht, / wem ihres Mantels dunkle Falten / das jugendliche Haupt umwallten: / Den läßt die Eumenide nicht!:

Sehr furchtbar und drückend waren die ersten Tage vergangen, welche Alethes bei dem Alten in der Höhle verlebte. Der Wirt konnte sich in seinen Gast, der Gast in seinen Wirt nicht finden, und das Entsetzen des Einen steckte immer den Andern unwiderstehlich an. Vorzüglich grausig aber kamen sie einander vor, wenn sie aus dem Schlafe erwachten, und sich anstarrten, wie ein Wandrer das Untier anstarrt, das während seines Schlummers die gleiche Lagerstätte mit ihm erwählt hat. Alethes jedoch fand sich zuerst in die eingehende Notwendigkeit; er fing sogar an, auf den ihm vom Alten beigelegten Ritternamen Organtin zu hören, als heiße er in der Tat so, und wie sich in ihm die Scheu legte, zähmte sich auch des Alten verwildertes Gemüt mehr und mehr. Er ward des menschlichen Umganges froh, und empfand nur seltene Anfälle seiner gefährlichen und Abscheu erweckenden Launen. Am schlimmsten und unaufhaltbarsten tobten diese, wenn die unterirdische Flut im Verein mit ihnen aus dem Eisschlunde heraufbrüllte. Dann tanzte er rasend in der Höhle umher, ja auch oftmals, wie in der ersten Nacht, jenseits der aufgerissenen Tür auf dem schlüpfrig abhängenden Boden hin, von wo er seinen Gast zu sich zu winken pflegte, und zwar in so gebietrischer Stellung, daß dieser bisweilen kaum dem seltsamen Geheiß widerstehen konnte. Auch gehörte es dann zu seinen Ergetzungen, Steine in den glatten Abgrund hineinzuschleudern, die, gleitend und abprallend, und endlich in das unterirdische Gewässer stürzend, furchtbare Töne weckten. / Eines Tages war er auch aus der Höhle gegangen, um große Kiesel zu suchen für dieses Spiel; da beschloß Alethes, den grausigen Abgrund auf immer zu versperren, was auch aus einem solchen Beginnen herkommen möge. Rasch riß er den Schlüssel aus dem Schloß, schleuderte ihn tief in das Eisgewölbe hinab, und warf hinterdrein mit angestrengten Kräften die Türe zu, daß sie krachend ins Schloß fuhr, und die ehrnen Riegel darüber zusammen schlugen. / Auf das Geräusch eilte der Alte nach der Höhle zurück; mit einem Blick übersah er das Geschehne, und ließ die gesammelten Steine aus seinem Gewande fallen, während er mit der andern Hand sehr ernsthaft nach Alethes herüber drohte. Dieser hielt sich auf seiner Hut, aber der Greis legte sich, schweigend und ohne weitern Unwillen zu äußern, auf sein Lager, sich gänzlich mit Moos zudeckend, so, daß er verhüllt war, wie am Abend, wo Alethes zum erstenmale die Felshalle betrat. / Es blieb so, bis zum andern Morgen, wo der Alte, sich aufrichtend, sagte: »Organtin: lieber Neffe; es ist wohl gut, daß wir einander anverwandt sind, und Bewohner derselben Burg. Aber soviel, als Du Dir Gestern herausnahmst, mußt Du nie wieder wagen. Hausherr, mein lieber Organtin, bleibe ich doch nun ein- für allemal, hier in der Höhle, wie ehemals auf Montalban. Meine lieben Gäste aus dem Eisgewölbe sind mein: dermaßen mein, daß der Teufel Jedermann holen soll, der sie von mir wegzureißen gedenkt. Ich hätte Dir auch schon lange den Hals umgedreht, Organtin; aber es ist ein Glück für uns Beide, daß Dein Türzuschlagen eben gar nichts geschadet hat: denn Geister, Neffe mein, kehren sich nicht an Tore von Eichenholz und Riegel von Erz: wo sie hin wollen, gelangen sie ohne Widerrede hin. Unten über dem tiefen See rauschet ihr Flug, Fittig hoch, Fittig tief, bald oben streifend das glimmende Eisgewölb, bald wieder sich tauchend in des schweigenden Gewässers Rund. Seit lang vor Carol Magnus Zeit her wohnen sie dorten. Ariovist redet von seiner Römerschlacht, und Marbod und Hermann vom deutschen Bürgerkrieg. Da spiegeln sich uralte Waffen, seltsam geformt, in den Wassern und von unerhörten Dingen flüstern bärtige Lippen an bärtige Wangen. Sieh einmal, Organtin, Du bildetest Dir ein, die grausigen Richter von mir ausgesperrt zu haben: jedoch nach wie vor ergeht ihre unaufhaltsame Reise, wesfalls sie auch Heute Nacht bei mir gewesen sind: danke Gott dafür, Organtin; denn sonst – –« Er verstellte sein Gesicht aufs Häßlichste, die Zähne gegeneinander schlagend, und die Augen wild umherrollend ....«

Sie saß finster und verhärtet; sie sagte düster und rätselhaft: »Du tust mir leid. Mein Junge. –« Das heißt: ich verstand gleich etwas; ich horchte einem neuen bösen Klang und sah ihr unheimlich in die Augen, lauschte. Langsam. Grete schluckte; sie fragte weich: »Wollen Wirs ihm nicht sagen...«, aber Lore fuhr mit der starken Hand hoch; ich fing die in der Luft, ich bat: »Jamascuna!«; aber sie schwiegen sanft.

»Es war sehr schön« (Grete, dumpf); sie kramte im Gestrümpf: »Zu schön –« kam es still. Ich zwang mich zu

Gleichmut und Trotz: »Also eine Überraschung –« stellte ich sachlich fest, von Einer zur Andern, und nur die Kleine nickte schwer: eine Überraschung! Dann sagte sie zur Lore: »Gib Deinen Rock noch her. Den Du aufm Rad zerrissen hast –« (Lore war wieder allein in Krumau gewesen; einmal auch mit der Bahn.) – »Ach laß –« und sententiös: »Es ist Nichts so eilig, daß es nicht durch Liegenlassen noch eiliger würde!«

»Gute Nacht.«: »Mögen alle Wesen ...«, und ich spannte deshalb noch einmal die Hand nach ihr aus. »Lore! – Jamascuna –!« (Sie kam sofort mit heraus; sagte es aber nicht).

Im Traum zerbröckelte der gestrenge Grauhimmel und grobes blaues Craquelee erschien: schlecht gemacht! Viel Sonne (und natürlich bin ich wieder Soldat, wieder eben aus dem Lazarett, mit wackelndem Bein, bei 20 Mann in der Stube: verflucht sei das Militär! Geblöke und Stumpfheit!) Wie ein sonnegefüllter Rauch schwebe ich in den hellen Kasernenkorridoren, treppab, immer »grüßend«, über den kahlkörnigen erbarmungslosen Hof, oh, mit zusammengefalteten Zügen immer weiter. Auf dem Damm durch den Ratzeburger See, im langen wiesenfarbigen Mantel: schmutzige Wiese! Aus der ersten Tür rechts in einem mittleren Haus kommt Grete: »Wie geht es denn, Herr Schmidt ...?«: da kann man nur die Hand an die steifgeschirmte Mütze legen, und sie ernst hineinwinken: zu gut ist sie (auch am Markt noch nicken: zu gut!). Aber es singt in der Weidenallee, blödstampfend und tiefsinnig: Willst Du mich – noch – einmal se-e-hen: / mußt Du auf den Bahnhof gehn! : / in dem gro-hoßen Warte-Sa-a-l / siehst Du mich zum allerle-hetzten Mal .....: Das nenn ich noch sachlich und bodenlos. (Und ich summtes noch, mürrisch, als ich aufstand!)

Freiheit: Ein deutscher Schriftsteller am 31. Oktober 1946 ist frei: das Arbeitsamt ist froh, wenn sie wieder Einen los sind; Finanzamt Soltau ist völlig machtlos, denn er verdient ja grundsätzlich unter 600 im Jahr: Nur gesund möcht Einer halt sein, und bedürfnislos: dann ist man frei. (Glücklich ist allerdings noch was Anderes! – Und behaarte Kiefer hat man, scheußlich und tierisch.)

Belegter Himmel (wie ne Zunge); dann auch:

Regen verglaste das Fenster; die Bäume bei der Kirche bewegten ratlos die Äste, bogen sich ratlos um die Ecken, schlugen ratlos in die Restblätter: naß, schwarz, unerbittlichzäh war die Rinde über das vertrackte Wesen gezogen: nackte Eichen sind etwas Furchtbares, man braucht sie nicht erst bei Friedrich gemalt zu sehen. Der Himmel wälzte sich grau von Westen heran, immer drüber.

Ein Gebüsch sträubte entsetzt weißgrüne Blätter vor mir; auch die Post brachte nichts. Aber Lore kriegte wieder einen festen gelben Eingeschriebenen, mit schönen Marken drauf: ein Vulkan dampfte energisch über der Hochebene; und irgendein Bolivar zeigte sein erzenes Profil. (British North Borneo hatte früher schöne Marken gehabt, und Moçambique; müßten auch mal ne astronomische Serie rausgeben: Mars ganz in seinem Rot, mit den Polkappen etc; Saturn schwebt im Ring. Oder Zinnien wie sie Schrader diesen Sommer im Garten hatte: so seltsame Farben hab ich bei Blumen überhaupt noch nicht gesehen!). Und dick war das Ding: sie ging damit ans Fenster, erschlitzte ihn, und nahm viel Zeug raus, Geschriebenes und Gestempeltes. Unterdessen kochten die Kartoffeln, und ich war schwach genug, selbst danach zu sehen.

Flatterte Grete herein, atemlos, zitterte im Stuhl, die Hände nervös im Schoß: die Russen waren über die Grenze; bei Helmstedt; seit heute früh. (Stirnrunzeln!): ja, sie sagtens in der Fabrik: bei Helmstedt! »Natürlich« sagte ich höhnisch und kränklich: »Hitler lebt ja auch noch: ist als Fremdenführer im Gebirgsmassiv des Popocatepetl gesehen worden: Bildbericht in der Illustrierten.« Sie flog immer noch; denn unten in Blakenhof wußte sie 2 Flüchtlingsfrauen, die waren von den Russen vergewaltigt worden, und hatten unter Flüchen die Kinder geboren (Das wäre kein schlechtes Kriterium für die diversen Besatzungsmächte: wer sich da am gemeinsten benommen hat! Totschlagen müßte man solche Bestien!).

Ich schwichtigte sie mühsam; redete ihr die Tatarennachrichten aus: »Dann würden unten auf der Straße die englischen Panzer schon rollen, Little-One! Oben Flieger. – Ruhig, Ruhig!«, ich streichelte sie ein bißchen, und sie ging, gefaßter, zum Ofen und legte nach. Lore kam mit vorgeschobenem Unterkiefer an den Tisch und fluchte auf: »Bloß raus!« schwor sie: »Mensch, wenn man aus dem Affenkasten raus könnte – ! – Na –« und sie wisperte mit der gekauerten Kleinen (da geht ein Gentleman für 5 Minuten raus; ich blieb vorsichtshalber und tückisch 20!)

»*Doch!* Die ganze Chaussee liegt voll«, beteuerte Grete: »Da hats Zentner! Noch vom Wind gestern.« Und wir gingen in den Nachmittag, mit Säcken, Eicheln sammeln. (Das hatten wir gelernt: schälen, in Spänchen schneiden, und auf einem breiten Tiegel ohne Fett braten: da schmeckten sie nicht mehr bitter! Man zermalmte sie zufrieden, und schluckte das Mehlartige: macht auch n Loch zu!). – Auf allen Feldern trieben sich die Bauern herum, (eine Egge harfte die Erde), gruben Mieten auf (oder zu; ich versteh nichts davon); gafften über Schaufelstiele; pfiffen argwöhnisch auf den breiten Fingern nach hypothetischen Hunden: weiß Gott, man müßte die Buben ausrotten!

Räuberwind zog im Wald, schleifte Schritte ins Laub, viel Schmugglersilbiges kam slavenweich: trat rauschend durchs Gebüsch und bewegte vorsichtigt s Ästchengitter: »›Isch Disch lieben‹ sagte er«, behauptete ich dämmerungskühn in die blanken Augen meines Oktobermädchens: wie bog sich ihr Haar an der mooskrausen Rinde vom Eichenstumpf.

Der Alte: er schob in der Schneise einen Karren mit erlesenstem gelbem Herbstlaub; Lore erstarrte: sie flüsterte: »Ich werd verrückt... Kuck mal!« Tatsache: er harkte das Zeug nicht zusammen, sondern verteilte es sorgfältig auf Rainlein, um Bäumchen; ein Prachtahornblatt hing er einem strammen Tännchen in den Wipfel und betrachtete wohlgefällig sein Werk. (Sah uns wohl nicht!)

Abendliche Dunkelei / und die Kuhmagd brummt ihr Lied. / Dreimal klafft ein Krähenschrei / wo der Tagrest westwärts zieht. / Über Apels Schonung wird es helle: / der Mond... (Improvisierte ich; denn Lore hatte mich gereizt, ob ichs nicht könnte: Du wirst Dich umsehen! Wenns sein muß, entwickle ich die Suada eines Buffo, eines Advokaten: was ist eigentlich der Unterschied?)

»*Aber die Eicheln!!*« Schrader war am Zaun und klopfte entzückt auf die Latten, als er die hellgrüne und braunbunte Fruchtfülle erblickte: »Sie wollen ein Schwein fett machen –?!«, und sah strahlend herum. – »Oh, ein Schweinchen –« dröhnte ich ungarisch-gerührt: »Jo: dos Schräiben und dos Läsänn ...« und nickte ihm bitterlich zu: die Diät würde Dir auch mal nichts schaden, mein Heiliger! (Und der Horizont, neben der Kirche, trieb aus schwammigem Graufleisch eine Brandblase: eine Abendsonne; und die Bäume sahen ratlos darauf zu!)

Heilsarmee: »Kommt zu Jesus: Bumm!« – »Ihm entgegen: Bumm!« – »Das Christentum, in der Form, wie es seit den 2000 Jahren unter uns besteht, das heißt, ein Trübes von Hierarchie und Dunkelmännerei, ist ein schlimmer Hemmschuh für die Menschheit!« – »Sei froh!« meinte sie: »haste immer Deine Motion ...« (Auch richtig!)

»*Es ziehn der Sonnen Blicke* / mit ihrem hellen Strich / sich nach und nach zurücke, / die Luft verfinstert sich; / der dunkle Mond erleuchtet / uns mit erborgtem Schein; / der Tau, der alles feuchtet, / dringt in die Erden ein. –« (Sie horchten kühl gespannt und kritisch zu).

»*Das Wild in wüsten Wäldern* / geht hungrig auf den Raub; /

das Vieh in stillen Feldern / sucht Ruh in Busch und Laub; / der Mensch, von schweren Lasten / der Arbeit unterdrückt, / begehret auszurasten, / steht schläfrig und gebückt.« – (Grete nickte langsam: sie hätte wohl auch gerne geschlafen. »Mmm« machte Lore, nicht mißbilligend; ich hob die Hand und las):

»*Der Winde Ungeheuer* / stürmt auf die Häuser an, / wo ein verschloßnes Feuer / sich kaum erhalten kann. / Wenn sich die Nebel senken, / verliert man alle Spur; / der Regen Ström ertränken / der flachen Felder Spur.« – Grete öffnete den weichen Mund: »Zweimal Spur –« fragte sie zaghaft, sichtlich von lyzealen Skrupeln bestürzt; aber Lore sprang unruhig auf: »Das ist groß –!« sagte sie, wiegte die sternweiße Stirn; fluchte leise, mit einem scharfen Blick auf mich, und halböffnete den wilden Wünschelmund; schloß ihn verbissen und trommelte auf der versimpelten Kommode. Wieder zog sie den Brief von heute Mittag aus dem verschlossenen Fach, und ich schob mich steif hoch: »Ich muß noch mal ins Dorf« sagte ich schlaff.

Draußen: was soll ich draußen?! – Ich holte den Mantel, zog ihn im Gehen an, und latschte los.

An der Ecke: Drei Wege gingen von mir aus (und jeder war falsch!): No: Brüder, laßt uns fröhlich sein ... (das heißt also nach rechts: ist ja auch vollkommen wurscht!) –

Schritte: auch das noch! –

Bauer: (auch das noch!) »Nabend, Herr Schmidt!«: »Nabend, Herr Bauer.« »Na: ein Ständchen bringen –?« Ich feixte wehmütig durch die Nase und zeigte nach oben: »das ist serenadisch genug für Heute!« (Richtig: der Wind haspelte oben im Gewipf, ashen and sober).

»*Kommen Sie mit übern Sportplatz? Hinten rum?! –«:* ich nickte gefällig: komm ich mit. Auch von hinten. (War Heute reif für schlechte Gesellschaft: Konditor, Konditor!: Was ist der Mensch und was kann aus ihm werden!)

»*Ist Euch auch wohl, Vater?!:* Ihr seht so blaß!« (Nämlich der

Mond); auch Nebelvolk bewegte sich flink und selbstbewußt, sogar im Strafraum. Wir lehnten uns an den Zaun und sahen ins Spielfeld, wie da die Geistermannschaft still trainierte. »Die toten Fußballer Blakenhofs – wie?« raunte ich zu seinem Kopf, suggestiv im kalten Windstoß (da fuhren die drüben hurtiger durcheinander); »Soll ich –« zischte ich lüstern; wartete auch nicht erst, und pfiff einmal einförmig und schiedsrichterlich: gleich: ein Nebelwisch rollte auf der Elfmetermarke, blieb federnd liegen: ein kecker heller Nebelkern –. Bauer rollte am Kragen; es war nicht heimlich: »– Na – gehen Wir –« sagte er mannhaft und mürrisch; dann hörte ich noch, später, etwas von »Heftedurchsehen«: gut, gut; sieh sie durch, Boy, und danke Gott: Du hast einen ehrlichen gradlinigen Beruf (wenn allerdings dann die Russen da sind, mußt Du wieder umschulen; aber wir sind ja noch jung und wendig.) »Kommen Sie mit rein?« (Kurz!). Ich schlenkerte energisch den Kopf: »Muß noch arbeiten, Herr Bauer: bete und arbeete, und arbeete … Sie wissen ja selber!« »Wann erscheint Ihr Buch denn?« »So es dem Herrn gefällt: Anfang November« sagte ich wahrheitsgemäß. Aber auch: »Freuen Sie sich nicht zu sehr drauf: rabiate Sachen, und düster dazu. – Mich wundert bloß, daß es überhaupt erscheint.« Zwang mich zu lächeln: »Also: –«; da ging die Tür die klipp die klapp, da kam die Katz die tripp die trapp; und ich sah gedankenlos auf das schwarze nasse Holzrechteck: eine Tür, eine Tür; wer doch eine Tür hätte; und das Bild und das Wort kamen mit mir ums Haus, um den winzigen Rasenfleck, durch die Sohlen spürte man den scharfen Kies, die Verdunkelung rechts war gut, und wieder eine »Tür«; ich ging in meine Tür, hakte am selbstgemachten Drahtriegel, und wieder auf, und setzte mich an meinen Tisch: wenn ich will, kann ich ihm ein »L« ins rechte Hinterbein schnitzen, ni Dieu, ni maitre (aber es würde ihm wohl weh tun; lieber schnitz ich mirs selbst ins rechte Hinterbein).

Schraders Haustochter: (denn er hielt auch so ne arme Lowood-Waise von 15): »Ein Telegramm für Sie: kommen Sie doch bitte an Apperat!» Stühle schurrten hastig; Sprünge gingen; und ich saß steif und dünn am flachen Tisch. –

Lange: Sie kam lange nicht wieder (würde drüben noch fahrig plaudern, straff und small talk, verarbeiten und Zeit gewinnen; nun, ich würde ihr Alles leicht machen); endlich hörte man ihre Schritte draußen. Sie sprach halblaut mit Grete (die also auch mit drüben gewesen war), man zögerte; dann kam sie herein zu mir, setzte sich auf meinen Schoß und legte mir Arme und Gesicht über die Schulter.

Sie sagte: »Du bist der Letzte gewesen. –: Du warst aber auch Alles: Alles!«. Wir hielten uns und schwiegen.

Sie sagte: »Ich hab nie geglaubt – nie gehofft – daß ein Mann so sein könnte, wie Du: ich bin nie so glücklich gewesen: – – –. – Eigentlich warst Du auch der Erste!« Wir zitterten und schwiegen.

Sie sagte: »Am Sonnabend; übermorgen; fahr ich. – Ich fahr nach Mexiko: ich hab alle Papiere. Von Frankfurt aus mit dem Flugzeug; eben kams, daß die Fahrkarten da sind. –«

Sie sagte: »Er ist 61 und reich; wir haben unsre Bilder.« Sie zuckte und nahm mich fester in die Hände. »Ich werde ganz sorglos leben können; er hat allein über 10000 Dollar hinterlegen müssen. Und noch die Fahrt bezahlen!« Wir hielten die avernischen Gesichter aneinander und bissen hinein.

Sie sagte: »Du!! – – Erster und Letzter!« Und die Stimme zerbrach hinter meinem Halse. – –

Allein: ich schob auf den Platz, und ein verbeulter Goldeimer hing in Wolkenklüfte; am Hange flüsterten zwei: alrunisches Schwarzwasser und der Wind dieser Nacht: ich schrie: kein Teufel kam und holte mich! (Schreien ist auch Quatsch; schon wegen ihr.) Aber ich wollte noch ein paar Stunden hinüber ins Licht.

Radio und Unordnung tief in der Nacht: Sie krampfte meine

Jacke in beiden Fäusten und tat mir vorn weh und sagte mit verzerrtem Mund und spiegelnden Augen: »Wir müssen aber packen« (da hörten wir auch, daß sich ein »Verband ehemaliger Minenräumer« gebildet habe, und Ansprüche anmelde!) Grete zupfte sie hinter die hispanische Wand und flüsterte: »Ich schlaf heut nachher drüben bei ihm! – Ja!«; »Ach, es hat keinen Sinn –« sagte Lore gequält und vertan; »Doch!« beteuerte Grete fanatisch: sie wisperten kurz; dann sagte Grete erloschen: »Ach so –«. Atmete zitternd ein: »Ja, dann hats auch keinen Zweck!«. Sie kam hastig hervor, dienerte vor dem größten Koffer und sagte automatisch in das bißchen Öffnung: »Du nimmst Dir meine Federbetten, wenn ich dann weg bin. Auch die Bettstelle,« und kniebeugte hoch, und setzte einen Kommodenschub auf den Tisch. (»In ganz Europa – / in ganz Europa – / in ganz Europa: / gibts nicht solchen O-papa!«) Grete erstickte empört den Repräsentanten unseres Wiederaufbaus; ich las ihnen vor, und sie packten, zögerten, sahen mich stöhnend an; und ich las vor:

»*Wir saßen einmal beisammen* in des Kaisers großer Halle; es ging schon gegen Mitternacht, aber die Becher wurden noch nicht leer, und die Trinker wurden immer erfreuter des edlen Getränks und der geselligen Mitteilung. Mein Vetter Roland sprach davon, wie er die Heiden so oftmals geschlagen habe, von der Elbe bis an den Ebro (dergleichen Reden er sonst nicht zu führen pflegte), und dann rann es ihm zwischendurch von den Lippen in goldnen Worten der Wahrheit, wie eine Prophezeiung dessen, so ihm bei Ronceval bevorstand: O mein herzlieber Vetter, Du hast es nun schon erlitten, und auch Dein Schwager Olivier, der damals mit uns so guter Dinge war. Der Erzbischof Turpin wollte bei unserm Feste nicht recht daran glauben; er meinte, dergleichen Äußerungen gehören dem Gotte Baccho an, nicht aber den frommen Offenbarungen aus echter Eingebung. Ach, ihm ist seitdem gleichermaßen der Name Ronceval durch das gottselige Herz gedrungen: / Aber wir wußten zu der Zeit noch wenig davon, und saßen vergnügt beisammen, wie ich Dir soeben beschrieben habe, Organtin. Da geschah es, daß eine der Marmorplatten des Bodens sich auf eine wunderliche Weise zu regen begann. Nun hob sie sich, nun senkte sie sich, recht wie eine Meereswoge im annahenden Sturme, und der Natur eines eingefugten Steines durchaus zuwider. Wir hatten unsre Lust dran, aber in Wehklagen hat sie sich verkehrt. Freilich nicht alsobald, sondern wie es der Welt Art ist: langes Würzen, schnelles Stürzen. / Nun, wir Alle sahen, wie ein Mann in morgenländischer buntfarbiger, goldglänzender Tracht unter dem Steine heraufstieg, und dem Erdboden durch einen Wink gebot, sich hinter ihm zu verschließen. Der Stein lag wieder fest. Aber der unter ihm hervorgekommen war, neigte sich gegen uns Alle im Kreise rings herum, zwar auf eine ganz fremde muhammedanische Weise, jedoch sehr höflich. Nun bat er um Erlaubnis, uns mit allerhand Proben seiner Kunst unterhalten zu dürfen. Turpin, der Erzbischof, warnte. Es sei zu nicht geheurer Stunde, sagte er, des Fremden Eintritt zeige sein Treiben an, denn von unten herauf sei er gekommen; und in Kurzem: dieser edlen Versammlung liege es ob, sich vor bedrohlichem Übel zu hüten. Wir aber meinten, es geschehe damit unsrer Ritterlichkeit eine Schmach, und forderten den Fremden auf, zu zeigen, was er Schönes und Ergötzliches zu bringen verstehe. / Ei, was er nun der Herrlichkeiten vor uns aufschloß! Die hängenden Gärten der Semiramis stiegen empor, und dann wieder der ungeheure Colossus von Rhodus, unter dessen gespreizten Beinen die hochmastigen Schiffe hinsegelten, und dann die andern der sieben Weltwunder. Und wenn es dabei noch geblieben wäre! Aber auch die alten Helden wandelten herauf, und fochten ihre Schlachten vor unsern Augen durch: Hektor, und Alexander, und Hannibal, und Furius

Camillus, und dabei sprachen sie immer in ihrer eignen Mundart, welche zwar Keiner von uns (den Erzbischof Turpin etwa ausgenommen) erlernt hatte, dennoch aber in diesem Hexenspiele Jedermann auf eine unbegreifliche Weise verstand. Endlich sagte er: er wolle uns nun zum Beschluß noch recht die auserlesene Lieblichkeit der hesperischen Gärten zeigen, aber die Damen müßten mit dabei sein, vor Männern allein eröffne er diese wunderherrlichen Pforten nicht, und habe auch nicht einmal die Macht dazu. Carolus Magnus, gleich uns Allen schon in den mannigfachen Blendungen seiner Zauberei schwankend und halb berauscht, gebot, die Kaiserin zu wecken, und daß sie nebst den edlen Frauen ihres Hofhalts in der Halle erscheine. Sie traten herein, die holden Gestalten, und feuerglühende Blicke schoß der Muhammedaner durch ihre lieblichen Reihen. – »Es fehlt noch Eine!« rief er mit einemmale zürnend aus. – »Das wird meine Tochter Mathilde sein,« sagte ein uralter Ritter »die kommt nur auf mein besonderes Geheiß und ich will nicht, daß sie bei diesen Teufelsgaukeleien erscheinen soll.« – Der Muhammedaner aber lächelte höhnisch, und sprach in den Bart, worauf die Heldengestalt Hektors, an der der alte Ritter seine Freude ganz unverhohlen geäußert hatte, plötzlich neben ihm stand, und ihm angelegentlich ins Ohr sprach. – »Holt meine Tochter«, sagte nach einigen Augenblicken der Greis, zweien Kammerfräulein, die nach ihr gesandt wurden, zur Bewährung seines Willens einen Siegelring mitgebend. / Mathilde trat in die Halle, schüchtern, demütig, und so wunderschön, daß Blick und Herz eines jeden Ritters ihr entgegenflog. Sie aber, sobald sie des Muhammedaners ansichtig geworden war, der wunderliche Zeichen auf den Boden schrieb, und uns Andern mit einemmale überaus häßlich vorkam, hatte nur Augen für ihn. »O, die hesperischen Gärten –« lispelte sie mit himmlischer Anmut »– die goldbefruchteten Bäume; und Herakles in ihrem Schatten –! –« Wir sahen von alle dem nichts, wohl aber, wie sie, fast zu Tränen zerfließend, immer weiter vorwärts schwankte, dem Magier entgegen, der, sie plötzlich in seine Arme fassend, mit Hohngelächter ausrief: »Die wollt' ich!!« und vor unsern Augen mit ihr unter den Stein hinabsank, unter dem er hervorgekommen war. / Wir, voller Grimm und Entsetzen, faßten den Stein, aber er lag wieder fest und starr eingefugt, so, daß wir aus dem Saale rannten, Maurer und Schmiede zu holen. Zurückkommend aber sahen wir, wie der alte Vater in seiner gewaltigen Verzweiflung auf dem Boden lag, und im Nachscharren nach seinem einzigen Kinde den Stein bereits mit übermenschlicher Kraft zu lüften begann. Freilich floß ihm das Blut dabei über die verletzten Nägel und Finger herab. Es gelang ihm denn doch, und der Stein wich vom Platze. Darunter aber sah man nichts, als die feste dunstige Erde, und eine abscheuliche Kröte, die uns aus grellen Augen und fauchendem Schlunde angrinste, ja, als die herbeigerufenen Arbeiter nachher das ganze Marmorpflaster aufrissen, kamen so viele häßliche und giftige Wurmgestalten zum Vorschein, daß wir alle aus dem Saale flüchtig werden mußten. / Ganz Aachen lag in Trauer über die verlorne schöne Mathilde, nicht allein, weil sie den edelsten Häusern verwandt war, sondern vorzüglich, weil sie an Holdseeligkeit, Anmut und jedweder Tugend vor allen Frauen der Welt herrlich leuchtete, wie denn auch ich Dir versichern kann, Organtin, daß mir das Herz bei ihrem Angedenken recht schmerzlich wehe tut. / Einigermaßen beruhigte uns der weise Erzbischof Turpin. Der versprach: um dieselbe Stunde, wo Mathilde verschwunden sei, wolle er in der nächsten Nacht in den Saal dringen, und wir sollten mit dabei sein, und zusehn, wie er die liebreizende Jungfrau wieder aus der Unterwelt herauf beschwöre. / Es geschah nach seinen Worten: das Ungeziefer auf dem Fußboden wich vor des gewaltigen Beschwörers

Formeln, und als nun das gräuliche Gewimmel fort war, hörten wirs unter uns, wie eine dumpfe wunderliche Tanzmusik. / »Sie feiern ihr Siegesfest da unten« murmelte Turpin vor sich hin, »aber ich hoffe doch, ich will es ihnen verstören.« – Nun fing er an, heilige und höchst unerhörte Worte auszusprechen, die meine sündliche armselige Zunge nicht nachsagen darf, und vor denen das Musizieren aus der Tiefe zum mißklingenden Gejammer ward. Bald darauf rauschte der Wehelaut näher und gewaltiger herauf, der dunstige Erdstaub drehte sich und wirbelte an der Stelle, wo Mathilde verschwunden war, und klaffte plötzlich zum gähnenden Spalt auseinander. – »Triumph!« rief Turpin: »Triumph! Der Abgrund gibt sie uns wieder!« – Aber Mathilde erschien ganz anders, als wir gemeint hatten. Mit halbem Leibe hob sie sich aus dem Schlunde empor, in ein schwefelblaues und feuerflammendes Gewand gekleidet, vor dessen unstätem Flackern ihr Antlitz in einem Augenblick totenbleich im andern furchtbar glühend aussah. Dabei flogen ihr die Haare wie Schlangen um die verstörten, fast unkenntlich gewordenen Gesichtszüge hin, während sie mit gleichfalls entstellter gellender Stimme ausrief: »Laß mich in Frieden! In Frieden laß mich, Du frömmelndes Gesindel! Ich rat es Dir! Hei! steht nun vollends der Alte da, der mich erzeugt hat; der meint, ich sei ihm zu eigen, und er mein Herr, und er wundert sich nun: Herr Vater, ihr habt mich gehalten wie ein blödsinnig Kind. Hier unten aber haben sie der Freuden gar mannigfach und viele, und hier gefällts mir. Hier unten will ich bleiben. Ihr werdet sagen, dann sei ich ewig verdammt: ja, Kinder: mit dem Seeligwerden ists eine wunderliche Sache: wirds Mancher nicht, der doch die ernsthaftesten Anstalten dazu macht. Drum halt ichs mit der sichern Lust. Und stört mich nicht; ich warn Euch nochmals! Sonst komm ich in der tiefen schweren Mitternacht, herauf komme ich als ein alrunisch Weib, und setz mich auf Caroli Magni Bett und ängst ihn sehr, würg an der Kehle ihn, saug ihm sein Blut, sprech ihm in das Ohr von sinnverwirrendem Geschichtenkram ne Last! Hüt Dich Beschwörer Turpin, Du zu meist! Bist auch kein sündlos Lamm, und hast der bösen Flecken mancherlei, darum Dich Unsresgleichen strafen darf: behaltet Eure Wahl, gönnt mir meine. – Hört ihrs nicht? Merkt ihrs nicht? Sie stimmen schon unten die Geigen, sie stecken die Kronleuchter an mit Pech und Schwefel: s wird Zeit: Hinab: Juch! Juchhe!! ......«

Nachts um 4 Uhr: Wir blökten gelbe müde Augen ins Licht, aber wir mußten arbeiten, bis wir umfielen. Sie legte mir dann ein glitzerndes Stückchen Karton hin: das war Er also: ein dürres ermattetes Gesicht; ohne Haare (nur in den Ohren wohl; man sah es nicht genau); zwei – »Syndikus und Gutsbesitzer« hauchte sie –, zwei breite Schmisse spalteten die linke Backe, und es zuckte mir böse um den Mund: wenn sich arme Papuas und Australneger Schmucknarben beibringen, dann sagt man: die wissens nicht besser! Aber wenn unsre Studenten sich die ohnehin nur geringe Menschenähnlichkeit atavistisch zerhacken: und dann noch stolz darauf sind: – na, ich unterdrückte solche Reflexionen um ihretwillen und gab ihr das gekritzte Geschiebe zurück (auch son blödsinniger Ausdruck!)

Ich polterte hoch und drückte mit auf eine Ecke: jetzt ging er gut zu. Ich sah auf die fuchsrote leicht gewölbte Fläche mit den blitzenden Blechecken; ich fing plötzlich an zu zittern; ich sagte: »Wenn man 10 Pfund Kaffee hätte, könnte man vielleicht – Balken und Bretter – besorgen –« ich lachte einfältig und machte die alberne Gaunerbewegung mit der verbogenen rechten Hand: »Ein Häusel im Wald bauen ...« murmelte ich hilflos und schamkarg (blöd!). Wir standen und starrten uns an; da strich ich hart die Luft und heftig mit der Hand, schüttelte den Kopf und ging durch die Tür (Eine Tür, eine Tür.)

Fenster bleibt zu: erfroren sind schon Viele: erstunken ist noch Keiner. Ich schlug die Zeltbahn zurück und streute auf die Bretter englisches Insektenpulver mit DDT and with a lavish hand: beim losen Dichtervölkchen weiß man nie! Dann hinlegen; Stellung wie im Hockergrab; und ich schlief nicht (Kreiste mein Gehirn, Bilder- und Wortirrnisse; Bilder- und Wortöden, zu viel, zu viel, bis die Mühle nicht mehr klapperte).

Wieder fast Abend: denn die Wolken rüsteten sich schon wieder einer langen unbekannt wilden Reise entgegen; und der Lügnermond (wie alle Blaßgesichter!) bog sich mokant inmitten ehrsamen Silberhaars.

Vorm Dorf raffte ich einen Feuerstein hoch übern Kopf und zog den Arm mit aller Kraft nieder: auf diesem steinernen Stern zerschmiß ich Steine; geschieht ihm recht.

»Geben Sie Alles!« forderte ich unternehmend: »Brot, Käse: was dran ist!« (Sollte Lores Karte vollständig abkaufen; es darf nichts in Feindeshand fallen, in diesem Falle also ans Gemeindeamt). – »Können Sie nicht Fleisch – oder Wurst: ist ja gleich – oder: Zucker: schon für die nächste Dekade mit geben?!« – Sie machte mißmutige Dicklippen: wir waren allein im Laden: plötzlich sah sie mich von der Seite an: »Sie kriegen doch immer Amerikapakete –« plauderte sie halblos: »wenn da mal guter Kaffee drin is – –« dann schnitt sie stirnrunzelnd und flott immer ins Papiergemaser, zack hier die ganze Ecke runter; am Hals hatte sie ne Narbe von ner Drüsenoperation (dafür kann man ja nichts: aber Schmisse ...!!). Na, ich steckte sofort Alles weg, in die kleine schmucke Einkaufstasche, die wie aus buntem Bast aussah (war aber geflochtenes Cellophan, von Grete); auch in die Manteltaschen: es waren im Ganzen vielleicht 3 oder 4 Pfund Lebensmittel; wir kriegten ja nur 1050 Kalorien am Tage. Zahlen; wir benickten uns schurkisch aufgeräumt, ich quälte mich, bis ich lächelte, und verscholl in die Dämmerheit ...

Apel oben, in die Hand am Leiterwagen: er hob ganz vorsichtig das Stroh und zeigte zwei riesige Kreissägen. »Die habt Ihr in der Eibia geklaut« sagte ich sofort, der Augur kennt den Genossen; und: »wollt Ihr Westermann Konkurrenz machen?! Das ist recht!« (Denn das war der Wassermüller unten beim Mühlenhof, der für 10 Minuten 5 Mark verlangte, und, wenn ein armes Luder von Flüchtling mit einer selbst gerodeten Baumwurzel ankam, den noch wegnieselte: »S-tubben sägen wir hier nich!« – Allah tue ihm dies und das!) Der große Kuhfürst kicherte wohlgefällig und kitzelte sich noch zusätzlich. »Sicha« sagte er zufrieden und mit Würde: »da mach ich selbs noch eine auf: S-trom koscha nich so viel; und ich nehm bloß die Hälfte: was denksu, was der Alde s-puckt?!« und sein Gesicht rollte sich blitzschnell nach den Rändern hin auf, so lachte er: kein flacher Kopf, das! (Und mein Herz stieß mich wie mit Fäusten und verstört, und meine Haut bewegte sich schmerzhaft auf mir, und meine Zähne hätten gern geklappert: der kann sich eine Säge bauen, trabte es mit mir, als sich unsere Geräusche voneinander entfernten; und der Himmel verschob sich farblos über der Erde, rastlos, fahl, unerfreulich). Als ich oben war, floß mir auch Regen ums Gesicht, ganz kalt, und ich ging schräg und verstellt durch den windigen Hades (Orpheus hatte sie wieder bekommen; aber der konnte wohl auch singen).

»*Wann fährst Du eigentlich. Genau?*« Sie schluckte ganz schnell: »Morgen Mittag, 12 Uhr 4; geht der Zug von Krumau.« Ich legte die Sachen auf den Tisch, und Grete staunte wortreich, was ich alles gekriegt hätte: »Da bekommst Du Wurstschnitten mit, Lore!« rief sie erfreut; ein kleiner Kampf entstand, aber s war nur, daß mit jedem Wort die Sekunden vergingen. Auch ich, und lehnte mich flach ans Haus; Wind haderte und ich fror, was ich konnte: das machte Gänsehäute und vertrieb die Zeit.

Drinnen sprach ihremeine Stimme (noch: bis morgen um 12 Uhr 4: vielleicht hatte er gar gnädige Verspätung)

Sie sagte hastig: »– und was denkst Du, was ich schicke!! – Ich weiß ja am besten, was hier fehlt: und Du tusts immer heimlich ins Essen, daß er nicht merkt, von wems kommt!« Ihremeine Stimme schlug und schwankte, sie prahlte zitternd: »Einen Pullover kriegst Du sofort: gleich als Erstes! Und Hautcreme!« Sie schaltete das Licht aus; sie sagte steinern und tonlos das Letzte zur Schluchzenden: »Ihr könntet doch eigentlich – – zusammen ziehen; ganz; hier rein. – Du bist doch genau so hin wie ich.« und bebte und stöhnte, während Jene qualig aufschrie: »Du bist verrückt!« Und eine ganz fremde Stimme meinte tönern: »Er würde ja doch nur an Dich denken, wenn er mich –« und weinte doch schon vor dem erbärmlichen Glück; dann, gefaßt,: »Er machts ja auch gar nich ...« Nach langer Zeit murmelte Lore: »So hätt ich wenigstens noch ein Stückchen sicher gehabt.«

»Wir wollen einander nämlich nicht mehr schreiben; das hielte kein Mensch aus.«

»Sei nicht böse, Gretel –«: »Ach nein!!«

Dünnes Mädchenzeug rauschte und knitterte; Knöpfe klingten leicht an Stühle; noch waren drinnen zwei warme feste Leiber.

»Du schickst aber jedes Buch, jeden Zeitungsschnitzel; und schreibst.« »Ich schick Geld zu m Foto und ner Schreibmaschine.« Eifrig: »Du führst ein Tagebuch, Grete, Du!: Und schickst mirs immer!« Dann schloß ein dunkler Stimmtrümmer: »Ich werds auch ...« und dann brachen sie ineinander. (Während ich an der härenen Mauer entlangschwand).

Jeder für sich löffelten wir ganz schnell den krustigen gelben (aufgebratenen) Kartoffelbrei von Gestern. Der große Koffer; ein mittlerer, um halb elf waren wir bereit; Heia Safari. (Der kleine hinten auf Gretes Rad geschnallt, das sie führte. Der große war mir gerade recht). Der Wind kam kalt, und der Himmel war grau: ich kanns auch noch anders schildern!!

Schrader erschien in Gestalt eines Menschen am Zaun; unter ihm geübt gebreitete Rednerhände; wir hieltens aber nicht aus, und gingen bald weiter. Durch Blakenhof (wo ich den Koffer auf die andre Schulter nahm) dann den Landweg nach Rodegrund, nach Krumau.

Ein Bauernweg: er ging durch Brand's Haide (aber rechts waren keine Bäume mehr; nur rostiges und grünliches Gefläch, mit ganz seltenen gretehohen Föhren). Zwei sandige Wagenspuren, grasbandgetrennt; neben uns hantierten mißtönig, undeutsam, Unterholz und Hochwald; einmal hatte sie Rauhes geflucht, als wir an unserm Haidlein vorbeigingen, -schoben, -stampften; auch die Nase geputzt. (»Warm und still versteckte sich der Abend bei Rauchrot und Ackergrau«, I remember, I remember: »Dörflich glomm die Butzenscheibe des Mondes im Wacholder –«). Ich sprang auf, legte gelenkig den Dicken hoch: das kann Alles schweigend geschehn.

Schweiß fraß mir neben der Nase im Totenkopf, aber ich war froh, daß ich auch noch anderes fühlte: gesegnet sei unsere physikalische Seite, nischt wie Drüsen und traulicher Gestank, Saft und Haare, phlegma kai chole.

Ächzende Flederwolken dicht über uns auf häutenen Schwingen, kreisten ständig, pfiffen aus grauledernen Hohlbrüsten überm Wipfelrand, uns nach, uns nach. Ihr Haar flog wie Birkenlaub; und nadlige Decke, 10 Meter hoch links oben über uns flachgespannt.

Der Bahnhof: schön irrsinnig nach den Richtlinien von 1890 erbaut, aus jenen spezifischen amtlichen Ziegeln, mit unnachahmlichen Fialen, und Grete verabschiedete sich ängstlich; wir nestelten das Gepäck herunter; sie faßten sich stumm an den Armen: mit 12 Jahren waren sie schon zusammen in dieselbe Klasse gegangen, während jetzt die

Güterwaggons neben uns rangierten und zweckmäßig lärmten. Dann entkam sie auf ihrem Rade; und wir gingen die 5 Stufen hoch, Fahrkarten kaufen.

Auf dem Bahnsteig blies der Wind an den runden Eisensäulen; um 11 Uhr 58 hielten wir uns die gefrorenen Hände (ich muß wie ein Kandidat aussehen in dem engen schwarzen Mantel!) Wieder schnappte der lange Zeiger, und wir zitterten wie die Besessenen (Bald brauchst Du nicht mehr zu frieren, Liebste, hoffentlich!). Es wäre aber nur die schlechte Nachahmung eines Kusses geworden; denn schon standen auch 50 Andere mit Säcken und Kistchen am Steinsaum. Wir zuckten nicht, als er dröhnend einfuhr.

Und wie! In Trauben hingen sie an den Trittbrettern; ritten auf Puffern, sprangen von den Dachgewölben: und es knackte wie Knochen im Nahkampf. Ich rannte pfeilschnell nach ganz hinten, wo 6 Güterwagen, gedeckte, dranhingen, und ein ältlicher Beamter aus der Schiebetür sah. Ich riß noch im Laufen die 3 Camelpackungen heraus: »Nehmen Sie meine Frau rein, ja?!« Er zuckte empört hoch: ich warf die Letzte, die Vierte, mit in die Handfläche und hielt Alles an sein abgeschabtes Knie: er sah sich um, und bückte sich, und: nahms. »Vorn hin, ins Bremserhäuschen –« zischte er: »erst das Gepäck –«. Der Page lief; während Lore damenhaft zurückblieb und nur langsam die Hauptkampflinie herabkam. Der Bestochene kletterte emsig im eisernen Gebälk und baute die Koffer ein, ließ die Tür gefällig offen und ging kühl um mich herum, ein Auge zu: da federt meine Frau in zwei Sätzen hoch!!

12 Uhr 4: sie stand auf der Eisenstiege: in einer Hand eine Tür, in der anderen einen schwarzen Stab; ihr Kinn flakkerte; sie rief: »Gib mir noch was. Von Dir!« Ich fuhr zusammen: ich hatte nichts; ich schlug die Hand an die linke Schulter und kam an Stoff; ich riß ein Stück herunter und warf es ihr hoch, lachte eine Sekunde lang, und betete sie weiter mit Augen an. Ein höllisches gurgelndes Rollen begann unter uns; das Bild oben verschob sich leise nach rechts: sie warf mir das Schwarzeck vor die Brust und schrie verzweifelt: »Du bist –« schloß den. Wilden. Wünschelmund. Und wir sahen uns noch ein bißchen an. (Ikonodulen).

Ich stieß den Lappen gleichgültig vorbei und ging rasch und geschäftlich entlang, ersprang Treppen, probierte Geländer mit der Hand, holzbelegte, gab die Bahnsteigkarte in zangenbewehrte Finger: schön war draußen der leere hellgraue Platz (wie meine Seele: leer und hellgrau!) auf dem der hohe Wind mich mit Staubgebärden umtanzte; wir waren allein, hellgrau und frei, ni Dieu, ni Maitresse. Ich hatte große Lust, die Windschwünge mit den Armen nachzuahmen, unterließ es aber, der Schuljugend wegen. Dafür hing an der Post im Zeitungskasten ein Bild: in der Baseball Ruhmeshalle Amerikas zeigte man einem kid den Dreß Babe Ruth's: sollte man nicht doch Kommunist werden?! (Aber die ließen ja auch Wielands Osmannstädte zerfallen: also auch nicht!)

»Kann ich bitte ne spitze Schreibfeder bekommen?« »Leider nicht am Lager.« – »Ah, danke!«

Erst Felder, dann Haiden, bloß nicht hinsetzen, dann schwankte der Wald näher: man könnte hineingehen und was Weniges verzweifeln; aber die Straße war zum Trotten bequemer, und in mir wars still wie in einem Schrank.

Viele weiße Zettel hingen beim Gemeindeamt, und ich las mir Eins. Kommenden Freitag brachte Adventistenprediger Bögelmann allen Interessenten die volle Vergebung der Sünden; andrerseits wurde auch das Wasser wieder abgesperrt: da mußte ich gleich rauf, und welches einlassen, damit Grete heut Abend welches zum Waschen hatte.

Dröhnend rauschte das Wasser aus dem breiten Gummischlauch, mit dem ich Eimer und Wannen füllte, täubend und spritzend in der engen Steinzelle; ich trug sie hin und her in beiden Händen; trat vor die Tür und trocknete mich im fahrenden Wind:

Also: Weine nicht, Liu!

HEIMITO VON DODERER

Die Posaunen von Jericho

Divertimento
1951

Der Bartriß werde früh geübt
weil er dem ›Plauz‹ die Schwungkraft gibt.

Gewalt = Tat gegen Unbekannte
löscht Feuer ehe es noch brannte.

Die epigrammatische Faust erledigt
was uns sonst gründlicher beschädigt.

Erster Teil

I.

Als ich in den Hausflur trat, erkannte ich ihn trotz des Halbdunkels. Es war ein Mann, dessen Nase mir in der Schenke als obszöne Aussage aufgefallen war; sie zipfte und schien zu tropfen gewillt. Den Hausflur hatte ich irrtümlich betreten und im Hause gar nichts zu suchen; sogleich als ich diesen Staatsbahnpensionisten erblickte, wußte ich jedoch, was er hier trieb: es hätte, paradox genug, der kleinen Acht- oder Neunjährigen, an die er sich eben heranmachte, gar nicht bedurft, um zu wissen, daß eine solche Nase an diesem allgemein zugänglichen, jedoch schlecht beleuchteten Orte gar nichts anderes tun konnte, als was ihr eben zukam. Ich wandte mich herum, da ich ja bemerkt hatte, der Hausflur sei nicht der richtige und ich in ein falsches Tor geraten. Ungewiß blieb, was ich gesehen und auch, ob wir einander überhaupt erkannt hatten. Unzweifelhaft jedoch erschien, daß ein jetzt im Hausflur dahinten hörbares Schreien und Schimpfen sich gegen den Pensionisten richtete. Die Ausdrücke waren unflätig. Er war ertappt worden. Ich befand mich schon auf der Straße und ging davon.

2.

Im kleinen Café, wo ich ihn vordem nie gesehen hatte, erschien er zwei Tage später. Er trat, sich umsehend, ein und steuerte auf mich zu, während in den gleichen Augenblicken bei mir der Entschluß entstand und fest wurde, ihn auf ungewöhnliche Weise zu peinigen. In der Schenke hatten wir nie miteinander gesprochen, doch wußte er wohl, wer ich sei; auch ich wußte es ja in bezug auf ihn. Und, augenblicks, wußte ich noch viel mehr: warum nämlich er überhaupt hierher kam. Er wollte was trinken, sich aber in der Schenke nicht sehen lassen. Er fürchtete sich. So schritt er denn auf mich zu, redete mich mit meinem Titel an, gab seiner Verwunderung Ausdruck, mich hier zu finden, fragte, ob ich denn öfter hierher käme, und schließlich, ob er bei mir Platz nehmen dürfe. Ich nickte kurz.

3.

Der Vorgang wiederholte sich während der nächsten vierzehn Tage; fast jedesmal, wenn ich im Café saß, erschien früher oder später die Nase. Sie führte dann auch das Gespräch an meinem Tischchen; freilich allgemeinen Inhalts; jedoch wurde diese Schutzschicht infolge jenes Vorganges durchdrungen, welchen man in der Physik die Diffusion nennt. ›Die Sprache hat eine verflixte Tendenz zu Wahrheit‹ heißt es irgendwo bei Gütersloh. »Herr Doktor«, sagte der Pensionist, »Sie sind viel herumgekommen. Sie haben manches gesehen.« »Manches«, entgegnete ich kurz. »Auch ein flüchtiger Eindruck kann unter gewissen Umständen bedeutungsvoll werden.« »Stimmt«, sagte ich, »und es müssen nicht immer die hübschesten Eindrücke sein.« »Sie sind zwar gewiß ein Menschenkenner«, bemerkte er nach einer kleinen Pause, »jedoch kann man bei flüchtigen Eindrücken sich allerdings auch ein falsches Bild vom anderen Menschen machen.« »Nicht, wenn man auf dem Boden der Tatsachen bleibt«, sagte ich rücksichtslos, und: »Man muß auseinanderhalten, was man de facto gesehen hat, und was man sich etwa nur einbildet.« »Und das können Sie immer, Herr Doktor?« »Ja«, schloß ich ab, knapp und entschieden lügend (wir lügen sonst meistens zu langatmig).

4.

Sein Befinden schien von Mal zu Mal schlechter zu werden. Ich klopfte keineswegs auf den Busch. Er fuhr mit den Händen auf dem Tische herum. Ich hatte mir für den Fall, daß, nach vollständiger Diffusion, die Schutzschicht der Gespräche sich gänzlich auflösen würde, zurechtgelegt, von der Kürze und Knappheit meiner Antworten zum einfachen Schweigen überzugehen, das heißt überhaupt keine Antwort zu geben, falls eine mehr oder weniger direkte Frage von ihm würde gestellt werden. Wir vergessen dieser Möglichkeit zu sehr im gewöhnlichen Umgange; jede Frage fasziniert uns; schon setzen wir zur Antwort an. Es steht jedoch durchaus in unserem Belieben, zu antworten oder nicht zu antworten. Um daran festhalten zu können, hatte ich mir eine überaus komplizierte Gedankenverbindung bereitgestellt, die ich eben damals bearbeitete, und zwar vergeblich bearbeitete, weshalb ich Kummer empfand oder schlechtes Gewissen. Dieses Gewicht gedachte ich sofort auf mich herabfallen zu lassen und damit meine Lippen zu verschließen, wenn er versuchten sollte, sich meiner zu versichern; auf diese Weise in ein unzugängliches Territorium zurückweichend, zerschnitte ich den Faden des Gesprächs.

5.

Es dauerte gar nicht lange und wir befanden uns an dem Punkte, wo sich meine Anstalten bewähren konnten. »Ist Ihnen vor vierzehn Tagen nicht etwas aufgefallen, Herr Doktor?« sagte er. Schon schnappte ich mir meinen Problemknochen und retirierte mit tierischem Ernst in die Hundehütte des Denkens. Als er hinzufügte: »Wir sind einander doch zufällig begegnet« – da hatte ich die Ebene bereits gewechselt und mich in eine Notlage versetzt, wie sie eben allemal in jener Hundehütte auftritt. Seine Frage war ein viel zu schwacher Reiz, um noch bis zu mir und in mein Gehäuse durchdringen zu können. Deshalb wurde mein Schweigen nicht das Endprodukt einer Anstrengung, sondern nur das Nebenprodukt einer Anstrengung einer solchen auf ganz anderer Ebene. Ich mußte keineswegs den Mund halten. Er blieb von selber zu. Und zwar in einer Weise, die dem Schweigen jede Möglichkeit nahm, etwa selbst als eine Antwort oder für eine solche dazustehen. Es war um kein Haar mehr als eben – keine Antwort; einfach nichts. Die Aktion – sie verdient trotz allem diesen Namen, weil sie auf einem anderen Boden höchste Aktivität erforderte – war für seine bereits zerfaserten und zerfetzten Kräfte zu viel. Er brach zusammen, das heißt es brach ihm alles heraus, auf die Tischplatte von Stein, er hätte sie eigentlich besudeln müssen. Die Art seines Redens jetzt war das äußerste Gegenteil meines Schweigens von eben vorhin. Ich hatte ihn provoziert, stimmlos, ohne einen Laut auszustoßen. Er sagte alles.

6.

Während meiner Denkensanstrengung war mir – gleichsam als die Aureole davon – sehr deutlich bewußt geworden, daß wir im Herbste standen, in seinem klaren hinausweisenden Wetter, weitsichtig wie die alten Leute, während der Frühling, damit verglichen, immer gleich in der nächsten Ecke seine psychologischen Häferln auf tolle Schnellsieder setzt. Draußen, auf dem sehr breiten Trottoir, lehnte der Herbst, man sah ihn, ohne daß man ein gebräuntes Blatt erblickte. Er lehnte dort, der Geist eines Wanderers, in dieser Stadt fremd, durch Wälder zu wandern gewohnt. Die Stoffbezüge der Polsterbänke hier waren fleischrosa, das kleine Lokal fast leer. Es war draußen sonnig geworden. Der Staatsbahnpensionist also sagte jetzt alles. Die Eltern des Mädchens – sie waren es, die im Hausflur geschimpft und geschrien hatten – zogen dann doch eine finanzielle und schweigende einer polizeilichen und beredten Behandlung der Angelegenheit vor; ja, sie hielten sich dabei in für den Pensionisten noch erfüllbaren und ihm gewissermaßen wie ein Gewand angemessenen Grenzen des Forderns. Zunächst, zweihundertundfünfzig: bis zum 20. Oktober acht Uhr abends. Acht Uhr fünfzehn bei Nichterfüllung Einwurf der Anzeige in den Briefkasten.

7.

Nun, wir hatten jenes Datum, wenn auch erst vier Uhr nachmittags. Und er hatte zweihundertzehn zusammengebracht. Als verheirateter Mann und bei begrenzten Bezügen unterlag er voller Kontrolle. Das Geld lag jetzt vor ihm auf dem Tisch. Er zählte es zweimal durch. An seinen Schläfen, an der Stirn – soweit da von einer solchen gesprochen werden kann – und an den Backenknochen erschien Feuchtigkeit: Schweiß der Schwäche. Ich stellte mir mit Befriedigung vor, daß er jetzt wohl auch an den Füßen schwitzte. Nun galt es, ihn in der eigenen Feuchtigkeit zu dünsten. Ich ließ einen Vorhang herab, indem ich eine Zeitung aufnahm und verschwand, ohne zu lesen, dahinter in die Hundehütte. Auch diese Aktion gelang. Als ich nach einer Weile mein Notizbuch hervornahm und zu schreiben begann, hatte ich meine Absichten in bezug auf den Pensionisten vergessen. Ich war neutral geworden. Zuletzt las ich wirklich in der Zeitung und verdankte ein gelöstes Nachspiel zu der vorangegangenen Anstrengung dem Umstande, daß hier ausnahmsweise nicht nur Torheiten gedruckt standen, sondern diesmal ein hervorragendes Feuilleton. Im Raume waren längst die Lichter eingeschaltet und von draußen drückte die tiefe Dämmerung dunklen Glanz an die Scheiben.

8.

Mit Schwung stieß ich jetzt aus dem tiefsten Hintergrunde gegen den Pensionisten vor. Er hatte sich übrigens während der ganzen Zeit kaum durch Lesen maskiert, sondern war, nachdem er die zweihunderzehn wieder eingesteckt, vorgeneigt gesessen, den Blick auf der Tischplatte. »Herr Rambausek«, sagte ich, »Sie können den fehlenden Betrag von mir haben, und zwar sofort.« Er beteuerte sogleich seine Loyalität bezüglich der Rückzahlung. »Eine solche kommt nicht in Betracht«, sagte ich, »denn ich verlange für das Geld von Ihnen eine Leistung.« »Ich bin zu jeder bereit«, antwortete er einigermaßen tonlos; seine Erschöpfung ließ ihn anscheinend jetzt jeden Mut verlieren. »Es ist ein ganz Geringes, was Sie zu vollbringen haben«, sagte ich und bediente mich absichtlich einer geschwollenen Ausdrucksweise, weil mir deren einschüchternde Wirkung auf Individuen seiner Art durchaus gegenwärtig war. »Indessen muß die Ausführung korrekt sein und genau meinen Angaben entsprechen. Sie verlassen jetzt das Café, und ich folge in kurzem Abstande. Vor jenem Hausflur – Sie wissen vor welchem, dort also, wo die Weinstube ist – werden Sie stehen bleiben und sodann mit vorgestreckten Armen drei tiefe Kniebeugen machen. Die Übung ist langsam auszuführen. Bedenken Sie, daß ich nicht weit hinter Ihnen mich befinde und Ihre Bewegungen beobachte. Nach Ausführung der Übung werde ich Sie meinerseits auf dem Gehsteige überholen, ohne Ihnen irgendwelche Beachtung zu schenken. Ich werde mich in das etwas weiter oben in der gleichen Straße befindliche ›Café Greilinger‹ begeben und Sie dort erwarten. Unter der Voraussetzung, daß die drei Kniebeugen langsam, tief und vollständig ausgeführt worden sind, werden Sie dort den Ihnen noch fehlenden Betrag von mir ausbezahlt erhalten. Ich bitte Sie, jetzt genau zu wiederholen, was Sie zu tun haben.«

9.

Diese Wiederholung schien ihm die größte Qual zu machen, und ich hatte das gar nicht anders erwartet. Seine eigenen Worte rannen zäh, kalt und dick an ihm herab; und als ich ihn endlich zur Durchführung entließ, schien er beinahe erleichtert. Ich folgte ihm nun unverzüglich. Die etwas bergan führende Straße war belebt, es war die Zeit des Geschäftsschlusses. Ich hielt durch Augenblicke für unmöglich, daß er tun würde, was ich verlangt hatte. Gleich danach packte mich die Vorstellung, einfach auszureißen, davonzugehen, zu verschwinden; aber ich fand mich jetzt durchaus an ihn gebunden, ja gekettet. Schon hatte er die bezeichnete Stelle erreicht, hielt an, stand jetzt still. Und dann ging er in die Hocke. Er warf dabei die Arme vor, wie man's in der Turnstunde gelernt hat. Diese Vorschriftsgemäßheit wirkte absurd. Auch bei der zweiten Hocke beachtete ihn noch kaum jemand, vielleicht meinte man, ihm sei etwas herabgefallen und er hebe es nun vom Boden auf. Als er in die dritte Hocke ging, überholte ich ihn und passierte so knapp an ihm vorbei, daß er aus dem Gleichgewicht kam und sich mit der linken Hand am Boden stützen mußte. In dem großen Café Greilinger saß fast niemand, links rückwärts lag völlige Leere über einer hingedehnten Herde von Sesseln und roten Polsterbänken. Ich rief dem Ober im Vorbeigehen eine Bestellung zu, ging in das Vakuum links hinein und nahm ganz rückwärts Platz. Schon war Rambausek da, kam auf mich zu. Ich sah ihm entgegen: er war jetzt völlig verstört, das konnte ich beim ersten Blick erkennen. Ich saß auf einer Polsterbank, die Hände in den Hosentaschen, die Beine ausgestreckt. Nun war er heran, der Pensionist. Plötzlich bemerkte ich, daß seine Augen noch einen Sprung auf mich zu machten, sie fraßen gleichsam die letzte geringe Entfernung zwischen uns vollends auf; in der nächsten Sekunde griff er mit beiden Händen nach meiner Gurgel. Beim raschen Vortreten war er so zu stehen gekommen, daß meine ausgestreckten Beine sich zwischen seinen Füßen befanden. Ich grätschte, und er fiel auf den Polstersitz gegenüber. Noch traten seine Augen hervor, jedoch sank jetzt ihre Erektion rasch zusammen. Der Blick brach. »Entschuldigen Sie, Herr Doktor«, sagte er, »ich bin über Ihre Beine gestolpert.« »Das kommt mir auch so vor«, sagte ich. Eben schritt der Ober mit meinem Kaffee heran. Ich bestellte für Rambausek einen doppelten Kognak und Soda. Dann übergab ich ihm das Geld. Er steckte es mit Sorgfalt ein, nachdem er die Gesamtsumme noch einmal durchgezählt hatte. Dann trank er gierig und rauchte die angebotene Zigarette. »Lassen Sie sich nicht mehr aufhalten, Herr Rambausek«, sagte ich, nachdem er ausgetrunken hatte, »die Sache ist zu meiner Zufriedenheit erledigt, ich danke Ihnen.« »Ich Ihnen noch viel mehr, Herr Doktor«, entgegnete er, indem er sich jetzt erhob. Einen Augenblick zögerte er, jedoch ich behielt die Hände in den Taschen; so verbeugte er sich denn (und auf gar keine üble Art) und ging ab. Ich sah ihm auf den Rücken. Eben setzte er den Hut auf, und gerade da beobachtete ich seinen Haaransatz im Nacken, und den Hinterkopf überhaupt. Das Kreatürliche in und an ihm wurde mir doch fühlbar jetzt. Ich war zu weit gegangen. Ich verdüsterte mich tief in diesen Augenblicken. Wenige Tage später, auf der Straße, grüßte er mich mit großer Ehrerbietung. Und es war kaum zu verhehlen, daß er mir eben damit schon über den Kopf wuchs.

Zweiter Teil

1.

Oberhalb der Stadt liegt im Wasser des Stroms nah am Ufer das Wrack eines Dampfers, der im Kriege getroffen worden ist. Aus einer zerbeulten Büchse – unten immer noch ein Schiff, ja, als nichts anderes anzusprechen! – ruft die schräg in die Luft stehende lange schwarze Tüte des Rauchfangs über den Strom und das hingezogene Graugrün seiner Ufer: wie ein letzter, stehengebliebener Pfiff der Sirene, aber stumm. Unten liegt jetzt, bei niederem Wasser, alles zum Teil schon am Trockenen und sinkt in die Erde, durch ein Gewicht, welches vom Strome nicht mehr aufgehoben und getragen wird. Vom einst fischglatten Schiffsbauch fehlt ein Teil: grad hinter dem Radkasten ist die Zerstörung eingebrochen. Vorn aber sticht der Steven stromauf und liegt gar im Wasser: nach dem rufenden Rauchfang derjenige Teil des Wracks, welcher am meisten die Form der Aktivität noch bewahrt hat.

2.

Ich kam dorthin oft in jenem Herbste. Ich betrachtete das Schiffswrack, genau und lange. Mich befremdete schließlich, daß keine Kinder, vor allem Buben – die hier überall am Stromufer herumliefen – auf dem Wrack spielten: das mußte doch anziehend sein. Wahrscheinlich war's von der Polizei vernünftigerweise streng verboten worden; denn wenn zwischen den zerrissenen Aufbauten und durch die Spalten des zerschründeten Schiffsleibes solch ein Knirps ins Innere gefallen wäre, darin es rauschte und zog: nicht leicht hätte man ihn da wieder herausbekommen. Die Kinder spielten am Kai. Die Mädel machten fast mehr Lärm wie die Buben. Ihre Stimmen klangen gewissermaßen älter, erwachsener, Frauenstimmen freilich weit ähnlicher als die Laute der noch vor dem Stimmwechsel stehenden Knaben dem Organ eines Jünglings sind. Bei den Mädchen aber hörte man manchen Diskant, der gar nicht anders auch bei erwachsenen Frauenspersonen gehört werden kann. »Guten Tag. Herr Doktor.« Das war so eine Stimme. Im übrigen war die da so klein nicht mehr, wohl schon neun oder zehn.

3.

Ich muß gestehen, daß die Stimme des Mädchens mich in irgendeiner Weise aufbrachte, in Verteidigungsbereitschaft versetzte, harnischte. »Woher kennst du mich?« fragte ich, nicht ohne Bestimmtheit, während ich mich ihr zuwandte, sie ins Auge fassend. Das Spiel war unterbrochen worden. Die Freundinnen betrachteten mich aufmerksam. Über den Gesichtsausdruck derjenigen, die mich angeredet hatte, erschrak ich jetzt im tiefsten Innern: es war, mit dem schiefgezogenen Mäulchen, der einer hübschen, dummen, aber geriebenen Person, die hier sozusagen als Schulmädchen umherlief: also etwas lebhaft Unappetitliches. Das Gesichtchen war scharf und fein. »Meine Eltern wohnen in dem Haus, wo die Weinstube ist«, sagte sie und nannte den Namen des Wirts. Erst jetzt stellte sich in mir die Verbindung zu dem Stadtteil, wo ich daheim war, überhaupt her; von hier aus eine Stunde Straßenbahnfahrt entfernt. »Und was machst du hier?« fragte ich, strengen Tones. Ich wunderte mich über die Größe ihrer Augen und die Länge der Wimpern; es war, genau besehen, ein außerordentlich schönes Kind. »Ich geh' jetzt hier in die Schule und wohn' auch heraußen bei der Tante.« »Warum nicht bei der Mutter?« fragte ich. Sie zog mit dem Mäulchen zugleich den ganzen Oberkörper schief. Alle Mädchen begannen zu lachen und stoben davon.

4.

Ich blieb allein beim Schiffswrack zurück. Der Nachmittag, noch nicht weit vorgeschritten, erfüllte alles mit einer neutralen Stille, es war merkwürdigerweise eine ähnliche Stimmung im Grundgeflechte sozusagen, wie wenn man in der Schule den leeren Turnsaal betrat aus irgendeinem Grunde, vielleicht weil man dort das Taschentuch verloren hatte. Da lag es. Neben den Kletterstangen. Hier aber kam der Strom unaufhörlich wallend hervor hinter dem Berge links, unter dem leeren Himmel. Es rauschte im Wrack. Ich empfand Schmerz, unmöglich zu sagen weshalb, unmöglich zu sagen worüber: die Wehmut fraß an mir wie ein Gift.

5.

Ich hob die Augen auf – und sah jetzt über den Wassermassen wie einen goldgrünen Garten voll Freude den jüngstverwichenen Sommer stehen, draußen über den Waldbergen, jenseits des Sattels, den die nach Westen führende Bahnstrecke mit zwei Tunnels überwindet. Der Ort dahinter heißt Eichgraben. Nach dem zweiten Tunnel geht es bergab, ein anderer Takt kommt in die Räder, es schlägt und hallt, der Wald hallt vom Zuge, bricht ab, denn nun fährt man frei über den Viadukt hinaus, nach welchem bald, vorm kleinen Bahnhofe, die Bremsen schleifen.

6.

Das Grün ist wogend, warm und schaumig, die Veranda hoch, die Wälder viel weiter, als das Auge auch von diesem günstigen Punkte reichen kann; dann gab es dort noch einen ganz tief gelegenen: ich für mein Teil bewohnte ein Gartenhaus im Talgrund, das zur Villa oben gehörte, am Bache, im hohen Grase. Ich erwachte zeitig, da die Wände großenteils von Glas waren. Die Vögel zwitscherten. Ich sprang aus dem Bett, ging unbekleidet draußen in der Morgensonne durch die nasse Wiese. Hier aber, und selbst am Strom, am Wrack , war dieses Mädchen da gewesen, eben jetzt. Mein Kopf sank herab, ich hörte wieder das Rauschen im Schiffsbauch. Hier ging mir etwas nach, ich zog einen Faden hinter mir her, er verwirrte sich um meine Füße. Ich starrte auf den zertrümmerten Radkasten des Dampfers, als könnt' ich den Stand der Sachen im Grundgeflechte meines Daseins aus diesen Resten lesen.

Dritter Teil

1.

Sogleich nach der Sache mit Rambausek, ja von diesem Tage an, war ein Rutsch hinab nicht mehr aufzuhalten, da mochte ich mich dagegen stemmen, wie immer ich wollte: es ging tiefer und tiefer. Wie die Schiffe im sagenhaften Tangmeer vor Atlantis blieb ich mit erlahmter Arbeitskraft stecken, drehte mich auf der Stelle, mühte mich ohne Frucht, brütete tagelang vor mich hin, roch fast mit der leiblichen Nase die Miasmen meiner geistigen Fäulnis. Auch der Wein wollte nicht helfen, er mischte sich mit dem Übel und verdarb selbst daran. Und in seinem trügenden Glanze wurde er zur Vorspiegelung, zur Fata Morgana besseren Zustands, und immer mehr, bis ich, von ihm gegängelt, in schlechterer Gesellschaft mich befand als jemals vorher, als je in meinem Leben.

2.

Auch nahm die Rauflust überhand, und bald fanden sich dazu die rechten Gesellen. Schon ward nicht mehr in der Schenke, sondern durchaus nur in meiner Wohnung getrunken, und längst nicht mehr unser ehrwürdiger heimischer Wein, sondern glashelle durchdringend duftende Getränke, zu denen man die eiskalten Sodaflaschen bald nur der Form halber ein wenig zischen ließ, und meist daneben. Oft schwamm der Boden. Streit und Zank brach aus. Tagsüber selbst gingen Betrunkene, taumelnd durch mein Vorzimmer. Ich hatte alte Waffen damals an den Wänden, Bogen und Köcher, Degen und Rapiere, kein Dekorationszeug: nein, es waren schon die richtigen. Im Rausch rissen sie die Klingen herab – auch ich war da beteiligt – klirrend ward gefochten und nicht mehr spaßhaft und gutartig. Noch Unbesoffenere, gleichfalls bewehrt, hieben dazwischen, doch ward jemand in den Arm gestochen, den einer der Kumpane, ein Arzt und Chirurgus, danach verband. Es hätte Tote geben können, den Rapieren mangelten, zu meinem Entsetzen, die Kügelchen, vielleicht hatten die Betrunkenen sie entfernt.

3.

So tobten wir, vergeudeten auch eine Unmenge Geld, von der Zeit zu schweigen, lärmten bei Tage und bei Nacht, und sangen brüllend. Vielleicht ward alles noch schlimmer gemacht dadurch, daß Frauenzimmer bei diesen Zusammenkünften gänzlich fehlten und damit alle Milderungen der Roheit. Man wird nun mit Recht eine Frage bezüglich meiner damaligen Wohnverhältnisse stellen: wie ich mir denn solches in einem Großstadthause, mitten zwischen dessen zahlreichen Bewohnern, erlauben konnte? Doch, ich konnt' es.

Über mir war das flache Dach. Die Stockwerke unter mir aber enthielten Büros und Geschäfte und waren also des Nachts, zu welcher Zeit ja das Unwesen und Toben bei mir vornehmlich losbrach, völlig leer. Andererseits jedoch hatte ich ja die sehr geräumige Wohnung nicht allein inne; sie war in zwei Teile geteilt. Und damit komme ich nun auf meine Nachbarin.

4.

Diese war wohl die anmutigste alte Dame – sie stand knapp vor den Siebzig – welche ich je gesehen habe. Schlank und doch rundlich, flink und doch würdevoll, ein spitzmäusig Gesichterl unterm schönen weißen Haar, klug und von unermüdlicher Schaffenskraft und Tüchtigkeit: sie besorgte den ganzen Haushalt für ihren Sohn und die junge Frau, welche dieser kürzlich erheiratet hatte, weil die neuen Eheleute alle beide tagsüber in Beruf und Dienst standen. Das Heim spiegelte von Sauberkeit (freilich seh' ich hier von meinem Zimmer ab, wo immer die gleiche Bedienung durch die Jahre schlampte). Frau Ida – so nenn' ich meine anders genannte Nachbarin hier – konnt' es im Kochen schon bald mit einem Chef de cuisine aufnehmen, und sie war darin auch von größtem Eifer, von größter Ausdauer: ihre Küche ein blitzblankes Laboratorium der Gastronomie. Hier hatten wir oft geplaudert. Meine ganz offenkundige Sympathie und Verehrung erweckten ein freundliches Empfinden auch in der vortrefflichen Dame, und unsere Nachbarschaft war bald die beste geworden.

5.

Zu jener Zeit, als das lärmende Unwesen bei mir begann, befand sich Frau Ida allein. Die jungen Leute hatten den Urlaub dieses Jahres erst spät antreten können und waren für einen Monat nach Süditalien gefahren. Nun gehörte meine Nachbarin keineswegs zu den lärmempfindlichen Menschen, ja sie war es in einem ganz erstaunlichen Grade nicht, und sie hatte diese ihre Eigentümlichkeit oft selber lachend festgestellt. Jedoch war sie durchaus nicht schwerhörig. Nun, zu Anfang der Exzesse, also nicht lange nach dem 20. Oktober und den drei Kniebeugen Rambauseks, gediehen die Sachen ja nicht gleich zur vollen Wucht. Wohl ward gebrüllt. Doch tranken wir ja in dem rückwärtigen meiner beiden Zimmer; überdies hatte ich auf sorgfältige Schallabdichtung gleich beim Beziehen dieser Behausung hier viel Mühe verwendet, wenn auch nicht, um zu saufen und zu lärmen, sondern damals meiner Arbeit wegen; doch kam, was einst der Tugend gefrommt hatte, jetzt auch dem Laster zugute.

6.

Immerhin tapsten des Nachts Betrunkene durch das gemeinsame Vorzimmer, was ihres Wasserabschlagens wegen nicht zu vermeiden war. Dabei brabbelten die Burschen freilich, stießen einander wohl auch an und torkelten herum; und einmal trat der Doktor Pretzmann – das war jener Arzt, der den Gestochenen verbadert hatte – einen in den Hintern, weil der nicht rasch genug von der Muschel weichen wollte. Alsbald entstand Keilerei; und das Lärmen, in meinen Zimmern jetzt auch bemerkt, zog einen nicht mehr aufzuhaltenden Strom in die Vorräume, der dort in jene Keilerei mündete und sie allgemein machte; es war, als gösse man immer mehr Öl ins Feuer, und am Ende rauften gegen zwanzig

Personen, jedermann prügelte jeden, der ihm grad zwischen die Hände geriet, und niemand wußte warum.

7.

Man kann sich leicht denken, daß ich danach wegen meiner vortrefflichen Frau Ida schwer besorgt war. Ich drückte mich am folgenden Vormittage zu später Stunde im Bademantel höflich grüßend draußen an ihr vorbei, aber dem Spitzmäusl war nichts anzumerken, es sah frisch und knusprig aus wie immer, und es dankte mir freundlich für meinen Gruß. Unverständlich blieb doch, daß sie bei Nacht nicht protestiert und Ruhe geheischt hatte: der Lärm war ungeheuer gewesen. Was nun über Tag so dann und wann bei mir einbrach, einen trank und wieder abtorkelte, das hatte sich, wenn es der appetitlichen Kleinen begegnete, seit jeher feixender Höflichkeit beflissen, mit Kratzfüßen und etwas unsicheren Verbeugungen. Nun, Frau Ida mußte ja dessen gewahr werden, wie's bei mir zuging. Aber sie ließ sich nichts anmerken. Nach der nächtlichen Keilerei im Vorzimmer befleißigten sich die auch bei Tage Betrunkenen nun schon ganz besonders devoter Formen der würdigen Dame gegenüber, vielleicht drückte sie dann doch das Gewissen. Herinnen in meinen Zimmern ward sie gelobt. Die Kleine gefiel. Das erste Mal aber, daß mir solches eine Art unheimlichen Vorgefühls erzeugte, war, als ich mittags einen der Katzenjämmerlichen – übrigens ein Bursch aus großem Haus und von glatter und sicherer Manier, nur eben ständig angetrunken – draußen im Vorraum mit Frau Ida gar nicht übel konversierend antraf. Hier, merkwürdigerweise, ahnte mir schon nichts Gutes.

8.

In diesen Tagen erzählte mir Frau Ida einmal, daß eine alte Freundin von ihr krank sei; allein in einer verhältnismäßig großen Wohnung sei die fünfundsiebzigjährige Dame, bei der es sich um ein Nervenbündel im Bein und dazu noch um eine gewisse Herzschwäche handle, oft fast unfähig zu jeder Bewegung; aber, eigensinnig, wolle sie von der Aufnahme einer Pflegerin nichts wissen. Da müsse eben sie selbst, Frau Ida, viel nach dem Rechten sehen; glücklicherweise sei's jetzt eher möglich, weil ja der Haushalt ihre Anwesenheit nicht so sehr erforderte. Wenn die Schmerzen im Bein bei der Patientin stark würden, leide diese mitunter an Angstzuständen und fürchte dabei vor allem das Alleinsein. So weit Frau Ida. Ich hörte artig zu; mit Aufmerksamkeit; jedoch mit Mißbehagen. Bei allem Lärm der Oberfläche war ich in der Tiefe doch mehr tot als lebendig, und gerade das wurde mir da in der Küche, während Frau Idas Erzählung, bewußt. Und mehr als das: ich fühlte Angst; Angst vor einem rächenden Zorne, der mich selbst plötzlich könnte in Alter und Krankheit stürzen; mitten aus meiner jetzigen Lebensweise heraus. Ja, ich fühlte mich, während die reizende Dame sprach, vom Tode nur wie durch eine dünne und zufällige Wand getrennt.

9.

In meinen Zimmern kam man bald wieder auf die »reizende Kleine«, die »Spitzmaus« – so wurde sie hier schon genannt! – zurück. Das Thema setzte sich hartnäckig fest. Wortführer war jener junge Herr, der sich draußen mit Frau Ida unterhalten hatte. Ich sage »Wortführer« und möchte lieber jetzt schon »Rädelsführer« gesagt haben. Auch schien mir der Doktor Pretzmann bei alledem ständig zu schüren. Der Familienname Frau Idas vermochte wohl irgendwelche

Gedankenverbindungen zum Alten Testament hinüber anzuregen. Nachdem aber jemand einmal das Wort »die Posaunen von Jericho« ausgesprochen hatte – es war unvermutet da, aus irgendeiner unseligen Verbindung hatte es sich ergeben, war es unter die Trinker gefallen – zeigte die ganze Lage urplötzlich ihre Kehrseite, wie wenn man eine Medaille umwendet: die Posaunen von Jericho. Es war unser Wort des Unheils. Ich sah mich einer schon ausgereiften Verschwörung, einem wilden Komplott gegenüber. Jemand trieb die zweifelhaften Geister noch auf die Spitze, indem er schrie: man müsse nun Größe beweisen, über sich selbst hinweggehen, männiglich etwas anschauen lassen, Ungeheures zu tun mit Leichtigkeit bereit sein.

10.

Ich widersetzte mich nur in schwächlicher Weise; ich war befangen und wie gelähmt. In der Tiefe meines Herzens hoffte ich vielleicht, daß durch alles, was sich nun mit größter Schnelligkeit zusammenzog und sogleich ins Werk gesetzt ward, der Pfropfen könnte herausgestoßen werden, der mein Lebensrinnsal sperrte, und sozusagen dem Fasse bald der Boden möchte ausgeschlagen sein. Jener schon zweimal genannte junge Herr wandte sich unverzüglich an die städtische Musikervermittlung: da waren sie nun, die Posaunen, ihrer drei: zweimal Tenor und einmal Baß, und die Bläser dazu. Der Triumphmarsch aus Verdis Aida sollte es sein. Meinetwegen, sei er's. Der Doktor Pretzmann verteilte zwanzig Repetierpistolen, die fürchterlich knallen konnten, freilich nur dies: es waren Spielzeugwaffen. Alles schrie durcheinander, alles redete von der Spitzmaus. Wie herzig sie sein würde in ihrem Bettchen beim Klange der Posaunen, beim Knattern der Pistolen: vor Schreck sicher wie gelähmt. Ob sie wohl ein Nachthäubchen trage? Sie sei doch süß, die Kleine! Etwa um Mitternacht kamen in aller Stille die Musiker. Ihr Honorar war bedeutend, damit die Sache für sie erledigt, alles übrige erschien ihnen völlig gleichgültig, ihr Gebaren war so geschäftsmäßig, wie nur irgend möglich: sie hatten uns eins aufzuspielen, sie brachten ihre zusammengeklappten Pulte mit und stellten ihre kostbaren Instrumente in den schwarzen Futteralten achtsam beiseite in einen gesicherten Winkel. Dann tranken sie mit uns. Bläser trinken gern.

11.

Der junge Herr arrangierte nun alles mit Eilfertigkeit und Sorgfalt und wurde dabei von dem Doktor Pretzmann unterstützt. Dieser war es auch, der beiseite den Musikern sorgfältig einschärfte, die Türe von innen abzusperren, wenn wir alle ins Vorzimmer hinausgegangen sein würden, und sich solchermaßen einzuschließen; sodann aber unverzüglich ans Blasen zu schreiten und, ohne sich irgendwie darum zu kümmern, was da vorgehe immerzu und unerschütterlich den gleichen Marsch weiterzublasen und auch stets wieder von vorne zu beginnen. Der Doktor Pretzmann stand bei mir von Anfang an im quälenden Verdacht der Unbesoffenheit und bloß simulierter Räusche. Manchmal schon war er aus der Rolle eines Betrunkenen gefallen; auch damals, als er verbinden mußte, wo er obendrein merkwürdigerweise sein Verbandszeug gleich in einer Ledertasche im Vorzimmer gehabt hatte; zufällig, wie er sagte. Mir schien mitunter, er wolle sich aus uns allen einen Narren machen; oder meinte er, hier die Wirkung des Alkoholabusus studieren zu können? Eher, so kommt's mir hintennach vor, hat er gewünscht, die Sachen auf die Spitze zu treiben, um zu sehen, wie weit wir wirklich gehen würden. In dieser Nacht jetzt, vor der Aktion, war übrigens nicht scharf getrunken worden. Daher auch konnte sich unser Hinausschleichen ins Vorzimmer selbzwanzigst mit beinahe vollkommener Lautlosigkeit vollziehen. Alle Lichter wurden draußen eingeschaltet, die Türe zum Treppenhause leise geöffnet und auch diese in hellste Beleuchtung gebracht; das sei – so hatte jener Schreier hartnäckig behauptet und auch durchgesetzt – »der Größe der Situation wegen« erforderlich und auch deshalb um jedermann den Zutritt gleich ohne weiteres zu ermöglichen: auf daß man männiglich was anschaun lasse. So standen wir, die Pistolen schußfertig in der Hand, lautlos und regungslos dichtgedrängt vor der Türe Frau Idas. Es war 1 Uhr und 25 Minuten.

12.

Jetzt erklangen die Posaunen mit reinster Intonation, klar und sonor; in wahrhaft rührender Schönheit drang Verdis demütig-starker Bläsersatz voll Glanz in die Nachtstille. Wenige Augenblicke später brachen wir brüllend unter heftigem Pistolengeknatter in das Schlafzimmer der Spitzmaus ein. Nicht sogleich ward der Schalter für die Beleuchtung neben der Tür gefunden; die Hintersten drängten indessen, immerfort schießend, nach: auch, als das Licht schon in alle Ecken des Raumes gesprungen war, und wir diesen unbelebt sahen und das Bett von Mahagoniholz unbenützt und geschlossen. Noch krachten im Vorzimmer die letzten Schüsse. Wer jedoch schon sah, ließ die Hand sinken. Bald standen wir selbzwanzigst so lautlos und regungslos hier versammelt, wie eben vorhin noch vor der Türe. Verdis Akkorde beherrschten wieder alles, denn die Posaunisten bliesen unentwegt weiter. Als sie jedoch für einige Augenblicke absetzten, um den Triumphmarsch wieder von vorne zu beginnen, hörte man eine rasche Folge klatschender Töne, als werde jemand mit Schnelligkeit geohrfeigt (nun, wahrlich wir befanden uns nicht weit davon, uns so zu fühlen): es waren die Pantoffeln des Hausmeisters, der jetzt in höchster Eile über die Windungen der Treppe heraufgelaufen kam und im nächsten Augenblick, jedoch mit einiger Vorsicht, unser teilweise vom

Pulverrauch erfülltes Vorzimmer betrat. Als er bis zu uns herein gelangt war, blieb er vollends erstarrt stehn, ein langer, dürrer Mensch, die Augen aufgerissen, wie helle Scheibchen. Die Posaunen klangen. Der Rauch von den zahllosen Schüssen hing im Schlafzimmer der Spitzmaus wie ein ganz gerades, etwas abfallendes Brett, und so bis ins Vorzimmer hinaus.

13.

Unter unaufhörlichem Posaunenschall erschien auch das Überfallkommando der Polizei, welches die Hausmeisterin gleich beim Beginne des Schießens telephonisch herbeigerufen hatte. Im auch sonst schon lebendig gewordenen Treppenhause trampelten jetzt die Stiefel der Mannschaften herauf. Mit jener durchschlagenden Schneidigkeit, wie sie der Kriminalpolizei aller Großstädte eignet – durch Menschenauswahl und straffe Erziehung – warf sich das Kommando, sein Führer voran, in unsere Wohnung und einige Augenblicke später standen wir mit erhobenen Armen (lächerlicherweise auch der Hausmeister) den Mündungen der automatischen Pistolen gegenüber. Die Posaunen klangen. Wir hatten unsere Waffen fallen lassen müssen. Jetzt ward deren Beschaffenheit erkannt. Die Maschinenpistolen senkten sich, Sicherungen klappten. Da die Bläser auch durch Poltern und lautes Rufen nicht zum Schweigen zu bringen waren, drückten mehrere Mann die Türe ein: endlich brachen Verdis Akkorde ab. Wer der Wohnungsinhaber sei?, fragte der Kommandoführer. Ich mußte mich wohl melden. Der Doktor Pretzmann grinste ordinär. Ob mir die anwesenden Personen bekannt seien? »Meine Gäste«, sagte ich, und: »dieser ist der Hausmeister.« Der Kommandoführer hatte freilich schon erkannt, daß es sich hier um eine Büberei handelte. Wir wurden nicht einmal verhaftet, sondern nur auf Grund unserer Ausweise namentlich festgestellt und aufgeschrieben.

Auch die Musiker, drei ältere Herren übrigens. Sie waren recht betreten. Das Kommando rückte ab. Die Sache hatte dann für uns alle einige ziemlich langwierige Unannehmlichkeiten zur Folge, gelinde gesagt. Wenn auch eine Übertretung des Waffenpatentes nicht in Betracht kam, so doch wohl die der nächtlichen Ruhestörung, im ausgedehntesten Maße. Wir wurden auch im Sinne jenes Paragraphen, der vom »groben Unfuge« handelt, bestraft, wenn auch bei bedingter Verurteilung wegen unserer Unbescholtenheit. Die Musiker gelang es frei zu kriegen.

Vierter Teil

1.

Der Pfropfen war mit alledem nicht heraus. Hierin hatte ich mich getäuscht. Es stand mit den zuletzt erzählten Auftritten nicht eigentlich in direktem Zusammenhange – wie man wohl glauben möchte – daß ich bald danach meine Wohnung wechselte; auch war's nicht für die Dauer. Ein Freund, der Maler Robert G., hatte sich für einige Monate nach Paris begeben. Ich hütete nun sein Heim. Er hatte mich dringend darum gebeten und wollt' es durchaus so haben. Mir aber paßte das eben jetzt in meinen zweifelhaften Kram. Ich glaubte ja den Pfropfen ernstlich heraus, und eine äußere Veränderung schien das in willkommener Weise zu betonen. Zudem, in dem Haus, wo ich wohnte, hatte ich mich einigermaßen blamiert, so kann man wohl sagen. Wir hatten uns unmöglich aufgeführt. Es sollte Gras darüber wachsen. Ich gedachte einen neuen Abschnitt zu beginnen. Ich vermeinte im Grunde, dieser sei schon damit gesetzt, daß ich übersiedelte und daß man nicht mehr soff (den bösen Gesellen entrann ich an den äußersten Rand der Stadt, schwerlich konnte jetzt bei mir was einkriechen oder abtorkeln). Man verfällt immer wieder dem Aberglauben, das Leben nach eigenem

Ermessen periodisieren zu können: durch äußere Arrangements und moralische Kanalisierung. Man reißt sich also irgendwo heraus und fällt anderswo herein.

2.

Ich schickte meine Aufwärterin hinaus mit einigen Sachen und ließ für den Abend einheizen; noch war ja Winter wenn auch ein milder. Als ich in das Atelier kam, war es schon dunkel. Die Bedienerin hatte des Guten zu viel getan, der Raum war schwer überheizt, hier herrschte Bruthitze. Ich kannte die großen Lüftungsklappen mit eisernen Rahmen in der schrägen Glaswand der Stirnseite und öffnete beide. Die einströmende Luft war feucht. Ich wußte mich nicht weit vom Strome, oberhalb der Stadt, jedoch hoch über dem Wasser. Der Raum hier sprach mich gut an, wenn auch in irgendeiner Weise mit Strenge. Es gehört hierher, daß der Maler nicht unter den Saufbrüdern gewesen war, was sich bei einem Künstler allerdings fast von selbst versteht. Der aus ungehobelten Brettern und schweren Vierkantern gemachte lange Arbeitstisch am Fenster sah stark abgenützt aus. Am einen Ende lagen zum Handwerk gehörige Dinge in einer Art exerziermäßiger Ordnung (sie herrschte auch sonst hier). Ich sah drei Bleistifte parallel ausgerichtet und nadelscharf gespitzt. Ich hätte kaum gewagt, sie zu verschieben, so ordentlich lagen sie da. Bilder gab es keine hier, durchaus nirgends. Vielleicht hatte er alles verschickt oder mitgenommen, seiner Pariser Ausstellung wegen.

3.

Ich hatte mich noch nicht einmal niedergesetzt. Ich stand mit Hut und Mantel. Noch war in mir der Eintritt, der erste Andrang und Eindruck, der uns viel mehr betritt als wir selbst den Raum in welchen wir treten. Die Bleistifte etwa hatte ich noch gar nicht bemerkt. Es roch nach Lack und Terpentin. Ich war vorher in dem Schlafraum nebenan gewesen. Beim weißgestrichenen Metallbett gab es einen ganz niederen, aber breiten hellblauen Tisch als Ablage: exerziermäßige Blocks und Stifte in Bereitschaft. Ich empfand Neid. Ich vergaß in diesem Augenblicke vollends, daß ich selbst Besitzer einer stillen und ordentlichen, zur Arbeit und Besinnung sehr geeigneten Wohnung war. Ich sah jetzt nur deren Fußboden vor mir, mit Glasscherben und einer Lache vom verspritzten Soda. Hier stand ich vor einer unsichtbaren Wand von Kristall, als ein durch Verbrechen Verunreinigter: durch das Verbrechen der Zeitvergeudung. Die Monate des Winters, der sich seinem Ende näherte, fielen wie von der Zimmerdecke klotzartig herab auf meine Schultern. In diesem Augenblicke hörte ich ein schweres Röcheln, ein ganz gleichmäßiges, das den Raum erfüllte: hä – hä – hä – hä – hä – hä. Von mir ging das nicht aus. Es war außen. Mir fuhr der Schreck in die Brust wie ein durch den Mund hinein gestoßener Stock. Es war außen. Ich wandte mich gegen die Lüftungsklappen. Ein Bahnpfiff ertönte, das Röcheln schwieg. Jetzt erst faßte ich auf, daß ja der Bahnhof sich hier unten am Strome befand; es war eine Verschublokomotive gewesen. Ich zog rasch einen Sessel herbei. Ich erkannte zutiefst, daß ich – hatte ich gleich seit längerem keinen Tropfen alkoholischen Getränks zu mir genommen – völlig versoffen und verblödet war. Man kann wohl seinen Lastern einen Tritt geben und sie verabschieden, nicht aber den Zerstörungen, die sie angerichtet haben. Ich biß die Zähne zusammen, die Tränen traten mir in die Augen. Dann sagte ich laut ein einziges Wort. Es hing unter dem Deckenlicht für eines Augenblicks Länge, dann platzte es und erfüllte leicht hallend den Raum. Ich sagte: Rambausek.

4.

Nächsten Tages unten am Ufer. Den Strom verschließt der Nebel. Soweit man noch blicken kann, sieht man die rasche Bewegung des Wassers. Die Nebel-Leere steht still. Es rauscht im Innern des Wracks, das schon nach außen zerfällt. Der Vordersteven liegt tief im Wasser; bei niedrigerem Stande schnitt er noch schneidig heraus. Die schwarze, hohe, schiefe Tüte des Rauchfanges ruft noch immer über den Strom: letzter, in der Luft hängenbleibender und dann erstickter Dampfpfiff. Aber die Breite des Stroms wird damit nicht mehr eröffnet. Der Nebel wattiert alles ab.

5.

Ich kam dorthin oft in jenem Nachwinter, und den Frühling hindurch. Ich betrachtete das Schiffswrack immer genau und lange. Jetzt, bei Nebel und Trübnis, spielten keine Kinder hier. Doch vierzehn Tage oder drei Wochen später waren sie wieder erschienen. Ich wandte ihnen den Rücken und kümmerte mich nicht um sie. Niemand beachtete mich. Ich betrachtete den geborstenen Schiffsleib und sah über den Strom. Der Blick lag jetzt frei bis zum anderen Ufer. Alles war grau, herüben, drüben. Das Wasser zog eilig. In neutraler Stille hing die Zeit zwischen Winter und Frühjahr, wie zwischen Tod und Leben. Mir ekelte fühlbar vor dieser Leere hier, die mir nichts sagen wollte. Ich ging und blieb weg. Als ich nach vierzehn Tagen doch wiederkam – in irgendeiner Weise verhielt ich mich ja diesem Stromufer gegenüber wie ein Säufer zum Wirtshaus, das er gern meiden möchte, wenn er nur könnte – als ich nach vierzehn Tagen, oder nach längerer Zeit, also wiederkam, war Sonne und Windstille; das Wasser blau, die Berge geklärt. Die Kinder schrien. Ich erblickte vereinzelte winzige, smaragdgrüne Punkte auf dem Deck und den Aufbauten des Wracks: erstes Grün auf angeflogener Erde. Ich sah lange auf diese heftig leuchtenden Punkte zwischen sonst grau-verrotteten Farben. Als ich mich zum Gehen wandte, kamen fünf Personen in einer Reihe, drei Frauen und zwei Männer, die mich grüßten und den Schritt verhielten. Ich blieb stehen. Jetzt waren wir beisammen.

6.

Freilich erkannte ich nur Rambausek, der mich sogleich mit seiner Frau bekannt machte, einer eigentlich beachtlich hübschen, wenn auch für mich ganz nichtssagenden bräunlichen schlanken Person. Das andere Ehepaar begrüßte mich ohne weiteres; den Mann hatte ich wohl in der Schenke schon irgendwann gesehen, die Frau sicher noch nie; dennoch redete sie mich gleich mit »Herr Doktor« an. Man wird gekannt, ohne zu kennen, jeder wird gekannt, niemand weiß, wie vielfach er gekannt wird (es ist unheimlich). Dieser Frau gegenüber war ich sogleich fassungslos; sie stellte mich nun mit deutlicher Nennung meines Namens der Schwester ihres Mannes vor; das war also die »Tante«: ich erfuhr, daß ihre kleine Nichte jetzt im Frühjahr wieder bei ihr heraußen wohne. Diese ganze Gesellschaft mit – Rambausek war mir vollends unbegreiflich. Sie hatten von ihm erpreßt, jetzt gingen sie mit ihm und seiner Frau hier spazieren. Vielleicht erpreßten sie noch immer, vielleicht erpreßten sie laufend. Den Vater und die Tante der Kleinen konnte ich überhaupt nicht in diesem Zusammenhange unterbringen, es waren Individuen ohne jedes eigentliche Aussehen, sie schienen aus einer längst unerkennbar gewordenen Substanz gemacht, die in Gassen und Treppenhäusern der Vorstadt emulsioniert schwebt. Aber, man merke sich's: diesen Kleinbürgern ist schlechthin alles zuzutrauen; vorn haben sie kein Gesicht, und im Hinterkopf eine Mördergrube, oft auch ein von Bosheit tolles Affenhaus. Ich hörte daß die Kleine nicht hier an der Lände herumspiele, sondern in der Handarbeitsstunde sei. Es erleichterte mich. Die Mutter, neben welcher ich jetzt dahinging, genügte mir. Sie wandte mir ihr Gesicht und ihre volle Aufmerksamkeit zu. Sie schien mir jedes Wort gleich vom Munde zu nehmen. Sie sah aus wie das Wrack ihrer Tochter, jedoch war dieses Wrack allenthalben mit frischem Grün bewachsen. Stark leuchtende, trompetengelbe Kürbisblüten über einem Mist- und Scherbenberg. Unter ihren – übrigens bescheidenen – Kleidern machte ihr Körper seine Aussagen einzelweis gesondert und hervorgehoben: ein hoher Busen, nein, man müßte sagen: zwei hohe Brüste; und so war alles, rechts und links, oben und unten, vorn und rückwärts. Wir unterschritten den Bahnkörper und trennten uns also vom Strome. Und hier, auf der Straße, war es, wo uns – nämlich Frau Jurak und mich – plötzlich alle anderen verließen: der Mann, die Tante, das Ehepaar Rambausek. Ich hatte erklärt, daß ich keinen Wein trinken wolle, und war hierin von der Jurak sekundiert worden; jedoch schienen es die anderen eilig mit dem Trinken zu haben, und das allen Ernstes. Herr Jurak sagte ganz beiseite und halblaut zu mir, daß er mir recht sehr dankbar wäre, wenn ich seine Frau ein Stück des Heimweges begleiten wollte, vielleicht bis zur Straßenbahn. Wir lachten einen Augenblick, in sozusagen männlichem Einverständnis. »Nicht zu viel, Karl!« rief sie ihm noch nach. Er winkte lachend ab und verschwand mit den andern bergauf. Frau Jurak und ich wandten uns auf den Weg.

7.

Zehn Minuten später saßen wir im verstecktesten Winkel eines Cafés beisammen, das sich hier an dem Platze befand, wo sie hätte einsteigen müssen, und zwanzig Minuten später waren wir beim dritten Glas Wein. In irgendeiner Weise begannen wir sozusagen gleich vom ersten Augenblick an zu exzedieren, und die Nähe ihrer breiten Schenkel und sonstigen aus- und einladenden Körperplastik provozierte bei mir alsbald die kräftigsten Quetschgriffe. Sie ließ meine unzweideutige und recht ordinäre Hantierung ohne jeden Widerstand oder Widerspruch geschehen, ja, sie schenkte dem nicht die allergeringste Beachtung und redete mit mir vom Wetter, während ich die linke ihrer schweren Brüste in der Hand wog. Ihre Augen waren die der kleinen Tochter: zu weit offen, zu weit geschlitzt, zu feucht, gleichsam glitschig. Ich erkannte erst spät, daß mir die Frau im Trinken weit überlegen war, ich hatte das in keiner Weise erwartet, und hinzu kam, daß ich gegen den Wein überhaupt Widerwillen empfand. Zuerst hatte ich wohl, gleichsam vorstoßend, nach dem Weine gerufen; nun aber kam sie ihrerseits in Zug, und ich bekämpfte die Literflasche auf dem Tische schon beflissen, indem ich ihr unausgesetzt eingoß: und sie stimmte dem zu. Das Gehaben der Frau Jurak aber wurde bei alledem eigentlich um nichts lebhafter. Sie saß auf ihrem breiten Fundament, ließ sich ohne weiteres küssen, wehrte keinerlei Hantierung ab und trank. Als der Liter gar war, brach sie jedoch eilig auf. Wir fuhren in die Stadt, und ich ging bis ans Haustor mit. Mir war nahezu übel vom Wein (wieder heimgelangt, erbrach ich mich dann). Sie verschwand im Flur. Da stand ich als ein Fremder in meinem eigentlichen Wohnviertel, vor dem Haustor hier neben der Schenke. Wir hatten kein Wort darüber gesprochen, ob und wann wir uns wiedersehen wollten.

8.

Nachdem ich daheim über der Muschel erbrochen hatte – was glatt und sauber abging, denn ich war ja keineswegs betrunken – setzte ich mich auf Roberts Bett, neben dem niederen hellblauen Tischchen. Mir war, als hätt' ich diese Wohnung besudelt, einen höchst ehrenwerten Ort, weil es anständigere vier Wände als die eines Künstlers nicht geben kann: das vornehmste Palais ist dagegen eine Trödelbude. Dabei gedacht' ich ja, es noch weiter zu treiben: schon stellte ich mir die Jurak hier vor, wackelnden Hinterteiles, den Mund voll dümmster Fragen. Nein, es sollte nicht sein. Es sollte in meiner eigenen Wohnung sein, die ich nun merkwürdigerweise wieder vor mir sah, wie sie heuer im Winter gewesen, mit Glasscherben und Lachen vom verspritzten Soda: es war als blicke ich auf den Grund meines Elends; und doch war es nicht der Grund, die Grundursache. Ich vermocht' sie nicht zu ergraben. Meine Arbeiten waren längst wieder voll im Gange. Die materielle Lage beruhigend. Draußen, im Westen (ich stellte mir das Ausland jetzt als ein jenseits des Ortes Eichgraben gelegenes Gebiet vor, darin einzelne Stellen intensiv grün leuchteten, flächenhaft, wie auf einer Landkarte) – draußen im Westen also stand das Erscheinen eines umfänglichen Werkes, von dem ich wohl einige Ehre erwarten durfte, unmittelbar bevor. Hier aber lebte ich, vor der Stadt, in einer zweifellos reizvollen und dabei vertrauten Gegend und Umgebung, wo ich einst durch mehrere Jahre gewohnt; und, seltsam, gerade darum, jetzt wie ein Fremder im eigenen Hause; und als ein Fremder auch war ich gestern abend in meiner eigentlichen Wohngegend gestanden, bei leichter Übelkeit, vor dem Haustore der Jurak. Nein, ich fand nirgends mehr Grund, ich war nirgends mehr daheim. Der Fußboden schwamm wie ein Floß auf der Flut von Angst, und eben gestern war auch noch die Jurak zu mir auf dieses Floß gestiegen. Es nützte mir nichts, wenn ich mir sagte, daß eine vorteilhafte Lage klar aufgefaßt sein will, ganz wie eine schöne Landschaft, in der man auch nicht zerfahren herumstreunen soll. Schlichthin gesprochen sehr gute Lebensverhältnisse können geradezu bedrückend wirken, wenn in der innersten Kammer des betreffenden Lebens die Tugend fehlt, sie auszufüllen und, schließlich auch, sie zu nutzen.

9.

Mit einem Ernste, einer Versenkung und Verbohrtheit, die außerhalb solcher Befangenheitszustände freilich ganz unbegreiflich und mit ihrer ganzen Unangemessenheit wirken, dachte ich darüber nach, daß doch dort unten, am Schiffswrack, ein Sumpfgeruch niemals war zu spüren gewesen; wie denn auch? Dort rauschte, floß und zog das Wasser eilig. Dennoch, der Sumpfgeruch war da, sobald ich daran dachte. Als habe man dort etwas heraufgeholt, heraufgefischt, heraufgehoben, wie Gerümpel vom Grund eines Teichs, zerbrochene Schirmgestelle, einzelne Stiefel – verschlammtes Gerümpel, durchsetzt von organischer Substanz, nach Schlamm riechend, wie's da herauf und heraus kam, keineswegs rumpelndes Gerümpel, dazu war's viel zu feucht, schlitzig, glitschig, gleitend, triefend; das Wort Gerümpel aber läßt an Dachbodenkammern denken, die doch allermeist ganz trocken sind. Diese Reste hier waren naß, viel zu naß. In solche Bilder also versank ich durch Minuten, auf Roberts Bett sitzend, neben dem hellblauen Tischlein. Robert war weit jenseits Eichgraben im Westen, er war in Paris. Jetzt hörte ich wieder schwach die Verschublokomotive keuchen. Die eine der Lüftungsklappen nebenan war hochgeschlagen, und die Tür ins Atelier stand offen. Wie traulich war es hier; wie furchtbar traulich und traurig. Solchen Bangigkeiten wär' ich früher einmal, aus meiner eigentlichen Wohnung, vielleicht hinab in die Schenke entronnen; und hier in der Gegend gab es noch viel behaglichere Weinstübchen dieser Art, welche ich alle von früher her kannte. Aber, obwohl ich nicht nur diesen Abend, nach dem Zusammentreffen mit der Jurak, derart angstvoll hier verbracht hatte, auf Roberts Bett sitzend neben dem hellblauen Tischchen: ich kam gar nicht auf den Gedanken, auszugehen. Mir konnte der Wein nicht helfen.

10.

Seit meiner Übersiedlung war ich nicht mehr in meiner alten Wohnung gewesen. Brauchte ich etwas, schickte ich die Aufwärterin, welche zudem in meinem Auftrag die erforderlichen Zahlungen leistete. Auch Manuskripte und Bücher vermochte sie im Bedarfsfalle dort richtig auszuheben und herbeizubringen; infolge meiner gerade in jenen Jahren schon bis zum Übel entwickelten Pedanterie stand alles, was zum Handwerk gehörte, numeriert. Übrigens waren, seit ich die Frau zum letzten Male hingeschickt, mehrere Wochen vergangen. Nunmehr, und seit neuestem, begannen sich meine Spaziergänge in meine alte Gegend zu erstrecken, allerdings ohne daß ich mein eigentliches Wohnhaus betrat. Auf jenen Gängen – jetzt waren es immer auch Straßenbahnfahrten – bildete zunächst eine Art Zwischenstation der Stadtteil ›Liechtenwerd‹ (man nennt ihn auch heute noch so). ›Liechtenwerd‹ hatte ich seit neuestem sozusagen entdeckt. Ich mied das Wrack, und ging dafür jetzt hierher. Ein Platz mit weiter Aussicht, wo ich ein kleines Café fand, lag etwa auf halbem Weg zwischen meiner alten und meiner neuen Wohngegend. Hier blieb ich zunächst hängen; und im Fortgehen von daheim, nach Tisch – um diese Zeit pflegte ich mir immer Bewegung zu machen – waren der Liechtenwerder Platz und das kleine Café mein sozusagen deklariertes Ziel (über das ich allerdings bald hinausschoß). Man sah hier von erhöhtem freiem Standpunkte weithin über fast unabsehbare gedehnte Bahnhofsanlagen, auseinanderstrahlende Gleisbündel, Schuppen, Waggonreihen, die in ferner Besonnung wie Zeilen roter Würfelchen wirkten, ausgestoßene Dampfballen geduldiger Verschubmaschinen, dahinter von Rauch und Dunst verschluckte Teile der Stadt gegen den Strom zu; alles das wie gegurtet und wie zusammengehalten von den querlaufenden Viadukten einer Hochbahn. Es war im ganzen ein gewaltiger Ausblick, eine Art artifizieller Landschaft, hingedehnt wie eine natürliche, ein schwerer Akkord vom Ernste unserer Zeit, unserer Gesamtlage, oder wie man es sonst nennen will. In dem kleinen Café aber saß ich wirklich versunken und vergraben, losgelöst von allem und jedem, insbesondere von meinen beiden Wohnbasen, der draußen am Strome, der drinnen in der Stadt.

II.

Dennoch, lang währte es nicht, und es saugte mich gleichsam dort hinein. Ich strich durch die Gassen meines Viertels. Der erste Bekannte, welcher mir dort begegnete, war der Doktor Pretzmann. Er kam auf dem Gehsteig unweit der Schenke in gemächlicher Art daher, seine schöne dicke gelbe Ledertasche in der linken Hand schwingend. »Die alte Frau ist übrigens gestorben«, sagte er, nachdem wir uns begrüßt hatten. »Um des Himmels willen, von wem sprechen Sie?!« rief ich. »Von der Freundin Ihrer Hausfrau, Ihrer lieben Frau Ida.« »Ach so –«, sagte ich, »die mit dem kranken Bein?« »Na, das war nur akzessorisch«, bemerkte er beiläufig. »Ihre Frau Ida ist im Herbst und Winter von der Sache sehr mitgenommen worden, sie hat ja auch durch nahezu zwei Monate jede Nacht bei der Patientin verbracht, auf meine Anordnung übrigens; eine Krankenschwester wurde stets hartnäckig abgelehnt; am Schluß haben wir die Patientin dann endlich auf die Klinik gekriegt.« »Erlauben Sie mir, Herr Doktor, dann wußten Sie also damals ... nun, als wir in das Zimmer eindrangen, daß Frau Ida gar nicht darinnen war?!« »Natürlich wußt' ich das«, sagte er träge. »Sonst hätt' ich das Ganze doch nie zugelassen: die Folgen wären ja, na, sagen wir: unvorstellbare gewesen; im übrigen wußten es alle, mit Ausnahme von Ihnen natürlich ... ich muß dort hinüber«, setzte er hinzu und deutete gegen ein Haus auf der anderen Straßenseite. Wir verabschiedeten uns voneinander.

12.

Ich ging langsam die Straße hinab. Den Doktor Pretzmann hätt' ich wohl einiges zu fragen gehabt ... er war allzu rasch wieder verschwunden. Ich mußte in diesem Augenblick zwei Erkenntnisse vollziehen, beide wie schmerzhafte tiefe Schnitte, die ich mir selbst beibrachte. Einmal erstens, daß, wer mit den Dingen des Geistes zu tun hat, an dem Auftreten von Lastern und dem Platzgreifen von unerlaubten Freiheiten zu erkennen hätte, daß er sich längst außerhalb seiner selbst befinde – während die anderen hiezu ihren Boden solchermaßen nicht verlassen müssen – daß er also unter seinen Genossen immer der Dümmste sei; zweitens, daß ihn, um ein solcher Genosse überhaupt zu werden, bereits weitgehende Verblödung umfangen müsse, kurz, daß er nur stürzend das sein oder tun kann, was die anderen stehend vollbringen. Die außerordentliche Verblödung, in der ich mich befunden hatte und wohl noch immer befand, illustrierte sich aufs deutlichste durch den Umstand, daß ich gar niemals auf den sehr naheliegenden Gedanken gekommen war, mich zu fragen, wo sich die herzige Frau Ida in der kritischen Nacht eigentlich aufgehalten habe. Die Antwort auf diese von mir gar nicht gestellte Frage aber hatte mir eben jetzt erst der Doktor Pretzmann erteilen müssen. Wer sein Pfund vergräbt, behält nicht einmal dieses eine. Die anderen wissen es zu finden, graben es aus und spielen damit Fußball. Unerbittlich sind des Lebens Mechanismen. Als ich so weit in Gedanken gelangt war, und im Gehen bis zu dem kleinen Café, wo ich einst mit Rambausek gesessen, begegnete mir Frau Jurak.

13.

Sie wolle hinausfahren, sie habe der Kleinen versprochen, draußen an die Lände zu kommen und sie vom Spielen abzuholen; jedoch müsse sie jetzt noch in ihre Wohnung, um die Einkäufe – sie wies dabei auf eine Tasche von Linoleum – abzulegen; ob ich auch hinauszufahren gedächte? Nun gut, ich möge mich ein wenig nur an der Haltestelle gedulden, sie käme bald wieder. Damit enteilte sie und war in sehr kurzer Zeit bereits zurück. Auf halbem Weg blieben wir hängen und saßen zwanzig Minuten nach unserer Abfahrt sozusagen schon knietief in dem kleinen Café am Liechtenwerder Platz. Auch hier hatten wir einen einigermaßen gedeckten Platz im Gewinkel beziehen können; jedoch wurde das kleine Lokal jetzt immer häufiger von neuen Gästen betreten – meist älteren bescheidentlichen Männern – die sich aber darin nicht aufhielten, sondern hindurchgingen und nach rückwärts verschwanden, offenbar in ein Nebenzimmer oder eine Art Klubraum. Ich fragte den Kellner, als er unseren Liter brachte, und erfuhr, daß dies ein Verein von Markensammlern sei, der hier allwöchentlich seine Sitzung und geschlossene Tauschveranstaltung abhalte. Immer kamen noch Nachzügler. Durch die Vorbeigehenden war ich gezwungen, mich halbwegs anständig zu benehmen, wußte aber durchaus nicht, was ich neben dieser Frau – wieder trank sie zügig – ohne ein unanständiges Benehmen noch tun konnte und überhaupt zu suchen hatte; der Aufenthalt konnte nur schweinshalber und anders überhaupt nicht legitimiert werden. Dieses aber wurde mir augenblicklich etwas allzu klar, es stand wie ein Knochen aus der Situation hervor, die drum herum erschreckend magerte. Während ich das nicht mehr abweisen konnte, wurde mir, bei einem Blick durch die große Fensterscheibe, sehr deutlich, daß wir schon tief im Frühling standen, nah seinen raschen Hitzen. Die draußen jetzt durchbrechende Sonne ließ das hellgrüne Laub dreier

Bäumchen auf dem Platze wie gefärbtes Papier starr und heftig aufleuchten und zerspaltete dahinter die Rauch- und Nebelmassen über dem Bahngelände, so daß ferne Einzelheiten und rostrote Waggonreihen da und dort leuchtend aus dem Dunste tauchten. Da die Markensammler sich ja nunmehr vollzählig versammelt zu haben schienen, entwich ich dem öden Strande meiner augenblicklichen Lage durch einige Handgreiflichkeiten, die in einer mir schon bekannten Weise hingenommen wurden. Indessen, da kam noch einer vorbei, ein spätes Vereinsmitglied. Da die Jurak mit dem Rücken halb gegen den Durchgang saß, bemerkte ich ihn früher; aber wir fuhren doch etwas plötzlich auseinander. Es war Rambausek. Als er um die Ecke verschwand, wurde die Tatsache jedoch ein wenig weicher, als Tatsachen sonst sind: es hätte Rambausek gewesen sein können. Nacheilen war unmöglich, zudem schon versäumt. Nun hatte es mich also erwischt. Nun saß er mir wie eine Wäscheklammer im Genick. Ich hing da. Als nicht ganz sauberes Hemd. Solchermaßen unliebsam verwandelt, konnt' ich mit der Jurak nicht mehr handgemein werden. Wir brachen denn auch bald auf. Der Nachmittag neigte sich. Der Liter war ausgetrunken.

14.

Mein Grimm gegen Raumbausek wurde bodenlos. Was hatte dieses Tier in dem kleinen Café am Liechtenwerder Platz zu suchen? Was hatte er überhaupt Marken zu sammeln! Oder kroch er mir nach? Wenn er versuchen würde, mich zu pressen – ich würde ihn schon meinerseits zu pressen wissen, und wie mit Daumenschrauben! So dachte ich die unsaubersten Sachen; und daß ich ihm das Markensammeln schon noch austreiben würde, diesem Biest, und seine sonstigen ›Liebhabereien‹ dazu! – Wir waren nun draußen angelangt, verließen die Straßenbahn und querten den Platz gegen die Lände am Strom zu. Wir unterschritten den Bahnkörper.

Jetzt eröffnete sich der Blick über die mächtige Breite des ziehenden Wassers; es eilte, es eilte uns entgegen und an uns vorbei. Wie ein scharfer Bläserton aus dem Orchester steigt, so war hier das noch vor kurzem nur stellenweise aufleuchtende helle Grün fast zur Dominante gestiegen, ja, es schwoll allenthalben in der schrägeren Sonne zu einem stehenden Orgelpunkt von Grün und Gold. Schief schob das Wrack seinen toten Schlot gegen das Himmelsblau und die webende Sonne. Neben mir die Jurak begann plötzlich zu rennen: das war kein spaßhaftes Entgegenlaufen – dem Mäderl etwa – ihr Hinterteil machte angestrengte und heftige Bewegungen, wie die Kruppe eines Pferdes, das man in den schärferen Galopp hetzt. Zugleich hatte sie mich ja, ohne auch nur ein einziges Wort zu reden, in der abruptesten Weise hinter sich gelassen, sozusagen als völlig gegenstandslos.

15.

Aber auch ich begann jetzt zu laufen, nicht, um bei der Jurak zu bleiben, sondern weil ich nun gleichfalls erfaßt hatte, daß auf der Uferstraße, beim Schiffswrack, ein Ambulanzwagen stand, neben welchem ein Menschenknäuel hin und her schwankte, der durch Augenblicke so aussah, wie ein aus dem Wasser gestiegenes dunkles Ungetüm. In diesem Knäuel, in dessen Mitte man mit irgend etwas Hellem herumfuchtelte, war die Jurak bereits verschwunden. Nun kam auch ich heran. Man hatte der Kleinen, die beim Herumklettern am Schiffswrack durch eine der Spalten ins Innere und in den Schiffsbauch sozusagen eingeschluckt worden war – herausgezogen hatte sie mit Lebensgefahr eben noch rechtzeitig niemand anderer als Rambausek – jetzt die nassen Kleider heruntergerissen und frottierte sie kräftig. Die sogenannten Wiederbelebungsversuche waren bei ihr glücklicherweise nicht nötig (wohl aber bei Rambausek, der rückwärts ausgestreckt auf dem Damme lag und mit gleichmäßigen Bewegungen unter Anleitung des Arztes gymnastiziert wurde, »beturnt« könnte man auch, mehr zeitgemäß als schön, sagen). Die kleine Jurak hatte längst aufgehört, Wasser zu erbrechen; doch stand ja bei beiden Verunglückten die Gefahr einer Lungenentzündung – noch war der Strom sehr kalt – fast unmittelbar vor der Türe. Man verlud das Mädchen, die Mutter durfte zum Unfallkrankenhause mitfahren; die Ambulanz sollte gleich wieder hierher zurückkehren, um dann Rambausek mitzunehmen, falls die Wiederbelebungsversuche Erfolg haben würden. Denn Tote gehen die sogenannte »Rettung« nichts mehr an.

16.

Er hatte, sofort entschlossen nachspringend, die Kleine, welche schon im Begriffe war, das Bewußtsein zu verlieren – wohl auch vor Schreck – mit äußerster Anstrengung zwei Polizisten heraufreichen können, die eben im Sturmschritt das Wrack enterten: durch denselben Spalt, welcher sie verschlungen, kam die kleine Jurak alsbald wieder ans Tageslicht. Jedoch Rambausek verlor durch das Gewicht des Mädchens im Schlamm den Stand und wurde von dem gurgelnden Wasser in die Finsternis gerissen. Zu seinem Glücke waren hier gleich zwei tapfere Männer als Retter bereit; sie warfen sich denn auch unverzüglich ihm nach; aber erst nach einigen Minuten gelang es ihnen, Rambausek überhaupt zu finden, weil er beinah zur Gänze schon versunken war; hätten sie nicht ihre elektrischen Taschenlampen gehabt, wäre das Unternehmen aussichtslos gewesen. Nun endlich stemmten sie den tief Bewußtlosen zu zweit empor und brachten auch sich selbst mit schwerer Mühe wieder in Sicherheit. So lag denn Rambausek am Ufer ausgestreckt. Seine Arme wurden rhythmisch bewegt. Noch gab er kein Lebenszeichen.

17.

Ich setzte mich in seiner nächsten Nähe nieder und betrachtete ihn, soweit mir die um ihn beschäftigten Sanitätsorgane nicht den Blick verstellten; seinen Kopf konnte ich jedoch gut sehen. Er enthielt alles; der Körper war nur ein wurmartiges Anhängsel. Was hier auf dem Uferdamme lag, war eine langhingestreckte Nase, zipfend und von jenem Ernst erfüllt, welchen die Dummheit stets über ihre widerlichen Heimlichkeiten breitet. Diese Nase war zu einer ganz wesentlichen Interpunktion meines Lebens geworden; und mit ihr schloß, unter anderem, auch ein Aussagesatz, der als Subjekt den Eigennamen Jurak enthielt. Mit jener Nase aber hatte der Mann begonnen, in mein Leben einzudringen, sie war als Vorderstes darin erschienen, nicht erst im halbdunklen Hausflur, sondern viel früher schon, in der Schenke. Sie bedeutete gleichsam den Henkel des Phänomens Rambausek, an welchem es zu ergreifen gewesen wäre, mittels welchem es von vornherein hätte zusammengefaßt und erledigt werden können. Dies war unterblieben, ich hatte statt dessen Kniebeugen ausführen lassen, der Rutsch war dann nicht mehr aufzuhalten gewesen, die Posaunen von Jericho ebensowenig wie das Geknatter der Pistolenschüsse.

18.

Jetzt aber schoß bei mir ein, was bezüglich war, und der wirkliche und wirksame Schlüssel der Situation glühte und erstrahlte: wir nehmen ihn freilich immer aus der Vergangenheit, nur sie allein vermag uns das Tor der Gegenwart aufzusperren. Ich sprang um Jahre zurück, mit einem Platsch und Knall mitten in meine Jugend. Es war eine einsame, ja völlig leere Gasse gewesen, durch welche, auf dem drüberen Bürgersteig schreitend, ein elegant gekleideter Mann um die dreißig, also gleichen Alters wie ich, mit dämlicher Miene seinen außerordentlich entwickelten Vollbart dahintrug. Hier nun geschah ein Fall apriorischer Kurzerledigung, eine sozusagen von vornherein erfolgende epigrammatische Zusammenfassung des auftretenden Phänomens, anschaulich zudem durch die Sprache der Tathaftigkeit. Und hier wurde deutlich, daß alles Leben nur deshalb immer weiter verläuft, weil wir zu seiner umfassenden Definition nicht fähig sind, auf welche es doch unerlöst wartet; wir aber, stammelnden Mundes, unfähiger Hand, zwingen es, sich weiter zu wälzen, von einem dicken Chronikbank in den anderen. Nun aber wartete es einmal nicht vergebens, und wenigstens auf schmalem Segmente ward seinem Anruf unverzüglich volle Folge geleistet. Ich kreuzte die Gasse schräg, näherte mich von halb rückwärts dem Bärtigen, und im Überholen ergriff ich denn machtvoll den Bart, mit ganzer Hand, schloß sie zur Faust, und erteilte einen kurzen, jedoch überaus kräftigen Riß nach abwärts, der den Bärtigen stolpern machte. Damit passierte ich ihn, und schon wurde mein Rücken viele Quadratmeter hoch und breit, eine fugenlose, aber entschreitende Mauer glatter Ablehnung, völligen Unbeteiligtseins, absoluter Sicherheit: in einer solchen befand ich mich tatsächlich. Der Bartriß hatte für Augenblicke zwischen mir und dem umgebenden Leben eine breite Randkluft eröffnet, über welche niemandem zu springen möglich gewesen wäre; und hätte es gleich einer versucht: vom archimedischen Punkte, auf dem ich stand, wär' es mir ein leichtes gewesen, ihn zu Fall zu bringen. Aber hinter mir blieb es völlig still. Und ich ging davon. Wäre es aber nicht still geblieben: mein höfliches Erstaunen allein hätte jeden Protest vernichtet. Ich wäre auch ohne weiteres, ja bereitwillig, und nicht ohne Geflissentlichkeit und eine gewisse vorsichtige Wichtigtuerei, mit dem empörten oder gar vor Wut tobenden Bartträger auf die nächste Polizeistation gegangen, um dort noch höflicher und noch viel erstaunter mich zu verhalten; und so hätte ich – etwa durch eine geflüsterte beiläufige Seitenbemerkung zu einem Beamten – den am Barte Gerissenen, und gerade angesichts seiner eigenen hochschwellenden Wut, sicherlich am Ende in die Hände der Psychiater geliefert, deren Kunst ja bekanntlich darin besteht, einen Gesunden, dessen sie habhaft werden können, nunmehr ad hoc verrückt zu machen, so daß ihr Gutachten am Ende doch recht behält.

19.

Anders aber wäre der Bart in mein Leben gedrungen, ganz ebenso wie es der hier vor mir liegenden Nase gelungen war; und vielleicht noch schlimmer; daran zweifelte ich auch heute keineswegs. Wer weiß, ob die Sachen nicht bis zu einer haarigen Durchwachsung meines ganzen Seins gediehen wären, zu einer Art Bartinfiltration: oder bis zur Entstehung einer riesigen Bartflechte; oder wäre ich etwa selbst in irreversibler Weise ganz außerordentlich bärtig geworden? Jedoch, die epigrammatische Faust – unsere einzige wirkliche und dauernd wirksame Waffe gegen die Menschen – hatte alles Übel im voraus zusammengefaßt und mit einem kraftvollen Ruck erledigt: ich brauchte es nicht mehr zu leben. Diesen da, Rambausek, aber hatte ich leben müssen. Kein Nasenriß war erfolgt – der doch buchstäblich als ganz unumgänglich auf der Hand gelegen war, ja sich geradezu aufgedrängt hatte.

20.

Jedoch, ich war gesonnen, wenigstens jetzt zu begreifen, zu verstehen, und diesem Verstehen auch Ausdruck zu verleihen: um das endliche, wenn auch zu späte und also vergebliche Verstandenhaben ging es mir, um das »intellexisse«, ja eigentlich um das Verstanden-haben-Wollen. Eben ließen sie von Rambausek ab. Unverzüglich war ich bei ihm. Ich griff mit der ganzen Hand zu, kniff seine Nase ein, und riß kraftvoll. Im nächsten Augenblick schlug er die Augen auf; schon richtete man ihn ein wenig empor, schon saß er, spuckte, erbrach Wasser und spie es aus. Er fuhr mit den Händen in der Luft herum. Ja, er lebte. Ich verließ sofort die Gruppe, ich überließ ihn dem Arzte, den Sanitätern. Ich ging am Ufer entlang, unterschritt den Bahndamm, ging immer weiter, gegen den Platz zu – wo die Jurak hätte einsteigen sollen – und hier, eben als die Doppelflöte der zurückkehrenden Ambulanz ertönte (die nun einen lebenden Rambausek mitzunehmen, keine Leiche liegen zu lassen hatte!), überflatterte mich Weiches, links, rechts und über dem Hute, ein Gefächel der Luft war um mich und ich sah jetzt, daß ein hinter mir aufgescheuchter Taubenschwarm im Begriffe war, sich über mich hinweg schräg empor in die Lüfte zu schwingen.

21.

Bei noch dicht webender abendlicher Sonne gelangte ich heim und fand im Türspalt ein Telegramm Roberts: in einer Woche schon würde er hier sein. Es war hiezu höchste Zeit. Ich gedachte die Wohnung zu räumen; denn schon fühlte ich mich meiner eigenen sozusagen wieder gewachsen oder würdig. Diese hier aber erschien mir wie eine ausgeschossene Patrone: hier war alles getan, nichts blieb mehr übrig. Zudem, in der letzten Zeit hatte es mich oftmals schon vor Tagesgrauen vom Lager an den Arbeitstisch im Atelier getrieben – von wo man weithin über den Strom sah – und ich hatte das Heraufkommen des Tages wieder so erlebt, wie es dem geistigen Arbeiter zukömmlich ist: allen voran in der violetten Morgenfrühe. Nun fiel noch die Infiltration durch Rambausek hinweg, und ich genas am selben Abend und in wenigen Stunden. Jetzt wußte ich, daß ich endlich reisen würde, reisen konnte, reisen durfte: nach Westen.

22.

Bei Rambausek sowohl wie bei der kleinen Jurak blieben Komplikationen aus, keine Pneumonie zeigte sich; den ersteren besuchte ich sogar im Unfallkrankenhause, wohin ich schon drei- oder viermal gegangen war, um mich zu erkundigen. Ich saß an seinem Bett, als an einer Art Katafalk der aufgebahrten Nase. Das nunmehr ausgeschiedene Infiltrat lag still auf dem Rücken. Seine Nase schien mir ungefähr so lang zu sein wie das Bett, und was sonst von seiner Person vorhanden war, dünkte mich unerheblich. Hierin irrte ich mich jedoch. Sein Schweigen wurde urplötzlich sehr beredt und beziehungsreich, ohne daß ein Wort gefallen wäre. Ich hatte meine Hand auf den Bettrand gestützt; er legte, ohne etwas zu sagen, die seine darauf, und dann klopfte oder tätschelte er meine Hand ein wenig; es war begütigend. Wir hatten dieser letzten Interpunktion zweifellos bedurft. Ich ging. In der Straßenbahn noch spürte ich seine Hand auf meiner, die ich jetzt leicht auf die Sitzbank gestützt hatte. Ich befand mich in einem Zustande der Abwesenheit, wie er sich oft mit der Anwesenheit unserer besten Augenblicke verbindet. Das Nachgefühl auf der Hand war leicht und warm, etwa so, als hätte sich da ein kleiner Vogel mit aufgeplustertem Brüstchen niedergelassen. Diese Empfindung, so körperlich werdend, veranlaßte mich hinzusehen. In der Tat lag etwas Leichtes und Warmes auf meiner Hand, nämlich die eines etwa vierjährigen Mäderls, das, zwischen mir und seiner jungen Mutter sitzend, selbstvergessen-staunend durchs gegenüberliegende Fenster sah, wo eben einer jener so außerordentlich hohen Kulissen-Transportwagen der Staatstheater langschwankend vorbeirollte. Ja, die Dekoration wechselt. Hört ihr die Glocke? Ich hatte die meine vernommen, ich wußte, wieviel es geschlagen. Des Kindes Hand blieb einen großen Teil der Fahrt hindurch auf meiner liegen: bei mir rastete ein himmlischer Vogel.

23.

Am nächsten Tage, frühzeitig, ging ich die langen Wagen des Schnellzuges nach Westen entlang. Ich fand bequem Platz in einem Waggon zweiter Klasse und trat dann auf den Gang, der links in der Fahrtrichtung lag. In die rauchige Halle glänzte dort vorne ein Tag von Blau und Gold. Ich öffnete das Fenster. Wir glitten hinaus. Diese Strecke geht bis Paris. Bald beginnt sie zu steigen, in schönen Schwingungen. Die Hügel schwingen mit. Die Häuser sitzen an den Hügeln, recht dicht oft. Die Luft greift kräftiger an, auch der Rauch; der Hall des fahrenden Zuges wird heller, ein Waldtal öffnet sich. Wir sind weit. Wir sind vor dem Sattel, den die Bahnstrecke mit zwei Tunnels überwindet. Zweimal spült sich der Berg mit uns den Schlund aus, als ob er aus einem Glase gurgeln würde. Nach dem Gurgeln geht's zügiger mit der Fahrt, schon bergab. Taktart: alla breve, bisher und bergauf ein wenig komplizierter, etwa $^{12}/_{8}$. Das hallt, das eilt: Finalsatz. Jetzt muß sich's heben: wozu lebten wir denn, wenn wir nicht wenigstens im Finale frei würden?! Da ist's erreicht: links-rechts sinkt alles ab, verläßt uns, wir steigen wie im Lift, wir sind draußen, drüber, droben: der Viadukt. Eichgraben. O grünes Tal, bald füllen sich die Kronen, der Wälder Schaum, des Hügels ferner Rand. Tief aus meiner Brust, wie aus der innersten Kammer meines Lebens, respondierte auf das rhythmische Schlagen des bergab eilenden Zuges ein grunzender oder röhrender Ton, wie ihn manche Pferde hören lassen, wenn man sie in den Galopp einsprengt oder diese Gangart verstärkt.

 539

ILSE AICHINGER

Spiegelgeschichte

Wenn einer dein Bett aus dem Saal schiebt, wenn du siehst, daß der Himmel grün wird, und wenn du dem Vikar die Leichenrede ersparen willst, so ist es Zeit für dich, aufzustehen, leise, wie Kinder aufstehen, wenn am Morgen Licht durch die Läden schimmert, heimlich, daß es die Schwester nicht sieht – und schnell!

Aber da hat er schon begonnen, der Vikar, da hörst du seine Stimme, jung und eifrig und unaufhaltsam, da hörst du ihn schon reden. Laß es geschehen! Laß seine guten Worte untertauchen in dem blinden Regen. Dein Grab ist offen. Laß seine schnelle Zuversicht erst hilflos werden, daß ihr geholfen wird. Wenn du ihn läßt, wird er am Ende nicht mehr wissen, ob er schon begonnen hat. Und weil er es nicht weiß, gibt er den Trägern das Zeichen. Und die Träger fragen nicht viel und holen deinen Sarg wieder herauf. Und sie nehmen den Kranz vom Deckel und geben ihn dem jungen Mann zurück, der mit gesenktem Kopf am Rand des Grabes steht. Der junge Mann nimmt seinen Kranz und streicht verlegen alle Bänder glatt, er hebt für einen Augenblick die Stirne, und da wirft ihm der Regen ein paar Tränen über die Wangen. Dann bewegt sich der Zug die Mauern entlang wieder zurück. Die Kerzen in der kleinen, häßlichen Kapelle werden noch einmal angezündet, und der Vikar sagt die Totengebete, damit du leben kannst. Er schüttelt dem jungen Mann heftig die Hand und wünscht ihm vor Verlegenheit viel Glück. Es ist sein erstes Begräbnis, und er errötet bis zum Hals hinunter. Und ehe er sich verbessern kann, ist auch der junge Mann ver-

schwunden. Was bleibt jetzt zu tun? Wenn einer einem Trauernden viel Glück gewünscht hat, bleibt ihm nichts übrig, als den Toten wieder heimzuschicken.
Gleich darauf fährt der Wagen mit deinem Sarg die lange Straße wieder hinauf. Links und rechts sind Häuser, und an allen Fenstern stehen gelbe Narzissen, wie sie ja auch in alle Kränze gewunden sind, dagegen ist nichts zu machen. Kinder pressen ihre Gesichter an die verschlossenen Scheiben, es regnet, aber eins davon wird trotzdem aus der Haustür laufen. Es hängt sich hinten an den Leichenwagen, wird abgeworfen und bleibt zurück. Das Kind legt beide Hände über die Augen und schaut euch böse an. Wo soll denn eins sich aufschwingen, solang es auf der Friedhofsstraße wohnt?
Dein Wagen wartet an der Kreuzung auf das grüne Licht. Es regnet schwächer. Die Tropfen tanzen auf dem Wagendach. Das Heu riecht aus der Ferne. Die Straßen sind frisch getauft, und der Himmel legt seine Hand auf alle Dächer. Dein Wagen fährt aus reiner Höflichkeit ein Stück neben der Trambahn her. Zwei kleine Jungen am Straßenrand wetten um ihre Ehre. Aber der auf die Trambahn gesetzt hat, wird verlieren. Du hättest ihn warnen können, aber um dieser Ehre willen ist noch keiner aus dem Sarg gestiegen.
Sei geduldig. Es ist ja Frühsommer. Da reicht der Morgen noch lange in die Nacht hinein. Ihr kommt zurecht. Bevor es dunkel wird und alle Kinder von den Straßenrändern verschwunden sind, biegt auch der Wagen schon in den Spitalshof ein, ein Streifen Mond fällt zugleich in die Einfahrt. Gleich kommen die Männer und heben deinen Sarg vom Leichenwagen. Und der Leichenwagen fährt fröhlich nach Hause.
Sie tragen deinen Sarg durch die zweite Einfahrt über den Hof in die Leichenhalle. Dort wartet der leere Sockel schwarz und schief und erhöht, und sie setzen den Sarg darauf und öffnen ihn wieder, und einer von ihnen flucht, weil

die Nägel zu fest eingeschlagen sind. Diese verdammte Gründlichkeit!
Gleich darauf kommt auch der junge Mann und bringt den Kranz zurück, es war schon hohe Zeit. Die Männer ordnen die Schleifen und legen ihn vorne hin, da kannst du ruhig sein, der Kranz liegt gut. Bis morgen sind die welken Blüten frisch und schließen sich zu Knospen. Die Nacht über bleibst du allein, das Kreuz zwischen den Händen, und auch den Tag über wirst du viel Ruhe haben. Du wirst es später lange nicht mehr fertig bringen, so still zu liegen.
Am nächsten Tag kommt der junge Mann wieder. Und weil der Regen ihm keine Tränen gibt, starrt er ins Leere und dreht die Mütze zwischen seinen Fingern. Erst bevor sie den Sarg wieder auf das Brett heben, schlägt er die Hände vor das Gesicht. Er weint. Du bleibst nicht länger in der Leichenhalle. Warum weint er? Der Sargdeckel liegt nur mehr lose, und es ist heller Morgen. Die Spatzen schreien fröhlich. Sie wissen nicht, daß es verboten ist, die Toten zu erwecken. Der junge Mann geht vor deinem Sarg her, als stünden Gläser zwischen seinen Schritten. Der Wind ist kühl und verspielt, ein unmündiges Kind.
Sie tragen dich ins Haus und die Stiegen hinauf. Du wirst aus dem Sarg gehoben. Dein Bett ist frisch gerichtet. Der junge Mann starrt durch das Fenster in den Hof hinunter, da paaren sich zwei Tauben und gurren laut, geekelt wendet er sich ab.
Und da haben sie dich schon in das Bett zurückgelegt. Und sie haben dir das Tuch wieder um den Mund gebunden, und das Tuch macht dich so fremd. Der Mann beginnt zu schreien und wirft sich über dich. Sie führen ihn sachte weg. »Bewahret Ruhe!« steht an allen Wänden, die Krankenhäuser sind zur Zeit überfüllt, die Toten dürfen nicht zu früh erwachen.
Vom Hafen heulen die Schiffe. Zur Abfahrt oder zur Ankunft? Wer soll das wissen? Still! Bewahret Ruhe! Erweckt

die Toten nicht, bevor es Zeit ist, die Toten haben einen leisen Schlaf. Doch die Schiffe heulen weiter. Und ein wenig später werden sie dir das Tuch vom Kopf nehmen müssen, ob sie es wollen oder nicht. Und sie werden dich waschen und deine Hemden wechseln, und einer von ihnen wird sich schnell über dein Herz beugen, schnell, solang du noch tot bist. Es ist nicht mehr viel Zeit, und daran sind die Schiffe schuld. Der Morgen wird schon dunkler. Sie öffnen deine Augen, und die funkeln weiß. Sie sagen jetzt auch nichts mehr davon, daß du friedlich aussiehst, dem Himmel sei Dank dafür, es erstirbt ihnen im Mund. Warte noch! Gleich sind sie gegangen. Keiner will Zeuge sein, denn dafür wird man heute noch verbrannt.
Sie lassen dich allein. So allein lassen sie dich, daß du die Augen aufschlägst und den grünen Himmel siehst, so allein lassen sie dich, daß du zu atmen beginnst, schwer und röchelnd und tief, rasselnd wie eine Ankerkette, wenn sie sich löst. Du bäumst dich auf und schreist nach deiner Mutter. Wie grün der Himmel ist!
»Die Fieberträume lassen nach«, sagt eine Stimme hinter dir, »der Todeskampf beginnt!«
Ach die! Was wissen die?
Geh jetzt! Jetzt ist der Augenblick! Alle sind weggerufen. Geh, eh sie wiederkommen und eh ihr Flüstern wieder laut wird, geh die Stiegen hinunter, an dem Pförtner vorbei, durch den Morgen, der Nacht wird. Die Vögel schreien in der Finsternis, als hätten deine Schmerzen zu jubeln begonnen. Geh nach Hause! Und leg dich in dein eigenes Bett zurück, auch wenn es in den Fugen kracht und noch zerwühlt ist. Da wirst du schneller gesund! Da tobst du nur drei Tage lang gegen dich und trinkst dich satt am grünen Himmel, da stößt du nur drei Tage lang die Suppe weg, die dir die Frau von oben bringt, am vierten nimmst du sie.
Und am siebenten, der der Tag der Ruhe ist, am siebenten gehst du weg. Die Schmerzen jagen dich, den Weg wirst du

ja finden. Erst links, dann rechts und wieder links, quer durch die Hafengassen, die so elend sind, daß sie nicht anders können, als zum Meer zu führen. Wenn nur der junge Mann in deiner Nähe wäre, aber der junge Mann ist nicht bei dir, im Sarg warst du viel schöner. Doch jetzt ist dein Gesicht verzerrt von Schmerzen, die Schmerzen haben zu jubeln aufgehört. Und jetzt steht auch der Schweiß wieder auf deiner Stirne, den ganzen Weg lang, nein, im Sarg, da warst du schöner!
Die Kinder spielen mit den Kugeln am Weg. Du läufst in sie hinein, du läufst, als liefst du mit dem Rücken nach vorn, und keines ist dein Kind. Wie soll denn auch eines davon dein Kind sein, wenn du zur Alten gehst, die bei der Kneipe wohnt? Das weiß der ganze Hafen, wovon die Alte ihren Schnaps bezahlt.
Sie steht schon an der Tür. Die Tür ist offen, und sie streckt dir ihre Hand entgegen, die ist schmutzig. Alles ist dort schmutzig. Am Kamin stehen die gelben Blumen, und das sind dieselben, die sie in die Kränze winden, das sind schon wieder dieselben. Und die Alte ist viel zu freundlich. Und die Treppen knarren auch hier. Und die Schiffe heulen, wohin du immer gehst, die heulen überall. Und die Schmerzen schütteln dich, aber du darfst nicht schreien. Die Schiffe dürfen heulen, aber du darfst nicht schreien. Gib der Alten das Geld für den Schnaps! Wenn du ihr erst das Geld gegeben hast, hält sie dir deinen Mund mit beiden Händen zu. Die ist ganz nüchtern von dem vielen Schnaps, die Alte. Die träumt nicht von den Ungeborenen. Die unschuldigen Kinder wagen's nicht, sie bei den Heiligen zu verklagen, und die schuldigen wagen's auch nicht. Aber du – du wagst es!
»Mach mir mein Kind wieder lebendig!«
Das hat noch keine von der Alten verlangt. Aber du verlangst es. Der Spiegel gibt dir Kraft. Der blinde Spiegel mit den Fliegenflecken läßt dich verlangen, was noch keine verlangt hat.

»Mach es lebendig, sonst stoß ich deine gelben Blumen um, sonst kratz ich dir die Augen aus, sonst reiß ich deine Fenster auf und schrei über die Gasse, damit sie hören müssen, was sie wissen, ich schrei – –«
Und da erschrickt die Alte. Und in dem großen Schrecken, in dem blinden Spiegel erfüllt sie deine Bitte. Sie weiß nicht, was sie tut, doch in dem blinden Spiegel gelingt es ihr. Die Angst wird fruchtbar, und die Schmerzen beginnen endlich wieder zu jubeln. Und eh du schreist, weißt du das Wiegenlied: Schlaf, Kindlein, schlaf! Und eh du schreist, stürzt dich der Spiegel die finsteren Treppen wieder hinab und läßt dich gehen, laufen läßt er dich. Lauf nicht zu schnell!
Heb lieber deinen Blick vom Boden auf, sonst könnt es sein, daß du da drunten an den Planken um den leeren Bauplatz in einen Mann hineinläufst, in einen jungen Mann, der seine Mütze dreht. Daran erkennst du ihn. Das ist derselbe, der zuletzt an deinem Sarg die Mütze gedreht hat, da ist er schon wieder! Da steht er, als wäre er nie weggewesen, da lehnt er an den Planken. Du fällst in seine Arme. Er hat schon wieder keine Tränen, gib ihm von den deinen. Und nimm Abschied, eh du dich an seinen Arm hängst. Nimm von ihm Abschied! Du wirst es nicht vergessen, wenn er es auch vergißt: Am Anfang nimmt man Abschied. Ehe man miteinander weitergeht, muß man sich an den Planken um den leeren Bauplatz für immer trennen.
Dann geht ihr weiter. Es gibt da einen Weg, der an den Kohlenlagern vorbei zur See führt. Ihr schweigt. Du wartest auf das erste Wort, du läßt es ihm, damit dir nicht das letzte bleibt. Was wird er sagen? Schnell, eh ihr an der See seid, die unvorsichtig macht! Was sagt er? Was ist das erste Wort? Kann es denn so schwer sein, daß es ihn stammeln läßt, daß es ihn zwingt, den Blick zu senken? Oder sind es die Kohlenberge, die über die Planken ragen und ihm Schatten unter die Augen werfen und ihn mit ihrer Schwärze blenden? Das erste Wort – jetzt hat er es gesagt: es ist der

Name einer Gasse. So heißt die Gasse, in der die Alte wohnt. Kann denn das sein? Bevor er weiß, daß du das Kind erwartest, nennt er dir schon die Alte, bevor er sagt, daß er dich liebt, nennt er die Alte. Sei ruhig! Er weiß nicht, daß du bei der Alten schon gewesen bist, er kann es auch nicht wissen, er weiß nichts von dem Spiegel. Aber kaum hat er's gesagt, hat er es auch vergessen. Im Spiegel sagt man alles, daß es vergessen sei. Und kaum hast du gesagt, daß du das Kind erwartest, hast du es auch verschwiegen. Der Spiegel spiegelt alles. Die Kohlenberge weichen hinter euch zurück, da seid ihr an der See und seht die weißen Boote wie Fragen an der Grenze eures Blicks, seid still, die See nimmt euch die Antwort aus dem Mund, die See verschlingt, was ihr noch sagen wolltet. Von da ab geht ihr viele Male den Strand hinauf, als ob ihr ihn hinabgingt, nach Hause, als ob ihr weglieft, und weg, als gingt ihr heim.

Was flüstern die in ihren hellen Hauben? »Das ist der Todeskampf!« Die laßt nur reden.

Eines Tages wird der Himmel blaß genug sein, so blaß, daß seine Blässe glänzen wird.

An diesem Tag spiegelt der blinde Spiegel das verdammte Haus. Verdammt nennen die Leute ein Haus, das abgerissen wird, verdammt nennen sie das, sie wissen es nicht besser. Es soll euch nicht erschrecken. Der Himmel ist jetzt blaß genug. Und wie der Himmel in der Blässe erwartet auch das Haus am Ende der Verdammung die Seligkeit. Vom vielen Lachen kommen leicht die Tränen. Du hast genug geweint. Nimm deinen Kranz zurück. Jetzt wirst du auch die Zöpfe bald wieder lösen dürfen. Alles ist im Spiegel. Und hinter allem, was ihr tut, liegt grün die See. Wenn ihr das Haus verlaßt, liegt sie vor euch. Wenn ihr durch die eingesunkenen Fenster wieder aussteigt, habt ihr vergessen. Von da ab drängt er dich, mit ihm hineinzugehen. Aber in dem Eifer entfernt ihr euch davon und biegt vom Strand ab. Ihr wendet euch nicht um. Und das verdammte Haus bleibt hinter euch zurück. Ihr geht

den Fluß hinauf, und euer eigenes Fieber fließt euch entgegen, es fließt an euch vorbei. Gleich läßt sein Drängen nach. Und in demselben Augenblick bist du nicht mehr bereit, ihr werdet scheuer. Das ist die Ebbe, die die See von allen Küsten wegzieht. Sogar die Flüsse sinken zur Zeit der Ebbe. Und drüben auf der anderen Seite lösen die Wipfel endlich die Krane ab. Weiße Schindeldächer schlafen darunter.
Gib acht, jetzt beginnt er bald von der Zukunft zu reden, von den vielen Kindern und vom langen Leben, und seine Wangen brennen vor Eifer. Sie zünden auch die deinen an. Ihr werdet streiten, ob ihr Söhne oder Töchter wollt, und du willst lieber Söhne. Und er wollte sein Dach lieber mit Ziegeln decken, und du willst lieber – – – aber da seid ihr den Fluß schon viel zu weit hinaufgegangen. Der Schrecken packt euch. Die Schindeldächer auf der anderen Seite sind verschwunden, da drüben sind nur mehr Auen und feuchte Wiesen. Und hier? Gebt auf den Weg acht. Es dämmert – so nüchtern, wie es nur am Morgen dämmert. Die Zukunft ist vorbei. Die Zukunft ist ein Weg am Fluß, der in die Auen mündet. Geht zurück!
Was soll jetzt werden?
Drei Tage später wagt er nicht mehr, den Arm um deine Schultern zu legen. Wieder drei Tage später fragt er dich, wie du heißt, und du fragst ihn. Nun wißt ihr voneinander nicht einmal mehr die Namen. Und ihr fragt auch nicht mehr. Es ist schöner so. Seid ihr nicht zum Geheimnis geworden?
Jetzt geht ihr endlich wieder schweigsam nebeneinander her. Wenn er dich jetzt noch etwas fragt, so fragt er, ob es regnen wird. Wer kann das wissen? Ihr werdet immer fremder. Von der Zukunft habt ihr schon lange zu reden aufgehört. Ihr seht euch nur mehr selten, aber noch immer seid ihr einander nicht fremd genug. Wartet, seid geduldig. Eines Tages wird es so weit sein. Eines Tages ist er dir so fremd, daß du ihn auf einer finsteren Gasse vor einem offenen Tor zu lieben beginnst. Alles will seine Zeit. Jetzt ist sie da.

»Es dauert nicht mehr lange«, sagen die hinter dir, »es geht zu Ende!«
Was wissen die? Beginnt nicht jetzt erst alles?
Ein Tag wird kommen, da siehst du ihn zum erstenmal. Und er sieht dich. Zum erstenmal, das heißt: nie wieder. Aber erschreckt nicht! Ihr müßt nicht voneinander Abschied nehmen, das habt ihr längst getan. Wie gut es ist, daß ihr es schon getan habt!
Es wird ein Herbsttag sein, voller Erwartung darauf, daß alle Früchte wieder Blüten werden, wie er schon ist, der Herbst, mit diesem hellen Rauch und mit dem Schatten, die wie Splitter zwischen den Schritten liegen, daß du die Füße daran zerschneiden könntest, daß du darüberfällst, wenn du um Äpfel auf den Markt geschickt bist, du fällst vor Hoffnung und vor Fröhlichkeit. Ein junger Mann kommt dir zu Hilfe. Er hat die Jacke nur lose umgeworfen und lächelt und dreht die Mütze und weiß kein Wort zu sagen. Aber ihr seid sehr fröhlich in diesem letzten Licht. Du dankst ihm und wirfst ein wenig den Kopf zurück, und da lösen sich die aufgesteckten Zöpfe und fallen herab. »Ach«, sagt er, »gehst du nicht noch zur Schule?« Er dreht sich um und geht und pfeift ein Lied. So trennt ihr euch, ohne einander nur noch einmal anzuschauen, ganz ohne Schmerz und ohne es zu wissen, daß ihr euch trennt.
Jetzt darfst du wieder mit deinen kleinen Brüdern spielen, und du darfst mit ihnen den Fluß entlang gehen, den Weg am Fluß unter den Erlen, und drüben sind die weißen Schindeldächer wie immer zwischen den Wipfeln. Was bringt die Zukunft? Keine Söhne. Brüder hat sie dir gebracht, Zöpfe, um sie tanzen zu lassen, Bälle, um zu fliegen. Sei ihr nicht böse, es ist das Beste, was sie hat. Die Schule kann beginnen.
Noch bist du ein wenig zu groß, noch mußt du auf dem Schulhof während der großen Pause in Reihen gehen und flüstern und erröten und durch die Finger lachen. Aber warte noch ein Jahr, und du darfst wieder über die Schnüre sprin-

gen und nach den Zweigen haschen, die über die Mauern hängen. Die fremden Sprachen hast du schon gelernt, doch so leicht bleibt es nicht. Deine eigene Sprache ist viel schwerer. Noch schwerer wird es sein, lesen und schreiben zu lernen, doch am schwersten ist es, alles zu vergessen. Und wenn du bei der ersten Prüfung alles wissen mußtest, so darfst du doch am Ende nicht mehr wissen. Wirst du das bestehen? Wirst du still genug sein? Wenn du genug Furcht hast, um den Mund nicht aufzutun, wird alles gut.

Du hängst den blauen Hut, den alle Schulkinder tragen, wieder an den Nagel und verläßt die Schule. Es ist wieder Herbst. Die Blüten sind lange schon zu Knospen geworden, die Knospen zu nichts und nichts wieder zu Früchten. Überall gehen kleine Kinder nach Hause, die ihre Prüfung bestanden haben, wie du. Ihr alle wißt nichts mehr. Du gehst nach Hause, dein Vater erwartet dich, und die kleinen Brüder schreien so laut sie können und zerren an deinem Haar. Du bringst sie zur Ruhe und tröstest deinen Vater.

Bald kommt der Sommer mit den langen Tagen. Bald stirbt deine Mutter. Du und dein Vater, ihr beide holt sie vom Friedhof ab. Drei Tage liegt sie noch zwischen den knisternden Kerzen, wie damals du. Blast alle Kerzen aus, eh sie erwacht! Aber sie riecht das Wachs und hebt sich auf die Arme und klagt leise über die Verschwendung. Dann steht sie auf und wechselt ihre Kleider.

Es ist gut, daß deine Mutter gestorben ist, denn länger hättest du es mit den kleinen Brüdern allein nicht machen können. Doch jetzt ist sie da. Jetzt besorgt sie alles und lehrt dich auch das Spielen noch viel besser, man kann es nie genug gut können. Es ist keine leichte Kunst. Aber das schwerste ist es noch immer nicht.

Das schwerste bleibt es doch, das Sprechen zu vergessen und das Gehen zu verlernen, hilflos zu stammeln und auf dem Boden zu kriechen, um zuletzt in Windeln gewickelt zu werden. Das schwerste bleibt es, alle Zärtlichkeiten zu ertragen

und nur mehr zu schauen. Sei geduldig! Bald ist alles gut. Gott weiß den Tag, an dem du schwach genug bist.
Es ist der Tag deiner Geburt. Du kommst zur Welt und schlägst die Augen auf und schließt sie wieder vor dem starken Licht. Das Licht wärmt dir die Glieder, du regst dich in der Sonne, du bist da, du lebst. Dein Vater beugt sich über dich.
»Es ist zu Ende –« sagen die hinter dir, »sie ist tot!«
Still! Laß sie reden!

HEINRICH BÖLL

Nicht nur zur Weihnachtszeit

1

In unserer Verwandtschaft machen sich Verfallserscheinungen bemerkbar, die man eine Zeitlang stillschweigend zu übergehen sich bemühte, deren Gefahr ins Auge zu blicken man nun aber entschlossen ist. Noch wage ich nicht, das Wort Zusammenbruch anzuwenden, aber die beunruhigenden Tatsachen häufen sich derart, daß sie eine Gefahr bedeuten und mich zwingen, von Dingen zu berichten, die den Ohren der Zeitgenossen zwar befremdlich klingen werden, deren Realität aber niemand bestreiten kann. Schimmelpilze der Zersetzung haben sich unter der ebenso dicken wie harten Kruste der Anständigkeit eingenistet, Kolonien tödlicher Schmarotzer, die das Ende der Unbescholtenheit einer ganzen Sippe ankündigen. Heute müssen wir es bedauern, die Stimme unseres Vetters Franz überhört zu haben, der schon früh begann, auf die schrecklichen Folgen aufmerksam zu machen, die ein »an sich« harmloses Ereignis haben werde. Dieses Ereignis selbst war so geringfügig, daß uns das Ausmaß der Folgen nun erschreckt. Franz hat schon früh gewarnt. Leider genoß er zu wenig Reputation. Er hat einen Beruf erwählt, der in unserer gesamten Verwandtschaft bisher nicht vorgekommen ist, auch nicht hätte vorkommen dürfen: er ist Boxer geworden. Schon in seiner Jugend schwermütig und von einer Frömmigkeit, die immer als »inbrünstiges Getue« bezeichnet wurde, ging er früh auf Bahnen, die meinem Onkel Franz – diesem herzensguten Menschen – Kummer bereiteten. Er liebte es, sich der Schulpflicht in einem Ausmaß zu entziehen, das nicht mehr als normal bezeichnet werden kann. Er traf sich mit fragwürdigen Kumpanen in abgelegenen Parks und dichten Gebüschen vorstädtischen Charakters. Dort übten sie die harten Regeln des Faustkampfes, ohne sich bekümmert darum zu zeigen, daß das humanistische Erbe vernachlässigt wurde. Diese Burschen zeigten schon früh die Untugenden ihrer Generation, von der sich ja inzwischen herausgestellt hat, daß sie nichts taugt. Die erregenden Geisteskämpfe früherer Jahrhunderte interessierten sie nicht, zu sehr waren sie mit den fragwürdigen Aufregungen ihres eigenen Jahrhunderts beschäftigt. Zunächst schien mir, Franzens Frömmigkeit stehe im Gegensatz zu diesen regelmäßigen Übungen in passiver und aktiver Brutalität. Doch heute beginne ich manches zu ahnen. Ich werde darauf zurückkommen müssen.

Franz also war es, der schon frühzeitig warnte, der sich von der Teilnahme an gewissen Feiern ausschloß, das Ganze als Getue und Unfug bezeichnete, sich vor allem später weigerte, an Maßnahmen teilzunehmen, die zur Erhaltung dessen, was er Unfug nannte, sich als erforderlich erwiesen. Doch – wie gesagt – besaß er zu wenig Reputation, um in der Verwandtschaft Gehör zu finden.

Jetzt allerdings sind die Dinge in einer Weise ins Kraut geschossen, daß wir ratlos dastehen, nicht wissend, wie wir ihnen Einhalt gebieten sollen.

Franz ist längst ein berühmter Faustkämpfer geworden, doch weist er heute das Lob, das ihm in der Familie gespendet wird, mit derselben Gleichgültigkeit zurück, mit der er sich damals jede Kritik verbat.

Sein Bruder aber – mein Vetter Johannes –, ein Mensch, für den ich jederzeit meine Hand ins Feuer gelegt hätte, dieser erfolgreiche Rechtsanwalt, Lieblingssohn meines Onkels – Johannes soll sich der kommunistischen Partei genähert haben, ein Gerücht, das zu glauben ich mich hartnäckig weigere. Meine Kusine Lucie, bisher eine normale Frau, soll sich

nächtlicherweise in anrüchigen Lokalen, von ihrem hilflosen Gatten begleitet, Tänzen hingeben, für die ich kein anderes Beiwort als existentialistisch finden kann, Onkel Franz selbst, dieser herzensgute Mensch, soll geäußert haben, er sei lebensmüde, er, der in der gesamten Verwandtschaft als ein Muster an Vitalität galt und als ein Vorbild dessen, was man uns einen christlichen Kaufmann zu nennen gelehrt hat.
Arztrechnungen häufen sich, Psychiater, Seelentestler werden einberufen. Einzig meine Tante Milla, die als Urheberin all dieser Erscheinungen bezeichnet werden muß, erfreut sich bester Gesundheit, lächelt, ist wohl und heiter, wie sie es fast immer war. Ihre Frische und Munterkeit beginnen jetzt langsam uns aufzuregen, nachdem uns ihr Wohlergehen lange Zeit so sehr am Herzen lag. Denn es gab eine Krise in ihrem Leben, die bedenklich zu werden drohte. Gerade darauf muß ich näher eingehen.

2

Es ist einfach, rückwirkend den Herd einer beunruhigenden Entwicklung auszumachen – und merkwürdig, erst jetzt, wo ich es nüchtern betrachte, kommen mir die Dinge, die sich seit fast zwei Jahren bei unseren Verwandten begeben, außergewöhnlich vor.
Wir hätten früher auf die Idee kommen können, es stimme etwas nicht. Tatsächlich, es stimmt etwas nicht, und wenn überhaupt jemals irgend etwas gestimmt hat – ich zweifle daran –, hier gehen Dinge vor sich, die mich mit Entsetzen erfüllen. Tante Milla war in der ganzen Familie von jeher wegen ihrer Vorliebe für die Ausschmückung des Weihnachtsbaumes bekannt, eine harmlose, wenn auch spezielle Schwäche, die in unserem Vaterland ziemlich verbreitet ist. Ihre Schwäche wurde allgemein belächelt, und der Widerstand, den Franz von frühester Jugend an gegen diesen »Rummel« an den Tag legte, war immer Gegenstand heftig-

ster Entrüstung, zumal Franz ja sowieso eine beunruhigende Erscheinung war. Er weigerte sich, an der Ausschmückung des Baumes teilzunehmen. Das alles verlief bis zu einem gewissen Zeitpunkt normal. Meine Tante hatte sich daran gewöhnt, daß Franz den Vorbereitungen in der Adventszeit fernblieb, auch der eigentlichen Feier, und erst zum Essen erschien. Man sprach nicht einmal mehr darüber.

Auf die Gefahr hin, mich unbeliebt zu machen, muß ich hier eine Tatsache erwähnen, zu deren Verteidigung ich nur sagen kann, daß sie wirklich eine ist. In den Jahren 1939 bis 1945 hatten wir Krieg. Im Krieg wird gesungen, geschossen, geredet, gekämpft, gehungert und gestorben – und es werden Bomben geschmissen – lauter unerfreuliche Dinge, mit deren Erwähnung ich meine Zeitgenossen in keiner Weise langweilen will. Ich muß sie nur erwähnen, weil der Krieg Einfluß auf die Geschichte hatte, die ich erzählen will. Denn der Krieg wurde von meiner Tante Milla nur registriert als eine Macht, die schon Weihnachten 1939 anfing, ihren Weihnachtsbaum zu gefährden. Allerdings war ihr Weihnachtsbaum von einer besonderen Sensibilität.

Die Hauptattraktion am Weihnachtsbaum meiner Tante Milla waren gläserne Zwerge, die in ihren hocherhobenen Armen einen Korkhammer hielten und zu den Füßen der Zwerge waren Kerzen befestigt, und wenn ein gewisser Wärmegrad erreicht war, geriet ein verborgener Mechanismus in Bewegung, eine hektische Unruhe teilte sich den Zwergenarmen mit, sie schlugen wie irr mit ihren Korkhämmern auf die glockenförmigen Ambosse und riefen so, ein Dutzend an der Zahl, ein konzertantes, elfenhaft feines Gebimmel hervor. Und an der Spitze des Tannenbaumes hing ein silbrig gekleideter rotwangiger Engel, der in bestimmten Abständen seine Lippen voneinander hob und »Frieden« flüsterte, »Frieden«. Das mechanische Geheimnis dieses Engels ist, konsequent gehütet, mir später erst bekannt geworden, obwohl ich damals fast wöchentlich Gelegenheit hatte, ihn zu bewundern. Außerdem gab es am Tannenbaum meiner Tante natürlich Zuckerkringel, Gebäck, Engelhaar, Marzipanfiguren und – nicht zu vergessen – Lametta, und ich weiß noch, daß die sachgemäße Anbringung des vielfältigen Schmuckes erhebliche Mühe kostete, die Beteiligung aller erforderte und die ganze Familie am Weihnachtsabend vor Nervosität keinen Appetit hatte, die Stimmung dann – wie man so sagt – einfach gräßlich war, ausgenommen bei meinem Vetter Franz, der an diesen Vorbereitungen ja nicht teilgenommen hatte und sich als einziger Braten und Spargel, Sahne und Eis schmecken ließ. Kamen wir dann am zweiten Weihnachtstag zu Besuch und wagten die kühne Vermutung, das Geheimnis des sprechenden Engels beruhe auf dem gleichen Mechanismus, der gewisse Puppen veranlaßt, »Mama« oder »Papa« zu sagen, so ernteten wir nur höhnisches Gelächter. Nun wird man sich denken können, daß in der Nähe fallende Bomben einen solch sensiblen Baum aufs höchste gefährdeten. Es kam zu schrecklichen Szenen, wenn die Zwerge vom Baum gefallen waren, einmal stürzte sogar der Engel. Meine Tante war untröstlich. Sie gab sich unendliche Mühe, nach jedem Luftangriff den Baum komplett wiederherzustellen, ihn wenigstens während der Weihnachtstage zu erhalten. Aber schon im Jahre 1940 war nicht mehr daran zu denken. Wieder auf die Gefahr hin, mich sehr unbeliebt zu machen, muß ich hier kurz erwähnen, daß die Zahl der Luftangriffe auf unsere Stadt tatsächlich erheblich war, von ihrer Heftigkeit ganz zu schweigen. Jedenfalls wurde der Weihnachtsbaum meiner Tante ein Opfer – von anderen Opfern zu sprechen, verbietet mir der rote Faden – der modernen Kriegführung; fremdländische Ballistiker löschten seine Existenz vorübergehend aus.

Wir alle hatten wirklich Mitleid mit unserer Tante, die eine reizende und liebenswürdige Frau war. Es tat uns leid, daß sie nach harten Kämpfen, endlosen Disputen, nach Tränen und Szenen sich bereit erklären mußte, für Kriegsdauer auf ihren Baum zu verzichten.

Glücklicherweise – oder soll ich sagen unglücklicherweise? – war dies fast das einzige, was sie vom Krieg zu spüren bekam. – Der Bunker, den mein Onkel baute, war einfach bombensicher, außerdem stand jederzeit ein Wagen bereit, meine Tante Milla in Gegenden zu entführen, wo von der unmittelbaren Wirkung des Krieges nichts zu sehen war; es wurde alles getan, um ihr den Anblick der gräßlichen Zerstörungen zu ersparen. Meine beiden Vettern hatten das Glück, den Kriegsdienst nicht in seiner härtesten Form zu erleben. Johannes trat schnell in die Firma seines Onkels ein, die in der Gemüseversorgung unserer Stadt eine entscheidende Rolle spielte. Zudem war er gallenleidend. Franz hingegen wurde zwar Soldat, war aber nur mit der Bewachung von Gefangenen betraut, ein Posten, den er zur Gelegenheit nahm, sich auch bei seinen militärischen Vorgesetzten unbeliebt zu machen, indem er Russen und Polen wie Menschen behandelte. Meine Kusine Lucie war damals noch nicht verheiratet und half im Geschäft. Einen Nachmittag in der Woche half sie im freiwilligen Kriegsdienst in einer Hakenkreuzstickerei. Doch will ich hier nicht die politischen Sünden meiner Verwandten aufzählen.

Aufs Ganze gesehen jedenfalls fehlte es weder an Geld noch an Nahrungsmitteln und jeglicher erforderlichen Sicherheit, und meine Tante empfand nur den Verzicht auf ihren Baum als bitter. Mein Onkel Franz, dieser herzensgute Mensch, hat sich fast fünfzig Jahre hindurch erhebliche Verdienste erworben, indem er in tropischen und subtropischen Ländern Apfelsinen und Zitronen aufkaufte und sie gegen einen entsprechenden Aufschlag weiter in den Handel gab. Im Kriege dehnte er sein Geschäft auch auf weniger wertvolles Obst und Gemüse aus. Aber nach dem Kriege kamen die erfreulichen Früchte, denen sein Hauptinteresse galt, als Zitrusfrüchte wieder auf und wurden Gegenstand des schärfsten Interesses aller Käuferschichten. Hier gelang es Onkel Franz, sich wieder maßgebend einzuschalten, und er brachte die Bevölkerung in den Genuß von Vitaminen und sich in den eines ansehnlichen Vermögens.

Aber er war fast siebzig, wollte sich nun zur Ruhe setzen, das Geschäft seinem Schwiegersohn übergeben. Da fand jenes Ereignis statt, das wir damals belächelten, das uns heute aber als Ursache der ganzen unseligen Entwicklung erscheint.

Meine Tante Milla fing wieder mit dem Weihnachtsbaum an. Das war an sich harmlos; sogar die Zähigkeit, mit der sie darauf bestand, daß alles »so sein sollte wie früher«, entlockte uns nur ein Lächeln. Zunächst bestand wirklich kein Grund, diese Sache allzu ernst zu nehmen. Zwar hatte der Krieg manches zerstört, das wiederherzustellen mehr Sorge bereitete, aber warum – so sagten wir uns – einer charmanten alten Dame diese kleine Freude nehmen?

Jedermann weiß, wie schwer es war, damals Butter und Speck zu bekommen. Aber sogar für meinen Onkel Franz, der über die besten Beziehungen verfügte, war die Beschaffung von Marzipanfiguren, Schokoladenkringeln und Kerzen im Jahre 1945 unmöglich. Erst im Jahre 1946 konnte alles bereitgestellt werden. Glücklicherweise war noch eine komplette Garnitur von Zwergen und Ambossen sowie ein Engel erhalten geblieben.

Ich entsinne mich des Tages noch gut, an dem wir eingeladen waren. Es war im Januar 1947, Kälte herrschte draußen. Aber bei meinem Onkel war es warm, und es herrschte kein Mangel an Eßbarem. Und als die Lampen gelöscht, die Kerzen angezündet waren, als die Zwerge anfingen zu hämmern, der Engel »Frieden« flüsterte, »Frieden«, fühlte ich mich lebhaft zurückversetzt in eine Zeit, von der ich angenommen hatte, sie sei vorbei.

Immerhin, dieses Erlebnis war, wenn auch überraschend, so doch nicht außergewöhnlich. Außergewöhnlich war, was ich drei Monate später erlebte. Meine Mutter – es war Mitte März geworden – hatte mich hinübergeschickt, nachzuforschen, ob bei Onkel Franz »nichts zu machen« sei. Es ging ihr um Obst. Ich schlenderte in den benachbarten Stadtteil – die Luft war mild, es dämmerte. Ahnungslos schritt ich an bewachsenen Trümmerhalden und verwilderten Parks vorbei; öffnete das Tor zum Garten meines Onkels, als ich plötzlich bestürzt stehenblieb. In der Stille des Abends war sehr deutlich zu hören, daß im Wohnzimmer meines Onkels gesungen wurde. Singen ist eine gute deutsche Sitte, und es gibt viele Frühlingslieder – hier aber hörte ich deutlich:

holder Knabe im lockigen Haar . . .

Ich muß gestehen, daß ich verwirrt war. Ich ging langsam näher, wartete das Ende des Liedes ab. Die Vorhänge waren zugezogen, ich beugte mich zum Schlüsselloch. In diesem Augenblick drang das Gebimmel der Zwergenglocken an mein Ohr, und ich hörte deutlich das Flüstern des Engels. Ich hatte nicht den Mut einzudringen und ging langsam nach Hause zurück. In der Familie rief mein Bericht allgemeine Belustigung hervor. Aber erst als Franz auftauchte und Näheres berichtete, erfuhren wir, was geschehen war:

Um Mariä Lichtmeß herum, zu der Zeit also, wo man in unseren Landen die Christbäume plündert, sie dann auf den Kehricht wirft, wo sie von nichtsnutzigen Kindern aufgegriffen, durch Asche und sonstigen Unrat geschleift und zu mancherlei Spiel verwendet werden, um Lichtmeß herum war das Schreckliche geschehen. Als mein Vetter Johannes am Abend des Lichtmeßtages, nachdem ein letztes Mal der Baum gebrannt hatte – als Johannes begann, die Zwerge von den Klammern zu lösen, fing meine bis dahin so milde Tante jämmerlich zu schreien an, und zwar so heftig und plötzlich, daß mein Vetter erschrak, die Herrschaft über den leise schwankenden Baum verlor, und schon war es geschehen: es klirrte und klingelte, Zwerge und Glocken, Ambosse und der Spitzenengel, alles stürzte hinunter, und meine Tante schrie.

Sie schrie fast eine Woche lang. Neurologen wurden herbeitelegraphiert, Psychiater kamen in Taxen herangerast – aber alle, auch Kapazitäten, verließen achselzuckend, ein wenig erschreckt auch, das Haus. Keiner hatte diesem unerfreulichen schrillen Konzert ein Ende bereiten können. Nur die stärksten Mittel brachten einige Stunden Ruhe, doch ist die Dosis Luminal, die man einer Sechzigjährigen täglich verabreichen kann, ohne ihr Leben zu gefährden, leider gering. Es ist aber eine Qual, eine aus allen Leibeskräften schreiende Frau im Hause zu haben: schon am zweiten Tage befand sich die Familie in völliger Auflösung. Auch der Zuspruch des Priesters, der am Heiligen Abend der Feier beizuwohnen pflegte, blieb vergeblich: meine Tante schrie.

Franz machte sich besonders unbeliebt, weil er riet, einen regelrechten Exorzismus anzuwenden. Der Pfarrer schalt ihn, die Familie war bestürzt über seine mittelalterlichen Anschauungen, der Ruf seiner Brutalität überwog für einige Wochen seinen Ruf als Faustkämpfer.

Inzwischen wurde alles versucht, meine Tante aus ihrem Zustand zu erlösen. Sie verweigerte die Nahrung, sprach nicht, schlief nicht; man wandte kaltes Wasser an, heiße Fußbäder, Wechselbäder, die Ärzte schlugen in Lexika nach, suchten nach dem Namen dieses Komplexes, fanden ihn nicht.

Und meine Tante schrie. Sie schrie so lange, bis mein Onkel Franz – dieser wirklich herzensgute Mensch – auf die Idee kam, einen neuen Tannenbaum aufzustellen.

3

Die Idee war ausgezeichnet, aber sie auszuführen, erwies sich als äußerst schwierig. Es war fast Mitte Februar geworden, und es ist verhältnismäßig schwer, um diese Zeit einen diskutablen Tannenbaum auf dem Markt zu finden. Die gesamte Geschäftswelt hat sich längst – mit erfreulicher Schnelligkeit übrigens – auf andere Dinge eingestellt. Karneval ist nahe: Masken und Pistolen. Cowboyhüte und verrückte Kopfbedeckungen für Czardasfürstinnen füllen die Schaufenster, in denen man sonst Engel und Engelhaar, Kerzen und Krippen hat bewundern können. Die Zuckerwarenläden haben längst den Weihnachtskrempel in ihre Lager zurücksortiert, während Knallbonbons nun ihre Fenster zieren. Jedenfalls, Tannenbäume gibt es um diese Zeit auf dem regulären Markt nicht.

Es wurde schließlich eine Expedition raublustiger Enkel mit Taschengeld und einem scharfen Beil ausgerüstet: sie fuhren in den Staatsforst und kamen gegen Abend, offenbar in bester Stimmung, mit einer Edeltanne zurück. Aber inzwischen war festgestellt worden, daß vier Zwerge, sechs glokkenförmige Ambosse und der Spitzenengel völlig zerstört waren. Die Marzipanfiguren und das Gebäck waren den gierigen Enkeln zum Opfer gefallen. Auch diese Generation, die dort heranwächst, taugt nichts, und wenn je eine Generation etwas getaugt hat – ich zweifle daran –, so komme ich doch zu der Überzeugung, daß es die Generation unserer Väter war.

Obwohl es an Barmitteln, auch an den nötigen Beziehungen nicht fehlte, dauerte es weitere vier Tage, bis die Ausrüstung komplett war. Währenddessen schrie meine Tante ununterbrochen. Telegramme an die deutschen Spielzeugzentren, die gerade im Aufbau begriffen waren, wurden durch den Äther gejagt, Blitzgespräche geführt, von jungen erhitzten Postgehilfen wurden in der Nacht Expreßpakete angebracht, durch Bestechung wurde kurzfristig eine Einfuhrgenehmigung aus der Tschechoslowakei durchgesetzt.

Diese Tage werden in der Chronik der Familie meines Onkels als Tage mit außerordentlich hohem Verbrauch an Kaffee, Zigaretten und Nerven erhalten bleiben. Inzwischen fiel meine Tante zusammen: ihr rundliches Gesicht wurde hart und eckig, der Ausdruck der Milde wich dem einer unnachgiebigen Strenge, sie aß nicht, trank nicht, schrie dauernd, wurde von zwei Krankenschwestern bewacht, und die Dosis Luminal mußte täglich erhöht werden.

Franz erzählte uns, daß in der ganzen Familie eine krankhafte Spannung geherrscht habe, als endlich am 12. Februar die Tannenbaumausrüstung wieder vollständig war. Die Kerzen wurden entzündet, die Vorhänge zugezogen, meine Tante wurde aus dem Krankenzimmer herübergebracht, und man hörte unter den Versammelten nur Schluchzen und Kichern. Der Gesichtsausdruck meiner Tante milderte sich schon im Schein der Kerzen, und als deren Wärme den richtigen Grad erreicht hatte, die Glasburschen wie irr zu hämmern anfingen, schließlich auch der Engel »Frieden« flüsterte, »Frieden«, ging ein wunderschönes Lächeln über ihr Gesicht, und kurz darauf stimmte die ganze Familie das Lied *O Tannenbaum* an. Um das Bild zu vervollständigen, hatte man auch den Pfarrer eingeladen, der ja üblicherweise den Heiligen Abend bei Onkel Franz zu verbringen pflegte; auch er lächelte, auch er war erleichtert und sang mit.
Was kein Test, kein tiefenpsychologisches Gutachten, kein fachmännisches Aufspüren verborgener Traumata vermocht hatte: das fühlende Herz meines Onkels hatte das Richtige getroffen. Die Tannenbaumtherapie dieses herzensguten Menschen hatte die Situation gerettet.
Meine Tante war beruhigt und fast – so hoffte man damals – geheilt, und nachdem man einige Lieder gesungen, einige Schüsseln Gebäck geleert hatte, war man müde und zog sich zurück, und siehe da: meine Tante schlief ohne jedes Beruhigungsmittel. Die beiden Krankenschwestern wurden entlassen, die Ärzte zuckten die Schultern, alles schien in Ordnung zu sein. Meine Tante aß wieder, trank wieder, war wieder liebenswürdig und milde. Aber am Abend darauf, als die Dämmerstunde nahte, saß mein Onkel zeitungslesend neben seiner Frau unter dem Baum, als diese plötzlich sanft seinen Arm berührte und zu ihm sagte: »So wollen wir denn die Kinder zur Feier rufen, ich glaube, es ist Zeit.« Mein Onkel gestand uns später, daß er erschrak, aber aufstand, um in aller Eile seine Kinder und Enkel zusammenzurufen und einen

Boten zum Pfarrer zu schicken. Der Pfarrer erschien, etwas abgehetzt und erstaunt, aber man zündete die Kerzen an, ließ die Zwerge hämmern, den Engel flüstern, man sang, aß Gebäck – und alles schien in Ordnung zu sein.

4

Nun ist die gesamte Vegetation gewissen biologischen Gesetzen unterworfen, und Tannenbäume, dem Mutterboden entrissen, haben bekanntlich die verheerende Neigung, Nadeln zu verlieren, besonders, wenn sie in warmen Räumen stehen, und bei meinem Onkel war es warm. Die Lebensdauer der Edeltanne ist etwas länger als die der gewöhnlichen, wie die bekannte Arbeit *Abies vulgaris und abies nobilis* von Dr. Hergenring ja bewiesen hat. Doch auch die Lebensdauer der Edeltanne ist nicht unbeschränkt. Schon als Karneval nahte, zeigte es sich, daß man versuchen mußte, meiner Tante neuen Schmerz zu bereiten: der Baum verlor rapide an Nadeln, und beim abendlichen Singen der Lieder wurde ein leichtes Stirnrunzeln bei meiner Tante bemerkt. Auf Anraten eines wirklich hervorragenden Psychologen wurde nun der Versuch unternommen, in leichtem Plauderton von einem möglichen Ende der Weihnachtszeit zu sprechen, zumal die Bäume schon angefangen hatten, auszuschlagen, was ja allgemein als ein Zeichen des herannahenden Frühlings gilt, während man in unseren Breiten mit dem Wort Weihnachten unbedingt winterliche Vorstellungen verbindet. Mein sehr geschickter Onkel schlug eines Abends vor, die Lieder *Alle Vögel sind schon da* und *Komm, lieber Mai und mache* anzustimmen, doch beim ersten Vers des erstgenannten Liedes machte meine Tante ein derart finsteres Gesicht, daß man sofort abbrach und *O Tannenbaum* intonierte. Drei Tage später wurde mein Vetter Johannes beauftragt, einen milden Plünderungszug zu unternehmen, aber schon, als er seine Hände ausstreckte und einem der Zwerge den Korkenhammer

nahm, brach meine Tante in so heftiges Geschrei aus, daß man den Zwerg sofort wieder komplettierte, die Kerzen anzündete und etwas hastig, aber sehr laut in das Lied *Stille Nacht* ausbrach.
Aber die Nächte waren nicht mehr still; singende Gruppen jugendlicher Trunkenbolde durchzogen die Stadt mit Trompeten und Trommeln, alles war mit Luftschlangen und Konfetti bedeckt, maskierte Kinder bevölkerten tagsüber die Straßen, schossen, schrien, manche sangen auch, und einer privaten Statistik zufolge gab es mindestens sechzigtausend Cowboys und vierzigtausend Czardasfürstinnen in unserer Stadt: kurzum, es war Karneval, ein Fest, das man bei uns mit ebensolcher, fast mit mehr Heftigkeit zu feiern gewohnt war als Weihnachten. Aber meine Tante schien blind und taub zu sein: sie bemängelte karnevalistische Kleidungsstücke, wie sie um diese Zeit in den Garderoben unserer Häuser unvermeidlich sind; mit trauriger Stimme beklagte sie das Sinken der Moral, da man nicht einmal an den Weihnachtstagen in der Lage sei, von diesem unsittlichen Treiben zu lassen, und als sie im Schlafzimmer meiner Kusine einen Luftballon entdeckte, der zwar eingefallen war, aber noch deutlich einen mit weißer Farbe aufgemalten Narrenhut zeigte, brach sie in Tränen aus und bat meinen Onkel, diesem unheiligen Treiben Einhalt zu gebieten.
Mit Schrecken mußte man feststellen, daß meine Tante sich wirklich in dem Wahn befand, es sei »Heiliger Abend«. Mein Onkel berief jedenfalls eine Familienversammlung ein, bat um Schonung für seine Frau, Rücksichtnahme auf ihren merkwürdigen Geisteszustand, und rüstete zunächst wieder eine Expedition aus, um wenigstens den Frieden des abendlichen Festes garantiert zu wissen.
Während meine Tante schlief, wurde der Schmuck vom alten Baum ab- und auf den neuen montiert, und ihr Zustand blieb erfreulich.

5

Aber auch der Karneval ging vorüber, der Frühling kam wirklich, statt des Liedes *Komm, lieber Mai* hätte man schon singen können »Lieber Mai, du bist gekommen.« Es wurde Juni. Vier Tannenbäume waren schon verschlissen, und keiner der neuerlich zugezogenen Ärzte konnte Hoffnung auf Besserung geben. Meine Tante blieb fest. Sogar der als internationale Kapazität bekannte Dr. Bless hatte sich achzelzuckend wieder in sein Studierzimmer zurückgezogen, nachdem er als Honorar die Summe von 1365 Mark kassiert hatte, womit er zum wiederholten Male seine Weltfremdheit bewies. Einige weitere sehr vage Versuche, die Feier abzubrechen oder ausfallen zu lassen, wurden mit solchem Geschrei von seiten meiner Tante quittiert, daß man von derlei Sakrilegien endgültig Abstand nehmen mußte.

Das Schreckliche war, daß meine Tante darauf bestand, alle ihr nahestehenden Personen müßten anwesend sein. Zu diesen gehörten auch der Pfarrer und die Enkelkinder. Selbst die Familienmitglieder waren nur mit äußerster Strenge zu veranlassen, pünktlich zu erscheinen, aber mit dem Pfarrer wurde es schwierig. Einige Wochen hielt er zwar ohne Murren mit Rücksicht auf seine alte Pönitentin durch, aber dann versuchte er unter verlegenem Räuspern, meinem Onkel klarzumachen, daß es so nicht weiterging. Die eigentliche Feier war zwar kurz – sie dauerte etwa achtunddreißig Minuten – aber selbst diese kurze Zeremonie sei auf die Dauer nicht durchzuhalten, behauptete der Pfarrer. Er habe andere Verpflichtungen, abendliche Zusammenkünfte mit seinen Konfratres, seelsorgerische Aufgaben, ganz zu schweigen vom samstäglichen Beichthören. Immerhin hatte er einige Wochen Terminverschiebungen in Kauf genommen, aber gegen Ende Juni fing er an, energisch Befreiung zu erheischen. Franz wütete in der Familie herum, suchte Komplizen für

seinen Plan, die Mutter in eine Anstalt zu bringen, stieß aber überall auf Ablehnung.
Jedenfalls: es machten sich Schwierigkeiten bemerkbar. Eines Abends fehlte der Pfarrer, war weder telefonisch noch durch einen Boten aufzutreiben, und es wurde klar, daß er sich einfach gedrückt hatte. Mein Onkel fluchte fürchterlich, er nahm dieses Ereignis zum Anlaß, die Diener der Kirche mit Worten zu bezeichnen, die zu wiederholen ich mich weigern muß. In alleräußerster Not wurde einer der Kapläne, ein Mensch einfacher Herkunft, gebeten, auszuhelfen. Er tat es, benahm sich aber so fürchterlich, daß es fast zur Katastrophe gekommen wäre. Immerhin, man muß bedenken, es war Juni, also heiß, trotzdem waren die Vorhänge zugezogen, um winterliche Dunkelheit wenigstens vorzutäuschen, außerdem brannten Kerzen. Dann ging die Feier los; der Kaplan hatte zwar von diesem merkwürdigen Ereignis schon gehört, aber keine rechte Vorstellung davon. Zitternd stellte man meiner Tante den Kaplan vor, er vertrete den Pfarrer. Unerwarteterweise nahm sie die Veränderung des Programms hin. Also: die Zwerge hämmerten, der Engel flüsterte, es wurde *O Tannenbaum* gesungen, dann aß man Gebäck, sang noch einmal das Lied, und plötzlich bekam der Kaplan einen Lachkrampf. Später hat er gestanden, die Stelle »... nein, auch im Winter, wenn es schneit« habe er einfach nicht ohne zu lachen ertragen können. Er plusterte mit klerikaler Albernheit los, verließ das Zimmer und ward nicht mehr gesehen. Alles blickte gespannt auf meine Tante, doch die sagte nur resigniert etwas vom »Proleten im Priestergewande« und schob sich ein Stück Marzipan in den Mund. Auch wir erfuhren damals von diesem Vorfall mit Bedauern – doch bin ich heute geneigt, ihn als einen Ausbruch natürlicher Heiterkeit zu bezeichnen.
Ich muß hier – wenn ich der Wahrheit die Ehre lassen will – einflechten, daß mein Onkel seine Beziehungen zu den höchsten Verwaltungsstellen der Kirche ausgenutzt hat, um sich

sowohl über den Pfarrer wie den Kaplan zu beschweren. Die Sache wurde mit äußerster Korrektheit angefaßt, ein Prozeß wegen Vernachlässigung seelsorgerischer Pflichten wurde angestrengt, der in erster Instanz von den beiden Geistlichen gewonnen wurde. Ein zweites Verfahren schwebt noch.

Zum Glück fand man einen pensionierten Prälaten, der in der Nachbarschaft wohnte. Dieser reizende alte Herr erklärte sich mit liebenswürdiger Selbstverständlichkeit bereit, sich zur Verfügung zu halten und täglich die abendliche Feier zu vervollständigen. Doch ich habe vorgegriffen. Mein Onkel Franz, der nüchtern genug war, zu erkennen, daß keinerlei ärztliche Hilfe zum Ziel gelangen würde, sich auch hartnäkkig weigerte, einen Exorzismus zu versuchen, war Geschäftsmann genug, sich nun auf Dauer einzustellen und die wirtschaftlichste Art herauszukalkulieren. Zunächst wurden schon Mitte Juni die Enkelexpeditionen eingestellt, weil sich herausstellte, daß sie zu teuer wurden. Mein findiger Vetter Johannes, der zu allen Kreisen der Geschäftswelt die besten Beziehungen unterhält, spürte den Tannenbaum – Frischdienst der Firma Söderbaum auf, eines leistungsfähigen Unternehmens, das sich nun schon fast zwei Jahre um die Nerven meiner Verwandtschaft hohe Verdienste erworben hat. Nach einem halben Jahr schon wandelte die Firma Söderbaum die Lieferung des Baumes in ein wesentlich verbilligtes Abonnement um und erklärte sich bereit, die Lieferfrist von ihrem Nadelbaumspezialisten, Dr. Alfats, genauestens festlegen zu lassen, so daß schon drei Tage, bevor der alte Baum indiskutabel wird, der neue anlangt und mit Muße geschmückt werden kann. Außerdem werden vorsichtshalber zwei Dutzend Zwerge auf Lager gehalten, und drei Spitzenengel sind in Reserve gelegt.

Ein wunder Punkt sind bis heute die Süßigkeiten geblieben. Sie zeigen die verheerende Neigung, vom Baume schmelzend herunterzutropfen, schneller und endgültiger als schmelzendes Wachs. Jedenfalls in den Sommermonaten. Jeder Versuch, sie durch geschickt getarnte Kühlvorrichtungen in weihnachtlicher Starre zu erhalten, ist bisher gescheitert, ebenso eine Versuchsreihe, die begonnen wurde, um die Möglichkeiten der Präparierung eines Baumes zu prüfen. Doch ist die Familie für jeden fortschrittlichen Vorschlag, der geeignet ist, dieses stetige Fest zu verbilligen, dankbar und aufgeschlossen.

6

Inzwischen haben die abendlichen Feiern im Hause meines Onkels eine fast professionelle Starre angenommen: man versammelt sich unter dem Baum oder um den Baum herum. Meine Tante kommt herein, man entzündet die Kerzen, die Zwerge beginnen zu hämmern und der Engel flüstert »Frieden, Frieden«, dann singt man einige Lieder, knabbert Gebäck, plaudert ein wenig und zieht sich gähnend mit dem Glückwunsch »Frohes Fest auch« zurück – und die Jugend gibt sich den jahreszeitlich bedingten Vergnügungen hin, während mein herzensguter Onkel Franz mit Tante Milla zu Bett geht. Kerzenrauch bleibt im Raum, der sanfte Geruch erhitzter Tannenzweige und das Aroma von Spezereien. Die Zwerge, ein wenig phosphoreszierend, bleiben starr in der Dunkelheit stehen, die Arme bedrohlich erhoben, und der Engel läßt ein silbriges, offenbar ebenfalls phosphoreszierendes Gewand sehen.

Es erübrigt sich vielleicht, festzustellen, daß die Freude am wirklichen Weihnachtsfest in unserer gesamten Verwandtschaft erhebliche Einbuße erlitten hat: wir können, wenn wir wollen, bei unserem Onkel jederzeit einen klassischen Weihnachtsbaum bewundern – und es geschieht oft, wenn wir sommers auf der Veranda sitzen und uns nach des Tages Last und Müh Onkels milde Apfelsinenbowle in die Kehle gießen, daß von drinnen der sanfte Klang gläserner Glocken kommt, und man kann im Dämmer die Zwerge wie flinke kleine Teufelchen herumhämmern sehen, während der Engel »Frieden« flüstert, »Frieden«. Und immer noch kommt es uns befremdlich vor, wenn mein Onkel mitten im Sommer seinen Kindern zuruft: »Macht bitte den Baum an, Mutter kommt gleich.« Dann tritt, meist pünktlich, der Prälat ein, ein milder alter Herr, den wir alle in unser Herz geschlossen haben, weil er seine Rolle vorzüglich spielt, wenn er überhaupt weiß, daß er eine und welche er spielt. Aber gleichgültig: er spielt sie, weißhaarig, lächelnd, und der violette Rand unterhalb seines Kragens gibt seiner Erscheinung den letzten Hauch von Vornehmheit. Und es ist ein ungewöhnliches Erlebnis, in lauen Sommernächten den erregten Ruf zu hören: »Das Löschhorn, schnell, wo ist das Löschhorn?« Es ist schon vorgekommen, daß während eines heftigen Gewitters die Zwerge sich plötzlich bewogen fühlten, ohne Hitzeeinwirkung die Arme zu erheben und sie wild zu schwingen, gleichsam ein Extrakonzert zu geben, eine Tatsache, die man ziemlich phantasielos mit dem trockenen Wort Elektrizität zu deuten versuchte.

Eine nicht ganz unwesentliche Seite dieses Arrangements ist die finanzielle. Wenn auch in unserer Familie im allgemeinen kein Mangel an Barmitteln herrscht, solch außergewöhnliche Ausgaben stürzen die Kalkulation um. Denn trotz aller Vorsicht ist natürlich der Verschleiß an Zwergen, Ambossen und Hämmern enorm, und der sensible Mechanismus, der den Engel zu einem sprechenden macht, bedarf der stetigen Sorgfalt und Pflege und muß hin und wieder erneuert werden. Ich habe das Geheimnis übrigens inzwischen entdeckt: der Engel ist durch ein Kabel mit einem Mikrophon im Nebenzimmer verbunden, vor dessen Metallschnauze sich eine ständig rotierende Schallplatte befindet, die, mit gewissen Pausen dazwischen, »Frieden« flüstert, »Frieden«. Alle diese Dinge sind um so kostspieliger, als sie für den Gebrauch an nur wenigen Tagen des Jahres erdacht sind, nun aber das ganze Jahre strapaziert werden. Ich war erstaunt, als mein

Onkel mir eines Tages erklärte, daß die Zwerge tatsächlich alle drei Monate erneuert werden müssen und daß ein kompletter Satz nicht weniger als 218 Mark kostet. Er habe einen befreundeten Ingenieur gebeten, sie durch einen Kautschuküberzug zu verstärken, ohne jedoch ihre Klangschönheit zu beeinträchtigen. Dieser Versuch ist gescheitert. Der Verbrauch an Kerzen, Spekulatius, Marzipan, das Baumabonnement, Arztrechnungen und die vierteljährliche Aufmerksamkeit, die man dem Prälaten zukommen lassen muß, alles zusammen, sagte mein Onkel, komme ihm täglich im Durchschnitt auf elf Mark, ganz zu schweigen von dem Verschleiß an Nerven und von sonstigen gesundheitlichen Störungen, die damals anfingen sich bemerkbar zu machen. Doch war das im Herbst, und man schrieb die Störungen einer gewissen herbstlichen Sensibilität zu, wie sie ja allgemein beobachtet wird.

7

Das wirkliche Weihnachtsfest verlief ganz normal. Es ging etwas wie ein Aufatmen durch die Familie meines Onkels, da man auch andere Familien nun unter Weihnachtsbäumen versammelt sah, andere auch singen und Spekulatius essen mußten. Aber die Erleichterung dauerte nur so lange an, wie die weihnachtliche Zeit dauerte. Schon Mitte Januar brach bei meiner Kusine Lucie ein merkwürdiges Leiden aus: beim Anblick der Tannenbäume, die auf den Straßen und Trümmerhaufen herumlagen, brach sie in ein hysterisches Geschluchze aus. Dann hatte sie einen regelrechten Anfall von Wahnsinn, den man als Nervenzusammenbruch zu kaschieren versuchte. Sie schlug einer Freundin, bei der sie zum Kaffeeklatsch war, die Schüssel aus der Hand, als diese ihr milde lächelnd Spekulatius anbot. Meine Kusine ist allerdings das, was man eine temperamentvolle Frau nennt; sie schlug also ihrer Freundin die Schüssel aus der Hand, nahte sich dann deren Weihnachtsbaum, riß ihn vom Ständer und trampelte auf Glaskugeln, künstlichen Pilzen, Kerzen und Sternen herum, während ein anhaltendes Gebrüll ihrem Munde entströmte. Die versammelten Damen entflohen, einschließlich der Hausfrau, man ließ Lucie toben, wartete in der Diele auf den Arzt, gezwungen, zuzuhören, wie drinnen Porzellan zerschlagen wurde. Es fällt mir schwer, aber ich muß hier berichten, daß Lucie in einer Zwangsjacke abtransportiert wurde.

Anhaltende hypnotische Behandlung brachte das Leiden zwar zum Stillstand, aber die eigentliche Heilung ging nur sehr langsam vor sich. Vor allem schien ihr die Befreiung von der abendlichen Feier, die der Arzt erzwang, zusehends wohl zu tun; nach einigen Tagen schon begann sie aufzublühen. Schon nach zehn Tagen konnte der Arzt riskieren, mit ihr über Spekulatius wenigstens zu reden, ihn zu essen, weigerte sie sich jedoch hartnäckig. Dem Arzt kam dann die geniale Idee, sie mit sauren Gurken zu füttern, ihr Salate und kräftige Fleischspeisen anzubieten. Das war wirklich die Rettung für die arme Lucie. Sie lachte wieder, und sie begann die endlosen therapeutischen Unterredungen, die ihr Arzt mit ihr pflegte, mit ironischen Bemerkungen zu würzen.

Zwar war die Lücke, die durch ihr Fehlen bei der abendlichen Feier entstand, schmerzlich für meine Tante, wurde aber durch einen Umstand erklärt, der für alle Frauen als hinlängliche Entschuldigung gelten kann, durch Schwangerschaft.

Aber Lucie hatte das geschaffen, was man einen Präzedenzfall nennt: sie hatte bewiesen, daß die Tante zwar litt, wenn jemand fehlte, aber nicht sofort zu schreien begann, und mein Vetter Johannes und sein Schwager Karl versuchten nun, die strenge Disziplin zu durchbrechen, indem sie Krankheit vorschützten, geschäftliche Verbindungen oder andere, recht durchsichtige Gründe angaben. Doch blieb mein Onkel hier erstaunlich hart: mit eiserner Strenge setzte er durch, daß nur

in Ausnahmefällen Atteste eingereicht, sehr kurze Beurlaubungen beantragt werden konnten. Denn meine Tante merkte jede weitere Lücke sofort und brach in stilles, aber anhaltendes Weinen aus, was zu den bittersten Bedenken Anlaß gab.
Nach vier Wochen kehrte auch Lucie zurück und erklärte sich bereit, an der täglichen Zeremonie wieder teilzunehmen, doch hat ihr Arzt durchgesetzt, daß für sie ein Glas Gurken und ein Teller mit kräftigen Butterbroten bereitgehalten wird, da sich ihr Spekulatiustrauma als unheilbar erwies. So waren eine Zeitlang durch meinen Onkel, der hier eine unerwartete Härte bewies, alle Disziplinschwierigkeiten aufgehoben.

8

Schon kurz nach dem ersten Jahrestag der ständigen Weihnachtsfeier gingen beunruhigende Gerüchte um: mein Vetter Johannes sollte sich von einem befreundeten Arzt ein Gutachten haben ausstellen lassen, auf wie lange wohl die Lebenszeit meiner Tante noch zu bemessen wäre, ein wahrhaft finsteres Gerücht, das ein bedenkliches Licht auf eine allabendlich friedlich versammelte Familie wirft. Das Gutachten soll vernichtend für Johannes gewesen sein. Sämtliche Organe meiner Tante, die zeitlebens sehr solide war, sind völlig intakt, die Lebensdauer ihres Vaters hat achtundsiebzig, die ihrer Mutter sechsundachtzig Jahre betragen. Meine Tante selbst ist zweiundsechzig, und so besteht kein Grund, ihr ein baldiges seliges Ende zu prophezeien. Noch weniger, so finde ich, es ihr zu wünschen. Als meine Tante dann mitten im Sommer einmal erkrankte – Erbrechen und Durchfall suchten diese arme Frau heim –, wurde gemunkelt, sie sei vergiftet worden, aber ich erkläre hier ausdrücklich, daß dieses Gerücht einfach eine Erfindung übelmeinender Verwandter ist. Es ist eindeutig erwiesen, daß es sich um eine Infektion handelte, die von einem Enkel eingeschleppt wurde. Analysen, die mit den Exkrementen meiner Tante vorgenommen wurden, ergaben aber auch nicht die geringste Spur von Gift.

Im gleichen Sommer zeigten sich bei Johannes die ersten gesellschaftsfeindlichen Bestrebungen: er trat aus einem Gesangverein aus, erklärte auch schriftlich, daß er an der Pflege des deutschen Liedes nicht mehr teilzunehmen gedenke. Allerdings, ich darf hier einflechten, daß er immer, trotz des akademischen Grades, den er errang, ein ungebildeter Mensch war. Für die *Virhymnia* war es ein großer Verlust, auf seinen Baß verzichten zu müssen.

Mein Schwager Karl fing an, sich heimlich mit Auswanderungsbüros in Verbindung zu setzen. Das Land seiner Träume muß besondere Eigenschaften haben: es durften dort keine Tannenbäume gedeihen, deren Import mußte verboten oder durch hohe Zölle unmöglich gemacht sein; außerdem – das seiner Frau wegen – mußte dort das Geheimnis der Spekulatiusherstellung unbekannt und das Singen von Weihnachtsliedern verboten sein. Karl erklärte sich bereit, harte körperliche Arbeit auf sich zu nehmen.

Inzwischen sind seine Versuche vom Fluche der Heimlichkeit befreit, weil sich auch in meinem Onkel eine vollkommene und sehr plötzliche Wandlung vollzogen hat. Diese geschah auf so unerfreulicher Ebene, daß wir wirklich Grund hatten, zu erschrecken. Dieser biedere Mensch, von dem ich nur sagen kann, daß er ebenso hartnäckig wie herzensgut ist, wurde auf Wegen beobachtet, die einfach unsittlich sind, es auch bleiben werden, solange die Welt besteht. Es sind von ihm Dinge bekannt geworden, auch durch Zeugen belegt, auf die nur das Wort Ehebruch angewandt werden kann. Und das Schrecklichste ist, er leugnet es schon nicht mehr, sondern stellt für sich den Anspruch, in Verhältnissen und Bedingungen zu leben, die moralische Sondergesetze berechtigt erscheinen lassen müssen. Ungeschickterweise wurde diese plötzliche Wandlung gerade zu dem Zeitpunkt offenbar, wo der zweite Termin gegen die beiden Geistlichen seiner Pfarre fällig geworden war. Onkel Franz muß als Zeuge, als verkappter Kläger einen solch minderwertigen Eindruck gemacht haben, daß es ihm allein zuzuschreiben ist, wenn auch der zweite Termin günstig für die beiden Geistlichen auslief. Aber das alles ist Onkel Franz inzwischen gleichgültig geworden: bei ihm ist der Verfall komplett, schon vollzogen.

Er war auch der erste, der die Idee hatte, sich von einem Schauspieler bei der abendlichen Feier vertreten zu lassen. Er hatte einen arbeitslosen Bonvivant aufgetrieben, der ihn vierzehn Tage lang so vorzüglich nachahmte, daß nicht einmal seine Frau die ausgewechselte Identität bemerkte. Auch seine Kinder bemerkten es nicht. Es war einer der Enkel, der während einer kleinen Singpause plötzlich in den Ruf ausbrach: »Opa hat Ringelsocken an«, wobei er triumphierend das Hosenbein des Bonvivants hochhob. Für den armen Künstler muß diese Szene schrecklich gewesen sein, auch die Familie war bestürzt, und um Unheil zu vermeiden, stimmte man, wie so oft schon in peinlichen Situationen, schnell ein Lied an. Nachdem die Tante zu Bett gegangen war, war die Identität des Künstlers schnell festgestellt. Es war das Signal zum fast völligen Zusammenbruch.

9

Immerhin: man muß bedenken, eineinhalb Jahre, das ist eine lange Zeit, und der Hochsommer war wieder gekommen, eine Jahreszeit, in der meinen Verwandten die Teilnahme an diesem Spiel am schwersten fällt. Lustlos knabbern sie in dieser Hitze an Printen und Pfeffernüssen, lächeln starr vor sich hin, während sie ausgetrocknete Nüsse knacken, sie hören den unermüdlich hämmernden Zwergen zu und zucken zusammen, wenn der rotwangige Engel über ihre Köpfe hinweg »Frieden« flüstert, »Frieden«, aber sie harren aus, während ihnen trotz sommerlicher Kleidung der Schweiß über Hals und Wangen läuft und ihnen die Hemden festkleben. Vielmehr: sie haben ausgeharrt.

Geld spielt vorläufig noch keine Rolle – fast im Gegenteil. Man beginnt sich zuzuflüstern, daß Onkel Franz nun auch geschäftlich zu Methoden gegriffen hat, die die Bezeichnung »christlicher Kaufmann« kaum noch zulassen. Er ist entschlossen, keine wesentliche Schwächung des Vermögens zuzulassen, eine Versicherung, die uns zugleich beruhigt und erschreckt.

Nach der Entlarvung des Bonvivants kam es zu einer regelrechten Meuterei, deren Folge ein Kompromiß war: Onkel Franz hat sich bereit erklärt, die Kosten für ein kleines Ensemble zu übernehmen, das ihn, Johannes, meinen Schwager Karl und Lucie ersetzt, und es ist ein Abkommen getroffen worden, daß immer einer von den vieren im Original an der abendlichen Feier teilzunehmen hat, damit die Kinder in Schach gehalten werden. Der Prälat hat bisher nichts von diesem Betrug gemerkt, den man keineswegs mit dem Adjektiv fromm wird belegen können. Abgesehen von meiner Tante und den Kindern ist er die einzige originale Figur bei diesem Spiel.

Es ist ein genauer Plan aufgestellt worden, der in unserer Verwandtschaft Spielplan genannt wird, und durch die Tatsache, daß einer immer wirklich teilnimmt, ist auch für die Schauspieler eine gewisse Vakanz gewährleistet. Inzwischen hat man auch gemerkt, daß diese sich nicht ungern zu der Feier hergeben, sich gerne zusätzlich etwas Geld verdienen, und man hat mit Erfolg die Gage gedrückt, da ja glücklicherweise an arbeitslosen Schauspielern kein Mangel herrscht. Karl hat mir erzählt, daß man hoffen könne, diesen »Posten« noch ganz erheblich herunterzusetzen, zumal ja den Schauspielern eine Mahlzeit geboten wird und die Kunst bekanntlich, wenn sie nach Brot geht, billiger wird.

10

Lucies verhängnisvolle Entwicklung habe ich schon angedeutet: sie treibt sich fast nur noch in Nachtlokalen herum, und besonders an den Tagen, wo sie gezwungenermaßen an der häuslichen Feier hat teilnehmen müssen, ist sie wie toll. Sie trägt Kordhosen, bunte Pullover, läuft in Sandalen herum und hat sich ihr prachtvolles Haar abgeschnitten, um eine schmucklose Fransenfrisur zu tragen, von der ich jetzt erfahre, daß sie unter dem Namen Pony schon einige Male modern war. Obwohl ich offenkundige Unsittlichkeit bei ihr bisher nicht beobachten konnte, nur eine gewisse Exaltation, die sie selbst als Existentialismus bezeichnet, trotzdem kann ich mich nicht entschließen, diese Entwicklung erfreulich zu finden; ich liebe die milden Frauen mehr, die sich sittsam im Takte des Walzers bewegen, die angenehme Verse zitieren und deren Nahrung nicht ausschließlich aus sauren Gurken und mit Paprika überwürztem Gulasch besteht. Die Auswanderungspläne meines Schwagers Karl scheinen sich zu realisieren: er hat ein Land entdeckt, nicht weit vom Äquator, das seinen Bedingungen gerecht zu werden verspricht, und Lucie ist begeistert: man trägt in diesem Lande Kleider, die den ihren nicht unähnlich sind, man liebt dort die scharfen Gewürze und tanzt nach Rhythmen, ohne die nicht mehr leben zu können sie vorgibt. Es ist zwar ein wenig schockierend, daß diese beiden dem Sprichwort »Bleibe im Lande und nähre dich redlich« nicht zu folgen gedenken, aber andererseits verstehe ich, daß sie die Flucht ergreifen.
Schlimmer ist es mit Johannes. Leider hat sich das böse Gerücht bewahrheitet: er ist Kommunist geworden. Er hat alle Beziehungen zur Familie abgebrochen, kümmert sich um nichts mehr und existiert bei den abendlichen Feiern nur noch in seinem Double. Seine Augen haben einen fanatischen Ausdruck angenommen, derwischähnlich produziert er sich in öffentlichen Veranstaltungen seiner Partei, vernachlässigt

seine Praxis und schreibt wütende Artikel in den entsprechenden Organen. Merkwürdigerweise trifft er sich jetzt häufiger mit Franz, der ihn und den er vergeblich zu bekehren versucht. Bei aller geistigen Entfremdung sind sie sich persönlich etwas näher gekommen.

Franz selbst habe ich lange nicht gesehen, nur von ihm gehört. Er soll von tiefer Schwermut befallen sein, hält sich in dämmrigen Kirchen auf, ich glaube, man kann seine Frömmigkeit getrost als übertrieben bezeichnen. Er fing an, seinen Beruf zu vernachlässigen, nachdem das Unheil über seine Familie gekommen war, und neulich sah ich an der Mauer eines zertrümmerten Hauses ein verblichenes Plakat mit der Aufschrift »Letzter Kampf unseres Altmeisters Lenz gegen Lecoq. Lenz hängt die Boxhandschuhe an den Nagel«. Das Plakat war vom März, und jetzt haben wir längst August. Franz soll sehr heruntergekommen sein. Ich glaube, er befindet sich in einem Zustand, der in unserer Familie bisher noch nicht vorgekommen ist: er ist arm. Zum Glück ist er ledig geblieben, die sozialen Folgen seiner unverantwortlichen Frömmigkeit treffen also nur ihn selbst. Mit erstaunlicher Hartnäckigkeit hat er versucht, einen Jugendschutz für die Kinder von Lucie zu erwirken, die er durch die abendlichen Feiern gefährdet glaubte. Aber seine Bemühungen sind ohne Erfolg geblieben; Gott sei Dank sind ja die Kinder begüterter Menschen nicht dem Zugriff sozialer Institutionen ausgesetzt.

Am wenigsten von der übrigen Verwandtschaft entfernt hat sich trotz mancher widerwärtiger Züge – Onkel Franz. Zwar hat er tatsächlich trotz seines hohen Alters eine Geliebte, auch sind seine geschäftlichen Praktiken von einer Art, die wir zwar bewundern, keinesfalls aber billigen können. Neuerdings hat er einen arbeitslosen Inspizienten aufgetan, der die abendliche Feier überwacht und sorgt, daß alles wie am Schnürchen läuft. Es läuft wirklich alles wie am Schnürchen.

11

Fast zwei Jahre sind inzwischen verstrichen: eine lange Zeit. Und ich konnte es mir nicht versagen, auf einem meiner abendlichen Spaziergänge einmal am Hause meines Onkels vorbeizugehen, in dem nun keine natürliche Gastlichkeit mehr möglich ist, seitdem fremdes Künstlervolk dort allabendlich herumläuft und die Familienmitglieder sich befremdenden Vergnügungen hingeben. Es war ein lauer Sommerabend, als ich dort vorbeikam, und schon als ich um die Ecke in die Kastanienallee einbog, hörte ich den Vers:

weihnachtlich glänzet der Wald . . .

Ein vorüberfahrender Lastwagen machte den Rest unhörbar, ich schlich mich langsam ans Haus und sah durch einen Spalt zwischen den Vorhängen ins Zimmer: die Ähnlichkeit der anwesenden Mimen mit den Verwandten, die sie darstellten, war so erschreckend, daß ich im Augenblick nicht erkennen konnte, wer nun wirklich an diesem Abend die Aufsicht führte – so nennen sie es. Die Zwerge konnte ich nicht sehen, aber hören. Ihr zirpendes Gebimmel bewegt sich auf Wellenlängen, die durch alle Wände dringen. Das Flüstern des Engels war unhörbar. Meine Tante schien wirklich glücklich zu sein: sie plauderte mit dem Prälaten, und erst später erkannte ich meinen Schwager als einzige, wenn man so sagen darf, reale Person. Ich erkannte ihn daran, wie er beim Auspusten des Streichholzes die Lippen spitzte. Es scheint doch unverwechselbare Züge der Individualität zu geben. Dabei kam mir der Gedanke, daß die Schauspieler offenbar auch mit Zigarren, Zigaretten und Wein traktiert werden – zudem gibt es ja jeden Abend Spargel. Wenn sie unverschämt sind – und welcher Künstler wäre das nicht? –, bedeutet dies eine erhebliche zusätzliche Verteuerung für meinen Onkel. Die Kinder spielten mit Puppen und hölzernen Wagen in einer Zimmerecke: sie sahen blaß und müde aus. Tatsächlich, vielleicht müßte man auch an sie denken. Mir kam der Gedanke, daß

man sie vielleicht durch Wachspuppen ersetzen könne, solcherart, wie sie in den Schaufenstern der Drogerien als Reklame für Milchpulver und Hautcreme Verwendung finden. Ich finde, die sehen doch recht natürlich aus.
Tatsächlich will ich die Verwandtschaft einmal auf die möglichen Auswirkungen dieser ungewöhnlichen täglichen Erregung auf die kindlichen Gemüter aufmerksam machen. Obwohl eine gewisse Disziplin ihnen ja nichts schadet, scheint man sie hier doch über Gebühr zu beanspruchen.
Ich verließ meinen Beobachtungsposten, als man drinnen anfing, *Stille Nacht* zu singen. Ich konnte das Lied wirklich nicht ertragen. Die Luft ist so lau – und ich hatte einen Augenblick lang den Eindruck, einer Versammlung von Gespenstern beizuwohnen. Ein scharfer Appetit auf saure Gurken befiel mich ganz plötzlich und ließ mich leise ahnen, wie sehr Lucie gelitten haben muß.

12

Inzwischen ist es mir gelungen, durchzusetzen, daß die Kinder durch Wachspuppen ersetzt werden. Die Anschaffung war kostspielig – Onkel Franz scheute lange davor zurück –, aber es war nicht länger zu verantworten, die Kinder täglich mit Marzipan zu füttern und sie Lieder singen zu lassen, die ihnen auf die Dauer psychisch schaden können. Die Anschaffung der Puppen erwies sich als nützlich, weil Karl und Lucie wirklich auswanderten und auch Johannes seine Kinder aus dem Haushalt des Vaters zog. Zwischen großen Überseekisten stehend, habe ich mich von Karl, Lucie und den Kindern verabschiedet, sie erschienen mir glücklich, wenn auch etwas beunruhigt. Auch Johannes ist aus unserer Stadt weggezogen. Irgendwo ist er damit beschäftigt, einen Bezirk seiner Partei umzuorganisieren.
Onkel Franz ist lebensmüde. Mit klagender Stimme erzählte er mir neulich, daß man immer wieder vergißt, die Puppen

abzustauben. Überhaupt machen ihm die Dienstboten Schwierigkeiten, und die Schauspieler scheinen zur Disziplinlosigkeit zu neigen. Sie trinken mehr, als ihnen zusteht, und einige sind dabei ertappt worden, daß sie sich Zigarren und Zigaretten einsteckten. Ich riet meinem Onkel, ihnen gefärbtes Wasser vorzusetzen und Pappzigarren anzuschaffen.

Die einzig Zuverlässigen sind meine Tante und der Prälat. Sie plaudern miteinander über die gute alte Zeit, kichern und scheinen recht vergnügt und unterbrechen ihr Gespräch nur, wenn ein Lied angestimmt wird.

Jedenfalls: die Feier wird fortgesetzt.

Mein Vetter Franz hat eine merkwürdige Entwicklung genommen. Er ist als Laienbruder in ein Kloster der Umgebung aufgenommen worden. Als ich ihn zum erstenmal in der Kutte sah, war ich erschreckt: diese große Gestalt mit der zerschlagenen Nase und den dicken Lippen, sein schwermütiger Blick – er erinnerte mich mehr an einen Sträfling als an einen Mönch. Es schien fast, als habe er meine Gedanken erraten. »Wir sind mit dem Leben bestraft«, sagte er leise. Ich folgte ihm ins Sprechzimmer. Wir unterhielten uns stokkend, und er war offenbar erleichtert, als die Glocke ihn zum Gebet in die Kirche rief. Ich blieb nachdenklich stehen, als er ging: er eilte sehr, und seine Eile schien aufrichtig zu sein.

MAX FRISCH

Eine Mulattin namens Florence

Herr Dr. Bohnenblust, mein amtlicher Verteidiger, hat natürlich recht: – wenn ich ihm hundertmal erzähle, wie der Brand eines kalifornischen Redwood-Sägewerks sich ausnimmt, wie die amerikanische Negerin sich schminkt oder welches etwa die Farbigkeit von Neuyork ist bei abendlichem Schneegestöber mit Gewitter (das gibt es) oder wie man es im Hafen von Brooklyn anstellen muß, um ohne Papiere an Land zu kommen, es beweist nicht, daß ich dort gewesen bin. Wir leben in einem Zeitalter der Reproduktion. Das allermeiste in unserem persönlichen Weltbild haben wir nie mit eigenen Augen erfahren, genauer: wohl mit eigenen Augen, doch nicht an Ort und Stelle; wir sind Fernseher, Fernhörer, Fernwisser. Man braucht dieses Städtchen nie verlassen zu haben, um die Hitlerstimme noch heute im Ohr zu haben, um den Schah von Persien aus drei Meter Entfernung zu kennen und zu wissen, wie der Monsun über den Himalaja heult oder wie es tausend Meter unter dem Meeresspiegel aussieht. Kann heutzutage jeder wissen. Bin ich deswegen je unter dem Meeresspiegel gewesen; bin ich auch nur beinahe (wie die Schweizer) auf dem Mount Everest gewesen? Und mit dem menschlichen Innenleben ist es genauso. Kann heutzutage jeder wissen. Daß ich meine Mordinstinkte nicht durch C.G. Jung kenne, die Eifersucht nicht durch Marcel Proust, Spanien nicht durch Hemingway, Paris nicht durch Ernst Jünger, die Schweiz nicht durch Mark Twain, Mexiko nicht durch Graham Greene, meine Todesangst nicht durch Bernanos und mein Nie-Ankommen nicht durch

Kafka und allerlei Sonstiges nicht durch Thomas Mann, zum Teufel, wie soll ich es meinem Verteidiger beweisen? Es ist ja wahr, man braucht diese Herrschaften nie gelesen zu haben, man hat sie in sich schon durch seine Bekannten, die ihrerseits auch bereits in lauter Plagiaten erleben. Was für ein Zeitalter! Es heißt überhaupt nichts mehr, Schwertfische gesehen zu haben, eine Mulattin geliebt zu haben, all dies kann auch in einer Kulturfilm-Matinée geschehen sein, und Gedanken zu haben, ach Gott, es ist in diesem Zeitalter schon eine Rarität, einen Kopf zu treffen, der auf ein bestimmtes Plagiatprofil gebracht werden kann, es zeugt von Persönlichkeit, wenn einer die Welt etwa mit Heidegger sieht und nur mit Heidegger, wir andern schwimmen in einem Cocktail, der ungefähr alles enthält, in nobelster Art von Eliot gemixt, und überall wissen wir ein und wieder aus, und nicht einmal unsere Erzählungen von der sichtbaren Welt, wie gesagt, heißen etwas; es gibt für uns heutzutage (ausgenommen Rußland) keine terra incognita mehr. Wozu also die Erzählerei! Es heißt nicht, daß einer dabeigewesen ist. Mein Verteidiger hat recht. Und doch! – Ich schwöre:
Es gibt eine Mulattin namens Florence, Tochter eines Dockarbeiters, ich habe sie täglich gesehen und einige Male mit ihr geplaudert über einen allerdings sehr trennenden, aus alten Teertonnen verfertigten und von Brombeeren umwucherten Zaun hinweg. Es gibt sie, diese Florence mit dem gazellenhaften Gang. Ich träumte von ihr, gewiß, die wildesten Träume; aber am andern Morgen gab es sie trotzdem in aller Wirklichkeit. Ein Geklapper von Stöckelschuhen auf der hölzernen »porch«, und schon trat ich hinter die löcherigen Vorhänge meiner Schindelhütte, um Florence zu sehen, meistens schon zu spät; dann aber wartete ich, bis sie abermals mit einem Wassereimer herauskam, die Brühe gegen meinen Zaun goß, nickte, denn in diesem Augenblick trat ich in blinder Leidenschaft hervor? sie sagte: Hallo! Und ich sagte: Hallo! Und ich wage ihr weißes Lächeln in dem braunen Ge-

sicht nicht zu beschreiben; auch dieses Lächeln kennt man ja aus Kulturfilmen, aus Zeitschriften oder sogar aus einem Varieté in diesem Städtchen hier, ich weiß, und ihre seltsame Stimme gibt es auf Platten, fast ihre Stimme ... Dann, wenn ich nicht ganz aus Zufall ebenfalls in meinem Garten war, sagte Florence: What about your cat? Einmal nämlich, vor Monaten schon, hatte ich Florence nach meiner verhaßten Katze gefragt, nach jenem grazilen Biest, das ich eines Abends, ihres vorwurfsvollen Fauchens halber, in meinen Eisschrank sperrte; die Geschichte habe ich wohl schon einmal erwähnt. Von diesem Eisschrank-Intermezzo wußte Florence freilich nichts, ahnte aber wohl meine inneren Kämpfe mit dieser schwarzen Katze (sie war grau, »Little Grey« genannt, aber in den Nächten vor meinem geschlossenen Fenster war sie schwarz) und fand, ich sollte ihr mehr Liebe erweisen, dieser Katze. Meine Liebe aber galt Florence; das fühlte sie ganz genau, die Katze. Und Florence wohl auch ... Wenn Florence nicht zu Hause war, ihre sonderbare Stimme nicht zu hören, ging ich im Quartier von Bar zu Bar, um sie zu finden, oft genug ohne Erfolg. Einmal aber fand ich sie wirklich.

Man weiß, wie Neger tanzen. Ihr Partner war gerade ein halbdunkler US-Army-Sergeant. Es bildete sich ein Kreis von Zuschauern um die beiden, so tanzten sie, und die Begeisterten im Kreis begannen mit den Händen zu klatschen in immer rascheren Rhythmen, ja schließlich bis zur Raserei. Der US-Army-Sergeant, ein großer Kerl mit den schmalen Hüften eines Löwen, mit zwei Beinen aus Gummi und mit dem halboffenen Mund der Lust, mit den blicklosen Augen der Ekstase, ein Kerl, der den Brustkorb und die Schultern eines Michelangelo-Sklaven hatte, er konnte nicht mehr; Florence tanzte allein. Ich hätte jetzt einspringen können, wenn ich gekonnt hätte. Florence tanzte noch immer allein; jetzt kam ein anderer, um sie zu drehen, kaum ihre Finger berührend, und sie zu umkreisen, dann sie mit der flachen Hand zu fassen und im Schwung fast aufs Parkett zu senken, jetzt aber an den Hüften zu packen und emporzuheben, so daß ihr Kopf fast gegen die niedrige Saaldecke stieß; dazu machte Florence eine so königliche Gebärde mit dem Arm, eine Gebärde so seligen Triumphes, daß man sich in seiner körperlichen Ausdruckslosigkeit wie ein Krüppel vorkam, und landete auf dem Parkett wie ein Vogel ohne Schwere, jetzt hörte man nur noch eine dumpfe Trommel aus dem Urwald, ein klangloses Beben, eine Art rasender Stille, während sie weitertanzte. Ein dritter Tänzer wurde verbraucht, ein vierter. Und dann plötzlich, ohne im mindesten erschöpft zu sein, lachte Florence und brach ab; unbefangen wie ein Kind, ein sehr glückliches Kind, das auf dem Karussel hat fahren dürfen und noch voll Seligkeit strahlt, wand sie sich zwischen den Tischlein hinaus, wohl um ihren Puder nachzutupfen, und sah mich, sagte: Hallo! und ich sagte: Hallo!, und sie sagte sogar: Nice to see you!, und es tröstete mich fast über das Bitterschöne meiner Verwirrung; denn ich wußte sehr wohl, daß ich diesem Mädchen nie genügen könnte.

Um so sehnsüchtiger war ich.

Und dann, eines heißen Sonntags, hörte ich wieder das lange vermißte Geklapper ihrer Stöckelschuhe, trat hinter die Vorhänge und sah: – ihr Vater, der Dockarbeiter, in schwarzem Anzug, so daß er halb wie ein Kellner und halb wie ein Priester aussah, ging mit dem Besen umher, pützelte da und dort den Hintergarten, und die Sträucher waren schon mit bunten Bändern verziert, auch mein Teertonnenzaun mit bunten Bändern verziert, auch Florence in einem übertriebenen Abendkleid, farbig wie ein Papagei, schleppte Sessel aus dem Haus. Ein Gartenfest schien stattzufinden. Die Mutter von Florence, auch so eine Mutter Erde, kam mit einer riesenhaften Torte, stellte sie auf den Tisch mit weißem Tuch, darüber einen schwarzen Regenschirm, damit die Torte nicht an der Sonne verging, dann Blümlein rings um die Torte. Ich hinter meinen Vorhängen teilte ihre Aufregung. Während es dem

Dockarbeiter nur darum ging, eine saubere Treppe und kein Fetzchen in seinem Garten zu haben und keinen dürren Zweig und schon gar nicht eine alte Büchse (er warf sie über meinen Zaun) und nicht einmal ein Streichholz, kurzum, während der Vater ausschließlich im Dienste seines Besens stand, hatten Mutter und Tochter alle vier Hände voll zu tun; eine große Schüssel voll Bowle kam auf den Tisch und ebenfalls unter den Regenschirm, Gläser jeder Art und Größe, und nach und nach kamen auch schon die Gäste, Familien mit Kindern jeglichen Alters, alles Weibliche in bunten Abendtoiletten, so daß der Hintergarten bald wie eine Voliere aussah, alles Männliche aber in Schwarz, versteht sich, mit weißem Hemd. Einer fuhr mit einem Nash vor, aber kein Modell aus dem vorletzten Jahr; der trug auch eine Hornbrille. Es war sehr heiß. Über die erste Begrüßung hinaus, schien es, hatte die Sippe sich wenig zu sagen. Der US-Army-Sergeant stand auch so herum. Sogar die kleinen Knirpse mit ihrem Kruselhaar und ihren großen Augen im Kopf, die Buben in weißen Hemden, die Mädchen mit bunten Bändern an ihren kurzen Zöpfchen, alle verhielten sich so brav und musterhaft. Die Erwachsenen setzten sich, verschränkten die Beine; einige rauchten Zigarren: Neben einigen Damen, die der Farbe nach schon keine Negerinnen mehr waren, als Negerinnen bloß noch erkennbar an der Plastik ihres Gesichtes, an den Zähnen auch, an den unwahrscheinlich schlanken Fesseln, vor allem jedoch an der tierhaften Grazie ihrer Bewegungen – nie bewegt sich die Hand, ohne daß die Bewegung aus dem Arm fließt, und nie dreht sich der Kopf, ohne daß die Bewegung aus dem Rücken aufsteigt, sich ausstrahlt in die Schultern; ob langsam oder geschwind, immer ist es vollkommene Bewegung, unbewußt und ohne Gezappel, ohne Erstarrungen in einem anderen Teil des Körpers, sie fließt oder schnellt oder ruht, immer stimmt sie mit sich selbst überein – kurzum, neben Mädchen wie Florence, die das Kruselhaar schon überwunden haben, standen in dieser Sippe auch andere, Afrikaner mit grau-schwarzer Haut und grauvioletten Lippen, mit Händen wie Boxhandschuhe, Väter, die ihren entkruselten Töchtern gar peinlich waren. Der mit dem neuen Nash gab wohl den Ton an; es war sehr heiß, wie gesagt, aber keiner hätte seinen schwarzen Rock ausgezogen, und das Langweilig-Konventionelle, das Umherstehen mit Zigarren und Redensarten, die Artigkeit der zahlreichen Kinder, die mich an Dressurnummern im Zirkus erinnerte, die Steifheit verwandtschaftlicher Freundlichkeiten, das Ereignislose im übrigen, das Unfreie und eine freudlose Bemühtheit und die unterschiedliche Könnerschaft in der familiären Demonstration, daß man sich auf feines Benehmen versteht, diese vollkommene Karikatur einer weißen Kleinbürgerlichkeit, die von Afrika keine blasse Ahnung hat, das war für sie just das Ereignis, glaube ich; jetzt benahmen sie sich wirklich wie Weiße. Als es bei mir klingelte und der Dockarbeiter-Vater mich zur Bowle einlud, ging ich hinüber, versteht sich, nicht ohne ebenfalls ein weißes Hemd und das Dunkelste an Jacke angezogen zu haben. Alle sagten: Nice to see you! und im näheren Gespräch: How do you like America? Der US-Army-Sergeant mit den schmalen Lenden eines Löwen und mit den Schultern eines Michelangelo-Sklaven, erfuhr ich, war nur auf Urlaub hier, sonst in Frankfurt, damit die Russen nicht zu nahe an Amerika herankommen; ich fragte zurück: How do you like Frankfurt?, und aus seiner beflissenen Lobpreisung merkte ich, daß er uns Europäer allesamt in einen Topf wirft. Dann aber, endlich, kam meine herrliche Florence hinzu, gab mir ein Glas Bowle und sagte:

»This is Joe, my husband –!«

Ich gratulierte.

»And what about your cat?«

Sie hatten sich an jenem Sonntag vermählt, und Joe blieb noch drei volle Wochen auf Urlaub, will sagen, drei weitere Wochen war Florence nicht im Hause ihres Vaters zu sehen ... Verliebt, wie ich war, konnte ich diese Wochen nicht hingehen lassen, ohne Florence wenigstens im Gottesdienst zu sehen; nämlich ich wußte jetzt, welcher Kirche sie angehörte. Sie nannte sich Second Olivet Baptist Church und stellte sich als eine Baracke dar, die von anderen Lagerschuppen kaum zu unterscheiden war, jedoch mit einer Fassade aus hölzerner Gotik etwa aus den zwanziger Jahren, schätze ich, unseres Jahrhunderts. Auf der Bühne drinnen, links und rechts vom Mikrophon, hingen zwei große Flaggen, die amerikanische und eine weiße, und im übrigen, ausgenommen noch ein schwarzes Klavier, war es kahl wie in einer Turnhalle. Die große Gemeinde murmelte seltsam, und ganz vorne stand ein Neger im hellen Sonntagsanzug. Fragen sprechend, die jedesmal das Wort »Sünde« enthielten, die Leute nickten, einzelne riefen: O yes, my Lord, o yes! Die Fragen, im gelassenen Alltagston begonnen, wiederholten sich mit geringen Veränderungen, tönten dabei, ohne daß die Stimme lauter wurde, von Wiederholung zu Wiederholung immer dringender. Irgendwo rief eine junge Frau: I know, my Lord, I know! Die meisten murmelten, einige blickten teilnahmslos in die Luft, die Frau aber schrie hellauf und begann ganze Sätze zu rufen, zu stöhnen, man glaubte ihr zu Hilfe kommen zu müssen. Der Frager im hellen Sonntagsanzug, unentwegt in der Wiederholung seiner Fragen, war schon keine Person mehr, sondern nur noch menschliches Gefäß einer Stimme, die sich über die Gemeinde ausgoß, seine Fragen wurden Rufe, Gesang, schließlich Geschrei, das mir durch Mark und Bein ging, laut und wehe. Wie aus der Ferne, einem Echo ähnlich, antwortete die murmelnde Gemeinde mit gesenkten Häuptern, andere mit den Händen vor dem Gesicht. Die Frau, die stöhnende, war von ihrer Bank aufgesprungen, eine junge Negerin mit damigem Hütchen, mit weißen Handschuhen, die sie gegen den Himmel streckte, und mit einer roten Handtasche daran. My Lord! kreischte sie, my Lord, my Lord!, und dann, von niemand gehindert, brach sie in die Knie, verschwand meinem Blick, wimmerte, wie vielleicht in der Folterkammer gewimmert wird, Laute äußerster Qual, die von Lauten der Wollust nicht mehr zu unterscheiden waren; ihre Stimme zerschmolz in Weinen. Das Gebet aber, das allgemeine, vollendete sich, indem die Stimme des Fragers, nachdem sie immer noch dringender und dringender geworden, endlich ins Selig-Stimmlose einfach verlorenging – dann ein Augenblick der Atemlosigkeit, der Erschöpfung; dann die Entspannung, die Häupter vor mir tauchten wieder empor, eine Matrone am Klavier spielte ein paar lockere Rhythmen, Kirchendiener gingen umher und verteilten bunte Fächer, die, wie darauf zu lesen stand, ein Coiffeur (around the corner) gestiftet hatte, und jedermann fächelte sich ... Florence sah ich nicht, jedoch Joe in seiner Uniform; Joe stand an der Wand, die Arme verschränkt, unberührt, als blickte er von Frankfurt herab auf dieses Volk. Es war entsetzlich heiß. Ein vergnügter Priester am Mikrophon erinnerte in dieser Pause daran, daß der Lord seinerzeit auch die armen Kinder Israels errettet habe und daß der Lord sehr wohl wisse, wie schwer sich heutzutage ein Dollar verdient, darum zürne der Lord nicht über die Zögernden, denn der Lord habe Geduld ohne Ende, darum gebe man den Zögernden nochmals die Gelegenheit, etwas in die Schale zu werfen. Unterdessen plauderte die Gemeinde munter und ungezwungen wie eine Gesellschaft, die sich wohlfühlt. Als es mit der Sammlerei so weit war, daß der Lord sich für heute damit abfinden konnte, spielte die Matrone am Klavier einen elektrisierenden Auftakt, als käme man in ein Dancing, dämpfte dann die Töne, sobald die Stille im Saal gewonnen war, und begleitete die Predigt mit einem kaum hörbaren, fast klanglosen, nur als Rhythmus vorhandenen Jazz, der unmerklich, aber wirksam aussetzte, wenn der Prediger zu feierlichen Botschaften kam: Der Lord weiß, daß wir arme Leute sind, aber der Lord wird uns führen in das Gelobte Land, der Lord wird uns beschützen vor dem Kommunismus ... Ringsum wedelten die Fächer, die der Coiffeur als Reklame gestiftet hatte, und in den Sonnenstreifen tanzte der Staub. Es roch nach Gasoline, nach Schweiß, nach Parfüm. In der Sonne schmorend, die durch einen zerrissenen Store blendete, saß ich neben einer Dame in schwarzer Seide, neben einem alten Neger mit Aschenhaar, einem Onkel Tom, der mit zitternder Hand ein lebhaftes Enkelkind behütete, das sich mit mir, dem Fremdling, so ohne weiteres nicht abfinden konnte. Vor mir saß ein junger Arbeiter; er hörte auf die Predigt wie ein Soldat auf die letzten Meldungen von der Front. Ferner blickte ich gerade auf einen braunen, ziemlich hellen und sehr schönen Mädchenhals mit einer Unmenge von weißem Puder darauf. (Ach, diese Sehnsucht, weiß zu sein, und diese Sehnsucht, glattes Haar zu haben, und diese lebenslängliche Bemühung anders zu sein, als man erschaffen ist, diese große Schwierigkeit, sich selbst einmal anzunehmen, ich kannte sie und sah nur eine eigene Not einmal von außen, sah die Absurdität unserer Sehnsucht, anders sein zu wollen, als man ist!) ... Nach dem Gebet, als wir uns wieder setzten, öffnete sich die Seitentüre, und aus dem Hof, wo das leidige Gasoline hereinstank, erschien der Chor der Engel, etwa zwanzig Negerinnen in weißen Kleidern. Florence dabei, dazu etwa zwanzig Neger in weißen Hemden und schwarzen Krawatten, alle mit einem schwarzen Buch in der Hand. Jetzt war die Bühne voll. Mit einem Triumph, als wäre man soeben im Gelobten Land eingetroffen, setzte es ein, das Klavier und dann die Stimmen: leise zuerst, summend wie ein heißes Sommerfeld, wie aus der Ferne hörte man einen uralten Strom von Klage, dumpf und eintönig wie Wellen, ein langsames Anschwellen dann, das mit der Zeit alles überflutete, ein Tosen von Stimmen, halb Zorn und halb Jauchzen, ein gewaltiger Gesang, der wieder versinkt und verrinnt, ohne wirklich aufzuhören, ein endloser Strom von Sehnsucht, breit wie der Mississippi, eine Männerstimme tönt noch einmal wie eine helle Fanfare darüber hinaus, laut und einsam hart, selig in Hoffnung, dann bleibt das seltsame Schwirren, das stimmlose Summen wie über einem glühenden Sommerfeld, die Hitze im Saal, der tanzende Staub in der Sonne, die durch den zerrissenen Store blendet, der Geruch von Gasoline und Schweiß und Parfüm.

Nach drei Wochen verschwand Joe.

Wieder hörte ich das Geklapper der Stöckelschuhe, Florence war da, wenn auch vermählt, und sie rief sogar zu meinem Fenster hinauf, ich sauste die steile Treppe hinunter, wunderbarerweise ohne zu stolpern, wennschon ich den Geländerpfosten ausriß, und hinaus an den Teertonnenzaun, wo Florence schon jenseits der Brombeeren stand.

»What about your cat?« fragte sie.

Sie hatte das Biest sogar auf ihrem Arm.

»D' you know she's hurt?« sagte sie, »awfully hurt!«

Das war die Wunde an der Schnauze.

»And you don't feel any pity for her?« sagte sie, »you are cruel, you don't love her.«

Und damit bot sie mir das Biest herüber.

»You should love her!«

»Why should I?«

»Of course, you should!«

Das war mein Verhältnis zu der Mulattin namens Florence, und heute noch, wenn ich Stöckelschuhe höre, denke ich an Florence; leider fällt mir dabei auch immer die Katze ein.

PETER WEISS

Der Schatten des Körpers des Kutschers

Die Abendmahlzeit nehmen wir, wie alle anderen Mahlzeiten, am Tisch in der Küche ein. Trotz der Reichhaltigkeit des Geschirrs im Wandschrank wird mit einem Mindestmaß an Tellern, Trinkgefäßen, Schüsseln und Bestecken gedeckt, so daß ein etwaiges Vorgericht und ein etwaiges Nachgericht auf dem selben Teller wie das Hauptgericht, einem tiefen Teller aus weißem Porzellan, verzehrt wird. Als Eßwerkzeug wird nur ein Zinnlöffel verwendet, zu allen Gängen, sowie zum Umrühren im Becher, aus dem man sein Wasser, sein Bier, seinen Wein oder Kaffee trinkt. Auf die Reinlichkeit der Tischplatte wird, im Gegensatz zum Fußboden, der mehrmals täglich von der Haushälterin gescheuert wird, kein Wert gelegt; so ist die Platte noch voll von Mehl und Teigklumpen, und von getrockneten Brotkrumen und Fleischfädchen vorhergegangener Mahlzeiten. Dies ist die Ordnung in der die Gäste um den Tisch sitzen; auf dem Schemel zur oberen Schmalseite des Tisches, nächst dem Herd, sitzt die Haushälterin; zu ihrer Linken auf der Bank vor der Fensterwand sitzt der Hauptmann, in einem schwarzen, weißgestreiften, altmodisch geschnittenen Gehrock, ebensolchen Hosen, einer grauen Weste, die, trotz sorgfältiger Pflege, einigen Flecken im Laufe der Jahre nicht entgehen konnte, einem weißen Hemd mit hohem Stehkragen und einer schwarzen, mit einer Perlennadel am Hemd befestigten Krawatte; links neben dem Hauptmann sitzt Herr Schnee, abends in seinen seidenen Hausrock gehüllt; links neben Herrn Schnee sitzt der Doktor, den Kopf mit dicken Verbänden umwickelt, ein Pflaster quer über der Nase und ein Pflaster auf der Oberlippe, einen Verband um den Hals, Verbände um die Handgelenke, unförmlich dicke Bandagen an den Beinen, sein Mund hart zusammengepreßt über dem Schmerz der seinen ganzen Körper zu erfüllen scheint und der ihm aus dem Mund ausbrechen will, seine Augen unter einer schwarzen Brille verborgen. An der anderen Schmalseite des Tisches sitzt der Hausknecht, die Mütze auf dem Kopf; ihm zur Linken an der anderen Längsseite des Tisches sitzt der Schneider, in seinem fadenscheinigen, zusammengeflickten Anzug, scheckig wie ein Harlekin, und jetzt, da er sich zu dieser Begegnung gesammelt hat, mit Bewegungen die so durchdacht sind, daß sie ständig über sich selbst hinaussteigen, große Bogen, verschnörkelte Arabesken und fuchtelnde Winkel beschreibend. Links neben dem Schneider sitze ich. Zu meiner Linken sitzt niemand; der Platz ist leer und wartet auf einen neuen Gast. (Die Familie, die das Zimmer neben der Küche bewohnt, nimmt an unseren Mahlzeiten nicht teil, sie führt ihren eigenen Haushalt.) In der Mitte des Tisches stehen die beiden Kochtöpfe, der eine mit Kartoffeln, der andere mit Rüben gefüllt. Die Hände, den Löffel haltend, heben sich jetzt von allen Seiten den Töpfen entgegen, die Hand der Haushälterin rot, gedunsen, walkig vom Spülwasser, die Hand des Hauptmanns mit polierten, gerillten Fingernägeln, die Hand des Doktors mit Verbandsschlingen zwischen jedem Fingeransatz, die Hand des Hausknechts fleckig von Dung und Lehm, die Hand des Schneiders zitternd, dürr, pergamenten, meine eigene Hand, meine eigene Hand, und dann keine Hand, in einem leeren Raum, der auf eine Hand wartet. Die Löffel senken sich in die Schüsseln und steigen, beladen mit Kartoffeln und Rüben, wieder daraus empor, laden die Last auf dem Teller ab und schwingen sich zurück in die Töpfe, füllen sich, leeren sich wieder über den Tellern, wandern weiter hin und her, bis jeder auf seinem Teller einen Haufen Kartoffeln und Rüben gesammelt hat, der seinem Hunger entspricht. Der größte Haufen befindet sich auf dem Teller des Hausknechts, doch der Haufen auf dem Teller des Schneiders ist fast ebenso groß, obgleich der Schneider nicht wie der Hausknecht den größten Teil des Tages im Freien und mit körperlich anstrengenden Arbeiten verbringt, sondern nur in der Stube über seinen Flicken hockt; dann folgt der Haufen auf dem Teller der Haushälterin, kaum, erst nach mehrmaligem genauen Vergleichen, von der Größe des Haufens auf Schnees Teller zu unterscheiden; danach der Haufen des Hauptmanns, der im Verhältnis zum Haufen auf dem Teller des Hausknechts schon klein ist; danach der Haufen auf meinem eigenen Teller, und diesen kann man gering nennen, doch im Verhältnis zum Haufen auf dem Teller des Doktors erscheint er immer noch groß. Die Löffel heben sich jetzt, gefüllt mit Kartoffelbrocken und Rübenstückchen, zu den Mündern empor, die Münder öffnen sich, der Mund der Haushälterin wie zu einem saugenden Kuß, indem sie den Atem schnaufend durch die Nase stößt; der Mund des Hauptmanns vorsichtig am künstlichen Gebiß manövrierend; Schnees Mund mit breit aufgezogenen, weißlich entblößten Lippen; der Mund des Doktors, zu einem mühsamen Spalt aufklaffend; der Mund des Hausknechts, vorstoßend wie ein Schnabel, die Zunge lang herausgestreckt und den Löffel erwartend; der Mund des Schneiders, gewählt aufklappend und sich erweiternd zur Maulstarre; mein eigener Mund, mein eigener Mund; und dann der leere Raum für einen neuen, noch unbekannten Mund. Während wir an unserem ersten Bissen kauen, die Haushälterin langsam, kreiselnd, mahlend, der Hauptmann mit dem Gebiß knarrend, Schnee schmatzend und tief über den Teller gebeugt, der Doktor würgend, ohne die Zähne zu rühren, mit der Zunge das Essen am Gaumen zerdrückend, der Hausknecht schlürfend, wuchtig mit den Armen auf dem Tisch liegend, der Schneider, auf den Teller des Hausknechts schielend, mit bebenden, wie Stränge vortretenden Kaumuskeln, mit der

Zunge an dem vom Speichel aufgeweichten Brei schleckend, ich, ich, und dann der von dem ich nicht weiß wie er kauen wird. So essen wir schweigend; der Hausknecht, der Schneider und die Haushälterin laden sich noch einmal auf, holen aber die übrigen Esser ein, so daß wir alle ungefähr gleichzeitig fertig sind. Zwischen den Handhabungen des Löffels werden ab und zu die Zinnbecher mit der anderen Hand ergriffen; der Becher der Haushälterin ist mit Bier gefüllt, der Becher des Hauptmanns ist mit Wasser gefüllt, Schnees Becher ist mit dunkelrotem Wein, den er aus einer in der Tasche seines Hausrocks aufbewahrten Flasche eingeschenkt hat, gefüllt, der Becher des Doktors enthält einige Wassertropfen, der Becher des Hausknechts ist mit Bier gefüllt, der Becher des Schneiders ist mit Wasser gefüllt, wie auch mein eigener Becher, und womit würde der Unbekannte sein Glas füllen. Die Becher werden an den Mund geführt und die Flüssigkeit dringt in den Mund ein, füllt den Mund aus und gleitet durch die Kehle hinab, außer beim Doktor, der nur den Mundspalt, dünn wie eine Messerkerbe, an den Wassertropfen netzt. Während der Griff der Hand um den Löffel bei allen fast der gleiche ist und man sich mehr in der Art des Handhebens, bei der Haushälterin behält der Arm und die Hand eine nahezu feste Lage und es ist der Oberkörper der sich hebt und senkt, beim Hauptmann vollzieht sich die Hebelbewegung knakkend im Armbogen, Schnees Hand führt den Löffel vom Handgelenk aus zwischen dem Teller und dem tief herabgeneigten Mund hin und her, die Hand des Hausknechts stößt den Löffel wie eine Kohleschaufel in den wie ein Ofenloch vor dem Teller aufgerissenen Mund, der Schneider ruckt und zuckt mit dem gewinkelten Arm wie eine aufgezogene Gliederpuppe, ich, ich merke in meinem Beobachten kaum wie ich esse, voneinander unterscheidet, so ist der Griff um den Becher bei allen mit starken Merkmalen versehen; die Haushälterin ergreift den Becher mit rundgewölbter Hand, sie schiebt ihre Hand unter den Becher und hebt ihn in ihrer

Hand wie in einer Schale dem Mund entgegen, der Hauptmann legt seine verbogenen Finger mit den Spitzen um den Becher, hält den Becher wie im Zangengriff einer Vogelklaue, Schnee umtastet den Becher mit seinen langen, beinweißen Fingern und während er den Becher anhebt, regen sich seine Finger wie in einer melkenden Bewegung, der Doktor drückt den Becher zwischen die freie Hand und die Hand die den Löffel hält und in gemeinsamer Anstrengung klemmen die Hände den Becher dem Mund entgegen, der Hausknecht legt seine Hand wie einen Erdwall um den Becher und kippt den Becher in den herankommenden Mund, der Schneider, der, wenn er nicht trinkt, die Hand flach ausgestreckt als Deckel auf dem Becher liegen hat, klappt, zum Trinken, die Hand zur Seite, schnappt dann den Daumen herab und dann die Finger herum und befördert den Becher wie in einer Schachtel empor, ich selbst, ich fühle die kühle Zinnrundung im Innern der Hand. Folgende Zwischenfälle ereigneten sich während der Mahlzeit; zu Beginn, kaum daß wir Platz genommen hatten, war der Ruf der Krähe von den Feldern her zu vernehmen, es war ein einziger Ruf, mit demselben, an Harm erinnernden Klang wie zuvor. Als unsere Löffel auf den angefüllten Tellern zu schürfen begannen hörte man auch durch die Wand das Klappern von Geschirr auf dem Tisch der Familie; der Säugling plärrte, beruhigte sich aber bald, wahrscheinlich wurde er von der Mutter an die Brust genommen; ein Geräusch als schlüge ein Zinnlöffel an einen Zinnbecher wurde deutlich nebenan, daraufhin war es mehrere Sekunden lang völlig still hinter der Wand, worauf ein anderes Geräusch erklang, wie von einem auf einen Körper hart niederfahrenden Riemen, mehrmals wiederholt, bis es wieder still wurde; bald darauf war das gewöhnliche Scheppern des Geschirrs wieder im Gange. Ein Hustenanfall des Schneiders war, neben dem einmaligen erstickten Aufstöhnen des Doktors, das einzige was das Ebenmaß unserer Mahlzeit unterbrach; sonst ist nur noch das Erscheinen und Verschwinden eines schwarzen mittelgroßen Käfers zu vermerken; er fiel aus dem Rauchfang auf die Ofenplatte, hatte das Glück, auf die Beine zu geraten (wäre er auf den Rücken gefallen so hätte ihn die Hitze der Platte verkohlt) und lief eilig zur Ofenkante, von wo aus er zum Abwaschbecken hinabblickte. Seine vorgestemmten Beine suchten sich zum Ansatz des Abwaschbeckens hinab, der Körper folgte nach, und so glitt er in die Tiefe; ich richtete mich auf und sah ihn in einem der Löcher des Bodensiebes verschwinden. Welcher Tod, fragte ich mich, ist für einen Käfer der leichteste, oder mindest qualvolle, der Tod des Verbrennens auf einer Ofenplatte oder der Tod des Ertrinkens in einem Ausgußrohr. Den Kaffee nehmen wir in der Diele ein, nachdem die Teller, von den Gästen übereinandergestellt, von der Haushälterin zum Abwaschbecken getragen, und die Becher, von der Haushälterin aus der blauen Kanne gefüllt, von den Gästen durch die Küche getragen worden waren, und die Gäste aus der Zuckerschale, von der Haushälterin aus der Speisekammer herbeigetragen, ein Zuckerstück genommen und es in die Tasse gelegt, und die Gäste, mit einem Löffel, von allen, außer dem Doktor, vorher abgeleckt, in den Bechern rührend, die Schwelle überschritten und in der Diele Platz genommen hatten; die Haushälterin auf dem Stuhl vor der Nähmaschine, der Hauptmann auf seinem von Ziegelsteinen gestützten Sessel, Rücken an Rücken mit dem Sessel, auf dem sich Herr Schnee niedergelassen hatte, der Doktor auf dem Schirmständer, der Hausknecht auf einem Klappstuhl, den er unter der Treppennische hervorgezogen hatte, der Schneider ganz im Schatten auf dem Fußboden in der Nähe der Haustür und ich selbst auf der dritten Stufe der Treppe. Kaum hat jeder seinen Platz gefunden und die Kante des Bechers an die Lippen gesetzt und den schwarzen heißen Kaffee an die Zungenspitze rinnen gefühlt, so öffnet sich die Tür zum Zimmer, in dem die Familie wohnt, und der Vater tritt heraus, auch er in der Hand einen Zinnbecher, in dem er mit einem Zinnlöffel rührt, und nach ihm die Mutter, mit einem ebensolchen Becher und Löffel, und nach der Mutter der Sohn, in jeder Hand einen Stuhl tragend. Zwischen dem Stuhl der Haushälterin und den Sesseln des Hauptmanns und des Herrn Schnee stellt er die Stühle ab und schiebt sie unter den Vater und die Mutter, die sich auf den Stühlen niederlassen; dann wendet er sich um und geht in das Zimmer zurück und schließt die Tür hinter sich. Aus der Einförmigkeit der gemeinsamen Mahlzeit in der Küche entwickelt sich hier in der Diele eine Vielfalt von Geschehnissen. Die Unregelmäßigkeit der Verteilung der Gäste im Raum schafft schon zu Anfang ein schwer überblickbares Muster in der Verkettung der Bewegungen und Laute. Die Haushälterin stellt den Becher auf der Nähmaschine ab und greift in die Schublade des Nähtisches, wo die Knöpfe zwischen ihren Fingern klirren; der Schneider zieht schnarrend die Beine an und schlägt sie übereinander, dann entnimmt er seiner rückwärtigen Hosentasche die Pfeife und beginnt, sie mit Tabak, den er aus seiner seitlichen Hosentasche gezogen hat, zu stopfen; auch der Hauptmann greift in eine Tasche, in die Brusttasche seiner Weste, nimmt ein silbernes Etui hervor, klopft auf den Dekkel, läßt den Deckel aufschnappen, wendet sich über die Rückenlehne des Sessels, reicht das Etui über Schnees Schulter, Schnee wendet sich ihm entgegen, läßt seine knöcherne Hand in großem Bogen in das Etui hineinstoßen, hebt eine Zigarette heraus, worauf der Hauptmann das Etui zurückführt, selbst eine Zigarette dem Etui entnimmt, das Etui zuklappen läßt und in die Brusttasche zurücksteckt. Dann greift der Hauptmann in seine Hosentasche und läßt die Hand mit einem Feuerzeug hervortreten; die Hand mit dem Feuerzeug schwingt sich über die Sessellehne, Schnee wendet sein Gesicht dem Feuerzeug entgegen, die Finger des Hauptmanns schlagen Feuer und Schnee saugt, mit der Zigarette im Mund, an der Flamme. Das über die Rückenlehne gewendete Gesicht des Hauptmanns liegt nahe an Schnees Gesicht, beider Augen sind seitwärts auf das Feuerzeug gerichtet und die Flamme spiegelt sich in ihren Pupillen; nachdem die Glut an der Spitze von Schnees Zigarette leuchtet und dieser eine Wolke blauen Rauches zwischen den Lippen hervorstößt, führt der Hauptmann die Flamme an die eigene Zigarette, und Schnee sieht ihm zu, wie er an der Zigarette saugt und wie auch diese Zigarette zu glühen beginnt und der Rauch aus dem Mund des Hauptmanns quillt. Der Vater beugt sich vor und ergreift die Säbelscheide, die noch vom Nachmittag, an dem der Hauptmann sich mit ihr beschäftigt haben mochte, her über der Sessellehne hängt; er hebt sie zu sich heran und befühlt sie; der Hauptmann wendet sich ihm zu, greift nach dem Gurt, an dem die Scheide befestigt ist, schiebt die Scheide weiter zum Vater hinüber, läßt den Gurt aber nicht los. Während sie Worte, die ich auf Grund der Entfernung und ihres leisen Sprechens nicht verstehen kann, miteinander wechseln, beugt sich der Vater noch weiter vor, und der Hauptmann beugt sich noch weiter dem Vater entgegen, den Gurt fest in der Hand, und der Vater streicht mit den Fingern über die Scheide, bis zum Gurt hinauf, und steckt den Zeigefinger in die Scheide. Auch Schnee wendet sich dem Säbel zu und von den Worten, mit denen er zum Gespräch beiträgt, unterscheide ich Rost und säubern. Die Mutter ist indessen näher an die Haushälterin herangerückt und auch zwischen ihr und der Haushälterin werden Worte ausgetauscht, von denen mir einige verständlich sind, wie Brei, einfädeln, lüften, der Junge aufs Kind aufpassen, später noch abwaschen, für den Sonntag, Futter geben, Brust geben, weh, drückt mir so. Die Haushälterin hat ein leinenes Hemd aus der unteren Lade des Tisches gezogen und beginnt, einen Knopf am Halsansatz anzunähen; Schnee nimmt aus der einen Tasche seines Hausrocks, aus der anderen ragt der Flaschenhals hervor, ein paar kleine Steine, wägt sie in der Hand und hält sie über die Säbelscheide, unter die Blicke des Hauptmanns und des Vaters; mit Schnees eigenem Blick sammeln sich die

Blicklinien zu einem Strahlenbündel auf den Steinen; ich vernehme einige der Worte aus der Folge der Sätze, die Schnee ausspricht, wie besonders, ausgetrocknet, durchsetzt, nur noch zwei, werde morgen versuchen, einmal tiefer, von dort aus, wieder nicht, doch noch, wenn man einmal, es könnte schon sein. Der Vater streckt die Hand, die er in die Säbelscheide gesteckt hatte, nach den Steinen aus und betastet diese, und von seinen Worten unterscheide ich, haben natürlich, vielleicht arbeiten, treibt sich nur herum, zu nichts nutze, werd ihn gleich fragen. Daraufhin wendet er sich zur Tür zum Zimmer der Familie und pfeift zwischen den Zähnen; drinnen im Zimmer ist ein Poltern zu hören, als würde ein Stuhl umgeworfen, die Tür wird aufgerissen und der Sohn erscheint, springt mit hochgezogenen Schultern über die Schwelle, läßt die Tür hinter sich offen stehen, springt durch die Diele, am Stuhl der Mutter und der Haushälterin vorbei, wobei er an die Lampe stößt und die Lampe mit wehenden Fransen hin und her schwingt, auf den Stuhl des Vaters zu. Der Vater hebt die Hand und befestigt seinen Zeigefinger im obersten Knopfloch der Jacke des Sohnes, den Becher mit dem Daumen, dem Mittelfinger, Ringfinger und kleinen Finger festhaltend, und zieht den Oberkörper des Sohnes zu sich herab. In dem von einer von der Decke herabhängenden Glühbirne erleuchteten Zimmer der Familie kann ich den Säugling auf der grünen Decke des Bettes liegen sehen, die Beine emporgestreckt und mit den Händen nach den Füßen tastend, manchmal einen Zeh ergreifend und wieder verlierend, den Kopf mit Anstrengung aufrichtend und wieder fallen lassend. Aus dem Gespräch, in das der Sohn hineingezogen wird, kann ich folgendes vernehmen, Worte des Vaters wie Frühe, Nutzen, Herrn Schnees Tätigkeit, lange genug zugesehen, einmal zeigen, Karren, Schaufel, Sand sieben, acht, neue Steine, wegschaffen, putzen, einreihen; Worte von Herrn Schnee ausgesprochen wie natürlich, vorsichtig sein, sorgfältig, verstehen was es geht, bisher dreitausendsiebenhundertzweiundsiebzig Steine, von Grund auf lernen, auch mit Lohn rechnen; eingefügte Worte des Hauptmanns wie besser, sehr wohl, nicht das schlechteste, zu meiner Zeit, viel geändert. Der Sohn blickt während der Verhandlungen nicht auf den Vater und nicht auf Herrn Schnee oder die hingehaltenen Steine, sondern hinüber zu mir; seine Haare hängen ihm über die zu Längsfalten gerunzelte Stirn, seine Lippen schaben an den Zähnen und die Haut zuckt um seine tief in den Höhlen liegenden, schwarz aus dem Weißen hervorstarrenden Augen. Die Mutter, die ihr Gesicht dicht über die Handarbeit der Haushälterin gebeugt hatte, richtet sich jetzt auf und biegt sich weit zur Seite, mit dem Arm nach dem Sohn ausgestreckt, sie zupft den Sohn am Saum der Jacke, Schnee knipst mit dem langen Nagel seines Zeigefingers an einen der Steine, der Hauptmann zieht die Säbelscheide zu sich heran und langsam gleitet sie durch die Hand des Vaters, die Mutter zerrt am Saum der Jacke des Sohnes, die Jacke ist von den Schultern des Sohnes hochgehoben, und unter der ziehenden Hand der Mutter rutscht die Jacke, mit den herabsinkenden Schultern des Sohnes, nach unten, bis der Saum der Jacke wie ein Rocksaum über seinen Knieen hängt und die Schultern zu einer schrägen Ebene herabgeflossen sind. Der Hauptmann hat die Scheide des Säbels aus der Hand des Vaters herausgezogen, er hebt die Scheide und schlägt damit leicht auf die niederhängende Schulter des Sohnes, währenddessen hält die Mutter noch den Jackensaum des Sohnes fest und der Zeigefinger des Vaters ist noch im Knopfloch der Jacke des Sohnes verhakt. Aus dem Schatten unter der Treppe kommen Geräusche die auf eine Veränderung der Lage hindeuten und ich sehe jetzt, daß der Schneider, wahrscheinlich kriechend, sich dem Hausknechte genähert hat und dies wahrscheinlich, weil der Hausknecht ihn mit einem Kartenspiel herbeigewinkt hat. Die Hand des Hausknechts verteilt die Karten mit klatschenden Schlägen auf dem Boden, so daß vor ihm ein wachsender Haufen liegt und ein anderer vor dem Schneider. Dann ordnen sie die Karten in der Hand, worauf der Hausknecht, tief von seinem Klappstuhl herabgebeugt, eine Karte hervorzieht und sie mit Wucht auf den Boden wirft, und der Schneider, hockend mit übereinandergeschlagenen Beinen, dieselbe Geste, doch ausführlicher, noch einmal vollzieht. Auf diese Weise geht es hin und her zwischen ihnen, und hinter ihnen, rücklings an den Schirmständer gestützt, ist der Doktor zu sehen, mit schmerzhaft verzogenem Gesicht, mit der einen Hand den Verband am Gelenk der anderen Hand abwickelnd. Zwischen den Kartenschlägen nehmen der Hausknecht und der Schneider hier und da einen Schluck aus dem Becher, den sie neben sich auf den Fußboden gestellt haben, auch der Hauptmann und Herr Schnee nehmen zuweilen einen Schluck aus dem Becher, den Schnee auf seinem einen Knie balanciert und der Hauptmann zwischen seinen beiden Knieen festklemmt. Auch der Vater nimmt einen Schluck aus dem Becher, wobei er die Brust des Sohnes mit dem immer noch festgehakten Zeigefinger zu sich heranzieht, und auch die Mutter, die sich wieder vom Sohn abgewendet hat, trinkt aus dem Becher, den sie neben den Becher der Haushälterin auf die Nähmaschine abgestellt hat, und auch die Haushälterin unterbricht dann und wann ihre Arbeit und schlürft einen Schluck, und auch ich nehme einen Schluck aus dem Becher, dessen warme Rundung zwischen meinen Händen liegt. Die bloßgelegten Teile des Verbandes am Handgelenk des Doktors weisen Flecke von Blut und Eiter auf; er wickelt langsam weiter, während er das abgewickelte Ende zusammenrollt, und die Hand der Haushälterin mit der Nadel und dem Faden gleitet auf und ab, und die Mutter lehnt ihren Kopf zurück und gähnt mit weit aufgerissenem Mund, und der Zeigefinger des Vaters läßt das Knopfloch in der Jacke des Sohnes los, und Schnees Hand mit den Steinen senkt sich in die Tasche des Hausrocks zurück, und der Hauptmann hebt die Schöße seines Gehrocks und knöpft sich den Gurt mit der Säbelscheide um, und der Doktor löst, mit verzerrtem Mund, das letzte Stück des Verbandes vom Handgelenk und blickt auf die sichtbar gewordene flammend rote Haut, und der Hauptmann und Herr Schnee lehnen die Köpfe an die Sessellehnen, so daß ihre Hinterköpfe einander berühren, und der Schneider, nach dem ersten vollendeten Umgang des Spiels, mischt jetzt die Karten; und der Sohn schleicht rückwärts auf Zehenspitzen davon, auf die offene Tür zum Zimmer der Familie zu, und die Zähne der Haushälterin beißen den Faden ab, und die Mutter kratzt sich unter den Brüsten, und der Doktor verläßt seinen Platz und kommt auf die Treppe zu, mit der einen Hand das wunde Gelenk der anderen Hand umfassend, und der Schneider verteilt die Spielkarten, und die Haushälterin wühlt in den Knöpfen in der Lade und hebt einen neuen Knopf hervor, den sie an den Latz des Hemdes hält, und der Sohn erreicht, rückwärts gehend die Türschwelle, tritt über die Türschwelle und zieht die Tür, rückwärts ins Zimmer gehend, vor sich zu, und der Doktor geht an mir vorüber, die knarrenden Stufen hinauf, ich rücke zur Seite, ich höre ihn leise stöhnen; in der ausgebuchteten Tasche seiner Jacke steht der Becher in dem der Kaffee gluckst.

INGEBORG BACHMANN

Alles

Wenn wir uns, wie zwei Versteinte, zum Essen setzen oder abends an der Wohnungstür zusammentreffen, weil wir beide gleichzeitig daran denken, sie abzusperren, fühle ich unsere Trauer wie ein Bogen, der von einem Ende der Welt zum anderen reicht – also von Hanna zu mir –, und an dem gespannten Bogen einen Pfeil bereitet, der den unbewegten Himmel ins Herz treffen müßte. Wenn wir zurückgehen durch das Vorzimmer, ist sie zwei Schritte vor mir, sie geht ins Schlafzimmer, ohne »Gute Nacht« zu sagen, und ich flüchte mich in mein Zimmer, an meinen Schreibtisch, um dann vor mich hinzustarren, ihren gesenkten Kopf vor Augen und ihr Schweigen im Ohr. Ob sie sich hinlegt und zu schlafen versucht oder wach ist und wartet? Worauf? – da sie nicht auf mich wartet!

Als ich Hanna heiratete, geschah es weniger ihretwegen, als weil sie das Kind erwartete. Ich hatte keine Wahl, brauchte keinen Entschluß zu fassen. Ich war bewegt, weil sich etwas vorbereitete, das neu war und von uns kam, und weil mir die Welt zuzunehmen schien. Wie der Mond, gegen den man sich dreimal verbeugen soll, wenn er neu erscheint und zart und hauchfarben am Anfang seiner Bahn steht. Es gab Augenblicke der Abwesenheit, die ich vorher nicht gekannt hatte. Selbst im Büro – obwohl ich mehr als genug zu tun hatte – oder während einer Konferenz entrückte ich plötzlich in diesen Zustand, in dem ich mich nur dem Kind zuwandte, diesem unbekannten, schemenhaften Wesen, und ihm entgegenging mit all meinen Gedanken bis in den warmen lichtlosen Leib, in dem es gefangen lag.

Das Kind, das wir erwarteten, veränderte uns. Wir gingen kaum mehr aus und vernachlässigten unsere Freunde; wir suchten eine größere Wohnung und richteten uns besser und endgültiger ein. Aber des Kindes wegen, auf das ich wartete, begann alles sich für mich zu verändern; ich kam auf Gedanken, unvermutet, wie man auf Minen kommt, von solcher Sprengkraft, daß ich hätte zurückschrecken müssen, aber ich ging weiter, ohne Sinn für die Gefahr.

Hanna mißverstand mich. Weil ich nicht zu entscheiden wußte, ob der Kinderwagen große oder kleine Räder haben solle, schien ich gleichgültig. (Ich weiß wirklich nicht. Ganz wie du willst. Doch, ich höre.) Wenn ich mit ihr in Geschäften herumstand, wo sie Hauben, Jäckchen und Windeln aussuchte, zwischen Rosa und Blau, Kunstwolle und echter Wolle schwankte, warf sie mir vor, daß ich nicht bei der Sache sei. Aber ich war es nur zu sehr.

Wie soll ich bloß ausdrücken, was in mir vorging? Es erging mir wie einem Wilden, der plötzlich aufgeklärt wird, daß die Welt, in der er sich bewegt, zwischen Feuerstätte und Lager, zwischen Sonnenaufgang und Sonnenuntergang, zwischen Jagd und Mahlzeit, auch die Welt ist, die Jahrmillionen alt ist und vergehen wird, die einen nichtigen Platz unter vielen Sonnensystemen hat, die sich mit großer Geschwindigkeit um sich selbst und zugleich um die Sonne dreht. Ich sah mich mit einemmal in anderen Zusammenhängen, mich und das Kind, das zu einem bestimmten Zeitpunkt, Anfang oder Mitte November, an die Reihe kommen sollte mit seinem Leben, genauso wie einst ich, genau wie alle vor mir.

Man muß es sich nur recht vorstellen. Diese ganze Abstammung! Wie vorm Einschlafen die schwarzen und weißen Schafe (ein schwarzes, ein weißes, ein schwarzes, ein weißes, und so fort), eine Vorstellung, die einen bald stumpf und dösig und bald verzweifelt wach machen kann. Ich habe nach diesem Rezept nie einschlafen können, obwohl Hanna, die es von ihrer Mutter hat, beschwört, es sei beruhigender als ein

Schlafmittel. Vielleicht ist es für viele beruhigend, an diese Kette zu denken: Und Sem zeugte Arpachsad. Als Arpachsad fünfunddreißig Jahre alt war, zeugte er den Selah. Und Selah zeugte den Heber. Und Heber den Peleg. Als Peleg dreißig Jahre alt war, zeugte er den Regu, Regu den Serug und Serug den Nahor, und jeder außerdem noch viele Söhne und Töchter danach, und die Söhne zeugten immer wieder Söhne, nämlich Nahor den Tharah und Tharah den Abram, den Nahor und den Haran. Ich probierte ein paarmal, diesen Prozeß durchzudenken, nicht nur nach vorn, sondern auch nach hinten, bis zu Adam und Eva, von denen wir wohl kaum abstammen, oder bis zu den Hominiden, von denen wir vielleicht herkommen, aber es gibt in jedem Fall ein Dunkel, in dem diese Kette sich verliert, und daher ist es auch belanglos, ob man sich an Adam und Eva oder an zwei andere Exemplare klammert. Nur wenn man sich nicht anklammern möchte und besser fragt, wozu jeder einmal an der Reihe war, weiß man mit der Kette nicht ein und aus und mit all den Zeugungen nichts anzufangen, mit den ersten und letzten Leben nichts. Denn jeder kommt nur einmal an die Reihe für das Spiel, das er vorfindet und zu begreifen angehalten wird: Fortpflanzung und Erziehung, Wirtschaft und Politik, und beschäftigen darf er sich mit Geld und Gefühl, mit Arbeit und Erfindung und der Rechtfertigung der Spielregel, die sich Denken nennt.

Da wir uns aber schon einmal so vertrauensvoll vermehren, muß man sich wohl abfinden. Das Spiel braucht die Spieler. (Oder brauchen die Spieler das Spiel?) Ich war ja auch so vertrauensvoll in die Welt gesetzt worden, und nun hatte ich ein Kind in die Welt gesetzt.

Jetzt zitterte ich schon bei dem Gedanken.

Ich fing an, *alles* auf das Kind hin anzusehen. Meine Hände zum Beispiel, die es einmal berühren und halten würden, unsere Wohnung im dritten Stock, die Kandlgasse, den VII. Bezirk, die Wege kreuz und quer durch die Stadt bis hinunter zu den Praterauen und schließlich die ganze angeräumte Welt, die ich ihm erklären würde. Von mir sollte es die Namen hören: Tisch und Bett, Nase und Fuß. Auch Worte wie: Geist und Gott und Seele, meinem Dafürhalten nach unbrauchbare Worte, aber verheimlichen konnte man sie nicht, und später Worte, so komplizierte wie: Resonanz, Diapositiv, Chiliasmus und Astronautik. Ich würde dafür zu sorgen haben, daß mein Kind erfuhr, was alles bedeutete und wie alles zu gebrauchen sei, eine Türklinke und ein Fahrrad, ein Gurgelwasser und ein Formular. In meinem Kopf wirbelte es.

Als das Kind kam, hatte ich natürlich keine Verwendung für die große Lektion. Es war da, gelbsüchtig, zerknittert, erbarmungswürdig, und ich war auf eins nicht vorbereitet – daß ich ihm einen Namen geben mußte. Ich einigte mich in aller Eile mit Hanna, und wir ließen drei Namen ins Register eintragen. Den meines Vaters, den ihres Vaters und den meines Großvaters. Von den drei Namen wurde nie einer verwendet. Am Ende der ersten Woche hieß das Kind Fipps. Ich weiß nicht, wie es dazu kam. Vielleicht war ich sogar mitschuldig, denn ich versuchte, wie Hanna, die ganz unerschöpflich im Erfinden und Kombinieren von sinnlosen Silben war, es mit Kosenamen zu rufen, weil die eigentlichen Namen so gar nicht passen wollten auf das winzige nackte Geschöpf. Aus dem Hin und Her von Anbiederungen entstand dieser Name, der mich immer mehr aufgebracht hat im Lauf der Jahre. Manchmal legte ich ihn sogar dem Kind selbst zur Last, als hätte es sich wehren können, als wäre alles kein Zufall gewesen. Fipps! Ich werde ihn weiter so nennen müssen, ihn lächerlich machen müssen über den Tod hinaus und uns dazu.

Als Fipps in seinem blauweißen Bett lag, wachend, schlafend, und ich nur dazu taugte, ihm ein paar Speicheltropfen oder säuerliche Milch vom Mund zu wischen, ihn aufzuheben, wenn er schrie, in der Hoffnung, ihm Erleichterung zu verschaffen, dachte ich zum erstenmal, daß auch er etwas vor-

habe mit mir, daß er mir aber Zeit lasse, dahinter zu kommen, ja unbedingt Zeit lassen wolle, wie ein Geist, der einem erscheint und ins Dunkel zurückkehrt und wiederkommt, die gleichen undeutbaren Blicke aussendend. Ich saß oft neben seinem Bett, sah nieder auf dieses wenig bewegte Gesicht, in diese richtungslos blickenden Augen und studierte seine Züge wie eine überlieferte Schrift, für deren Entzifferung es keinen Anhaltspunkt gibt. Ich war froh zu merken, daß Hanna sich unbeirrt an das Nächstliegende hielt, ihm zu trinken gab, ihn schlafen ließ, weckte, umbettete, wickelte, wie es die Vorschrift war. Sie putzte ihm die Nase mit kleinen Wattepfröpfchen und stäubte eine Puderwolke zwischen seine dicken Schenkel, als wäre ihm und ihr damit für alle Zeit geholfen.
Nach ein paar Wochen versuchte sie, ihm ein erstes Lächeln zu entlocken. Aber als er uns dann damit überraschte, blieb die Grimasse doch rätselvoll und beziehungslos für mich. Auch wenn er seine Augen immer häufiger und genauer auf uns richtete oder die Ärmchen ausstreckte, kam mir der Verdacht, daß nichts gemeint sei und daß wir nur anfingen, ihm die Gründe zu suchen, die er später einmal annehmen würde. Nicht Hanna, und vielleicht kein Mensch, hätte mich verstanden, aber in dieser Zeit begann meine Beunruhigung. Ich fürchte, ich fing damals schon an, mich von Hanna zu entfernen, sie immer mehr auszuschließen und fernzuhalten von meinen wahren Gedanken. Ich entdeckte eine Schwachheit in mir – das Kind hatte sie mich entdecken lassen – und das Gefühl, einer Niederlage entgegenzugehen. Ich war dreißig Jahre alt wie Hanna, die zart und jung aussah wie nie zuvor. Aber mir hatte das Kind keine neue Jugend gegeben. In dem Maß, in dem es seinen Kreis vergrößerte, steckte ich den meinen zurück. Ich ging an die Wand, bei jedem Lächeln, jedem Jubel, jedem Schrei. Ich hatte nicht die Kraft, dieses Lächeln, dieses Gezwitscher, diese Schreie im Keim zu ersticken. Darauf wäre es nämlich angekommen!

Die Zeit, die mir blieb, verging rasch. Fipps saß aufrecht im Wagen, bekam die ersten Zähne, jammerte viel; bald streckte er sich, stand schwankend, zusehends fester, rutschte auf Knien durchs Zimmer, und eines Tages kamen die ersten Worte. Es war nicht mehr auszuhalten, und ich wußte noch immer nicht, was zu tun war.

Was nur? Früher hatte ich gedacht, ihn die Welt lehren zu müssen. Seit den stummen Zwiesprachen mit ihm war ich irregeworden und anders belehrt. Hatte ich es, zum Beispiel, nicht in der Hand, ihm die Benennung der Dinge zu verschweigen, ihn den Gebrauch der Gegenstände nicht zu lehren? Er war der erste Mensch. Mit ihm fing alles an, und es war nicht gesagt, daß alles nicht auch ganz anders werden konnte durch ihn. Sollte ich ihm nicht die Welt überlassen, blank und ohne Sinn? Ich mußte ihn ja nicht einweihen in Zwecke und Ziele, nicht in Gut und Böse, in das, was wirklich ist und was nur so scheint. Warum sollte ich ihn zu mir herüberziehen, ihn wissen und glauben, freuen und leiden machen! Hier, wo wir stehen, ist die Welt die schlechteste aller Welten, und keiner hat sie verstanden bis heute, aber wo er stand, war nichts entschieden. Noch nichts. Wie lange noch?

Und ich wußte plötzlich: alles ist eine Frage der Sprache und nicht nur dieser einen deutschen Sprache, die mit anderen geschaffen wurde in Babel, um die Welt zu verwirren. Denn darunter schwelt noch eine Sprache, die reicht bis in die Gesten und Blicke, das Abwickeln der Gedanken und den Gang der Gefühle, und in ihr ist schon all unser Unglück. Alles war eine Frage, ob ich das Kind bewahren konnte vor unserer Sprache, bis es eine neue begründet hatte und eine neue Zeit einleiten konnte.

Oft ging ich mit Fipps allein aus dem Haus, und wenn ich an ihm wiederfand, was Hanna an ihm begangen hatte, Zärtlichkeiten, Koketterien, Spielereien, entsetzte ich mich. Er geriet uns nach. Aber nicht nur Hanna und mir, nein, den

Menschen überhaupt. Doch es gab Augenblicke, in denen er sich selbst verwaltete, und dann beobachtete ich ihn inständig. Alle Wege waren ihm gleich. Alle Wesen gleich. Hanna und ich standen ihm gewiß nur näher, weil wir uns andauernd in seiner Nähe zu schaffen machten. Es war ihm gleich. Wie lange noch?
Er fürchtete sich. Aber noch nicht vor einer Lawine oder einer Niedertracht, sondern vor einem Blatt, das an einem Baum in Bewegung geriet. Vor einem Schmetterling. Die Fliegen erschreckten ihn maßlos. Und ich dachte: wie wird er leben können, wenn erst ein ganzer Baum sich im Wind biegen wird und ich ihn so im unklaren lasse!
Er traf mit einem Nachbarskind auf der Treppe zusammen; er griff ihm ungeschickt mitten ins Gesicht, wich zurück, und wußte vielleicht nicht, daß er ein Kind vor sich hatte. Früher hatte er geschrien, wenn er sich schlecht fühlte, aber wenn er jetzt schrie, ging es um mehr. Vor dem Einschlafen geschah es oft oder wenn man ihn aufhob, um ihn zu Tisch zu bringen, oder wenn man ihm ein Spielzeug wegnahm. Eine große Wut war in ihm. Er konnte sich auf den Boden legen, im Teppich festkrallen und brüllen, bis sein Gesicht blau wurde und ihm Schaum vor dem Mund stand. Im Schlaf schrie er auf, als hätte sich ein Vampir auf seine Brust gesetzt. Diese Schreie bestärkten mich in der Meinung, daß er sich noch zu schreien traute und seine Schreie wirkten.
O eines Tages!
Hanna ging mit zärtlichen Vorwürfen herum und nannte ihn ungezogen. Sie drückte ihn an sich, küßte ihn oder blickte ihn ernst an und lehrte ihn, seine Mutter nicht zu kränken. Sie war eine wundervolle Versucherin. Sie stand unentwegt über den namenlosen Fluß gebeugt und wollte ihn herüberziehen, ging auf und ab an unserem Ufer und lockte ihn mit Schokoladen und Orangen, Brummkreiseln und Teddybären.
Und wenn die Bäume Schatten warfen, meinte ich, eine Stimme zu hören: Lehr ihn die Schattensprache! Die Welt ist

ein Versuch, und es ist genug, daß dieser Versuch immer in derselben Weise wiederholt worden ist mit demselben Ergebnis. Mach einen anderen Versuch! Laß ihn zu Schatten gehn! Das Ergebnis war bisher: ein Leben in Schuld, Liebe und Verzweiflung. (Ich hatte begonnen, an alles im allgemeinen zu denken; mir fielen dann solche Worte ein.) Ich aber könnte ihm die Schuld ersparen, die Liebe und jedes Verhängnis und ihn für ein anderes Leben freimachen.
Ja, sonntags wanderte ich mit ihm durch den Wienerwald, und wenn wir an ein Wasser kamen, sagte es in mir: Lehr ihn die Wassersprache! Es ging über Steine. Über Wurzeln. Lehr ihn die Steinsprache! Wurzle ihn neu ein! Die Blätter fielen, denn es war wieder Herbst. Lehr ihn die Blättersprache!
Aber da ich kein Wort aus solchen Sprachen kannte oder fand, nur meine Sprache hatte und nicht über deren Grenze gelangen konnte, trug ich ihn stumm die Wege hinauf und hinunter und wieder heim, wo er lernte, Sätze zu bilden und in die Falle ging. Er äußerte schon Wünsche, sprach Bitten aus, befahl oder redete um des Redens willen. Auf späteren Sonntagsgängen riß er Grashalme aus, hob Würmer auf, fing Käfer ein. Jetzt waren sie ihm schon nicht mehr gleich, er untersuchte sie, tötete sie, wenn ich sie ihm nicht noch rechtzeitig aus der Hand nahm. Zu Hause zerlegte er Bücher und Schachteln und seinen Hampelmann. Er riß alles an sich, biß hinein, betastete alles, warf es weg oder nahm es an! O eines Tages. Eines Tages würde er Bescheid wissen.
Hanna hat mich, in dieser Zeit, als sie noch mitteilsamer war, oft auf das, was Fipps sagte, aufmerksam gemacht; sie war bezaubert von seinen unschuldigen Blicken, unschuldigen Reden und seinem Tun. Ich aber konnte überhaupt keine Unschuld in dem Kind entdecken, seit es nicht mehr wehrlos und stumm wie in den ersten Wochen war. Und damals war es wohl nicht unschuldig, sondern nur unfähig zu einer Äußerung gewesen, ein Bündel aus feinem Fleisch

und Flachs mit dünnem Atem, mit einem riesigen dumpfen Kopf, der wie ein Blitzableiter die Botschaften der Welt entschärfte.
In einer Sackgasse neben dem Haus durfte der ältere Fipps öfter mit anderen Kindern spielen. Einmal, gegen Mittag, als ich nach Hause wollte, sah ich ihn mit drei kleinen Buben Wasser in einer Konservenbüchse auffangen, das längs dem Randstein abfloß. Dann standen sie im Kreis, redeten. Es sah wie eine Beratung aus. (So berieten Ingenieure, wo sie mit den Bohrungen beginnen, wo den Einstich machen sollten.) Sie hockten sich auf das Pflaster nieder, und Fipps, der die Büchse hielt, war schon dabei, sie auszuschütten, als sie sich wieder erhoben, drei Pflastersteine weitergingen. Aber auch dieser Platz schien sich für das Vorhaben nicht zu eignen. Sie erhoben sich noch einmal. Es lag eine Spannung in der Luft. Welch männliche Spannung! Es mußte etwas geschehen! Und dann fanden sie, einen Meter entfernt, den Ort. Sie hockten sich wieder nieder, verstummten, und Fipps neigte die Büchse. Das schmutzige Wasser floß über die Steine. Sie starrten darauf, stumm und feierlich. Es war geschehen, vollbracht. Vielleicht gelungen. Es mußte gelungen sein. Die Welt konnte sich auf diese kleinen Männer verlassen, die sie weiter brachten. Sie würden sie weiterbringen, dessen war ich nun ganz sicher. Ich ging ins Haus, nach oben, und warf mich auf das Bett in unserem Schlafzimmer. Die Welt war weitergebracht worden, der Ort war gefunden, von dem aus man sie vorwärtsbrachte, immer in dieselbe Richtung. Ich hatte gehofft, mein Kind werde die Richtung nicht finden. Und einmal, vor langer Zeit, hatte ich sogar gefürchtet, daß es sich nicht zurechtfinden werde. Ich Narr hatte gefürchtet, es werde die Richtung nicht finden!
Ich stand auf und schüttete mir ein paar Hände voll kaltes Leitungswasser ins Gesicht. Ich wollte dieses Kind nicht mehr. Ich haßte es, weil es zu gut verstand, weil ich es schon in allen Fußtapfen sah.

Ich ging herum und dehnte meinen Haß aus auf alles, was von den Menschen kam, auf die Straßenbahnlinien, die Hausnummern, die Titel, die Zeiteinteilung, diesen ganzen verfilzten, ausgeklügelten Wust, der sich Ordnung nennt, gegen die Müllabfuhr, die Vorlesungsverzeichnisse, Standesämter, diese ganzen erbärmlichen Einrichtungen, gegen die man nicht mehr anrennen kann, gegen die auch nie jemand anrennt, diese Altäre, auf denen ich geopfert hatte, aber nicht gewillt war, mein Kind opfern zu lassen. Wie kam mein Kind dazu? Es hatte die Welt nicht eingerichtet, hatte ihre Beschädigung nicht verursacht. Warum sollte es sich darin einrichten! Ich schrie das Einwohneramt und die Schulen und die Kasernen an: Gebt ihm eine Chance! Gebt meinem Kind, eh es verdirbt, eine einzige Chance! Ich wütete gegen mich, weil ich meinen Sohn in diese Welt gezwungen hatte und nichts zu seiner Befreiung tat. Ich war es ihm schuldig, ich mußte handeln, mit ihm weggehen, mit ihm auf eine Insel verziehen. Aber wo gibt es diese Insel, von der aus ein neuer Mensch eine neue Welt begründen kann? Ich war mit dem Kind gefangen und verurteilt von vornherein, die alte Welt mitzumachen. Darum ließ ich das Kind fallen. Ich ließ es aus meiner Liebe fallen. Dieses Kind war ja zu allem fähig, nur dazu nicht, auszutreten, den Teufelskreis zu durchbrechen.
Fipps verspielte die Jahre bis zur Schule. Er verspielte sie im wahrsten Sinn des Wortes. Ich gönnte ihm Spiele, aber nicht diese, die ihn hinwiesen auf spätere Spiele. Verstecken und Fangen, Abzählen und Ausscheiden, Räuber und Gendarm. Ich wollte für ihn ganz andere, reine Spiele, andere Märchen als die bekannten. Aber mir fiel nichts ein, und er war nur auf Nachahmung aus. Man hält es nicht für möglich, aber es gibt keinen Ausweg für unsereins. Immer wieder teilt sich alles in oben und unten, gut und böse, hell und dunkel, in Zahl und Güte, Freund und Feind, und wo in den Fabeln andere Wesen oder Tiere auftauchen, nehmen sie gleich wieder die Züge von Menschen an.

Weil ich nicht mehr wußte, wie und woraufhin ich ihn bilden sollte, gab ich es auf. Hanna merkte, daß ich mich nicht mehr um ihn kümmerte. Einmal versuchten wir, darüber zu sprechen, und sie starrte mich an wie ein Ungeheuer. Ich konnte nicht alles vorbringen, weil sie aufstand, mir das Wort abschnitt und ins Kinderzimmer ging. Es war abends, und von diesem Abend an begann sie, die früher so wenig wie ich auf die Idee gekommen wäre, mit dem Kind zu beten: Müde bin ich, geh zur Ruh. Lieber Gott, mach mich fromm. Und ähnliches. Ich kümmerte mich auch darum nicht, aber sie werden es wohl weit gebracht haben in ihrem Repertoire. Ich glaube, sie wünschte damit, ihn unter einen Schutz zu stellen. Es wäre ihr alles recht gewesen, ein Kreuz oder ein Maskottchen, ein Zauberspruch oder sonstwas. Im Grund hatte sie recht, da Fipps bald unter die Wölfe fallen und bald mit den Wölfen heulen würde. ›Gott befohlen‹ war vielleicht die letzte Möglichkeit. Wir lieferten ihn beide aus, jeder auf seine Weise.
Wenn Fipps mit einer schlechten Note aus der Schule heimkam, sagte ich kein Wort, aber ich tröstete ihn auch nicht. Hanna quälte sich insgeheim. Sie setzte sich regelmäßig nach dem Mittagessen hin und half ihm bei seinen Aufgaben, hörte ihn ab. Sie machte ihre Sache so gut, wie man sie nur machen kann. Aber ich glaubte ja nicht an die gute Sache. Es war mir gleichgültig, ob Fipps später aufs Gymnasium kommen würde oder nicht, ob aus ihm etwas Rechtes würde oder nicht. Ein Arbeiter möchte seinen Sohn als Arzt sehen, ein Arzt den seinen zumindest als Arzt. Ich verstehe das nicht. Ich wollte Fipps weder gescheiter noch besser als uns wissen. Ich wollte auch nicht von ihm geliebt sein; er brauchte mir nicht zu gehorchen, mir nie zu Willen zu sein. Nein, ich wollte ... Er sollte doch nur von vorn beginnen, mir zeigen mit einer einzigen Geste, daß er nicht unsere Gesten nachvollziehen mußte. Ich habe keine an ihm gesehen. Ich war neu geboren, aber er war es nicht! Ich war es ja, ich war der erste Mensch und habe alles verspielt, hab nichts getan!

Ich wünschte für Fipps nichts, ganz und gar nichts. Ich beobachtete ihn nur weiter. Ich weiß nicht, ob ein Mann sein eigenes Kind so beobachten darf. Wie ein Forscher einen ›Fall‹. Ich betrachtete diesen hoffnungslosen Fall Mensch. Dieses Kind, das ich nicht lieben konnte, wie ich Hanna liebte, die ich doch nie ganz fallen ließ, weil sie mich nicht enttäuschen konnte. Sie war schon von der Art Menschen gewesen wie ich, als ich sie angetroffen hatte, wohlgestalt, erfahren, ein wenig besonders und doch wieder nicht, eine Frau und dann meine Frau. Ich machte diesem Kind und mir den Prozeß – ihm, weil es eine höchste Erwartung zunichte machte, mir, weil ich ihm den Boden nicht bereiten konnte. Ich hatte erwartet, daß dieses Kind, weil es ein Kind war – ja, ich hatte erwartet, daß es die Welt erlöse. Es hört sich an wie eine Ungeheuerlichkeit. Ich habe auch wirklich ungeheuerlich gehandelt an dem Kind, aber das ist keine Ungeheuerlichkeit, was ich erhoffte. Ich war nur nicht vorbereitet gewesen, wie alle vor mir, auf das Kind. Ich hatte mir nichts dabei gedacht, wenn ich Hanna umarmte, wenn ich beruhigt war in dem finsteren Schloß – ich konnte nicht denken. Es war gut, Hanna zu heiraten, nicht nur wegen des Kindes, aber ich war später nie mehr glücklich mit ihr, sondern nur darauf bedacht, daß sie nicht noch ein Kind bekäme. Sie wünschte es sich, ich habe Grund, das anzunehmen, obwohl sie jetzt nicht mehr davon spricht, nichts dergleichen tut. Man möchte meinen, daß Hanna jetzt erst recht wieder an ein Kind denkt, aber sie ist versteint. Sie geht nicht von mir und kommt nicht zu mir. Sie hadert mit mir, wie man mit einem Menschen nicht hadern darf, da er nicht Herr über solche Unbegreiflichkeiten wie Tod und Leben ist. Sie hätte damals gern eine ganze Brut aufgezogen, und das verhinderte ich. Ihr waren alle Bedingungen recht und mir keine. Sie erklärte mir einmal, als wir uns stritten, was alles sie für Fipps tun und haben wolle. *Alles:* ein lichteres Zimmer, mehr Vitamine, einen Matrosenanzug, mehr Liebe, die ganze Liebe, einen Liebes-

speicher wollte sie anlegen, der reichen sollte ein Leben lang, wegen draußen, wegen der Menschen ... eine gute Schulbildung, Fremdsprachen, auf seine Talente merken. – Sie weinte und kränkte sich, weil ich darüber lachte. Ich glaube, sie dachte keinen Augenblick lang, daß Fipps zu den Menschen ›draußen‹ gehören werde, daß er wie sie verletzen, beleidigen, übervorteilen, töten könne, daß er auch nur einer Niedrigkeit fähig sein werde, und ich hatte allen Grund, das anzunehmen. Denn das Böse, wie wir es nennen, steckte in dem Kind wie eine Eiterquelle. An die Geschichte mit dem Messer brauche ich deswegen noch gar nicht zu denken. Es fing viel früher an, als er etwa drei oder vier Jahre alt war. Ich kam dazu, wie er zornig und plärrend umherging; ein Turm mit Bauklötzen war ihm umgefallen. Plötzlich hielt er inne im Lamentieren und sagte leise und nachdrücklich: »Das Haus anzünden werde ich euch. Alles kaputtmachen. Euch alle kaputtmachen.« Ich hob ihn auf die Knie, streichelte ihn, versprach ihm, den Turm wieder aufzubauen. Er wiederholte seine Drohungen. Hanna, die dazutrat, war zum erstenmal unsicher. Sie wies ihn zurecht und fragte ihn, wer ihm solche Sachen sage. Er antwortete fest: »Niemand.«
Dann stieß er ein kleines Mädchen, das im Haus wohnte, die Stiegen hinunter, war wohl sehr erschrocken danach, weinte, versprach, es nie wieder zu tun, und tat es doch noch einmal. Eine Zeitlang schlug er bei jeder Gelegenheit nach Hanna. Auch das verging wieder.
Ich vergesse freilich, mir vorzuhalten, wieviel hübsche Dinge er sagte, wie zärtlich er sein konnte, wie rotglühend er morgens aufwachte. Ich habe das alles auch bemerkt, war oft versucht, ihn dann schnell zu nehmen, zu küssen, wie Hanna es tat, aber ich wollte mich nicht darüber beruhigen und mich täuschen lassen. Ich war auf der Hut. Denn es war keine Ungeheuerlichkeit, was ich erhoffte. Ich hatte mit meinem Kind nichts Großes vor, aber diese Wenigkeit, diese geringe Abweichung wünschte ich. Wenn ein Kind freilich Fipps

heißt... Mußte es seinem Namen solche Ehre machen? Kommen und Gehen mit einem Schoßhundnamen. Elf Jahre in Dressurakt auf Dressurakt vertun. (Essen mit der schönen Hand. Gerade gehen. Winken. Nicht sprechen mit vollem Mund.)
Seit er zur Schule ging, war ich bald mehr außer Haus als zu Hause zu finden. Ich war zum Schachspielen im Kaffeehaus oder ich schloß mich, Arbeit vorschützend, in mein Zimmer ein, um zu lesen. Ich lernte Betty kennen, eine Verkäuferin von der Maria Hilferstraße, der ich Strümpfe, Kinokarten oder etwas zum Essen mitbrachte, und gewöhnte sie an mich. Sie war kurz angebunden, anspruchslos, unterwürfig und höchstens eßlustig bei aller Lustlosigkeit, mit der sie ihre freien Abende zubrachte. Ich ging ziemlich oft zu ihr, während eines Jahres, legte mich neben sie auf das Bett in ihrem möblierten Zimmer, wo sie, während ich ein Glas Wein trank, Illustrierte las und dann auf meine Zumutungen ohne Befremden einging. Es war eine Zeit der größten Verwirrung, wegen des Kindes. Ich schlief nie mit Betty, im Gegenteil, ich war auf der Suche nach Selbstbefriedigung, nach der lichtscheuen, verpönten Befreiung von der Frau und dem Geschlecht. Um nicht eingefangen zu werden, um unabhängig zu sein. Ich wollte mich nicht mehr zu Hanna legen, weil ich ihr nachgegeben hätte.
Obwohl ich mich nicht bemühte, mein abendliches Ausbleiben durch so lange Zeit zu bemänteln, war mir, als lebte Hanna ohne Verdacht. Eines Tages entdeckte ich, daß es anders war; sie hatte mich schon einmal mit Betty im Café Elsahof gesehen, wo wir uns oft nach Geschäftsschluß trafen, und gleich zwei Tage darauf wieder, als ich mit Betty um Kinokarten vor dem Kosmokino in einer Schlange stand. Hanna verhielt sich sehr ungewöhnlich, blickte über mich hinweg wie über einen Fremden, so daß ich nicht wußte, was zu tun war. Ich nickte ihr gelähmt zu, rückte, Bettys Hand in der meinen fühlend, weiter vor zur Kasse und ging, so unglaub-

lich es mir nachträglich erscheint, wirklich ins Kino. Nach der Vorstellung, während der ich mich vorbereitete auf Vorwürfe und meine Verteidigung erprobte, nahm ich ein Taxi für den kurzen Heimweg, als ob ich damit noch etwas hätte gutmachen oder verhindern können. Da Hanna kein Wort sagte, stürzte ich mich in meinen vorbereiteten Text. Sie schwieg beharrlich, als redete ich zu ihr von Dingen, die sie nichts angingen. Schließlich tat sie doch den Mund auf und sagte schüchtern, ich solle doch an das Kind denken. »Fipps zuliebe ...«, dieses Wort kam vor! Ich war geschlagen, ihrer Verlegenheit wegen, bat sie um Verzeihung, ging in die Knie, versprach das Nie-wieder, und ich sah Betty wirklich nie wieder. Ich weiß nicht, warum ich ihr trotzdem zwei Briefe schrieb, auf die sie sicher keinen Wert legte. Es kam keine Antwort, und ich wartete auch nicht auf Antwort. Als hätte ich mir selbst oder Hanna diese Briefe zukommen lassen wollen, hatte ich mich darin preisgegeben wie nie zuvor einem Menschen. Manchmal fürchtete ich, von Betty erpreßt zu werden. Wieso erpreßt? Ich schickte ihr Geld. Wieso eigentlich, da Hanna von ihr wußte?

Diese Verwirrung. Diese Öde.

Ich fühlte mich ausgelöscht als Mann, impotent. Ich wünschte mir, es zu bleiben. Wenn da eine Rechnung war, würde sie aufgehen zu meinen Gunsten. Austreten aus dem Geschlecht, zu Ende kommen, ein Ende, dahin sollte es nur kommen!

Aber alles, was geschah, handelt nicht etwa von mir oder Hanna oder Fipps, sondern von Vater und Sohn, einer Schuld und einem Tod.

In einem Buch las ich einmal den Satz: »Es ist nicht die Art des Himmels, das Haupt zu erheben.« Es wäre gut, wenn alle wüßten von diesem Satz, der von der Unart des Himmels spricht. O nein, es ist wahrhaftig nicht seine Art, herabzublicken, Zeichen zu geben den Verwirrten unter ihm. Wenigstens nicht, wo ein so dunkles Drama stattfindet, in dem auch er, dieses erdachte Oben, mitspielt. Vater und Sohn. Ein Sohn – daß es das gibt, das ist das Unfaßbare. Mir fallen jetzt solche Worte ein, weil es für diese finstere Sache kein klares Wort gibt; sowie man daran denkt, kommt man um den Verstand. Finstere Sache: denn da war mein Samen, undefinierbar und mir selbst nicht geheuer, und dann Hannas Blut, in dem das Kind genährt worden war und das die Geburt begleitete, alles zusammen eine finstere Sache. Und es hatte mit Blut geendet, mit seinem schallend leuchtenden Kinderblut, das aus der Kopfwunde geflossen ist.

Er konnte nichts sagen, als er dort auf dem Felsvorsprung der Schlucht lag, nur zu dem Schüler, der zuerst bei ihm anlangte: »Du.« Er wollte die Hand heben, ihm etwas bedeuten oder sich an ihn klammern. Die Hand ging aber nicht mehr hoch. Und endlich flüsterte er doch, als sich ein paar Augenblicke später der Lehrer über ihn beugte:

»Ich möchte nach Hause.«

Ich werde mich hüten, dieses Satzes wegen zu glauben, es hätte ihn ausdrücklich nach Hanna und mir verlangt. Man will nämlich nach Hause, wenn man sich sterben fühlt, und er fühlte es. Er war ein Kind, hatte keine großen Botschaften zu bestellen. Fipps war nämlich nur ein ganz gewöhnliches Kind, es konnte ihm nichts in die Quere kommen bei seinen letzten Gedanken. Die anderen Kinder und der Lehrer hatten dann Stöcke gesucht, eine Bahre daraus gemacht, ihn bis ins Oberdorf getragen. Unterwegs, fast gleich nach den ersten Schritten, war er gestorben. Dahingegangen? Verschieden? In der Parte schrieben wir: » ... wurde uns unser einziges Kind ... durch einen Unglücksfall entrissen.« In der Druckerei fragte der Mann, der die Bestellung aufnahm, ob wir nicht »unser einziges innigstgeliebtes Kind« schreiben wollten, aber Hanna, die am Apparat war, sagte nein, es verstehe sich, geliebt und innigstgeliebt, es komme auch gar nicht mehr darauf an. Ich war so töricht, sie umarmen zu wollen für diese Auskunft; so sehr lagen meine Gefühle für sie darnieder. Sie

schob mich weg. Nimmt sie mich überhaupt noch wahr? Was, um alles in der Welt, wirft sie mir vor?
Hanna, die ihn allein umsorgt hatte seit langem, geht unerkennbar umher, als fiele der Scheinwerfer nicht mehr auf sie, der sie angeleuchtet hatte, wenn sie mit Fipps und durch Fipps im Mittelpunkt stand. Es läßt sich nichts mehr über sie sagen, als hätte sie weder Eigenschaften noch Merkmale. Früher war sie doch fröhlich und lebhaft gewesen, ängstlich, sanft und streng, immer bereit, das Kind zu lenken, laufen zu lassen und wieder eng an sich zu ziehen. Nach dem Vorfall mit dem Messer zum Beispiel hatte sie ihre schönste Zeit, sie glühte vor Großmut und Einsicht, sie durfte sich zu dem Kind bekennen und zu seinen Fehlern, sie stand für alles ein vor jeder Instanz. Es war in seinem dritten Schuljahr. Fipps war auf einen Mitschüler mit einem Taschenmesser losgegangen. Er wollte es ihm in die Brust rennen; es rutschte ab und traf das Kind in den Arm. Wir wurden in die Schule gerufen, und ich hatte peinvolle Besprechungen mit dem Direktor und Lehrern und den Eltern des verletzten Kindes – peinvoll, weil ich nicht bezweifelte, daß Fipps dazu, und noch zu ganz anderem, imstande war, aber sagen durfte ich, was ich dachte, nicht – peinvoll, weil mich die Gesichtspunkte, die man mir aufzwang, überhaupt nicht interessierten. Was wir mit Fipps tun sollten, war allen unklar. Er schluchzte, bald trotzig, bald verzweifelt, und wenn ein Schluß zulässig ist, so bereute er, was geschehen war. Trotzdem gelang es uns nicht, ihn dazu zu bewegen, zu dem Kind zu gehen und es um Verzeihung zu bitten. Wir zwangen ihn und gingen zu dritt ins Spital. Aber ich glaube, daß Fipps, der nichts gegen das Kind gehabt hatte, als er es bedrohte, von dem Augenblick an begann, es zu hassen, als er seinen Spruch sagen mußte. Es war kein Kinderzorn in ihm, sondern unter großer Beherrschung ein sehr feiner, sehr erwachsener Haß. Ein schwieriges Gefühl, in das er niemand hineinsehen ließ, war ihm gelungen, und er war wie zum Menschen geschlagen.

Immer, wenn ich an den Schulausflug denke, mit dem alles zu Ende ging, fällt mir auch die Messergeschichte ein, als gehörten sie von fern zusammen, wegen des Schocks, der mich wieder an die Existenz meines Kindes erinnerte. Denn diese paar Schuljahre erscheinen mir, abgesehen davon, leer in der Erinnerung, weil ich nicht achtete auf sein Größerwerden, das Hellerwerden des Verstandes und seiner Empfindungen. Er wird wohl gewesen sein wie alle Kinder dieses Alters: wild und zärtlich, laut und verschwiegen – mit allen Besonderheiten für Hanna, allem Einmaligen für Hanna.
Der Direktor der Schule rief bei mir im Büro an. Das war nie vorgekommen, denn selbst, als sich die Geschichte mit dem Messer zugetragen hatte, ließ man in der Wohnung anrufen, und Hanna erst hatte mich verständigt. Ich traf den Mann eine halbe Stunde später in der Halle der Firma. Wir gingen auf die andere Straßenseite ins Kaffeehaus. Er versuchte, was er mir sagen mußte, zuerst in der Halle zu sagen, dann auf der Straße, aber auch im Kaffeehaus fühlte er, daß es nicht der richtige Ort war. Es gibt vielleicht überhaupt keinen richtigen Ort für die Mitteilung, daß ein Kind tot ist.
Es sei nicht die Schuld des Lehrers, sagte er.
Ich nickte. Es war mir recht.
Die Wegverhältnisse waren gut gewesen, aber Fipps hatte sich losgelöst von der Klasse, aus Übermut oder Neugier, vielleicht weil er sich einen Stock suchen wollte.
Der Direktor begann zu stammeln.
Fipps war auf einem Felsen ausgerutscht und auf den darunterliegenden gestürzt.
Die Kopfwunde sei an sich ungefährlich gewesen, aber der Arzt habe dann die Erklärung für den raschen Tod gefunden, eine Zyste, ich wisse wahrscheinlich ... Ich nickte. Zyste? Ich wußte nicht, was das ist.
Die Schule sei tief betroffen, sagte der Direktor, eine Untersuchungskommission sei beauftragt, die Polizei verständigt ...

Ich dachte nicht an Fipps, sondern an den Lehrer, der mir leid tat, und ich gab zu verstehen, daß man nichts zu befürchten habe von meiner Seite.

Niemand hatte Schuld. Niemand.

Ich stand auf, ehe wir die Bestellung machen konnten, legte einen Schilling auf den Tisch, und wir trennten uns. Ich ging zurück ins Büro und gleich wieder weg, ins Kaffeehaus, um doch einen Kaffee zu trinken, obwohl ich lieber einen Kognak oder einen Schnaps gehabt hätte. Ich traute mich nicht, einen Kognak zu trinken. Mittag war gekommen, und ich mußte heim und es Hanna sagen. Ich weiß nicht, wie ich es fertigbrachte und was ich sagte. Während wir von der Wohnungstür weg und durch das Vorzimmer gingen, mußte sie es schon begriffen haben. Es ging so schnell. Ich mußte sie zu Bett bringen, den Arzt rufen. Sie war ohne Verstand, und bis sie bewußtlos wurde, schrie sie. Sie schrie so entsetzlich wie bei seiner Geburt, und ich zitterte wieder um sie, wie damals. Wünschte wieder nur, Hanna möge nichts geschehen. Immer dachte ich: Hanna! Nie an das Kind.

In den folgenden Tagen tat ich alle Wege allein. Auf dem Friedhof – ich hatte Hanna die Stunde der Beerdigung verschwiegen – hielt der Direktor eine Rede. Es war ein schöner Tag, ein leichter Wind ging, die Kranzschleifen hoben sich wie für ein Fest. Der Direktor sprach immerzu. Zum erstenmal sah ich die ganze Klasse, die Kinder, mit denen Fipps fast jede Tageshälfte verbracht hatte, einen Haufen stumpf vor sich hinblickender kleiner Kerle, und darunter wußte ich einen, den Fipps hatte erstechen wollen. Es gibt eine Kälte innen, die macht, daß das Nächste und Fernste uns gleich entrückt sind. Das Grab entrückte mit den Umstehenden und den Kränzen. Den ganzen Zentralfriedhof sah ich weit draußen am Horizont nach Osten abtreiben, und noch als man mir die Hand drückte, spürte ich nur Druck auf Druck und sah die Gesichter dort draußen, genau und wie aus der Nähe gesehen, aber sehr fern, erheblich fern.

Lern du die Schattensprache! Lern du selber.
Aber jetzt, seit alles vorbei ist, und Hanna auch nicht mehr stundenlang in seinem Zimmer sitzt, sondern mir erlaubt hat, die Tür abzuschließen, durch die er so oft gelaufen ist, rede ich manchmal mit ihm in der Sprache, die ich nicht für gut halten kann.
Mein Wildling. Mein Herz.
Ich bin bereit, ihn auf dem Rücken zu tragen, und verspreche ihm einen blauen Ballon, eine Bootsfahrt auf der alten Donau und Briefmarken. Ich blase auf seine Knie, wenn er sich angeschlagen hat, und helfe ihm bei einer Schlußrechnung.
Wenn ich ihn damit auch nicht lebendig machen kann, so ist es doch nicht zu spät zu denken: Ich habe ihn angenommen, diesen Sohn. Ich konnte zu ihm nicht freundlich sein, weil ich zu weit ging mit ihm.
Geh nicht zu weit. Lern erst das Weitergehen. Lern du selbst.
Aber man müßte zuerst den Trauerbogen zerreißen können, der von einem Mann zu einer Frau reicht. Diese Entfernung, meßbar mit Schweigen, wie soll sie je abnehmen? Denn in alle Zeit wird, wo für mich ein Minenfeld ist, für Hanna ein Garten sein.
Ich denke nicht mehr, sondern möchte aufstehen, über den dunklen Gang hinübergehen und, ohne ein Wort sagen zu müssen, Hanna erreichen. Ich sehe nichts daraufhin an, weder meine Hände, die sie halten sollen, noch meinen Mund, in den ich den ihren schließen kann. Es ist unwichtig, mit welchem Laut vor jedem Wort ich zu ihr komme, mit welcher Wärme vor jeder Sympathie. Nicht um sie wiederzuhaben, ginge ich, sondern um sie in der Welt zu halten und damit sie mich in der Welt hält. Durch Vereinigung, mild und finster. Wenn es Kinder gibt nach dieser Umarmung, gut, sie sollen kommen, da sein, heranwachsen, werden wie alle andern. Ich werde sie verschlingen, wie Kronos, schlagen wie ein großer fürchterlicher Vater, sie verwöhnen, diese

heiligen Tiere, und mich betrügen lassen wie ein Lear. Ich werde sie erziehen, wie die Zeit es erfordert, halb für die wölfische Praxis und halb auf die Idee der Sittlichkeit hin – und ich werde ihnen nichts auf den Weg mitgeben. Wie ein Mann meiner Zeit: keinen Besitz, keine guten Ratschläge.
Aber ich weiß nicht, ob Hanna noch wach ist.
Ich denke nicht mehr. Das Fleisch ist stark und finster, das unter dem großen Nachtgelächter ein wahres Gefühl begräbt.
Ich weiß nicht, ob Hanna noch wach ist.

HANS ERICH NOSSACK

Der Untergang

Ich habe den Untergang Hamburgs als Zuschauer erlebt. Das Schicksal hat es mir erspart, eine Einzelrolle dabei zu spielen. Ich weiß nicht, warum, es läßt sich nicht einmal entscheiden, ob ich es als Bevorzugung nehmen soll. Ich habe viele Hunderte von denen gesprochen, die dabei gewesen sind, Männer und Frauen; was sie erzählen, wenn sie überhaupt davon sprechen, ist so unvorstellbar grauenhaft, daß es nicht zu begreifen ist, wie sie es bestehen konnten. Aber sie hatten ihre Rolle und ihr Stichwort und mußten danach handeln; und was sie zu berichten wissen, mag es als Einzelnes noch so erschütternd sein, ist immer nur der Teil, der mit ihrem Stichwort zusammenhängt. Die meisten wußten ja gar nicht, als sie aus ihrem brennenden Hause ins Freie liefen, daß die ganze Stadt brannte. Sie glaubten, es wäre nur ihre Straße und höchstens ihr Stadtteil, und das war vielleicht ihre Rettung.

Für mich ging die Stadt als ein Ganzes unter, und meine Gefahr bestand darin, schauend und wissend durch Erleiden des Gesamtschicksals überwältigt zu werden.

Ich fühle mich beauftragt, darüber Rechenschaft abzulegen. Es soll mich niemand fragen, warum ich so vermessen von einem Auftrag rede: ich kann ihm nicht darauf antworten. Ich habe das Gefühl, daß mir der Mund für alle Zeiten verschlossen bleiben würde, wenn ich nicht dies zuvor erledigte. Auch drängt es mich, es jetzt schon zu tun; es sind zwar erst drei Monate seitdem verflossen, aber da es der Vernunft niemals möglich sein wird, das, was damals geschah, als Wirklichkeit zu begreifen und dem Gedächtnis einzuordnen, fürchte ich, daß es sich wie ein böser Traum allmählich verwischen wird. –

Am 21. Juli 1943, es war ein Mittwoch, fuhr ich frühmorgens nach Horst bei Maschen, einem Heidedorf mit Wochenendsiedlungen ungefähr 15 Kilometer genau südlich des Hamburger Stadtrandes. Misi war einen Tag früher gefahren und hatte mich am Abend vorher angerufen, daß es ihr endlich gelungen sei, eine kleine Hütte für vierzehn Tage zu mieten; nach wie vielen vergeblichen Versuchen und Bitten die Wochen vorher! Und auch jetzt nur, weil sie als Gegenleistung ein Viertel Pfund Kaffee anbot. Seit fünf Jahren war es das erste Mal, daß ich Hamburg zur Erholung verließ. Es gibt keine Erklärung dafür, warum ich nicht auch diesmal Nein sagte; denn es stand alles gegen diese Ferien, und wenn nichts anderes, so meine krankhafte Abneigung, die Stadt und mein Zimmer zu verlassen, um, wie ich es zu nennen pflegte, irgendwo Zeit zu vergeuden, bevor ich es zu etwas Greifbarem gebracht hätte.

Misi holte mich vom Autobus ab. Sie trug ein rotes Leinenkleid und ein weißes Kopftuch. Sie freute sich über mein Kommen und war zugleich verwundert, daß ich gekommen war. Auf dem Wege zur Hütte versuchte sie mir rasch alles zu schildern, damit ich nicht enttäuscht wäre. Wir hatten noch zehn Minuten zu gehen. Da wir uns selber verpflegen mußten, war mein Gepäck ziemlich schwer, und ich stöhnte lauter als nötig. Wir haben oft daran gedacht; wäre es uns möglich gewesen, nur vier Tage weiter zu sehen, hätte ich gern das Dreifache ohne Murren geschleppt. Wir sind diese Strecke, einen breiten, schönen Heideweg mit vielen sandigen Fahrrinnen, zwei Monate lang mehrere Male am Tag gegangen und haben schwere Lasten hin- und hergeschafft. Einmal sogar sieben Zentner Briketts auf einem kleinen Handkarren.

Die Hütte lag rechts vom Wege auf einem Hügelrücken zwi-

schen Birken, Kieferngebüsch und einem ganz verwahrlosten Gemüsegarten versteckt. Nur das spitze rote Dach ragte darüber hinaus. Nach Norden war der Blick offen in eine baumlose Heidemulde, die wiederum sanft von einer andern Hügelwelle abgeschlossen wurde. Dahinter senkte sich die Landschaft leise zur Elbe und nach Hamburg hinab. Bei klarer Luft konnte man wohl die Türme der Stadt sehen.
Der Eigentümer, ein Maurermeister, hatte sich die Hütte selber aus Ziegeln erbaut. Man trat durch eine kleine Glasveranda ein, nicht ohne Mühe, da sie mit allerlei Gerät verstopft war, gelangte dann zunächst in die Küche, neben der ein etwas größerer Wohnraum lag und an diesen, offenbar später angebaut, ein winziges Kämmerchen, in dem gerade das Bett stehen konnte, in dem ich schlafen sollte. Von der Küche führte eine Treppe zum Giebelraum, wo ein zweites Bett stand, in dem Misi schlief. Die Räume schienen noch kleiner, als sie waren, weil man sie mit ganz ungeeigneten, kleinbürgerlichen Möbeln, vollgestellt hatte. Unter der Treppe war ein Verschlag, in dem eine kleine braune Feldmaus lebte. Wenn wir am Tisch saßen, steckte sie manchmal ihr Köpfchen durch den Ritz und prüfte mit klugen Augen die Lage. Doch das wichtigste: in der Küche befand sich eine Falltür mit einem Eisenring. Hob man sie, so konnte man sich auf einer steilen Stiege in ein Kellerloch hinabzwängen. Kalt war es dort und roch nach feuchter Erde. Die Falltür und der Keller erinnerten uns sofort an den »Toten Tag« von Barlach.
Es gab kein Licht, wir hatten uns den Rest einer dicken Altarkerze mitgebracht. Wasser mußten wir uns sehr weit weg vom Brunnen des Nachbarn holen. Holz und Tannenzapfen sammelten wir täglich im Walde. Der Herd zog sehr schlecht und verschluckte große Mengen davon; man brauchte eine Stunde, um Wasser zum Kochen zu bringen. All diese Mängel störten uns damals nicht, es gehört sich so

in den Ferien. Jedesmal, wenn ich Feuer angemacht hatte, rannte ich ins Freie, um mir mit großer Lust den Rauch anzusehen, der aus dem eigenen Schornstein quoll.

Die ersten beiden Tage verliefen unter Kopfschmerzen wie immer in der Heideluft; dann gewöhnten wir uns ein. Außer wenn wir ins Dorf gingen, um einzukaufen, sahen wir kaum einen Menschen. Die nächste Behausung lag allerdings nicht sehr weit entfernt, eine völlig verwahrloste Kate. Die Leute, die dort wohnten, hatten einen schlechten Ruf; man erzählte, daß der Mann sich an seiner Tochter vergangen und deshalb im Zuchthaus gesessen habe. Sämtliche Kinder waren wegen Prostitution und Diebstahl in Erziehungsanstalten interniert. Nach der Katastrophe wurde die eine Tochter für etliche Tage nach Hause gelassen. Man hörte sie wie ein Tier in der Heide singen, wenn sie einen Mann in der Nähe witterte. Die Mutter stand abends manchmal einen Augenblick an unserer Gartenpforte, wenn sie zum Grasschneiden ging. Mit der schrillen Stimme einer Irren rief sie uns dann etwas zu, was wir nur halb begriffen. Einmal schenkte sie uns eine Gurke, wir wußten nicht warum. Vor einen Blockwagen gespannt, wartete ihr großer schwarzer Hund und betrachtete uns aufmerksam. Nachts bellte er uns oft aus dem Schlaf. Während der Zeit des Grasschneidens ließ die Frau ihre beiden Zicklein frei umherlaufen; eines davon verirrte sich immer in unseren Garten und schrie wie ein Kind. Einmal trat auch ein Bock in Erscheinung von erschreckend vorweltlicher Größe.

Wenn uns unser primitiver Hausstand nicht in Anspruch nahm, saßen wir im Freien und lasen die Abenteuerromane, die wir in der Hütte vorfanden; wir hatten uns keine Bücher mitgenommen, auch das gehörte zu den Ferien. Wir waren mit unserem ältesten Zeug bekleidet, vor allem hatten wir alle guten Schuhe zu Haus gelassen; das Heidekraut verdirbt das Leder sofort. Diese Vorsicht ist uns später zum Unglück ausgeschlagen.

Wir beobachteten die Meisen, wie sie an den Stengeln des

abgeblühten Mohns hingen und die Kapseln öffneten. Einem andern Vogel machten wir die Himbeeren und die letzten Kirschen streitig, die er vom Baume auf den Steinpfosten der Gartentür trug, um sie dort zu entkernen; der Pfosten war ganz blutig vom Saft. Am Himmel standen Habichte, und die Häher keiften in den niedrigen Eichen. Abends schrie eine Kuh von einer fernen Weide, anklagend und hilflos.
Es war das erste Sommerwetter in diesem Jahr, aber damit setzte auch jene Hitze ein, die das Verderben Hamburgs mit verursachte, wenn sie auch den obdachlosen Flüchtlingen dann wieder zugute kam. Die Heide fing gerade an zu blühen. An den Wegrändern standen kleine Büschel mit Glokkenblumen. In der Mulde, auf die wir blickten, hatte sich zwischen das Heidekraut noch eine andere Pflanze ausgesät, deren Namen wir nicht kannten. Sie blüht in rosa Dolden und trägt nachher einen Roßschweif weißer Baumwolle. Da sie fast einen Meter hoch wird, schwebten ihre Blüten wie ein rosa Nebel über der Mulde. Alles Schwere verhüllte sich hinter lieblicher Unwirklichkeit.
Wir lieben die Heide, wir gehören irgendwie dorthin, vielleicht sind wir vor Zeiten dort geboren. Andere fühlen sich dort krank und werden schwermütig. Sie können nicht ohne Zeit leben; denn die Heide ist ohne Zeit. Sie wollen es nicht wissen, daß wir einem Märchen entstammen und wieder ein Märchen werden.
Wir begannen den Krieg zu vergessen. –
Ich habe dies Idyll an der anderen Seite des Abgrundes so genau geschildert, weil sich vielleicht einmal von dort aus ein Weg in die verlorene Vergangenheit zurückfinden läßt.

In der Nacht vom Sonnabend auf Sonntag weckte Misi mich. Sie rief von oben: »Hörst du es gar nicht? Willst du nicht lieber aufstehen?« Ich hatte den Alarm verschlafen; in der Heide hört man die Sirenen, die irgendwo in fernen Dörfern wie Katzen durcheinanderheulen, nur, wenn die Windrichtung günstig ist. Außerdem hatten wir uns die ganzen Jahre daran gewöhnt, nicht schon bei Alarm das Bett zu verlassen, sondern erst, wenn stärkeres Abwehrfeuer einen tatsächlichen Angriff vermuten ließ; eine Gewohnheit, die vielen das Leben gekostet hat.

Ich wollte auch diesmal eine unwillige Antwort geben und mich auf die andere Seite drehen, da hörte ich es. Ich sprang auf und rannte barfuß ins Freie, in dies Geräusch hinein, das wie eine drückende Last zwischen den klaren Sternbildern und der dunklen Erde schwebte, nicht da und nicht dort, sonder überall im Raume; es gab keine Flucht davor.

Im Nordwesten zeichneten sich die Hügel diesseits und jenseits der Elbe vor der schmalen Dämmerung des vergangenen Tages ab. Lautlos duckte sich die Landschaft an den Boden, um nicht gefunden zu werden. Nicht weit entfernt stand ein Scheinwerfer; man hörte Kommandorufe, die sofort jeden Zusammenhang mit der Erde verloren und im Nichts zerflatterten. Nervös tastete der Scheinwerfer den Himmel ab, manchmal traf er sich mit anderen Zeigern, die gleich ihm in weitem Ausschlag pendelten; dann bildeten sie für einen Augenblick geometrische Figuren und Zeltgerüste, um erschrocken wieder auseinanderzufahren. Es war, als söge dies Geräusch zwischen Himmel und Erde ihr Licht auf und machte sie sinnlos. Aber die Sterne leuchteten wie im Frieden durch das unsichtbare Unheil hindurch.

Man wagte nicht, Luft zu holen, um es nicht einzuatmen. Es war das Geräusch von achtzehnhundert Flugzeugen, die in unvorstellbaren Höhen von Süden her Hamburg anflogen. Wir hatten schon zweihundert oder auch mehr Angriffe erlebt, darunter sehr schwere, aber dies war etwas völlig Neues. Und doch wußte man gleich: es war das, worauf jeder gewartet hatte, das wie ein Schatten seit Monaten über all unserm Tun lag und uns müde machte, es war das Ende. Dies Geräusch sollte anderthalb Stunden anhalten, und dann in drei Nächten der kommenden Woche noch einmal. Gleich-

mäßig hielt es sich in der Luft. Gleichmäßig hörte man es auch dann, wenn sich das viel lautere Getöse der Abwehr zum Trommelfeuer steigerte. Nur manchmal, wenn einzelne Staffeln zum Tiefangriff ansetzten, schwoll es an und streifte mit seinen Flügeln den Boden. Und doch war dies furchtbare Geräusch wieder so durchlässig, daß auch jeder andere Laut zu hören war: nicht nur die Abschüsse der Flak, das Krepieren der Granaten, das heulende Rauschen der abgeworfenen Bomben, das Singen der Flaksplitter, nein, sogar ein ganz leises Rascheln, nicht lauter als ein dürres Blatt, das von Ast zu Ast fällt, und wofür es im Dunkeln keine Erklärung gab.
Das Geräusch trieb mich sofort zurück. Ich weiß nicht mehr, ob Misi mich etwas fragte und welche Antwort ich gab. Es ist möglich, daß wir uns von oben nach unten etwas zuriefen, aber es werden nicht viele Worte gewesen sein; denn dies Geräusch machte alles Reden zur Lüge und drückte die Worte wehrlos nieder. Es war eine halbe Stunde nach Mitternacht. Die Fenster der Hütte waren nicht zu verdunkeln, wir kleideten uns im Finstern an und stießen in der ungewohnten Umgebung an die Möbel. Dann kam Misi mit den beiden Koffern die Treppe herunter. Ich hob die Falltür hoch, zwängte mich durch die Öffnung die Stiege hinab, bis nur mein Kopf noch oberhalb war; Misi reichte mir die Koffer und ich weiß nicht, was sonst noch, und ich trug alles hinunter. Dabei stieß ich im Keller an ein Bort; eine Glasschüssel, die nicht uns gehörte, fiel zur Erde und zerbrach. Auch im Keller war dies Geräusch schon, ja, vielleicht noch stärker; die Wände vibrierten davon, der Heideboden trägt die Geräusche sehr weit. Wir zündeten die Altarkerze an, die wir in einen kleinen Blumentopf gestellt hatten. Ich glaube, Misi löschte sie bald wieder aus, um sie zu sparen. Ich überhörte die Bitte, die in Misis Frage lag: Willst du nicht auch lieber unten bleiben? Ich ließ sie allein dort unten sitzen, auf einem kleinen Fußschemel, in Decken gehüllt. Ich stieg wieder nach oben und

schloß die Falltür über ihr. Oder vielleicht schloß Misi sie auch selber in dem Glauben, dann sicherer zu sein. Aber sicher wovor? Und wie weit trennten wir uns voneinander durch die dünnen Bretter dieser Falltür! Dies alles ist sinnlos, und wenn man daran denkt, erfaßt einen unendliches Mitleid mit jeglicher Kreatur, und man verstummt, weil die Worte in Schluchzen überzugehen drohen. Wir können heute noch keine Musik hören, wir müssen aufstehen und weggehen. Wenn ich Musik sage, meine ich so etwas wie das Air von Bach oder ähnliches. Es liegt etwas Tröstendes darin, aber gerade dieser Trost läßt uns fühlen, daß wir nackt und hilflos einer Macht ausgesetzt sind, die uns vernichten will. Ich ging in jenen Nächten auf und ab auf dem schmalen Streifen zwischen dem Gemüsegarten und dem Drahtgitter, das das Grundstück einzäunte; dort war der Blick nach Norden frei. Manchmal stolperte ich über einen Maulwurfshügel; einmal fiel ich hin, weil sich mein Fuß im Himbeergebüsch verwikkelt hatte.

Was es für die Augen zu sehen gab, war wenig und immer das gleiche. Es ist auch nicht das wichtigste. Über Hamburg standen zahlreiche Leuchschirme, die der Volksmund Tannenbäume nennt. Manchmal zehn Stück, manchmal nur zwei oder einer, und wenn einmal keiner zu sehen war, schöpfte man Hoffnung, daß es vorbei wäre; bis wieder neue abgeworfen wurden. Viele lösten sich auf, während sie niedersanken, und es sah aus, als flössen glühende Metalltropfen vom Himmel auf die Städte. Anfangs konnte man diese Leuchtschirme verfolgen, bis sie am Boden verlöschten; später verschwanden sie in einer Rauchwolke, die durch das Feuer der Stadt von unten her rot angestrahlt war. Die Rauchwolke wuchs von Minute zu Minute und kroch langsam nach Osten. Ich achtete nicht, wie bei früheren Angriffen, auf die Richtung der Scheinwerfer und die Brennpunkte des Abwehrfeuers. Die Leuchspuren der kleinen Flak sah man nur ganz zart, und die Granaten der schweren Geschütze explodierten überall. Nur wenn das Feuer genau über mir lag und die Splitter pfeifend und klatschend in nächster Nähe zur Erde kamen, trat ich unter das Dach der Veranda. Einige wenige Flugzeuge gerieten in Brand und fielen wie Meteore ins Dunkel. Aber es erweckte kein jägerisches Interesse wie früher. Wo sie aufschlugen, erhellte sich die Gegend für Minuten. Einmal stand der Schattenriß einer fernen Windmühle vor einer solchen weißen Helligkeit. Das Gefühl grausamer Befriedigung über einen abgeschossenen Feind blieb aus. Ich entsinne mich, daß bei einer solchen Gelegenheit irgendwelche Weiber auf dem Dache des Nachbarhauses in die Hände klatschten, und wie ich damals voller Zorn der Worte des Odysseus gedachte, mit denen er der alten Pflegerin über den Tod der Freier zu jauchzen verbot:

> Freu dich, Mutter, im Herzen; doch halte dich,
> daß du nicht frohlockst!
> Über erschlagene Menschen zu jauchzen, ist
> grausam und Sünde.

Aber nun war nicht mehr die Zeit, wo man mit so kleinlichen Unterschieden rechnete wie dem zwischen Freund und Feind. Und plötzlich war alles in das milchige Licht der Unterwelt getaucht. Ein Scheinwerfer hinter mir suchte flach über dem Erdboden. Ich wandte mich erschrocken um, und da sah ich, daß selbst die Natur im Haß gegen sich selbst aufgestanden war. Zwei stammlose Kiefern hatten den friedlichen Bann ihres Daseins durchbrochen und sich in schwarze Wölfe verwandelt, die gierig nach der blutenden Mondsichel sprangen, die vor ihnen aufging. Die Augen leuchteten weiß und Geifer troff ihnen aus den gefletschten Mäulern.

War mir, der ich irgendwo im Nichts auf und ab ging, körperlich und ohne die Kraft eines Gedankens, war mir dieser Haß nicht bekannt? Habe ich ihn nicht bewacht jahrzehntelang und mich gegen seinen Ausbruch gestemmt? Habe ich nicht gewußt, daß er eines Tages ausbrechen würde, und habe ich nicht auch diesen Tag herbeigesehnt, weil er mich endlich von der Aufgabe des Wächters erlösen würde? Ja, ich habe, wie ich es jetzt weiß, immer gewußt, daß es sich bei dem Schicksal der Stadt um mein Schicksal handeln würde. Und wenn es so ist, daß ich das Schicksal der Stadt herbeigerufen habe, um mein eigenes Schicksal zur Entscheidung zu zwingen, so habe ich auch aufzustehen und mich am Untergang der Stadt schuldig zu bekennen.

Wir haben uns alle mit dem Gedanken einer Sintflut beschäftigt, die Zeitereignisse brachten es mit sich. Hieß das nicht schon die Vergangenheit im Stich lassen? Und wieviel geistreiches Geschwätz, wieviel Prahlerei war noch dabei; denn wenn wir uns ernsthaft die Frage vorlegten, was wir über eine morgige Sintflut hinüberretten wollten, um es den Überlebenden zu erhalten, wo war dann etwas, das uns so notwendig schien, daß wir uns bis zum letzten Atemzuge dafür eingesetzt hätten? Woran glaubten wir so stark, daß die Mächte der Zerstörung diesen Glauben anzurühren scheuen, um nicht dem, was sie zerstörten, zu ewigen Leben zu verhelfen? Was von all den Dingen, die wir gebrauchten und die uns belasteten, war denn noch unser? Ich wage heute an der Lauterkeit der Motive derer zu zweifeln, die vor der Katastrophe warnten und zur Vorbereitung aufriefen. Wünschten sie nicht vielleicht die Katastrophe herbei, um andere auf die Knie zu zwingen, während sie selbst sich im Chaos beheimatet fühlten? Und trieb sie nicht die Lust, sich selber zu erproben, aber auf Kosten des vertrauten Daseins?

Ich habe bei allen früheren Angriffen den eindeutigen Wunsch gehabt: Möge es recht schlimm werden! So eindeutig, daß ich beinahe sagen möchte, ich habe diesen Wunsch laut gegen den Himmel ausgerufen. Nicht Mut, sondern Neugier, ob mein Wunsch in Erfüllung gehe, ist es gewesen, was mich niemals in den Keller gehen ließ, sondern auf dem Balkon der Wohnung gebannt hielt. Ich erwähne dies nicht, um mich durch seltsame Gespräche wichtig zu machen. Ich glaube, etwas aussprechen zu müssen, von dem ich vermute, daß es unzählige Männer ähnlich empfunden haben, nur daß sie sich dessen nicht bewußt waren, noch sich dazu bekennen würden. Man wird kommen und sagen: Dies ist immer so, und dies ist männlich: wir müssen zerstören, um zu zeugen. Wie aber, wenn die Erde spräche: Ich habe euch geboren, weil ich mich sehnte, mehr zu sein als Erde. Wo ist nun eure Tat? – Und wir werden dann nicht mehr die Kraft des Wünschens haben wie jener Indianer, der als letzter seines Stammes am Meeresufer saß und rief: Was soll ich nun machen? Soll ich Orion werden?

Da wir nicht mehr an uns glauben, was sind wir dann noch? Ausgehöhlt von einer lasterhaften Nacht. Reden wir doch nicht von Aufrechtstehen und Zeugen! –

Aber nun war der Haß außer mir, und ich war frei davon. Ich wankte am Ufer der zerstörten Welt auf und ab, und es stöhnte durch mich hindurch: Ach Gott? Ach Gott? so laut, daß Misi es trotz des Getöses des Unterganges vernahm und unter der Erde nach mir rief. Und ich lief dann für einen Augenblick zu ihr und sagte: Das ist nicht mehr zu ertragen. Wir lehnten uns aneinander, nur lose, und voller Scheu, unsere Ohnmacht offenbarer werden zu lassen. Wie zwei Pferde, die im gleichen Geschirr waren, und das eine legt den Kopf auf den Nacken des Gefährten, und dann schütteln beide mit scheinbarem Unwillen die kurze Zärtlichkeit von sich ab. Ich lief wieder hinaus und ließ Misi allein. Wäre es nicht besser gewesen, ich hätte im Kellerdunkel bei ihr gesessen, und durch ein wenig gemeinsame Körperwärme würden wir uns eine Zuflucht vor dem Unwetter erträumt haben? Oder ich hätte ein Märchen erzählt, um einen Regenbogen über den Abgrund, an dem der Weg durch die verhaßte Vergangenheit abbrach, zu spannen, ein Märchen, das so beginnt: Morgen, wenn alles vorbei ist, dann ... Was in jenen Nächten von Menschen getan oder unterlassen wurde, das geschah oder unterblieb aus Ohnmacht.

Gegen halb zwei Uhr war das Gericht zu Ende. Aus einer

unwirklichen Ferne klang das Signal der Entwarnung herüber, so verschüchtert, als wage es nicht zu verlangen, daß jemand an die Lüge glaube. Der Nordhimmel war rot wie nach Sonnenuntergang. Über die nahe Autobahn heulten die Sirenen der Feuerwehren, die aus den Nachbarstädten zu Hilfe eilten. Und damit setzte ein pausenloses Fahren auf allen Straßen der Umgegend ein, am Tage und nachts, diese Flucht aus Hamburg, ohne zu wissen, wohin. Es war ein Strom, für den es kein Bett gab; fast lautlos, aber unaufhaltsam überschwemmte er alles, und die Unruhe sickerte durch kleine Rinnsale bis in die entlegensten Dörfer. Manchmal glaubte sich ein Fliehender an einem Ast halten zu können und ein Ufer gefunden zu haben, aber nur für ein paar Tage oder Stunden, und er warf sich wieder in den Strom, um sich weitertreiben zu lassen. Es wußte keiner, daß er die Friedlosigkeit wie eine Krankheit mit sich trug, und alles, was davon berührt wurde, verlor seine Festigkeit.

In der zweiten oder dritten Angriffsnacht – denn ich will dies vorwegnehmen – geriet ein Munitionszug in Brand und detonierte bis weit in den Morgen hinein. Und in der letzten der Nächte steigerte sich das Wüten der Welt gegen sich selbst über alle menschliche Vorstellungskraft hinaus. Unmittelbar vor dem Angriff hatte sich eine schwere Gewitterwolke über das Elbetal gesenkt und begann sich im Augenblick des Alarms zu entladen, als habe sie die Sirenen als ein letztes Aufheulen der Stadt verstanden: Mach ein Ende mit mir. Der Angriff sollte wohl dem restlichen Viertel von Hamburg gelten. Doch die Angreifer konnten ihr Ziel unter dem Gewitter nicht finden und warfen die Bomben blindlings in der Umgegend ab. Es war nicht mehr zu unterscheiden, ob es blitzte und donnerte oder ob Bomben fielen oder die Abwehr schoß. Ringsum flammten Bauerngehöfte auf und die Heide fing an zu brennen. Die Erde schüttelte sich im Todeskampfe. Wir fürchteten, die Hütte könnte einstürzen. Misi kam zu mir heraus, und wir warfen uns ins Heidekraut. Und

dann stolperten wir durch das Dunkel irgendwohin, wo wir andere Menschen vermuteten.
Nach kurzem, lähmendem Schlaf standen wir am Sonntagmorgen auf. Die Sonne hob sich gerade über die beiden Kiefern. Die Meisen zwitscherten, und auch der kleine Kirschendieb lebte noch. Wir machten uns Feuer im Herd und schafften Tisch und Stühle ins Freie, um zu frühstücken. Von Norden nach Osten über ein Drittel des Horizontes lag es wie schwarze Watte. Wir sahen nicht hin. Wir sprachen nicht von der Nacht. Wir wollten einem Traum nicht mehr Gewicht eingestehen, als ihm zukam. Wir hatten ja Ferien. Dann kam ein Mann auf dem Rade vorbei. Wir riefen ihn an und er lehnte sich an die Gartenpforte. Wir überschütteten ihn mit Fragen. Er kam aus Hamburg; ich weiß nicht mehr, was er erzählte, es ist auch unwichtig. Man konnte in den ersten Tagen keine genaue Auskunft erhalten; was erzählt wurde, stimmte in den Einzelheiten nie. Mir ist es selbst so gegangen, wenn ich später dort war und bei meiner Rückkehr gefragt wurde: Steht dies und das Haus noch? Hat es die Straße auch getroffen?, daß ich dann keine Antwort geben konnte; selbst dann nicht, wenn ich in jener Straße gewesen und an dem Hause vorbeigegangen sein mußte. Es wäre schon nötig gewesen, daß man nur mit der Absicht hingefahren wäre, eine bestimmte Hausnummer zu suchen, um etwas Gültiges darüber auszusagen. Und auch dann würde man vielleicht die Absicht unterwegs vergessen haben. Gerade durch das Durcheinander der Aussagen wurde die Größe des Unglücks zur Gewißheit; vor Entsetzen konnte man einzelnes nicht mehr wahrnehmen.
Die Heide war übersät mit schmalen Streifen Stanniolpapiers, die auf einer Seite geschwärzt waren. Sie hatten das Rascheln in der Nacht verursacht, aber niemand kannte ihren Zweck. Man warnte davor, sie anzufassen, da sie vergiftet sein könnten. Erst später erfuhr man, daß die Streifen abgeworfen wurden, um der Abwehr die Anpeilung durch Meß-

geräte unmöglich zu machen. Man fand auch Flugblätter, hob sie auf, las einige Zeilen und warf sie gelangweilt wieder fort. Es wurde darin mit Zahlen bewiesen, warum Deutschland den Krieg verlieren müsse. Welchen Sinn hatten Zahlen noch?

Jede Stunde war neuer Alarm, doch erst am Nachmittag wurde wieder angegriffen. Aber was hatte das mit dem Grauen der Nacht zu tun? Es war fast lieblich anzusehen. Man blickte in ein klares, blaues Meer, und als habe jemand etwas hineingeworfen, stiegen kleine Wölkchen aus seinem Grunde auf und zeichneten eine Spur, die sich langsam von Nordwesten, schräg an Hamburg vorbei, weiterschob. Genau über uns brach sie im rechten Winkel ab, als hätte sie sich eines anderen besonnen, und strebte auf Hamburg zurück. Und dann sah man sie am Kopf der Spur, winzige Wassertierchen, die in der Sonne silbern aufblinkten. Unbeirrt schwammen sie durch das Blau, irgendeinem Trieb folgend. Nicht einzeln, sondern wie fest untereinander verbunden und zu Figuren aufgereiht, die von unsichtbaren Fäden vorwärtsgezogen wurden. Es waren acht oder zehn solcher Staffeln, und ich glaubte, in jeder von ihnen dreißig Einzelwesen zählen zu können. Und diese Figuren waren wiederum umgeben von hurtigen weißen Würmern, wie von Delphinen, die sich lustig um ein Schiff tummeln. Das war der begleitende Jagdschutz der Angreifer. Der Angriff dauerte nicht länger als eine Viertelstunde. Aus Hamburg wuchsen dunkle Rauchpilze auf; im Hafen waren Öllager getroffen. Am Montag wiederholte sich das Schauspiel noch einmal.

Wir gingen mehrere Male ins Dorf, um Neues zu erfahren. Es war eine große Ratlosigkeit unter den Menschen. In der Nacht schon und im frühen Morgengrauen waren die ersten Flüchtlinge eingetroffen. Barfuß manche und im Hemd, so wie sie aus dem Bett auf die Straße gerannt waren. Sie brachten eine unheimliche Stille mit sich. Niemand wagte sie zu fragen, wenn sie stumm am Wegrande saßen; ja, nur ihnen

Hilfe anbieten zu wollen, schien eine zu laute Handlung. Dann kamen Lastautos an. Die Leute hockten fremd darin. Wohin fahren wir? Warum halten wir? Laßt uns noch etwas schlafen! Ihre Hände umklammerten Bündel unverständlicher Habseligkeiten wie ein letztes Gewicht, das sie am Boden festhielt. Nirgendwo Klagen oder eine Träne: wortlos stiegen sie aus und ließen sich wegführen. Nur ein kleiner häßlicher Hund sprang vergnügt vom Schoß seiner Herrin und lief kläffend zum nächsten Baum.

Ebenso leise und Worte sparend versuchte man sie unterzubringen. Es muß gesagt werden, daß die Hilfsbereitschaft der Bevölkerung über Erwarten echt war. Und nicht nur in der Nähe der Stadt, sondern auch weiter hinaus. Erst in Süddeutschland begegneten die Flüchtlinge einem offenen Widerstreben, wenigstens wurde es allgemein erzählt. Doch es mag auch sein, daß nur die anderen Lebensgewohnheiten von den Hamburgern mißverstanden wurden. Ich schließe dies aus der höhnischen Verbitterung, mit der die Zurückkehrenden über das Essen, die Wohnverhältnisse und die fremde Konfession spotteten.

Aber auch bei uns änderte sich das gute Verhältnis schon im Laufe einer Woche. Ich spreche nicht von den Fällen, wo die Flüchtlinge sich Übergriffe erlaubten und unverschämt fordernd auftraten. Gewiß, aber viele vertraten den Standpunkt: Wir haben alles verloren, nun gebt uns bitte die Hälfte von dem euren ab! und legten die Hände in den Schoß. Und auf der Gegenseite gab es genug Menschen, die dachten: Wir sind nicht schuld daran, was geht es uns also an? Und wenn sie etwas gaben, dann nur aus Angst. Ja, vielleicht war diese erbärmliche Tatsache, daß sich die Verschonten von vornherein beneidet fühlten, erst der Anlaß, daß der Neid in den Flüchtlingen aufglomm und allmählich wuchs. Und, man wird es kaum glauben, es kam sogar dazu, daß man die Flüchtlinge um die wenigen neuen Sachen beneidete, die sie geschenkt erhielten oder der Staat ihnen zur Verfügung stellte. Oder – aber diese Frage stelle ich erst heute – sollte dies noch einen tieferen Grund haben? Beneidete man die, die den Absprung ins Nichts bereits hatten wagen müssen, um dieses Es-Bereits-Hinter-Sich-Haben, was allen bevorstand?

Es begann eine maskenlose Zeit; die gewohnten Verkleidungen fielen von selber ab, wie es bei den Kiefern in der Nacht geschehen war. Gier und Angst zeigten sich in schamloser Nacktheit und verdrängten jedes zartere Gefühl. Wir alle haben in diesen Wochen erkennen müssen, daß die Gewichte, mit denen wir bisher gewogen haben, nicht mehr stimmten. Die Nächsten oder die wir Freunde nannten, verschwiegen sich entweder ganz oder entzogen sich ihrer Pflicht mit ein paar fadenscheinigen Worten über die schweren Kriegszeiten, die ihnen nicht zu helfen erlaubten. Der Begriff Verwandtschaft versagte völlig. Man frage heute hundert Menschen, ganz gleich welchen Standes und ob es Verschonte oder Betroffene sind, neunundneunzig werden mit einem wegwerfenden Zug um den Mund antworten: Lieber Fremde als Verwandte! Dies sei als Tatsache festgestellt, ohne jede Bitterkeit und ohne voreilige Schlüsse daraus zu ziehen. Halten wir uns lieber an die beglückende Erfahrung, daß stattdessen die bisher Fernsten, nur flüchtigen Grußbekanntschaften manchmal, oder solche, mit denen man beruflich zu tun hatte, freiwillig in die Bresche traten, und das mit einer solchen Selbstverständlichkeit und mit soviel zarter Wärme, daß man sich beschämt fragen muß, ob man im umgekehrten Fall ebenso gehandelt hätte.

Aber die gebefreudigste Hand kann müde werden im Geben, und noch viel schwerer ist es zu erlernen, sich geben zu lassen und zu nehmen, immer nur zu nehmen, ohne dadurch unfrei zu werden. Doch reicht dies aus, um zu erklären, warum schon so bald ein Zwiespalt offenbar wurde? Nein. Ich glaube eher, daß die Menschen etwas ganz anderes voneinander erwarteten, als ihnen zu leisten möglich war. Wer darf den Helfenden die Enttäuschung verübeln, die sie empfanden, wenn sie erkennen mußten, daß mit dem Obdach, der Verpflegung und den Kleidern, die sie gewährten, im Grunde gar nichts geändert wurde. Über das Gesicht des Beschenkten huschte vielleicht so etwas wie Freude, aber es blieb nicht haften. Sie gingen durch die fremden Zimmer, sie berührten einen Gegenstand, hielten ihn in der Hand und betrachteten ihn abwesend. Der Gastgeber verfolgte sie mit den Augen und dachte, daß es nun heißen würde: so etwas haben wir auch einmal gehabt, und vielleicht hätte er den Gegenstand dann verschenkt. Aber stattdessen legte der andere die Dinge wieder beiseite, und es klang unausgesprochen durch den Raum: Wozu hat man eigentlich noch solche Sachen? Leichter wäre es gewesen, eine laute Klage zu stillen. Es ist sehr wahrscheinlich, daß man diese Klage erwartete oder wenigstens eine gezwungene Gefaßtheit, die auf zurückgedämmte Tränen schließen ließ. Die, von denen man wußte, daß sie unvorstellbar grauenhafte Stunden erlebt hatten, die brennend durch Feuer gelaufen und über verkohlte Leichen gestolpert waren, vor deren Augen und in deren Armen Kinder erstickten, die ihr Haus zusammenstürzen sahen, in das der Vater oder ihr Mann sich gerade zurückgewandt hatte, um noch etwas zu retten, alle diese, die monatelang auf Nachricht von Vermißten hofften und die zum mindesten ihre gesamte Habe in wenigen Minuten verloren, – warum klagten und weinten sie nicht? Und warum diese Gleichgültigkeit im Tonfall, wenn sie von dem, was hinter ihnen lag, sprachen, diese leidenschaftslose Art der Rede, als berichteten sie von einem furchtbaren Begebnis aus vorgeschichtlicher Zeit, das heute nicht mehr möglich ist, und dessen Erschütterungen nur noch durch unsere Träume nachklingen? Und dann diese gedämpfte Stimme, durch die das grelle Tageslicht hindurchdrang, und so voller Scheu, wie man nachts im Freien spricht, wenn man nicht weiß, wo noch ein heimliches Ohr sein könnte, das zuhört.

Und was erwarteten die Betroffenen, wenn sie alles, was man ihnen Gutes tat, beinahe nur deshalb anzunehmen schienen, um den Gebern gefällig zu sein? Der Instinkt der Helfenden wehrte sich dagegen; nicht nur, daß ihre Gabe dadurch entwertet wurde, es raubte ihnen auch alle Sicherheit und erweckte Zweifel in ihnen am eigenen Besitz.
Ich wage heute die Antwort darauf zu geben. Wir erwarteten, daß uns jemand anrufen würde: Wacht doch auf! Es ist ja nur ein schlechter Traum! Aber wir konnten nicht darum bitten, der Alb verschloß uns den Mund bis zum Ersticken. Und wie sollte uns jemand wecken können?
So geschah es, daß Menschen, die in demselben Hause zusammenlebten und am gleichen Tische beieinandersaßen, die Luft ganz verschiedener Welten atmeten. Sie versuchten sich die Hand zu geben und griffen vorbei. Wer war nun blind von ihnen? Sie redeten dieselbe Sprache, aber sie meinten mit ihren Worten ganz andere Wirklichkeiten. Wer war nun taub von ihnen? Es gibt auch heute noch keine Möglichkeiten, sich dies gegenseitig zu übersetzen. Die einen sagen durch ihr Tun: Seht, das Leben geht weiter. Trotzdem! Wir hören es und nicken mit dem Kopf: Ja, so ist es, wir wissen es von früher. Und dann versucht vielleicht einer von uns, seinerseits es so zu erklären: Stellen Sie sich vor, Sie schlössen die Augen für eine einzige Sekunde, und wenn Sie sie wieder öffneten, wäre nichts mehr da von all dem, was vorher da war. Sofort versteht der Zuhörer es falsch und meint, wir trauerten um verlorene Menschen und um Dinge, die wir entbehren, oder wir sprächen vom Geldwert oder der bürgerlichen Behaglichkeit. Und nach dieser Meinung versucht er uns zu trösten, daß sich dies alles wieder schaffen ließe. Aber darum handelt es sich ja gar nicht. Wir versuchen dann vielleicht, von einer verlorenen Atmosphäre zu reden, und auch das wird mißverstanden. Schließlich werden wir ungeduldig und ungerecht gegen den Zuhörer. Oder wir schämen uns, zuviel davon zu sprechen, und geben es auf. Ob es wohl

besser verstanden würde, wenn man es im Zwielicht als Märchen erzählte? Es war einmal ein Mensch, den hatte keine Mutter geboren. Eine Faust stieß ihn nackt in die Welt hinein, und eine Stimme rief: Sieh zu, wie du weiterkommst. Da öffnete er die Augen und wußte nichts anzufangen mit dem, was ihn umgab. Und er wagte nicht, hinter sich zu blicken, denn hinter ihm war nichts als Feuer.
Wir haben keine Vergangenheit mehr. Vielleicht würden wir dies gar nicht so schmerzlich empfinden, wenn es nicht noch Menschen gäbe, die eine Vergangenheit haben, von der sie ihren Maßstab für den morgigen Tag nehmen. Und sie scheinen uns die Stärkeren zu sein, nach denen wir uns richten müßten. Ach, welch eine vergebliche Anstrengung, ihr Ziel zu dem unserigen zu machen! Und so ist die Welt in zwei Teile geteilt, dazwischen liegt ein unsichtbarer Abgrund, um den beide wissen. Die Menschen diesseits und jenseits haben einander zu hassen begonnen, ohne es zu wollen und ganz ohne Schuld, obwohl sie sich einander die Schuld zuschieben möchten. Wie oft höre ich heute, wenn ich einen der Betroffenen nach jemand frage, von dem ich weiß, daß er mit ihm befreundet war, die Antwort: Er ist für mich erledigt.
Wir haben an uns mehr als einmal erfahren, in welchem erschreckenden Maße wir den bisherigen Selbstverständlichkeiten entfremdet waren. Als Misi und ich durch unseren zerstörten Stadtteil gingen und nach unserer Straße suchten, sahen wir in einem Hause, das einsam und unzerstört in der Trümmerwüste stand, eine Frau die Fenster putzen. Wir stießen uns an, wir blieben wie gebannt stehen, wir glaubten eine Verrückte zu sehen. Das gleiche geschah, als wir Kinder einen kleinen Vorgarten säubern und harken sahen. Das war so unbegreiflich, daß wir anderen davon erzählten, als wäre es wunder was. Und eines Nachmittags gerieten wir in einen völlig unzerstörten Vorort. Die Leute saßen auf ihren Balkons und tranken Kaffee. Es war wie ein Film, es war eigentlich unmöglich. Ich weiß nicht, welcher Umwege des

Denkens es bedurfte, bis wir erkannten, daß nur wir mit verkehrten Augen auf das andere Tun blickten. Und dann wiederum erschraken wir über uns.

Wir erfuhren am Dienstagmorgen, daß wir alles verloren hätten. Misi war auf das Bürgermeisteramt gegangen, um Lebensmittelkarten zu fordern, da die erwartete Post aus Hamburg nicht einlief. Dort traf sie einen Soldaten, der in unserer Gegend gewohnt hatte und seine geflüchtete Familie in Maschen suchte. Er berichtete, daß das Haus, in dem unsere Wohnung gewesen war, nicht mehr stände. Ich war nicht mitgegangen, ich saß mit einem Buch im Garten und versuchte zu lesen. Als Misi in die Gartenpforte trat, sagte sie: Ja, nun ist es soweit. Mehr nicht, und wir sprachen auch dann nicht viel. Wir taten beide so, als hätten wir es schon lange gewußt. Für den Weg vom Bürgermeister zu unserer Hütte brauchte man eine halbe Stunde. Ich frage mich heute, was Misi in dieser halben Stunde gedacht hat, und es erschreckt mich nachträglich, daß sie allein war.

Wir wollten gleich am Mittwoch nach Hamburg fahren. Dann kam in der Nacht der neue Angriff, und wir verschoben es auf Donnerstag. Und von Donnerstag wieder auf Freitag, ich weiß nicht, aus welchem Grunde. Und, da in der Nacht auf Freitag wieder angegriffen wurde, unterließen wir auch Freitag die Fahrt. Erst am Sonnabend rafften wir uns auf. Übrigens war es nicht leicht, nach Hamburg zu fahren, Eisenbahnen verkehrten nicht. Auch liefen die wildesten Gerüchte um: In Hamburg wären Seuchen ausgebrochen und es würde niemand über die Elbbrücke gelassen. Oder auch umgekehrt: Man käme nicht wieder heraus, jede brauchbare Kraft würde dort festgehalten und zu Bergungsarbeiten eingesetzt. Dies alles entsprach nicht den Tatsachen oder stimmte nur halb. Doch lag es eher im Bereich des Möglichen, und die wenigen amtlichen Bekanntmachungen, die aus der Stadt eintrafen, waren voller Widersprüche. Aber dies war doch nur ein Vorwand für uns; im Grunde war es

eine Art Feigheit, unserem Schicksal ins Auge zu sehen, und wir nahmen alles zum Anlaß, diesen Augenblick hinauszuzögern. Wir bemühten uns in dieser kurzen Frist, so zu tun, als wäre nichts geschehen. Wir sagten uns, jeder Tag, jede Stunde sei ein Gewinn, und es würde uns nie wieder geboten. Aber wie schwer war es, diese Täuschung aufrechtzuerhalten. Alle fünf Minuten wurde sie durchbrochen, wenn es aus uns aufseufzte. Nichts konnte die Gedanken daran hindern, nach Hamburg zu gehen. Fragten wir uns dann, woran wir gedacht hätten, so war es immer nur ein ganz nebensächlicher Gegenstand des täglichen Gebrauchs. Nicht etwa, wie man vermuten sollte, etwas Wertvolles, Unersetzliches; das spielte zunächst gar keine Rolle, es schien sogar vergessen zu sein. Und von den nebensächlichen Dingen waren es wieder solche, mit denen wir unmittelbar vor unserer Abreise zu tun gehabt hatten. Da war ein ganz gewöhnlicher Liegestuhl für den Balkon. Am Sonntag vorher hatten wir ihn eigenhändig mit Markisenstoff bezogen. Ich weiß nicht, wie oft wir in Gedanken an diesen Liegestuhl stießen und vor ihm stehen blieben. Ich glaubte, er war damals unsere größte Gefahr, wir wären beinahe über ihn gestolpert und in den Abgrund gestürzt.
Mit dem Erhalt der Nachricht waren wir sofort Flüchtlinge geworden. Es blieb sich also gleich, daß uns der Zufall ein paar Tage vor der Katastrophe hatte fliehen lassen. Ob wir wollten oder nicht, wir wurden zu unseresgleichen hingezogen und hatten sogar eine Scheu vor den anderen. Die Flüchtlinge waren übrigens alle sehr einfache Leute, aber niemand achtete auf so etwas; das gemeinsame Schicksal machte uns gleich. Es sprach auch niemand davon, daß er mehr als der andere verloren habe, jedenfalls in den ersten Tagen nicht. Man wog und wertete noch nicht, es ging um das Unersetzliche; denn alles, was sich in Zahlen ausdrücken läßt, ist ersetzbar. Aber ein einmaliges Kunstwerk oder eine verblichene Photographie oder eine alte Puppe aus der Kindheit, was hat

das alles mit Zahlen zu tun? Diese Dinge haben ihr Leben von uns, weil wir ihnen irgendwann einmal unsere Zuneigung zuwandten; sie sogen unsere Wärme in sich auf und hegten sie dankbar, um uns in armen Stunden wieder damit zu bereichern. Wir waren verantwortlich für sie, sie konnten nur mit uns sterben. Und nun standen sie auf der andern Seite des Abgrunds im Feuer und riefen bittend hinter uns her: Verlaßt uns nicht! Wir wußten es, wir hörten es und wagten ihre Namen nicht zu nennen, weil uns das Mitleid dann zugrunde gerichtet hätte. Wir wähnten, daß ihre Stimmen leiser werden würden, je weiter wir uns vom Feuer entfernten, aber sie ließen sich nicht verraten. Wenn wir damals geahnt hätten, daß die Qual von Woche zu Woche noch wachsen würde und wir immer leiser reden und oft mitten im Satz abbrechen müßten, weil uns die Stimmen verwirrten, wir hätten es als ein Glück betrachtet, gleich mit ihnen umgekommen zu sein. Ach, und wie oft hört man heute diesen Ausspruch!
Das Gefährlichste war das Wort »hätte«. Es bedurfte einer schmerzhaften Wachsamkeit, nicht »hätte« zu sagen. Ich ging einmal an zwei Frauen vorbei, die am Straßengraben saßen mit dem Rücken zu mir. Es war eine Großmutter mit ihrer erwachsenen Tochter; vielleicht spielten auch ein paar Kinder um sie herum. Ich hörte nur die Worte der Alten: Ich habe dir doch immer gesagt, du hättest –, und da heulte die Tochter auf wie ein todwundes Tier. Und wenn sich heute einer im Gespräch auf das Gebiet des »hätte« zu verirren droht, ermahnt ihn der andere sofort mit scharfen oder bittenden Worten, davon aufzuhören; oder der Redende merkt es selbst und schleißt unvermittelt mit den Worten ab: Ach, das ist ja ganz gleichgültig.
Ich gebrauche das Wort Abgrund so oft, und vielleicht wird jemand es für übertrieben halten. Aber dann kann er sich auch nicht vorstellen, in welcher Gefahr wir waren. Sie war hundertmal größer als die des Feuers und der Bomben; denn es gab keine Flucht davor. Und wir wußten das. Der Ab-

grund war ganz nah neben uns, ja, vielleicht unter uns, und wir schwebten nur durch irgendeine Gnade darüberhin. Das einzige, was wir tun konnten, war, nicht laut zu sein und nicht zu viel Gewicht zu haben. Es hätte nur einer von uns zu schreien brauchen, und wir wären alle verloren gewesen.
Deshalb wachten die Flüchtlinge auch ängstlich für einander, daß alles die Haltung wahrte. Es war auch mehr ein tierisches Zusammenhocken. Wir waren alle seltsam und ganz zufällig bekleidet, einige liefen in Seidenkleidern umher, und andere sahen wie Landstreicher aus. Doch niemand hatte Augen dafür. Nur daß wir uns gleich damals, obwohl es erst Ende Juli war und glühend heiß, vor dem Winter fürchteten. Wir hatten keine Betten, keine Decken, keine Mäntel, keine warme Wäsche und vor allem kein Schuhzeug. Plötzlich glaubten wir erkannt zu haben, daß diese Dinge das einzig Notwendige zum Leben wären. In Briefen teilten wir unsern Freunden diese neue Erfahrung in den dringlichsten Worten mit: Laßt alles andere stehn und liegen! Rettet nur Wintersachen und feste Schuhe.
Wir sprachen wohl auch davon, wie man sich den Behörden gegenüber zu verhalten habe, die uns Hilfe und Ersatz versprachen; aber in diesen ersten Tagen doch ohne Eifer und Glauben an die Möglichkeit dieser Hilfe. Wenn einer von uns derartiges erwähnte, hörten ihm wohl die anderen ängstlich gespannt zu, und dies machte wieder den Redenden unsicher, als habe er schon zuviel gesagt. Einige wieder gaben sich mit betontem Eifer irgendwelchen notwendigen Verrichtungen hin. Sie wuschen Kleidungsstücke aus, rannten umher, um einzukaufen, schabten Gemüse und was sonst noch, schweigend und verbissen. Doch jäh, ohne daß sie etwas abgerufen hätte, ließen sie alles liegen und gingen dorthin, wo Menschen zusammenstanden, um zuzuhören, und vergaßen ihre angefangene Beschäftigung völlig. Für ein außenstehendes Wesen muß es so ausgesehen haben, als ob wir viel Zeit gehabt hätten, und dennoch waren wir Gehetzte. Wir hatten

nicht viel Zeit, wir hatten überhaupt keine Zeit mehr, wir waren aus der Zeit heraus. Alles, was wir taten, wurde uns sofort sinnlos. Folgten wir begierig einem hoffnungsvollen Gedanken, denn gerieten wir gleich in einen zähen Nebel und setzten uns wieder verzagt an den Straßenrand.

Aber das Antlitz des Menschen damals, wer dürfte es je vergessen. Die Augen waren größer geworden und durchsichtig, wie sie es auf Ikonen sind. Das kalte, geizig trennende Fensterglas war zersprungen, und durch die weiten Öffnungen wehte ungehemmt die Unendlichkeit hinter dem Menschen ins Unendliche vor ihm und heiligte sein Antlitz zum Durchgang für Ewiges. Laßt uns dieses Antlitz, ehe alles zur gesichtslosen Masse wird, als Sternbild an den Himmel werfen zur Erinnerung an unsere letzte Möglichkeit. Es kam natürlich der Tag, wo man diesen Zustand der Willenlosigkeit als Krankheit erkannte. Die Flüchtlinge sollten zwangsweise nach Süddeutschland transportiert werden, um die Umgebung Hamburgs von ihnen zu entlasten. Viele ließen es mit sich geschehen, einige stiegen unterwegs aus den Zügen aus und schlugen sich auf eigene Faust durch; andere versteckten sich oder zögerten die Verschickung irgendwie hinaus. Misi und ich riefen uns plötzlich zu: Nur kein Flüchtling werden! Wir verstanden darunter ein Wesen, das sich völlig den Absichten der Behörden ausgeliefert hat. Aber wie quälend es war, sich loszureißen, ist kaum zu schildern. Immer wieder wurde man vom Strom erfaßt und drohte in einen müden Sumpf geschwemmt zu werden. Es war wie im Traum, wenn man fliehen will und die Füße gehorchen dem Willen nicht. Der Verfolger kommt näher und man fühlt sich gelähmt.

Unsere Hütte war uns plötzlich zuwider geworden. Das Holzsammeln, das Wasserholen, die schlechten Betten, der Herd, der nicht ziehen wollte, all die Mängel, die für einen Ferienaufenthalt nicht zählten, schienen uns nun untragbar, weil wir damit rechnen mußten, den Winter über oder wer weiß wie lange dort zu hausen. Der Zufall bot uns, nicht weit entfernt, ein anderes Unterkommen an. Eine Dame nahm uns gegen Entgelt in ihrer Villa auf. Wir zogen Mitte August zu ihr und brauchten für unsere Verpflegung nicht mehr zu sorgen. Wie glaubten wir unsere Lage verbessert zu haben, als wir die modernen, gepflegten Räume betraten! Nach wenigen Stunden aber merkten wir, daß wir nicht mehr allein waren und den Hauptvorteil, den uns die Hütte bot, aus der Hand gegeben hatten. Wenn wir nur gewußt hätten wohin, dann wären wir schon nach zwei Tagen weitergezogen. So aber brachte unsere Ziellosigkeit Unruhe in ein anderes Heim. –

Am Sonnabend also fuhren wir nach Hamburg. Es war vor dem letzten Angriff, der dann am Montag erfolgte. Die Fahrt nach Hamburg ging folgendermaßen vor sich: Man hielt auf der Landstraße ein Lastauto an, auf dem man noch Platz vermutete, und fuhr so weit mit, wie es paßte. Dann wartete man auf einen anderen Wagen und gelangte so nach drei- oder viermaligem Umsteigen verhältnismäßig rasch in die Stadt. Es waren Autos aus dem ganzen Reich für diese Fahrten eingesetzt. Später, als die Züge wieder fuhren und der Autoverkehr wieder aufgehoben wurde, brauchte man sehr viel mehr Zeit, ungefähr je vier Stunden hin und zurück für die kurze Strecke. Am Bahnhof Maschen, wenn der Zug aus Lüneburg endlich einlief, mußte man um einen Platz kämpfen und dann in Harburg noch einmal. Die Leute stiegen durch die Fenster und hingen während der Fahrt wie Trauben auf den Trittbrettern. Völlig erschöpft kam man endlich an.

Auf diese Art war eine unzählige Menschenmenge täglich unterwegs. Ich hatte den Eindruck, daß diese Fahrten meistens nicht durchaus notwendig waren, sei es, um noch etwas zu retten oder nach Angehörigen Ausschau zu halten, sei es aus beruflichen Gründen. Doch ich möchte auch nicht behaupten, daß es Neugier war. Die Menschen waren einfach ohne Mittelpunkt; die Wurzeln waren ausgerissen, pendelten hierhin und dahin, suchten nach irgendeinem Erdreich, und alles war voller Angst, etwas zu versäumen. Oder es war auch einfach das, was einen Mörder an seinen Tatort zurückzwingt.

Ich habe mit vielen Tausenden gesprochen. Die Unterhaltung drehte sich allerdings immer um das gleiche Thema: Wo haben Sie gewohnt? Haben Sie auch alles verloren? In welcher Nacht war es? Wie sind Sie jetzt untergekommen? Und was soll nun werden? – Wir waren ohne Ausnahme der festen Überzeugung, daß der Krieg in ganz kurzer Zeit beendet wäre; darüber wurde gar nicht debattiert, für uns war ja die Entscheidung bereits gefallen. Es handelte sich lediglich noch darum, wie und in welchem Zufluchtsort wir diese kleine Pause überstehen könnten. Weiter dachte damals kein Mensch. Die Parole, daß wir den Krieg gewinnen mußten, um überhaupt auf einen Ersatz unseres Verlustes hoffen zu dürfen, wurde erst später ausgegeben und auch von der Masse teilweise angenommen. Wenn wir in jenen Tagen zufällig eine Zeitung in die Hand bekamen, lasen wir die Heeresberichte gar nicht erst, wir verstanden nicht einmal, wozu sie noch herausgegeben wurden. Wir blätterten sofort die Seite mit den Bekanntmachungen auf, die uns angingen. Was außerhalb von uns geschah, existierte einfach nicht. Unser Schicksal war vollzogen, die Ereignisse der übrigen Welt vermochten nichts mehr daran zu ändern. Diese Einstellung hat uns manchen Fehler machen lassen. Übrigens muß die Zukunft lehren, ob wir nicht doch im Grunde recht hatten. Inzwischen sind zwar einige Monate verstrichen und andere Städte in der gleichen Weise zerstört worden, aber Hamburg war die erste große Stadt, die vernichtet wurde. Wir empfingen vielleicht die tödliche Wunde, und was noch folgt, ist nur ein Verenden. Wenn wir vom Krieg absehen und davon, daß ihn die eine oder andere Partei gewinnen könnte, wenn wir nur an unsere Heimat Europa denken, so war es zweifellos richtig, daß wir unser Schicksal als das Ende empfanden.

Es wäre aber verkehrt, damals von einer Bereitschaft zu Aufstand und Unruhen zu reden. Nicht nur die Feinde, sondern

die eigenen Behörden haben sich hierin verrechnet. Es ging alles sehr ruhig und durchaus mit einem Willen zur Ordnung her, und der Staat richtete sich nach dieser aus den Umständen gewachsenen Ordnung. Wollte er seinerseits organisierend eingreifen, wurden die Menschen nur aufgeregt und schimpften. Machthaber und Behörden waren zum Teil wie vom Erdboden verschwunden, wo sie aber noch ein Scheinleben, und gleichsam geduldet, führten, gaben sie sofort nach, wenn einer aufbegehrte. Was sollten sie auch tun? Auf dem Bahnhof in Harburg hörte ich eine Frau, die, ich weiß nicht was, getan hatte, schreien: Stecken Sie mich doch ins Gefängnis, dann habe ich wenigstens ein Dach überm Kopf! und drei bewaffnete Bahnpolizisten wußten nichts anderes zu tun, als sich verlegen fortzudrücken und es der Menge zu überlassen, die Frau zu beruhigen. Ich habe noch viele andere Fälle erlebt, auch wohl solche von größerer Feindseligkeit, doch dies Beispiel mag genügen; es schildert am eindeutigsten unsere Einstellung und die Machtlosigkeit des Staates. Jeder von uns hätte das gerufen, was jene Frau rief, wenn der Staat uns in die Quere gekommen wäre.
Er rechnet sich heute seine Zurückhaltung als Verdienst an, aber das ist lächerlich. Andere meinen, wir wären damals viel zu apathisch gewesen, um uns auflehnen zu können. Auch das stimmt nicht. Damals sprach jeder aus, was er dachte, kein Gefühl war den Menschen ferner als Furcht. Nach allem, was ich gehört habe, komme ich zu dem Ergebnis, daß man dem gegenüber, was man Macht oder Staat nennt, keine größere Verachtung zeigen konnte, als indem man es als etwas völlig Nebensächliches behandelte, das an einem Schicksal, wie es Hamburg erlitt, weder schuld war noch in der Lage, etwas daran zu ändern. Es war ein Augenblick, wo sich der Mensch nicht mehr als der Sklave seiner Einrichtungen zeigte. Zum Beispiel wußte jeder, daß gerade die, die ihrer Stellung und ihren Versprechungen nach besonders verpflichtet gewesen wären, bis zuletzt auf ihrem Posten auszu-

harren und zu helfen, als erste die Flucht ergriffen und ihren Einfluß noch obendrein dazu mißbraucht hatten, sich rücksichtslos Fahrzeuge zu verschaffen, um ihren Besitz fortzubringen; ja, und daß sie andere Flüchlinge mit ihrem letzten Bündel auf der Straße liegenließen. Dies ist kein Einzelfall und nicht übertrieben, Tausende sahen es. Doch wenn sie davon sprachen, geschah es wohl mit bitteren Worten, aber fern von allem Hetzen, und mehr so, als machten sie sich über sich selbst lustig, daß sie je etwas anderes erwartet hätten. Wehe uns, wenn sich die Macht eines Tages für diese Verachtung rächt! Ich glaube aber, sie hat es nicht einmal begriffen.

Und noch etwas anderes: Ich habe nicht einen einzigen Menschen auf die Feinde schimpfen oder ihnen die Schuld für die Zerstörung geben hören. Wenn in den Zeitungen Ausdrücke wie Luftpiraten oder Mordbrenner standen, so hatten wir kein Ohr dafür. Eine viel tiefere Einsicht in die Dinge verbot uns, an einen Feind zu denken, der dies alles verursacht haben sollte; auch er war uns höchstens ein Werkzeug unkennbarer Mächte, die uns zu vernichten wünschten. Und so habe ich auch nicht einen einzigen Menschen getroffen, der sich mit dem Gedanken an eine Rache tröstete. Im Gegenteil, man sagte oder dachte: Wozu sollen die andern auch noch zugrunde gehen? Es ist mir berichtet worden, daß man einen Schwätzer, der von Vergeltung und Vernichtung der Feinde durch Giftgas redete, windelweich geprügelt habe. Ich war nicht dabei, doch wenn es geschehen ist, dann geschah es, um eine entweihende Dummheit zum Schweigen zu bringen.

Dies alles muß einmal gesagt werden; denn es gereicht dem Menschen zum Ruhm, daß er am jüngsten Tage sein Schicksal so groß empfand. Und wenn es auch nur für eine kurze Spanne war; denn inzwischen hat sich das Bild wieder verwirrt. –

Auf dem ersten Wagen, der uns Hamburg näherbrachte, erlebte ich in mir etwas, worüber ich noch mit keinem sprach und was mich mit scheuer Verwunderung erfüllt, weil ich die Deutung dafür nicht zu geben wage. Für Misi hatte sich auf einer Gemüsekiste ein Platz gefunden mit dem Rücken gegen die Wand des Führersitzes, so daß sie einigermaßen vor Zug geschützt war. Ich stand dicht gedrängt mit zwanzig oder dreißig anderen Menschen. Wir hielten uns an den Stangen für die Wagenplane fest, um nicht hinausgeschleudert zu werden. Oft mußten wir uns ducken, wenn uns die Zweige der Obstbäume peitschen wollten, die die Straße beschatteten. Es war gegen acht Uhr morgens und die Luft frisch und jung. Das Getreide stand in voller Reife. Auf den satten Marschwiesen kauten die schwarzweißen Kühe verschlafen wieder. Hier und da staunte ein Fohlen über den Zaun und sprang dann jäh zurück, um der Mutter von uns zu erzählen. Und aus der fruchtbaren Fläche hoben sich vertraute Inseln von Eichengruppen, unter denen alte Bauernhöfe sich verbargen. Manchmal ragte eine Dorfkirche hervor oder das barocke Dach eines Pastorats.

In rascher Fahrt ging es durch dies Land des Friedens auf die tote Stadt zu. Da überkam mich, ich weiß nicht woher, ein so echtes und zwingendes Glücksgefühl, daß es mich Mühe kostete, nicht jubelnd auszurufen: Nun beginnt endlich das wirkliche Leben. Als ob eine Gefängnistür vor mir aufgesprungen wäre und die klare Luft der längstgeahnten Freiheit schlüge mir entgegen. Es war wie eine Erfüllung.

Und doch muß auch Misi etwas Ähnliches empfunden haben. Ein paar Mal, wenn wir über unsere Zukunft zu sprechen versuchten, sagte sie mir, daß sie das Gefühl habe, jetzt böte sich mir meine letzte große Chance, die ich nicht versäumen dürfe. Meinte sie damit wirklich nur die lähmenden Kompromisse, in die wir uns aus Bequemlichkeit oder falscher Rücksicht verstrickt hatten, und die wir nun nicht mehr einzuhalten brauchten, da eine höhere Gewalt sie zerrissen hatte? Oder meinte sie über diese Fesseln hinaus, die doch nur Fesseln sind, wenn man sie als solche empfindet, und vielleicht wohltätige Fesseln, weil sie über die Zeit des Wartens auf die Stunde der Erfüllung täuschen, – meinte auch Misi, daß die furchtbare Wüste der Vorbereitung nun durchschritten wäre?

Wie sehr stand doch dies Gefühl im Widerspruch zu den Tatsachen. Oder man müßte denn annehmen, daß ein eben Gestorbener etwas Ähnliches empfindet und sein letztes Lächeln daraus aufblüht.

Handelt es sich hier wirklich nur um ein ganz persönliches Gefühl? Denn dann würde es nicht in diesen Bericht gehören. –

Kurz nach Wilhelmsburg begannen die Zerstörungen, auf der Veddel hatte man bereits das Bild der völligen Vernichtung vor sich. Ach, während ich in der Erinnerung diese Straße nach Hamburg hinein wieder fahre, treibt es mich, anzuhalten und abzubrechen. Wozu? Ich meine: Wozu dies alles niederschreiben? Wäre es nicht besser, es für alle Zeiten der Vergessenheit preiszugeben? Denn die dabeigewesen sind, brauchen es nicht zu lesen. Und die anderen und spätere? Wie, wenn sie es nur läsen, um sich am Unheimlichen zu ergötzen und ihr Lebensgefühl dadurch zu erhöhen? Ist dazu eine Sintflut nötig? Oder ein Gang in die Unterwelt? Und wir, die wir dort gewesen sind, wagen nicht einmal eine mahnende Prophezeiung auszusprechen. Noch nicht!

Oder ist dies eine Bitte an die anderen, Nachsicht mit uns zu haben, wenn wir nicht mehr so sind, wie man uns erwartet, nicht mehr so anwesend, nicht mehr so selbstverständlich? –

Ich bilde mir nicht ein, einen ersten Eindruck wiederzugeben. Es wäre auch falsch; es ist auffallend, daß man sich durch wiederholte Besuche nicht an das gewöhnte, was man sah, oder dagegen abstumpfte. Jedesmal, wenn man sich aus dem Dunstkreis der Stadt wieder gelöst hatte, war es wie das Erwachen aus einer Ohnmacht. Oder man war verwüstet und vor Erschöpfung teilnahmslos wie ein Dichter, der mit den

Dämonen Zwiesprache hielt. Nicht etwa vor Kummer und Schrecken, wie es früher war, wenn wir unter zehn Häusern eines zerstört sahen. Dies eine, aus der Mitte der Lebenden gerissen, konnten wir betrauern und zugleich um das Leben der anderen zittern. Aber nun, wo nichts mehr da war? Nicht die Leiche der Stadt, nicht ein totes Bekanntes, das zu uns sprach: Ach gestern, als ich noch lebte, war ich deine Heimat, – nein, zu trauern brauchte man nicht. Was uns umgab, erinnerte in keiner Weise an das Verlorene. Es hatte nichts damit zu tun. Es war etwas anderes, es war das Fremde, es war das eigentlich Nicht-Mögliche.
Im Norden Finnlands gibt es vor Frost erstarrte Wälder. Wir hatten ein Bild davon in unserer Wohnung hängen. Aber wer denkt dabei noch an Wald? Es ist nicht einmal das Gerippe eines Waldes. Gewiß, es ist etwas da, sogar mehr, als wenn es nur Gerippe wäre, aber was bedeuten diese Zeichen und Runen? Vielleicht die unausdenkbare Umkehrung des Begriffes Wald?
Ich sah die Gesichter derer, die neben mir auf dem Wagen standen, als wir auf der breiten Einfallstraße über die Veddel zur Elbbrücke fuhren. Wir waren wie eine Reisegesellschaft, es fehlte nur an dem Schalltrichter und dem erklärenden Geschwätz eines Reiseführers. Und schon war alles ratlos und wußte sich das Fremdartige nicht zu erklären. Wo früher der Blick auf Häuserwände stieß, da dehnte sich eine stumme Ebene bis ins Unendliche. War es ein Friedhof? Aber welche Wesen hatten dort ihre Toten beigesetzt und ihnen Schornsteine auf die Gräber gestellt? Schornsteine, die wie Ehrenmale, wie Dolmen oder mahnende Finger als einziges aus dem Boden wuchsen. Atmeten die darunter Liegenden durch diese Schornsteine den blauen Äther ein? Und ruhte dort, wo zwischen diesem seltsamen Gestrüpp eine leere Fassade wie ein Triumphbogen in der Luft hing, wohl einer ihrer Fürsten und Helden? Oder war das der Rest einer Wasserleitung wie bei den alten Römern? Oder war dies alles nur ein Kulissen-

aufbau für eine phantastische Oper? – Wieviel haben wir doch in der Schule gelernt, wie viele Bücher gelesen und Abbildungen bestaunt, aber hierüber hatte noch niemand berichtet. Gab es also doch noch unerforschte Weltteile? Ich sah in allen Augen dies aufmerksame, gespannte Suchen nach außen und ein vergebliches Vergleichen nach innen. Dies Erwarten, daß sich irgendwo etwas zeigen würde, was das Rätsel löste, und das wir auf keinen Fall übersehen dürften.
Nur auf der kurzen Strecke über die Elbbrücke löste sich der Bann für einen Augenblick und alle begannen die Türme der Stadt zu zählen. Ach, und mit welchen Kosenamen wurden sie einzeln aufgerufen! Und wo war der schönste von ihnen, der Turm der Katharinenkirche? Und warum hatte sich das Rathaus in eine Pagode verwandelt? – Doch damit waren wir schon über den Fluß hinüber und fuhren in den Friedhof ein.
Gleich zur Linken brannte ein riesiger Kokshaufen – er erlosch erst nach drei Wochen –, und sekundenlang wurde man von glühendem Höllenatem angehaucht, wie um gefeit zu werden, ehe man passieren durfte, und dann war man innerhalb. Der Wagen schwankte und tastete sich durch den Paß, der zwischen den Trümmern notdürftig freigelegt war, über Geröllhalden zusammengebrochener Gebäude, an Kratern vorbei und unter zerknickten Brücken hindurch, von denen Waggons wie Girlanden ins Wasser der Hafenbecken hingen, aus denen der Bug einer Schute emportauchte, erschrocken über die plumpen Körper von Oberländerkähnen, die leblos auf der Seite trieben. An den Rändern des Passes lagen längliche Bündel, und man sagte, es wären Leichen. Alle so still, und viel lauter glaubte man den Todesschrei der Autos gellen zu hören, die, gelbausgeglüht und in letzter Not sich erbarmungswürdig aufbäumend, den vergeblichen Fluchtweg bezeichneten.
Und nirgends Querstraßen, um in das seitliche Dickicht zu gelangen; alles ineinander verfilzt. Nur selten ein Blick frei

durch eine schwarze Fensterwölbung. Und darüber statt der Grabschriften unverständliche Reklametafeln. Plötzlich zog man den Kopf ein, weil eine sechsstöckige Fassade sich über die Straße neigte und durch die Erschütterung des Wagens zu fallen drohte. War man vorbei und wandte sich um, sah man ganz oben einen Balkon hängen und darüber eine aufgespannte Markise und sogar einen Balkonkasten mit roten Geranien. Doch alles ganz schweigsam, ohne Bewegung und Veränderung; des Zeitlichen entkleidet und ewig geworden. Wir werden uns von nun an nicht mehr fragen können: Hält es stand, dein Werk, angesichts des weiten Landes und am Ufer des Meeres? Wir werden fragen müssen: Hält es stand angesichts dieses Friedhofes?

Wie waren wir hochmütig und eingebildet auf unseren Geschmack! Was taten wir uns nicht zugute auf unser geistreiches Urteil! Und welch zynischen Ekel maßten wir uns an, die Lebensgewohnheiten der Unzähligen abzulehnen! Haben wir nicht gesprochen: Dies ist ein häßlicher Stadtteil, menschenunwürdig und abbruchreif; die Straßen eng und voller Geschrei; die Höfe ohne Licht, ohne Farbe, ohne Luft; die Häuser schmutzig und stumpf? Wie konnten hier Millionen Menschen leben, ohne daß ihr Atem die Enge sprengte! Und auf den Treppen roch es nach Essen und kleinen Leuten; wir rümpften die Nase darüber. Aus den Wohnungen schlug uns der Dunst kochender Wäsche entgegen, und die Stuben waren kalt von ungebrauchten Möbeln. Und das Plüschsofa mit gehäkelten Deckchen? Und all die ungeschickten Fotografien von Hochzeiten und Jubiläen? Und der Buntdruck mit süßlichen Nymphen, der über dem Ehebett hing?

Wer würde es noch wagen, über diese Dinge zu spotten! Warum riecht es nicht mehr auf den Treppen? Warum trocknet keine Wäsche mehr auf dem Gestell vor dem Küchenfenster? Wurde nicht sonntags manchmal ein Kuchen gebacken? War nicht in jeder der unzähligen Wohnungen, deren Umrisse sich jetzt nur an den Mauerresten abzeichneten, eine

Hausfrau, die tagaus, tagein die Fußböden scheuerte und die Möbel abstaubte; die den Nachbarn fürchtete und doch von ihm beneidet sein wollte?

Und warum stehen die Schornsteine noch, sinnlos und ohne Rauch? Aber ein Herd ist nicht mehr da. Wozu haben wir gekocht? Und auch keine Betten! Wozu haben wir geschlafen? Wozu haben wir uns erhalten? Wozu Vorräte gesammelt und gespart?

Alles, was Männer davon zu sagen wissen, ist Lüge. Nur in der Sprache der Frauen darf darüber geredet werden. –

Ich bin durch all diese Stadtteile gekommen, zu Fuß oder im Wagen. Nur wenige Hauptstraßen waren freigelegt, aber Kilometer über Kilometer kein lebendiges Haus mehr. Und versuchte man seitlich einzudringen, verlor sich sofort jedes Gefühl für Zeit und Richtung. In Gegenden, die ich zu kennen glaubte, habe ich mich völlig verirrt. Ich habe eine Straße gesucht, die ich im Schlaf hätte finden müssen. Da, wo ich sie vermutete, stand ich und wußte mir nicht zu helfen. Ich habe die Querfurchen im Geröll an den Fingern abgezählt, doch ich habe die Straße nicht wieder entdeckt. Und wenn man nach Stunden einen Menschen traf, dann war es auch nur einer, der im Traum durch die ewige Einöde wandelte. Man ging mit einem scheuen Blick aneinander vorbei und sprach noch leiser als vorher. Irgendwo schien wohl die Sonne, aber über diese Dämmerung hatte sie keine Macht.

Einmal war ich mit einem Mann dort, der mir zu anderen Zeiten unsympathisch gewesen wäre, so daß ich seinen Umgang gemieden hätte. Aber in der Art, wie wir uns nun zurechzufinden mühten, wie wir zu übersehen versuchten, was wir sahen und es als etwas Selbstverständliches behandelten, über das man kein Wort zu verlieren brauche, glichen wir uns gänzlich. Ja, ich glaube, wir fühlten uns als Einbrecher. Wachsam und feindlich blickten wir auf die fremde Umgebung, bemüht, keinen Lärm zu machen, damit kein Schläfer und kein Hund aufwachte, und erschraken über eine zerris-

sene Gardine, die aus einer schweigenden Veranda wehte. Wer gab wem dort ein Zeichen? Liegen sie stumm und tückisch auf der Lauer, diese unsichtbaren Wesen, die in dieser Fremde ihre Heimat haben müssen? Oder sind wir es, die taub sind und blind? Warum zerreißt es nicht unsere Lähmung wie ein maßloser Schrei, wenn wir mit Kreide an eine Haustür geschrieben die erste und letzte Frage lesen: Wo bist du, Mutter? Gib doch Nachricht! Ich lebe jetzt da und da.
Wir gingen wie Tote durch die Welt, die keinen Anteil mehr nehmen an den kleinen Kümmernissen der Lebenden. Man hat die Toten durch Zahlen zu bannen versucht. Gleich in den ersten Tagen sagte man: Vierzigtausend. Aber das kränkte die, die nicht gezählt sein wollten, und man versuchte es mit hundertfünfundzwanzigtausend. Da bekam die Zahl die Oberhand, sie wuchs von Tag zu Tag und stieg bis auf dreihunderttausend. Dann wachten wir eines Morgens auf, und es waren nur noch dreißigtausend. Mit allen Gründen der Logik wurde uns vorgerechnet, daß es nicht mehr sein könnten. Es hatte jemand den Kampf gegen die Toten aufgenommen. Gleichzeitig hörten wir aus allen Teilen des Reiches, daß es mit Hamburg gar nicht so schlimm wäre und daß die Hamburger sich nur so anstellten. Wir waren so erstaunt darüber, daß wir nicht darauf antworten konnten; denn es war noch niemand dazu gekommen, sich zu bemitleiden oder mit seinem Unglück zu prahlen. Doch die Toten wollten sich durch Logik nicht besiegen lassen. Heute schwankt die Zahl wieder zwischen sechzig- und hunderttausend, und man wagt nicht, Einspruch dagegen zu erheben.
Warum versucht man die Toten zu belügen? Warum sagt man nicht: Wir können sie nicht zählen! Das wäre ein einfaches Wort, wie es auch die Toten verstehen würden. Denn es könnte sonst sein, daß sie eines Tages kommen, wenn man ihnen nicht ihr Recht gibt, und sich um das Ehrenmal aus dem Weltkriege versammeln, das stehenblieb wie die Schornsteine der Häuser, als Dreiviertel der Stadt zugrunde

ging. Und sie werden diejenigen fragen, für die daran geschrieben steht: »Vierzigtausend Söhne der Stadt ließen ihr Leben für Euch! 1914-1918«, sie werden die Vierzigtausend fragen: »Eure Eltern, Frauen und Kinder auch, viele und ohne Zahl – sagt uns, ihr Söhne, wofür? In fünfeinhalb Stunden!« Und dann wird keiner da sein, der eine Antwort weiß. Und statt des nichtsnutzigen Adlers, den eine prahlerische Zeit an das Mal gekritzelt hat, wird die große Rune von Mutter Kummer wieder erscheinen. – Eine Woche später wurden diese Stadtteile ganz abgesperrt. Man zog einen hohen Wall darum; Steine gab es ja genug. An den Eingängen standen bewaffnete Posten. »Was wollen Sie da«, sagte mir einer von ihnen, »es ist kein Vergnügen.« Man sah Zuchthäusler in gestreiften Anzügen darin arbeiten. Sie sollten die Toten bergen. Man erzählte sich, daß die Leichen oder wie man die Reste ehemaliger Menschen sonst nennen will, an Ort und Stelle verbrannt oder in den Kellern durch Flammenwerfer vernichtet wurden. Aber in Wirklichkeit war es schlimmer. Sie konnten vor Fliegen nicht in die Keller gelangen, sie glitschten auf dem Boden aus vor fingerlangen Maden, und die Flammen mußten ihnen einen Weg bahnen zu denen, die durch Flammen umgekommen waren.

Ratten und Fliegen beherrschten die Stadt. Frech und fett tummelten sich die Ratten auf den Straßen. Aber noch ekelerregender waren die Fliegen. Große, grünschillernde, wie man sie nie gesehen hatte. Klumpenweise wälzten sie sich auf dem Pflaster, saßen an den Mauerresten sich begattend übereinander und wärmten sich müde und satt an den Splittern der Fensterscheiben. Als sie schon nicht mehr fliegen konnten, krochen sie durch die kleinsten Ritzen hinter uns her, besudelten alles, und ihr Rascheln und Brummen war das erste, was wir beim Aufwachen hörten. Dies hörte erst später im Oktober auf.

Und dann der Geruch von verkohltem Hausrat, von Fäulnis und Verwesung, der über der Stadt lag. Und dieser Geruch war sichtbar als ein trockener roter Mörtelstaub, der über alles hinwehte. In uns erwachte plötzlich eine Gier nach Parfüm. –

An jenem ersten Tage verließen wir den Lastwagen in der Nähe der Markthallen. Wir wollten zunächst in den Freihafen, um nach dem Kontor zu sehen. Wir hatten überhaupt noch nichts darüber gehört und hofften, dort vielleicht noch etwas zu retten. Die Gegend lag wie ausgestorben, doch waren die Zerstörungen hier geringer als anderswo. Die Hälfte der Häuser stand noch, oder es waren nur die Dächer und die oberen Stockwerke ausgebrannt. Ganz vereinzelt stocherten Menschen in dem Schutt und trugen ein angesengtes Möbelstück auf die Straße.

Wir kamen über den Zollkanal. Es gab keinen Zoll mehr. Als wir bei St. Annen um die Ecke bogen, sahen wir die rote Reihe der Kontorhäuser. Aber es ließ sich immer noch nicht sagen, ob es nicht vielleicht nur Fassaden waren. Plötzlich trafen wir den ersten Bekannten, einen Ingenieur der Lagerhäuser. Ich glaube, wir redeten Unsinn und überstürzten uns in unsern Worten. Es war, als kämen wir nach zwanzig Jahren in die Heimat zurück und träfen einen Gespielen unserer Kindheit wieder.

Wir fragten ihn nach gemeinsamen Bekannten, aber er wußte auch nichts von ihnen. Übrigens war er wie abwesend. Ich bat ihn um etwas, er sagte: Ja, und hatte es in der nächsten Sekunde vergessen. Sein Blick ging irgendwohin ins Leere, wenn er einen ansah. Er war ein sehr höflicher Mann, dies war auch jetzt noch nicht verloren gegangen, doch die alte Höflichkeit schlotterte an ihm wie ein schlechtsitzender Anzug und schmiegte sich seiner neuen Erscheinung nicht mehr an. Dies alles kam von Schlaflosigkeit und Überanstrengung beim Löschen, vielleicht auch vom Alkohol, mit dem er sich bei Kräften hielt. Er holte gleich eine kleine Flasche Schnaps aus der Tasche und schenkte sie uns. Wir tranken jeder einen Schluck daraus, sie hat uns an dem Tage noch gute Dienste geleistet. Wer hätte acht Tage früher gedacht, daß Misi und ich mit einem ziemlich fremden Bekannten zusammen auf der Straße aus einer Flasche trinken würden? Aber es gab ja eigentlich diesen Begriff Straße nicht mehr.

Er erzählte uns, daß man Hamburg in der Nacht aufgegeben habe. Die Löschzüge seien am Abend mitten aus ihrer Arbeit abberufen worden und hätten die ganze Nacht untätig auf einer Ausfallstraße gestanden. Da habe auch er die Arbeit aufgegeben und sich zum ersten Male schlafen gelegt, obwohl ringsum alles brannte. – Später kam auch seine Frau hinzu. Ihre Dienstwohnung dort im Hafen war noch unbeschädigt, aber sie hatten ihre sämtlichen Sachen nach auswärts geschafft.

Die Kontorhäuser waren größtenteils bis zum zweiten Stockwerk niedergebrannt. Auf Umwegen über Glas und Schutt gelangten wir in unser Kontor. Alles troff von Löschwasser. Die Hinterwand des Hauses war durch eine Sprengbombe aufgerissen, und die Innengänge führten direkt ins Fleet. Vor dem Eingang zu unserm Kontor hing die Decke wie ein Vorhang bis auf den Fußboden herab. Sie hängt noch heute so. Drinnen war alles durcheinander geworfen: Möbel, Akten, Türen und Fensterrahmen. Die Zwischenwände der einzelnen Räume waren weggefegt und wenn man etwas anfaßte, dann hatte man Glassplitter in den Händen. – Aber dies Bild kannten wir schon. Im Mai 1941 war das Kontor bereits in ähnlicher Weise zerstört worden.

Ich brach meinen Schreibtisch auf und fand zu meiner Freude einige Manuskripte. Mit dem Geldschrank gelang mir das gleiche nicht. Wir stopften alles, was uns wertvoll erschien, in Säcke und in eine alte Wolldecke. Und es war plötzlich alles wertvoll: ein altes Handtuch, eine Nagelbürste, ein schmiedeeiserner Leuchter und was sonst noch. Zwei Schreibmaschinen schafften wir in einen noch abschließbaren Keller, eine dritte wollten wir mitnehmen. Und das war gut, denn in den nächsten Tagen wurde von den Leichenfledderern in der Stadt alles gestohlen, was sich nur fortbewegen ließ, von den kleinsten Gegenständen bis zu Teppichen und Möbelstücken. Es waren zwar überall Anschläge ausgehängt, daß Plünderer erschossen würden, aber wer wollte sie fangen, um sie zu erschießen? In unseren Kontoren aber machte sich die Meute vor allen Dingen über die Kaffeeproben und Verschiffungsmuster her, die vorher sauber und ordentlich auf Wandborten in kleinen Dosen aufgereiht standen. In den hundert Kontoren fand sich später buchstäblich keine Bohne mehr.

Plötzlich stockten wir, unser Blick war durch das Hinterfenster auf die Katharinenkirche gefallen. Wir sahen uns erschrocken an. »Ja, als sie einstürzte, habe ich geweint«, sagte der Ingenieur, der neben uns stand. Er nannte uns auch die genaue Stunde, in der es geschehen war. Es nützte uns nichts, daß wir uns einredeten: Es ist nur eine Kirche, die hunderttausend Wohnungen und die Menschen, das ist viel schlimmer. Es war wohl ein Symbol. Wir alle, die dort zu tun hatten, liebten den Turm über alle Maßen, jeder auf seine Art, vielleicht ohne es zu wissen. Wir merkten es erst jetzt. Weit über ein Jahrzehnt stand er vor meinem Schreibtisch. Das Blaugrün des barocken Kirchendaches verzauberte das opalisierende Wasser des Fleets. Besonders im Frühjahr und Herbst wurde man dadurch zu Träumereien verführt. Das Wissen um eine alte Orgel und daß diese Kirche als einzige den Brand Hamburgs hundert Jahre früher überlebt hatte, war gar nicht notwendig.

Nun stand nur noch ein kläglicher Stumpf des Turmes da, verrottet und schwarz angeraucht. Er war genau über der Uhr abgebrochen, der Zeiger wies auf kurz nach Eins; aber mittags oder um Mitternacht? Und an welchem Datum? Über der Uhr sah man noch in goldenen Lettern das Wort: Gloria. Das Kupfer des Kirchendaches hatte sich wie ein Leichentuch nach innen über das Kirchenschiff gelegt. Nur ganz hinten auf einem Mauerrest der Sakristei stand noch der goldene Heilige mit seinem Steuerrad und wies mit dem Finger in die Ferne.

Aber ich entsinne mich nun, daß es mich im Mai dieses Jahres tief verstörte, als zwei große mövenartige Vögel die Kirche lautlos und fast ohne Flügelschlag umkreisten. Sie waren manchmal schwarz und manchmal weiß, und ihre Schatten streiften beängstigend über Häuser und Wasser. Auch die vielen hundert so viel kleineren Möven, die dort ihr gefräßiges Wesen führen, verstummten, duckten sich und beobachteten die Fremdlinge mit schrägem Kopf. Das war nur an einem einzigen Nachmittag.

Doch man sagt uns ja immer, wir sollten nicht abergläubisch sein. –

Schwerbepackt machten wir uns auf den Weg in die Stadt. Wir mußten oft absetzen. Ich glaube, daß wir nicht links noch rechts sahen und nur weiterstrebten. Ich bin den Weg früher täglich gegangen und jetzt wieder. Aber wie lange noch? Und es ist auch nicht mehr derselbe Weg. Wenn man auch den Krater auf dem Fischmarkt, in dem das Wasser aus den zerschmetterten Röhren quoll, wieder zugeschüttet hat, die alte Apotheke ist verschwunden, und das Johanneum ist auch nicht wieder aufzubauen. Aber all dies sieht man erst heute, wo die Freilegung der Straßen und der beinah zynische Wunsch aller, darauf zu gehen und zu leben wie vorher, das Fehlende dem Bewußtsein sichtbar macht. Denn damals gab es keine Straßen, sondern nur Pfade über Glas und Geröll. Und die Menschen dachten nicht an Sitte und Ordnung, sie gingen dahin, wie es sich gerade machte, und waren gekleidet, wie es jedem beliebte und am tunlichsten schien. Nicht etwa, daß sich jemand auch nur einen Augenblick darüber wunderte, daß die Leute sich im Freien aus Ziegelsteinen kleine Feuerstellen erbaut hatten wie im Urwald und darauf ihr Essen oder Wäsche kochten. Es war doch immerhin Leben, und in den anderen Vierteln der Stadt gab es nicht einmal das.

Erst am Jungfernstieg gelang es uns, den Wagen eines Arztes

anzuhalten, der uns bis zur Universität mitnahm. Es hätte übrigens für uns nur eines Umweges von wenigen Minuten bedurft, um einen Freund aufzusuchen. Es trieb uns auch, es zu tun, und trotzdem unterließen wir es. Nich nur an diesem ersten Tag, sondern noch drei- oder viermal. Vielleicht hätte er unsere Hilfe gebraucht, es ist also nicht zu entschuldigen. In Wahrheit fürchteten wir, ihn nicht wiederzusehen. Man fragte damals ungern nach Bekannten und ließ es mehr darauf ankommen, daß einem der Zufall Nachricht gab. Jedenfalls in der ersten Zeit war es so.
Welche Überwindung kostete es mich, als ich mich nach acht Tagen endlich dorthin wagte! Schon als ich den Heuberg hinaufging, wäre ich beinahe wieder umgekehrt, um die Wahrheit nicht zu sehen. Früher war es dort eng und durch alte Twieten kreuz und quer verstellt, und nun blickte man in die freie Luft. Um die Ecke der Hohen Bleichen lag eine große Barrikade über der Straße. Ich konnte immer noch nicht ausmachen, wie es um das Haus meines Freundes stand. Erst als ich oben auf der Barrikade stand – und auch da mußte ich lange nachdenken und ich glaube, mein Herz zitterte dabei –, sah ich das Haus. Es war so unglaubhaft, es hing als erstes oder letztes der Straße an einer anderen Hauswand wie ein überragender Fels in die erstarrte Brandung des Trümmermeeres. Und davor arbeitete ein einzelner Mensch, und er war es. Ich schrie, und er schrie auch; ich sprang die Barrikade hinunter und fiel dabei hin. Wir umarmten uns mit lächerlichen Gebärden, und die roten Stoppeln seines wochenalten Bartes zerkratzten mich.
Er war dabei, den Eingang freizulegen. Man konnte nur über ein Brett ins Haus gelangen. Die Gebäude der andern Straßenseite waren gegen das Erdgeschoß und den Keller gestürzt und hatten sie eingedrückt. Die Flammen hatten das Haus geschwärzt und waren in die Fenster geschlagen. Er und seine Frau haben ganz allein in nächtelangem Kampfe immer von neuem wieder alles gelöscht. Aber wenn sie auch

das Feuer abwehren konnten, so bleibt es doch ein unbegreifliches Wunder, daß dieses Haus als einziges den Luftminen standhielt, die im Umkreis von tausend Metern alles vernichteten.

Seine Frau hockte im Garten vor einem offenen Feuer und versuchte, Wasser abzukochen. Neben ihr saß eine Katze, die sich ihnen zugesellt hatte; auf der Brust hatte sie eine tiefe Fleischwunde, und die Pfoten waren ihr verbrannt. Es lohnt sich, von den Katzen der Stadt zu reden. Sie waren nicht wegzulocken aus den Trümmern ihrer ehemaligen Wohnungen. Zwischen verkohlten und noch schwelenden Balken schlichen sie umher und schrien vor Hunger. Die Menschen brachten ihnen etwas aus Mitleid, sie stürzten kreischend darüber her und fraßen es kampfbereit. Aber fassen ließen sie sich nicht, man mußte Gewalt und List anwenden. Die meisten starben trotz aller Pflege dann doch noch, vor Heimweh oder weil der Schrecken sie nachträglich aufzehrte.

Der kleine Garten, einst versteckt und vergessen mitten im Stadtzentrum und zwischen hohen Häusern, war grau bereift von Staub. Wir gingen nach hinten durch. Mein Freund redete ohne Unterbrechung. Hier lagen siebenunddreißig Leichen, die dort im Keller verbrannt sind. »Und sehen Sie, da liegt noch ein blutiger Stiefel.« Es war ein bombensicherer Keller, aber die Türen hatten sich verklemmt. Und weil der Kohlenvorrat daneben lag und brannte, sind sie alle verschmort. Sie waren alle von den heißen Wänden in die Mitte des Kellers geflohen. Da fand man sie zusammengedrängt. Sie waren aufgequollen vor Hitze. – »Und kommen Sie da hinauf!« Und er half mir auf einen Hügel, der sich dort gebildet hatte. Aus der Wüste, die unter uns lag, ragte nur das Portal des Konventgartens hervor. Im April hatten wir dort die Brandenburgischen Konzerte gehört. Und eine blinde Sängerin hatte gesungen: »Die schwere Leidenszeit beginnt nun abermals.« Schlicht und sicher stand sie, ans Cembalo gelehnt, und ihre toten Augen blickten über die Nichtigkei-

ten, um die wir damals schon zitterten, hinweg, vielleicht dahin, wo wir jetzt waren. Und nun umgab uns nur noch ein steinernes Meer.
Nur die Pappel im Garten hatte standgehalten wie eine Damaszenerklinge, und in ihr Laub hatten sich einige Wellensittiche aus den zerbrochenen Käfigen geflüchtet. Überhaupt die Bäume! Mit rührender Eile setzten sie schon nach wenigen Tagen neue Knospen an Stelle der versengten Blätter an und schufen sich einen Frühling, um wieder atmen zu können.
Ja, und auch die drei englischen Standuhren im Hause hatten es überlebt. Als die Wände zu beben begannen, waren sie aufrecht ins Zimmer getorkelt. Aber warum sollen wir uns verwirren lassen, Brüder! Zeigen wir doch weiter die Stunde an, wenn es auch draußen so laut ist. Und eine spielt ihren kleinen Choral mit zarter, kindlicher Eindringlichkeit über den Abgrund hinweg. –
In der Universität ließen Misi und ich uns ein Ausweispapier ausstellen. Dann hinterlegten wir unser schweres Gepäck beim Pförtner und machten uns auf den Weg dorthin, wo unser Heim hätte sein müssen. Aber es war ein Umweg. Vielleicht glaubt jemand, es sei schwer, dort zu stehen, wo man viele Jahre gewohnt hat, und wo nun nichts mehr ist. Und man empfände dann, wie die Last der Dinge, die man einst sein eigen nannte, über einem zusammenbräche. Und daß man dann seufzte oder weinte. Aber es ist nicht schwer, es ist nur unbegreiflich. Es ist so unbegreiflich, daß man es gar nicht zu wiegen vermag. Und wie entsetzlich schwer es wiegt, so schwer, daß man nicht zu atmen wagt und sich nur ganz vorsichtig durch die Welt bewegt, das läßt sich kaum sagen.
Wir haben drei- oder viermal davorgestanden. Am ersten Tage hing noch ganz oben der Heizkörper vom Eßzimmer. Dann war auch dieser Mauerrest herabgestürzt, und ein paar Tage später sprengten sie alles. Es blieb nur ein Haufen

Steine, ein viel zu kleiner Haufen. Wir sagten immer nur: Aber das ist doch gar nicht möglich. Wo ist denn der schwere alte Tisch mit der Lindenholzplatte? Und die Truhe? Es müßte doch viel mehr dort liegen. Ja, und ich konnte es doch nicht unterlassen, scharf hinzusehen, ob nicht vielleicht die kleine Madonna zufällig hängengeblieben wäre. Aber wir haben nichts übrig behalten, nicht eine winzige Kleinigkeit von den Dingen, die uns lieb waren und die zu uns gehörten. Wäre es so, wie würden wir dies kleine Etwas streicheln; es trüge das Wesen all der andern Dinge in sich. Und wenn wir weitergingen, ließen wir einen luftleeren Raum hinter uns. Und die Wohnung? Das Eigene? Das ist doch gar nicht möglich. Und plötzlich ist alles wieder da. Man ist bei anderen Leuten, sie haben einen Bücherschrank. Ach ja! Wieviel Bücher haben wie doch. Oder sie legen eine Schallplatte auf den Apparat. Kennen Sie dies Konzert? Ja, das ist Händel, wir haben es selbst, wir brauchen nur in den Schrank zu greifen. Aber wissen Sie, das Hallelujah spielen wir immer nur Weihnachtsabend, wenn die Krippe aufgestellt ist. Das ist Tradition bei uns. Erst das Hallelujah und dann nach der Bescherung Palestrina. Die Kerzenkrone brennt, auch all die anderen Leuchter. Welcher ist eigentlich der schönste? Der große Altarleuchter oder der kleine aus Zinn? Oder der Louis XVI.-Blaker, der immer etwas an Große Oper erinnerte? Aber du vergißt den weißen Fayenceleuchter ganz. Ach, die Fayencen! Viele hundert Jahre haben sie überstanden. Sie kamen aus Rouen, aus Delft, aus Süddeutschland. Wie oft ist Krieg gewesen seitdem, und sie sind nicht zerbrochen. Und nun?

Oder es ist nur ein Knopf anzunähen. Oder eine Rolle Nähseide wird gebraucht. Es liegt ja alles in dem Spieltisch, der vor der Récamière steht. Nach dem Krieg übrigens werden wir sie gleich neu beziehen lassen. Es wird sich schon ein alter Stoff finden, der dazu paßt.

Wir hatten das auch, wir hatten, wir hatten. Nicht um zu prahlen, nein, es drängt sich aus dem Munde heraus, es will geschildert sein, es will nicht sterben. Es liegt nicht unter den Trümmern.

Aber es sind doch nur Dinge! Denken Sie, es wären Ihnen Kinder umgekommen oder Ihre Frau. Ja, das ist wahr, sagen wir, und es nützt nichts. Haben wir falsch mit den Dingen gelebt oder nur anders? Wer kann das entscheiden? Wir haben sie eigentlich nie besessen. In faden Büchern liest man immer wieder die Dummheit, daß die Frauen besessen sein wollten, dann wären sie glücklich. All die Dinge, die uns umgaben, waren nur zu Gast bei uns. Wir achteten ihr Eigenleben, das älter war als das unsrige. Manchmal hatten wir ein schlechtes Gewissen, weil wir ihnen nicht das bieten konnten, was sie gewohnt waren. Ein Schloß oder festliche Räume. Gehörten die Missalien nicht in eine Kirche? Ja, wir wollen auch dafür sorgen, daß ihr nach unserm Tode dorthin heimkehrt. Nur inzwischen – es ist so unsicher draußen – bleibt bei uns und tut wie zu Hause. Wir lassen euch jede Freiheit, wir fühlen uns verantwortlich für euch; wir werden unsere Stimmen dämpfen und uns euch anpassen.

Oder waren wir bei ihnen zu Gast? Und sie gingen schonend mit uns um, übersahen unsere gröberen Gewohnheiten und vermieden es höflich, uns den Standesunterschied fühlen zu lassen?

Wäre es wirklich ihr Glück gewesen, wenn wir ihre Persönlichkeit durch die Macht unseres Besitzwillens übertäubt und sie dadurch der Gefahr des Eigenlebens beraubt hätten? Nein, nur – wir hätten es jetzt leichter. Denn verlorener Besitz läßt sich ersetzen; aber – ein Gast, ein Freund? Wehe, wenn man es versucht. Wir könnten uns einen Spiegel kaufen. Vielleicht würde ein Kenner sagen: Der Spiegel ist wertvoller als alle sechs Spiegel zusammen, die ihr hattet. Und es bliebe doch nur ein gekaufter Ersatz. Wie könnten wir euch, die wir lieben, darüber vergessen? Wir ließen euch jede Freiheit, auch jene, von uns zu gehen, wann ihr wolltet. Und ihr seid gegangen. Wir aber sind noch da. Vergeßt uns nicht.

Oder war es doch falsch, so zu leben? Haben wir die Dinge mißbraucht, um uns hinter ihnen vor den Unbilden der Wirklichkeit zu verbergen? Sie aber gingen, uns verteidigend, zugrunde, und wir stehen nun nackt und ohne täuschende Zuflucht da? Auch diese Frage muß gestellt werden! Man muß bekennen oder vergessen, ein Drittes gibt es nicht.

Vergessen! Es lagen einige, die übriggeblieben waren, auf dem nackten Boden der Welt. Sie lagen um ein Feuer, Männer und Frauen. Sie waren in Lumpen gekleidet, aber sie wußten es nicht anders. Es war Nacht. Es gab auch noch Sterne, nicht andere als immer. Da redete einer im Traum. Keiner verstand, was er redete. Aber sie wurden alle unruhig, sie erhoben sich, sie verließen das Feuer, sie lauschten ängstlich ins kalte Dunkel. Sie stießen den Träumenden mit dem Fuß an. Da wachte er auf. »Ich habe geträumt. Ich muß bekennen, was ich geträumt habe. Ich war bei dem, was hinter uns liegt.« Er sang ein Lied. Das Feuer wurde blaß. Die Frauen fingen an zu weinen. »Ich bekenne: Wir waren Menschen!« Da sprachen die Männer zueinander: »Wir würden erfrieren, wenn es so wäre, wie er geträumt hat. Laßt uns ihn erschlagen!« Und sie erschlugen ihn. Da wärmte sie das Feuer wieder und alles war zufrieden. –

Es wurde uns noch ein schweres »Hätte« auferlegt. Der erste, der es tat, war der alte halbgelähmte Brotmann, der vor uns herhumpelte, als wir um die Ecke in unsere Straße bogen. »Meine Frau hat noch einen Koffer für Sie«, rief er uns zu. Wir liefen erfreut in den Brotladen gegenüber von unserem Haus. Der Koffer hatte im Erdgeschoß bei einer Nachbarin gestanden, die ihn gerettet hatte. Es war etwas Wäsche darin, wir waren sehr glücklich darüber. Wir drangen auch in den Keller eines anderen Hauses nicht weit von uns ein, das auch heruntergebrannt war. Die Glut in dem Keller war unvorstellbar, man konnte es nur minutenlang darin aushalten. Ich brach eine Tür auf, ich befürchtete, daß der Keller dabei einstürzen würde. Es hätte noch ein Koffer von uns da sein müssen, aber er war schon gestohlen.

Die alte Brotfrau gab uns abgekochtes Wasser zu trinken, und dann erzählte sie: Ihr Haus hätte gerettet werden können. Die Leute haben nicht aufgepaßt. Es hat zu Anfang nur ganz wenig in Ihrer Wohnung gebrannt. Andere bestätigten das, wieder andere sagten: Nein, es brannte gleich zu viel, auch das Treppenhaus. Immerhin scheinen die Zustände während der Brandnacht nicht erfreulich gewesen zu sein, vor allem die anwesenden Männer haben es an Entschlußkraft fehlen lassen und nur an die Rettung ihrer Habe gedacht. Man hat nicht einmal die Tür zu unserer Wohnung geöffnet. Wie dem auch sei, soviel steht fest, das Haus ist von unserer Wohnung aus vernichtet worden. Sie stand gleich in den ersten Minuten der ersten Angriffsnacht in Flammen.

Dieses »Hätte« wurde erschwert dadurch, daß die beiden Häuser neben dem unserigen stehen geblieben waren. Auch gegenüber auf der anderen Straßenseite standen noch vier Häuser. Doch sonst war ringsum alles vernichtet. Es wäre nun richtig gewesen zu fragen: Wie kommt es, daß diese wenigen Häuser verschont wurden? Stattdessen aber fragten wir: Warum mußte es gerade unser Haus treffen? Wenn wir dagewesen wären, hätten wir es gerettet. Wir haben es ja immer gewußt, daß sich außer uns niemand darum kümmern würde. – Ein ganzes Heer von »Hätte« verfolgte uns daraufhin. Zum wenigsten hätten wir die Pelze und Schuhe und sonst einiges an Wäsche gerettet. Vielleicht auch das eine oder andere Andenken. Warum haben wir nicht überhaupt wie alle Leute etwas von unseren Sachen fortgeschickt? Nicht einmal das Silber und den Schmuck haben wir in einen Tresor geschafft. Es wäre doch ein leichtes gewesen, aber du hast es nie gewollt. Doch wenigstens die Tagebücher ...

Die Tagebücher? Ja, jetzt fällt mir ein, daß sie gar nicht mehr da sind. Seit fünfundzwanzig Jahren wurden sie geführt. Tagebücher ist eigentlich nicht der rechte Ausdruck dafür, denn es wurden kaum Ereignisse darin aufgezeichnet, sondern nur die Gedanken, die durch die Ereignisse ausgelöst wurden. Nein, auch nicht Gedanken, sondern der Weg zu ihnen. Ja, es war der Prozeß des Denkens, den ich aufzeichnete. Ich hätte übrigens doch nie wieder darin gelesen, es ekelte mich. Wozu schrieb ich denn überhaupt darin, mit Unterbrechungen zwar, doch immerhin fünfundzwanzig Jahre lang? Ja, wozu schreibe ich dies? – Nein, es ist zwar unbegreiflich, daß sie fort sind, diese fünfundzwanzig Jahre, diese Spur, dieser Weg, aber wie darf man sich um die Rettung solcher Aufzeichnungen bekümmern? Das wäre doch gar zu ungehörig. Wenn man irgendetwas dem Schicksal überlassen muß, darüber zu bestimmten, dann sind es solche Dinge.

Wir fanden ein stärkeres »Hätte«, das wir dagegen ins Treffen führten. Wir sagten uns: Wahrscheinlich hätte es uns getroffen oder auch nur einen von uns. Denn wir wären ja wie immer oben in der Wohnung gewesen. – Aber hast du mir nicht oft gesagt, wenn ich unruhig wurde, daß es uns nicht treffen würde?

Ja, und es hat uns doch auch nicht getroffen.

Ich habe gesagt, drei Jahre lang: es wird mich nicht treffen. Und auch den nicht, der neben mir steht. Mögen links und rechts die Häuser zusammenbrechen; du brauchst nichts zu fürchten. – Ich habe es nicht oft gesagt; vor allem habe ich es nicht laut gesagt. Denn sowie man es ausspricht, wird es unecht und wertlos; man darf es nur wissen. Und ich habe ein einziges Mal nachts, als es draußen wieder schoß, gewußt, warum es mich nicht treffen würde, und es dir auch gesagt: Weil das Schicksal es mir nicht so leicht machen will.

Die Häuser links und rechts von uns stehen noch, aber das unsrige ist fort. Was trieb uns denn, es zu verlassen so kurz vorher wie Tiere, die es plötzlich zwingt, ihre alten Höhlen zu verlassen? Sie wissen nicht warum, und kurz nachher bricht ein Erdbeben aus.

Wir wollen nicht fragen, sondern das Schwerere hinnehmen.

Ob das, was jetzt ist, schon dies Schwerere ist, wer weiß das? Mit dem Augenblick, wo wir uns von den Trümmern unseres einstigen Heimes abwenden, beginnt ein Weg, der über den Untergang hinausführt.

Es begann zunächst damit, daß auch wir von der Rückflut nach Hamburg ergriffen wurden, die mit elementarer Gewalt einsetzte. Nichts lockte die Menschen, niemand rief sie. Im Gegenteil, noch kann man an den Wänden die Anschläge der Behörden lesen, die davor warnten, unbefugt zurückzukehren, und sogar mit Strafen drohten. Aber sie waren machtlos gegen diesen Drang, und um es nicht merken zu lassen, sagten sie bald darauf: Wer nicht zurückkommt, macht sich strafbar.

Aber was trieb die Menschen zurück? Sie sprachen alle: Lieber in einem Kellerloch unter den Trümmern leben als irgendwo geduldet. Aber das ist doch nur eine verneinende Begründung. Oder meinten sie damit, daß sie hier, wo ehemals ihr Haus stand, Rechte hätten und fordern dürften und nicht zu betteln brauchten? Ist es das, was uns von dem Begriffe Heimat übrig blieb? Oder ist es nur ein Trägheitsgesetz? Die Tropfen, die durch den Einsturz überall hinausgeschleudert wurden, fluteten wieder zurück, um den Wasserkrater zu füllen.

Und es begann das qualvolle Suchen nach einem notdürftigen Unterkommen. Das Drängen bei den Behörden. Das qualvolle Hasten nach einem Steingut-Teller. Und diese rührende, kindliche Freude auf den Gesichtern, wenn einer mit einem Paket unter dem Arm nach Hause zog, als habe er dem Schicksal etwas abgewonnen. Und die es sahen, fragten voll Neid und Neugier: Wo gibt es das zu kaufen? Und es war doch nichts als ein Ding, so würdelos in Stoff und Form, daß sich die Menschen einst dessen geschämt hätten. Doch das gehört schon nicht mehr hierher.

Ist es das Schwere? Die Menschen bemühen sich so zu tun, als lebten sie wie vorher. Es ist ein wenig enger geworden, man

muß sich nach der Decke strecken, aber seht: Wir üben unsern Beruf wieder aus, wir gehen über die Straße, als wenn nichts gewesen wäre, und die Frauen putzen sich. Aber ...
Sie wissen, daß es nur Schein ist. Sie glauben nicht daran. Die Kulisse fehlt, die Illusion der Wirklichkeit. Vor einem ausgebrannten Hause sah ich eine Allegorie dafür. Auf dem Schutt im Vorgarten lag wie eine Harfe das ausgeglühte Saitengestell eines Flügels. Durch den verkohlten Unrat und die zersprungenen Saiten wuchs eine Rose und blühte. Es war wie ein Bild auf einer alten Tasse. Sie hätten sich früher nicht gescheut, die Unterschrift darunter zu setzen: Blühen und Vergehen.
Ja, wenn die Dämmerung kommt, sagen alle Menschen: Wir wollen nur ganz wenig besitzen, damit uns nichts zurückhält und wir leichter davonlaufen können. Sie sagen es so, als wäre es etwas Selbstverständliches, daß man dann und wann vor Etwas davonlaufen muß ... Es läßt sich nicht vermeiden, es ist zwar unverständlich, aber man muß es in Kauf nehmen.
Haben die Menschen sich leichter gemacht, um das Schwere besser bestehen zu können? Manchmal sagt auch einer: Dies alles ist nur Anfang. Wir werden uns danach zurücksehnen. Wir werden Hungersnot bekommen, Epidemien und was sonst noch. Es wird nur ein Viertel von uns übrig bleiben. Man kann nichts dagegen tun oder dafür. Man muß Glück haben. – Das alles ist sehr möglich. Inzwischen sind andere Städte vernichtet worden, einige brennen in diesem Augenblick, und die noch verschont sind, bangen ihrer Stunde entgegen. Das Unglück Hamburgs zählt schon nicht mehr.
Zählt es deshalb nicht mehr, weil nicht wir die Bemitleidenswürdigen sind, die es hinter sich haben, sondern die, die noch vor dem Abgrund stehen und daran zweifeln, daß sie ihn überwinden werden, weil sie noch so denken, wie man auf der anderen Seite denken mußte, eingezwängt zwischen dem Gestern und Morgen, ohne eine Sekunde Gegenwart? Denn

was wir gewonnen haben und was anders wurde, das ist: Wir sind gegenwärtig geworden. Wir haben uns aus der Zeit gelöst. Sie wacht noch über uns, sie befiehlt uns zu arbeiten und ruft uns zum Mittagessen, und wir gehorchen ihr. Manchmal überhören wir ihren Ruf, weil wir reich wurden über einen Gegenstand, den wir früher nicht erkannten, und dann schilt sie uns aus: Wie seid ihr verträumt. Aber die Strafe trifft nicht unser Wesen. Liebe, arme Zeit, warum bist du so aufgeregt? Wir wollen gern alles tun, was du willst, wenn es dir Freude macht und damit du nicht böse wirst. – Ihr sollt nicht immer mit dem Fremden zusammensein, sagt die Zeit, ich werde euch einsperren. – Ach, Mutter, warum denn nicht? – Er verdirbt euch, und es wird nichts Rechtes aus euch werden. – Mutter, du kennst ihn nicht. Er weiß so schöne Spiele. Er wohnt dort drüben, wo keine Häuser mehr sind. Er kommt jeden Nachmittag durch den alten Torbogen. Er ist unser Freund. Wir bitten ihn immer, uns dorthin mitzunehmen, wo er wohnt. Aber er will es noch nicht; er sagt: Wartet noch, Kinder. Willst du ihn nicht auch einmal kennenlernen, Mutter? – Nein! und ihr bleibt jetzt hier. Es ist kein Umgang für euch.

Die Mutter hat noch viel zu tun, sie wäscht, sie kocht und muß zwischendurch in den Keller, um Kohlen zu holen. Als sie wieder heraufkommt, sind die Kinder fort. Sie geht ans Fenster und hört, wie sie singen:

Maikäfer, flieg.
Mein Vater ist im Krieg,
Meine Mutter ist in Pommerland,
Pommerland ist abgebrannt.

Wir sind wieder auf die Straße gelaufen und spielen mit dem Tode. Da setzt sich die Zeit traurig in einen Winkel und kommt sich nutzlos vor. –

Wir haben das Schwerste hinter uns, das Schwerere zählt dagegen nicht. Es ist nicht so schlimm. Ich habe dies Wort von einem gehört, der nicht wußte, daß er es sagte. Es war einer der Unzähligen, jeder andere hätte es auch sagen können. Er erzählte mir von seiner Nacht, die ihn vernichten wollte. Er tat es in der Art, die wir alle haben, wenn wir davon sprechen. Es genügen fünf Töne. Der Verstand sagt, wie klingt das traurig. Aber es ist nicht traurig, es ist nur einfach so. Traurig ist nur der Verstand, weil er Flügel zu haben glaubt, und stürzt doch immer wieder ab.

Und der es mir erzählte, wußte nicht, daß er in seiner bilderlosen Sprache ein Bild schuf, wie es kein Dichter schaffen kann. Er sagte:

Dann kam einer zu uns in den Keller und sprach: Ihr müßt jetzt herauskommen, das ganze Haus brennt und wird gleich einstürzen. Die meisten wollten nicht, sie meinten, sie wären dort sicher. Aber sie sind alle umgekommen. Einige von uns hörten auf ihn. Doch es gehörte viel dazu. Wir mußten durch ein Loch hinaus, und vor dem Loch schlugen immer die Flammen hin und her. Es ist gar nicht so schlimm, sagte er, ich bin doch auch zu euch hereingekommen. Da wickelte ich mir eine nasse Decke um den Kopf und kroch hinaus. Dann waren wir hindurch. Einige sind dann auf der Straße noch umgefallen. Wir konnten uns nicht um sie kümmern.

JOHANNES BOBROWSKI
Mäusefest

Moise Trumpeter sitzt auf dem Stühlchen in der Ladenecke. Der Laden ist klein, und er ist leer. Wahrscheinlich weil die Sonne, die immer hereinkommt, Platz braucht und der Mond auch. Der kommt auch immer herein, wenn er vorbeigeht. Der Mond also auch. Er ist hereingekommen, der Mond, zur Tür herein, die Ladenklingel hat sich nur einmal und ganz leise nur gerührt, aber vielleicht gar nicht, weil der Mond hereinkam, sondern weil die Mäuschen so laufen und herumtanzen auf den dünnen Dielenbrettern. Der Mond ist also gekommen, und Moise hat Guten Abend, Mond! gesagt, und nun sehen sie beide den Mäuschen zu.

Das ist aber auch jeden Tag anders mit den Mäusen, mal tanzen sie so und mal so, und alles mit vier Beinen, einem spitzen Kopf und einem dünnen Schwänzchen.

Aber lieber Mond, sagt Moise, das ist längst nicht alles, da haben sie noch so ein Körperchen, und was da alles drin ist! Aber das kannst du vielleicht nicht verstehen, und außerdem ist es gar nicht jeden Tag anders, sondern immer ganz genau dasselbe, und das, denk ich, ist gerade so sehr verwunderlich. Es wird schon eher so sein, daß du jeden Tag anders bist, obwohl du doch immer durch die gleiche Tür kommst und es immer dunkel ist, bevor du hier Platz genommen hast. Aber nun sei mal still und paß gut auf.

Siehst du, es ist immer dasselbe.

Moise hat eine Brotrinde vor seine Füße fallen lassen, da huschen die Mäuschen näher, ein Streckchen um das andere, einige richten sich sogar auf und schnuppern ein bißchen in die Luft. Siehst du, so ist es. Immer dasselbe.

Da sitzen die beiden Alten und freuen sich und hören zuerst gar nicht, daß die Ladentür aufgegangen ist. Nur die Mäuse haben es gleich gehört und sind fort, ganz fort und so schnell, daß man nicht sagen kann, wohin sie gelaufen sind.

In der Tür steht ein Soldat, ein Deutscher. Moise hat gute Augen, er sieht: ein junger Mensch, so ein Schuljunge, der eigentlich gar nicht weiß, was er hier wollte, jetzt, wo er in der Tür steht. Mal sehen, wie das Judenvolk haust, wird er sich draußen gedacht haben. Aber jetzt sitzt der alte Jude auf seinem Stühlchen, und der Laden ist hell vom Mondlicht. Wenn Se mechten hereintreten, Herr Leitnantleben, sagt Moise.

Der Junge schließt die Tür. Er wundert sich gar nicht, daß der Jude Deutsch kann, er steht so da, und als Moise sich erhebt und sagt: Kommen Se man, andern Stuhl hab ich nicht, sagt er: Danke, ich kann stehen, aber er macht ein paar Schritte, bis in die Mitte des Ladens, und dann noch drei Schritte auf den Stuhl zu. Und da Moise noch einmal zum Sitzen auffordert, setzt er sich auch.

Jetzt sind Se mal ganz still, sagt Moise und lehnt sich an die Wand.

Die Brotrinde liegt noch immer da, und, siehst du, da kommen auch die Mäuse wieder. Wie vorher, gar nicht ein bißchen langsamer, genau wie vorher, ein Stückchen, noch ein Stückchen, mit Aufrichten und Schnuppern und einem ganz winzigen Schnaufer, den nur Moise hört und vielleicht der Mond auch. Ganz genau wie vorher.

Und nun haben sie die Rinde wiedergefunden. Ein Mäusefest, in kleinem Rahmen, versteht sich, nichts Besonderes, aber auch nicht ganz alltäglich.

Da sitzt man und sieht zu. Der Krieg ist schon ein paar Tage alt. Das Land heißt Polen. Es ist ganz flach und sandig. Die Straßen sind schlecht, und es gibt viele Kinder hier. Was soll man da noch reden? Die Deutschen sind gekommen, unzählig viele, einer sitzt hier im Judenladen, ein ganz junger, ein Milchbart. Er hat eine Mutter in Deutschland und einen Vater, auch noch in Deutschland, und zwei kleine Schwestern. Nun kommt man also in der Welt herum, wird er denken, jetzt ist man in Polen, und später vielleicht fährt man nach England, und dieses Polen hier ist ganz polnisch.

Der alte Jude lehnt an der Wand. Die Mäuse sind noch immer um ihre Rinde versammelt. Wenn sie noch kleiner geworden ist, wird eine ältere Mäusemutter sie mit nach Hause nehmen, und die andern Mäuschen werden hinterherlaufen.

Weißt du, sagt der Mond zu Moise, ich muß noch ein bißchen weiter. Und Moise weiß schon, daß es dem Mond unbehaglich ist, weil dieser Deutsche da herumsitzt. Was will er denn bloß? Also sagt Moise nur: Bleib du noch ein Weilchen.

Aber dafür erhebt sich der Soldat jetzt. Die Mäuse laufen davon, man weiß gar nicht, wohin sie alle so schnell verschwinden können. Er überlegt, ob er Aufwiedersehen sagen soll, bleibt also einen Augenblick noch im Laden stehen und geht dann einfach hinaus.

Moise sagt nichts, er wartet, daß der Mond zu sprechen anfängt. Die Mäuse sind fort, verschwunden. Mäuse können das.

Das war ein Deutscher, sagt der Mond, du weißt doch, was mit diesen Deutschen ist. Und weil Moise noch immer so wie vorher an der Wand lehnt und gar nichts sagt, fährt er dringlicher fort: Weglaufen willst du nicht, verstecken willst du dich nicht, ach Moise. Das war ein Deutscher, das hast du doch gesehen. Sag mir bloß nicht, der Junge ist keiner, oder jedenfalls kein schlimmer. Das macht jetzt keinen Unterschied mehr. Wenn sie über Polen gekommen sind, wie wird es mit deinen Leuten gehn?

Ich hab gehört, sagt Moise.

Es ist jetzt ganz weiß im Laden. Das Licht füllt den Raum bis an die Tür in der Rückwand. Wo Moise lehnt, ganz weiß, daß man denkt, er werde immer mehr eins mit der Wand. Mit jedem Wort, das er sagt. Ich weiß, sagt Moise, da hast du ganz recht, ich werd Ärger kriegen mit meinem Gott.

GÜNTER GRASS
Hundejahre

Zweite Frühschicht

Hier, auf Brauxels Schreibtischplatte, und über den Schiewenhorster Deich rollt sie, jeden Tag. Und auf dem Nickelswaldener Deich steht Walter Matern und knirscht mit den Zähnen; denn sie geht unter. Leergefegt verjüngen sich Deiche. Nur das Rutenzeug der Windmühlen, stumpfe Kirchtürme und Pappeln – die ließ Napoleon für seine Artillerie pflanzen – kleben auf den Deichkronen. Er allein steht. Allenfalls der Hund. Aber der ist weg und mal hier mal dort. Hinter ihm, schon im Schatten und unter dem Spiegel des Flusses, liegt das Werder und riecht nach Butter, Glumse, nach Käsereien, riecht gesundmachend und zum Erbrechen nach Milch. Neunjährig breitbeinig, mit blauroten Märzknien steht Walter Matern, spreizt zehn Finger, schlitzt die Augen, läßt alle Narben seines kurzgeschorenen Kopfes, die von Stürzen, Schlägereien und Stacheldrahtrissen zeugen, anschwellen, Profil gewinnen, knirscht von links nach rechts mit den Zähnen – das hat er von seiner Großmutter – und sucht einen Stein.
Auf dem Deich gibt es keinen Stein. Er aber sucht. Dürre Stöcke findet er. Aber einen dürren Stock kann man nicht gegen den Wind. Er will muß will aber schmeißen. Könnte Senta, mal hier mal weg, heranpfeifen, pfeift aber nicht, knirscht nur – das macht den Wind stumpf – und will schmeißen. Könnte Amsels Blick mit Häh! und Häh! von der Deichsohle auf sich ziehen, hat aber den Mund voller Knirschen

und nicht voller Häh! und Häh! – will muß will dennoch, hat aber auch in den Taschen keinen Stein; hat sonst immer in der einen oder in der anderen Tasche einen oder zwei.
Steine nennt man hier Zellacken. Die Evangelischen sagen: Zellacken, die paar Katholischen: Zellacken. Die groben Menoniten: Zellacken. Die feinen: Zellacken. Auch Amsel, der gerne Ausnahmen macht, sagt Zellack, wenn er einen Stein meint; und Senta holt einen Stein, sagt wer zu ihr: Hol einen Zellack. Kriwe sagt Zellacken, Kornelius Kabrun, Beister, Folchert, August Sponagel und die Majorin von Ankum, alle sagen; und der Prediger Daniel Kliewer aus Pasewark sagt zu seiner groben und feinen Gemeinde: »Da häd sech dä klaine David ain Zellack jenomm, ond häd dem Tullatsch, dem Goliath ...« Denn ein Zellack ist ein handlicher taubeneigroßer Stein.
Jedoch Walter Matern findet weder noch in den Taschen. Rechts nur Krümel und Sonnenblumenkerne, links zwischen Bindfäden und knisternden Heuschreckenüberresten – während es oben knirscht, während die Sonne weg ist, während die Weichsel fließt, etwas aus Güttland, etwas aus Montau vorbeitreibt, Amsel gebückt und immerzu Wolken, während Senta gegen den Wind, die Möwen mit dem Wind, die Deiche sauber zum Horizont, während sie weg weg weg ist – findet er sein Taschenmesser. Sonnenuntergänge dauern in östlichen Gegenden länger als in westlichen; das weiß jedes Kind. Da fließt die Weichsel von einem Himmel zum gegenüberliegenden. Schon macht sich am Schiewenhorster Anleger die Dampffähre los und will schräg und bissig gegen den Fluß zwei Güterwagen der Kleinbahn nach Nickelswalde bringen, aufs Gleis nach Stutthof. Soeben dreht das Stück Leder, Kriwe genannt, sein Rindsledergesicht aus dem Wind und klappert wimperlos die Deichkrone gegenüber ab: bißchen gehendes Rutenzeug und Pappeln zum Abzählen. Hat nun was Starres im Auge, das bückt sich nicht, hat aber die Hand in der Tasche. Und läßt sein Auge von der Böschung

rutschen: da ist was komisch Rundes, das bückt sich, will wohl der Weichsel was wegnehmen. Das ist Amsel, der ist auf Klamotten aus – wofür Klamotten? – das weiß jedes Kind.

Aber das Leder Kriwe weiß nicht, was Walter Matern, der einen Zellack in der Tasche suchte, in seiner Tasche fand. Während Kriwe sein Gesicht aus dem Wind zieht, wird das Taschenmesser in Walter Materns Hand wärmer. Dieses hat ihm Amsel geschenkt. Drei Klingen, einen Korkenzieher, eine Säge, einen Dorn hat es. Amsel dicklich rötlich und zum Lachen, wenn er weint. Amsel fischt an der Deichsohle im Schlamm, denn die Weichsel reicht, weil von Montau bis Käsemark Hochwasser ist, und obgleich sie Fingerbreite um Fingerbreite fällt, bis zur Deichkrone und bringt Sachen mit, die es vorher in Palschau gab.

Weg. Sie ist drüben hinterm Deich und hat ein Rot hinterlassen, welches zunimmt. Da macht – was nur Brauxel wissen kann – Walter Matern eine Faust um das Messer in seiner Tasche. Amsel ist bißchen jünger als Walter Matern. Senta, weit weg und auf Mäuse aus, ist etwa so schwarz, wie der Himmel, von der Schiewenhorster Deichkrone aufwärts, rot ist. Da bleibt eine treibende Katze im Treibholz hängen. Möwen vermehren sich fliegend: gerissenes Seidenpapier knüllt, wird geglättet, klaftert; und die gläsernen Stecknadelkopfaugen sehen alles, was treibt, hängt, rennt, steht oder nur da ist, wie Amsels zweitausend Sommersprossen; auch daß er einen Helm trägt, wie er vor Verdun getragen wurde. Und der Helm rutscht, muß zurück in den Nacken, rutscht wieder, während Amsel Zaunlatten und Bohnenstangen, auch bleischwere Klamotten aus dem Schlamm fischt: da löst sich die Katze, kreiselt weg, fällt den Möwen zu. Die Mäuse im Deich rühren sich wieder. Und die Fähre nähert sich immer. Da treibt ein toter gelber Hund und dreht sich. Senta steht gegen den Wind. Schräg und bissig bringt die Fähre zwei Güterwagen. Es treibt ein Kalb, das lebt nicht mehr. Jetzt stolpert der Wind, aber schlägt nicht um. Da bleiben die Möwen in der Luft stehn, sie zaudern. Jetzt hat Walter Matern – während Fähre, Wind und Kalb und die Sonne hinterm Deich und die Mäuse im Deich und die Möwen auf einem Fleck – die Faust mit dem Taschenmesser aus der Tasche heraus, hat sie, während die Weichsel fließt,. vor den Pullover geführt und läßt, dem zunehmenden Rot gegenüber, alle Knöchel kreidig werden.

Dritte Frühschicht

Alle Kinder zwischen Hildesheim und Sarstedt wissen, was in Brauxels Bergwerk, das zwischen Hildesheim und Sarstedt liegt, gefördert wird.
Alle Kinder wissen, warum das Infanterieregiment hundertachtundzwanzig jenen Stahlhelm, den Amsel trägt, mit anderen Stahlhelmen neben einem Haufen Drillichzeug und einigen Gulaschkanonen in Bohnsack liegenlassen mußte, als es mit der Eisenbahn im Jahre zwanzig wegfuhr.
Die Katze ist schon wieder da. Alle Kinder wissen: es ist nicht dieselbe Katze, nur die Mäuse wissen nicht und die Möwen wissen nicht. Die Katze ist naß naß naß. Da treibt etwas vorbei, das ist kein Hund und kein Schaf, das ist ein Kleiderschrank. Der Schrank stößt nicht mit der Fähre zusammen. Und als Amsel eine Bohnenstange aus dem Schlamm zieht und Walter Materns Faust über dem Taschenmesser ins Zittern kommt, gibt es Freiheit für eine Katze: der offenen See, die bis zum Himmel reicht, treibt sie zu. Die Möwen verringern sich, die Mäuse im Deich rühren sich, die Weichsel fließt, die Faust überm Messer zittert, Nordwest heißt der Wind, die Deiche verjüngen sich, die offene See stemmt alles was sie hat gegen den Fluß, noch immer und immerzu geht die Sonne unter, noch immer und immerzu bringt die Fähre sich selber und zwei Güterwagen: die Fähre kentert nicht, die Deiche brechen nicht, die Mäuse fürchten sich nicht, die

Sonne will nicht zurück, die Weichsel will nicht zurück, die Fähre will nicht zurück, die Katze will nicht, die Möwen wollen nicht, die Wolken nicht, das Infanterieregiment nicht, Senta will nicht zu den Wölfen zurück, sondern bravbravbrav... Auch Walter Matern will jenes Taschenmesser, das ihm Amsel dick kurz fett schenkte, nicht in die Tasche zurückkehren lassen; vielmehr gelingt es der Faust über dem Messer, noch einen Anstrich kreidiger zu werden. Und es knirschen oben Zähne von links nach rechts. Es entspannt sich, während es fließt kommt untergeht treibt kreiselt zu- und abnimmt, die Faust über dem Taschenmesser, daß alles vertriebene Blut in die nunmehr locker geschlossene Hand schießt: Walter Matern wirft die Faust um den heißgewordenen Gegenstand hinter sich, steht nur noch auf einem Bein Fuß Ballen, auf fünf Zehen in einem Schnürschuh, hebt ohne Strumpf im Schuh sein Gewicht auf, läßt all sein Gewicht in die Hand hinter sich rutschen, zielt nicht, knirscht kaum; und in jenem fließenden treibenden untergehenden verlorenen Moment – denn auch Brauxel kann ihn nicht retten, weil er vergaß, etwas vergaß – jetzt also, da Amsel vom Modder der Deichsohle aufblickt, dabei mit linkem Handrücken und einem Teil seiner zweitausend Sommersprossen den Stahlhelm in den Nacken, zu einem anderen Teil seiner zweitausend Sommersprossen schiebt, ist Walter Materns Hand weit voraus, leer, leicht und zeigt nur noch die Druckstellen eines Taschenmessers, das drei Klingen, einen Korkenzieher, eine Säge und einen Dorn hatte; in dessen Gehäuse Seesand, ein Rest Marmelade, Kiefernnadeln, Borkenmehl und eine Spur Maulwurfsblut sich verkrustet hatten; dessen Tauschwert eine neue Fahrradklingel gewesen wäre; das niemand gestohlen, das Amsel mit selbstverdientem Geld im Laden seiner Mutter gekauft, dann seinem Freund Walter Matern geschenkt hatte; das im letzten Sommer an Folcherts Schuppentor einen Schmetterling genagelt, unter der Anlegebrücke von Kriwes Fähre innerhalb eines Tages vier Ratten, in den

Dünen beinahe ein Kaninchen und vor zwei Wochen einen Maulwurf getroffen hatte, bevor Senta ihn erwischen konnte. Weiterhin zeigt die Innenfläche der Hand Druckstellen desselben Messers, mit dem sich Walter Matern und Eduard Amsel, als sie acht Jahre alt und auf Blutsbrüderschaft aus waren, den Oberarm ritzten, weil ihnen Kornelius Kabrun, der in Deutsch-Südwest gewesen war und über Hottentotten Bescheid wußte, davon erzählt hatte.

Vierte Frühschicht

Mittlerweile – denn während Brauxel die Vergangenheit eines Taschenmessers aufdeckt, und das gleiche Taschenmesser als geworfener Gegenstand der Wurfkraft, der Kraft des gegen ihn angehenden Windes und der eigenen Schwerkraft gehorcht, bleibt Zeit genug übrig, von Frühschicht zu Frühschicht einen Arbeitstag abzubuchen und mittlerweile zu sagen – mittlerweile also hatte Amsel seinen Stahlhelm mit dem Handrücken in den Nacken geschoben. Er übersprang mit einem Blick die Deichböschung, erfaßte mit demselben Blick den Werfer, schickte den Blick dem geworfenen Gegenstand hinterdrein; und das Taschenmesser hat, behauptet Brauxel, mittlerweile jenen endlichen Punkt erreicht, der jedem aufstrebenden Gegenstand gesetzt ist, hat erreicht, während die Weichsel fließt, die Katze treibt, die Möwe schreit, die Fähre kommt, während die Hündin Senta schwarz ist und die Sonne nicht aufhört mit dem Untergehen.
Mittlerweile – denn wenn ein geworfener Gegenstand jenes Pünktchen erreicht hat, hinter dem der Abstieg beginnt, zaudert er einen Augenblick lang, täuscht Stillstand vor – während das Taschenmesser also oben still steht, reißt Amsel seinen Blick von dem Pünktchen Gegenstand fort und hat wieder – schon fällt das Messer rasch ruckhaft, weil stärker dem Gegenwind ausgesetzt, dem Fluß zu – seinen Freund Walter Matern im Auge, der immer noch mit Ballen und Zehenspit-

zen ohne Strumpf im Schnürschuh wippt, die rechte Hand hoch und weit von sich hält, während sein linker Arm rudert und ihm das Gleichgewicht bewahren will.
Mittlerweile – denn während Walter Matern einbeinig wippt und ums Gleichgewicht besorgt ist, während Weichsel und Katze, Mäuse und Fähre, Hund und Sonne, während das Taschenmesser dem Fluß zufällt, ist in Brauxels Bergwerk die Frühschicht eingefahren, die Nachtschicht ausgefahren und auf Fahrrädern davon, hat der Kauenwärter die Kaue abgeschlossen, haben die Sperlinge in allen Regenrinnen den Tag angefangen... Es gelang damals Amsel, mit kurzem Blick und gleich darauffolgendem Anruf Walter Matern aus dem knapp bewahrten Gleichgewicht zu bringen. Zwar kam der Junge auf der Nickelswaldener Deichkrone nicht zu Fall, geriet aber doch dergestalt wild ins Torkeln und Stolpern, daß er sein Taschenmesser aus dem Auge verlor, bevor es die fließende Weichsel berührte und unsichtbar wurde.
»Häh, Knirscher!« ruft Amsel. »Häst allwedder midde Zähne jeknirscht ond jeschmissen wie neilich?«
Walter Matern, der hier als Knirscher angesprochen wird, steht wieder breitbeinig mit durchgedrückten Knien und reibt sich die Innenfläche seiner rechten Hand, die immer noch nachglühende Profile eines Taschenmessers im Negativ zeigt.
»Hast doch jesehn, daas ech mißt schmeißen, was frägs noch.«
»Hast aber nech middem Zellack jeschmissen.«
»Na wenn hier kain Zellack nech ist.«
»Waas schmeißt denn, wenn kain Zellack nech hass?«
»Na wennech ain Zellack jehabt hädd, häddech och middem Zellack jeschmissen.«
»Wenn hädst de Senta jeschickt, hädse Diä och jebracht ain Zellack.«
»Naachhä kann jeder sagen, häddst de Senta jeschickt. Schick Du ma ain Gissert, wennä off Mäuse is.«

»Mid waas häst denn jeschmissen, wenn kain Zellack nech jehabt häst?«
»Waas frägs immer. Mid irjend son Dingsdam. Hass doch jesehn.«
»Häst mid main Knief jeschmissen.«
»Wa main Knief. Ond jeschenkt is jeschenkt. Ond wennech ain Zellack jehabt hädd, den häddech nech middem Knief, den häddech middem Zellack jeschmissen.«
»Hädst doch waas jesagt, ain Wortchen, daas da kain Zellack nech findst, denn häddech Diä raufgeschmissen ainen, wo hier jenug hat.«
»Waas rädst ond schawieterst, wo ä nu weg ist.«
»Vlaicht krieg ech ain neuen Knief off Hemmelfaart.«
»Will aber kain neuen Knief nech.«
»Na wennech Diä jäb, wirst schon nähmen.«
»Wätten wä, daas nech?«
»Wätten wä, daas nämmst?«
»Wätten wä?«
»Wätten wä!«
Dann wetten sie mit Handschlag: Husaren gegen Brennglas, indem Amsel seine Hand mit den vielen Sommersprossen den Deich hinaufreicht, Walter Matern seine Hand mit den Druckstellen des Taschenmessers hinunterreicht und mit dem Handschlag Amsel auf die Deichkrone zieht.
Amsel bleibt freundlich: »Du best jenau wie Daine Oma inne Miehle. Die knirscht och immer midde paar Zähne, wo se noch hädd. Bloos schmeißen tut se nech. Dafier schlächt se middem Leffel.«
Amsel ist auf dem Deich etwas kleiner als Walter Matern. Während er spricht, zeigt sein Daumen über seine Schulter dorthin, wo hinter dem Deich das Straßendorf Nickelswalde und die Maternsche Bockwindmühle liegen. Die Deichböschung hinauf zieht Amsel ein sperriges Bündel Dachlatten, Bohnenstangen, ausgewrungene Lumpen. Immer wieder muß sein Handrücken den vorderen Rand des Stahlhelms he-

ben. Die Fähre hat an der Nickelswaldener Anlegebrücke festgemacht. Man hört die beiden Güterwagen. Senta wird größer, kleiner, größer, nähert sich schwarz. Wieder treibt totes Kleinvieh vorbei. Breitschultrig fließt die Weichsel. Walter Matern wickelt seine rechte Hand in den unteren ausgefransten Rand seines Pullovers. Senta steht auf vier Beinen zwischen dem einen und dem anderen. Ihre Zunge hängt links heraus und zuckt. Sie hat ihre Augen auf Walter Matern gerichtet, weil der mit den Zähnen. Das hat er von seiner Großmutter, die neun Jahre lang fest im Stuhl und nur die Augäpfel.

Jetzt ziehen sie ab: verschieden groß auf der Deichkrone gegen die Anlegebrücke der Fähre. Schwarz die Hündin. Einen halben Schritt voran: Amsel. Hinterdrein: Walter Matern. Er schleppt Amsels Klamotten. Hinter dem Bündel richtet sich das Gras, während die drei auf dem Deich kleiner werden, langsam wieder auf.

UWE JOHNSON

Osterwasser

Im Frühjahr nach dem Krieg sah Cresspahls Tochter in dem mannshohen Spiegel neben der Küchentür eine dürre langbeinige Gestalt vorbeistaken. Da fiel ihr das Osterwasser ein.

Sie ging in den Spiegel hinein, bis sie den Rahmen mit beiden Händen halten konnte, und näherte ihren besorgten Blick dem Sattel Sommersprossen, der auf ihrer Nase den Winter überstanden hatte. Sie suchte mit dem einen Auge im andern zu lesen, ob man mit dreizehn Jahren zu erwachsen war für Osterwasser. Ihr Kopf rutschte schräg, bis sie mit langer Zungenspitze deren Bild hinter dem Glas anstoßen konnte so behutsam wie die Katze, die ihr eben durch den Sinn schlich.

Mitten im Sprung durchs Fenster kam ihr Zweifel. Osterwasser mußte man holen am ersten Feiertag vor Sonnenaufgang, aus einer Quelle, und sprechen durfte man kein Sterbenswort, sonst verlor es die Wirkung. Die Wirkung versprach Schönheit für die Haut, die damit gewaschen war.

Eine Quelle bei Jerichow wußte sie aber nicht. Die schwächlichen Grabenflüsse kamen alle tief aus Mecklenburg. Sie zog ein Bein hoch und überlegte mit den Zehen, ob auch gehendes Wasser zu Ostern kräftig wurde. Zu ihrer Freundin Inge mochte sie deswegen nicht gehen, nachdem sie neulich von Inges Großmutter ein Marmeladenbrot angenommen hatte und beide ihr beim Essen so aufmerksam zusahen. Wenn Gesine still saß wie jetzt auf dem Fensterbrett, und die Gedanken blieben stehen und hielten die baumelnden Beine an, fühlte sie sich leer in der Mitte. Sie schluckte eben, als sie Schritte

hinterm Haus kommen hörte. Sie sprang hinaus. Ihr Vater hielt mehr von Türen.
Aber wer heutzutage in Cresspahls Haus durch die Türen ging, konnte nicht in Ruhe überlegen, ob vielleicht die Ostsee auch eine Quelle war. Vor den Türen mußte heutzutage angeklopft werden, weil hinter ihnen die Flüchtlinge kochten, wuschen, halbnackt waren, schliefen, und noch beim Durchqueren der Küche mußte die Tochter des Hauses ein Wort abgeben, damit die Vertriebenen sich nicht angefeindet fühlten. Sie mochte auch nicht angeredet werden oder fremde Hände auf dem Kopf, außer von Jakobs Mutter, die das Mädchen aber nicht anrührte. Die Tochter des Hauses lief aufwärts durch den toten Garten hinter den Trockenschuppen der Ziegelei und kletterte nach oben auf die Stufen der halb abgetragenen Mauer. Über den Spitzen des Holunders sah sie den blassen Jungwuchs der Wiesen mit Altgras verfilzt. Hinter den Koppelzäunen wischte die Luft das kahle Bruch in eins. Fingerschmal standen im Westen die Schloßwälder, durch die Gräben gingen mit dem Wasser von den Seen.
Am Sonnabend vor dem Fest war Jakob von den Bauern zurückgekommen und packte in der Küche aus der schwarzledernen Kastentasche langsam auf den Kacheltisch. Sie kam mit dem Holzkorb herein, warf ihn an den Herd und wartete gebückt halb umgewandten Kopfes, weil er sechs Jahre älter war und erwachsen. Er sagte na und du. Sie packte ihre Beine auf den Schemel und schaukelte in den Knien, stützte sich zum Tisch hinüber. Er hatte ein abgezogenes, ausgenommenes Kaninchen mitgebracht, einen Klumpen Butter, einen ungleichmäßigen Kristall roten Viehzuckers, Eier. Ein Ei rollte abseits zu ihrer Tischecke, fing sich in ihrer rasch aufgestellten Hand, die es zurückschickte. Jakob drehte es mit dem Finger wieder in Bewegung zu ihr und sagte: Mit Zucker, kennst du das? Gesine setzte das Ei auf die Spitze, ließ es stehen, polkte mit fünf Fingern am oberen Schalenende und fragte Jakob, wie sie zu Hause Osterwasser geholt hätten.

Jakob saß krumm da. Er war zwei Stunden zu Fuß gegangen. Er hatte Staub im Gesicht. Er war so alt, daß er für seine Mutter das Essen verdienen konnte und für ein fremdes Mädchen noch ein Ei. Mit Zucker hatte sie noch nie eins gegessen. Sie schloß die Augen, legte den Kopf zurück und ließ sich das Ei in den Hals laufen, während Jakob erzählte, daß das Osterwasser in Pommern aus einer Quelle oder fließendem Wasser geholt worden war. Man mußte es trinken oder sich damit gewaschen haben, bevor der Osten heller war. Man durfte kein Wort sprechen, und es hatte für Gesundheit und Schönheit gegolten. – Soll ich dich wecken? fragte er.
Sie hatte im vorigen Jahr verschlafen, schwenkte aber leicht den Kopf, der an dem schmutzfleckigen Ei sog, und sah aus spaltoffenen Augen zu ihm hin. Er hatte den Blick gar nicht gewandt. – Sprich ja nicht: sagte er. Er sah etwas neben ihren Augen. Dann kam die Lehrerin aus Westpreußen in die Küche und fragte nach Cresspahl, während sie öfter zu dem blutstreifigen Kaninchenkörper und zu den Eiern hinblickte. Gesine mochte nicht zusehen wie er der Frau nichts abgab und ging mit dem leeren Korb zurück zum Holzplatz.
In der schwarzen Nacht lag sie wach und zählte die Stundenschläge aus ihres Vaters Zimmer. Vom offenen Fenster kam es kalt. Einmal fuhr sie auf, weil die Katze am Fußende des Bettes heftig den Kopf gehoben hatte. Das einjährige Russenkind der Lehrerin weinte im Schlaf, und die Wände redeten unruhig. Nach Mitternacht fing der Wind an und rüttelte die Fensterhakenaugen in den Zapfen. Eine Dachpfanne klirrte kurz an der Wand des Ziegeleischuppens herunter. In Pommern war Osterwasser auch für Gesundheit. Wenn der Hunger wehtat, hörte er auf gesund zu sein. Hoffentlich machte Jakobs Mutter die Eier nicht zum Verstecken, sondern briet sie richtig in der Pfanne, die so heiß und fettig war, daß der Rand die Schalen schnitt wie ein Messer. Als sie aufwachte, war es draußen grau.
Sie tat alles auf Zehenspitzen, weil Cresspahl ihr verboten

hatte, in einem Kleid aus dem Haus zu gehen. Sie nahm das grünsamtene, mit dem ihre Tante Papenbrock vor vierzig Jahren zum Konfirmandenunterricht gegangen war. Aus den Holzpantoffeln stieg sie leise wieder aus. Vor dem Spiegel griff sie sich mit beiden Händen die Haare hoch und versuchte, am Gesicht entlang sich in den Nacken zu blicken. Das ins Sandgraue verschossene Kleid hing in breiten Falten zu einer Glocke an ihr herunter, der Kragen flappte lumpig, und mit dem schwer verschatteten Gesicht auf dem mageren Hals kam sie sich fremd vor wie ein Gespenst. Schnell ließ sie das Haar fallen, behielt die Hände oben und gab sich mit beiden abgespreizten Daumen das Zeichen: Nicht sprechen. Keine Angst.

Als sie unbemerkt zwischen Koppelzaun und Ziegelei auf den Feldweg gekommen war, fing sie an zu laufen mit dem bauchigen Eimer in der Hand. Neben der Karrenspur hatten die Kühe sich einen Steig getrampelt, der war so breit wie ihr Fuß lang, und sie konnte laufen wie die Kühe ein Bein vor das andere schwingen und die Füße setzen. Die Pfadränder waren noch nicht abgetreten, das dickbetaute Gras wischte ihr die Beine naß bis unter die Knie.

Nicht lange, und ihr Arm wurde den Eimer müde, fiel und schlug ihr die scharfe Standkante ans Bein. Sie hielt fast augenblicklich an und sah sich um. Sie war kaum vorangekommen. Die Stadt ließ sich noch nicht in einem Blick umfassen, Cresspahls Haus stand deutlich, von der Villa dahinter kam Fensterlicht. Am Ziegeleischuppen bewegte sich etwas Langes, das lebte, kroch auf den Koppelweg vor, glitt weg. Sehr langsam wandte sie den Kopf wieder nach vorn. Das fahle Licht schien immer stärker, nahm den Wiesen, den Weiden, den fernen Wäldern, dem Himmel, ihren Füßen im Gras, allem die Farbe. Osten war hinter ihr.

Die Sonne lief ihr nach, sie mußte schneller sein. Eine Zeit lang war es lustig, den Eimer im vollen Lauf von einem Arm zum andern zu schwingen. Nur über die Koppelschlecke kam sie langsam, und erst beim letzten hatte sie begriffen daß der Eimer zum Werfen war. Da war sie schon um das Bruch herum. Es gab einen Weg hindurch, aber im Bruch hatte sich eine alte Frau mit drei Kindern ertränkt, als die russischen Truppen für den nächsten Tag angesagt waren. Auch Neugeborene wurden dahin gebracht. Kurz, sie hätte da jemanden treffen können, und sie durfte noch nicht sprechen.

Nach einer Stunde war sie anderthalb Stunden von Jerichow entfernt und stand mit halbnassem Kleid, sandbespritzten Beinen vor dem Eingang zum Schloßwald. Sie ging auf Zehenspitzen hinein. Die Kiefern standen so starr. Die Kronen verdunkelten den stillen Raum zwischen den Stämmen. Der Fußweg lag voller Nadeln, rostgelb und grün, Zapfen, dünnem Astbruch, als sei da niemand gegangen. Die Schritte donnerten in ihren Ohren. Sie nahm den Eimer unter einen Arm und hielt mit der anderen Hand den Henkel fest, damit er nicht mehr klapperte.

Die Schneeschmelzen und Regen aller Jahre hatten tiefe Mulden in den Weg gewühlt, er ging auf und ab, Gebüsch wuchs ihn zu an den Seiten, und der Stern schien ihr wieder dunkel wie die Nacht. Der Stern war eine Kreuzung von drei Fahrwegen und zwei Fußwegen. Der Försterweg stieg so steil an, daß er auf den freien Himmel führte. Sie nahm den schrägen Steig zum Wehr, überhängende Äste schlugen zu, Büsche jagten sie. Später wußte sie nicht mehr, ob sie den Rauch eher gesehen oder eher gerochen hatte. Er war so plötzlich vor ihr, als sei sie in die Russen hineingelaufen. Hohe kantige Tarnzelte standen vor ihr, verstellt durch blattloses Unterholz. Atemlos steif setzte sie einen Fuß hinter den andern rückwärts. Die Wache saß über ihr auf dem Hochstand. Es war ein Soldat allein. Er legte den Karabiner quer, damit er sich vorbeugen konnte über das Mädchen mit dem riesigen Eimer, das sich jetzt langsam in den Hüften wegdrehte, das Biwak im Blick hielt, die nackten Füße mit den Zehen zuerst aufsetzte, Astzeug umtrat, endlich völlig umgewandt starr-

stand, Atem holte, lief. Der Soldat fingerte den Zigarettenstummel aus der hohlen Hand, führte ihn zum Mund, sog so schwer als seufzte er. Jetzt hätte man unter ihm durchgehen können, ohne daß die verkniffenen Augen unter den verkniffenen Brauen sich gerührt hätten.
Das brachte ihr den Umweg über die Försterei ein, der bog fast ganz um die Hügelkuppe, und im Tal des Gräfinnenwalds zwischen den Buchen erwischte sie einen Blaubeerensteig, der am dritten Graben aufhörte. Über die ersten beiden hatte sie springen können. Hier war noch der Abdruck des Rundholzes zu erkennen, das quergelegen hatte. Das Wasser roch faulig, stand still. Sie schleuderte den Eimer in die lichteste Stelle des Gesträuchs auf der anderen Seite, lief ein paar Schritte zurück und sprang. Ein Fuß sackte ihr sehr lange weg in den morastigen Grabenrand, und als sie sich hochgerobbt hatte, wäre sie am liebsten so liegen geblieben. Und sie hatte so viel Zeit verloren. Sie dachte ein Schimpfwort so herzlich, daß sie einen Augenblick lang fürchtete gesprochen zu haben.
Sie saß eben halb und hatte einen Arm zum Eimer hingestreckt, als sie den Mann sah. Seine große hängende Hand zuckte. Die schweren Soldatenhosen standen dicht bei ihren Händen, an ihrer Schulter, über dem grasfleckigen Hemd sah sie harte Bartstoppeln einzeln. Das Gesicht war sanft, unbewegt, nicht einmal ihr zugeneigt. Krumm gebogene Finger strichen Haar aus der Stirn, kreideweiche Stimme sagte etwas.
Sie schüttelte nicht einmal den Kopf, wirbelte auf den Rükken, stand, ging rückwärts, die Lippen fest verschlossen. Als ihre Fersen den Grabenrand spürten, war sie versucht hinter sich zu sehen. Der Mann hatte seinen Stand nicht gerührt, hielt sie mit den Augen fest, sein Mund hing verzogen.
Er stand im Weg. Die Wegmündung, sechs Schritt breiter Grasflecken, ließ ihr nicht Platz für einen Anlauf nach drüben. Das Erlenholz stand zu dicht und würde sie abprellen,

wenn sie ausbrach. Sie trat einen halben Schritt seitwärts. Der Mann trat einen halben Schritt seitwärts.
Sie warf sich mit dem Rücken gegen seine Knie, als er ansetzte, aber im Fallen griff er sie, zog sie über sich, legte sich behaglich zurecht unter ihr und fing an, ihr an den Ohren entlang zu streichen, als spürte er ihre stoßenden Knie nicht. – Mädchen: sagte er, – Mädchen, wie ein Überraschter, staunend. Sie merkte Jakob schon auf der anderen Seite aus den Büschen treten, als sie den Kopf halb aus dem breithändigen Griff zwängen und zubeißen konnte. Sie kam nicht frei. Der Sprung drückte Jakob neben ihnen in die Knie, er federte hoch, stieß den Liegenden mit steifem Fuß gegen den Hals, riß sie hoch und warf sie mit einer Hand rücklings in die Erlen.
Vorgebeugt mit hängenden Armen sagte er etwas. Sie verstand nicht. Der andere lag, blickte starr, stemmte die Ellenbogen auf, stieß im Aufsprung Jakob von den Füßen, bückte sich über ihn, bekam Jakobs Knie ans Kinn, riß ihn im Fallen über sich, würgte Jakobs Hals, stöhnte unter ihrem Fußtritt, hatte losgelassen. Jakob stand wieder. Der andere griff sich mühsam hoch an den dünnen Stämmen, richtete sich krumm auf. Diesmal schlug Jakob zuerst, gegen Kinn, Hals, Schläfe, Augen, bis die torkelnden Bewegungen des anderen zusammenfielen. Jakob zog ihm die Hände unter dem Körper hervor, band sie zusammen mit Peitschenriemen aus der Hosentasche, riß den Eimer aus dem Gebüsch und hielt eben die Fingergabel vor die Lippen, als Gesine den Mund aufmachen wollte.
Er ging voran. Nach ein paar Metern wandte er den Kopf und winkte sie vorwärts um die Wegbiegung. Sie kamen an eine tote Feuerstelle, neben der eine Aktentasche lag, ein Kochgeschirr, offene Konservendosen, Decken der Luftwaffe. Jakob ging einmal um die schwarzgraue Asche herum, nahm eine Dose in die Hand, stellte sie zurück. Er atmete schwer. Dann sah er die Maschinenpistole, griff sie am zerkerbten

Schaft schwenkte fragend das Gesicht. Gesine fing an zu gehen.

Als sie anfing zu weinen, nahm er sie an der Hand und zwang sie zum Laufen. Der gleichmäßige Trab brachte ihren Atem in Ordnung, im Vorholz hat sie (glaubt sie) nicht mehr geweint. Dann kamen sie auf die Schilfwiese, sahen über Knickstufen, Zäune, ausgebleichte Wiesen die graue See und grau den großen Graben darauf zukriechen. Jakob blieb stehen.

Vom Wehr aus sah sie ihn auf einem Koppelpfahl hocken, mit ausgestreckten Beinen, das Gesicht gekehrt gegen das Vorholz, hinter dem Jerichow war. Die Kälte des rostigen Eisenstegs brannte ihre Sohlen. Über die Wiesen kam harter Wind herangefegt. Sie zog sich das Kleid über den Kopf und hangelte sich am Steggeländer in das schwarzklare Wasser bis an die Schultern. An einem Arm hängend wischte sie sich eine Handvoll Wasser ins Gesicht, stemmte sich zitternd hoch mit den Beinen, kroch keuchend zurück ins Kleid, dem rasch dunkelgrüne Flecken durchschlugen. Als sie mit dem leeren Eimer an der Hand neben Jakob ankam, wurde das verwischte Meerende haarbreit kantig, scharf, hell. Als sie um das Vorholz herumgelaufen waren, zitterte der Bischofsmützenturm schon im Tageslicht.

Sie waren vor dem Frühstück am Haus. Sie lag schon im Bett, als Cresspahl durch die Tür sagte, wach, mürrisch: Zieh dir ja Hosen an, du. Er ließ sie aber schlafen, bis Inge kam.

Inge kam, mit der sie vor Zeiten einmal befreundet gewesen war, und erzählte vom Kirchgang. Sie hatte auch Osterwasser holen wollen, aus dem Bruch, aber schon vor dem Haus hatte ihr Heini Lang aufgelauert und Fratzen geschnitten, bis sie gelacht hatte. Lachen bedeutet ja noch nichts, aber Reden bedeutet, und sie hatte Heini Lang ja angeschrien, den.

In der Woche nach Ostern wurde in die sowjetische Kommandantur gegenüber Cresspahls Haus ein deutscher Soldat gefahren, den die Russen westlich vom Gräfinnenwald aufgegriffen hatten. In der Stadt wurde erzählt, er sei aus der Gefangenschaft gelaufen. Er war so kaputt vom Krieg, daß er sich nicht in sein Dorf traute und Wochen lang im Wald davor kampiert hatte. Der war durcheinander, den haben sie weggebracht, hat wirr geredet.

Den vergaß sie. Aber lange später noch trieb das Datum von Ostern, ein geöffnetes Fenster, davor rasch ins Frühjahr laufende Luft ihr Herz so schnell wie das des Mädchens, das bei Cresspahl am Tisch saß, mit einer Hand im wassersträhnigen Haar den Widerschein des Blicks in Jakobs Gesicht las und sich gesagt sein ließ, daß Weinen gegen Osterwasser nicht bedeutet, damit du schön wirst, gut zu sehen.

Es hatte Spiegeleier gegeben mit Speck und Bratkartoffeln. Sie war so satt, die Augen fielen ihr zu.

MARTIN WALSER

Nach Siegfrieds Tod

Die Boten einer Firma (die hier nicht genannt sein will) versammelten sich am dritten Tag nach dem Tod ihres Kollegen Siegfried Brache im Gang, an dem die Büros der Hauptverwaltung liegen. Es war sehr früh am Tag, fast könnte man sagen, es war um fünf Uhr morgens.

Lucius Nord hatte im Schrank des verstorbenen Kollegen Brache eine Liste gefunden, auf der kein Bote fehlte. Vielleicht hatte ihn diese Liste auf den Gedanken gebracht, eine Botenversammlung einzuberufen. Lucius war der einzige Bote, dem in all den Jahren weder eine Hand noch ein Auge, ja nicht einmal ein Ohr abhanden gekommen war. Kein Wunder, daß er sich unter seinen Kollegen unzulänglich vorkam. Mag sein, daß ihn dieses Gefühl der Unzulänglichkeit bewog, die Sache der Boten heftiger zu vertreten, als es sonst bei den Boten Brauch ist.

Wägelchen schiebend, begegnen die Boten einander in den langen Gängen im Schutz ihrer Sprache. Diese Wägelchen, zirpend unter Papierlasten wechselnden Datums, verzieren sie durch ihre Gestalten, die sich keiner Erwartung fügen. Im Botenzimmer sitzend, berühren die Boten einander an den Ellbogen und ertragen die Widerwärtigkeit, die man zu ertragen hat, wenn man längere Zeit mit Schicksalsgenossen in einem Raum verbringen muß, ohne daß große Veränderungen zu erhoffen sind.

Lucius Nord, der sich diesen Namen erst zugelegt hatte, als er Bote geworden war, Baff, den man Bäffchen nannte, und Pieter Naal, diese drei waren zuerst da am dritten Morgen nach Siegfrieds Tod, sie ordneten die Ankommenden, als wüßten sie sehr genau, wo jeder am besten stehe; auf die von Brache geerbte Namensliste zeichneten sie sorgfältig Haken um Haken, ja, sie benahmen sich fast wie die Abteilungsleiter, in deren Vorzimmer sie täglich ihre Papierfrachten löschten.

Unter Bäffchens Händen bildete sich ein Halbkreis. Den einen zog er mit der fleischigen Rechten am Gürtel nach vorn, den nächsten schob er mit der eisernen Linken um eine Handbreit zurück. Um den Halbkreis standen feierlich und drohend die Botenwägelchen. Das war Pieter Naals Einfall gewesen. Pieter Naal war ein Kenner gotischer Schicksale.

Lucius räusperte sich. Schon horchten ein paar Putzfrauen aus der Dämmerung herüber. Aber Bäffchen drehte Putzfrau für Putzfrau mit ungleichen Händen um und stieß jede kurzerhand (denn seine Linke war kürzer) in den Rücken, daß die Putzfrauen, Frau für Frau, ins Ungewisse rutschten. Zu jedem Stoß sagte er entweder beschwörend: das geht nicht an! oder er sagte, seine Stoßkraft prahlerisch überschätzend: ab nach Kassel!

Nun aber Lucius Nord.

Freunde, sagte er, folgende Fragen: Wie war das, als in der Sitzung der Abteilungsleiter der Tod Siegfried Braches bekanntgegeben wurde? Sind tatsächlich alle aufgestanden für die Gedenkminute? Ist es nicht bloße Heuchelei, wenn auch der Personalchef aufsteht für die Gedenkminute zu Ehren Braches, den er doch bei jeder Gelegenheit einen radikalen Boten nannte? Wie lange hat denn die Gedenkminute gedauert? Hat sich jemand darum gekümmert? Oder haben sich alle darum gekümmert, haben also bloß auf die Uhr geschaut, anstatt Siegfried Braches zu gedenken? Wurden ironische Bemerkungen gemacht? Kann der Direktor den Tod eines Boten überhaupt ohne Ironie bekanntgeben? Wird man Siegfrieds Tante nach seinem Tod noch ins Haus und ins Botenzimmer lassen? Sollen wir die Frage, was sie dort zu suchen hat, beantworten? Sollen wir uns gegen die angekündigte Kontrolle des Botenzimmers wehren? Sollen wir noch länger abwarten, ob man uns den Winterfahrplan wieder ins Botenzimmer hängen wird? Hängt man ihn hinein, sollen wir dagegen protestieren? Wollen wir geltend machen, der Fahrplan störe die notwendigen Erholungspausen der Boten, weil jeder, wenn er über Züge was wissen will, rücksichtslos ins Botenzimmer eindringt? Und wenn man uns den neuen Fahrplan vorenthält, sollen wir auch dagegen protestieren, etwa behaupten, der Fahrplan im Botenzimmer sei ein altes Recht?

Wollen wir auf den Vorwurf eingehen, es seien zu viele Katzen im Botenzimmer gewesen, als der Leichnam Siegfried Braches dorthin geschafft wurde? Muß das Botenzimmer immer bereit sein, Kollegen, die während des Dienstes vom Tod ereilt werden, aufzunehmen? Was ergibt sich daraus für die Katzen, die sich im Botenzimmer aufhalten? Hätte man es verhindern können, daß die Katzen Siegfried Brache ableckten? Hätte man es verhindern sollen? Haben sie das getan, weil er tot war, oder ist das schon früher vorgekommen? Warum interessiert sich der Pesonalchef dafür, ob Siegfried von Katzen abgeleckt wurde? Gönnt er das dem Toten nicht, weil Siegfried ein radikaler Bote war? Warum schleichen sich überhaupt Katzen ins Haus und, sobald sie im Haus sind, warum finden sie ohne Verirrung sofort den Weg ins Botenzimmer? Sind es wirklich die Würste? Hat der Betrieb das Recht, die Schränke der Boten im Botenzimmer zu kontrollieren? Kontrolliert der Betrieb auch die Schränke in den Büros? Wenn nicht, warum will er die Botenschränke kontrollieren? Wirklich nur wegen der Katzen? Oder will man sich über die Tanten informieren, die gelegentlich von feinfühligen älteren Boten mitgebracht werden? Oder vermutet man den durchgegangenen Kassierer in den Schränken des Botenzimmers? Oder die verschwundene Sekretärin des Direktors? Ist das Verlangen nach Kontrolle nicht bloß eine Maßnahme des Direktors, durch die er von der aufsehenerregenden Tatsache, daß seine Sekretärin verschwunden ist, ablenken will? Und wenn es so wäre, sollen die Boten dem Direktor helfen, über seine Verlegenheit hinwegzukommen? Das heißt, sollen sie freiwillig einen nicht genauer festlegbaren Teil der Schuld an diesem Verschwinden auf sich nehmen, in der Hoffnung, der Direktor werde sich irgendwann einmal den Boten gegenüber erkenntlich zeigen? Aber beweisen die Boten nicht Schwäche und schlechtes Gewissen, wenn sie das Wohlwollen des Direktors für notwendig halten? Beweisen sie dadurch, daß sie ihr Glück nicht mehr ausschließlich auf ihre Leistung bauen können? Werden die Feinde der Boten nicht sofort auf diesen Schachzug hinweisen? Käme nicht alles darauf an, sich gerade jetzt korrekt zu verhalten? Aber welcher Stand im Haus hat bisher durch korrektes Verhalten überlebt? Sollen ausgerechnet die Boten ihr Ende durch korrektes Verhalten beschleunigen? Kann man das von den Boten verlangen angesichts des Beispiels, das die Abteilungen geben? Sollen die Boten etwa Anhänger des Personalchefs werden, der ihre Dezimierung im Auge hat? Sollen wir, als letztes Mittel gegen den Personalchef, eine Verkehrsmannschaft aufstellen, um so in der Öffentlichkeit für unsere Firma zu wirken? Darf der Personalchef – ihr seht, ich drücke mich nicht um die Versehrtenfrage herum –, darf er die Kollegen, die ihre Invalidität nicht dem Kriege verdanken, weiterhin als Boten zweiter Ordnung behandeln? Will er einen Keil zwischen uns treiben? Ist es wirklich bloß eine Bildungslücke, wenn das Wort *Intrige* für den Boten ein komisches Fremdwort ist? Gibt aber unsere Einigkeit dem Personalchef das Recht, uns als *Völkchen* zu bezeichnen? Wie meint er das? Können wir es dulden, daß der Personalchef weiterhin Chauffeure, die einen Unfall verschuldeten, strafweise zu Boten macht? Geht das gegen unsere Ehre oder geht das nicht gegen unsere Ehre? Wird dadurch die Anzahl der Boten, die zum Trinken neigen, nicht in untypischer Weise erhöht? Ist

diese Praxis des Personalchefs vielleicht ein Manöver, um das Ansehen des Botenstandes zu untergraben? Sind wir das Strafbataillon der Firma? Müssen wir uns gefallen lassen, daß der Personalchef den Boten durch einen Ukas verbietet, ausländische Gäste in den Gängen anzustarren? Ist nicht auch das wieder ein Schachzug, um dem Boten seine Fortbildung zu erschweren, ihm seine Weltoffenheit auszutreiben? Warum zum Beispiel hat es Verdacht erregt, daß an Siegfrieds Grab Boten anderer Firmen ein Lied sangen? Dürfen wir nicht mit Boten anderer Firmen in Verbindung stehen?
Welcher Verdacht muß da bei uns entstehen?
Soll der Bote angesichts so vieler Fragen resignieren? Oder soll er die Fragen nach Art der Abteilungsleiter erledigen? Muß der Bote überhaupt anerkennen, daß es Fragen gibt, die mit seinem Beruf verknüpft sind, oder soll er nicht einfach behaupten, daß es sich hier um allgemeine Fragen handelt, um Fragen also, die es auch dann noch geben wird, wenn der Personalchef sein Ziel erreicht, das heißt: die Boten ausgerottet haben wird? Kann der Bote wünschen, die Gegenseite müsse den Beweis liefern, daß diese Fragen nur durch die Boten entstehen? Soll der Bote überhaupt etwas wünschen? Oder soll er nicht den Betrieb in die Rollen des Wünschenden hineinmanövrieren? Ist der Bote also jemand, der Wünsche erfüllt, ohne selbst Wünsche zu haben? Wird er dafür gut genug bezahlt? Wäre die Frage, ob der Direktor den Tod eines Boten ohne Ironie bekanntgeben kann, überhaupt notwendig, wenn der Bote besser bezahlt würde? Soll aber andererseits auch noch der Bote anfangen, mehr Geld zu fordern, um dadurch zu höherem Ansehen zu gelangen? Hat der Bote das nötig? Sicher nicht! Der Bote hat, dank seinem Beruf, der ihm alle Büros des Hauses erschließt, ein gesundes Selbstbewußtsein. Wie aber denkt die Umwelt? Warum ließ der Personalchef am Schwarzen Brett anschlagen, der Bote Siegfried Brache sei einem Herzschlag erlegen, warum hielt es der Personalchef nicht für angebracht – wie er es drei Wochen vor-

her, als der Einkaufsleiter starb, sehr wohl für angebracht hielt – von einem Herzinfarkt zu sprechen? Wollte er damit seinen Feind, unseren Kollegen Siegfried Brache, noch im Tod demütigen, weil Siegfried ein radikaler Bote war? Oder soll der Bote für immer des Herzinfarkts unwürdig bleiben?

Lucius Nord sprach ohne Manuskript und Pult, aber er hatte sich für diese Rede von seinem eigenen Geld ein Paar Schuhe mit besonders dicken und weichen Sohlen gekauft. Bei jeder Frage hob er die Absätze, ließ sich auf die Fußballen rollen, bis er nur noch auf den Zehen stand, hob die Stimme, wie er die Absätze hob, und jedesmal knirschten die neuen Sohlen, bis Lucius den höchsten Punkt und die Frage ihr Fragezeichen erreicht hatte. Nicht daß er von Anfang an beabsichtigt hätte, nur Fragen zu stellen! Er habe nicht mehr herausgefunden, sagte er später. Die jedesmal steil nach oben strebende Fragemelodie und die synchron arbeitenden Füße hätten ihn, den noch ungeübten Redner, einfach weitergezogen. Wie weit sie ihn noch gezogen hätten, kann niemand sagen. Da man komplizierte Fügungen gern Zufälle nennt, muß man es wohl auch einen Zufall nennen, daß an diesem Morgen – lange vor Arbeitsbeginn – der Direktor und der Personalchef zusammen das Haus betraten und den Gang herunterkamen.

Wenn man will, kann man alles erklären. Die Führenden kommen gern schon mal etwas früher, um die Masse der pünktlich Hereinhastenden zu beschämen. Oder: ein Bote hatte einen Brief in den falschen Korb gelegt, ein irregeleiteter Brief aber ist kaum mehr auf den rechten Weg zu bringen in einem großen Haus, sehr genau jedoch läßt sich, gute Organisation vorausgesetzt, die Spur bis zum Schuldigen verfolgen, und der Schuldige wollte seinen Schnitzer wiedergutmachen, also spielte er den Judas. Auf jeden Fall kam der Direktor mit dem Personalchef den langen Gang herunter, beide plauderten wie zwei große Sportsleute verschiedener Disziplin auf dem Weg in die Arena; plauderten, wie ein

Filmstar mit einem Weltraumforscher plaudert. Beide schlenderten, waren entspannt, zeigten jene Spur von Anmut, die man immer beobachten kann, wenn zwei Menschen beieinander sind, die sich zur Elite zählen, die aber – dank ihrer unterschiedlichen Profession – nicht zu Konkurrenten werden können.

Der fast feierliche und durch Bäffchens zusammenwirkende Hände immer noch makellose Halbkreis der Boten erschreckte die beiden Herren nicht.

Das kann auf einen Judas hinweisen. Es kann aber auch heißen: diese beiden Herren waren nicht so leicht zu erschrekken.

Und Lucius Nord? Als er sah, daß die beiden Herren schon drauf und dran waren, zwischen ihm und seinen Zuhörern freundlich grüßend durchzugehen, sah er voraus, in welch schlimmer Ungewißheit die Boten zurückbleiben müßten, wenn jetzt lediglich Morgengrüße ausgetauscht würden und die beiden Chefs hinter glänzenden Türen verschwänden. Er wollte sich nicht in die Rolle des Ertappten drängen lassen.

Lucius hatte nicht viel Zeit. Er konnte sich nicht einmal mehr auf die Zehenspitzen stellen, aber wenigstens die Hacken hatten noch zueinander gefunden, als er rief: Herr Direktor, ich melde, Boten bei der Diskussion revolutionärer Fragen.

Daß er den Direktor unter Umgehung des Personalchefs angesprochen hatte, erfüllte ihn sofort mit Sorge. Aber die Antwort des Direktors beruhigte ihn wieder. Bravo, meine Freunde! Weitermachen!

Einige Boten wiederholten: Weitermachen.

Alle sahen den beiden Herren nach, sahen, daß jeder der Herren in ein anderes Zimmer, nämlich jeder in sein eigenes, ging. Da löste sich der Halbkreis sofort auf, man klopfte einander auf die Schultern, einer schlug vor, ein Lied zu singen, aber da war ein anderer schon bei seinem Wägelchen.

Jetzt wollte jeder so schnell wie möglich zu seinem Wägelchen. Kreuz und quer liefen sie durcheinander, die Wagenburg erwies sich als ein großes Hindernis, aber dann hatte schließlich doch jeder sein Wägelchen gefunden, klammerte sich an sein Wägelchen, stob mit seinem Wägelchen in seriöser Hast davon.

Wer kurz darauf einem Boten begegnete, der spürte, daß von den Boten etwas Feiertägliches ausging. Der Betriebspsychologe Dr. Gander, der von nichts wußte, will sogar noch am späteren Nachmittag in den Augen einzelner Boten etwas wie Verklärung festgestellt haben.

Wenige Tage später gab Lucius Nord im Botenzimmer bekannt, die Betriebsleitung sei der Ansicht, es könne den vielen körperbehinderten Boten nicht zugemutet werden, revolutionäre Fragen im Gang stehend zu diskutieren, deshalb biete man den Boten an, die Diskussion revolutionärer Fragen in Zukunft im großen Sitzungssaal der Firma zu veranstalten. Als Lucius Nord dann noch hinzufügte, die Betriebsleitung habe ausdrücklich vermerkt, daß auch die Wägelchen mitgebracht werden dürften, da war es im Botenzimmer mehrere Augenblicke lang ganz still. Dr. Gander hätte wieder etwas wie Verklärung feststellen können.

Lucius Nord, der immer noch die Schuhe mit den dicken weichen Sohlen trug, hob sich von den Absätzen auf die Zehen und sagte: Meine Freunde, was wollen wir mehr?

WOLFGANG KOEPPEN

Ein Kaffeehaus

Der Kaiser oder des Kaisers Baumeister oder des Kaisers Knecht hatte zum Gedenken des alten Kaisers, von dem der junge Kaiser das Reich und die Würde nahm, die romanische Kirche gebaut und sich selber gehuldigt, indem er mit der zeitgemäßen romanischen Kirche dem alten Kaiser huldigte und Kaiser Carolus Magnus und Kaiser Barbarossa und Lohengrin mit dem Schwan und dem Großen Kurfürsten mit dem Exerzierstock und Fridericus Rex mit dem Krückstock und dem von Säckingen mit der Trompete und Martin Luther wegen der festen Burg, die unser Gott ist, und Gustav Freytag wegen der Ahnen, auf die wir stolz sind, und dem Hofprediger Stöcker, der ein Fels war gegen die Auflösung der rechten Zucht, und dann hatte einer gedacht von der Königlichen Bauakademie oder von der Baufirma Heilmann & Littmann oder auch von der Deutschen Bank oder der Herr von Bleichröder, daß man zur romanischen Kirche ein romanisches Haus bauen solle mit Rundbogen und schmukken Säulen und traulichen Erkern zum Hinausstecken von Ritterfahnen und hübschen Balkonen für Herolde und für Burgfräulein, die den Turnieren auf dem Platz zuschauen mochten, dem Drachentöter, der des millionenköpfigen, millionenfüßigen Untiers nicht Herr wurde, das auf allen Straßen herankroch, vielleicht wollten sie auch noch dem Klang der Laute lauschen, dem privilegierten Minnelied oder der Siegeshymne, es wurde nur ein Zapfenstreich, doch auch Fahrende kamen mit allerlei Kunststücken, andere als man geladen und erwartet hatte, später, und es zogen Geschäftsleute in das romanische Haus und handelten mit Stahl und mit Schläue, und ein Zahntechniker und ein Nervenarzt eröffneten ihre Praxen und heilten oder heilten nicht, und ein Oberst wohnte im Haus, der Kommandant der Garde, in zehn oder in zwölf oder in zwanzig Zimmern, durch hohe Tore verbunden, daß das Regiment der Gardes du Corps hätte hindurchschreiten können mit Adlerhelm und bewimpelten Lanzen, im Fahrstuhl von Otis in die Beletage gehoben, und sie alle blickten zu den romanischen Fenstern hinaus oder konnten zu den säulchenumrahmten Fenstern hinausblicken, wenn sie es wollten, und sahen am Sonntag die Gemeinde in die Kirche gehen, unterm Zylinderhut oder unterm Kaiserin-Auguste-Viktoria-Hut oder unter der Pickelhaube des Reserveoffiziers, ein aktiver General schritt mit im Chor, unter weißem Flederwisch, das lutherische Gesangbuch an die goldenen Tressen oder die silberne Schärpe gepreßt, ein Flügeladjutant, ein protestantischer Erzengel, vom Kadettenmeister gezähmt, und am Sabbat wanderten die anderen Herren, nur unterm Zylinderhut, doch hier und dort einer in stolzer Uniform oder stolz in der Uniform als Gardereservezahlmeister, vielleicht auch Leutnant vom Tross oder von der Armierungstruppe, den Weg etwas weiter hin, zum Bethaus hin, und auch da die Fürbitte für die Majestät, nicht weniger dankbar, nicht minder untertan, und die Garde zog aus im August und nicht nur die Garde, auch der Train kam ins Feuer, und die Armierungssoldaten gingen ins Gas, sie zogen nicht wieder ein im November, nicht die Garde zu Pferd, nicht der Tross, die Schipper hatten ihre Spaten bei den Toten gelassen, kein Triumphzug vor den romanischen Fenstern, und viele brauchten nun ihren Zylinderhut und die Uniform nicht mehr, die Kirchgänger gingen mit Schlapphüten zur Kirche, nur die Sabbatgänger wahrten noch die Würde des steifen Hutes, und im Schatten der dem Gedächtnis des alten und schon vergessenen Kaisers geweihten Kirche und im Schatten des romanischen Hauses lag das Romanische Café mit seiner Sommerterrasse wie ein Schiff, verankert oder auf freier Fahrt, flott oder schon gestrandet, ein Leib aus Beton und die Maste aus Eisen, Ebbe und Flut des Geldes kam, Sturmflut der Not kam, die Armada der Automobile zog vorüber, ein Hurrikan zog auf und wuchs, Mond und Sterne der Kinoreklame gingen auf und unter, die Passagiere auf dem Schiff drängten in die spärliche Sonne, die Fahrenden, die gekommen und nicht geladen waren, und die Götter, zu denen sie beteten oder die sie verleugneten, die Götter hatten sich wohl schon abgewandt von ihnen, voll Entsetzen, oder die Götter waren nie da gewesen, so träumten die Gäste den neuen Traum, daß Gott tot sei, oder sie träumten den alten Traum, daß sein Name über alle Namen sei, und als ich mich zugesellte, das gelobte Land erreichte vom pommerschen Acker her, vierter Klasse, mit Milchkannen und Kartoffelsäcken, und vom Stettiner Bahnhof nach dem Stadtplan zu Fuß, auf dem Weg nach Eden, da schien mir der Tempel zu strahlen, wie mein Verlangen es mir verkündet hatte, ich lauschte den Dichtern und Philosophen, hörte den Malern und Schauspielern zu, begegnete den klugen Herren der großen und mächtigen Zeitungen, den zuversichtlichen Abgeordneten der großen und mächtigen Volksparteien, ich liebte die Anarchisten und die anarchischen Mädchen, die bei ihnen saßen, und die Träumer vom ewigen Frieden und die Schwärmer von Freiheit, Gleichheit und Brüderlichkeit, und ich lernte den Sohn eines Wunderrabbi aus Miropolje in Galizien kennen, der schwebte, ein schulbleicher hungriger Seraph, an der Terrasse vorbei, wo sie sich im Gespräch erhitzten und glaubten, Zukunft zu haben oder wenigstens Dauer der Gegenwart, und der Sohn des Wunderrabbis trug einen fettigstaubigen Samt- oder Pelzhut und sagte ein jiddisches oder hebräisches Wort, ich habe es vergessen und nicht vergessen, es klang wie hävter, und es bedeutete Sand oder Wind oder Sand im Wind, und er und ich, wir sahen die Terrasse und das Kaffeehaus wegwehen, verschwinden mit seiner Geistesfracht, sich in nichts auflösen, als sei es nie gewesen, und es marschierten die Standarten auf, die Bewegung bewegte sich zur Kirche oder in die Kirche oder in die Kinos, es war kein Unterschied, die Bewegung wurde in der Kirche empfangen und gesegnet und im Kino gefeiert, das Bethaus wurde entflammt, ein erstes Licht, das aufging, bevor die Stadt in Lichtern strahlte, und die Gäste des Cafés zerstreuten sich in alle Welt oder wurden gefangen oder wurden getötet oder brachten sich um oder duckten sich und saßen noch im Café bei mäßiger Lektüre und schämten sich der geduldeten Presse und des großen Verrates, und wenn sie miteinander sprachen, flüsterten sie, und wenn sie gingen, bereuten sie, daß sie selbst nur geflüstert hatten, und nicht die Garde zog aus und nicht die Garde kam wieder, jedermann zog aus, Mann, Weib und Kind und kam nicht wieder, und ich floh in einer Nacht im November durch die Kanäle der Stadt, durch die dunklen Adern ihrer unterirdischen Kommunikation, über die stromlosen Schienen der Untergrundbahn, ich traf Hadesgespenster, die kleinen Herren der kleinen ohnmächtigen Zeitungen, geprügelte und verfolgte Politiker, verstummte Dichter, gefesselte Künstler und Bekanntschaften, die sich den Stern der Schande abgerissen hatten, die nicht ihre Schande war, wir waren in Schlafdecken gehüllt oder in Säcke, wir schützten das Gesicht mit feuchten Tüchern vor dem beißenden Rauch, wir waren im Purgatorium zwischen Wittenbergplatz und Zoologischer Garten, ein Verleger stolperte über Schotter und Schwellen und sagte, Sie werden das schreiben, und ich dachte, ich werde es schreiben, und wußte, daß ich starb, in dieser Zeit, in diesen Jahren, auch wenn ich nicht gehenkt würde oder erschlagen oder verbrannt, über uns loderte die Stadt, brauste der Feuersturm, ich stieg aus dem Schacht, der Turm der Kirche war zerschmettert, und das romanische Haus mit dem Romanischen Café glühte, als leuchtete im Sieg die Oriflamme eines geheimen Vaterlandes.

WOLFGANG HILDESHEIMER

Tynset

Einer aufsteigenden dunklen Laune folgend, steige ich die Treppe zum ersten Stock hinauf: ich will nächtliche Gegenstände sehen, sie in ihrem unbeleuchteten, unbeobachteten Eigenleben ertappen, vielleicht Jean Gaspards Bild jäh anleuchten, vielleicht bekomme ich noch, bevor die Schwärze sich ausbreitet, ein entfliehendes sujet zu fassen; ich werde mit der Hand über die Kopffedern eines ausgestorbenen Vogels streichen, und vielleicht schnappt er nach mir,
nein: ich werde mein Sommerbett besuchen, an warme Nächte denken, oder auch an furchtbare Nächte –

ich öffne die Tür, betrete das Zimmer, mache Licht. Da steht es, in der Mitte des Raumes, der nur ihm gehört. Es ist so groß, daß es sieben Schläfern Platz zu ausgestrecktem Schlaf und sogar zu jäher traumbedingter Bewegung bietet, ohne daß diese sieben einander wesentlich ins Gehege kämen, es sei denn auf Wunsch, aber der Wunsch wäre wohl mehr eine Sache des Wachens.
Es hat aber, seit ich es besitze, noch keinen sieben Schläfern Platz geboten, nur ich schlafe darin, im Sommer, oder ich liege darin, schlaflos.
Ich schlafe, wenn ich schlafen kann, in schlafseliger Verlorenheit, liege quer und strecke mich aus und fühle nirgends Kante, überall ist Bett, alles weich und kühl und leinern.

Es ist nicht das größte Bett, das ich gesehen habe. In London, im Victoria-and-Albert-Museum, gibt es ein größeres. Es heißt: »the Great Bed of Ware«, wohlgemerkt: nicht »the Big« oder »the Large Bed of Ware«. Die Größe des Wortes »great« bezieht sich also nicht auf die äußeren Dimensionen des Bettes sondern auf seine innere Großartigkeit, seine Bedeutung innerhalb einer geschichtlichen Epoche, seine Zeugenschaft großer schläferischer Vergangenheiten. Ware liegt in der Grafschaft Hertfordshire, heute gibt es dort noch eine gotische Kirche, drei Ziegeleien, Malz wird dort verarbeitet, aber der Gasthof, in dem dieses Bett stand, einladend, breitfüßig, mit vier gedrechselten Pfosten, Säulen, die den Baldachin trugen, alle eichen, alles solid, die Querbalken zum Teil geschnitzt, zum Teil belegt mit Intarsie, die Werdendes und Vergehendes darstellt, mehrfarbig gebeizt – der Gasthof ist verschwunden, an seiner Stelle steht wahrscheinlich ein Hotel mit unsäglichem Essen, Gemütlichkeit hat sich ausgebreitet – wo einst Schicksale zusammentrafen, um einander schweigend, schlafend zu übergehen.

Dieses Bett ist aus dem siebzehnten Jahrhundert, und damals beherbergte es bis zu zwölf Personen auf einmal. Mein Bett dagegen beherbergte nur sieben Personen. Ich habe es aus Privatbesitz erworben, nur das Gerüst natürlich, ohne Matratze und ohne Baldachin, ohne Behang oder Stoff. Der Besitzer mußte die unhandlicheren Stücke seiner Sammlung abstoßen, wie es heißt; es war einer, der sich in Einzelheiten verliebt, der sich in die Betrachung einer Augenbraue oder eines Stückes edler Ornamentik vertieft, der mit dem Vergrößerungsglas hantiert, und von diesem Stück trennte er sich ohne Schmerz, denn es hat keine Einzelheit, es ist schmucklos, schamlos, um wesentliches roher als das Museumsstück, ungebeizt, unverziert, es spannt sich ganz und gar seinem Zweck entgegen, ohne den Schlafgast durch das Einwirken künstlerischer Übertragung einlullen zu wollen –, ohne Lockung als die auf den natürlichen Akt des Schlafens.

Es kommt aus Mittelengland, aus der Grafschaft Cheshire, aus einem Ort, der Skye heißt, es ist früher datiert als das große Bett von Ware, es ist aus dem frühen sechzehnten Jahrhundert. Dort stand es also, und zwar bis zur großen Pest im Jahre 1522, ebenfalls in einem Gasthof, einer einfacheren Herberge, besucht meist von Reisenden zu Fuß, von müden Wanderern ohne besonderes Glück oder Geschick. Es bot, wie gesagt, sieben Personen Platz, vielleicht nicht jede Nacht, aber zur Zeit der großen Wallfahrten oder anderer Märkte und Bewegungen, da war es voll, da mußten wahrscheinlich sogar Gäste abgewiesen werden. Und da schliefen sie denn, die rechtzeitigen Sieben, die einander nicht kannten, bis auf die Ehepaare, Reisende, die einander zufällig im Gasthaus, bei Tisch oder im Bett begegneten; es ist möglich, daß die äußeren Schläfer einander nicht zu Gesicht bekamen, mancher mag schon geschlafen haben, als der andere kam, und früh morgens schon weitergezogen sein, als der andere erwachte. Manchmal, im Sommer, sehe ich mich beim Erwachen als der letzte von sieben Schläfern, sehe an meinen beiden Seiten je drei Abdrücke von Schicksalen, die eine ganze Nacht lang neben dem meinen herliefen, ohne es berührt zu haben; sehe mich als einen der sieben letzten Schläfer in diesem Bett, etwa als einen sündigen Mönch, oder als einen müden Soldat, oder als einen deutschen Edelmann vielleicht, der sich im Weltekel bis hierher vorwärtsgetastet hat und nicht weiter, oder als einen satten Müller.

Hier liege ich in meinen Sommernächten, in diesem Bett, das sieben Schläfern Platz bot –, in dem aber schon lange, lange keine sieben Schläfer mehr gelegen haben, nicht seit jener Nacht im späten Frühling oder sagen wir im frühen Sommer des Jahres 1522, da liegen vielleicht sieben Schläfer in diesem Bett, zum letzten Mal –

da kam früh abends ein Mann, vielleicht ein Mönch, schmächtig und dünn bis auf seine großen, breitgetretenen, auf entsagungsvollen Wegen erhärteten Barfüße, vor die

Herberge, in der dieses Bett stand, er kam müde, er war vielleicht schon wochenlang unterwegs, kam von St. Gallen, und sein Ziel war Irland – betrat das Gasthaus, erbettelte dort einen Eintopf aus Resten, den ihm die Wirtin gern gab, da sie mit der Speisung von dieserart Gästen ihren Platz im Jenseits zu halten hoffte, der ihr aus mancherlei Gründen nicht sicher zu sein schien –, er, der Mönch, ißt, verrichtet schnell sein Gebet und seine anderen kärglichen Bedürfnisse, steigt hinauf zum Schlafraum, wo dieses Bett stand, entledigt sich seines Skapuliers, des Zingulum, während sich unten vielleicht schon ein weiterer, diesmal weiblicher Wanderer der Nacht der Haustür nähert –, die Kutte behält er an, dieser Mönch, den Rosenkranz wickelt er fester um das Handgelenk, damit die Devotionalie auch in seiner schlafenden Abwesenheit für ihn bete, er geht zum Bett, schlägt den Belag zurück, um sich an den äußersten Rand zu legen, denn er will der erste sein, der aufstehe, nicht um sich Peinlichkeit zu ersparen, Peinlichkeit gab es damals noch nicht, sondern weil er einen weiten Weg vor sich hat. An Versuchungen denkt er nicht.

Schien der Mond?

Ja – oder sagen wir, er schien noch nicht, aber er war im Aufgehen, ein Dreiviertelmond vielleicht, er hat das Fenster noch nicht erreicht, hinter dem der Mönch liegt, dafür legt er einen langen Schatten neben den zweiten Gast, die Gästin, die, während der Mönch sich auszieht, vor der Tür steht, während der Mönch sich hinlegt, das Haus betritt und damit den Mondschatten ablegt, eine Dame, die bessere Nächte gekannt hat und schlechtere kennenzulernen fürchtet, aber nicht mehr kennenlernen wird, eine Courtisane, nenne ich sie Anne. Anne ist am Altern, hat daher die Gunst ihres letzten Galans, des alten Herzogs von Northumberland verloren – falls damals dieser Titel besetzt war –, der hat plötzlich Gefallen an minderjährigen Pächterstöchtern entdeckt, an Jungfernhäutchen, und das ius primae noctis

wachgerüttelt –, aber das wäre eine andere Geschichte, wahrscheinlich eine schlechte.
Anne ist auf dem Weg von den Gütern des Nordens zur Gosse des Südens, London oder Frankreich, ihre Hoffnung ist zwar nicht groß, aber noch nicht erloschen, noch ist sie stattlich, üppig, aber unter der Stattlichkeit fault es, ihre Haut wirft keine Hügel mehr sondern Falten, Runzeln, und die Seide darauf wird matt, der Samt darauf glänzend und alles fadenscheinig. Während oben, noch nicht beleuchtet vom steigenden Mond, der Mönch den Bettbelag über sich legt und die Hände zwischen dem Rosenkranz faltet, zu einem letzten, ich sage letzten, Gebet – inzwischen weiß ich, auf was ich hinaus will – leert unten Anne mit der Wirtin einen Krug mit Ale, sie erzählt, während der Mond schon kürzere Schatten wirft – einen davon vielleicht über ein Ehepaar, ein Müllerpaar, im Staub der Straße, dem Gasthaus noch nicht nah, aber ihm zustrebend – erzählt der Wirtin, im unverhohlenen Grundwörterschatz der Zeit, vom Geschehen in großen weichen spiegelverschalten Räumen, die sie nun für immer hinter sich gelassen hat. Die Wirtin hört zu und schweigt und verschweigt den gegensätzlichen Gast dort oben, dessen Abdruck auf dem Bettbelag der Mond nun in einem schmalen Streifen, einem Strich erreicht. Da liegt er, an fremde und – wahrhaftig! – an schlimmere Schlafstätten gewöhnt, dennoch in eine unheilvolle Ahnung gehüllt – Anne unten zerlegt ein Täubchen, lutscht an ihren Fingern, er oben versucht seine nächtlich gelockerten schweifenden Gedanken auf der Bahn der Mitte zu halten, die geradenweges zu Gott führt, er hält den Blick seines schmalen Geistes von Seitenpfaden ab, obgleich er sie seltsam spürt –, unten sitzt also die Wirtin, sitzt Anne, knackt, schlürft, schluckt, schleckt sich die Lippen, spült einen Krug Ale der Mahlzeit nach, oben liegt der Mönch, müde, draußen gehen Wanderer, waltet die Nacht, scheint der Mond und bescheint inzwischen ein größeres Stück Bett, in dem der Mönch einschläft, und Anne wischt

sich den Mund mit dem Arm, schürzt ihre Röcke, wünscht der Wirtin eine gute Nacht und steigt langsam die Treppe empor, der Mond beleuchtet die Treppe nicht, beleuchtet auch die Küche nicht, in der nun wieder die Wirtin steht, um für kommende Gäste eine Mahlzeit – die letzte Mahlzeit – zu bereiten –; beleuchtet aber das Müllerpaar, das dem Gasthaus nun näher ist, beleuchtet nicht oder kaum einen, der sich mühsam dahinschleppend schon die Gasthaustür erreicht – denn jetzt wird es Zeit für die dritte Stimme der Fuge – einen jungen Soldaten, der kommt – aus welcher Schlacht? – er kommt aus der Schlacht von Padua, derselben, in der Marthe Schwerdtleins Gatte gefallen ist und sich Herzog Maximilian von Bayern eine ehrenhafte Schwertwunde erworben hat. Er ist erst neunzehn, aber sein Körper altert seit Tagen unheilvoll, er wirft kaum noch einen Schatten, obgleich der Mond ihn sieht, Anne auf der Treppe und die Wirtin in der Küche sieht er nicht, der Mond, sieht und beleuchtet dafür einen Traum, der auf den Mönch zuflattert, einen frommen Traum, der aber bei heutiger Betrachtung weniger fromme Deutung zuläßt, der setzt sich auf seinen schmächtigen Träumer, um Besitz von ihm zu ergreifen – wie steht die Fuge? Anne oben, der Soldat vor der Gasthaustür, das Müllerpaar schon nahe, ein anderer Wanderer noch weit, ein weiteres Paar noch weiter, Traum im Mönch, Mönch im Bett, Mond am Himmel, und Anne beginnt sich auszuziehen, sie legt Zuckerhuthaube, Schleier, Band und Brusttuch ab, Umhang, Mieder, Überkleid, Unterkleid, sie schält sich aus den Hüllen, bis sie ist wie Gott sie hat werden lassen, wenn auch nicht wie er sie erschaffen hat, splitternackt und guter Hoffnung auf ein früchtetragendes Abenteuer, nur ihre goldene Halskette mit dem elfenbeinernen Erlöser daran, die behält sie an, nicht weil sie dem Glauben an diesen Erlöser huldigt, nein, er ist ihr zwar streng anerzogen aber lang abhanden gekommen, vielmehr behält sie ihn an, weil er ein Wertgegenstand ist, den sie ihrer unsicheren Zukunft entgegenzubringen gedenkt – splitternackt fällt ihr Blick auf Skapulier und Zingulum, schwarz im Dunkel des Zimmers, nicht im Mondlicht, das auf das staubhelle Wams des Soldaten fällt, der soeben das Gasthaus betritt, angefressen vom Tod, den aber der Mond nicht beleuchtet, dafür beleuchtet er unter Milliarden nennenswerter Gegenstände das Müllerpaar, nun schon beinahe am Gasthaus, getrieben vom Verlangen nach einer reichen Mahlzeit –, beleuchtet auch den anderen Wanderer, noch am Stadttor der Stadt Skye, und ein anderes Paar, noch weit vor dem Stadttor der Stadt Skye, beleuchtet Annes Erstaunen, ihre Bekreuzigung beleuchtet er nicht, denn sie bekreuzigt sich nicht, ihre Augen suchen in diesem Bett, meinem großen Sommerbett, nach dem Träger der frommen Kleidung und finden ihn in einem Fleckchen von schrägem Mondlicht, das aber haltmacht vor dem Teufel, der die Dirne beschleicht –, ihr Teufel also liegt in tiefem Dunkel, ebenso das Lächeln, das sich in ihr, von dem Teufel ausgehend, ausbreitet – dafür beleuchtet dieser Mond den Traum des keuschen Schläfers, der vielleicht einen kontrapunktisch genauen Gegensatz zu dem enthält, was ihm bevorsteht, vielleicht aber auch nicht. Der Soldat steht nicht mehr im Mond, er steht im Haus, steht vor der Wirtin. Der Mond steht höher am Himmel und wirft über das Paar, das dem Gasthaus nahe ist, einen kürzeren Schatten und einen ebenso kurzen über den einzelnen Mann, der inzwischen die Stadt durch das Tor betreten hat, ein Bader übrigens –, wirft Schatten über das andere Paar, zwei männliche Gestalten, noch unkenntlich, ich habe mich noch nicht entschieden, – zwei Gestalten also, die das Tor noch immer nicht erreicht haben, aber später auch hier enden – ich sage enden – werden, ich habe das Ende parat. Müllerpaar vor der Tür, Bader im Mond, Traum im Mönch, Mönch im Bett, Anne am Bett, Soldat im Haus, Wirtin beim Soldat –, sie betrachtet ihn, wie er zitternd und bleich und schwindlig sich ihr entgegentastet, mit keinem anderen Wunsch als dem nach einem Bett, die Wirtin dagegen tastet ihn mit den Blicken ab, sie findet ihn zitternd und bleich und schön und versucht, ihn in ihr eigenes Bett abzuleiten, bevor er oben, im großen Bett, der Anderen anheimfalle, sie zeigt ihm, was sie hat, deutet an, was sie kann oder zu können vorgibt, greift dabei in Annes Erinnerungsschatz, aber er hört nicht zu, nimmt nichts von alledem wahr, weder Eigenschaften noch Versprechen, er wehrt stumm ab, schüttelt den Kopf, ist nicht hungrig nach ihrem Fleisch, ist überhaupt nicht hungrig, er ist durstig, will aber keinen Ale sondern Wasser, Wasser, trinkt einen ganzen Krug leer, in großen, schmerzhaften Schlucken, während der Mond schon höher aber noch nicht hoch genug steht, er scheint auf die Erde, auf England, auf die Grafschaft, auf die Stadt, auf das Gasthaus, auf das Müllerpaar vor dem Gasthaus, es ist vielleicht auf dem Heimweg von einer Erbschaftsverteilung, befriedigt über seinen Anteil, zufrieden mit der Welt und ihren Gütern, nach denen sie gemessen wird –, scheint schräg auf den einzelnen Gänger der Nacht, der näherkommt; wie gesagt, ein Bader, und zwar ein heruntergekommener, einer auf Abwegen, schon lange seines Badehauses ledig, ein unehrlicher Kerl –, scheint auf das weitere Paar, nun schon am Stadttor, einen alternden deutschen Edelmann, im Verkommen begriffen, und einen hübschen jungen Burschen mit weißen Zähnen und einer Laute auf dem Rücken, die haben beschlossen, in dieser Nacht nicht mehr weiterzuwandern, sie haben ohnehin kein rechtes Ziel, denn dem Edelmann ist der Sinn für Ziele und für das Streben danach schon lang entglitten, ja, er hat es niemals verspürt, aber das wäre wieder eine andere Geschichte, diesmal vielleicht eine gute.

Weiter: der Mond steht hoch, beleuchtet aber nur einen kleinen Teil dieses Bettes, auf das ich mich jetzt setze, in dem oder an dessen äußerstem Ende nunmehr Anne, nackt bis auf ihren Erlöser und die Kette an der er hängt, den Bettbelag zurückschlägt, unter dem, in schwindender Unschuld, der

Mann Gottes liegt, sich neben ihn auf das Bett setzt und, beginnend bei den Fußknöcheln, mit leichtem Finger an den Beinen hinauftastet, ihm so die Kutte aufwärtsstreifend wie ein Futteral, dessen Inhalt zwar keine Überraschung verspricht, dafür aber selbst überrascht wird – und Licht liegt auf Teilen des Mönches, der noch schläft, dann, als ihre Hand höher gelangt, nur halb schläft, die Gefährtin noch nicht in ihrer Bedeutung wahrnimmt, dann, in seltsamem, nie erlebtem, unerlaubtem Erwachen, sie wahrnimmt, aber nicht an sie glaubt, und diesen Unglauben bescheint der Mond, bescheint Annes versiertes Fingerspiel, nicht dagegen den Soldaten im Dunkel des Hauses, der sich, mit trockenem Gaumen und brennender Kehle, begleitet von bedauernden Blicken der Wirtin, kraftlos am Treppengeländer Arm nach Arm hinaufzieht, er scheint auch nicht mehr auf das Müllerpaar, das aus seinem Licht ins Gasthaus getreten ist, ein dikkes, strotzendes Gespann, behängt und bepackt mit allerlei beweglichen Gütern, gehüllt in einen Dunst von Wohlstand –, er scheint nicht auf die Wirtin, die den Blick von dem Gegenstand ihres Verlangens zurückgezogen hat und ihn in andersgearteter Hoffnung dem eintretenden Paar entgegenwendet, deren Beutel die Mühe nächtlicher Arbeit lohnen wird; der Mond scheint beinah senkrecht nun auf diesen Bader, der jetzt nahe ist, ein elender Ablaßkrämer, Zur-Ader-Lasser, mit einem verschlossenen Bauchladen, in der Hand einem Stoß Ablaßzettel und einer Klistierspritze im Sack und dem Geschmack von Ale und Laster auf der Zunge – auch scheint er auf das andere Paar, den Edelmann, auf sein vertanes Ansehen, seinen gesunkenen Wohlstand, seine verlorenen Güter, kein Pferd zu beleuchten, wenig Gepäck, eine schlaffe Geldbörse – keinen Besitz außer diesem Knaben mit der Laute auf dem Rücken und anderen Eigenschaften, die der Nacht zugute kommen. Der Mond scheint, als balle sich hier nichts Entsetzliches zusammen, auf Anne, deren Hand, als wolle sie eine Blume tief am Stiel pflücken, das Ziel ihres

Vorhabens erreicht hat, die Mitte des Mönches, und nunmehr, weich und träge, ein schwerer Reiter, mit allem, was an ihr sterblich ist, sich über diese Mitte schwingt, sich auf ihr zurechtrückt, bis sie auf dem Dorn fest im Sattel sitzt –, auf den Mönch scheint der Mond nicht, der liegt tief im Schatten seiner Reiterin, er ruft einmal laut »Satanas«, dann murmelt er es, Konsonanten weicher, entschwebend, dann flüstert er es nur noch vokal, dann formen seine Lippen nur noch das S, während der Mond, bald im Zenit, die Zimmerecke aber noch nicht erreicht, wo der Soldat von der Tür her sich langsam vorwärtszieht, in das dunkle Innere des Zimmers, die bewegte Helle am Ende des Bettes so wenig zur Kenntnis nimmt wie die von Lauten aufgerührte Luft. Beleuchtet vom Feuer im Herd ist jetzt die Küche, wo die Wirtin Fleisch schneidet und Kannen füllt, halbhell vom Talglicht ist die Stube, wo vor Holz und Zinn das Müllerpaar in Erwartung sitzt, hell vom Mond der Bader, der an die verriegelte Tür des Gasthauses klopft, glitzernd im Mond, an der goldenen Kette, das Kruzifix, das vor den Augen des Mönches auf und abschwingt, weiß das Fleisch seiner Besitzerin, und schwarz, in tiefer Urdunkelheit, das Glied, das den Mönch mit seiner Todsünde verbindet, hell dieser Edelmann, schon von vieler Länder Monden beschienen, seit Jahren unterwegs, seit Jahren auf der Suche – er ist ein Deutscher – nach Absolutem, das er nun bald finden wird, ich habe es ihm zubedacht, – vom Mond beschienen auch sein Begleiter, unwürdiger Gegenstand seiner Neigung, ansehnlich, mit geschwungenen Brauen, aber mit unsteten Augen, Mord im Herzen, Laute auf dem Rücken –, halbhell im Talglicht die Wirtin, die das Müllerpaar bedient, hell die Gesichter des Paares selbst, das die Krüge hebt und mit den Händen in die Teller langt –, im Mond noch der Bader, der an die Tür klopft, im Mond ein Moment lang die Wirtin, die aus dem Fenster sieht und fragt, wer dort klopfe, im Mond seine Antwort: ein Bader – ihre Antwort: sie brauche nichts, sie sei gesund – und im Mond seine Antwort, daß er nicht als Bader oder Händler oder Aderlasser oder Ablasser komme sondern als zahlender Esser und Schlafgast –, durch keine Wolke gehindert strahlt Licht auf den wachsenden Schrecken der Nacht, noch in seinem kranken Träger geborgen – dunkel dagegen das selige Vergessen des Mönches, dunkel dahinter die Schwaden seiner Gedanken, der Ahnung, daß er nun auf ewig der Gnade verlustig gehe, aber was ist schon Ewigkeit? – und von irdischen Tagen hat er ohnehin keinen einzigen mehr, die Hölle hat ihr Feuerbett für ihn gerichtet. Im Dunkel der Soldat, der unschuldige Schreckensträger, der mit verkrampften Fingern seine Stiefel und seine Kleidung löst, die Wirtin, die dem Bader öffnet, der Bader, der aus dem Mondlicht ins Haus tritt. Aber das Furchtbare breitet sich im Hellen wie im Dunkel aus, und ahnte es, zum Beispiel, der Mönch, so würde er zu dem elfenbeinernen Erlöser beten, der da vor seinen Augen auf- und abbaumelt; aber er weiß es nicht, und selbst wenn das Furchtbare nicht nahte, so wäre es etwas anderes, ein langsameres Übel, denn die Courtisane über ihm hat die französische Krankheit, wie auch ihr ehemaliger Galan, der Herzog von Northumberland, der jetzt damit die Pächterstöchter ansteckt; er hat sie von seiner Frau, die hat sie von König Heinrich dem Dritten, und der hat sie in Frankreich selbst erworben, als sie noch selten war.

Gut so, die Stimmen sind angeschlagen, die Exposition vollzogen. Weiter jetzt. Nach Mitternacht steht der Mond im Zenit, beleuchtet daher das Bett nicht, im Dunkel daher findet der Tragödie zweiter Akt statt, im Falle des Mönches, im wahren Sinne des Wortes, der zweite Akt seines Lebens, in dem er, sich gewaltsam zum Vergessen zwingend, oder auch um seine Sünde auszuloten, über der Courtisane ist, tief in ihre kranke sündige Tiefe verstrickt, und sie unter ihrem schmächtigen Erwählten liegt, in Reue über die Wahl und in Erkenntnis, daß dies kein Geschäft sei. Im Dunkel der Soldat, in schwindendem Bewußtsein, in der Mitte des Bettes, mit glänzenden Augen in steigendem Fieber –, im Talglicht die anderen Gäste, die unten in der Stube sitzen, als da sind: der Müller und seine Frau beim Essen. Was mag es da geben? Nun, sagen wir: gesottene Schweinskeule in Pfeffer und Hirse, mit Rhabarber, Safran und Thymian, das klingt nach fetter und schwerer Völlerei. Und natürlich Ale und Wein. Am anderen Ende der Tafel, neben seinem unwürdigen Gefährten, dem hübschen Mordbuben, starr aufrecht sitzend, die Augen ins Leere gerichtet, erwartungsvoll gefaßt, jeder Demütigung grimmig ergeben, in allen Zweifeln bestätigt, in verzweifelter Würde angesichts des geringen Wertes der Welt und der Dinge darin, vor einer großen Kanne Wein, mit deren Hilfe er hofft, den Schlaf im ungewohnten und wahrhaft wenig ersehnten gemeinschaftlichen Bett besser und trunkener ertragen zu können: der Deutsche; während sein junger Gefährte die Gemeinschaft nur insofern ersehnt, als er Gefallen an einigem Geschmeide findet, das glitzernd zwischen den Rundungen der Müllerin hängt, und dafür gern ihren Blick in Kauf nimmt, der wiederum in wachsendem und begehrendem Maße an ihm hängt. Halbdunkel die Küche, wo die Wirtin frische Kannen füllt, seitlich bedrängt von diesem Bader, der sich erbietet, sie unentgeltlich zur Ader zu lassen und anderes für sie zu tun, lasse sie ihn nur gewähren und nach Belieben an ihr hantieren. Schräg steht der Mond, als der Mönch von Anne abläßt, aus ihr rutscht und abfällt wie eine ausgehöhlte Birne, sofort in den Schlaf zu flüchten versucht, in sehnlichem Wunsch, sein weiteres sündhaftes Leben in Traum und Schlaf zu verbringen, oder aber sein Körper könne sich einen neuen Geist bauen –, schräger schon fällt Mondlicht von der anderen Seite auf das Bett, auf Anne, die sich seufzend erhebt, in Reue über nutzlos verausgabtes Wohlwollen –, Licht verläßt sie, als sie sich, tiefer im Raum, fröstelnd ein Hemd überzieht, sich ernüchtert umsieht, den Soldaten erblickt, mit den glänzenden Augen, in der Mitte des Bettes, und dessen Gegenwart kalkulierend in ihre Gedanken aufnimmt, während er selbst im Delirium ist, nicht mehr im Diesseits angesiedelt, bis auf die Schmerzen, das einzige, das ihn noch auf dieser Erde hält.

Und was hält mich auf dieser Erde?

Weiter, weiter, Transposition, neues Thema: die Kurve des Schreckens wird jetzt steil, der Mond ist schon im Untergehen, steht beinah waagerecht, scheint von der anderen Richtung her, durch ein anderes Fenster, beleuchtet das Bett seitlich aber ganz, dieses Bett, mein Bett, dessen leere Plätze nun von den Schlafengehenden belegt werden. Schlafend darin, vom unbarmherzigen Mond schräg angeleuchtet der Mönch, dem ein entsetzliches Erwachen erspart bleiben wird; wachend darin Anne, die in ihrem Hemd über den Mönch hinweggestiegen ist und sich langsam, unter Bettbelag kriechend, einen wachsenden Zwischenraum zwischen sich und ihrem Opfer schaffend, dem Soldaten nähert, bedacht darauf, ihn nicht zu wecken, bevor sie in der Lage ist, alle ihre Mittel auf einmal anzuwenden. Krank darin der Soldat, bewegungslos bis auf ein schwaches Zittern, Zähneklappern und flatternden Atem. Neu bevölkert von denen, die rings im Dunkel die äußeren Hüllen ablegen, nicht alle zugleich, dennoch ist es ein Akt mit Überschneidungen, und stumm werden die Plätze im Bett aufgeteilt. Nur einer hat über die untere Querkante zu kriechen, das ist der Müller, denn er hat Anne gesehen, ihr langes aufgelöstes Haar, zwischen Mönch und Soldat, das Versprechen eines späten Abenteuers bildet sich in ihm und zündet, er hat freiwillig das Klettern gewählt, damit er von seiner Frau um eben diesen Gegenstand seines Verlangens und um eine weitere unbestimmbare Figur, die der Soldat ist, getrennt liege, denn für zwei wäre dieser Platz im Bett zwischen Mönch und Frau zu eng. Die Müllerin indessen hat auch nicht die Absicht gehegt, diesen Platz zu belegen, sie behält den jungen Kerl im Auge, an dessen Seite sie zu liegen begehrt, in Erwartung, daß es nicht bei der Seite bleibe, und in Hoffnung, daß sein Begleiter die Möglichkeit nicht abschneide, indem er ihn, nach Art der Eifersüchtigen, an die Kante und sich selbst zwischen ihn und den nächsten Schläfer lege. Aber dies hat der Edelmann nicht im Sinn, im Gegenteil, er ist darauf bedacht, mit keinem in Berührung zu kommen als mit dem einen, mit dem er ohnehin in mehr oder weniger ständiger Berührung ist, und sich an der anderen Seite durch die Bettkante vor Berührung zu schützen. So bekommt die Müllerin ihr Teil, sie liegt zwischen dem jungen Mann und dem Soldaten, den sie nicht spürt und nicht beachtet. Da liegen sie, sieben Schläfer, und sind keine Schläfer, außer dem Mann Gottes. Einer ist ein Sterbender, und die anderen warten auf den Schlaf der anderen, um jeweils einem dieser anderen zu Leibe zu rücken.

Wo ist der Bader? Der Bader, der Elende, der ist unten bei der Wirtin geblieben. Ob er ihr Schönheitssalben bereitet oder verkauft oder ihre Sünden für Ablaß ankauft oder sie zur Ader läßt oder mit ihr im Bett liegt, das habe ich mir nicht überlegt, aber wahrscheinlich tut er alles zugleich, es entsteht ein Kreislauf, ein böser Zirkel zwischen Ablaß und Sünde, lasse ich diese Szene dunkel, kehre ich zum Thema zurück, zur Haupttonart, zur möglichen Vergangenheit dieses Bettes, in dem der untergehende Mond das Fortschreiten des Entsetzlichen beleuchtet. Noch ist es im Anzug, hat noch nicht eingesetzt, noch greift der Edelmann nach dem Knaben, der Knabe nach der Müllerin, die Müllerin nach dem Knaben, der Müller nach Anne, Anne nach dem Soldaten, noch schläft der Mönch, stirbt der Soldat, unter dem Belag, unbeleuchtet vom Mond, tasten Hände, geht Atem, bewegen sich berechnend Beine, wälzen sich leise Körper, langsam schlägt es Wellen, Hügel entstehen und Täler, Bewegung, vom Mond wechselnd beleuchtet, das Bett lebt auf, zum letzten Mal, die Insassen halten jetzt den Atem an, jeder wartet vor dem letzten Griff, dem letzten Vorstoß, lauert, nur der Mönch, der lauert nicht, wartet nicht, schläft auch nicht recht, wacht auch nicht, liegt gelähmt angesichts der Hölle, die sich vor ihm auftut, – still auch der Soldat, nicht mit dem Tode kämpfend sondern sein williges Opfer, in einer glitschigen Schicht von Schweiß, mit schwellendem Gaumen, schwarzen Beulen um die Lenden, hin und wieder rasselt ein Atemzug, so daß jeder aus der Verfolgung seines Ziels aufschreckt, dann geht der Atem nicht mehr, so daß jeder sich wieder beruhigt, und Anne, mit verstreichender Zeit und schwindendem Mond, rückt näher, ist nah, ihr nach der Müller, er hält die Zeit seiner Möglichkeit trotz des von ihm abrückenden Ziels für gekommen, aber plötzlich verspürt er Müdigkeit, die auch der Deutsche spürt, ihm schwindelt, die Lust nach seinem Knaben fällt von ihm ab, er läßt von ihm ab, so daß der Knabe denkt, sein Liebhaber schlafe, und sich nun ganz der Müllerin zuwendet, geduckt über sie kriecht wie ein Raubtier in gieriger Nahrungssuche, aber er spürt seine Kräfte schwinden, und die Müllerin, auf dem Rücken liegend, im Begriff, den Knaben über sich, zwischen ihre Schenkel und in sich zu ziehen, eben noch heiß in Erwartung seines Körpers, spürt nun eine andere fiebrige Hitze, die auch Anne spürt, sie spürt Schwäche, dennoch will sie den Soldaten, will sich seiner sanft bemächtigen, sie hebt die Decke, um nach ihm zu tasten –, und der untergehende Mond scheint waagerecht auf ihr Haar, auf ihren Nacken, auf die anderen scheint er nun nicht mehr, sie liegen im Dunkel, Müller, Mönch, Müllerin und Knabe und Edelmann und Soldat, alle liegen sie nun wieder, liegen, als seien sie hingefallen, ihr Vorhaben entschwindet, Begier verebbt –, im Müller breitet sich Übelkeit aus, er läßt von dem Gegenstand seines Verlangens ab –, schlaflos der Mönch, dessen gequälter Geist plötzlich von einem schmerzenden Körper betäubt wird, die Frau des Müllers, deren Atemschwere nicht die des

Verlangens sondern die der Schmerzen ist, sie läßt von dem Knaben ab, der, schwindlig, von ihr abläßt, so wie neben ihm der Deutsche sich von ihm abgewandt hat und sich zurückwälzt, der Bettkante zu, schwach alle, Wellen von Hitze und Frost schlagen über das Bett, Schmerz, Zähneklappern; Tätigkeit eingestellt, fiebriges Dämmern im Dunkeln, Apathie, rasselnder Atem und dazwischen Stille –, bis ein schriller Schrei alle trifft aber nicht mehr wachrüttelt, nicht aus dem Dämmern aufschreckt –, er kommt von Anne, der einzigen, die noch eben, halb aufrecht, in Bewegung war. Müller, Müllerin, Edelmann und Knabe richten leblose Blicke auf Anne, acht Augen treffen sich auf ihr, ohne Teilnahme, gleiten ihren Blick entlang herab zum Gegenstand ihres Entsetzens:

weiß, im untergehenden Mond, die senkrechte Säule, die das männliche Glied des Soldaten war, Zeuge nicht des Verlangens sondern der Todesstarre, aufrecht über einer infernalischen Landschaft brestiger, schwellender Körper, ein Kreuz ohne Querbalken, furchtbares memento mori, über einem Schlachtfeld, auf dem die Schlacht noch schwelt –

und alles andere liegt in Dunkelheit. Es wird stiller, das Schluchzen der Courtisane verebbt, sie sinkt neben dem Soldat auf das Bett, der Schrecken in den Augen verglimmt, Sterbende unter Sterbenden, in meinem Bett, und, ausgehend von den Sieben unter dem gelüpften Belag, zieht, unter den Baldachin und von dort durch das Zimmer, in einer Wolke sich ausbreitend, die Luft vergiftend, die Pest in den Raum und zieht durch die Ritzen hinaus, in die Stadt, über das Land, die inzwischen ausgestorbene, bubonische, die schwärzeste, härteste, widerlichste und schnellste Variante des schwarzen Todes, die keine Gnade kennt, dem Opfer keine Gunst gewährt, ihm nichts schenkt, keine Besinnung vor ihrem Schlag, auch nicht die Ekstase einer Euphorie. Auf den letzten Schmerz schwindet das Bewußtsein und folgt sofort die Kälte, der rigor mortis, sie erlaubt weder Beichte noch Einsicht. Fermate. Ende der Fuge.

Aber die Geschichte ist noch nicht zu Ende. Beim Morgengrauen betritt die Wirtin den Raum, um die vermeintlichen Schläfer zu wecken. Sie weckt niemanden. Zwar schläft keiner, auch ist noch keiner tot außer dem Soldaten, sie liegen im letzten Atem, zu schwach für Bewegung oder Laut, mit angeschwollenen Leibern, fühlen sich gegenwärtig in jedem Glied, in allen Winkeln ihrer schwindenden Körperlichkeit, aber in nichts anderem mehr, sind alle gleich, alles geebnet, keine Sünde mehr, keine Hoffnung, kein Verbrechen, keine Erbschaft, keine Angst. Sie liegen tief in ihre Apathie gebettet, keiner weiß, woran er leidet oder wer er gewesen ist, bevor er zu leiden begonnen hat, und daß er bald nicht mehr zu leiden habe. Sie nehmen auch nicht mehr wahr, daß sie nun nach Strich und Faden beraubt werden, von Wirtin und Bader, nicht nur der im Raum verteilten Kleidung, sondern auch dessen was sie am Körper tragen. Wirtin und Bader heben ihnen Körper und Köpfe, um der Börsen in der Kleidung und unter den Kopfkissen habhaft zu werden, sie streifen ihnen Ringe ab, und keiner wehrt sich, Anne gibt keinen Laut von sich, öffnet nicht die Augen, als die Wirtin ihr die goldene Kette mit dem elfenbeinernen Erlöser vom Halse reißt, sie spürt weder Schmerz noch Verlust –,

nur der Mönch, der macht einen letzten jämmerlichen Versuch, sich zu wehren, gegen den Raub seines Rosenkranzes, der alles ist, was er jemals besessen hat; sein Gott, nicht der Gott der Pfaffen sondern der Gott der Sünder, gibt ihm Kraft zu einem letzten Protest: als der Bader die Kette der verkrampften Hand entreißt, schreit er noch einmal laut auf – ein Schrei, stellvertretend für viele Schreie in Jahrhunderten –, er spürt über und unter seinen Schmerzen noch die tiefe Ewigkeit seiner Verdammnis,

aber bald spürt auch er nichts mehr, und wahrscheinlich hat

niemand mehr den Aufprall auf die Kiesel des Flusses gespürt, oder die Kälte des Wassers, als Bader und Wirtin sie, einen nach dem anderen, in den Fluß warfen, und während Bader mit Wirtin eine gemeinsame Zukunft besprach, schwemmte der Fluß die Leichen abwärts, nach Süden, und während Wirtin und Bader, von der Arbeit des Morgens ermüdet, sich wieder ins Bett legten, floß die Pest den Fluß entlang und hinab, quoll über die Ufer, wehte in Schwaden landeinwärts und verteilte sich. Bader und Wirtin standen nicht mehr auf, sie verfaulten im Bett der Wirtin, die Pest griff über in die Grafschaften Wiltshire und Kent, dort stieß sie auf eine andere Pest, die, auf dem Weg nordwärts, von Süden kam, von Sussex, dorther, wo der Soldat wenige Abende zuvor gelandet war, in der ersten Nacht der Landung ein Mädchen angesteckt hatte, die ihre Familie angesteckt hatte, die das Dorf angesteckt hatte, und so weiter. Ende meiner Geschichte. Ich stehe auf.

In diesem Bett liege ich in den Sommernächten, schlafe ich wenn ich schlafen kann, und wenn sich nur wenig von diesen letzten unglücklichen Schläfern mir einverleibt hat, so liegt es daran, daß sie – vielleicht – niemals existiert haben. Schade. Hätten sie gelebt, so hätte sich mir – vielleicht – etwas mitgeteilt, vielleicht etwas, aus dem ich hätte lernen können, wenn ich lernen könnte; nichts von dem jungen Mörder mit der Laute, auch nichts von dem Soldaten, obgleich in seiner Unschuld ein positiver Held, aber er lebte nur noch halb, als er sich hier niederlegte, nichts von denen also –,
aber von solch einer wie Anne, einer Dirne, die unverzagt, mißbraucht und gefaßt ihrem sicheren Verderben entgegengeht, ohne Aufbegehr, ohne Anklage, denn sie kennt und respektiert mit Gleichmut die Ordnung dieser Welt –
und von diesem ungewöhnlichen Deutschen, aller Güter verlustig, tief im Zweifel an der Rechtmäßigkeit des Gesetzes, nach dem er angetreten, auf der Suche nach etwas, das er

nicht kennt, etwas das man erst erkennt, wenn man es gefunden hat, aber niemand findet es bevor es zu spät ist, daraus zu gewinnen,
und von diesem Mönch, dem stillen, ergebenen Wandler, erst in seiner Todesstunde auf der Erde heimisch, allzuheimisch, aber nicht so heimisch, daß er dafür seine Erlösung geopfert hätte –
etwas von diesen, ja – vielleicht ein wenig nur, – und jetzt werde ich müde, jetzt werde ich hinuntergehen, in mein Winterbett, jetzt werde ich schlafen.

SIEGFRIED LENZ

Der Gleichgültige

Der Finne kam am Monatsende. Ich lag auf dem Küchensofa und rauchte, lag schon einige Stunden im Mantel da und überlegte, ob ich Elsa von der Eisdiele abholen sollte, in der sie als Kellnerin arbeitete. Ich dachte an ihre geröteten, plumpen Hände, die Eisbecher auf die fleckigen Marmortische schoben, Wechselgeld aus der extra breiten Bauchtasche hervorholten, Schokoladensplitter über den Batzen Schlagsahne krümelten; ich dachte an ihre kleinen, dreckigen Geschwister, die in der ersten Zeit unserer Ehe mit wissender Neugierde bei uns herumstrolchten, bis ich sie vertrieb, und die nun jeden Tag vor der Eisdiele lungerten, wachsam, räuberisch, auf das versteckte Zeichen wartend, das einen von ihnen hereinrief zum Empfang der heimlichen Eisportion; und während ich daran dachte, spürte ich eine warme Erschöpfung und beschloß, Elsa zu Hause zu erwarten.
Da klingelte der Finne, ein breiter Mann mit straff gespannter Gesichtshaut, den Staubmantel überm Arm, eine karamellfarbene Diplomatentasche vor sich zwischen den Füßen; lächelnd, sah er mich an, schwieg und sah mich an, mit einem Ausdruck freimütiger und ruhiger Abschätzung, und bevor ich ihn noch etwas fragte, nickte er befriedigt, nahm seine Tasche auf, kam herein in die Küche, und mit ihm ein essigsaurer Geruch.
»Uns fehlt nur Geld«, sagte ich, »sonst nichts. Alles andere ist reichlich vorhanden.«
Er schüttelte den Kopf, machte eine verblüffte und zugleich abwehrende Handbewegung, ein Zug gequälten Erstaunens

glitt über sein Gesicht – woraus ich schloß, daß ich nicht der erste war, den er in seinen Angelegenheiten besuchte; dann musterte er die Küche, trat an das kratzige Sofa, prüfte die Federung, indem er die aufgestemmten Fäuste ruckartig in den Stoff stieß, und setzte sich schließlich auf den Hocker am Ausguß. Ich blickte auf seinen pflaumendunklen Anzug – die Hosen hatten einen weiten Schlag wie die eines Matrosen, unter dem Jackett trug er einen Rollkragenpullover – und sagte ihm, daß ich nichts ohne meine Frau kaufen oder verkaufen könnte, da sie zur Zeit allein für das Wohlbefinden der Familie sorge, worauf er mir in einer Art schmerzlichen Verstehens zublinzelte, ein Zigarettenetui herauszog und mir eine seiner letzten beiden Zigaretten anbot. Wir rauchten schweigend, er betrachtete aufmerksam den Gasherd, erhob sich plötzlich und sagte, daß er Finne sei und in der Stadt zu tun gehabt habe. Sein gedrungener Körper wippte leicht vor und zurück, seine Lippen öffneten sich, als suchten sie einen vergangenen Geschmack, und er blickte durch das Fenster auf den verlassenen Kinderspielplatz unten und nickte schmunzelnd und flüsterte etwas, das ich nicht verstand. Ich spürte die Erschöpfung zurückkehren, dachte an Elsa, die nun bald kommen mußte und wandte mich an ihn mit einer Geste endgültigen Bedauerns. Er verstand diese Geste, die stumme Aufforderung, die in ihr lag; er kam nah an mich heran und fragte, ob ich bereit sei, ihm unsere Küche zu vermieten. Langsam drehte er sich dabei um sich selbst und bezeichnete mit ausgestreckten Händen, die Bescheidenheit seines Wunsches erläuternd, den engen Raum, so als wollte er sagen: ›Dies nur, nicht mehr.‹ Wenn es keine Elsa gegeben hätte, wäre ich ohne Zögern darauf eingegangen, doch da ich wußte, wieviel ihr die Küche bedeutete, wiederholte ich, daß ich in Abwesenheit meiner Frau nichts entscheiden könnte. Unsicher musterte er die Wände der Küche, auf denen sich verschwommene Flecken wie verblichene Landkarten hinzogen, musterte das Sofa, das Bord, auf dem Elsas Lockenwickler lagen: er nahm seine Wahl nicht zurück. Er trat an den Gasherd, drehte prüfend den Hahn auf, ohne ein Streichholz oder den Anzünder in die Hand zu nehmen, beugte dann seinen Oberkörper hinab in der Hoffnung, das zischende Geräusch zu hören, mit dem das Gas entweicht. Ich wartete, bis er sich wieder aufrichtete, und erklärte ihm, daß der Herd noch nicht bezahlt sei und daß wir ihn abbezahlten, indem wir jedesmal, wenn wir Gas brauchten, zuerst ein Geldstück in den Schlitz warfen. Diese Erklärung schien ihn zu überzeugen, denn er nickte zustimmend und fragte mich – in einem Ton, als sei die Entscheidung bereits gefallen –, ab wann er die Küche bekommen könnte, und wie um mir anzuzeigen, daß er den Gasherd ausgiebig benutzen werde, schob er eine Hand in die Tasche und rieb einige Münzen gegeneinander. Ich hatte kein Verlangen, mich mit ihm zu unterhalten, zu erfahren, was er in unserer Stadt zu tun hatte und was ihn dazu bewog, unsere Küche zu mieten; ich hatte nur das Gefühl, mich raushalten zu müssen aus seinen Angelegenheiten, nichts zu teilen, kein Wissen, keine Vermutung.

Dann kam er wieder nah heran, ich roch seinen essigsauren Atem, sah seine entzündeten Augen, denen das auffordernde Zwinkern mißlang: der letzte Anstoß, der letzte Versuch, mit dem er mich zu gewinnen hoffte. Schmunzelnd zog er eine safrangelbe Brieftasche heraus, öffnete meine Hand, zählte das gesamte Geld hinein – drei grüne Zwanziger – und schloß meine Hand und schob die leere Brieftasche in sein Jackett. Eine neue Überlegenheit erfüllte ihn, die Überlegenheit des legalen Anrechts, nun, da er mir das Geld hatte zustecken können, und mit einer Vertraulichkeit, die mich nicht erstaunte, legte er einen Arm auf meine Schulter, beobachtete mich schräg von unten, breit und vergnügt, trat zurück und beobachtete mich von vorn, ging einmal um mich herum und sagte, daß er nicht daran denke, uns die Küche für längere Zeit vorzuenthalten. Nur solange

es dauere, wolle er dableiben, sagte er; er habe nicht vor, die sechzig Mark abzuwohnen, vielleicht genüge der Rest des Nachmittags.
Die Geldscheine waren echt. Ich schob sie lose in die Manteltasche und beschloß im gleichen Augenblick, Elsa von der Arbeit abzuholen. Der Finne zeigte mir einige Münzen und fragte mich, ob er damit auskäme; da ich unsicher war, legte ich alle Münzen dazu, die ich bei mir hatte, machte eine Bewegung, mit der ich ihm die Küche überließ, zog den Schalknoten fester und ging zur Tür. Bevor ich die Tür schloß, hörte ich, wie er sich auf das Sofa fallen ließ und die Schuhe abstreifte, die mit plumpsendem Laut auf den Boden fielen.
Auf dem Weg zur Eisdiele wechselte ich den ersten Zwanziger, kaufte Zigaretten und Rumkugeln für Elsa, überlegte, ob ich unsere Schuhe vom Schuster holen sollte, die längst fertig waren, doch ich ging an der Werkstatt vorbei, durch den feuchten, nebligen Nachmittag, der zerrissen wurde durch die dröhnenden Schiffssirenen im Hafen. Die kalte, feuchte Luft legte sich deckend auf die Lungen, zerstörte die Frisuren der Frauen, schlug sich auf den Schaufensterscheiben nieder. Auf der Kreuzung vor der Brücke hielt der Unfallwagen; zwei Sanitäter trugen einen Mann mit zerschnittenem Gesicht auf einer Bahre vorbei; Polizisten streuten Bremsspuren mit Mehl aus, maßen und photographierten sie. Ich kaufte eine zweite Tüte mit Rumkugeln, die ich Elsa am nächsten Morgen geben wollte.
Als ich die Eisdiele betrat, kam Elsas Ablösung aus der Dämmerung auf mich zu, eine kleine, knochige Frau in schwarzem Samtkleid; spät erkannte sie mich, sagte, daß Elsa nur zum Fischmann gegangen sei, wies auf ihren Mantel, der noch an der Garderobe hing, und bot mir eine Sofabank neben der Heizung an. Ich wollte nicht warten, nahm Elsas Mantel vom Haken und ging mit dem Mantel über dem Arm zum Fischgeschäft. Das Geschäft lag über der Straße, ich

konnte nicht erkennen, ob Elsa im Laden war, doch als eine fleischige, schuppenbedeckte Hand sich in die Auslage schob, zwei geräucherte große Makrelen bei den bräunlichen Kiemen schnappte und mit ihnen verschwand, wußte ich, daß Elsa noch drin war, und ich kannte unser Abendbrot.
Sie sah mich mit kurzem Erstaunen an, gab mir das Einkaufsnetz, zog den Mantel an und hängte sich bei mir ein, und sie lenkte mich instinktiv in die Richtung, in der unsere Wohnung lag. Kurz vor unserer Straße setzte ich ihrem gleichmäßigen Zug, diesem sanften und instinktiven Drängen, einen anderen Zug entgegen: ich spürte, wie unsere Körper leicht auseinanderscherten gleich vertäuten Booten, die in verschiedene Strömungen geraten, spürte ihren zähen Widerstand, ihre Verwunderung, und als ich sie leicht herumriß und in die Straße zum Ausstellungsgelände zwang, blieb sie stehen und sah mich ratlos an.
Ich gab ihr eine Cellophantüte mit Rumkugeln, die sie mißtrauisch in der Hand hielt, ohne davon zu essen. Sie fragte: »Woher hast du das Geld?« Und ich sagte: »Ein Finne hat unsere Küche gemietet, nur kurz, nur vorübergehend, vielleicht nur bis heute abend. Er bezahlte im voraus.« Argwöhnisch zog sie ihren Arm fort, griff nach dem Einkaufsnetz, das ich hinter dem Rücken verbarg, preßte gequält die Handflächen auf ihre Ohren, als ein Flugzeug niedrig über uns hinwegzog. »Komm«, sagte ich, »wir gehen in die Ausstellung; später gehen wir essen und dann ins Kino.« Elsa streckte eine Hand nach dem Netz aus, das ich ihr verweigerte, und fragte: »Was macht er in unserer Küche? Was? Benutzt er den Herd? Hast du aufgeräumt?« Eine Gruppe von Berufsschülern kam vom Ausstellungsgelände auf uns zu, Elsa hängte sich wieder bei mir ein, und ich sagte: »Der Finne ist ein seriöser Mann. Er hat mir sechzig Mark im voraus bezahlt. Komm jetzt: heute bist du mein Gast. Alles andere hat Zeit.«
Nach einer Weile wurde ihr Griff fester, sie suchte mein Handgelenk und umschloß es mit ihren rötlichen, plumpen

Fingern, und wir gingen auf die glasgedeckten Hallen der Konditorei-Ausstellung zu. Männer mit zerbeulten Konditormützen, mit weißen Schürzen und Pepitahosen hießen uns am Eingang willkommen, wiesen uns einen groben Kiesweg hinauf, verteilten Handzettel, Werbeschriften, Aufklärungsbroschüren über das ›Wesen der Konditorei‹. Elsa lehnte ihre Wange an meine Schulter, biß von einer Rumkugel ab: ich sah, wie sehr sie die leichte Erregung genoß, in die sie der Besuch, nach dem sie mich so oft gefragt hatte, versetzte. Vor den Ausstellungsvitrinen ließ sie meinen Arm los, glücklich und verwirrt, lief hin und her in planlosem Staunen, stieß die Kuppe des Zeigefingers gegen die gläsernen Vitrinenwände, rief laut meinen Namen, winkte mir heftig, schoß, noch bevor ich neben ihr war, zu einer neuen Entdekkung, lächelte einem gravitätischen Konditor zu, schmatzte, rieb sich freimütig den Bauch, winkte mir wieder: nichts machte sie glücklicher als Süßigkeiten. Schaumgebäck, Blätterteig und Mürbeteig, die gußglänzenden Türme der Baumkuchen, die flache Last nußbestückter Buttercreme-Torten, Liebesknochen und Negerküsse, selbst die infame, giftige Süße roter und grüner und rosafarbener Fruchtstücke sowie das kranke Weiß von Geschlagenem: alles brachte sie in konfuse Begeisterung, alles schien sie auf der Stelle verschlingen zu können. Sie hatte ihren Argwohn, ihre Enttäuschung über mich vergessen, bis wir in die Halle mit den ausländischen Süßigkeiten kamen, und jetzt, vor einem braunen anspruchslosen Honiggebäck aus Finnland, wandte sie sich zu mir um, knüllte die leere Cellophantüte zusammen und sagte: »Ich möchte nach Hause; wer weiß, was in unserer Küche passiert. Der Finne ist ganz allein da.« »Nach der Ausstellung wollen wir essen gehen«, sagte ich, »du hast es mir versprochen.« Ein Ausdruck von Unschlüssigkeit erschien auf ihrem weichen Gesicht, das nie etwas verbergen konnte. »Und wenn etwas passiert?« fragte sie. »Wenn er unsere Küche nur gemietet hat, um ...« Sie seufzte, sah mich fest und auffordernd an, lächelte traurig, so als wolle sie mir zu verstehen geben, daß sie zu allem bereit sei, sobald sie die Unsicherheit hinter sich habe, was in ihrer Küche passieren könnte, doch ich sagte: »Dann gehen wir zuerst noch ins Kino«, und sie schwieg und ging mit, ohne sich von ihrem Verdacht völlig befreien zu können.

Im Kino war es warm und feucht; das Papier, in dem die Makrelen steckten, begann durchzufetten. Ich legte das Netz auf den Boden. Die Vorstellung hatte bereits begonnen, der Film einer Sängerin, die der Meinung war, ihre Stimme bei einer bestimmten Gelegenheit verloren zu haben, und die sich nun bemühte, sie auf einer verzweifelten Reise in die Vergangenheit wiederzufinden. Solange sie auf der Suche war, hielt Elsa meine Hand, und am wechselnden Druck ihrer Finger spürte ich, wie sehr sie sich an der Suche beteiligte, die die Sängerin durch Hotels verschiedener Preislagen führte, zu Männern mit unterschiedlichem Einkommen und schließlich in die kleine, kalkweiße Kirche in den Abruzzen, in der sich die Stimme erwartungsgemäß wieder einstellte. Von da ab übernahm die Stimme die Hauptrolle.

Der Druck von Elsas Fingern ließ allmählich nach, und plötzlich erhob sie sich ohne ein Wort, ohne eine Ankündigung, zwängte sich durch die Reihe, als gehöre sie nicht zu mir, ging geduckt zum Ausgang. Ich suchte in der Dunkelheit nach dem Netz, der Sitz klappte wippend zurück, ein leises Murren und Scharren lief durch die Reihe und begleitete mich bis zum Gang. Elsa erwartete mich im zugigen Vorraum des Kinos, nahm mir mit einem raschen Griff das Netz ab, hielt es fest wie eine Beute und nickte mir hilflos zu und ging vor mir her auf die Straße. Ich folgte ihr langsam, machte keinen Versuch, sie einzuholen oder auch nur im Auge zu behalten, während sie in dem sonnengebleichten, dünnen Mantel, den sie zu schließen vergessen hatte, zu unserer Wohnung lief. Das Nebelhorn eines Schiffes erklang wieder, nah und dringend und unmittelbar hinter mir, so daß ich mich umwandte in der Erwartung, den Schiffsbug über dem schwarznassen Asphalt auf mich zukommen zu sehen, einen Bug bis hinauf zu den Isolatoren an den Telefonmasten. Als ich mich umwandte, entdeckte ich in einem Tabaksladen die Reklame für eine neue Filterzigarette. Ich kaufte eine Pakkung zur Probe, trat wieder auf die Straße: Elsa war nicht mehr zu sehen.

Vor der Post reizten einige Kinder einen wilden Alten, dem aus einem Hosenbein ein meterlanger, dreckiger Verband heraushing wie die vergessene Heckleine eines Schiffes, die er, fuchtelnd und drohend, Hand über Hand einzuziehen versuchte, wobei die Kinder ihn störten, indem sie immer wieder auf das Ende des Verbandes traten. Sobald er ein Stück eingeholt und unter sein Hosenbein gestopft hatte, sprang ein schöner Junge wohlberechnet auf das noch heraushängende Ende: ein einziger Ruck riß das gewonnene Knäuel wieder hervor. Der Alte drohte stumm, arbeitete stumm, seine Lippen bewegten sich in lautloser Auflehnung; dann erschien ein Polizist und verschaffte ihm Gelegenheit, den Verband geruhsam einzuholen. Der Alte zog sich am Geländer zur Post hinauf, und ich ging ohne Eile zu dem Haus, in dem wir wohnten. Von Elsa war nichts zu entdecken. Die Türen der unteren Wohnungen waren offen, Nachbarn standen davor, die bei meinem Anblick zu sprechen aufhörten, unwillkürlich zurückwichen und sich wie in heimlicher Bestätigung zunickten, und ich spürte, wie sie hervorkamen, als ich die Treppe hinaufging, mich Schritt für Schritt begleiteten bis zum nächsten Flur, auf dem ebenfalls die Wohnungstüren offenstanden, Nachbarn sich aus flüsterndem Gespräch lösten, sobald sie mich erkannten, und mich mit beherrschtem Entsetzen verfolgten. Im ersten Stock nahm ich geringe Spuren von Gasgeruch wahr, der immer stärker wurde, je näher ich unserer Wohnung kam. Auf unserm Flur stürzte eine Frau auf mich zu, ihre Hand fuhr hoch, ihr kleiner Mund öffnete sich zu einem Schrei, doch ich kann mich nicht erinnern, ihren Schrei gehört zu haben. Ich blickte über die Frau hinweg in die anderen Gesichter, und selbst in der ewigen Flurdämmerung konnte ich die schweigende Verachtung auf ihnen erkennen. Bevor ich unsere Wohnung betrat, wußte ich, daß man den Finnen bereits abgeholt hatte.

GÜNTER EICH
Hausgenossen

Was mir am meisten auf der Welt zuwider ist, sind meine Eltern. Wo ich auch hingehe, sie verfolgen mich, da nützt kein Umzug, kein Ausland. Kaum habe ich einen Stuhl gefunden, öffnet sich die Tür und einer von beiden starrt herein, Vater Staat oder Mutter Natur. Ich werfe einen Federhalter, ganz umsonst. Sie tuscheln miteinander, sie verstehen sich. In der Küche sitzt der Haushalt, bleich, hager und verängstigt. Er ist auch ekelhaft, manchmal tut er mir leid. Er ist nicht mit mir verwandt, ist aber nicht wegzubringen.
Eine halbe Stunde habe ich Freude an Literatur. Die Kinks, denke ich, sind soviel besser als die Dave Clark Five. Aber plötzlich kommt sie wieder, mit blutverschmiertem Mund, und zeigt mir ihr neues Modell. Alles zweigeteilt, sagt sie, ein Stilprinzip, Männchen und Weibchen. Fällt dir nichts besseres ein, frage ich. Tu nicht so, alter Junge, sagt sie. Hier, die Gottesanbeterin. Während sein Hinterleib sie begattet, frißt sie seinen Vorderleib. Pfui Teufel, Mama, sage ich, du bist unappetitlich. Aber die Sonnenuntergänge, kichert sie.
Ich versuche, mich zu beruhigen, und will meine Bakunin-Biographie um ein paar Zeilen weitertreiben. Da hat dich der Marx aber ganz schön fertiggemacht, Michael Alexandrowitsch, sage ich laut, und schon steht Papa im Zimmer. Er fieselt an einem Rekrutenknochen. Ich ziehe unter seinem mißtrauischen Blick den Staatsanzeiger über mein Manuskript. Du singst zuwenig, sagt er, und ich merke erst, als er

wieder draußen ist, daß er mein Portemonnaie mitgenommen hat.
In der Küche weint der Haushalt ohne Hemmung. Ich mache die Augen zu, stopfe mir die Finger in die Ohren. Mit Recht.

THOMAS BERNHARD

Am Ortler

Mitte Oktober machten wir uns von Gomagoi aus auf den Weg zu der uns schon vor fünfunddreißig Jahren von unseren Eltern hinterlassenen Sennhütte, einer kleinen Weidewirtschaft aus Mauerwerk auf dem Scheibenboden unter dem Ortlermassiv, unsere Absicht war gewesen, auf dem Scheibenboden oben zwei, drei Jahre gemeinsam zu verbringen, ungestört und gänzlich allein mit unseren Erfahrungen und Ideen und mit den Gedanken an eine uns jetzt, was mich betrifft im achtundvierzigsten, was meinen Bruder betrifft, im einundfünfzigsten Jahre nichts mehr angehenden Welt beschäftigt. Die achtzehnhundert Meter hoch gelegene Weidewirtschaft erschien uns in allem, was wir über sie in Erfahrung gebracht oder noch in Erinnerung hatten, als für unsere Zwecke, über die wir uns keinem Menschen gegenüber äußerten, weil wir unser Vorhaben absolut geheim und durch keinerlei Angaben darüber oder durch vorlautes unüberlegtes Geschwätz in Gefahr bringen und weil wir nicht für Narren gehalten werden wollten, am allergeeignetsten. Ein, nicht der letzte Grund, geehrter Herr, die Weidewirtschaft auf dem Scheibenboden zu reaktivieren, war der Gedanke an die außerordentliche Billigkeit einer Existenz im menschen- und dadurch ablenkungslosen Hochgebirge gewesen. Gut ausgerüstet und mit für wenigstens acht oder zehn Tage Proviant in unseren Rucksäcken (unsere Absicht war gewesen, den Besitz auf dem Scheibenboden zuerst einmal im Hinblick auf unser Vorhaben: Einzug in die Sennhütte Anfang November, in realistische Inspektion, auf seine Bewohnbarkeit hin in gründlichen Augenschein zu nehmen) ließen wir gegen vier Uhr früh Gomagoi hinter uns, die Nacht war klar, wir brauchten die englischen Lampen nicht und kamen durch Schweigsamkeit und in dem einzigen fortgesetzten und faszinierenden und absolut fesselnden Gedanken, keine Engagements, keine Wissenschaft einerseits, unsere phantastische Unternehmung andererseits, rasch vorwärts. Es zeigte sich aber bald, geehrter Herr, daß wir, obwohl ausschließlich mit unserer Unternehmung beschäftigt, mit der Sennhütte auf dem Scheibenboden als Ziel, doch für doppelte Schweigsamkeit ungeeignet, plötzlich mit mehreren Bemerkungen betreffend ganz anderes, unsere Schweigsamkeit unterbrechen mußten und wir waren auf einmal in eine merkwürdige, uns zuerst irritierende, uns dann aber bald vollkommen geläufige und uns nicht zuletzt ein verabscheuungswürdiges Vergnügen machende Unterhaltung hineingekommen über unseren Lebensgegenstand oder besser, Existenzgegenstand, geehrter Herr, die wegen ihres ganz eng mit der offensichtlich sich verschlimmernden Krankheit meines Bruders und mit der durch die Verschlimmerung der Krankheit meines Bruders hervorgerufenen Veränderung auch meiner Person zusammenhängenden bruchstückehaften Charakters, die wohl einer Analyse einer ganz andern als der meinigen Person bedarf, auch Ihr Interesse beanspruchen wird, waren Sie doch zeitlebens und nicht nur in Ihrer Eigenschaft als Agent, wie kein anderer Mensch mit meinem Bruder in Kontakt. Wir unterhielten uns, schon weit außerhalb Gomagoi plötzlich auf die folgende Weise: wenn du dein Kunststück gemacht hast, sagte ich zu meinem Bruder, der, wie Sie wissen, zeitlebens nichts anderes als Kunststücke gemacht hat, habe ich immer denken müssen, daß dein Kunststück ein lebensgefährliches Kunststück ist, umgekehrt hast du, wenn ich meine Arbeit (über die Luftschichten) gemacht habe, denken müssen, meine Arbeit sei lebensgefährlich. So hatten wir beide uns zeitlebens, während du deine Kunststücke gemacht hast und während ich meine Arbeit (über die Luftschichten) gemacht habe, ständig in Lebensgefahr befunden, sagte ich. Wir fragen uns aber nicht, sagte er, wie wir zu unseren Kunststücken, wie wir zu unserer Arbeit (über die Luftschichten) gekommen sind und wie ich zu meinen Kunststücken (die auf dem Boden und die auf dem Seil) und wie du zu deiner Arbeit (über die Luftschichten) usf. Und wie wir unsere Kunststücke und wie wir unsere Arbeit vervollkommnet haben usf., sagte er. Zuerst habe er geglaubt, sein Kunststück werde ihm nicht gelingen, überhaupt kein Kunststück, aber dann ist ihm das Kunststück gelungen, wie ich geglaubt habe, meine Arbeit (über die Luftschichten) werde mir nicht gelingen und die mir dann doch gelungen ist. Immer: *ein anderes, ein komplizierteres Kunststück!* habe er denken müssen und es ist ihm auch immer ein anderes, ein komplizierteres Kunststück gelungen, wie mir immer wieder eine andere (und doch die gleiche) und immer kompliziertere und immer wieder eine noch viel kompliziertere Arbeit (und doch immer wieder die gleiche über die Luftschichten) gelungen ist. Zuerst das erste Kunststück, dann das zweite Kunststück, dann das dritte, das vierte, das fünfte usf. Verdoppelung der Anstrengung auf das Kunststück habe ich immer wieder gedacht, sagte er, Verdoppelung der Anstrengung auf die Arbeit (über die Luftschichten) habe ich mir immer wieder gesagt, dachte ich. Wir überquerten jetzt den Trafoier Bach. Ich habe ganz einfach die Anstrengung verdoppelt und das Kunststück ist mir gelungen, sagte er. Schließlich das komplizierteste Kunststück. Du hast gesehen, wie meine Kunststücke immer komplizierter geworden sind, aber du hast mir das nicht gesagt, ihn nicht darauf aufmerksam machen, hast du gedacht, ihm meine Beobachtung vorenthalten, nichts verraten, wie ich dir nicht gesagt habe, daß ich beobachte, wie sich deine Arbeit über die Luftschichten kompliziert, und immer mit noch größerem Interesse, mit allergrößter Aufmerksamkeit, größter Angst usf., sagte er. Zuerst habe ich mir gedacht: *ein Kunststück*! und dann: *ein komplizierteres Kunststück*! und dann: *ein noch komplizierteres Kunststück*! und dann: *jetzt das komplizierteste Kunststück*! Vom Kopf aus, sagte er. Deine Arbeit, sagte er, hat sich mehr und mehr kompliziert, die Tausende, die Hunderttausende von Ziffern und Zahlen, sagte er, dadurch habe ich immer kompliziertere Kunststücke gemacht. Der Zusammenhang zwischen meiner Arbeit (über die Luftschichten) und seinen Kunststücken sei der größte. Das zu analysieren, sagte er, sei eines Tages eine Notwendigkeit und gerade die Zeit in der Sennhütte dafür die nützlichste. Wie wir ja in der Sennhütte nicht nur in Meditation und in nichts als immer nur in Meditation aufgehen könnten, sagte er, er wünsche doch sehr, daß wir in der Sennhütte verschiedene uns wichtig erscheinende Punkte unseres Denkens auf dem Papier konkretisieren. Wenn wir auch beschlossen haben, die Sennhütte auf dem Scheibenboden nicht für Schreibarbeit zu mißbrauchen, sagte er, ich habe doch Schreibpapier mitgenommen, selbstverständlich, sagte er. Durch das Studium, durch die ununterbrochene Beobachtung deiner Arbeit über die Luftschichten, sagte er, erreichte ich nach und nach und vor allem in meiner Zürcher Zeit, sagte er, gleichzeitig mit dir in dem Ausmaße, in welchem du dich in deiner Arbeit über die Luftschichten vervollkommnet hast, in meinen Kunststücken Vollkommenheit. Eine *gewisse* Vollkommenheit, sagte er, gleich darauf sagte er: rascher, gehen wir rascher, der Weg auf die Sennhütte ist der weiteste, der Aufstieg auf den Scheibenboden der schwierigste, beschwerlichste, ich erinnere mich. Durch bestimmte Arm- wie auch Bein- wie auch Kopfbewegungen und deren Kontrolle, durch diesen bestimmten vorwärtsschnellenden Körperrhythmus, sagte er, ist es möglich, noch rascher zu gehen, noch rascher vorwärts zu kommen, kommen wir noch schneller vorwärts. Diesen Satz hatte er ganz im Tonfall unseres Vaters gesagt, der den Satz alle Augenblicke während unserer frühen Ortleraufstiege zu uns, die wir diese Ortleraufstiege gehaßt haben, immer gesagt hatte, um uns anzutreiben. Wenn du mich nur eindringlich beobachtest, unablässig und eindringlich, sagte mein Bruder, habe ich immer gedacht und wenn ich dich immer genauso unablässig und eindringlich beobachte, wenn wir uns gegenseitig immer unablässig und eindringlich meine Kunststücke und deine Arbeit betreffend, der eine den andern unablässig und mit einer immer noch größeren, immer noch rücksichtsloseren Eindringlichkeit, beobachten, *was* er tut und *wie* er es tut, immerfort *was* und *wie*, bis an die Grenze der Verrücktheit, sagte er, dadurch schulten wir uns zeitlebens gegenseitig. Alles sei eine Frage der Beobachtungskunst und in der Beobachtungskunst eine Frage der Rücksichtslosigkeit der Beobachtungskunst und in der Rücksichtslosigkeit der Beobachtungskunst eine Frage der absoluten Geisteskonstitution. Weil wir schließlich an nichts als an unseren Kunststücken und an unserer Arbeit Interesse gehabt haben, sagte er, wodurch es uns in fürchterlicher Weise unmöglich gemacht worden ist, mit unserer Umwelt auszukommen, die uns dafür mit ihrem totalen Desinteresse bestrafte. Die Umwelt ignorierte uns einfach in dem Augenblick, in welchem wir an ihr keinerlei Interesse mehr hatten, sagte er, selbstverständlich. Diesen Zustand aushalten allerdings, meinte er, grenze an absolute Unerträglichkeit, andauernder Versuch oder die andauernde Versuchung oder der andauernde Wunsch zum Tode hin, sagte er, uns wie nichts vertraut. Wie gleichmäßig du immer *vor* und *nach* deinem Kunststück geatmet hast, sagte ich. Atmung ist das wichtigste, er. Wenn man die Atmung beherrscht, beherrscht man alles. In diese Schule gegangen zu sein, bereue er nicht, in die Atmungsschule, in die einzige von ihm anerkannte Schule, in die Atmungsschule. Kopf, Denken, Körper durch die Atmung beherrschen, sagte er und allein die Beherrschung der Atmung zu der schönsten aller Künste entwickeln. Zuerst hast du geglaubt, sagte ich, du beherrschst dein Kunststück nicht, weil du die Atmung nicht beherrscht hast, zuerst, du kannst dein Kunststück nicht, weil du nicht in dem Kunststück entsprechender Weise atmen kannst, wie man ja immer dem Kunststück, das man vorhat, entsprechend atmen können muß, der Arbeit, Geistesarbeit, die man vorhat, die man macht, entsprechend atmen können muß, sagte er, die Atmung ist alles, nichts ist so wichtig wie die Atmung, Körper und Gehirn allein aus der Atmung heraus, sagte er, zuerst, du kannst dein Kunststück nicht, weil du nicht dem Kunststück entsprechend atmen kannst, ich, dann, du kannst dem Kunststück entsprechend atmen, er, aber du kannst dein Kunststück nicht, das alles ein jahrelanger, ein jahrzehntelanger Prozeß, sagte er, und dann kannst du, weil du dem Kunststück entsprechend atmen kannst, dein Kunststück und kannst es nicht *vortragen*! Denn die Vortragskunst ist, alle Künste in allem, die allerschwierigste Kunst. Du beherrschst dein Kunststück, aber du kannst es nicht vortragen, nichts Deprimierenderes, keine größere Deprimation, kein grauenhafterer Zustand, sagte er. Daraus erklärt sich auch der Titel meiner kleinen Schrift *Kunststück und Vortragskunst*, ein Thema, das mich zeitlebens beschäftigt hat, wie du weißt und ein Thema, das nicht aufgehört hat, mich zu beschäftigen und ein Thema, das mich immer beschäftigen wird. Das allerheikelste Thema allerdings, sagte er, vor welchem sich nicht nur die sogenannte künstlerische Welt fürchtet. Und was für ein Thema sonst solle man angehen, sagte er, wenn nicht ein Thema, vor welchem sich die ganze Welt fürchtet. Er scheue nicht davor zurück, zu behaupten, das Thema der Vortragskunst in allen seinen Brechungen, sei das wichtigste Thema überhaupt. Denn was wäre beispielsweise mein Kunststück ohne meine Vortragskunst und was wäre beispielsweise die ganze Philosophie und was wäre die ganze Mathematik und die ganze Naturwissenschaft und die ganze Wissenschaft überhaupt und die ganze Menschlichkeit und die ganze Menschheit überhaupt ohne die Vortragskunst?

sagte er. Immer setzte ich mit dieser Schrift an, an einem bestimmten, mich fesselnden Punkt, sagte er, setzte an und entwickelte sie und entwickelte sie bis zu dem Grade ihrer Vollkommenheit, welcher gleichzeitig der Grad ihrer Auflösung, ihres Zerfalls gewesen ist, sagte er. Auf diese Weise sind an die hundert Schriften zu diesem Thema entstanden, die erstaunlichsten, die merkwürdigsten, die unerhörtesten Folgerungen, sagte er. Freilich, ein paar Zettel existieren noch, ein paar Zettel, ein paar Themapartikel. Schriften, sagte er, sind ja im Grunde nur dazu da, vernichtet zu werden, selbst eine Schrift über die Vortragskunst, sagte er. Ursache aller Schriften, Zweifel über ihr Thema, du verstehst, alles anzweifeln, alles aus der Finsternis herausrecherchieren und anzweifeln und vernichten. Alles. Ohne Ausnahme. Schriften sind zu vernichtende Schriften. Die Schwierigkeit ist die, sagte er: alles immer *vom gleichen Kopf* aus, von *einem Hirn* aus, dann auch: *mit einem einzigen, immer dem gleichen einzigen Körper.* Die Schwierigkeit, das Geistesprodukt oder das Körperprodukt, also mein Kunststück oder deine Arbeit, meine Körperkunst oder deine Geisteskunst (die meinige auf dem Boden und auf dem Seil) und die deinige über die Luftschichten, das Geistesprodukt oder das Körperprodukt, zu zeigen oder zu veröffentlichen, ohne augenblicklich Selbstmord machen zu müssen, diesen fürchterlichen Beschämungsprozeß durchzumachen, ohne sich umzubringen, etwas zu zeigen, das man ist, etwas zu veröffentlichen, das man ist, sagt er, durch die Hölle des Vortragens und durch die Hölle der Veröffentlichung durchzugehen, durch diese Hölle durchgehen zu können, durch diese Hölle des Vortragens und durch diese Hölle der Veröffentlichung gehen zu müssen, rücksichtslos durchzugehen durch diese fürchterlichsten aller Höllen. Wir erblickten die Payerhütte und mein Bruder sagte, obwohl er jetzt vollkommen erschöpft gewesen war: *nicht langsamer, nicht, weil wir aufwärts gehen, langsamer.* Dieser Vatersatz war von ihm immer beispiellos gut kopiert. *Nicht langsamer, weil wir aufwärts gehen, nicht langsamer, weil wir aufsteigen.* Dann auch noch: *scharfe Luft*! *scharfe Luft*! wie mein Vater. Du hast immer Angst vor deinem Kunststück gehabt, sagte ich. Angst *vor* dem Kunststück, Angst *nach* dem Kunststück. Keine Angst *während* des Kunststücks. Deine Kunststückeangst, sagte ich. Und du Angst vor deiner Arbeit, vor deinen Forschungsergebnissen. Immer Angst, sagte er. Deine Wissenschaftsangst und meine Kunststückeangst, sagte er. An dieser Äußerung hatte er Gefallen und er wiederholte sie zwei, drei Male, während wir wieder ruhiger atmeten und dadurch tatsächlich noch rascher vorwärts kamen, jetzt schon längere Zeit bergauf. Nicht *im* Kunststück, sagte er, nicht *im* Kunststück, Angst nicht *im* Kunststück. Aber deine Angst immer, deine Angst als ununterbrochene Angst, sagte er. Und ich: dafür hatte ich immer auch noch für dich Angst. Während deiner Kunststücke, sagte ich. Während ich mein Kunststück machte, sagte er, hatte ich nicht Angst, es plötzlich nicht zu beherrschen, weil ich nicht daran dachte, weil ich nicht daran denken konnte, ich machte mein Kunststück, während des Kunststückes hatte ich auch niemals Angst, aber *du* hattest immer Angst, wenn ich mein Kunststück machte. Daß es ihm aufeinmal nicht mehr möglich gewesen war, etwas anderes als seine Kunststücke zu machen, davon sprach er im Wald, wie ich darüber, von einem Augenblick auf den andern mit nichts anderem als mit meiner Arbeit völlig allein gewesen zu sein, mit den Luftschichten, sagte ich, mit nichts sonst. Und was das bedeutete, wozu ich den Ansatz zu einer längeren Studie zwar im Kopf, aber doch nicht *so* im Kopf hatte, daß ich die Studie hätte vortragen können, aus diesem Grund blieb es bei der Andeutung: und was das bedeutete. Augenblicklich war ich mir wieder der Tatsache bewußt gewesen, daß man nicht nur fortwährend üben muß, Gedanken zu haben und ganz einfach diese Gedanken üben muß, man muß auch fortwährend üben, diese Gedanken jederzeit aussprechen zu können, denn unausgesprochene Gedanken sind nichts. Für ihn zweifellos aus dem Zusammenhang, sagte ich plötzlich: unausgesprochene Gedanken sind nichts. Darauf sagte er, daß gerade die unausgesprochenen Gedanken die wichtigsten Gedanken seien, die Geschichte beweise das. Denn die ausgesprochenen Gedanken seien in jedem Falle verwässerte Gedanken, die unausgesprochenen, die wirkungsvollsten. Zugegeben die verheerendsten, sagte er, aber darauf näher eingehen, wolle er nicht, eine solche Thematik verbiete sich ihm. Der Grund? Von hier aus, gab er zur Antwort, die keine Antwort war, sieht man die Königsspitze, wenn man sie sieht, heute sieht man aber die Königsspitze nicht. Eine solche Reaktion und ein solcher Satz von ihm charakterisieren ihn besser als anderes. Weil sich aufeinmal alles in mir auf die Kunststücke konzentrierte, wodurch ich den Großteil meines Lebens der verzweifeltste Mensch gewesen bin, sagte er. Du existierst nur für deine Kunststücke und bist, genau genommen, deine Kunststücke, habe ich mir immer wieder gesagt. Alles Kunststücke. Alles Kunststücke. Die ganze Welt Kunststück. Ich sagte: immer habe ich gedacht, wenn er nur nicht abstürzt, wenn er nur nicht tödlich verunglückt und wie viele Jahre habe ich das denken müssen, sagte ich und du bist nicht abgestürzt, du bist nicht tödlich verunglückt. Jetzt gehen wir auf den Scheibenboden, sagte ich und gehen zu der Sennhütte hinauf. Der Endpunkt, der Augenblick ist immer der lächerlichste, sagte er. Daß wir beschlossen haben, auf den Scheibenboden zu gehen, daß wir beschlossen haben, die Sennhütte aufzusuchen, daß wir überhaupt wieder nach Gomagoi zurückgegangen sind!, sagte er. Wir telegrafierten, wir trafen uns in Gomagoi, wir beschlossen eine Unterbrechung meiner Kunststücke, eine Unterbrechung deiner Arbeit (über die Luftschichten), wir hatten aufeinmal einen verrückten Plan und sind an die Ausführung dieses verrückten Plans herangegangen und gehen an die Ausführung unseres Plans heran, wir steigen höher und höher, auf den Scheibenboden, hinauf zur Sennhütte, sagte er.

Plötzliche Zustandsveränderung, sagte er. Das Bedürfnis, aufeinmal wieder, wie wenn darin alles zu beantworten wäre, in Abgeschiedenheit und Abgeschlossenheit zusammen zu sein, weil wir mehrere Jahrzehnte in unserem Zusammensein gestört worden waren, der Wille zu vollkommener Störungsfreiheit, noch dazu in frischer Luft, sagte ich, in höchster Höhe. Aufgegebene Wohnungen, aufgegebene Menschen, aufgegebene Städte, aufgegebene Vorhaben, alles aufgegeben. Das Kunststück war vorbei, wenn ich aufatmete, sagte ich. Und er: keine Angst, davor fürchte ich mich. Wenn du über die Luftschichten arbeitetest und ich dachte, er arbeitet über die Luftschichten und wenn ich mein Kunststück probierte und machte und du hast gedacht, er probiert, er macht sein Kunststück, sagte er, sind wir ruhig gewesen. Und wenn wir in ein Gasthaus hinein gingen, wie zum Pinggera, sagte er, aber jetzt gehen wir nicht zum Pinggera, jetzt nicht zum Pinggera, keinesfalls zum Pinggera und wir gingen am Pinggera vorbei, einerseits wäre ich gern zum Pinggera hinein gegangen, andererseits hätte ein so früher Gasthausbesuch auf mich und auf uns beide eine verheerende Wirkung gehabt, ein paar Gläser Schnaps, eine verheerende Wirkung in der Frühe, und wenn wir in ein Gasthaus wie zum Beispiel zum Pinggera hinein gingen, sagte mein Bruder, während wir am Pinggera vorbei gingen, und uns ist nach und nach warm geworden, hast du gesagt, *in die Ecke*, gleich: *in die Ecke*, deine Gewohnheit, sagte er, *keine Menschen im Rücken*, dein Wunsch. Erinnerst du dich? sagte er und der Pinggera war schon hinter uns, in den Wald hinein, in die Finsternis hinein, aufwärts, höher, höher. Einmal kurz stehen geblieben, sagte er: dein Experiment mit der Universität! Und ich: dein Experiment mit der Akademie! Dann weiter, noch rascher weiter, hatten sie uns anfangs behindert, jetzt behinderten uns unsere Rucksäcke nicht mehr. Und wenn du dir Schuhe kauftest, sagte er, fragtest du mich, ob du die Schuhe kaufen sollst. Sind es die richtigen Schuhe? fragtest du. Wenn du dir einen Rock kauftest, ist es der richtige Rock? Was für ein Wahnsinn, sagte er, auf die Universität zu gehn, er und ich: Unsinn, Zeitverschwendung, die Akademie. Unter den Krankheiten, die gefährlichsten, langwierigsten. Fortwährend Infektionen, sagte er. Fortwährende Körperanfälligkeit. Infektionen, sagte er. Einerseits die Krankheiten unserer Mutter, andererseits die Krankheiten unseres Vaters. Und dann Krankheiten, die Krankheiten unserer Mutter *und* unseres Vaters sind. Ganz neue, unerforschte Krankheiten. Immer von größtem Interesse für alle Ärzte. Monotonie. Antipathie. Sehr früh alleingelassen, zugrundegegangen, sagte ich. Kein Widerspruch. Und dann die Kunststücke und dann deine Wissenschaft und abwechselnd mehr Interesse an den Kunststücken und mehr Interesse an der Wissenschaft, aber immer intensiveres Interesse. Beispiellosigkeit. Wie wir aus unserem Alleingelassensein und aus unserer Angst unsere Kunststücke und unsere Wissenschaft gemacht haben. Keine Hilfe. Kein Zuspruch. Keine zufälligen Ovationen, sagte er: Unsere Bedürfnislosigkeit, die uns zuhilfe gekommen ist. Sonst nichts, sagte er. Und die Kunst, nicht daran zu denken. Deine Wörter, sagte er: Genauigkeit, mehr und mehr Genauigkeit, Unbestechlichkeit, Geistesschärfe. Meine Wörter: Effekte, Verfeinerungsmöglichkeiten, Zurschaustellung. Unser beider fortwährende Verachtung gegen die Umwelt. Abwehren, abweisen, schlußmachen, sagte er. Immer wieder: unter allen Umständen, bei jedem Wetter, unter allen Umständen. Erinnerst du dich? In Basel hatte ich Angst, es gelingt nicht, in Wien hatte ich Angst, in Zürich, in Sankt Valentin. Angst, es gelingt nicht. Zuviel Menschen einmal, dann wieder zuwenig Menschen. Zuviel Aufmerksamkeit einmal, dann wieder: zuwenig Aufmerksamkeit. Zuviel Aufhebens, zuwenig Aufhebens, zuviel Ungeduld, zuviel Erfahrung. *Rascher, Kinder*, sagte er, *über den Suldenbach, rascher, Kinder, über den Suldenbach*. Ich höre noch unseren Vater. Wenn wir sagen, was wir denken, er war der rücksichtsloseste, es war etwas anderes. Warum hat er dich gerade immer im Pinggera geohrfeigt? sagte ich. *Rascher, Kinder, über den Suldenbach, rascher, Kinder, über den Suldenbach*. Ich höre noch meinen Vater. Der Vorzug, anstatt von ihm, von der Mutter geohrfeigt zu werden. Mein Bruder sagte: erst als sie beide tot waren, entwickelten wir uns nach unseren Fähigkeiten und nach unseren Bedürfnissen. Nach ihrem Tod getrauten wir uns aus eigener Willenskraft unsere eigene Existenz zu existieren, ohne Eltern waren wir frei. Keine Nachsichtigkeit, sagte er, keine Nachsichtigkeit. Keine Unwahrheit. Wie ich kränkelnd war und wie nach und nach nichts als nur noch Kräfteverfall in mir gewesen ist, sagte er. Unter dem Elterneinfluß, sagte er. Hörst du noch, sagte er, wie er sagt: *rascher, Kinder, über den Suldenbach, rascher, Kinder, über den Suldenbach?* Keine Unwahrheit. Keine Freisprechung. Ihrer beider Rücksichtslosigkeit und unser beider Verletzbarkeit, sagte er. Keine Freisprechung. Ihrer beider Niederträchtigkeit, sagte er. *Rascher, Kinder, über den Suldenbach*. Keine Nachsichtigkeit. Zur Strafe auf den Scheibenboden, sagte mein Bruder jetzt, zur Strafe zum Scheibenboden hinauf und zur Strafe vom Scheibenboden herunter und zur Strafe durchs Suldental und zur Strafe nach Gomagoi und zur Strafe nach Hause, alles zur Strafe. Unser Leben, zur Strafe. Unsere Kindheit, zur Strafe. Alles zur Strafe. Plötzlich der Tabarettakamm. Und dann weiter durch Wald. Erinnerst du dich? Bücher. Schriften. *Nieder*schriften. Eltern. Kindheit und alles weitere. Der Isolierungsprozeß. Verzweiflungsbruchstücke. Wie wir in Berlin in Hubertusmänteln auftraten. Erinnerst du dich? Zwanzig Jahre eine zu kleine Schuhgröße und einen zu großen Kopf. Das Problem ist immer ein unlösbares Problem gewesen. Aber weiter, vorwärts. Alles immer vor den Kopf gestoßen, wo wir hinkamen. Ich frage, niemand antwortet. Das falsche Instrument gelernt, die falsche Schrittkombination, eine vollkommen falsche Choreografie, sagte er. Zwei Jahre mit den gleichen ausgefransten Hosenfüßen in Dortmund auf der Straße. Wir erhofften uns Unterstützung. Keine Unterstützung. Wir erhofften uns Antwort. Keine Antwort. Keine Briefe. Nichts. Wuppertal, der Schmutz! sagte er. Zwei Jahre später sagst du nichts, zwei Jahre. Zwei Jahre nebeneinander und kein Wort. Erinnerst du dich? Plötzlich sagst du das Wort KOPF. Totale Verfinsterung. *Die Katastrophe wird kommen*, sagst du, immer wieder, *die Katastrophe wird kommen*, fortwährend, *die Katastrophe muß kommen*. Erinnerst du dich? Liebschaften, aber nicht ungeduldig, gleich vorüber, nichts. Zuerst gehen die Schuhe aus dem Leim, dann geht der Kopf aus dem Leim, fällt auseinander, bricht dir ruckweise. Du hörst zuerst nicht, wie dir der Kopf auseinander bricht, sagte er, ruckweise bricht dir der Kopf auseinander, du hörst es nicht. Schlaflosigkeit und Übelkeit wechseln ab. Verschiedene sinnlose Reisen, zwecklose Eingaben, mehrere Ausbruchsversuche. An Rückkehr nicht zu denken. An Gomagoi nicht. Unbefugnis, sagte er. Erinnerst du dich? Dein Rednertalent, meine politische Schwindsucht, dein Fanatismus, meine politische Unbrauchbarkeit. Erinnerst du dich? Mehrere Male sagte er jetzt: erinnerst du dich? Aufkommen revolutionärer Umtriebe. Unsere Meinungsverschiedenheit. Dann, zurückgezogen in die maurachersche Villa bei Schruns nichts als Zeitungen, nurmehr noch Zeitungen. Alles nurmehr noch aus den Zeitungen, das ganze Leben, alles nurmehr noch aus Zeitungen, tagtäglich Haufen von Zeitungen. Erinnerst du dich? Plötzlich weist du dein Geburtsdatum wieder. Bildung, *Ein*bildung, verstehst du, sagte er. Wenn wir kein Absolutes Gehör hätten! sagte er. Jeden Tag sage ich mir, ich habe ein Absolutes Gehör, jeden Tag, ich habe ein Absolutes Gehör, ich habe ein Absolutes Gehör, ich habe ein Absolutes Gehör! Meine Kunststücke nichts als musikalische Kunststücke. Musik. Aber dann auch: unser Absolutes Gehör hat uns *umgebracht*. Dann Straßenkehre *Unter*thurn, nicht *Ober*thurn, nicht, wie mit den Eltern, Straßenkehre *Ober*thurn, sondern Straßenkehre *Unter*thurn. Zuerst ist es das auseinandergebrochene Instrument, sagte mein Bruder, dann ist es der auseinandergebrochene Kopf. Erinnerst du dich? Wenn wir nicht so viel Geduld hätten! Das sagte ich oft: wenn wir nicht so viel Geduld hätten! Und diese hohe Kunst, das zu sagen, sagte er. Erinnerst du dich? Vor Einbrechern Angst, vor Zeitungen, Menschenansammlungen. Ertrinken zu müssen, abzustürzen. Wenn ich dich an der Hand über den Suldenbach geführt habe, sagte ich, deine ununterbrochene Lebensüberdrüssigkeit. In deinem ganzen Körper. Ununterbrochen das Wort *Anachronismus* auf weißes Papier, das Wort *Komplott*. Erinnerst du dich? Den Satz: *wir gehen gern mit unseren Eltern auf den Ortler* eintausendmal auf weißes Papier. Erinnerst du dich? Das Wort *Gehorsam* zweitausendmal. Weil wir die Menschen fürchteten, so viele Menschen. Weil wir die Eltern fürchteten, immer mit den Eltern zusammen. Weil wir die Städte haßten, in die Städte. Weil wir den Ortler haßten, auf den Ortler. Weil ich Kunststücke haßte, Kunststücke, weil du die Wissenschaft haßt, Wissenschaft. Über die Luftschichten, sagte er, weil du alles, was mit den Luftschichten zusammenhängt, haßt. Geschriebenes, sagte er. Müdigkeit schließlich, nichts als Müdigkeit und die Angst vor fahrplanmäßigen Zügen. Geistesangst. Und äußerste Schonungslosigkeit, äußerste Schonungslosigkeit, sagte er. Aufeinmal nurmehr noch kaltes Wasser, Ursache deiner Rückenschmerzen. Deine angezogenen Beine im Bett, sagte er, krampfhaft angezogen. *Wenn meine Existenz über mein Interesse an meiner Existenz hinaus dauert, bin ich in der Differenz nichts als tot.* Immer wieder: einen Brief! Nein, keinen Brief! Einen Brief! Nein, keinen Brief! Erinnerst du dich? Äußere Ruhe, innere Unruhe, innere Ruhe *nie*. In gleichen Kleidungsstücken auch nach dem Tod unserer Eltern, weil wir das immer gehaßt haben, in unseren gleichen, schwarzen Hosen, gleichen schwarzen Röcken, mit unseren gleichen schwarzen Hüten auf dem Kopf. Mit unseren *Schlapp*hüten, sagte er. Und in den gleichen Schuhen immer. Wenn ich an mein Kunststück denke, sagte er, kein Gedanke an Essen. Wenn du arbeitest, kein Gedanke an Essen. Dann, bei dem Gasthaus Laganda: die Natur einatmen, plötzlich wieder die Natur einatmen in vollen Zügen und die Wissenschaft ausatmen, alles ausatmen, alles. Den Unrat ausatmen. Alle Vorfälle immer wieder klassische Vorfälle. Erinnerst du dich? Das Leben mit den Jahren und mit der Zuverlässigkeit der Wissenschaft in den Jahren zur Sterbensgewohnheit machen. Erinnerst du dich? Denken ist der Tod, sagte er, dann: aus Verlassenheit geglaubt, unter Menschen gehen zu müssen, Kunststücke machen zu müssen, Wissenschaft treiben zu müssen. Aus Verlassenheit Sprichwörter. Aus Verlassenheit Unzurechnungsfähigkeit. Und immer wieder aus Verlassenheit in Verlassenheit. Aus Überdruß an Komplizierung Vereinfachung, aus Überdruß an Vereinfachung Komplizierung. Verfeinerung, weil wir Vergröberung hassen. Vergröberung, weil wir Verfeinerung hassen. *Exaktheit*, sagte er. Naturgemäß immer der Verdacht auf Verrücktheit, sagte er. Mit ihrer Methode der Vereinfachung glaubten sie, an uns heranzukommen, aber nichts! Dadurch, durch alles, entfernten sie sich von uns mit den Jahren mehr und mehr, *wir* hatten uns ja nicht zurückgezogen, sagte er, *wir* nicht, *sie* entfernten sich, das ist ein Unterschied, das ist die Tatsache, die sie uns jetzt vorwerfen. Aber wir liefern uns nicht mehr aus, wir geben nicht mehr Anlaß zur Auslieferung unserer Person, unseres Kopfes, unserer Existenz. Wir lassen sie nicht mehr an uns herankommen. Leben als Gewohnheit, Wachsamkeit als Gewohnheit, nichts weiter. In Wahrheit haben mich meine Kunststücke längst umgebracht, wie dich deine Arbeit (über die Luftschichten) längst umgebracht hat, sagte mein Bruder. *Eines* dieser Kunststücke, das schwierigste, sagte er. *Einer* deiner Wissenschaftspunkte, wer weiß, welcher. Weil man aus Interesse an Kunststücken nicht damit aufhören kann, sagte er. Weil man nicht schlußmachen kann. Es ist das vollkommenste, das *mich* umgebracht hat, es ist der konzentrierteste Gedanke, der *dich* umgebracht hat, sagte er. Das Kunststück lebt, der es macht, ist tot, sagte er. Sie kennen seine Redeweise und ich brauche Sie nicht auf ihre Besonderheiten aufmerksam machen. Und Sie sind mit meiner Redeweise vertraut und das heißt, wie ich zuhöre. Wie ich mich an die Redeweise meines Bruders gewöhnt habe, weil ich mich an die Krankheit meines Bruders gewöhnt habe, weil mir seine Krankheit bis in die unscheinbarsten Einzelheiten hinein vertraut ist. Und wie Sie wissen, bin ich zeitlebens auf die Krankheit meines Bruders konzentriert gewesen, habe mich größtenteils, über die längsten Strecken meiner Existenz im Hinblick auf die Krankheit meines Bruder aufgegeben, alles zurückgestellt, was mich betrifft, alles immer im Vordergrund, was ihn betrifft. Alles immer nur aus unserem Zusammenleben, nichts aus mir, nichts durch mich, alles aus uns, durch uns. Wahrscheinlich wird mein Bruder nicht mehr auftreten, ich wünsche, er tritt nicht mehr auf, er bleibt in Gomagoi. Alles deutet darauf hin, daß er nicht mehr auftreten wird, wahrscheinlich haben Sie in letzter Zeit, ohne daß ich Sie darauf hinweisen muß, feststellen können, daß mein Bruder in der Kunst, seine Kunststücke vorzutragen, nachgelassen hat, es sind ja schon längst nicht mehr die vollkommenen Kunststücke, die er früher gezeigt hat. Es sind längst nicht mehr die Kunststücke, die uns verblüfft haben. Seine Kunststücke sind nicht fehlerhaft, aber sie sind nicht mehr die Kunststücke, die vollkommen sind. Das vollkommene Kunststück ist ihm schon lange Zeit nicht mehr möglich, Fortschreiten seiner Krankheit, denke ich, Zweifel, nicht nur an seiner Kunst, müssen Sie denken. Und die Unmöglichkeit, diese ungeheure Anstrengung, die wir bei ihm gewohnt sind, meiner Existenz im Hinblick auf die Krankheit fortzusetzen. Über so lange Zeit hat mein Bruder die allerhöchste Anstrengung, eine noch viel höhere Anstrengung, als für seine Kunst erforderlich gewesen wäre, gemacht, aber jetzt hat er in dieser Anstrengung nachgelassen.

Er gibt nicht auf, denke ich, aber er hat in seiner Kunst nachgelassen. Und so wünsche ich, in seinem eigenen, wie in meinem, wie in Ihrem, wie im allgemeinen Interesse, daß er nicht mehr auftreten wird, daß wir eine Zeitlang, ich denke nicht, zwei, drei Jahre, daß er ganz einfach einige Zeit in Gomagoi bleiben wird, warum nicht in der Sennhütte auf dem Scheibenboden, davon später. Unser Aufstieg verlangsamte sich dann doch. Tatsächlich beherrschten wir ja die Ökonomie solcher Aufstiege wie auf den Scheibenboden, die die höchste und die sorgfältigste Ökonomie erforderten, nicht. Wir waren für Aufstiege auf den Ortler, wie auf den Scheibenboden, wie überhaupt Unternehmungen suldentalaufwärts, nicht geeignet. Unsere Schritte verlangsamten sich, wahrscheinlich Ursache auch unseres Gesprächs, das kein Gespräch gewesen ist. Aber niemals sentimentalistisch, muß ich sagen, wenn es auch den Anschein hat, dadurch unterschieden wir uns von allen andern uns bekannten ähnlichen Charakteren ähnlichen Alters, daß wir das sentimentalistische ablehnten, nur, manchmal erscheint, was wir andeuteten sentimentalistisch, ist es aber nicht, das war es nicht. Das Wort *Kindheit*, wie andere immer schon weit zurückliegende Wörter bewirkt diese Vorstellung. Wieviel Landschaft! Wieviel Geisteskrankheit!, sagte er plötzlich. Wenn ich glaube, es ist genug, kommt wieder Landschaft zum Vorschein. Das ist das fürchterliche, daß immer wieder Landschaft zum Vorschein kommt. Wieder: wieviel Landschaft! Dann: es nützt nichts, zu behaupten, man sei tot. *Weiter*! *Weiter*! sagte er im Vatertonfall. Und: *Höher*! *Höher*! im Vatertonfall. Sie kennen seine Nachmachkunst, Stimmen betreffend. Bei dem Gasthaus Laganda sagte er: wir gehen aber nicht in das Laganda, in das Laganda nicht. Zuviel Erinnerung, sagte er. Warum Kunststücke? fragte er plötzlich. Warum Kunststücke? Keine Frage, sagte er. Zuerst genügt es, die Zunge herauszustrecken, sagte er. Einen Kopfstand machen. Aufeinmal genügt es nicht mehr, die Zunge herauszustrecken und einen Kopfstand zu machen. Unaufhörliche Geistesarbeit und unaufhörliche Körperarbeit, sagte er. Das Problem ist das fürchterliche. Die verkehrt aufgesetzte Haube, sie genügt nicht mehr, der linke Schuh am rechten Fuß, umgekehrt der rechte Schuh am linken Fuß. Zweifel. Unerträglichkeit. *Ein anderes* Kunststück, *ein komplizierteres* Kunststück, sagte er. Das Problem ist, immer die gleichen und doch immer andere Kunststücke, immer die gleiche und doch immer eine andere Arbeit. Mit der Verfeinerung der Verzweiflung, sagte er. Unerfüllbare Forderungen. Unerfüllbare Verträge. Die Schwierigkeit ist, in der sich mehr und mehr verfinsternden Finsternis immer noch mehr zu sehen, besser zu sehen, mehr zu sehen, alles zu sehen. Unerträglichen Schmerz nicht als unerträglichen Schmerz empfinden. Vordenkopfstoßen nicht als Vordenkopfstoßen. Nicht in das Laganda hinein, sagte er, weil er glaubte, ich wolle in das Laganda hinein, tatsächlich sind wir mit unseren Eltern immer in das Laganda hinein gegangen. Wir gingen aber vor allem aus der Vermutung, das Laganda habe sich in der Zwischenzeit zweier oder gar dreier Jahrzehnte nicht geändert, nicht in das Laganda hinein. *Höher! Höher*! sagte mein Bruder, Sie kennen seine Stimme. Sie kennen die Art und Weise, wie er spricht. Obwohl die Luft dünner wird, die immer dünner werdende Luft nicht als immer dünner werdende Luft empfinden, sagte er. Die Methode ist denkbar einfach: es ist alles anders. Und wenn wir unsere Kragen aufschlagen, sagte er plötzlich, friert uns nicht mehr so in den Hinterköpfen. Es war uns aber überhaupt nicht kalt, im Gegenteil, beide waren wir durch den raschen Aufstieg erhitzt. Keine Mitgliedschaft. Nichts. Keine Kirche. Nichts, sagte er. Aber zu lange Abgeschlossenheit, sagte er plötzlich, ist tödlich. Zu lange menschenlos, tödlich, sagte er. Die Sennhütte tödlich, sagte er. Immer wieder Übungen, nichts als Übungen. Über dem Rosimbach sagte er: an dieser Stelle wollte ich nicht mehr weiter. Erinnerst du dich? Wir waren beide erschöpft.

Nasse Schuhe, nasse Füße, Erschöpfungszustand. Die Angst vor dem Scheibenboden, sagte er, erinnerst du dich? Aber die Eltern waren die unbarmherzigsten. Keine Lüge, sagte er, keine Lüge, keine Rücksicht. *Weiter*! *Weiter*!, sagte er im Vatertonfall, dann: *weiter*! *Weiter*! im Tonfall der Mutter. *Weiter Buben*! *Weiter*! Hörst du? sagte er, die Eltern kommandieren uns, die Eltern kommandieren uns wieder zutode. Wie wir uns fürchteten, nicht mehr weiter zu kommen, sagte er. Erinnerst du dich? Aus Angst vor Strafe weiter. *Hinauf auf die Felsbrocken*! kommandierten sie. *Hinauf auf den Scheibenboden! Zur Sennhütte hinauf*! Erinnerst du dich? Der Vater drehte sich um und kontrollierte uns. Wir wußten, was das bedeutete, mehr als hundert Schritte hinter unserem Vater zurückzubleiben. Die Dreitageeinsperrung. Erinnerst du dich? sagte mein Bruder. Die Kopfstücke. Erinnerst du dich? Bei Razoi war uns alles bekannt, Baum, Bach, alles. Auch unter veränderten Luftverhältnissen und dadurch Bodenverhältnissen, geehrter Herr, mehr und mehr Einzelheiten, die uns bekannt waren, unauffällige Gegenstände, Wurzeln, Gestein, unverändert. Und mit diesen Gegenständen, mit diesem Wurzelwerk, Gestein zusammenhängende Züchtigungsandrohungen unserer Eltern. Gehorsam, sagte mein Bruder. Schon wenn wir durch Gampenhofen gingen, Angst vor plötzlicher Schwäche, Furcht vor Züchtigung. Unsere Schwächeanfälle, sagte er, unter dem Ortler, Geistesschädigungen als Folge der Ortleraufstiege. Der Vater, berggeübt, rücksichtslos, in die Berge vernarrt. Die Mutter untertänig. Aber schon damals Kunststücke, Schliche, sagte mein Bruder. Durch das Suldental bedeutete Schlimmeres als Unterdrückung. Ihre große Gehgeschwindigkeit, sagte er und unsere Hinfälligkeit. Erinnerst du dich? Und auf immer höhere Berge, auf immer unzugänglichere Gipfel. Erinnerst du dich? *Alles eine Frage der richtigen Atemzüge*, so unser Vater. Anmarsch und Aufmarsch und Abmarsch in die Erschöpfung. Unser Haß gegen Rucksäcke und gegen alles *in* den Rucksäcken. Unser

Bergschuhehaß, sagte er. Wir hassen Ruck- und gehen mit Rucksäcken auf den Scheibenboden, sagte er. Wir hassen den Ortler und gehen auf den Ortler. Wir hassen was wir tun, sagte er. Der Grund, warum plötzlich, noch dazu in der finstersten Jahreszeit, auf den Ortler, war uns aufeinmal doch wieder *un*klar. Unsere Eltern hatten uns die Sennhütte auf dem Scheibenboden hinterlassen, aber aus Haß gegen den Ortler und gegen den Scheibenboden und aus Haß gegen die Sennhütte und aus Haß gegen alles, was mit dem Ortler und mit dem Scheibenboden und mit der Sennhütte zusammenhängt, waren wir über zwei, wenn nicht gar drei Jahrzehnte nicht mehr durchs Suldental und hatten wir, weil wir jahrzehntelang in der Welt, nicht mehr in Gomagoi gewesen waren, überhaupt nicht mehr an die Sennhütte gedacht gehabt, waren wir nicht auf den Scheibenboden zur Sennhütte hinauf. Und jetzt stiegen wir auf den Scheibenboden. Aus einem *uns selber immer zweifelhafter* erscheinenden Grund aufeinmal, wie wir am Ende des Suldentals waren, war der Grund, weshalb auf den Scheibenboden, zweifelhaft. Wir redeten aber nicht darüber. Wir stiegen höher und höher und und redeten nicht darüber. Wir dachten, wir zweifeln, aber wir sprachen nicht aus, daß wir zweifelten. Wir mochten beide gedacht haben: plötzlich hatten wir, in Gomagoi unten, wo wir uns aus Erschöpfung durch unsere, wie Sie wissen, sehr verschiedenen Professionen im Gasthaus Martell nur ein paar Tage aufhalten wollten, *nur ein paar Tage, dann wieder zurück, nur ein paar Tage, dann wieder weg aus Gomagoi*, tatsächlich, geehrter Herr, glaubten wir noch zwei Tage vorher, nur auf ein paar Tage in Gomagoi zu sein, dann plötzlich: *längere Zeit auf dem Scheibenboden, zwei, drei Jahre in der Sennhütte*, während aufeinmal wieder alles in Zweifel gezogen war, also, geehrter Herr, glaubten wir am Vorabend an die Dauerhaftigkeit unseres Entschlusses, daß wir auf zwei, drei Jahre in die Sennhütte auf dem Scheibenboden gehn werden, so plötzlich alles anders, am Vorabend noch der Einfall, sofort in der Frühe durchs Suldental in die Höhe, zu Inspektionszwecken hinauf zur Sennhütte in der Absicht, zwei, drei Jahre auf dem Scheibenboden oben zu bleiben, wir waren dieser plötzlichen Idee völlig verfallen gewesen, nicht, wie Sie denken werden, allein mein Bruder, wir beide, wir hatten nicht schlafen können und hatten nur an den Ortler gedacht, was wir vorhatten und dem Einfall am Abend war der Aufstieg am frühen Morgen gefolgt, eine mehr als zweifelhafte Skizzierung, werden Sie denken, und wie lächerlich muß Ihnen erscheinen, was Sie möglicherweise schon übermorgen durch die Post zugestellt bekommen, aber die Wahrheit ist folgende: plötzlich hatten wir, nach einem mehrere Stunden dauernden Hinundhergehen durch Gomagoi, die Vorstellung gehabt, die Sennhütte auf dem Scheibenboden unter dem Ortler könnte für unsere Zwecke nützlich sein: *für einige Zeit*, ich wiederhole, *für zwei, drei Jahre* nützlich. Und dann waren uns aufeinmal in Zweidrittelhöhe, Zweifel gekommen. Wir dachten aber aufeinmal, daß diese Zweifel mit unserer Aufstiegserschöpfung zusammenhängen und hatten plötzlich wieder *keinerlei* Zweifel. Und mit noch viel größerer Intensität stiegen wir höher. Wir hatten nurmehr noch eine gute Stunde. In dieser Zeit sagte mein Bruder folgendes, von mir jetzt, wenn auch nicht wörtlich, so *beinahe wörtlich* protokolliert: wir gehen nicht zum Laganda (zu dem schon erwähnten Gasthaus) hinunter, weil wir nicht daran denken, zum Laganda hinunter zu gehn, wie wir nicht nach Sulden hinein gehn, weil wir nicht daran denken, nach Sulden hinein zu gehn, oder, wir denken, wir gehn zum Laganda hinunter und gehn nicht zum Laganda hinunter und denken, wir gehen nach Sulden hinein usf. und gehn nicht nach Sulden hinein, wir sagen nicht, gehn wir zum Laganda hinunter, obwohl wir denken, wir gehn zum Laganda hinunter, sagen wir nicht, gehn wir nach Sulden hinein usf., wir hören, wir denken, wir gehen nach Sulden hinein, wir wissen, wir gehen nicht zum Laganda hinunter, weil wir wissen, daß wir nicht zum Laganda hinunter gehn usf., daß wir zum Laganda hinunter gehn, ist uns möglich, wie uns möglich ist, nach Sulden hinein zu gehn, aber wir gehn nicht zum Laganda hinunter, wir gehn nicht nach Sulden hinein usf. Wir denken an unser Gehen wie an unser Denken, während wir denken, wir gehen zum Laganda hinunter, wir gehen nicht nach Sulden hinein, weil wir wünschen, nicht nach Sulden hinein zu gehn, nicht zum Laganda hinunter usf., obwohl wir nicht zum Laganda hinunter und nicht nach Sulden hinein gehn, gleichzeitig, wir gehn nicht zum Laganda hinunter, gehn nicht nach Sulden hinein usf., während wir gehen, während wir denken, während wir denken, wir gehen nicht zum Laganda hinunter, nicht nach Sulden hinein. Wir gehn mit unseren Beinen und denken mit unseren Köpfen, während wir nicht nach Sulden hinein und nicht zum Laganda hinunter gehn usf., wenn wir plötzlich keine Beine, aufeinmal keinen Kopf mehr hätten, sagte er, und plötzlich nicht mehr gehen könnten, weil wir keine Beine mehr haben, aber beide haben wir noch unseren Kopf usf. Wenn wir unsere Willensanstrengung verdoppeln, sagte er, noch einmal unsere Willensanstrengung verdoppeln und noch einmal zur äußersten Willensanstrengung machen, usf. Ich wünschte, wir wären schon auf dem Scheibenboden! in der Sennhütte!, geehrter Herr. Mein Bruder sagte in der auch Ihnen vertrauten Redeweise, nur mit noch viel größerer Atemlosigkeit dann: vielleicht ist uns, auch unter diesen Umständen, in dieser Höhe, möglich, unsere Schritte zu vergrößern, dadurch kommen wir noch rascher vorwärts, unsere Schritte zu vergrößern, ohne unsere Geschwindigkeit zu vergrößern zuerst, oder die Geschwindigkeit zu vergrößern, ohne die Schritte zu vergrößern usf.; entweder wir vergrößern die Schritte, oder wir vergrößern die Geschwindigkeit. Entweder du vergrößerst deine Schritte, sagte er und nicht die Geschwindigkeit, während ich die Geschwindigkeit, nicht aber meine Schritte vergrößere, oder umgekehrt oder umgekehrt, damit wir zusammen bleiben, nebeneinander, sagte er. Es ist die Überlegung, sagte er, zuerst die Schritte zu vergrößern, nicht aber die Geschwindigkeit, oder zuerst die Geschwindigkeit zu vergrößern, nicht aber die Schritte. Oder beide *gleichzeitig* die Schritte oder beide *gleichzeitig* die Geschwindigkeit oder beide *gleichzeitig* Geschwindigkeit *und* Schritte. Von dem Zeitpunkt, in welchem uns klar gewesen ist: alles vom Kopf aus!, immer größere Abgeschlossenheit, immer größere Kälte. Erinnerst du dich? fragte er. Ich erinnere mich nicht, sagte ich. Immer eine andere Methode, immer andere Menschen, immer andere Schauplätze, immer andere Verhältnisse. Erinnerst du dich? Ich erinnere mich nicht, sagte ich. Die Schule schwänzen. Geschichtsabscheu, sagte er. Wenn uns die großen Zusammenhänge klar gewesen sind und nicht das einzelne und nicht der einzelne und das einzelne und der einzelne und nicht die großen Zusammenhänge. Aus der Kälte keine Wärme machen, sagte er. Die Geistesanstrengung verdoppeln. Die Schritte vergrößern und die Geistesanstrengung verdoppeln. Keine Zuneigung, nichts. Keine Fragen, nichts. Keine Papiere, nichts. Keine Geldsummen, keine Verträge, nichts. Und dann: wenn wir noch weiter gehen, als bis jetzt, wo wir glauben, am weitesten gegangen zu sein und unsere Anstrengung noch einmal zur alleräußersten Anstrengung machen und wieder, wie wir das schon so oft gemacht haben, mindestens eine Verdoppelung unserer Willenskraft herbeiführen, worunter wir, wie wir wissen, zuerst eine Verdoppelung unseres unmittelbaren Geistesvermögens und also eine Verdoppelung der Ursachenenergien unseres Kopfes verstehen ufs., können wir damit rechnen, weiter zu kommen usf. und dadurch gleichzeitig eine Verdoppelung unserer Willenskraft herbeiführen, worunter wir usf. Fähigkeiten, die wir schon früh als unsere Fähigkeiten erkannt haben usf., ohne ununterbrochen in der Unterdrückung unserer Fähigkeiten existieren zu müssen usf. Angst haben allein davor, Angst zu haben usf., dadurch, daß wir mit immer größerer Willensanstrengung gehen und mit immer noch größerer Willensanstrengung denken und während des Gehens uns nicht fragen, warum und wie und wohin *in Wirklichkeit* und während des Denkens nicht *warum*, weil wir einfach gehen und einfach denken usf., gehen und denken, was, wie wir wissen, im Laufe unseres Lebens unsere Gewohnheit geworden ist usf. Plötzlich, geehrter Herr: daß wir Angst haben vor der Leere unseres Kopfes und vor der durch die Leere unseres Kopfes hervorgerufenen Leere der Landschaft, vor der Überempfindlichkeit unseres Kopfes, daß wir nicht wissen, wodurch wir denken und wodurch wir gehen, ob wir die Geschwindigkeit unseres Gehens und unseres Denkens vergrößern oder verlangsamen sollen, abbrechen, sagte er. Plötzlich sagte er mehrere Male *abbrechen, abbrechen, abbrechen*. Weil wir nicht wissen, *wie*, wenn wir gehen, wir über das Gehen denken, *wie*, wenn wir denken, über das Denken, wie, wenn wir denken, über das Gehen usf.; wie wir über die Beherrschung unserer Kunst überhaupt nichts wissen. Wovon wir uns aber nicht zu reden getrauen. Darauf, geehrter Herr, nichts. Wir waren jetzt bei der Sennhütte angelangt, geehrter Herr, aber von der Sennhütte war nichts als ein Haufen ungeordneter Steine übrig. Kein Schutzmittel, nichts. Steine und unter den Steinen das Fundament der Sennhütte. Alles zerfallen, alles. Notdürftig richtete ich uns einen Platz aus Mauersteinen und Holztrümmern her, denn ich wollte nicht, daß wir umkommen. Den gleichen Tag wieder abzusteigen, waren wir zu erschöpft gewesen, aber den anderen Tag gelang uns, das Suldental zu erreichen. Im Gasthaus Laganda konnte ich für meinen Bruder eine Bettstelle finden, während ich zuerst nach Sulden, dann nach Gomagoi gehen mußte, um Hilfe zu holen. Seit heute früh befindet sich mein Bruder in dem Innsbrucker Vorort Büchsenhausen in einer Anstalt. Ich glaube nicht, daß er jemals wieder auftreten wird.

Quellennachweise

ILSE AICHINGER (1921-1988)
Spiegelgeschichte, S. 539
Aus: Ilse Aichinger, Wo ich wohne.

INGEBORG BACHMANN (1926-1973)
Alles, S. 601
Aus: Ingeborg Bachmann, Werke in vier Bänden. Band 2. Erzählungen. © R. Piper & Co. Verlag, München 1978

GOTTFRIED BENN (1886-1956)
Der Ptolemäer. Lotosland, S. 357
Aus: Gottfried Benn, Sämtliche Werke. Stuttgarter Ausgabe. In Verb. mit Ilse Benn hrsg. von Gerhard Schuster. Band V: Prosa 3. Klett-Cotta, Stuttgart 1991

THOMAS BERNHARD (1931)
Am Ortler, S. 736
Aus: Thomas Bernhard, Midland in Stilfs. Drei Erzählungen. Bibliothek Suhrkamp 272. © Suhrkamp Verlag Frankfurt am Main 1971

JOHANNES BOBROWSKI (1917–1965)
Mäusefest, S. 674
Aus: Johannes Bobrowski, Mäusefest und andere Erzählungen / Quarthefte 3. © 1965 Verlag Klaus Wagenbach, Berlin

HEINRICH BÖLL (1917-1985)
Nicht nur zur Weihnachtszeit, S. 550
Aus: Heinrich Böll, Gesammelte Erzählungen. Band 1.

BERTOLT BRECHT (1898-1956)
Die unwürdige Greisin, S. 375
Aus: Bertolt Brecht, Gesammelte Werke. Band V. Prosa 1.

HERMANN BROCH (1886-1951)
Auszug aus: Der Tod des Vergil, S. 336
Aus dem Kapitel I Wasser – Die Ankunft. Suhrkamp Verlag Frankfurt am Main 1986 (S. 11-28).

HEIMITO VON DODERER (1896-1966)
Die Posaunen von Jericho. Divertimento, S. 496
Aus: Heimito von Doderer, Unter schwarzen Sternen. Erzählungen.

ALFRED DÖBLIN (1878-1957)
Die Segelfahrt, S. 79
Aus: Alfred Döblin, Die Ermordung einer Butterblume. Ausgewählte Erzählungen 1910-1950.

GÜNTER EICH (1907-1972)
Hausgenossen, S. 736
Aus: Günter Eich, Maulwürfe. Prosa.

MAX FRISCH (1911)
Eine Mulattin namens Florence, S. 579
Aus: Max Frisch, Erzählungen des Anatol Ludwig Stiller, suhrkamp texte 5. Suhrkamp Verlag Frankfurt am Main 1961. (Auszug aus ›Stiller‹. © 1954 by Suhrkamp Verlag; Gesammelte Werke in zeitlicher Folge. Dritter Band. Suhrkamp Verlag 1976, S. 535-544)

GÜNTER GRASS (1927)
Hundejahre (Zweite – Vierte Frühschicht), S. 678
Aus: Günter Grass, Hundejahre. © Steidl Verlag, Göttingen 1993

HERMANN HESSE (1877-1962)
Kinderseele, S. 125
Aus: Hermann Hesse, Gesammelte Werke in zwölf Bänden. Fünfter Band. Klingspors letzter Sommer. © Suhrkamp Verlag Frankfurt am Main 1970

WOLFGANG HILDESHEIMER (1916)
Auszug aus: Tynset, S. 708
© Suhrkamp Verlag Frankfurt am Main 1965 (S. 187-215)

HUGO VON HOFMANNSTHAL (1874-1929)
Das Erlebnis des Marschalls von Bassompierre, S. 13
Aus: Hugo von Hofmannsthal, Gesammelte Werke in Einzelausgaben. Die Erzählungen. S. Fischer Verlag Frankfurt/Main 1968. © 1945 by Bermann-Fischer Verlag A. B. Stockholm

UWE JOHNSON (1934-1984)
Osterwasser, S. 687
Aus: Uwe Johnson, Karsch und andere Prosa. edition suhrkamp 59. © Suhrkamp Verlag Frankfurt am Main 1964

FRANZ KAFKA (1883-1924)
In der Strafkolonie, S. 92

WOLFGANG KOEPPEN (1906)
Ein Kaffeehaus, S. 704

SIEGFRIED LENZ (1926)
Der Gleichgültige, S. 727

HEINRICH MANN (1871-1950)
Eine Liebesgeschichte, S. 284

THOMAS MANN (1875-1955)
Unordnung und frühes Leid, S. 192

ROBERT MUSIL (1880-1942)
Die Amsel, S. 263

HANS ERICH NOSSACK (1901-1977)
Der Untergang, S. 622
Bibliothek Suhrkamp 523. Mit einem Nachwort von Siegfried Lenz. Suhrkamp Verlag Frankfurt am Main 1976.

RAINER MARIA RILKE (1875-1926)
Auszug aus: Die Aufzeichnungen des Malte Laurids Brigge, S. 62
Aus: Rainer Maria Rilke, Sämtliche Werke. Sechster Band. (S. 709-728)

JOSEPH ROTH (1895-1939)
Stationschef Fallmerayer, S. 234
Aus: Joseph Roth, Werke. Band 5.

ARNO SCHMIDT (1914-1979)
Brand's Haide, S. 382

ARTHUR SCHNITZLER (1862-1931)
Leutnant Gustl, S. 25

KURT SCHWITTERS (1887-1948)
Auguste Bolte, S. 161
Aus: Kurt Schwitters, Tran Nr. 30. Auguste Bolte. Neue Arche Bücherei Nr. 8.

ANNA SEGHERS (1900-1983)
Der Ausflug der toten Mädchen, S. 305

MARTIN WALSER (1927)
Nach Siegfrieds Tod, S. 696
Aus: Martin Walser, Lügengeschichten. edition suhrkamp 81.

ROBERT WALSER (1878-1956)
Ballonfahrt, S. 89
Aus: Robert Walser, Prosa. Auswahl und Nachwort von Walter Höllerer. Bibliothek Suhrkamp 57.

PETER WEISS (1916-1982)
Auszug aus: Der Schatten des Körpers des Kutschers, S. 589
edition suhrkamp 53, 1964. (S. 23-39)

Inhalt

EINLEITUNG von Marie Luise Kaschnitz 5
HUGO VON HOFMANNSTHAL: Das Erlebnis des Marschalls von Bassompierre 13
ARTHUR SCHNITZLER: Leutnant Gustl 25
RAINER MARIA RILKE: Die Aufzeichnungen des Malte Laurids Brigge 62
ALFRED DÖBLIN: Die Segelfahrt 79
ROBERT WALSER: Ballonfahrt 89
FRANZ KAFKA: In der Strafkolonie 92
HERMANN HESSE: Kinderseele 125
KURT SCHWITTERS: Auguste Bolte 161
THOMAS MANN: Unordnung und frühes Leid 192
JOSEPH ROTH: Stationschef Fallmerayer 234
ROBERT MUSIL: Die Amsel 263
HEINRICH MANN: Eine Liebesgeschichte 284
ANNA SEGHERS: Der Ausflug der toten Mädchen 305
HERMANN BROCH: Der Tod des Vergil 336
GOTTFRIED BENN: Der Ptolemäer 357
BERTOLT BRECHT: Die unwürdige Greisin 375
ARNO SCHMIDT: Brand's Haide 382
HEIMITO VON DODERER: Die Posaunen von Jericho . . . 496
ILSE AICHINGER: Spiegelgeschichte 539
HEINRICH BÖLL: Nicht nur zur Weihnachtszeit 550
MAX FRISCH: Eine Mulattin namens Florence 579
PETER WEISS: Der Schatten des Körpers des Kutschers 589
INGEBORG BACHMANN: Alles 601
HANS ERICH NOSSACK: Der Untergang 622
JOHANNES BOBROWSKI: Mäusefest 674
GÜNTER GRASS: Hundejahre 678

UWE JOHNSON: Osterwasser 687
MARTIN WALSER: Nach Siegfrieds Tod 696
WOLFGANG KOEPPEN: Ein Kaffeehaus 704
WOLFGANG HILDESHEIMER: Tynset 708
SIEGFRIED LENZ: Der Gleichgültige 727
GÜNTER EICH: Hausgenossen 736
THOMAS BERNHARD: Am Ortler 738

Quellennachweise 763

Deutschsprachige Literatur
in den suhrkamp taschenbüchern:
Prosa

Eine Auswahl

Andreas-Friedrich, Ruth: Der Schattenmann. Tagebuchaufzeichnungen 1938-1945. Mit einem Nachwort von Jörg Drews. st 1267
Augustin, Ernst: Der amerikanische Traum. Roman. st 1840
Bachmann, Ingeborg: Malina. Roman. st 641
Baur, Margrit: Ausfallzeit. Eine Erzählung. st 1617
Becker, Jurek: Der Boxer. Roman. st 526
– Bronsteins Kinder. Roman. st 1517
– Irreführung der Behörden. Roman. st 271
– Jakob der Lügner. Roman. st 774
Beig, Maria: Kuckucksruf. Roman. st 1825
– Rabenkrächzen. Eine Chronik aus Oberschwaben. Roman. Mit einem Nachwort von Martin Walser. st 911
– Die Törichten. Roman. st 2219
Benjamin, Walter: Walter Benjamins Städtebilder. Fotografiert von Anna Blau. Mit einem Nachwort von Peter Szondi. st 1966
Berkéwicz, Ulla: Adam. st 1664
– Josef stirbt. Erzählung. st 1125
– Maria, Maria. Drei Erzählungen. st 1809
– Michel, sag ich. st 1530
Bernhard, Thomas: Amras. Erzählung. st 1506
– Auslöschung. Ein Zerfall. st 1563
– Beton. Erzählung. st 1488
– Erzählungen. st 1564
– Frost. st 47
– Holzfällen. Eine Erregung. st 1523
– Das Kalkwerk. Roman. st 128
– Korrektur. Roman. st 1533
– Der Untergeher. st 1497
– Wittgensteins Neffe. Eine Freundschaft. st 1465
Blatter, Silvio: Das blaue Haus. Roman. st 2141
– Kein schöner Land. Roman. st 1250
– Love me Tender. Erzählung. st 883
– Das sanfte Gesetz. Roman. st 1794
– Zunehmendes Heimweh. Roman. st 649
Braun, Volker: Hinze-Kunze-Roman. st 1538
– Unvollendete Geschichte. st 1660
Brecht, Bertolt: Dreigroschenroman. st 1846

253/1/11.93

Deutschsprachige Literatur in den suhrkamp taschenbüchern: Prosa

Brecht, Bertolt: Flüchtlingsgespräche. st 1793
– Geschichten vom Herrn Keuner. st 16
Broch, Hermann: Die Verzauberung. Roman. st 350
– Der Tod des Vergil. Roman. st 296
– Die Schlafwandler. Eine Romantrilogie. st 472
Buch, Hans Christoph: Haïti Chérie. Roman. st 1956
– Tropische Früchte. Afro-amerikanische Impressionen. Erstausgabe. st 2231
Burger, Hermann: Brenner. Roman. st 1941
– Der Schuß auf die Kanzel. Eine Erzählung. st 1823
Cailloux, Bernd: Der gelernte Berliner. Erstausgabe. st 1843
Camartin, Iso: Nichts als Worte? Ein Plädoyer für Kleinsprachen. st 1974
Dorst, Tankred: Die Reise nach Stettin. Mitarbeit Ursula Ehler. st 1934
Enzensberger, Hans Magnus: Ach Europa! Wahrnehmungen aus sieben Ländern. st 1690
– Der Fliegende Robert. Gedichte, Szenen, Essays. st 1962
– Mittelmaß und Wahn. Gesammelte Zerstreuungen. st 1800
Faes, Urs: Sommerwende. Roman. st 1922
Federspiel, Jürg: Die Ballade von der Typhoid Mary. st 1983
– Geographie der Lust. Roman. st 1895
– Die Liebe ist eine Himmelsmacht. Zwölf Fabeln. st 1529
Fleißer, Marieluise: Abenteuer aus dem Englischen Garten. Geschichten. Mit einem Nachwort von Günther Rühle. st 925
– Gesammelte Werke in vier Bänden. st 2274-2277
– Eine Zierde für den Verein. Roman vom Rauchen, Sporteln, Lieben und Verkaufen. st 294
Franke, Herbert W.: Der Elfenbeinturm. Science-fiction-Roman. st 1926
– Die Gla sfalle. Science-fiction-Roman. st 2169
Frisch, Max: Blaubart. Eine Erzählung. st 2194
– Homo faber. Ein Bericht. st 354
– Mein Name sei Gantenbein. Roman. st 286
– Der Mensch erscheint im Holozän. Eine Erzählung. st 734
– Montauk. Eine Erzählung. st 700
– Stiller. Roman. st 105
– Tagebuch 1946-1949. st 1148
– Tagebuch 1966-1971. st 256
Fritsch, Werner: Cherubim. st 1672

253/2/11.93

Deutschsprachige Literatur in den suhrkamp taschenbüchern: Prosa

Genzmer, Herbert: Cockroach Hotel. Ängste. st 1243
– Manhattan Bridge. Geschichte einer Nacht. st 1396
Goetz, Rainald: Irre. Roman. st 1224
– Kontrolliert. Roman. st 1836
Hänny, Reto: Am Boden des Kopfes. Verwirrungen eines Mitteleuropäers in Mitteleuropa. st 2210
Handke, Peter: Die Angst des Tormanns beim Elfmeter. Erzählung. st 27
– Der Chinese des Schmerzes. st 1339
– Falsche Bewegung. st 258
– Das Gewicht der Welt. Ein Journal. st 500
– Der Hausierer. Roman. st 1959
– Der kurze Brief zum langen Abschied. st 172
– Langsame Heimkehr. Tetralogie. st 1069-1072
– Die linkshändige Frau. Erzählung. st 560
– Die Stunde der wahren Empfindung. st 452
– Versuch über den geglückten Tag. Ein Wintertagtraum. st 2282
– Versuch über die Jukebox. Erzählung. st 2208
– Versuch über die Müdigkeit. st 2146
– Wunschloses Unglück. Erzählung. st 146
Happel, Lioba: Ein Hut wie Saturn. Erzählung. st 2217
Hesse, Hermann: Aus Kinderzeiten. Gesammelte Erzählungen Band 1. 1900- 1905. Zusammengestellt von Volker Michels. st 347
– Beschreibung einer Landschaft. Schweizer Miniaturen. Herausgegeben und mit einem Vorwort versehen von Siegfried Unseld. st 1970
– Demian. Die Geschichte von E. Sinclairs Jugend. st 206
– Der Europäer. Gesammelte Erzählungen Band 3. 1909- 1918. Zusammengestellt von Volker Michels. st 384
– Gertrud. Roman. st 890
– Das Glasperlenspiel. Versuch einer Lebensbeschreibung des Magister Ludi Josef Knecht samt Knechts hinterlassenen Schriften. st 79
– Innen und Außen. Gesammelte Erzählungen Band 4. 1919-1955. st 413
– Kindheit und Jugend vor Neunzehnhundert. Hermann Hesse in Briefen und Lebenszeugnissen. 1. Band: 1877- 1895. Ausgewählt und herausgegeben von Ninon Hesse. st 1002
– Kindheit und Jugend vor Neunzehnhundert. Hermann Hesse in Briefen und Lebenszeugnissen. 2. Band: 1895-1900. Herausgegeben von Ninon Hesse. Fortgesetzt und erweitert von Gerhard Kirchhoff. st 1150

253/3/11.93

Deutschsprachige Literatur
in den suhrkamp taschenbüchern:
Prosa

Hesse, Hermann: Kleine Freuden. Verstreute und kurze Prosa aus dem Nachlaß. Herausgegeben und mit einem Nachwort von Volker Michels. st 360
– Klingsors letzter Sommer. Erzählung. st 1195
– Lektüre für Minuten. Gedanken aus seinen Büchern und Schriften. Ausgewählt und zusammengestellt von Volker Michels. st 7
– Lektüre für Minuten. Neue Folge. Gedanken aus seinen Büchern und Briefen. Herausgegeben von Volker Michels. st 240
– Die Märchen. Zusammengestellt von Volker Michels. st 291
– Die Morgenlandfahrt. Eine Erzählung. st 750
– Narziß und Goldmund. Erzählung. st 274
– Peter Camenzind. Erzählung. st 161
– Siddhartha. Eine indische Dichtung. st 182
– Der Steppenwolf. Erzählung. st 175
– Die Verlobung. Gesammelte Erzählungen Band 2. 1906-1908. st 368
Hessel, Franz: Heimliches Berlin. Roman. Nachwort von Bernd Witte. st 2269
Hettche, Thomas: Ludwig muß sterben. Roman. st 1949
Hildesheimer, Wolfgang: Marbot. Eine Biographie. st 1009
– Masante. Roman. st 1467
– Mozart. st 598
– Tynset. Roman. st 1968
Hohl, Ludwig: Die Notizen oder Von der unvoreiligen Versöhnung. st 1000
Horstmann, Ulrich: Das Untier. Konturen einer Philosophie der Menschenflucht. st 1172
Horváth, Ödön von: Jugend ohne Gott. st 1063
– Sechsunddreißig Stunden. Die Geschichte vom Fräulein Pollinger. Roman. st 2211
– Sportmärchen und anderes. st 1061
Hürlimann, Thomas: Die Tessinerin. Geschichten. st 985
Johnson, Uwe: Das dritte Buch über Achim. Roman. st 169
– Mutmassungen über Jakob. Roman. st 147
– Eine Reise nach Klagenfurt. st 235
– Zwei Ansichten. st 326
Kaminski, André: Flimmergeschichten. st 2164
– Die Gärten des Mulay Abdallah. Neun wahre Geschichten aus Afrika. st 930
– Kiebitz. Roman. st 1807
– Nächstes Jahr in Jerusalem. Roman. st 1519

253/4/11.93

Deutschsprachige Literatur in den suhrkamp taschenbüchern: Prosa

253/5/11.93

Deutschsprachige Literatur
in den suhrkamp taschenbüchern:
Prosa

Morshäuser, Bodo: Die Berliner Simulation. Erzählung. st 1293
– Blende. Erzählung. st 1585
Muschg, Adolf: Albissers Grund. Roman. st 334
– Gegenzauber. Roman. st 665
– Leib und Leben. Erzählungen. st 2153
– Das Licht und der Schlüssel. Erziehungsroman eines Vampirs. st 1560
– Liebesgeschichten. st 164
– Noch ein Wunsch. Erzählung. st 735
– Der Turmhahn und andere Liebesgeschichten. st 1630
Nachwehen. Frauen und Männer mit Kindern. Verständigungstexte. Herausgegeben von Michael Klaus. st 855
Neumeister, Andreas: Äpfel vom Baum im Kies. st 1748
Nizon, Paul: Im Bauch des Wals. Caprichos. st 1900
Nossack, Hans Erich: Der Fall d'Arthez. Roman. st 1963
Pakleppa, Fabienne: Die Himmelsjäger. Roman. st 2214
Penzoldt, Ernst: Die Powenzbande. Zoologie einer Familie. st 372
Plenzdorf, Ulrich: Legende vom Glück ohne Ende. st 722
– Die neuen Leiden des jungen W. st 300
Praetorius, Friedrich-Karl: Reisebuch für den Menschenfeind. Die Freuden der Misanthropie. Erstausgabe. st 2203
Rakusa, Ilma: Die Insel. Erzählung. st 1964
Reinshagen, Gerlind: Sonntagskinder. st 759
Rothmann, Ralf: Stier. Roman. st 2255
– Der Windfisch. Erzählung. st 1816
Schindel, Robert: Gebürtig. Roman. st 2273
Schleef, Einar: Gertrud. st 942
Späth, Gerold: Barbarswila. Roman. st 1960
– Stilles Gelände am See. Roman. st 2289
Tergit, Gabriele: Atem einer anderen Welt. Berliner Reportagen. Herausgegeben und mit einem Nachwort versehen von Jens Brüning. Erstausgabe. st 2280
Unseld, Siegfried: Der Autor und sein Verleger. st 1204
– Begegnungen mit Hermann Hesse. st 218
Waggerl, Karl Heinrich: Das Jahr des Herrn. Roman. st 836
Walser, Martin: Die Anselm Kristlein Trilogie. Halbzeit. Das Einhorn. Der Sturz. 3 Bände in Kassette. st 684
– Brandung. Roman. st 1374
– Dorle und Wolf. Eine Novelle. st 1700
– Ehen in Philippsburg. Roman. st 1209

253/6/11.93

Deutschsprachige Literatur in den suhrkamp taschenbüchern: Prosa

Walser, Martin: Ein fliehendes Pferd. Novelle. st 600
– Ein Flugzeug über dem Haus. Und andere Geschichten. st 612
– Jagd. Roman. st 1785
– Seelenarbeit. Roman. st 901
– Die Verteidigung der Kindheit. Roman. st 2252
Walser, Robert: Aufsätze. st 1103
– Fritz Kochers Aufsätze. st 1101
– Der Gehülfe. Roman. st 1110
– Geschichten. st 1102
– Geschwister Tanner. Roman. st 1109
– Jakob von Gunten. Ein Tagebuch. st 1111
– Seeland. st 1107
– Der Spaziergang. Prosastücke und kleine Prosa. st 1105
– Der Räuber. Roman. Das Nachwort schrieb Martin Jürgens. st 1112
Weiß, Ernst: Georg Letham. Arzt und Mörder. Roman. st 793
– Männer in der Nacht. Roman. st 791
– Nahar. Roman. st 788
– Der Verführer. Roman. st 796
Weiss, Peter: Das Duell. Aus dem Schwedischen von J. C. Görsch in Zusammenarbeit mit dem Autor. Mit 10 Federzeichnungen von Peter Weiss. st 41
Winkler, Josef: Der Ackermann aus Kärnten. Roman. st 1043
– Friedhof der bitteren Orangen. Roman. st 2171
– Menschenkind. Roman. st 1042
Zeemann, Dorothea: Einübung in Katastrophen. Leben zwischen 1913 und 1945. st 565
– Jungfrau und Reptil. Leben zwischen 1945 und 1972. st 776
– Eine unsympathische Frau. Erzählungen. st 2224
Zweig, Stefan: Brasilien. Ein Land der Zukunft. st 984

253/7/11.93

Deutschsprachige Literatur in den suhrkamp taschenbüchern: Essays, Reden, Briefe, Tagebücher

Andreas-Friedrich, Ruth: Der Schattenmann. Tagebuchaufzeichnungen 1938-1945. Mit einem Nachwort von Jörg Drews. st 1267
– Schauplatz Berlin. Tagebuchaufzeichnungen 1945-1948. st 1294
Arendt, Hannah: Die verborgene Tradition. Acht Essays. Den Essay »Der Zionismus aus heutiger Sicht« übersetzte Friedrich Griese ins Deutsche. st 303
Benjamin, Walter: Angelus Novus. Ausgewählte Schriften 2. st 1512
– Illuminationen. Ausgewählte Schriften. Herausgegeben von Siegfried Unseld. st 345
– Über Haschisch. Novellistisches. Berichte. Materialien. Herausgegeben von Tillman Rexroth. Einleitung von Hermann Schweppenhäuser. st 21
Brecht, Bertolt: Schriften zur Politik und Gesellschaft 1919-1956. st 199
Broch, Hermann: Schriften zur Literatur 1. Kritik. st 246
– Schriften zur Literatur 2. Theorie. st 247
– Philosophische Schriften. 2 Bde. st 375
– Politische Schriften. st 445
– Massenwahntheorie. Beiträge zu einer Psychologie der Politik. st 502
Buch, Hans Christoph: Tropische Früchte. Afro-amerikanische Impressionen. Erstausgabe. st 2231
Camartin, Iso: Nichts als Worte? Ein Plädoyer für Kleinsprachen. st 1974
Dinkelmann, Fritz H.: Nach eigener Aussage. Gerichtsreportagen. st 1436
Endres, Ria: Werde, was du bist. Dreizehn literarische Frauenportraits. st 1942
Enzensberger, Hans Magnus: Ach Europa! Wahrnehmungen aus sieben Ländern. Mit einem Epilog aus dem Jahre 2006. st 1690
– Der Fliegende Robert. Gedichte, Szenen, Essays. st 1962
– Mittelmaß und Wahn. Gesammelte Zerstreuungen. st 1800
– Politik und Verbrechen. Neun Beiträge. st 442
– Politische Brosamen. st 1132
Federspiel, Jürg: Böses. Wahn und Müll. st 1729
Frisch, Max: Forderungen des Tages. Porträts, Skizzen, Reden 1943-1982. Herausgegeben von Walter Schmitz. st 957
– Tagebuch 1946-1949. st 1148
– Tagebuch 1966-1971. st 256
Mein Goethe. Günter Kunert, Siegfried Lenz, Peter Rühmkorf, Wolfdietrich Schnurre, Martin Walser, Gabriele Wohmann. st 781

256/1/11.93

Deutschsprachige Literatur in den suhrkamp taschenbüchern: Essays, Reden, Briefe, Tagebücher

Handke, Peter: Als das Wünschen noch geholfen hat. Fotos von Peter Handke. st 208
- Das Ende des Flanierens. st 679
- Ich bin ein Bewohner des Elfenbeinturms. st 56

Hesse, Hermann: Eine Literaturgeschichte in Rezensionen und Aufsätzen. Herausgegeben von Volker Michels. st 252
- Politik des Gewissens. Die politischen Schriften. 1. Band: 1914–1932. 2. Band: 1933- 1962. Vorwort von Robert Jungk. Herausgegeben von Volker Michels. st 656
- Die Welt der Bücher. Betrachtungen und Aufsätze zur Literatur. Zusammengestellt von Volker Michels. st 415
- Zarathustras Wiederkehr. Ein Wort an die deutsche Jugend und andere Aufrufe gegen den Herdengeist von rechts und links. Herausgegeben von Volker Michels. st 2228

Hildesheimer, Wolfgang: Das Ende der Fiktionen. Reden aus fünfundzwanzig Jahren. st 1539

Johnson, Uwe: Berliner Sachen. Aufsätze. st 249

Kaminski, André: Schalom allerseits. Tagebuch einer Deutschlandreise. st 1637

Koch, Werner: Der Prozeß Jesu. Versuch eines Tatsachenberichts. Mit einem Vorwort von Josef Blinzler. st 1362

Koeppen, Wolfgang: Die elenden Skribenten. Aufsätze. Herausgegeben von Marcel Reich-Ranicki. st 1008

Kracauer, Siegfried: Kino. Essays, Studien, Glossen zum Film. Herausgegeben von Karsten Witte. st 126
- Das Ornament der Masse. Essays. Mit einem Nachwort von Karsten Witte. st 371

Kraus, Karl: Sittlichkeit und Kriminalität. st 1311
- Die chinesische Mauer. st 1312
- Literatur und Lüge. st 1313
- Untergang der Welt durch schwarze Magie. st 1314
- Die Sprache. st 1317
- Dritte Walpurgisnacht. st 1322
- Theater der Dichtung. Jacques Offenbach. Herausgegeben von Christian Wagenknecht. st 1323
- Die Stunde des Gerichts. Aufsätze 1925-1928. Herausgegeben von Christian Wagenknecht. st 1327
- Hüben und Drüben. Aufsätze 1929-1936. Herausgegeben von Christian Wagenknecht. st 1328

256/2/11.93

Deutschsprachige Literatur in den suhrkamp taschenbüchern: Essays, Reden, Briefe, Tagebücher

Kraus, Karl: Magie der Sprache. Ein Lesebuch. Herausgegeben und mit einem Nachwort von Heinrich Fischer. st 204

Lenk, Hans: Kritik der kleinen Vernunft. Einführung in die jokologische Philosophie. st 1771

Mayer, Hans: Das unglückliche Bewußtsein. Zur deutschen Literaturgeschichte von Lessing bis Heine. st 1634

Mitscherlich, Alexander: Toleranz – Überprüfung eines Begriffs. Ermittlungen. st 213

Muschg, Adolf: Empörung durch Landschaften. Vernünftige Drohreden. st 1482

– Goethe als Emigrant. Auf der Suche nach dem Grünen bei einem alten Dichter. st 1287

Penzoldt, Ernst: Die Kunst, das Leben zu lieben und andere Betrachtungen. Ausgewählt von Volker Michels. Mit einem Nachwort von Peter Suhrkamp. st 267

Schneider, Reinhold: Portugal. Mit einem Nachwort von Peter Berglar. st 1073

Scholem, Gershom: Walter Benjamin und sein Engel. Vierzehn Aufsätze und kleine Beiträge. Herausgegeben von Rolf Tiedemann. st 1967

Walser, Martin: Auskunft. 23 Gespräche aus 26 Jahren. Herausgegeben von Klaus Siblewski. Erstausgabe. st 1871

– Beschreibung einer Form. Versuch über Kafka. st 1891

– Heilige Brocken. Aufsätze, Prosa, Gedichte. st 1528

– Liebeserklärungen. st 1259

Weiß, Ernst: Die Kunst des Erzählens. Essays, Aufsätze, Schriften zur Literatur. Zusammengestellt von Volker Michels. st 799

Winkels, Hubert: Einschnitte. Zur Literatur der 80er Jahre. st 1804

256/3/11.93